청나라 귀신요괴전 2

중국 괴력난신의 보고, 『자불어子不語』 완역

일러두기

• 이 책은 원매의 『자불어子不語』 정집正集 745편을 완역한 것이다.
• 저본으로 삼은 것은 왕잉즈王英志 주편, '원매전집袁枚全集' 4권 『자불어子不語』, 장쑤고적출판사江
  蘇古籍出版社, 1993이다.
• 본문 하단의 주석은 모두 옮긴이가 단 것이다.

청나라 귀신요괴전 2

중국 괴력난신의 보고, 『자불어子不語』 완역

원매袁枚 지음 | 조성환 옮김

글항아리

차례

청나라 귀신요괴전 1권

권 14

혼이 빠지게 하는 귀신

勾
魂
卒

  소주에 여余 씨 성을 가진 사람이 있는데 귀뚜라미 싸움을 좋아했다. 매년 가을이 되면 저녁에 귀뚜라미 담는 병을 들고 봉문封門[1] 밖으로 귀뚜라미를 잡으러 나갔다가 황혼 때에 집으로 돌아왔다. 어느날 너무 늦게 돌아왔더니 성문이 이미 닫혔다. 여 씨는 당황하고 무섭고 별다른 방법이 없어 길옆에서 서성거렸다. 그런데 청색 옷을 입은 두 사람이 멀리서 걸어왔는데, 신발이 땅에 닿으면 '탁탁' 소리를 냈다. 이들이 여 씨에게 웃으며 말했다.

  "그대는 어째서 이렇게 늦게 귀가합니까? 저의 집은 여기서 멀지 않으니 우리 집에 가서 하룻밤 주무시지요."

  여 씨는 기뻐하며 그들을 따라 갔다. 그들 집에 가보니 대문이 열려 있고 방 안엔 헌책 몇 권과 도자기 화병 하나와 구리 향로 하나가

---

[1] 소주성 동쪽, 상문相門의 남쪽에 있었다. 처음엔 봉문封門이라 불렸으니 봉우산封禹山에서 얻은 이름이다. 부근의 호수나 강에서 순무가 많이 나 나중에 봉문葑門이라 개명했다. 1936년에 문루門樓가 철거되었고 1950년대에 성문을 철거했다.

놓여 있었다. 여 씨가 손에 귀뚜라미 10여 마리가 담긴 병을 들고 등불 앞에 앉았는데 배가 몹시 고팠다. 두 사람이 각기 술안주를 가지고 와서 모두 함께 먹었다. 들릴락 말락 병을 앓는 사람의 신음 소리와 시끄러운 소리가 들려 여 씨가 무슨 일이냐고 물으니 두 사람이 말했다.

"이웃집 환자입니다. 병세가 심각해요."

잠시 후 오경이 되자 두 사람이 귓속말로 말했다.

"처리할 때가 되었어."

신발 속에서 문서를 꺼내 여 씨에게 말했다.

"당신이 이 종이에 숨을 불어넣으시오."

여 씨는 그들이 무슨 일을 하는지 몰랐으나 웃으면서 따라 했다. 숨을 불어넣자 두 사람은 기뻐하며 다리를 뻗어 옥상 위로 걸치고 뛰어 올랐다. 다리 길이는 한 길이 넘고 끝은 닭 발톱 같았다. 여 씨가 크게 놀라 물어보려고 했으나, 두 사람은 보이지 않고 이웃집에서 나는 통곡 소리만 들려왔다. 여 씨는 방금 만난 것이 사람이 아니라, 혼이 빠지게 하는 귀신勾魂鬼임을 알게 되었다.

날이 밝자 여 씨가 문을 열고 나가려 했지만, 문은 밖에서 단단히 잠겨 있었다. 그는 나가지 못해 큰 소리로 외쳤다. 상가 사람들이 깜짝 놀라 자물쇠를 부수고 방에 들어가 여 씨를 도적이라 여기곤 앞다투어 그를 구타했다. 여 씨가 자세한 내막을 알려주고 아울러 귀뚜라미 병을 가리키며 증거로 삼아 말했다.

"설마 이 자질구레한 것을 훔치려 했겠습니까?"

그때 마침 여 씨를 아는 사람이 있어 비로소 풀려났다. 그가 먹고 마신 술과 음식의 잔과 그릇은 모두 이 집의 것인데 어떻게 가져온 것인지 몰랐으며, 자신의 몸조차 어떻게 이 집으로 들어오게 되었는지 몰랐다.

趙西席

산동 안찰사 백영당白映棠 집에서 가정교사를 초빙했다. 그의 성은
趙조, 이름은 강우康友이고 강희 26년(1687)의 거인으로 손님과 주인,
스승과 제자 모두 화목하게 잘 지냈다. 이들은 원소절에 등불을 켜
놓고 모두가 함께 술을 마셨다. 술자리가 파하자 조강우는 서재로
잠을 자러 갔다. 이튿날 정오가 다 되어도 조강우는 일어나지 않았
다. 시동이 창밖에서 안을 엿보니 조강우의 머리엔 두 송이 종이꽃
이 꽂혀 있고 두 손은 뒤로 묶였으며, 입가에 미소를 지었고 두 눈으
로 흘겨보았으며 나체로 그곳에서 뻣뻣하게 서 있었다. 시동이 깜짝
놀라 주인에게 알렸다. 사람들이 문을 발로 차고 안으로 들어가 보
니 조강우는 이미 죽어 있었다. 그의 흉부 정중앙에는 둥근 구멍이
나서 등까지 뚫렸고 크기는 그릇만 했다. 그곳엔 심장과 간장이 없었
는데 뭔가에 의해 도려내진 것 같았다. 옷을 벗기고 손을 뒤로 묶고
꽃을 꽂은 것은 제사지낼 때 쓰는 돼지와 양의 모습을 흉내 내어 그
를 조롱한 것이다.

양사 좌령

楊
四
佐
領

좌령佐領² 양사楊四는 성품이 강직하고 화기애애한 40대다. 그가 갑자기 가족에게 말했다.

"어제 저녁에 내가 꿈속에서 보니 금빛 갑옷을 입은 신이 내 이름을 부르며 말하더군.

'제7전 염라왕第七殿閻羅王이 결석하여 대신할 사람이 없다. 남악신도 이미 네 이름을 상제에게 보고했으니 조만간 차례를 기다렸다가 알현할 것이다. 그대는 빨리 관복과 관모로 갈아입고 부름을 기다리라.'

내가 두세 번 사양했으나 금빛 갑옷을 입은 신이 이렇게 말했지.

'이미 상부에 추천했으니 돌이킬 도리가 없소. 다행인 것은 추천한 사람이 그대까지 모두 네 명이라는 것이오. 아마 만나뵐 때 상제께서 그대를 쓰지 않는다면 그대 수명은 아직 끝나는 것이 아니오.'

---

2 청대 군대 팔기八旗의 최소 단위로 200명 내지 300명의 병사로 구성되었다. 혹은 이 군대의 우두머리를 '좌령'이라 부른다. 여기서는 후자의 뜻이다.

이렇게 말을 마치고 금빛 갑옷을 입은 신은 떠났지. 꿈속에서 이렇게 예시하니 틀림없이 우연은 아니야. 얼른 관복과 관모를 만들어놓고 집에서 기다려보자."

가족들은 이 말을 듣고도 반신반의하면서 재봉사를 불러 관복과 관모를 만들지 못했다.

이날 저녁에 금빛 갑옷을 입은 신이 다시 와서 그를 질책하며 말했다.

"네게 새 옷을 만들라고 명령했는데 너는 시간을 질질 끌며 뭐하는 짓이냐? 어제 옥황상제의 성지가 이미 하달되어 너를 염라왕으로 파견했으니 알현할 필요는 없다."

양사가 놀라서 잠에서 깨어나 급히 가족에게 알리고는 졸도하여 숨이 끊어졌다.

세속의 관례에 따르면 사람이 죽은 지 7일이 되면 죽은 사람의 혼을 맞이한다. 이날이 되자 양씨 가족도 세속의 풍습에 따라 일을 시행했다. 호 백호胡百戶[3]라는 사람이 저녁에 양씨 집에 와서 제를 올리기 위해 양씨 집이 있는 골목에 이르니 기치가 선명한 깃발을 든 사람들이 등롱을 높이 들고 있었다. 한가운데의 관리는 망포蟒袍[4] 관복을 입은 것으로 보아 순성어사巡城御史인 듯하여 길옆으로 비켜서서 양보했다. 막 보고 있는데 양사가 수레에서 큰 소리로 외쳤다.

"호 백호, 무서워하지 마. 나는 저승에서 이미 부임했지만 판관이

---

3 백호는 명·청 시대 하급 무관직이다.
4 명·청 시대 대신의 예복으로 금빛 뱀을 수놓아서 붙은 이름이다.

한 명 부족하여 자네에게 이 직무를 맡길 테니 날 도와주게."

호 백호는 놀랍고 무서워 양친이 모두 연로한 까닭에 자기는 지금 죽을 수 없다고 말했다. 그러자 양사가 말했다.

"내가 이미 상제께 보고했으니 상의할 여지가 없어. 자네 부모님이 연로한 줄은 나도 아네. 자네 매부 장張 씨를 불러 자네 대신 효도하며 모시도록 할게."

말을 마치곤 사라졌다.

호 백호는 급히 집으로 돌아가면서 양사에게 제사지낸 걸 매우 후회했다. 모친과 함께 마음속이 온통 혼란스러웠다. 이때 어떤 사람이 문을 두들겨 열어보니 그 사람이 은을 주면서 말했다.

"저는 양사 좌령의 매부 장 아무개입니다. 어제 꿈속에서 염라왕에게 불려 갔더니 저보고 은 50냥을 가져가 당신을 도와주라고 하더군요. 염라왕의 명령은 감히 위반할 수 없어 지금 가져왔어요. 곧 부임하라는 전갈이 있으셨습니다."

호 백호는 자신이 곧 죽을 줄 알고 문밖으로 나가 친우들과 작별했는데 3일이 지나 세상을 떠났다.

藍
頂
妖
人

남정의 요망한 사람

 양주 상인 왕춘산汪春山의 집에선 극단을 운영했다. 소주 사람 주이관朱二官은 생김새와 기예 모두 훌륭하여 왕춘산은 그를 서령문徐寧門5 밖 화원에 살게 했다. 어느 날 이웃에서 불이 나 불길이 화원까지 번져 주이관은 골목으로 도망갔다. 골목 서쪽에서 두 미녀가 문에 기대 손짓으로 그를 부르자, 주이관은 그녀들을 따라 문 안으로 들어갔다. 두 미녀는 성이 왕汪 씨이고 왕춘산의 친척이라고 했다. 세 사람이 한참 흥겹게 얘기할 때 표범 가죽 외투를 걸치고 남정자藍頂子6를 쓴 사람이 들어오더니 두 미녀의 부친이라고 말했다. 그 사람의 나이는 50여 세였는데 강제로 주이관을 사위로 삼으려고 했다.

---

5 양주의 12개 성문 중 하나로, 원래 명대 가정 연간에 축조한 남편문南便門이었다. 청초엔 서령문으로 바꾸었다가 나중에 "세상의 밝은 달밤 셋으로 나눈다면, 사랑스러운 양주가 둘을 차지할 듯天下三分明月夜, 二分無賴是揚州"이란 시를 쓴 당대 시인 서응徐凝을 기념하기 위해 이름을 서응문徐凝門으로 바꾸었다. 성문이 사라진 지금은 난통둥로南通東路를 경계로 삼아 북쪽은 쉬닝먼다졔徐凝門大街, 남쪽은 쉬닝먼로徐凝門路라고 부른다.
6 청대 3품, 4품 벼슬의 모자 위에 단 구슬.

주이관은 마음속으론 여성의 미모를 탐냈으나 입으로는 집안이 가난하여 혼수를 장만할 수 없다고 둘러댔다. 남정자를 쓴 사람이 말했다.

"상관없네. 모든 비용은 내가 부담하네."

주이관은 소주에 돌아가 부모님께 알리고 싶었으나 남정자를 쓴 사람이 말했다.

"자네가 소주로 돌아가도 상관없네. 단지 내 딸이 자네 용모에 반하여 자네에게 시집가려는 것이네. 나도 두 집안의 형편이 맞지 않는 것을 알고 있으니, 자네는 절대로 내 조카 왕춘산에게 알리지 말게."

주이관은 배를 빌려 그 사람과 함께 소주 창문閶門7에 이르러 혼사를 부친에게 알렸다. 그의 부친은 목공인데 역시 며느리를 들일 돈이 없다는 이유로 사양했다. 남정자를 쓴 사람이 주이관에게 돈 20관을 주어 결혼 비용으로 삼게 했는데 전부 강희통보康熙通寶였으며 붉은 실로 꿰여 있었다. 주이관이 돈을 가지고 집으로 돌아가다가 길에서 도둑을 잡는 포졸 몇 명을 만났는데 그를 따라오다가 그에게 말했다.

"붉은 실로 꿴 돈은 아무개 관리의 세뱃돈이니 분명 네가 도둑이로구나."

말을 마치고는 그를 붙잡아 관아로 압송하려고 했다. 주이관이 돈의 내력을 설명하는데 길가의 사람들이 몰려들어 구경하면서 이상하게 여기며 말했다.

---

7 호구虎丘 방향으로 나 있는 옛 소주 고성의 서문.

"남정자를 쓴 사람을 꼭 봐야만 너를 풀어주겠다."

주이관이 말했다.

"저의 장인이 제게 준 돈입니다. 원래 오늘이 결혼식입니다. 얼마 안 있으면 신부가 탄 꽃가마가 도착할 터이니 기다려보세요."

사람들은 그의 말에 동의했다.

오래지 않아 과연 멀리서 북을 치며 연주하는 소리가 들렸다. 네 명이 홍마갑紅馬甲을 입고 꽃가마를 메고 왔다. 사람들이 소리 지르며 나아가 장막을 열고 보니 푸른 얼굴에 어금니가 삐져나온 괴물이 그 안에 앉아 있었다. 사람들은 혼비백산했고 포졸조차 도망갔다. 주이관은 이 때문에 잡혀가지 않았다. 급히 집으로 돌아와 보니 남정자를 쓴 사람이 이미 높은 전당에 앉아 그를 욕하며 말했다.

"너보고 말하지 말라 했는데 너는 결국 수많은 사람에게 알렸을 뿐 아니라 사람을 모아 함께 나를 붙잡으려 했다. 너는 어찌 이렇게 양심이 없는 게냐?"

사람을 불러 몽둥이를 가져오게 하여 때리자 두 딸이 구해달라고 애걸하는 바람에 겨우 맞지 않게 되었다. 결혼한 지 한 달 뒤 그들은 함께 양주로 돌아왔다.

다시 일 년이 지났다. 어느 날 두 딸이 술자리를 마련하고는 주이관에게 말했다.

"우리 인연은 여기까지입니다. 서방님은 고향으로 돌아가세요."

주이관이 돌아가려 하지 않으며 눈물을 흘리자, 두 딸도 눈물을 흘렸다. 이렇게 며칠이 지나자 남정자를 쓴 사람이 갑자기 와서는 두 딸을 다그쳤다. 딸들이 떠나려 하자 주이관은 그녀들의 옷을 꽉 움켜쥐고 놓아주지 않았다. 남정자를 쓴 사람은 화가 치밀어 손으로 주이관을 붙잡아 공중으로 내던졌다. 주이관은 땅에 떨어져 졸도했다. 깨어났을 때는 소주 호구의 뒷산에 있었다.

蒙化太守

몽화 태수

무석 사람 조오집曹五輯이 운남 몽화蒙化 태수를 맡았다. 그의 아들은 건륭 15년(1750)의 거인이며 강소 순무 장자포莊滋圃[8]의 문하생이다. 건륭 21년(1756) 무석에 전염병이 돌았다. 화검광華劍光의 아들은 평소에 선한 일을 잘 했다. 그는 옛 그림 몇 폭을 가져와 조오집의 아들에게 맡겨 팔게 하고는 다음과 같이 부탁했다.

"은 800냥에 팔아서 본 성의 죽은 사람들의 장례 비용으로 쓰시오."

조오집의 아들은 소주의 장 씨 집으로 가서 그림을 장자포에게 보여주었다. 장자포는 조오집의 아들이 그림을 파는 것은 선한 일을 하기 위해서이고 그림도 좋아 보여 그에게 은 800냥을 주었다. 조오집의 아들이 무석으로 돌아온 뒤 80냥의 은을 가져다 화華 씨 집에 주면서 말했다.

---

8 장유공莊有恭(1713~1767)은 자가 용가容可, 호가 자포滋圃이며 동봉東鳳(지금의 산터우시汕頭市 룽후구龍湖區 둥펑촌東鳳村) 사람이다. 건륭 4년(1739) 장원으로 합격하고 한림원 수찬, 시독학사, 광록시경光祿寺卿, 내각학사, 호부시랑, 강소 순무, 절강 순무, 호북 순무, 형부상서, 협판대학사協辦大學士를 역임했다.

"그림 값이 이것뿐이네요."

화 씨는 어쩔 수 없어 억지로 돈을 모아 관 몇 구를 사고는 뼈가 황야에 드러난 이들을 매장했으며, 남는 사람은 달리 도리가 없었다.

오래지 않아 조오집의 아들이 병들어 죽었다. 조오집은 애도하다가 고소장을 써서 동악신 앞에 불태우면서 자신은 관직생활을 청렴하고 정직하게 했으며 아들은 무죄이니 지금과 같은 보응을 받아선 안 된다고 진술했다. 그가 집으로 돌아온 뒤 엎드려 졸고 있는데, 푸른 옷을 입은 사람이 동악신의 소환장을 들고 들어와 그를 불렀다. 조오집이 그를 따라 대전 밖으로 나가니 신이 계단 앞까지 내려와 그를 맞으며 말했다.

"당신이 비난하는 것도 확실히 일리가 있소. 하지만 당신 아들이 근래에 나쁜 일을 저질렀어요. 남의 돈을 탐내 수많은 사람의 뼈가 황량한 들판에 드러나도록 만들었지요. 공께서 믿지 못하겠거든 집으로 돌아가 아들 서재의 상자를 열어보시오."

말을 마치고는 사람에게 명하여 죄수 한 명을 압송하여 수갑을 채웠는데 바로 그의 아들이었다. 조오집은 아들을 껴안고 통곡하다가 놀라서 깨어났다. 급히 아들 서재로 가서 상자를 열어보니 은 700냥이 아직 남아 있었다. 하인에게 물어보고서야 아들이 그림을 팔면서 탐욕한 일을 알게 되었다. 이 일은 며느리조차 몰랐다. 이로부터 조오집이 아들을 애도하는 정은 줄어들기 시작했다.

店主還債

찻집 주인의 빚을 갚다

감천甘泉 현아 관리 추鄒 씨가 달밤에 서문대가西門大街를 지났는데 이미 삼경이라서 길에는 다니는 사람이 없었다. 추 씨가 회화나무 아래의 작은 방을 보았는데 문은 열려 있고 한 여자가 문에 기대 서 있었다. 추 씨가 담뱃불을 빌리는 척하면서 여자에게 가까이 다가가도, 그 여자는 도망가지 않았다. 추 씨는 기뻐하며 여자를 데리고 방으로 들어가 걸상에 앉아 밀담을 나누면서 내일 다시 오기로 약속했다.

이튿날 새벽에 추 씨가 그곳에 가서 찾았으나 회화나무 아래엔 결코 사는 사람이 없었다. 다만 관을 놓은 작은 집이 있었을 뿐이다. 그가 창밖에서 보니 그 걸상은 아직도 있었다. 걸상은 먼지가 가득했는데 두 사람이 함께 앉았던 흔적이 남아 있었다. 그는 귀신에게 홀렸음을 깨달아 마음속으로 우울하고 불쾌했다.

하루는 새벽에 일어나 아내에게 말했다.

"어떤 사람이 내게 7냥 2전의 빚을 졌는데 받아가지고 돌아오겠소."

떠난 뒤에는 다시 돌아오지 않았다. 이튿날 앞거리의 어느 찻집에서 어떤 사람이 차를 마시다가 죽었다는 말이 왁자지껄하게 들렸다. 찻집 주인이 관청에 보고하자 관청에서 사람을 보내 검시했는데 상처가 없어 찻집 주인에게 관을 사서 안장하되 사망자의 가족을 불러 확인하게 했다. 추 씨 아내가 소식을 듣고 가서 보니 과연 자신의 남편이었다. 찻집 주인에게 관의 가격을 물으니 마침 7냥 2전이라 했다.

許氏女報奶娘仇

허 씨 딸이 유모에게 복수하다

항주 사람 허許 씨는 염상이다. 딸이 태어난 지 40일 되던 날 갑자기 온몸에 붉은 종기가 생겨 죽었다. 닷새 뒤 혼이 계집종의 몸에 붙어 입으로 이렇게 말했다.

"저는 당신의 딸인데 죽어서는 안 되는 운명입니다. 사실 유모가 좋지 않아 자신은 잠만 자고 저를 대청 처마 계단 아래에 놓고는 전혀 보살피지 않았어요. 왼쪽 이웃집에서 초상이 나자 살신煞神이 지나가다가 제가 길을 막아 그에게 죄를 지어 죽은 것입니다. 저는 지금 유모에게 원수를 갚으려고 왔어요."

그녀의 부모는 이 말을 듣고 상심해 울면서 딸에게 알렸다.

"유모는 해령海寧 사람인데 네가 죽은 뒤 이미 떠났단다. 네가 어떻게 유모를 찾아서 복수하겠다는 말이냐?"

"계약서를 가져오세요. 유모의 주소를 알 수 있어요."

딸의 말대로 가져와 보이니 한참을 주시하다가 말했다.

"부모님께 폐를 끼칠 수 없어 제가 직접 찾으러 갈게요. 종이배를 태워주시기만 하면 됩니다."

허 씨 가족이 종이배를 불에 태우자 계집종은 정상으로 돌아왔
다. 이후 유모가 죽었는지 살았는지 허 씨는 사람을 보내 물어보지
않았다.

蠱   고

운남 지방에서는 집집마다 고蠱[9]를 길렀다. 고는 금과 은을 대변으로 배출할 수 있어 사람에게 이로움을 주었다. 매일 밤 고를 풀어놓으면 번쩍이는 불빛이 번개가 반짝이는 것처럼 동서로 분산되었다. 대중을 모아 부르면 그것을 땅에 떨어지게 할 수 있으며, 형상은 뱀 같기도 하고 개구리 같기도 하여 종류마다 다르다. 사람들은 고에게 잡아먹히지 않도록 아이들을 조심스럽게 숨겨놓았다. 고를 기르는 사람은 따로 밀실을 마련하여 여성에게 먹이를 주도록 했다. 고가 남자를 보기만 하면 죽일 수 있기 때문이다. 왜냐하면 고는 순수한 음기가 모여 이루어진 것이기 때문이다. 남자를 먹는 고는 금을 대변으로 배출하고, 여자를 먹는 고는 은을 대변으로 배출한다고 한다. 이는 운남 총병 화봉華封이 내게 해준 말이다.

---

9 인공으로 배양한 독충의 하나.

독주를 마시게 하고
향불을 취하다

鳩人取香火

항주의 도사 요명廖明이 돈을 모아 관제묘를 세우려고 했다. 소상을 개막하는 날 성안 및 시골의 선남선녀가 벌떼처럼 몰려와 향을 사르고 엎드려 절을 했다. 갑자기 어떤 무뢰한이 사당으로 들어와 위풍당당하게 관제상 옆에 앉더니 신상을 가리키고 조롱하며 욕했다. 사람들이 그를 말리려고 하자 도사가 말했다.

"말릴 필요 없어요. 그냥 내버려두세요. 반드시 대가를 치를 겁니다."

잠시 뒤 무뢰한은 땅에 쓰러져 배가 아프다고 소리치면서 떼굴떼굴 구르다가 죽었는데 일곱 구멍에서 피가 흘러나왔다. 사람들은 깜짝 놀라며 관제가 현신한 것으로 여겼다. 이에 사당의 향불이 더욱 왕성하게 타올라 도사는 이때부터 돈을 벌었다.

1년이 지나고 도사의 동료가 재산을 고르게 나눠주지 않자 어떤 사람이 고발했다. 지난해에 무뢰한이 신을 모욕할 때 도사가 그에게 뇌물을 주고는 고의로 독살하도록 시켰다는 게 이유다. 무뢰한이 죽은 것은 도사가 그에게 건네준 독주 때문이었는데, 무뢰한은 이 사실을 전혀 몰랐다고 했다. 관청에서 무뢰한의 유골을 파내어 검시했더니 두개골은 과연 검푸른 색이었다. 이에 법에 의거하여 도사를 사형에 처했다. 관제묘의 향불은 이때부터 쇠락했다.

과거시험장의
두 가지 이야기

강서 출신의 주역당周力堂 학사가 계묘년癸卯年(1723) 향시에 응시했다. 시험의 제목은 「학이우즉사學而優則仕」[10]였는데 주역당은 문장을 매우 심오하게 작성했다. 방고관房考官[11] 장 씨는 그의 문장을 이해하지 못해 대로하여 붉은 붓으로 지워버리고 불합격 답안지에 놓았다. 저녁에 각 방房의 시험관이 모두 잠을 자러 갔다. 장 씨가 갑자기 끊임없이 허튼말을 지껄이기 시작하고 자신의 뺨을 때리면서 말했다.

"이렇게 잘 쓴 문장을 이해하지 못하다니. 그러면서 후안무치하게 채점을 맡았더냐."

그러고는 끊임없이 욕하고 때렸다. 가족은 그에게 정신 착란이 왔다고 여겨 급히 다른 방고관을 불러와 장 씨가 채점한 시험지를 살펴보게 했으나 그들 모두 이해하지 못했다. 그래서 이렇게 말했다.

---

10 『논어』 「자장子張」 편에 나오는 구절이다.
11 수험생의 채점을 담당하는 시험관.

"시험 삼아 이 답안지를 보내면 어떻겠습니까?"

주임 시험관은 예부시랑 임난지任蘭枝[12]였다. 그가 이 답안지를 보더니 놀라며 말했다.

"정말 기이한 문장이로다. 모든 답안지 가운데 이보다 훌륭한 것은 없다. 일등으로 놓을 만하다."

마침 부주임 시험관 덕공德公이 글을 보다가 피곤하여 탁자에 엎드려 졸기 시작했다. 임난지는 그가 깨어나자 그에게 이 답안지의 상황을 알렸다. 덕공이 수험 번호가 몇 번인지 묻자 임난지는 "남자男字 제삼호第三號"라고 대답했다. 그러자 덕공이 말했다.

"볼 필요도 없이 일등으로 확정지읍시다."

임난지가 이유를 묻자 그가 대답했다.

"내가 방금 잠들었는데 갑자기 금빛 갑옷을 입은 신이 내게 축하하며 말하더군요. '당신 셋째 아들이 일등으로 합격했군요.' 지금 남자 제삼호 답안지를 보니 어찌 영험을 드러낸 것이 아니겠는가?"

말을 마치고 주역당 답안지를 보더니 더욱 찬탄하며 이에 일등으로 확정했다. 장 씨가 합격자 명단을 발표한 뒤 사람들이 방고관 장 씨에게 왜 허튼소리를 했느냐고 물으니 장 씨는 아무것도 알지 못했다. 주역당은 나중에 관직이 복건 순무福建巡撫, 남하 총독南河總督에 이르렀다.

---

12 임난지(1677~1746)는 자가 향곡香谷 또는 수재隨齋이며 강소 율양溧陽 사람이다. 강희 52년(1713)에 진사가 되었고 한림원 편수가 되었다. 옹정 원년(1723)에 내각학사를 지냈고 이후 병부시랑, 세종실록 총재, 예부상서 등을 역임했다.

옹정 4년(1726) 강남 거인 시험에 당시 방고관으로 초빙된 사람은 모두 가까운 성 진사 출신의 관리였으며 하나같이 젊고 영준했다. 그 중에 장루張壘는 진사에 합격한 지 오래되어 그들 중에서 자신이 선 배라고 여겼다. 그는 성격이 특히 진부하고 우활했다. 매일 밤 그는 향을 사르고 하늘에 기도하며 말했다.

"장루는 나이가 많아 학업을 등한시하여 시험관 관직을 맡지 못 할까 두렵사옵니다. 답안지 가운데 좋은 문장이 있거나 그 조상 가 운데 음덕을 쌓은 이가 있다면 신명께서 몰래 제게 일깨워주시길 바 랍니다."

각 방고관은 그가 어리석다고 비웃으며 조롱했다. 작은 대나무 막 대기를 꺾어 그가 등불 아래에서 답안지를 보면서 불합격 답안지를 한쪽에 치워놓을 때 대나무로 몰래 창호지를 뚫고 그의 모자를 쳐 서 떨어뜨렸다. 이렇게 세 번이나 벗기자 장루는 깜짝 놀라 귀신이 현신했다고 여기고는 의관을 정제하고 공중에 머리를 조아린 다음 기도하며 말했다.

"이 답안지는 잘 작성하진 못했지만 신명께서 저를 일깨워주시니 수험생이 틀림없이 음덕을 쌓은 것 같군요. 정말 그러하다면 신명께 서는 이전처럼 제게 가르쳐주시기 바랍니다."

여러 방고관은 이 말을 듣고는 더욱 그를 비웃었다. 그가 다시 그 답안지를 옆에 놓을 때 대나무로 그의 모자를 쳐서 떨어뜨렸다. 이 번에 그는 답안지를 다시 보지 않고 그대로 당상으로 밀어놓았다. 밤 이 깊어 두 시험관은 이미 잠들어 있었지만 장루는 그들의 방문을 두드려 깊은 밤에 신명이 일깨워주어 주임 시험관을 찾아왔다고 말했다. 주임 시험관 심근사沈近思[13]는 답안지를 읽어보더니 말했다.

"이 문장은 참으로 잘 썼구나. 충분히 합격하고도 남지. 자네는 어째서 신명의 가르침을 빌리는가?"

여러 방고관은 이 말을 듣고는 입을 닫고 감히 말을 꺼내지 못했다. 장 씨가 합격자 명단을 발표하자, 방고관들은 야단법석을 떨면서 장루를 비웃으며 말했다.

"우리가 당신에게 장난친 거요."

그러자 장루가 정색하며 말했다.

"제가 여러분에게 희롱당한 것이 아니라, 여러분이 귀신에게 희롱당한 것이오."

사람들은 이 말을 듣고 장루의 말에 일리가 있다고 여겼다.

---

13 심근사(1671~1727)는 자가 위산位山, 호가 암재闇齋, 庵齋이며 운하진運河鎭 오항五杭 사람이다. 9세에 고아가 되어 친척이 영은사에 보냈다. 주지는 그가 총명하다고 여겨 과거시험을 준비하게 했다. 전당현학錢塘縣學에 들어가 공부할 때 항상천項霜泉의 딸과 결혼했다. 주지는 세간의 비난을 두려워하여 심근사를 절에 가두고 머리를 깎고 가사를 입혔다. 그러자 '삼학三學'의 제생들이 연명하여 학사學使에게 고소하자 주지가 심근사를 풀어주었다. 강희 38년(1699)에 거인, 이듬해에 진사가 되어 임영 현령臨穎縣令을 맡았다.

사촌 오빠라고 부르는 너구리

狸稱表兄

육합六合 노매암老梅庵[14]에는 언제나 호리정狐狸精이 출몰하는데 저녁때에 나타나 사람을 홀리곤 했다. 창밖에서 사람을 부를 땐 표형表兄이라 불렀다. 사람들은 서로 경계하여 대답하지 않았는데, 호리정이 대답을 듣지 못하면 스스로 떠나갔다. 하夏 씨 성을 가진 소년이 노매암에서 공부하고 있었다. 달빛이 비치는 저녁에 그를 부르는 소리가 들려 그는 사람인 줄 알고 창문을 열고 대답했다. 그랬더니 추악하게 생긴 여자가 그에게 인사했다. 하 씨 소년은 그녀를 상대하고 싶지 않았으나 도리어 여자는 그를 안고 방 안으로 들어가 바지를 찢고는 온 힘을 다해 그의 양물陽物을 빨았다. 정액을 다 빨아먹은 뒤에야 떠나갔다. 전하는 말에 따르면, 이 요괴의 힘이 대단해서 자신도 통제하지 못하며, 게다가 모공에서 비린내가 나 호리정이 지나는

---

14 지금의 난징시 북부의 류허구六合區에 궈라오탄果老灘이라는 지명이 있다. 전하는 말에 따르면, 장과로張果老가 저하탄瀦河灘의 노매암에서 득도하고 신선이 되어 떠났다고 한다.

곳마다 악취를 남기며 한 달이 지나야 냄새가 가신다고 한다.

육 대사마 무덤

陸
大
司
馬
墳

항주 육 대사마陸大司馬 집에서 묘지를 고를 때 그의 아들이 지관
의 말을 듣고 은 1000냥을 써서 청파문 밖의 땅을 구입했다. 묘혈을
파고 매장할 때 커다란 관 하나가 나왔다. 친구들은 육 씨에게 옛 관
을 건드리지 말고 다른 곳에 묘혈을 파라고 권유했다. 육 씨는 불가
하다며 말했다.

"내가 거금을 주고 산 땅이다. 니들이 뭔데 감히 내 땅을 차지
하려고?"

그러고는 관을 파내버렸다.

이날 저녁에 육 씨는 병을 얻어 자기 뺨을 때리며 입으로 자신이
갈葛 부인이라 하면서 말했다.

"네 아버지 상서의 힘을 믿고 내 지하 주택을 빼앗다니? 내 아들
도 명대의 시랑이야."

사람들이 그 아들이 누구냐고 물으니 다음과 같이 대답했다.

"갈인량葛寅亮[15]이오. 우정으로 보아 당신 부친과는 고향 친구이나
공명으로는 선배다. 그대가 부친을 매장하면서 내 유골을 버렸으니

그대 부친의 마음이 편안하겠소?"

육 대사마 부인이 온 가족을 데리고 울면서 사정하며 스님을 불러 법회를 열고 10만 지전을 살랐다. 갈 부인이 한참을 보고 듣더니 사정을 봐주려는 듯했다. 그런데 육 씨가 다시 갑자기 갈 시랑의 말투로 말했다.

"그대가 내 모친의 무덤을 훼손했으니 용서할 수 없소."

잠시 후 스님의 힘을 빌려 다시 육 씨 족조族祖 제하梯霞 선생의 말투로 육 씨를 대신해 통사정했다. 갈 시랑은 전혀 대답하지 않았다.

귀신이 한참 야료를 부릴 때 육 씨 댁의 서십구舒十九라는 친척이 집에 왔다. 그는 한림원에 들어갔다가 오는 길이었다. 그가 곁에서 권유하며 말했다.

"육 씨가 돈을 내고 묘지를 샀는데 당신은 무슨 명분으로 빼앗은 것이오?"

귀신이 육 씨의 입을 빌려 욕했다.

"어린놈이 관리가 된 지 얼마 되지 않아 감히 허튼소리를 하다니. 너도 목숨을 부지하기 힘들 게다."

육 씨가 죽고 한 달이 지나 서십구도 사망했다.

---

15 명대의 관리로 자가 빙감冰鑑, 호가 기첨屺瞻이며 전당 사람이다. 만력 29년(1601)에 진사가 되었으며 주요 저작으로는 『금릉범찰지金陵梵刹志』가 있다.

구금당한 귀신

鬼受禁

상우上虞 현령 형邢 씨는 아내와 줄곧 화목하게 지내지 못했다. 한 번은 그가 아내와 다투다가 아내의 뺨을 몇 대 때렸다. 아내는 화가 나서 목을 매달아 자살했다. 3일 뒤 죽은 처가 모습을 드러내 야료를 부렸다. 형 씨가 첩과 함께 잠을 잘 때 차가운 바람이 불더니 휘장을 들추거나 등불을 꺼버렸다. 형 씨가 대로하여 도사를 불러 부적을 그리고 주문을 외우게 하여 귀혼鬼魂을 동쪽 행랑채에 가둬놓고 부적으로 봉하고는 그 위에 관인을 찍었다. 이로부터 귀신은 두 번 다시 출현하지 않았다.

오래지 않아 형 씨는 전당 지현錢塘知縣으로 전근을 가게 되었다. 형 씨가 떠나고 부임해온 후임 상우 지현이 행랑채 문을 열자 귀신이 나와 계집종의 몸에 붙어 예전처럼 야료를 부렸다. 후임 관리가 귀신에게 말했다.

"부인은 형 씨와 원수를 졌지, 계집종과는 상관없어요. 어째서 계집종을 해치는 거요?"

"제가 계집종을 해치는 것이 아니라, 저는 단지 그녀의 몸에 붙어

042

서 공의 도움을 청하기 위해서입니다."

무슨 도움이 필요하냐고 물으니 귀신이 대답했다.

"저를 전당의 형 씨가 있는 곳에 보내주세요."

"왜 스스로 가지 않습니까?"

"저는 억울하게 죽은 귀신입니다. 연도에 길을 막는 하신河神이 있어서 관인이 찍힌 문서가 있어야 통과할 수 있으니 관리 두 명을 파견하여 압송하여주십시오."

"누구를 보낼까요?"

"진귀陳貴와 등성滕盛을 보내세요."

두 사람은 모두 죽은 관리였다. 후임 상우 지현은 그녀의 말대로 처리하여 문서를 불태우며 그녀를 보내주었다.

이날 형 씨가 마침 침실에서 저녁밥을 먹는데 그의 첩이 갑자기 땅에 쓰러지며 크게 외쳤다.

"당신 너무 양심이 없구려. 당신이 저를 핍박하여 죽게 만들고 또 저를 동쪽 행랑채에 가둬 굶겼어요. 그래서 제가 지금 돌아왔으니 이제부터는 가만두지 않겠어요."

이로부터 전당현 관아는 밤낮으로 시끄러워졌다. 형 씨는 어쩔 도리가 없어 다시 도사를 불러 법술을 부리고 부적을 쓰고 관인을 찍어 귀신을 전당현 감옥으로 보냈다. 귀신이 떠나갈 때 큰 소리로 말했다.

"당신은 정말 양심도 없군요. 이전에 나를 동쪽 행랑채에 가뒀으나 역시 사람이 사는 곳이었습니다. 지금은 내가 무슨 죄가 있다고 감옥에 가둡니까? 반드시 당신에게 보복할 겁니다."

한 달이 안 되어 감옥에서 중죄인이 목을 매달아 자살하자, 형 씨는 이 일로 탄핵을 받아 해직되었다. 형 씨는 너무 무서워서 머리를 깎고 출가하여 스님이 되어 천하를 유람하려고 결심했다. 동료 가운데 어떤 사람이 돈을 내어 그를 도와 가사와 바리때를 구입했지만, 그는 미처 떠나기도 전에 병사했다.

狐
鬼
入
腹

여우 귀신이 배 속으로 들어가다

　　이학봉李鶴峰[16] 시랑의 아들 이익李鷁의 자는 의산醫山이다. 건륭
26년(1761)에 진사가 되어 한림원에 들어갔으며 시문을 잘 지었고 또
한 정주程朱 이학을 좋아했다. 하루는 이익이 등불 아래서 공부하는
데 갑자기 아름다운 두 미녀가 다가와 그를 유혹했으나 그는 미동도
하지 않았다. 잠시 후 이익이 저녁 식사를 마치고 나자 갑자기 배에
서 사람 목소리가 들렸다.

　　"저의 혼이 가지에 붙어 있었는데 당신이 가지를 먹으면서 저도
먹어버렸어요. 제가 당신 배 안에 살고 있으니 당신이 어떻게 도망갈
수 있겠어요?"

　　이 목소리는 방금 등불 아래에서 보았던 여자의 것이었다. 이익은
이로부터 두 눈이 휘둥그레져서 어쩔 줄 모르고 얼떨떨해했다. 때로
는 손으로 자신의 뺨을 때렸고 때로는 소낙비가 내리면 머리에 돌을

16　이인배李因培(1717~1767)는 자가 기재其材, 호가 학봉이고 건륭 연간에 진사가 되었
다. 병부시랑, 호북 순무를 역임했다.

이고 우중에 꿇어앉아 의복이 다 젖었으며 방 안으로 감히 들어갈 수가 없었다. 때로는 사람에게 합장하고 무릎을 꿇는데 그를 끌어도 일으킬 수 없었다. 이에 안색은 노래지고 여위였으며 날마다 쇠약해져갔다. 귀신은 늘 이익의 손을 통해 글씨를 써서 사람들과 창화唱和했다. 이익과 같은 해에 진사과에 급제한 장사전蔣士銓이 그를 보며 물었다.

"자네 얼굴이 예쁘군. 왜 나를 유혹하지 않고 하필 이익을 따르려고 하지?"

이익은 손에 '무연無緣'이란 두 글자를 썼다. 장사전이 다시 물었다.

"당신 같은 절세가인이 어째서 더러운 배 안에서 사시오?"

이익은 다시 손에 두 글자 '하족下足'[17]을 써서 욕했다.

당시 강서 순무를 맡았던 오공吳公[18]은 이학봉과 친하게 지내고자 사람을 불러 이익을 강서로 보내 그를 위해 장 천사를 초청하고는 병을 치료했다. 장 천사가 등왕각滕王閣[19]에 법단을 세우고 3일 동안 재계하고는 3일 동안 주문을 외웠다. 그 수하의 도사가 패牌를 걸어놓으며 말했다.

"3월 15일 요괴를 잡겠습니다."

그날이 되자 구경꾼이 빙 둘러섰다. 장 천사는 상석에 앉고 도사

---

17 '미천한 사람(것)'이란 뜻이다.

18 오소시吳紹詩(?~1776)를 말한다. 자는 이남二南이고 산동성 해풍海豐 사람이며 이부시랑, 강서 순무를 역임했다.

19 당 고조 이연李淵의 아들 이원영李元嬰(630~684)이 세운 누각으로 장시성 난창시에 있다.

는 옆에 앉아 이익을 무릎 꿇게 하고는 도사를 향해 입을 벌리게 했다. 도사가 두 손을 뻗어 그의 입으로 집어넣어 무언가를 잡아 땅 위에 던졌다. 그의 입에서 나온 고양이 크기만 한 여우가 소리치며 말했다.

"내가 언니를 위해 소식을 물으려다가 뜻밖에도 붙잡혔군. 언니, 조심해. 나오지 마!"

배 속에서 대답이 들려왔다.

"알았어."

사람들은 그제야 그의 배 속에 또 다른 요괴가 있음을 알게 되었다. 장 천사가 요괴를 단지에 집어넣고 부적으로 봉한 다음 강물에 던져버렸다. 이익은 정신이 조금씩 맑아지는 것 같았지만 배에서는 소리 지르며 탄식하듯 말했다.

"너와는 세대에 걸친 원수다. 너를 찾을 수 없어 선고仙姑와 함께 온 것이다. 뜻밖에도 선고에게 해를 끼쳤으니 내 마음이 더욱 불안하다. 더욱 널 용서할 수가 없다."

말을 마치니 배의 통증이 그치지 않고 더 심해졌다. 장 천사가 도사에게 물었다.

"이 한림을 구할 수 있겠어요?"

도사가 거울을 꺼내 그의 배를 비추어 보며 말했다.

"이는 이 한림 전생의 원수인 귀신이지 요괴가 아니오. 법술이나 부적으로도 치료할 수가 없어요."

장 천사는 이 상황을 오 순무에게 보고했다. 순무는 듣고도 어찌할 도리가 없어 여전히 이익을 집으로 보내 요양하게 했다. 오래지 않아 이익은 마침내 사망했다.

怪
詐
人
父

귀신이 남의 아버지를
사칭하다

거인 이옥쌍李玉雙 집에 춘운春雲이란 계집종이 있는데 미모가 뛰어나고 나이는 15세였다. 이옥쌍은 그녀를 첩으로 삼으려 아내와 이미 상의한 상태였다. 이날 춘운은 대낮에 옥상에서 한 남자를 만났는데, 그녀의 머리채를 잡아 냄새를 맡으며 말했다.

"너의 머리칼에서 좋은 향기가 나니 넌 장래에 귀한 사람이 될 터 응당 나를 따라와야지 네 주인에게 시집가서는 아니 된다. 네 주인은 가난한 선생이다. 비록 거인에 합격했다 하나 최종적으로는 교관에 그칠 뿐이다. 너는 주인에게 가서 널 내게 보내라 하고 아울러 날 위해 술과 안주를 준비해두라고 전하여라. 내 곧 너의 집에 가마."

이옥쌍은 이 말을 듣고 무척 화가 났지만 또한 어찌할 도리가 없었다. 이날 저녁에 요괴가 결국 춘운과 결혼하기 위해 찾아오자, 춘운은 주인에게 술과 안주를 준비해달라고 부탁했다. 이옥쌍이 그대로 시행하니 집안은 밤이나 낮이나 평온했다. 그렇지 않았다면 기와나 벽돌이 날아다녀 극도로 혼란스러웠을 것이다.

이옥쌍은 방법이 없어 다른 사람과 상의하여 집을 팔기로 했다. 이옥쌍은 망선교望仙橋 시施 씨 집에서 교사로 지내느라 늘 집에 있지는 않았다. 하루는 상인 손경문孫耕文이 집을 보러 와 문을 두드리자, 쥐색 도포를 입고 하얀 수염을 가진 노인이 나와 손을 흔들며 말했다.

"이 집은 우리 조상 대대로 전해온 것이라 팔 수 없어요. 내 아들 이옥쌍의 허튼 말을 듣지 마세요. 당신들이 비밀리에 거래하면 장차 소송을 당할 겁니다."

손경문은 너무 놀라서 급히 이옥쌍에게 가서 방금 당한 상황을 알려주며 그의 부친이 아직도 아들 앞에서 전권을 행사하지 말아야 한다고 비난했다. 그러자 이옥쌍이 말했다.

"제 부친은 세상을 하직하신 지 10년도 넘었어요. 집엔 그런 노인이 없는데요."

이때야 요괴에게 농락당한 줄 알았는데 요괴가 부친을 사칭한 것이어서 두 사람은 크게 웃었다.

이로부터 사람들은 이 집에 요괴가 나온다는 걸 알았고 집도 팔리지 않았다. 이옥쌍은 춘운의 부모에게 춘운을 데려가도록 했다. 그리고 그들에게 몸값을 받지 않겠다고만 했다. 하지만 춘운은 얼굴을 훼손하고 머리를 자르는 등 돌아가지 않겠다며 극구 저항했다. 그녀의 모친은 딸이 요괴에게 죽임을 당할까 무서워 줄로 묶은 뒤 수레에 태워서 데려와 다른 선비에게 시집보냈다. 요괴는 끝내 따라오지 않았다.

皂莢下二鬼

쥐엄나무 아래의 두 귀신

단양 남문 밖에 사는 여呂 씨 집안에 조협원皁莢園이 있는데 여기서
얻는 소득이 무척 많았다. 쥐엄나무 열매가 익을 때마다 여 씨 부자
는 도둑으로부터 과수원을 지켰다. 어느 달빛 밝은 밤에 여 씨 부친
이 돌 위에 앉아 나무를 지켜보고 있었다. 한 나무 밑에서 헝클어진
두발 같은 것이 진흙 속에서 솟구쳤다. 여 씨 부친은 두려워 감히 보
러 가지는 못하고 아들을 불러 그것을 끌고 오게 했다. 이때 붉은 옷
을 입은 여자가 갑자기 출현했다. 여 씨 부친은 깜짝 놀라 땅에 쓰러
지고 아들은 미친 듯이 집 안으로 도망쳤다. 그 여자가 뒤에서 쫓아
와 대문 입구에 서더니 갑자기 뻣뻣해져 꼼짝도 하지 않고 한 발은
문밖에, 다른 발은 문 안에 디디고 서 있었다. 아들이 큰 소리로 부
르자 가족이 칼과 몽둥이를 가지고 나왔다. 여자의 몸에서 냉기가
뻗쳐 아무도 가까이 다가가려 하지 않았다. 여자는 당황하지 않고
빠른 걸음으로 방 안으로 들어가 몸을 구부려 침상 아래로 뚫고 들
어가더니 이내 사라졌다. 여 씨 아들이 생강즙을 아버지 입에 넣어
주니 깨어나 부축하여 집으로 돌아왔다. 그리고 이웃 사람을 불러

모아 함께 침상 아래를 파보니 과연 붉은 관이 나왔다. 관 안에는 붉은 옷을 입은 여자가 누워 있었는데 밤에 본 여자와 같았다. 이로부터 부자는 두 번 다시 과수원의 나무를 지킬 수 없었다.

3일이 지나 쥐엄나무 아래에 어떤 사람이 땅에 쓰러져 있었다. 여씨 아들이 그에게 물을 먹여 깨운 뒤 어디에서 왔느냐고 물었다. 그러자 그가 대답했다.

"저는 서쪽 이웃 사람입니다. 당신 집 쥐엄나무가 많은데도 지키는 사람이 없기에 훔치러 왔어요. 뜻밖에도 나무 아래에 머리가 없는 사람이 손으로 저를 부르더군요. 그래서 무서워 땅에 쓰러진 겁니다."

여 씨 아들이 사람을 모아 나무 아래를 파보니 검은색 관이 나왔다. 머리가 없는 시체가 매장되어 있었는데 굳기만 했을 뿐 부패되지는 않았다. 이에 시체 두 구를 한데 모아 불태우자, 괴물은 두 번 다시 출현하지 않았다.

中
山
王

　　강녕 포정사江寧布政史 관공서는 원래 명대 중산왕中山王 서가徐家[20]
의 저택이다. 그 안의 영안전寧安殿에는 중산왕의 초상을 모셨다. 영안
전에 찻상과 의자가 있는데 먼지로 몇 치나 두껍게 쌓였다. 사람들
은 관례대로 감히 닦지 않았다. 닦기만 하면 재앙을 불러온다는 것
이었다. 영안전의 장막과 탁자보는 노란색 비단으로 제작했다. 건륭
40년(1775) 아무개 포정사가 첫 부임하던 날 영안전에 가서 향을 살
랐다. 그는 마음속으로 이렇게 생각했다. 중산왕의 작위는 비록 높지
만 필경 신하인지라 장막을 노란색으로 쓰면 본분을 벗어나는 것이
라고. 그래서 사람을 시켜 붉은 비단으로 바꾸게 했다. 이날 저녁 영
안전에 불빛이 반짝거려 포정사가 급히 달려가니 장막이란 장막은

20　서달徐達(1332~1385)은 명대 개국 공신으로 자가 천덕天德이며 호주濠州(안후이성
　　평양鳳陽) 사람이다. 초기에 주원장이 곽자흥郭子興(1302~1355)의 부장部將이 되자 서
　　달도 함께 들어갔다. 이후 남쪽으로 정원定遠을 공략하고 화주和州를 차지했다. 이후 선
　　봉장이 되어 명나라 건국에 혁혁한 공로를 세웠다. 홍무 원년(1368)에 중서우승상中書
　　右丞相이 되었고 위국공魏國公에 책봉되었으며 나중에 중산왕으로 봉해졌다.

모두 타서 재가 되었고 책상만 조금도 타지 않았다. 자세히 조사해보
니 불씨는 없었다. 이에 모골이 송연하고 두려워 노란색 비단으로 장
막을 바꾸었다.

壯元不能拔貢

장원 황헌黃軒[21]이 수재가 되었을 때 여러 시험 성적이 모두 월등했다고 말했다. 건륭 30년(1765) 상강학사上江學使 양요봉梁瑤峰[22]이 그의 재주를 칭찬하며 그를 공생으로 선발하겠다고 약속했다. 시험 날 황헌은 머리가 어지럽고 눈이 침침해져 붓을 들고는 한 글자도 쓰지 못했다. 양요봉은 하는 수 없어 휴녕현休寧縣 수재 오학령吳鶴齡을 공생으로 선발했다. 합격자 명단이 발표되자 황헌의 병이 대번에 나았다. 황헌은 이때부터 공명에 대해 의기소침하여 스스로 일생에서 현승縣丞이나 주판州判을 맡을 수 있으면 그것으로 만족한다고 여겼다. 3년이 지나 황헌은 결국 연이어 거인, 진사 시험에 장원으로 합격했다. 그런데 오학령은 도리어 멀리 떨어진 율수溧水에서 교사로 지내다가 상한병으로 사망했는데, 최종적인 신분은 여전히 공생이었다.

---

21 자는 일가日駕이고 안휘성 휴녕 사람이며 건륭 36년의 장원이었다.
22 양국치梁國治(1723~1786)는 자가 계평階平이고 호가 요봉이며 절강성 소흥 사람이다. 건륭 13년(1748)의 장원이며 동국대학사東閣大學士, 호부상서, 『사고전서四庫全書』 부총재를 역임했다. 주요 저작으로는 『경사당문집敬思堂文集』이 있다.

도량형을 신중히 살피다

謹
權
量

　　방민각方敏愨[23] 공이 직예안찰사直隷按察使 대리로 지낼 때 요양饒陽
의 어떤 백성의 아내가 강간하려는 자에게 반항하다가 그만 피살되
었다. 용의자 주추周秋는 매우 교활하여 실토하려고 하지 않아 소송
사건이 2년 내내 질질 끌게 되었다. 방민각 공이 이 문서를 읽다가
삼경이 되어 앉아서 졸기 시작했다. 꿈속에서 한 사람이 백지를 들
고 있었는데 아래쪽은 넓고 위쪽은 좁았으며, 왼쪽 모서리가 없고,
중간엔 둥근 구멍이 뚫렸고, 구멍 아래에 '근권량謹權量'[24]이란 세 글

23　방관승方觀承(1698~1768)은 자가 하곡遐谷, 호가 문정問亭, 의전宜田이며 안휘 동성
사람이다. 옹정 9년(1731)에 정변대장군定邊大將軍 평군왕平郡王 복팽福彭(1708~1748)
에 의해 모사로 뽑혔으며 추천받아 내각중서內閣中書로 임용되었다. 이후에는 군기장
경軍機章京, 이부낭중, 직예 청하도대直隷淸河道臺, 직예 안찰사直隷按察使, 직예 포정사,
직예 총독을 역임했다. 시호는 각민恪敏이다. 주요 저작으로는『술본당시집述本堂詩集』
『어제면화도御製棉花圖』『문정집問亭集』등이 있다.

24『논어』「요왈堯曰」편에 나오는 구절이다. "도량형을 신중하게 헤아리고 법도를 잘
살피며 사라진 관직을 정비하면, 사방의 정치가 올바르게 시행된다謹權量, 審法度, 修閉
官, 四方之政行焉."

자가 쓰여 있었다. 방민각 공이 깨어난 뒤 곰곰이 생각해보았다. '주周'자는 아래쪽이 넓고 왼쪽 모서리가 없다. 그리고 '근권량' 세 글자는 모두 흙 '토土'자가 아래에 있으며, '토'자를 네모진 구멍 위로 옮기면 '주周'자가 된다. 그리고 「월령月令」에 나오는 '근권량' 세 글자는 가을의 정령政令을 말하므로 범인은 주추가 틀림없었다. 이에 주추를 심문하니 과연 실토했다. 이 사건은 방민각 공의 행장에 기록되어 있다.

꺼림

拘忌

새 시랑塞侍郞은 꺼리는 것이 많은 성품을 타고났다. 어떤 사람이 말할 때 죽을 '사死', 죽을 '상喪' 두 글자가 나오면 들을 때마다 그는 재채기를 했는데 이렇게 하면 나쁜 기운을 없앨 수 있으리라고 여겼다. 길을 갈 때 출상하는 영구를 만나면 그는 급히 친구 집으로 뛰어 들어가 의복과 모자를 벗고 몇 번이나 털어냈다. 이렇게 해야 나쁜 기운을 다른 집에 흩어지게 하여 자신과는 관계가 없을 거라고 여겼다.

명의 설생백薛生白[25]이 새 시랑의 집에 가서 진맥한 적이 있다. 새벽에 그의 집에 당도했으나 주인은 정오에 이르러서야 겨우 나왔다. 나올 때 보니 얼굴은 안으로 향하고 등은 바깥으로 향한 채 두 아들이 부축하면서 걸어 나왔다. 자리에 앉은 뒤 설생백이 그를 진맥하자 시랑이 병세를 말하는데 시종 고개를 돌리지 않았다. 설생백은 무척

---

25 생백은 저명한 의사 설설薛雪(1661~1750)의 자다. 호는 일표一瓢이며 강소성 오현吳縣 사람이고 원매의 친구다. 주요 저작으로 『습열조변濕熱條辨』 『일강잡기日講雜記』 등이 있다.

놀랐으나 시랑은 얼굴에 이상한 것이 났다며 손님을 마주하려 하지 않았다. 나중에 그가 이 씨 하인에게 물어보니 하인이 대답했다.

"주인님 얼굴은 희고 깨끗하여 종기는 없어요. 그렇게 한 이유는 그날 희신喜神이 동방에 있어 희신을 등질 수 없었기 때문입니다. 또 그날 진시辰時[26]는 불길한 때인지라 정오가 되어서야 나온 것입니다."

---

26 오전 7시부터 9시까지를 말한다.

기이한 요술

奇術

강희 연간에 성기범成其範[27]이란 사람은 바람이 부는 상황에 따라 길흉을 예측했다. 삼번의 난 이후 중서中書가 되었는데 천리 밖에서 벌어진 전쟁과 관련된 일에 대해 날마다 상주문을 올리자 예측이 기이하게도 들어맞았다. 이 때문에 승진하여 이심원理藩院[28] 시랑이 되었다. 한번은 성기범이 동화문東華門[29] 장 참령張參領[30] 집에 가서 좌정하고는 갑자기 모자와 허리띠를 탁자 위에 놓고는 장 참령에게 말했다.

"배가 아파 화장실에 다녀오겠소."

---

27 자가 홍서洪敍, 호는 우산곤愚山昆이다. 명 천계 5년(1625)에 진사가 되었고 남경 어사南京御史를 역임했다. 성품이 청렴 강직해 숭정제에게 상서를 올려 권신 양사창楊嗣昌 (1588~1641)을 탄핵했다가 체포되어 하옥되었다.
28 청대의 관서 이름으로 몽골, 서장, 신강 등 소수민족을 담당했던 기관.
29 북경 자금성의 동문을 말한다. 동쪽에 동화문, 서쪽에 서화문, 남쪽에 오문午門, 북쪽에 신무문神武門이 있었다.
30 참령은 청대 만주족, 몽골족, 한족 팔기의 도통 아래에 있고 좌령 위에 있었던 무관 직이다.

문을 나가서는 가마꾼을 불러 나는 듯이 집으로 돌아갔다. 가마꾼이 그에게 무슨 일이 생겼느냐고 물으니 성기범이 손을 흔들며 말했다.

"나와 너희 세 명은 오늘 재앙을 당할 사람이었어. 가지 않으면 안되어서 허리띠와 모자를 남겨놓았으니 그것을 제지할 거야."

말을 미처 마치기도 전에 동화문 화약국火藥局[31]에 불이 나서 인가 수십 채를 불태웠으며 장 참령의 집도 불타 잿더미가 되었다.

계소당計小堂은 유언비어로 민중을 미혹했다는 죄명으로 흑룡강으로 유배되어 군인이 되었다. 하루는 여관에 투숙했는데 식탁이 협소하여 죄인, 호송원 세 사람이 동시에 앉아서 밥을 먹을 수 없었다. 계소당이 손으로 식탁을 잡더니 순식간에 식탁을 세 자로 늘렸다. 한 호송원이 말했다.

"너는 죄를 짓고도 회개하려 하지 않고 오히려 교활한 법술을 부리려고 하느냐?"

계소당이 대로하여 일어서더니 호송원이 타던 말을 담장 속으로 집어넣고 말꼬리만 남겨두어 흔들리게 했다. 놀란 호송원이 살려달라고 애원하자 그는 말꼬리를 끌어내 원위치시켰다. 계소당이 유배지에 도착해서는 아무개 장군과 친하게 지냈다. 하루는 계소당이 갑

---

31 지금의 베이징 둥청구東城區 서쪽 휘야오쥐 후퉁火藥局胡同 자리에 있었다. 명대 화약국은 화약뿐만이 아니라 일반 무기도 제조했다. 청대에 들어와 황폐해졌으며 이곳에 양황기시위교장鑲黃旗侍衛校場이 들어섰다. 1965년에 이곳을 휘야오쥐 후퉁으로 개명했으며 문화대혁명 시기에는 청춘 후퉁靑春胡同으로 개명했다가 나중에 복원했다. 1969년 방공호를 팔 때 이곳에서 수많은 무기가 출토되었다.

자기 장군에게 가서 울면서 말했다.

"우리 인연은 여기서 끝났으니 언제 다시 뵐지 모르겠네요."

말을 마치곤 손을 흔들며 작별을 고했다. 장군이 그를 만류했으나 머무르지 않고 그는 서서히 하늘로 올라가 점점 멀리 떠났다. 장군이 급히 장막 안으로 가보니 계소당은 이미 죽어 있었다.

狐
仙
自
縊

호선이 스스로 목을 매다

　금릉 평사가評事街[32] 장張 씨 집 서쪽에 세 칸의 서재가 있었다. 전하는 말에 따르면 안에 목을 매단 귀신이 있어 아무도 묵으려 하지 않아 단단히 잠가두었다고 한다. 하루는 화려하게 차려입은 젊은 서생이 와서 장 씨 집을 빌려 투숙하려고 했다. 장 씨 가족은 빈방이 없다는 이유로 그를 받아들이지 않았다. 그러자 서생이 화를 내며 말했다.

　"당신이 방을 빌려주지 않으면 계속 내왕할 테니 지금부터 무례를 범하더라도 후회하지 마시오."

　장 씨는 그의 말을 듣고는 호선인 줄 알고 그를 속이며 말을 꺼냈다.

　"서쪽 서재 세 칸을 빌려드리겠습니다."

　그 방에는 귀신이 있었는데 장 씨는 호선을 방에 묵게 하면 귀신

32　1000여 년의 역사가 있으며 번화했던 남경의 옛 거리다. 원래 이름은 피시가皮市街인데 평사가로 와전되었다. 지금의 난징 고성 남쪽에 있으며 북쪽으로는 위차오시笪橋市, 남쪽으로는 성저우로升州路로 이어진다. 1930년대 이후 몇 개의 신문사가 이곳에 있어 언론인과 학자들이 자주 출입했다.

을 몰아낼 수 있을 거라고 기대했지만, 입으로는 말을 꺼내지 않았다. 서생은 기뻐하고 읍을 하며 고마움을 표하고 떠났다.

이튿날 누각 위 서재에서 웃는 소리가 들렸다. 연이어 며칠 동안 계속 그러했다. 장 씨는 호선이 벌써 이사온 줄 알고 매일 닭과 술을 준비하여 받들었다. 보름도 안 되어 갑자기 누각에서는 아무 소리도 나지 않았다. 장 씨는 호선이 이미 떠나갔다고 생각하고는 다시 문을 잠그려고 누각 위로 올라가보니 황색 여우가 들보에 목을 매달고 있었다.

高白雲

고백운

사천 사람 고백운高白雲 선생의 이름은 진辰이고 신미과辛未科(1691) 진사로 한림원에 들어갔다. 그는 천문, 점복 등의 학문에 뛰어나 일찍이 악岳 대장군[33] 집에서 가정교사를 지낸 바 있다. 이후 누현婁縣 지현을 지냈는데 성상星象을 관찰하여 산동 일대가 어지러울 것을 미리 알았다. 오래지 않아 과연 왕윤王倫[34]의 봉기 사건이 있었다.

고백운 선생이 아직 진사에 급제하지 못했을 때 일찍이 계반乩盤을 펼치고 계선乩仙에게 자신의 일생에 대해 물어보자, 계선이 두 구의 시를 지어주었다.

젊어서의 포부란 교룡이 골짜기에 숨는 듯했고 少時志業蛟潛壑
늙어서의 공명이란 봉새가 언덕에 우뚝 솟은 듯하다 老去功名鳳峙岡

---

33 영원대장군寧遠大將軍 악종기岳鍾祺(1686~1754)를 말한다. 자는 동미東美이며 사천 성도 사람이다. 섬감 총독陝甘總督을 역임했으며 악비의 21세 후손으로 알려져 있다.

고백운 선생은 그 뜻을 이해할 수 없었다. 나중에 그는 사부조祠部曹[35] 주사主事에서 봉양부鳳陽部 동지同知로 승진했으나 미처 부임해보지도 못하고 세상을 떠났다. 그의 아들이 영구를 운반해올 때 남경을 지나다가 잠시 의봉문儀鳳門[36] 밖에 멈추었다. 이때야 비로소 계선이 말한 두 번째 구의 의미를 이해하게 되었다.

---

34 왕윤王倫(?~1774)은 농민 가정에서 태어나 무예와 의학에 출중했다. 건륭 16년(1751) 비밀결사 백련교白蓮敎 청수파淸水派에 가입했다. 건륭 36년(1771)에 교주가 되었으며 아울러 운기運氣로 민간인의 질병을 치료해주고 권술拳術을 가르치는 방식으로 연주兗州, 동창東昌(지금의 산둥 랴오청聊城) 등지에서 제자를 받아들이고 교세를 늘려갔다. 그의 신도들은 대부분 가난한 농민이거나 유랑자였다. 건륭 39년(1774)에 산동에 흉년이 들었는데도 불구하고 지방관들이 멋대로 세금을 징수하자, 민중의 반항 정서가 들끓었다. 왕윤은 마침내 청수교의 참언을 이용하여 신도를 결집하여 그해 가을에 봉기를 일으키기로 결정했다. 아울러 군수軍帥, 원수元帥, 총병總兵 등의 관직을 임명해놓았다. 왕윤 등은 그해 8월 말부터 9월 초까지 수장壽張, 양곡陽谷, 당읍堂邑을 함락시켰다. 나중에는 세 성을 버리고 임청臨淸 신성新城으로 진공했다. 임청은 운하의 중진重鎭인 까닭에 청대의 조운漕運이 한때 중단되기도 했다. 청 장군 서혁덕舒赫德(1710~1777)이 정예 병사를 이끌고 포위 공격하는 바람에 봉기군은 중과부적으로 패배하고 말았다. 9월 말에 이르러 왕윤은 자살했다. 왕윤의 봉기는 비록 1개월 동안 벌어졌고 규모도 크진 않았지만 청대 중기 농민 봉기의 서막을 열어놓았다.

35 예부禮部에 속한 부서로 제사, 천문, 점복, 의약 등을 관장했다.

36 흥중문興中門이라 부르기도 한다. 남경의 명대 내성문 13개 중 하나이며 지금의 난징시 구러우구鼓樓區 샤관下關 사자산 남쪽에 있다. 옛날 남경성에서 장강長江으로 가는 길목이며 종부문鐘阜門과 읍강문挹江門 사이에 있어 군사 요충지였다.

梁
觀
察
夢
應

꿈속에서 감응한 양 관찰

　광동 사람 양조방梁兆榜[37]의 관직은 관찰사다. 그의 종친 아무개는 줄곧 불교를 신봉했다. 그의 아내가 임신했을 때 꿈속에서 관음대사觀音大士가 하는 말을 들었다.

　"당신이 아들을 낳거든 이름을 조방兆榜이라 지으면, 장래에 3갑甲 8등의 성적으로 진사에 합격할 것이오."

　놀라 깨어나니 과연 아들을 낳아 부부가 무척 기뻐하면서 아들에게 조방이란 이름을 지어주었다. 부부는 자식을 위해 돈을 주고 감생의 자격을 얻어 아들이 거인 시험에 응시할 날만을 기다렸다. 하지만 이 아이가 성장하면서 매우 우둔하고 멍청하여 글자도 알지 못했다. 감생의 신분 보증서가 필요 없어지자, 그의 부친은 그것을 조카에게 보내어 시험을 치르게 했다. 그 조카가 바로 관찰사다.[38]

37　건륭 16년(1751) 진사과 시험에서 삼갑三甲 7등으로 합격했다. 관직으로는 염산 지현鹽山知縣, 예부주사禮部主事, 호남 염법도원湖南鹽法道員 등을 역임했다.
38　조카의 이름을 자신의 아들 이름인 양조방으로 신분 세탁을 한 것이다.

양조방은 과연 건륭 15년(1750)과 16년(1751)에 거인, 진사에 연이어 합격했는데 진사 시험은 시랑 쌍공雙公의 문하에서 나왔다. 전시殿試를 치르려 할 때 쌍공이 그를 대신하여 시험 감독관에게 추천서를 써서 보내려고 했다. 하지만 양조방이 거절하며 말했다.

"소생은 미리 꿈의 징조를 알고 있는데 벌써 3갑 8등의 진사로 확정되었어요. 전시에서 앞자리에 있을 터이니 인력으로 도모할 수 없는 일입니다."

쌍공이 비웃으며 이를 믿지 않았다. 전시 합격자 명단이 발표되자 그는 2갑 68등이었다. 쌍공은 황당하다며 양조방을 더욱 비웃었고, 양조방도 꿈의 징조가 영험하지 않다며 의심했다. 그런데 상황이 바뀌었다. 이번 시험에서 황제에게 올린 열 장의 답안지 중 일등이 아무개 승상의 아들이었는데, 황제는 이를 바꿔 항주 출신 오홍吳鴻을 장원으로 뽑았다. 또 2갑의 진사 80명이 너무 많다 하여 20명의 답안지를 3갑으로 옮기게 했다. 이에 양조방은 다시 3갑 8등의 진사가 되었다. 쌍공이 탄식하며 말했다.

"『역경』에 '성인이 하늘을 앞서면 천하가 어그러진다聖人先天而天下違'39는 말이 있는데, 이 말은 정말 믿을 만하다."

---

39 『주역周易』 「계사繫辭·권7卷七」에 나오는 구절이다.

大胞人

종기가 크게 난 사람

건륭 37년(1772) 2월에 나는 강녕江寧 현아 앞을 지나다가 길가에서 기어가는 남자를 보았다. 나이는 사십 세가 넘어 보였고 수염이 났으며 얼굴과 체구는 작았다. 등 아래로는 고깃덩어리가 삐죽 보였는데 정수리보다 높았으며 색깔이 노랗고 불룩 튀어나와 무엇인지 알 수 없었다. 내가 자세히 살펴보니 거기엔 작은 구멍이 나 있었고 사방이 모두 털이었다. 그것이 바로 음낭인 줄 알았다. 음낭이 몸의 두 배였는데, 그가 끌고 다녀도 의외로 죽지 않았다. 그는 이렇게 길가에서 구걸했다.

전 문민공이
신가헌을 꿈꾸고 태어나다

錢文敏公夢
辛稼軒而生

　　문민공文敏公 전유성錢維城[40]의 초명은 신래辛來였다. 그의 부친이 꿈에서 신가헌辛稼軒[41]을 꿈꾸고 그를 낳았기 때문이다. 이름을 유성維城으로 개명한 뒤 가헌稼軒을 자로 삼았으니 꿈의 내용과 부합하기 위해서였다. 을축과乙丑科(1745) 진사 시험 4개월 전에 전유성은 꿈속에서 하늘에서 발표한 합격자 명단을 보았다. 장원의 성이 이李 씨이고, 자신은 3등이었으며, 2등은 빈 채로 이름이 적혀 있지 않았다. 나중에 합격자 명단이 발표되자 전유성이 장원이었고, 이 씨 성을 가진 사람은 결국 2갑甲 진사로 바깥의 지현으로 부임했다. 이 일은 이해하기 어렵다.

40　전유성(1720~1772)은 청대 관리이자 화가로 초명이 신래, 자는 종반宗磐, 유안幼安, 호는 인암紉庵, 다산茶山, 가헌稼軒이고 강소성 무진 사람이다. 시호는 문민이고 형부시랑을 역임했다. 저작으로『다산집茶山集』이 있다.

41　남송 시인으로 시, 사를 잘 지었다. 이름은 기질棄疾(1140~1207)이며 산동 역성歷城 사람이다.

鬼入人腹

귀신이 사람의 배 속으로
들어가다

거인 초焦 아무개의 아내 김金 씨가 문 입구를 지나가는 맹인 점쟁이를 보고는 불러서 점을 보았다. 맹인이 김 씨가 예전에 겪은 일을 맞히는데 모두가 정확한지라 김 씨가 그에게 돈과 쌀을 주어 보냈다. 이날 저녁에 김 씨의 배 속에서 누군가 말했다.

"내 사부가 떠났으니 나는 낭자의 배를 빌려 잠시 며칠 지내겠어요."

초 씨 집 가족은 이것이 장류신樟柳神[42]이라 여기고 다음과 같이 물었다.

"당신은 영가아靈哥兒[43]입니까?"

"아니에요. 영가가 아니라 영저靈姐입니다. 사부는 제게 당신 배 안에서 야료를 부려 돈을 뜯어내라고 하셨어요."

이 말을 마치고 김 씨의 장폐腸肺를 비틀자 통증을 참을 수 없었다.

초 거인은 이에 온갖 방법을 강구하여 그 점쟁이를 찾으러 갔다. 며칠 지나 겨우 길에서 만났다. 그를 집으로 초청하여 귀신을 몰아내주면 그에게 은 100냥을 주기로 약속했다. 점쟁이는 그러마고 승낙하며 소리쳤다.

"이고二姑, 빨리 나와!"

이렇게 두 번 외치자 김 씨 배 안에서 대답하는 소리가 들렸다.

"이고는 나올 수 없어요. 이고의 전생은 장張 씨로 어느 집의 첩이었는데 본처의 학대와 능욕을 받아 죽었어요. 본처가 환생한 사람이 바로 지금의 김 씨입니다. 제가 사부에 의지하여 장류신이 된 것은 바로 복수하기 위해서입니다. 지금 그녀의 배 속에 들어왔으니 생명을 끊어놓고야 말겠습니다."

점쟁이가 크게 놀라 말했다.

"전세의 업보이니 저로서도 구제할 방법이 없구려."

이에 도망갔다.

초 거인이 집에 부적을 붙이고 북두성에 기도하고 절해도 끝내 아

---

42 옛날 점성가와 관상가들이 점칠 때 사용하던 도구를 말한다. 청대 전영錢泳(1759~1844)의 『이원총화履園叢話』「잡기 하雜記下·장류신樟柳神」에 "지금 오월 지방에 이른바 길가에 점쟁이가 늘어서서 매번 어린아이의 사주팔자를 주문을 외우며 쓰러트리는데 이를 장류신이라고 한다. 점성가들이 이를 다투어 수매했고 이를 가지고 다른 사람의 운명을 예언해주는데 이상토록 영험했다. 하지만 과거의 일을 맞히기만 하고 미래의 일은 영험하지 못했다. 건륭 49년(1784) 7월에 이웃 사람이 황야를 걷다가 어린아이의 목소리를 들었는데 무어라 말하는 것 같았다. 귀 기울여 들어보니 다시 무어라 말을 했다. 그리고 풀 사이에서 작은 나무인형을 주웠는데 이것이 바로 점성가들이 말하는 장류신이다今吳越間有所謂沿街算命者, 每用幼孩八字呪而斃之, 名曰樟柳神, 星卜家爭相售買, 得之者, 爲人推算, 靈應異常, 然不過推已往之事, 未來者, 則不驗也. 乾隆甲辰七月, 有鄰人行荒野中, 聞有小兒聲, 似言奈何, 傾聽之, 又言奈何, 乃在草間拾得一小木人, 卽星卜家之所謂樟柳神也"라는 구절이 있다.

43 영가는 인가에 살면서 그 집 음식을 받아먹고 인간의 길흉화복을 점칠 수 있다는 요괴를 말한다. 여자인 경우에 영저靈姐라고 부른다.

무런 소용이 없었다. 의사를 불러오면 배 속에서 말했다.

"이 사람은 돌팔이 의사니 약도 소용없을 게야. 약을 목구멍으로 넣어봐라."

어떤 의사가 오면 이렇게 말했다.

"이분은 훌륭한 의사로군. 하지만 이 약은 내게 불리하지."

곧 김 씨의 인후를 꽉 죄어 그녀가 약을 전부 토한 뒤에야 손을 놓아주었다. 또 이렇게 말했다.

"당신들이 나를 잘 대해준다면 나도 심하게 괴롭히진 않겠어요. 법술을 부려 치료한다면 먼저 그녀의 심장과 폐를 물어버리겠어요."

이로부터 스님과 도사를 불렀다는 소식을 들을 때마다 김 씨는 칼로 심장을 베는 것처럼 아파서 땅에 쓰러져 데굴데굴 구르며 애원했다. 그러자 귀신이 말했다.

"너는 내게 더 괴롭힘을 받아야 해. 스스로 죽지 않고 어째서 생명을 그토록 중시하나?"

초 거인은 시랑 펑윈미彭芸楣 제자다. 펑윈미는 이 일을 들은 뒤 조정에 상주하여 맹인 점쟁이를 죽이려고 했다. 하지만 초 거인은 이일을 퍼트리고 싶지 않아 그에게 덮어두라고 부탁했다. 김 씨는 숨이 거의 꺼져 죽을 것 같았다. 이는 건륭 46년(1781) 여름에 발생한 일이다.

소 강시

牛僵尸

강녕江寧 동정촌銅井村에 암소를 기르는 집이 있는데, 10여 년 동안 송아지 28두를 낳아 이 집은 이것으로 많은 돈을 벌었다. 암소가 늙자 밭을 갈 수도 없게 되었다. 소를 도살하는 사람이 보고는 소 주인에게 팔 것인지 물었다. 그러나 소 주인은 차마 죽는 것을 볼 수 없어 아들에게 소꼴을 먹이라 일렀다. 소가 늙어 죽자 소를 흙에 매장했다. 이날 저녁에 소 주인은 대문 밖에서 무엇인가 두들기는 소리를 들었는데 몇 밤을 계속 이러했다. 처음엔 소가 야료를 부리는 것인줄 몰랐는데 이렇게 한 달이 지나자 더 시끄럽게 굴었다. 그리고 소가 우는 소리와 발굽 소리도 들렸다. 이에 온 마을 사람들이 그 소가 소란을 피우는 것으로 여겨 파보았더니, 소의 시체는 아직 썩지 않았고 두 눈을 반짝거렸으며 살아 있는 것 같았다. 네 발굽에는 모두 벼까라기가 있는 것으로 보아 밤에 흙을 파고 나온 것 같았다. 소 주인은 대로하여 칼로 소의 네 발굽을 자르고 아울러 배를 갈라 대변 등 더러운 것을 발라낸 다음 매장했다. 이로부터 마을은 태평했다. 나중에 다시 흙을 파보니 소는 이미 썩은 뒤였다.

袁
州
府
署
大
樹

원주부 관청의 큰 나무

    강서 원주부袁州府 관청의 후원엔 높이가 열 길이 넘는 큰 나무가 있다. 저녁때마다 나무 꼭대기에는 홍등 두 개가 걸렸다. 어떤 사람이 그 앞으로 지나가면 모래가 뿌려졌고 봄여름엔 나무에서 지네와 뱀, 전갈 같은 독충이 떨어졌기 때문에 사람들은 그곳을 감히 얕볼 수 없었다.

    건륭 연간에 민敏 씨 성을 가진 사람이 태수로 부임했는데 이처럼 괴상한 현상을 봐줄 수가 없는지라 목공 몇 명을 불러와 칼과 도끼로 나무를 베어버리게 했다. 그의 막료와 아내는 한사코 그를 말렸으나 태수는 듣지 않고 친히 의자에 앉아서 벌목 현장을 감독했다. 갑자기 나무 위에서 몇 행의 글자가 쓰인 백지 한 장이 날아와 민 태수의 품속으로 떨어졌다. 태수가 집어보고는 안색이 변해 곧바로 일어서서 손을 저어 목공들을 돌려보냈다. 지금도 그 나무는 남아 있는데 그 종이에 무슨 말이 쓰여 있었는지는 아무도 모른다. 태수는 끝내 다른 사람에게 알려주려 하지 않았다.

수인씨가 뚫어
불을 얻는 나무

燧人鑽火樹

사천 묘족苗族 거주 구역엔 인적이 닿지 않는 곳이 있다. 그곳엔 수많은 고목이 자라는데 큰 것은 수십 아름이나 되고 높이는 천 길에 이른다. 공주邛州 지주知州 양楊 씨가 황상에게 바치는 목재를 구매하기 위해 친히 그곳 숲으로 가서 살펴보고 여러 나무를 골랐다. 그 가운데 특별히 큰 녹나무를 보았는데 가지와 잎이 용과 봉황의 모습 같았다. 양 씨는 목공에게 이 나무를 베도록 지시했다. 이때 갑자기 큰 바람이 불고 우렛소리가 진동하며 하늘에서 커다란 우박이 쏟아졌다. 목공들이 놀라서 일을 중지했다.

이날 저녁 양 씨의 꿈에서 상고 시대의 의관을 한 사람이 그를 보더니 그에게 두 손을 모으고 예의를 갖추며 말했다.

"저는 수인燧人 황제44가 불을 얻기 위해 뚫는 나무입니다. 천지가 개벽한 뒤 삼황이 연이어 천하를 통치한 지가 1만 년이 넘었지요. 그

---

44 삼황三皇의 하나인 수인씨燧人氏를 말한다. 사람들에게 불의 사용법을 가르쳤다고 전한다.

때 천하에는 물만 있고 불이 없어서 오행이 온전하지 않았습니다. 저는 그들의 군왕과 백성이 날것을 먹는 것을 가련하게 여겨 몸 바쳐 세상 사람들을 돕고 수인 황제를 도와 나무를 문질러 불을 얻어 그때부터 익혀 먹게 되었지요. 그는 먼저 나의 뿌리부터 뚫기 시작했는데, 지금도 거기에는 그슬린 흔적이 있어 이를 증명할 수 있습니다. 제가 이처럼 큰 공헌을 했는데도 그대는 차마 나를 베어내실 것인지요?"

"수신樹神의 말도 일리가 있습니다. 하지만 당신은 공헌도 했지만 잘못도 저질렀지요."

"어째서입니까?"

"무릇 날것을 먹는 사람은 위장에 불기가 없기 때문에 병이 나지 않고 장수할 수 있지요. 물과 불이 조화하면서부터 작게는 치질이 생기고 크게는 천식으로 숨이 막히기도 합니다. 이는 모두 불로 요리하기 때문이지요. 따라서 나중에 신농神農 황제[45]는 백초를 맛보고 이를 약으로 조제하여 질병을 치료했어요. 이를 보면 수인 황제 이전의 백성은 모두 치료할 병이 없었는데, 익힌 음식을 먹은 뒤부터 사람들의 수명이 단축되었소. 게다가 하급 관리인 저는 구매 명령을 받들어야 하는데, 큰 목재를 얻지 못하면 저는 보고할 방법이 없습니다. 그러니 어떻게 합니까?"

"당신 말도 일리가 있네요. 저는 천지와 함께 태어나 천지와 함께 다할 겁니다. 제게 증손자뻘의 나무 세 그루가 있는데 나무 크기는 소 10여 마리를 가릴 수 있으니, 당신이 보고하기에 충분합니다. 그

---

45 삼황의 하나로 사람들에게 의약 지식을 가르쳤다고 한다.

가운데 두 그루의 성격이 효성스럽고 온순하니, 당신이 제사를 지낸 뒤 벌목해도 됩니다. 한 그루는 성격이 강해놔서 제가 가서 그 나무에게 의논한 다음에야 벌목할 수가 있어요."

이튿날 양 씨는 신이 말한 대로 시행하여 먼저 제사를 지낸 다음 벌목했다. 과연 순조롭게 나무를 벨 수 있었다. 그 나무를 하천으로 운반하는데 갑자기 풍랑이 일어 한 그루가 물에 빠졌다. 수많은 사람이 함께 끌어냈으나 결국 건지지 못하고 말았다.

鬼
怕
冷
淡

가난한 환경을 싫어하는 귀신

　양주 사람 나양봉羅兩峰[46]은 스스로 귀신을 볼 수 있다고 말했다.
그의 말에 따르면, 태양이 질 때마다 온 길엔 귀신으로 가득 찼으며,
부귀한 집의 문엔 더 많고 귀신의 몸은 사람보다 몇 자 작고 얼굴은
정확이 알아볼 수 없다고 했다. 귀신에겐 검은 기운이 솟고 길옆에서
걸어다니거나 혹은 비스듬히 서서 낮은 소리로 이야기를 했다. 귀신
은 따스함을 좋아하여 사람이 많은 곳에 함께 모여 사는데 유목민
이 수초가 많은 곳을 선택하는 것과 똑같다. 양자운楊子雲[47]이 다음
과 같이 말한 적이 있다.

46　청대의 시인이자 화가 나빙羅聘(1733~1799)을 말한다. 자가 둔부遯夫이고 호가 양
봉이며 강소성 양주 사람이다. 양주팔괴揚州八怪의 한 사람으로 대표작으로 「귀취도鬼
趣圖」「물외풍표도物外風標圖」「양봉사립도兩峰簑笠圖」「단계추고도丹桂秋高圖」「성음
장일도成陰障日圖」「곡청음도谷淸吟圖」「화죽유성도畫竹有聲圖」 등이 있으며, 저작으로
『향엽초당집香葉草堂集』이 있다.
47　한대 유학자 양웅揚雄(기원전 53~기원후 18)을 말한다. 자가 자운이며 성도 출신이
다. 저작으로 『태현경太玄經』『법언』『방언方言』 등이 있다.

"지위가 높은 집이라야 귀신도 그의 집을 넘본다."[48]

이 말은 일리가 있다. 귀신이 담이나 창의 덧문을 만나면 직접 뚫고 지나가는데 전혀 지장을 받지 않는다. 귀신과 사람 간에는 서로 관여하지 않아 상호 간에 전혀 장애물이 없다. 만일 귀신이 그 면목을 드러낸다면 복수하려는 귀신이 야료를 부릴 것이다. 빈궁하여 망한 집에 귀신이 오는 경우란 거의 없다. 가난한 집안은 기운이 쇠하고 지세가 차가워져 귀신도 이처럼 냉담한 환경을 좋아하지 않기 때문이다. 속담에 "빈궁하면 귀신도 찾아오지 않는다窮得鬼不上門"는 말이 바로 그렇다.

---

48 양웅의 『법언法言』에 나오는 말이다. 원문은 "고명지가, 귀감기실高明之家, 鬼瞰其室"이다.

鬼
避
人
如
人
避
煙

귀신이 사람을 피하는 것은
사람이 연기를 피하는 것과 같다

나양봉羅兩峰이 말했다. 귀신이 사람을 피하는 것은 사람이 연기를 피하는 것과 같다고. 귀신은 사람 냄새를 싫어하기 때문에 피하는 것이지, 사람인 줄 알기 때문에 피하는 것은 결코 아니다. 그러나 귀신이 왕왕 급하게 길을 가는 사람과 지나칠 경우 즉각 몇 부분으로 흩어진다. 하지만 차 한 잔 마실 시간에 모아져 원래의 귀신 모습을 나타낸다. 귀신이 원래대로 돌아오는 과정은 무척 힘들어 보인다.

마늘 파는 노인

賣蒜叟

　　남양현南陽縣에 사는 양이楊二 상공은 무술에 정통하여 두 어깨로 운량선運糧船을 멜 수 있다. 운량선을 끄는 조운漕運 병사 수백 명이 대나무 상앗대로 그를 찔렀다. 상앗대로 그의 몸을 찔렀을 때 한 마디가량이 찢어졌다. 그는 이 때문에 명성을 누리게 되었다. 양이 상공은 그의 도제를 데리고 상주로 가서 무예를 전수했다. 연무장演武場에서 창술과 봉술을 전수할 때마다 구경꾼이 가득 몰려들어 사람으로 담을 쌓은 것 같았다.

　　갑자기 어느 날 마늘을 파는 노인이 찾아왔다. 늙어서 동작이 부자연스러웠고 허리와 등이 굽었으며 끊임없이 기침을 하면서 옆에서 눈을 흘겨 뜨고 구경하면서 그를 비웃었다. 사람들이 놀라서 양이 상공에게 알렸다. 양이 상공이 대로하여 노인을 불러와 주먹으로 벽돌 담장을 타격하자, 주먹이 한 자 정도 벽에 들어갔다. 이에 거만을 떨면서 말했다.

　　"노인장, 이렇게 할 수 있겠소?"

　　"그대는 벽을 가격할 수 있지만 사람을 때릴 순 없소."

양이 상공은 더 화가 치밀어 욕설을 퍼부었다.

"노인장이 내 공격을 막아낼 수 있겠소? 맞아 죽어도 원망하지 마시오."

"저는 곧 죽을 사람이니 죽음으로 그대의 명성을 온전히 할 수 있다면 죽더라도 원망하지 않겠소."

이에 수많은 사람을 증인으로 내세워 서약서를 쓰고 양이 상공에게 3일 동안 쉬게 했다. 3일이 지나자 노인은 사람을 불러 자신을 나무에 묶게 하고는 옷을 벗어 배를 드러내고 양이 상공에게 때리게 했다. 양이 상공이 열 걸음 밖에서 자세를 가다듬은 뒤 앞으로 달려가 주먹으로 힘껏 쳤다. 그런데 노인은 태연자약하게 아무 소리도 지르지 않았다. 양이 상공은 도리어 무릎을 땅에 꿇고 머리를 조아리며 말했다.

"제가 죽을죄를 지었습니다."

그가 주먹을 빼는데 주먹이 노인의 복부에 끼어 아무리 해도 빠지지 않았다. 양이 상공이 애원한 지 한참 지나 노인이 배의 힘을 풀고 놓아주자, 그는 즉시 돌다리 아래로 쓰러졌다. 노인은 천천히 마늘을 등에 메고 돌아갔다. 끝내 사람들에게 그의 이름을 알려주지 않았다.

관을 빌려 수레로 삼다

借棺爲車

소흥 사람 장원 공張元公은 소주 창문閶門에서 포목점을 열고 점원 한 명을 고용했다. 성은 손孫 씨이며 섬서 사람으로 성격이 성실하고 조심스러운 데다 매우 부지런했다. 이 점원의 손을 거친 장사는 세 배의 이문이 남아 주인과 점원의 관계는 매우 원만했다. 이렇게 몇 해가 지났다. 점원은 장원 공에게 재산 10만을 벌어주었으니 여러 번 장원 공에게 그를 집에 보내달라고 부탁했다. 장원 공은 한사코 만류하면서 그를 놓아주지 않았다. 마지막에 점원이 화가 나서 말했다.

"제가 죽으면 놓아주지 않겠습니까?"

장원 공이 웃으며 말했다.

"정말 죽는다면 친히 집에 돌려보내겠다. 3000~4000리나 되는 길을 전혀 노고를 마다하지 않을 것이다."

또 1년이 지났다. 점원은 중병이 나서 곧 죽을 것만 같았다. 장원 공이 그의 침상에 다가와 그에게 무슨 부탁이 있는지 물었다. 그러자 점원이 말했다.

"저의 집은 섬서 장안현 종루鐘樓 옆에 있고 집엔 두 아들이 있어

084

요. 옛정을 잊지 않으셨다면 제 영구를 집으로 돌려보내 제 아들에게 건네주십시오."

말을 마치곤 곧 숨이 끊어졌다. 장원 공은 한바탕 곡을 한 다음 이전에 한사코 말린 것을 후회했다. 자기 집 10만의 돈은 모두 그의 도움으로 번 것이었다. 그래서 약속을 저버리고 그를 집으로 보내주지 않을 수 없었다. 이에 장원 공은 은 1000냥을 장례비로 보태주고 친히 점원의 관을 싣고 장안으로 떠났다.

손 씨 집에 도착하여 문을 두드렸다. 손 씨의 큰아들이 나와 보니 장원 공이 손 씨가 병사한 경과를 아들에게 얘기하는데 말하면서 눈물을 흘렸다. 그런데 그 아들은 조금도 당황하는 기색을 보이지 않고 다만 가족을 불러 말했다.

"아버지 영구가 돌아왔으니 대청 옆에 놓아두세요."

슬퍼하지도 않았을뿐더러 상복으로 갈아입지도 않았다. 장원 공은 놀라서 말도 꺼내지 못했다. 잠시 후 손 씨의 작은아들이 나와서 장원 공에게 감사 인사를 하는데 의기양양하여 아무 일도 발생하지 않았다는 태도였다. 장원 공은 두 아들이 사람도 아니라고 생각했다. 손 씨 같은 호인이 어째서 금수만도 못한 두 아들을 낳았단 말인가? 이렇게 놀라며 탄식하고 있을 때 두 아들의 모친이 안에서 부르는 소리가 들렸다.

"점포 주인장이 멀리서 오셨다니 배가 고프실 게다. 이미 술과 안주를 마련했는데 애석하게도 배석할 사람이 없으니 어쩐다지?"

두 아들이 말했다.

"점포 주인 장 선생님은 아버지 또래고 저희는 나이가 어리니 감히 배석할 수 없네요."

그의 모친이 말했다.

"그러면 돌아가신 아버지를 부르지 않으면 안 되겠구나."

이에 두 아들에게 술자리를 보게 하고 자기는 큰 도끼를 들어 관을 쪼개며 욕을 했다.

"벌써 집에 도착했는데 무슨 꿍꿍이수작을 부리고 있어요."

죽은 사람이 크게 웃으며 관 뚜껑을 열고 나와 장원 공에게 절하고 감사를 표하며 말했다.

"사장님은 정말 옛사람처럼 도의를 따지고 저를 집까지 데려다주셨군요. 결코 배반하지 않으셨습니다."

장원 공이 그에게 왜 장난을 쳤느냐고 물으니 손 씨가 대답했다.

"제가 죽지 않았다면 저를 집으로 돌려보내주었을까요? 게다가 길에서 수레를 타고 말을 타면 너무 고생스러울 것인데 관에 누워 편안이 오는 것만 못하겠지요."

"자네 병이 다 나았으니 함께 소주로 가는 것이 어떤가?"

"사장님의 돈 벌 운명은 10만밖에 없어요. 제가 설령 소주로 간다해도 재산을 늘려줄 수 없어요."

손 씨는 장원 공을 3일 동안 집에 재워줬고 그 후 장원 공은 소주로 돌아갔다. 끝내 손 씨가 어떤 사람인지 모른다.

상주 손문개孫文介[49] 공의 현손 손이중孫伊仲이 강음江陰 본적의 시험에 응시하러 가던 중에 배가 들판에 정박했다. 날이 점점 어두워질 무렵 그는 길에서 고인의 의관 차림을 한 사람을 만났다. 그가 손이중에게 물었다.

"어디로 가시오?"

"응시하러 갑니다."

그 사람이 탄식하며 말했다.

"공명과 부귀를 빼앗아 취할 수 있다고 보시오? 물의 근원, 나무뿌리가 설마 끊어질 수 있다고 보오? 이러한 이치도 모르면서 시험

---

49 손문개(1565~1636)는 이름이 신행愼行이고 자가 문사聞斯, 호가 기오淇澳이며 강소무진武進 사람이다. 그의 외조부는 명대의 저명한 문학가 당순지唐順之(1507~1560)다. 만력 23년(1595)의 진사이며 관직은 한림원 편수, 예부시랑을 역임했다. 한경韓敬의 과거 시험 부정 사건이 발생하자, 손신행은 한경의 면직을 주장했으나 한경 무리의 공격을 받아 사직했다. 희종熹宗이 부임하자 손신행을 불러 예부상서로 임명했다. '홍환紅丸' 사건이 일어나자 손신행이 상소했으나 해결되지 않았고 이에 병을 핑계로 사직했다. 문개文介는 그의 시호다. 주요 저작으로는 『인사초困思抄』 『현안재집玄晏齋集』 등이 있다.

을 쳐서 뭐하게요?"

말을 마치고는 사라졌다.

손이중은 얼떨떨하여 꿈을 꾼 것 같았다. 배로 돌아와 응시하러 가지 않으려고 했다. 동료들이 가자고 권유하여 할 수 없이 강음에 도착했다. 강음에서 그는 학질을 앓아 병세가 심해졌다. 고열이 날 때 고인의 의관 차림을 한 사람이 다시 와서 말했다.

"그대는 부친이 없고 나는 아들이 없소. 비바람 서리와 이슬, 슬프게도 마음을 상하게 하는구려."

손이중은 모골이 송연하여 즉각 배를 세내어 남쪽의 집으로 돌아갔다. 그 사람이 한 말을 가족에게 알려주고 나서야 문개 공이 본래 아들이 없어 종친 사람을 수양아들로 삼았음을 알게 되었다. 후에 그의 집 자손은 모두 수양아들 소생이었으나 그 수양아들의 묘소가 없어진 지 오래되어 찾지 못했다. 조공의趙恭毅[50] 공의 손자가 형부낭중인데, 그가 손이중을 도와 찾으러 나서 묘가 심沈 씨에게 빼앗긴 것을 알고 손이중에게 돈을 주어 심 씨와 협의하고는 사가지고 돌아왔다.

이 이야기는 건륭 43년(1778)의 일이다.

---

50 조공의(1644~1720)는 이름이 신교申喬, 자가 송오松伍, 시호가 공의다. 강소성 무진 사람이며 강희 9년(1670)에 진사가 되었고 관직은 호부상서를 역임했다.

권 15

요단각 공이
검선을 만나다

姚端恪公遇劍仙

　청초 동성 사람 요단각姚端恪[1] 공이 형부상서로 지낼 때 산서 사람
이 모살죄謀殺罪를 지어 형을 확정하려고 했다. 범인 집에서는 은
10만 냥을 단각 공의 동생 문연文燕[2]에게 뇌물로 주고 통사정하면서
관대하게 처리해줄 것을 청탁했다. 문연은 승낙했으나 올곧은 단각
공이 두려워 감히 말도 꺼내지 못했다. 관대하게 처리해주길 기대하
면서 그 돈을 사사로이 착복했다.

　어느 날 저녁에 요 공이 등불 아래서 판결하는데 갑자기 한 남자가
손에 비수를 들고 대들보에서 뛰어내려왔다. 그러자 요 공이 물었다.

　"자객이오? 뭐하는 짓이오?"

　"산서 사람 아무개 때문에 왔습니다."

"그 사람은 관대하게 처분할 수 없습니다. 너그러이 용서한다면 국가 법규에 크게 위배되는 것이고, 저는 조정에 설 낯이 없으니 차라리 죽는 게 낫지요."

손으로 목을 가리키며 말했다.

"죽이시오!"

"공이 용서하지 않는다면 왜 공의 동생이 뇌물을 받았소?"

"나는 모르는 일이오."

"나도 공이 모를 줄로 예측했소."

말을 마치고는 날아서 떠나갔다. 지붕에서는 바람에 낙엽 쓸리는 소리가 들렸다.

이때 문연은 마침 경성을 떠나 외지의 지주로 나가고 있었다. 요공이 급히 사람을 보내 그에게 이 일을 알렸다. 그런데 문연이 덕주에 도착했을 때 수레에서 두개골을 잃었다. 가족이 다음과 같이 보고했다.

"주인이 객점에 머물다가 아침밥을 먹고 수레를 타고는 몇 리 길을 가는데 갑자기 외치더군요.

'정말 차가운 바람이다.'

우리는 급히 솜옷을 보내줬지요. 보니 그의 머리가 보이지 않았고 수레는 온통 피범벅이었어요."

요단각 공이 형부의 백운정白雲亭에 쓴 대련이 있다.

늘 흉중에 돈 벌 생각 가득하구나 常覺胸中生意滿

세상에 힘든 사람 많은 줄 알아야지 須知世上苦人多

오염

吳髯

　　양주 사람 오염吳髯의 항렬은 아홉째로 염상의 아들이다. 그해 나이 20세로 광동 아무개 포정사 집의 데릴사위로 들어갔다. 배가 강서 남창에 이르러 등왕각 아래에 정박했다. 대낮에 오염이 한 여자를 보았는데 한 관리와 함께 배에 올라 다음과 같이 말했다.

　　"내가 너를 찾은 지 이미 9대나 되었는데 오늘에야 마침내 만나게 되었군."

　　오염은 망연할 뿐 그녀가 어디에서 왔는지 몰랐다. 가족은 원귀寃鬼인 줄 알고 날마다 빗자루를 들고 때렸으나 아무 소용이 없었다. 이로부터 오염이 하는 말은 평소와는 완전히 달라졌다.

　　배가 강서에서 광동에 이르도록 두 귀신은 떠나가지 않았다. 오염이 장가가던 날 여자 귀신이 갑자기 신혼 방에 들어와 자신의 자리는 어디냐고 물으며 신부와 한바탕 싸웠다. 방 안에 있던 사람 중 신부와 오염만 그 말소리를 들었다. 그녀가 말했다.

　　"저는 본래 한양漢陽의 과부인데 오염과 몰래 정을 통했다가 약혼했지요. 저는 집에 저축해놓은 만 냥의 은을 그에게 주어 소주에 집을 사고 포목점을 열게 하고는 시간에 맞추어 한양에 와서 저를 맞이하도록 했지요. 그런데 뜻밖에도 오염이 돈을 가져간 뒤 5년 동안 소식이 없었어요. 제가 이 때문에 자살하고 저승에서 울면서 하소연하니 한양 성황城隍이 소주 성황에게 공문을 발송하여 조사했는데, 소주 성황이 답신을 보냈더군요.

'그 사람은 이미 호남에서 환생했노라.'

제가 호남까지 찾아가서 성황에게 고소하니 당신이 이미 양주에서 환생했다고 하더군요. 그래서 다시 양주에 갔더니 당신은 또 광동으로 갔더군요. 제가 강서까지 따라와서야 겨우 만날 수 있었네요. 오늘 결혼식은 말릴 수 없지만, 반드시 함께 영화를 누려야 합니다.”

신부는 매우 겁이 나서 포정사인 부친에게 알렸다. 포정사도 뾰족한 수가 없어 딸에게 부인의 자리를 그녀에게 내주도록 할 수밖에 없었다. 그제야 귀신은 소란을 피우지 않게 되었다. 귀신은 늘 잔과 젓가락, 술과 음식을 요구했으며 따로 술자리를 만들어 그를 환대했다.

한 달이 지나자 오염이 포정사에게 작별을 고하고 집으로 돌아오는데 배를 빌려 양주로 출발했다. 귀신도 다급히 가마를 준비하라고 재촉하여 그를 따라서 함께 배에 오르려고 했다. 양주 사람들은 이 이야기를 듣고는 믿지 않았다. 오염이 양주에 도착하던 날 길거리엔 기다리던 사람들로 가득했다. 오염 일행 가마 네 대만 성으로 들어갔는데 앞의 두 대는 비어 있었다. 그러나 가마꾼은 도리어 안에 사람이 탄 것처럼 느껴졌다. 당시 호사가들은 『재생연再生緣』 전기를 지어 이 일을 연출했다.

보름이 지나 오염의 부인이 여자 귀신과 상의하여 7일간 도량道場

을 설치하고 경화관瓊花觀3에서 그녀를 위해 지전을 태워줄 테니 떠나달라고 부탁하자, 여자 귀신이 흔쾌히 승낙했다. 이때 저승사자는 이미 떠났고 도량에 설치한 여자 귀신의 위패를 대전의 서쪽에 모셔놓았다. 날마다 오염의 부인은 술자리를 만들고 친히 제사를 지냈다. 7일째 되던 날 큰비가 내려 사람을 보내 제물을 바치게 했는데, 하인이 길에서 실족하여 미끄러져 진흙이 묻은 제물을 올리게 되었다. 그러자 귀신이 계속 시끄럽게 소리쳤다. 오염은 하인을 질책했고 부인이 9일 동안 도량을 설치하겠다고 약속하자, 여자 귀신이 오염의 부인에게 감사를 표하며 오염에게 말했다.

"10년이 지나 당신 목숨을 가지러 오겠어요. 지금은 잠시 물러갑니다."

오염은 무서워서 몸을 바쳐 성황신의 관리가 되었다. 기한이 되자 그는 낮에도 깊이 잠들었다. 지금의 양주 사람들은 오구호자吳九鬍子가 살아 있는 저승사자인 줄 알고 있다.

---

3 양저우시 원창중로文昌中路 북쪽에 있는 도관道觀으로 양저우의 명승지다. 원래 만물의 생장을 주관하던 후토여신后土女神을 모시는 후토사后土祠였다. 전한 성제成帝 원연元延 2년(기원전 11)에 세우기 시작했으니 지금까지 2000여 년의 역사가 있다. 송 휘종徽宗 조길趙佶(1082~1135)이 금으로 만든 '번리관蕃釐觀'이라는 편액을 내렸다. 양주는 경화가 유명해 이곳을 경화관이라 부르게 되었다.

麻林

시종 마림麻林과 이이李二는 친한 친구 사이다. 이이는 가난하여 죽었으나 마림의 가정은 비교적 부유했다. 어느 날 저녁에 마림의 꿈속에서 이이가 그의 침상으로 올라와 꾸짖으며 말했다.

"자네와 나는 이전에 형제처럼 정이 두터웠소. 지금 나는 죽어서 자손이 없는데 자네가 내 무덤에 돼지 족발을 놓고 제사도 지내지 않다니 자네는 어찌 그리 모진가?"

마림이 연이어 그렇게 하겠다고 대답하자, 이이가 몸을 일으켜 문을 빠져나갔다. 그러나 마림은 여전히 무엇인가가 가슴속을 누르는 듯한 느낌을 받아 이이의 망령이 아직 흩어지지 않은 줄 알고 급히 일어나 살펴봤는데, 돼지 새끼가 이불 위에 누워 오줌을 쌌던 것이다. 그는 이때야 이이의 혼이 돼지 몸에 붙은 줄 알았다. 마음속으로 깨닫고는 돼지 새끼를 묶어 2000문의 돈을 받고 팔아 술과 고기를 사서 이이의 무덤에 가 친히 제사를 지냈다.

학정 선생

鶴靜先生

　여번사厲樊榭[4] 선생이 아직 진사에 급제하기 전에 주목문周穆門[5] 등과 부계扶乩하여 신선을 부르는 일을 좋아했다. 하루는 신선이 하강하여 모래판에 이렇게 글자를 썼다.

　"저는 학정鶴靜 선생입니다. 평생 시 쓰길 좋아하여 여러분과 시 모임을 결성하여 즐기려고 왔어요. 여러분께서 물어볼 작은 일이 있으시면, 제가 아는 대로 답해드리겠습니다. 큰일은 물을 필요 없어요. 제가 안다 해도 감히 말해드릴 수 없습니다."

　그 뒤 사람들은 항주의 날씨를 맑게 해달라거나 비가 오게 하거나 학질 혹은 이질을 그치게 해달라고 부탁했다. 부탁할 때마다 신선은 구체적인 날짜를 써주거나 처방전을 알려주었는데 모두 영험이 있었다. 그러나 길흉사를 물을 때 계필乩筆은 누운 채로 움직이지 않

4　여번사(1692~1752)는 이름이 악鶚이고 자가 태홍太鴻이며 호가 번사다. 절강성 항주 사람이며 강희 59년(1720)의 거인이다. 주요 저작으로 『송시기사宋詩紀事』 『번사산방집樊榭山房集』 등이 있다.
5　이름이 경京, 자가 소목少穆, 호가 목문으로 항주 사람이다.

았다. 매번 간청하여 '학정 선생'이란 네 글자를 써서 공중에 태우기만 하면, 신선이 하강하여 여러 사람과 창화唱和했는데 시는 특히나 청신하고 아름다웠으며 '안雁'자와 화답한 시가 60수에 이르렀다.

이렇게 일 년이 지나갔다. 번사, 목문이 신선에게 만나자고 부탁했으나 신선이 거절했다. 사람들이 재삼 간청하자 신선이 말했다.

"내일 오후에 고산孤山 방학정放鶴亭6에서 기다리시오."

때가 되자 사람들은 배를 타고 가서 기다렸다. 해가 질 때까지 기다렸으나 나타나지 않았다. 그래서 신선이 그들을 속였다고 의심하여 각자 집으로 돌아가려던 참이었다. 갑자기 공중에서 긴 휘파람 소리가 나고 음산한 바람이 사방에서 불더니 건장한 남자가 나타났다. 수염은 몇 자나 되고 오사모를 썼으며 붉은 도포를 걸치고 긴 비단으로 자신을 석패루石牌樓에 걸고는 반짝이더니 사라졌다. 사람들은 그가 명대에 순절한 충신이라고 추측했다. 이로부터 부계할 때 그를 불렀으나 다시는 나타나지 않았다. 애석하게도 그의 이름을 물어보지 못했다.

---

6 지금의 항저우 시후호의 고산 북쪽 기슭에 있으며 북송 시인 임포林逋(967~1028)의 고택이 있던 곳이다. 그는 '매화를 아내로 삼고 학을 자식으로 삼았다梅妻鶴子'고 한다.

문이 까닭 없이
자동으로 열리다

門戶無故自開

　　손엽비孫葉飛[7] 선생이 운남 오화서원五華書院[8] 산장山長을 맡았다. 정월 13일 밤에 서원의 문이 이유도 없이 자동으로 열렸고 문지도리가 벗겨져 있어 이상하게 생각했다. 이튿날 성에서 집집마다 문이 어젯밤에 아무런 연유도 없이 모두 저절로 열렸다는 소문이 분분히 전해졌다. 무슨 요괴가 장난친 일인지 아무도 몰랐다. 한 달이 지났어도 어른이나 아이 할 것 없이 평안했고 아무 일도 발생하지 않았다.

7　손엽비(1523~1680)는 이름이 견룡見龍, 호가 잠촌潛村, 춘재春齋, 신재愼齋 등이며 자가 엽비다. 절강성 오흥吳興 사람으로 강희 연간의 진사다. 한림원 편수, 서길사, 운남 오화서원 산장을 맡았다. 주요 저작으로는 『오화찬정사서대전五華纂訂四書大全』 등이 있다.
8　명 가정 3년(1524)에 운남 순무 왕계王啓가 세운 서원이다. 곤명 오화산 기슭에 세웠다 하여 오화서원이라 했다. 청 옹정 9년(1731)에 운귀 총독雲貴總督 악이태鄂爾泰(1677~1745)가 이 서원을 대규모로 확충하고 도서 1만여 권을 구입했으며 친히 서원의 장정章程과 교재를 만들었다. 이 서원은 전풍錢灃(1740~1795), 당문작唐文灼, 왕조증王肇增, 방학주方學周(1757~1838), 하종태何鐘泰, 하부암何傅巖, 오동吳桐, 방옥윤方玉潤(1811~1883), 대손戴孫, 양국한楊國翰(1787~1833), 지생춘池生春(1798~1836), 이우양李于陽(1784~1826), 대순戴淳 등 저명한 학자들을 배출했다.

黃陵玄鶴

섬서 황제릉黃帝陵9엔 줄곧 현학玄鶴 두 마리가 있었다. 전하는 말에 따르면, 상고 시기의 새라는데 초하루와 보름날만 되면 날아다니며 운다고 한다. 현지 사람들은 그 새를 멀리서 볼 수는 있어도 가까이 다가갈 수는 없었다. 건륭 초년에 작은 학 두 마리가 불어나 함께 날았는데 깃털은 모두 검은색이었다. 어느 날 갑자기 공중에서 커다란 수리가 내려와 날개로 작은 학을 때리자, 작은 학이 상처를 입었다. 늙은 학이 이를 보고 일제히 날아와 수리를 쪼며 오랫동안 격투하자, 하늘에서는 구름이 솟구치고 우레가 쳐서 수리가 애석涯石 위에서 죽었다. 그 크기는 몇 무畝의 토지를 덮을 정도였다. 사람들은 수리 깃털을 뽑아 기와로 삼았는데 수백 호의 집에 사용할 만큼 충분했다.

---

9 지금의 산시陝西성 황링현黃陵縣 서북쪽의 교산橋山에 현존한다.

토지신이
거인을 맞이하다

土地迎舉人

휴녕休寧 사람 오형吳衡은 절강 상단商團에 속한 수재다. 건륭 30년 (1765) 향시에서 합격자 발표가 나기 하루 전에 그의 집의 노복이 저녁에 잠들었다가 갑자기 깨어나 기뻐하면서 말했다.

"상공께서 합격했어요."

오형이 어떻게 아느냐고 묻자, 노복이 말했다.

"제가 밤에 꿈속에서 토지사土地祠를 지나는데 토지신이 수레를 타고 나가려고 문을 잠그고 있었죠. 그가 저에게 알려주더군요.

'관례에 따라 우리 성의 향시에 합격한 자가 있어 토지신이 맞이하곤 하지. 내가 지금 토지신을 맡고 있으니 길을 나서 맞이하려고 하네. 네 주인이 바로 내가 영접할 분이야.'"

오형은 이 말을 듣고 마음속으로 매우 기뻤다. 그러나 어쨌든 확신할 수는 없었다. 오래지 않아 합격자 발표가 났는데, 오형은 과연 16등으로 합격했다.

孫烈婦

손 열부

흡현歙縣 소촌紹村 장장수張長壽의 아내 손孫 씨 부친이 무예에 정통하여 손 씨는 어려서부터 부친을 따라 배웠다. 성년이 된 뒤 그녀는 장수에게 시집갔다. 장수의 집이 무척 가난하여 결혼한 지 겨우 한 달이 되자 절서浙西로 살길을 찾아나섰다. 그런데 도적이 나이 젊고 혼자 집 지키는 손 씨를 보고는 저녁에 그 집의 문을 열고 들어가 나쁜 짓을 저지르려고 했다. 손 씨가 왼손에 촛불을 들고 오른손으로는 몽둥이를 쥐고 도적과 격투를 벌이자 도적이 맞아 땅에 쓰러진 뒤 도망갔다.

1년이 지나 장수가 병사하자 손 씨는 조용히 장사를 치러 매장한 뒤 방문을 걸어 잠그고 목을 매달아 자살했다. 이웃은 손 씨가 정상적으로 죽은 것이 아니어서 그녀가 야료를 부릴까 두려워 스님을 불러 불사佛事를 지내며 그녀를 제도했다. 한밤중이 되어 스님이 염불을 하고 있는데 손 씨가 당상에 앉아 질책하며 말했다.

"나는 광명정대하게 남편의 뒤를 따라 죽었소. 죽을 때가 되어서 죽은 것이오. 그런데 너희 같은 중들이 하필 이곳에 와서 성가시게 구느냐?"

스님들이 놀라 흩어졌다. 뒷마을에 사는 한 부인이 다른 사람과 통정하고는 남편을 죽이려고 하다가 갑자기 병이 나서 크게 울부짖었다.

"손 열부가 이곳에서 저를 징벌하고 있어요. 하지 않을게요, 하지 않을게요."

이로부터 온 마을 사람들은 손 씨를 신명처럼 떠받들었다.

小芙

안휘성 이현黟縣 북쪽에 사는 왕王 씨 부인의 꿈속에 미녀가 나타나 자신을 남자로 삼아 교합했다. 그 여자가 말했다.

"나는 번우番禺 진陳 씨 집의 여종 소부小芙다. 너의 전생은 하인이었지. 나와 약속했으나 일이 발각되는 바람에 나는 우울증에 걸려 죽었어. 사람의 인연이 아직 끊어지지 않아 너와 계속 즐기기 위해 왔지."

부인이 깨어난 뒤 발광하면서 남편을 다른 방에서 자도록 밀어내고 불시에 혼잣말을 하거나 웃기도 했다. 하는 말은 모두 남자들의 외설스런 말로 자신이 여자의 신분임을 잊은 듯했다. 시간이 지나자 소부는 낮에도 모습을 드러냈다. 가족들이 그녀를 쫓아낼 온갖 방법을 생각했으나 별다른 방법이 없었다. 하루는 이웃이 실수하여 불을 냈는데 소부가 큰 소리로 왕 씨를 불러내는 바람에 온 가족이 재앙을 모면하게 되었다. 왕 씨 가족은 그녀에게 감사드리며 그녀를 집에 눌러살게 했다. 1년이 더 지나 소부가 부인에게 말했다.

"저의 연분은 이미 다했어요. 아울러 환생해야 합니다."

부인을 안고는 크게 울면서 말했다.

"오빠와는 영영 이별이군요."

이로부터 부인의 병은 즉각 나았고 이후에도 별다른 일이 생기지 않았다.

鬼寶塔

귀신이 쌓은 탑

항주에 구丘 씨 성을 가진 노인은 포목 판매상이다. 어느 날 구 노인이 빚을 받으러 갔다가 돌아오는 길에 여관에 들렀지만 여관은 꽉 차 있었다. 앞길은 황량한 지대라서 투숙할 만한 곳도 없었다. 구 노인이 여관 주인과 상의하니 여관 주인은 말했다.

"손님께서 담력이 센지 모르겠네요. 뒷담 밖에 지은 작은 방이 있는데 오랫동안 아무도 살지 않았어요. 요괴가 있을까봐 감히 당신에게 묵게 할 수가 없군요."

구 노인이 대답했다.

"내가 반평생 걸어다닌 길이 몇만 리나 되는데 어찌 귀신을 무서워한단 말이오."

이에 여관 주인은 촛불을 들고 구 노인을 인솔하여 건물을 지나 뒷담 밖으로 왔다. 보니 공지가 있으며 4, 5무畝가량 되고 작은 방이 담장에 딸렸는데 매우 깨끗했다. 구 노인이 방에 들어가 보니 방엔 탁자, 의자, 침상, 휘장 등이 모두 갖춰져 있어서 무척 기뻤다. 여관 주인이 인사하고 떠나자 구 노인은 날씨가 더운지라 문밖에 앉아 계산했다.

이날 저녁 달빛이 흐릿했다. 구 노인은 앞에 사람 그림자가 비치는 것을 느꼈다. 그는 도적인가 의심하여 자세히 찾아보았다. 갑자기 사람 그림자가 번쩍이고 순식간에 12명의 그림자가 나타나 쉬지 않고 왕래하는데 마치 나비가 마작하는 것 같아 도무지 짐작할 수 없었다. 그가 주시하니 모두가 아름다운 여자였다. 구 노인이 말했다.

"사람들이 귀신을 무서워하는 까닭은 귀신의 모습이 너무나 추하기 때문이다. 지금 귀신이 이토록 요염하고 아름다우니 귀신을 미녀로 여겨도 되겠노라."

이에 단정히 앉아서 귀신이 어떻게 변하는지 주시했다. 잠시 후 두 귀신이 그의 앞에서 무릎을 꿇었고 한 귀신은 두 귀신의 어깨에 올라가고 아홉 귀신이 차례로 올라갔으며 한 귀신은 나는 듯이 정수리에 앉았는데 마치 극장에서 탑을 쌓는 것 같았다. 잠시 후엔 귀신이 또 큰 테를 들고 일제히 머리에 씌우니 두발은 흩어지고 혀도 한 자가 넘게 나왔다. 구 노인이 웃으면서 말했다.

"아름다울 땐 너무나 아름답고 추할 땐 너무나 추하도다. 이렇게 반복하다보면 현재의 인정세태와 흡사하니 너희는 도대체 어떤 모습으로 끝내려고 하는가?"

말을 마치자 여러 귀신이 크게 웃으면서 원형을 회복하곤 소리 지르며 흩어졌다.

棺
蓋
飛

관 뚜껑이 날다

전당 사람 이갑李甲은 용감하기로 유명했다. 하루는 저녁에 친구의
잔칫집에 가서 술을 엔간히 마셨다. 그러자 좌중의 한 사람이 말했다.

"여기서 반 리 떨어진 곳에 팔려고 내놓은 집이 있는데 가격이 싸
답니다. 듣자니 안에는 악독한 귀신이 있다 하여 아직까지도 사려는
사람이 없는 모양입니다."

이갑이 말했다.

"애석하게도 돈이 없군. 말해봤자 허튼소리가 될 테고."

그러자 그 사람이 말했다.

"당신이 그 집에서 혼자 밤새 술을 마실 담력이 있으면 내가 그 집
을 사서 당신에게 드리겠소."

여러 손님이 말했다.

"우리가 보증인이 되겠소."

이에 내일 저녁에 실행하기로 약정했다.

이튿날 정오에 사람들이 모여 그 집에 들어가 술과 안주를 마련해
주었다. 이갑이 칼을 들고 집에 들어가자 사람들은 문을 닫아걸고

거꾸로 잠갔다. 그런 다음 이웃집을 빌려 모여 얘기를 나누며 소식을 기다렸다. 이갑이 대청 사방을 바라보니 대청 옆에 작은 문이 열려 있었다. 그가 몸을 돌려 작은 문으로 들어가니 조붓한 골목이 나오고 황량한 풀이 가득 자라 있었다. 뒤편에는 둥근 동굴 문이 나 있고 반쯤 열려 있었다. 이갑은 마음속으로 따져보았다.

'들어갈 필요 없이 밖에서 기다려보자. 무슨 동정이 있는지.'

이에 그는 대청에서 촛불을 켜두고 술을 마셨다.

삼경이 되자 발걸음 소리가 들렸다. 작은 귀신이 나타났는데 키는 한 자가량이고 얼굴색은 회색이었으며 두 눈은 새까맣고 머리를 풀어헤치고 작은 문에서 걸어 나와 이갑의 탁자 앞으로 왔다. 이갑이 대로하며 손에 검을 들고 일어서자, 귀신은 몸을 돌려 골목 속으로 들어갔다. 이갑이 쫓아가 둥근 동굴 문 안으로 들어갔다. 갑자기 광풍이 크게 일어나더니 공중에서 관의 뚜껑이 풍차처럼 빙글빙글 날려 이갑의 머리 위에서 회전했다. 이갑이 검으로 잘랐다. 그러나 머리가 갈수록 무거워지는 것을 느꼈고 그의 몸으로 지탱할 수가 없어 점점 낮아졌는데 태산이 계란을 누르는 것처럼 매우 위급했다. 이갑은 하는 수 없어 큰 소리로 외쳤다. 그의 친구들이 이웃집에서 그 소리를 듣고 급히 사람을 데리고 집에 들어가 보니 이갑은 관 뚜껑에 눌려 있었다. 힘을 합쳐 그를 구해내어 업고 도망 나왔다. 뒤에서 관 뚜껑이 쫓아왔다. 이갑이 소리를 지르면 지를수록 관 뚜껑은 더 심하게 눌렀다. 그때 닭 울음소리가 나자 관 뚜껑이 갑자기 사라졌다. 사람들은 이갑을 깨워서 밤새 그를 들고 돌아갔다.

이튿날 사람들이 함께 집주인에게 물어보았다. 이때야 후원의 작은 방에 관이 놓여 있음을 알게 되었다. 평소에 야료를 부려 한번 날기만 하면 사람을 눌러서 여러 명이 죽었다는 것이다. 이에 관청에 보고하고 관을 불태워버리자 괴물은 자취를 감추었다. 이갑은 한 달 넘게 병들었다가 나았고 그런 뒤에는 늘 사람들에게 알렸다.

"사람 목소리는 닭 울음소리만 못하다. 귀신은 사람을 무서워하진 않지만, 도리어 닭을 무서워한다."

기름병에서 귀신을 삶다

油瓶烹鬼

　전당 출신의 거인 주일한周軼韓은 성격이 호매하다. 어느 해 여름에 날씨가 무척 더웠다. 그는 7, 8명과 함께 저녁에 배를 타고 호수를 유람했다. 배가 정가산丁家山[10] 아래에 이르자 한 친구가 말했다.

　"듣자니 정자사淨慈寺[11] 장교長橋 좌측에 귀신이 많다는데 우리 앞으로 가서 찾아보자. 혹 정말로 귀신을 만날 수 있으면 얘깃거리가

---

[10]　항저우 영은산靈隱山 남고봉南高峰의 지맥으로 해발 42미터다. 위에 올라서면 시후호를 한눈에 조망할 수 있다. 산 안에 강희 연간의 초석산방蕉石山房이 있는데 1917년에 캉유웨이康有爲(1858~1927)가 사들여 이를 수리하여 썼다. 그곳이 '강장康莊'이다. 이후엔 유장劉莊으로 개명했다. 1959년 12월부터 1960년 1월 사이에 마오쩌둥毛澤東(1893~1976)이 독서조讀書組의 후성胡繩(1918~2000), 덩리췬鄧力群(1915~2015), 톈자잉田家英(1922~1966), 천보다陳伯達(1904~1989) 및 비서 린커林克를 인솔하여 유장의 초석산방에서 독서토론회를 진행한 바 있다.

[11]　저장성 항저우시 시후호의 남쪽 남병산南屏山 예일봉慧日峰 아래, 뇌봉탑雷峰塔 맞은편에 있으며 시후호 4대 고찰 중 하나다. 이 절의 종소리가 우렁차서 '남병만종南屏晚鐘'은 서호십경의 하나가 되었다. 정자사는 954년 오대 오월국 전홍숙錢弘俶(929~988)이 고승 영명선사永明禪師를 기념하기 위해 지어서 원래 이름은 영명선원永明禪院이었다. 남송 때 정자사로 이름을 바꾸고 오백나한당을 축조했다. 지금의 정자사는 1980년대에 중건한 것이다.

110

될 테니."

사람들은 그의 건의를 지지하여 뭍에 올라 정자사 방향으로 걸어
갔다. 장교에 이르자 야간에 그물을 쳐놓은 사람이 고기를 거둬들인
후 길을 걸어가고 있었다. 주일한이 자세히 보니 원래 자기 집에서
무덤을 관리해주던 사람이었다. 그래서 말을 걸었다.

"그물 좀 빌려주시오. 쓰고 내일 아침에 돌려주겠소."

묘지기가 승낙했다. 이에 주일한은 그물을 받아 함께 온 노복에게
건네주고 그에게 어깨에 메고 따라오게 했다. 친구들이 그에게 그물
로 무얼 하려는지 묻자 그가 말했다.

"남병산南屛山 아래의 귀신을 일망타진하려고 하네."

사람들은 모두 한바탕 웃으면서 산속의 외진 오솔길을 택해 걸어
갔다.

이날 저녁에 달빛이 밝아 온 산을 대낮처럼 비추었다. 갑자기 앞의
숲에서 한 여인이 나타났다. 그 여인은 붉은 적삼과 흰 치마를 입고
는 고개를 들고 달을 감상하고 있었다. 사람들이 말했다.

"지금이 심야이거늘 저 여자는 틀림없이 귀신일 거야. 누가 먼저
가볼래?"

주일한이 자청하여 큰 걸음으로 앞으로 나섰다. 그 여자에게서 수
십 발자국 떨어지지 않았을 때 차가운 바람이 불었다. 여자가 몸을 돌
렸는데 온 얼굴에 피가 흐르고 두 눈은 거꾸로 달려 있었다. 주일한
은 놀라 벌벌 떨면서 발걸음이 떨어지지 않아 연거푸 소리를 질렀다.

"그물 가져와, 그물 가져와!"

사람들이 앞으로 가서 그물을 펼쳤으나 여자는 보이질 않고 그물

안엔 한 자 정도의 썩은 나무토막이 걸려들었다. 사람들이 나무를 가지고 돌아와 묘지기의 문을 두드리고 날카로운 톱을 빌려 나무를 마디마디 잘라내자, 나무에서 선혈이 줄줄 흘러내렸다. 주일한은 다시 묘지기에게 등잔 기름 한 병을 사서 배에 올라 톱으로 자른 썩은 나무를 선미에 놓은 기름병 속에 넣었는데, 삽시간에 푸른 연기가 나면서 재로 변했다. 날이 밝자 사람들은 성에 들어가 친구들에게 다음과 같이 알렸다.

"우리가 어젯밤에 기름병에서 귀신을 태웠는데 얼마나 신기했던지!"

無
門
國

여항呂恒은 상주 사람으로 서양 물품을 판매하는 장사꾼이다. 건
륭 40년(1775) 그가 배를 타고 외국에 나가다가 해풍을 만나 배에
탔던 모든 사람이 물에 빠져 죽었다. 하지만 여항은 나무판자를 안
고서 파도를 따라 표류하다가 어느 나라에 도착했다. 그 국가의 국
민은 모두 이층집에서 살았으며 층집은 3층이나 5층집도 있었다. 조
부는 3층에 살고 부친은 2층에 살며 아이들은 1층에 거주했다. 가장
높은 층에는 증조나 고조가 살았다. 층집엔 드나드는 구멍이 있지만
개폐식의 문은 없었다. 국민은 모두 부유하여 도난 같은 일이 발생하
지 않았다. 여항이 처음 이곳에 도착했을 때 말이 통하지 않아 손짓
으로 의사를 표시할 수밖에 없었다. 오래 거주하면서 서서히 그들의
말을 알아듣게 되었다. 국민은 그가 중국 사람인 줄 알고는 모두 그
를 존경했다. 그들의 풍속으로는 하루를 이틀로 나눠 닭이 울 때 일
어나서 장사를 하고 정오에 온 국민은 잠을 잤다. 해가 지면 일어나
예전의 일을 계속했고 술시戌時[12]에 다시 잠을 잤다. 그들의 나이를
물으니 열 살이라고 하는데, 열 살이면 중국 나이로 다섯 살이며, 스

무 살이면 중국 나이로 열 살이었다. 여항이 거주한 곳은 국왕의 도성에서 천리 넘게 떨어졌기에 국왕을 만나볼 수 없었다. 지방의 관리도 매우 적어 '파라巴羅'라고 불리는 의장대가 있을 뿐이다. 무엇을 관할하는지도 모른다. 남녀 간에 서로 좋아하는 사람끼리 결혼하며 미녀와 추녀, 노인과 젊은 사람 끼리끼리 배정해주는데, 억지로 결합시켜준다고 불만이나 원한을 품는 사람도 없었다. 형법은 더욱 특이하여 다른 사람의 다리를 부러뜨리면 그 사람의 다리를 부러뜨리고, 다른 사람의 얼굴을 다치게 하면 그 사람의 얼굴을 때린다. 다친 정도와 부위가 완전히 일치한다. 남의 집 자녀를 강간하면 피해자로 하여금 가해자의 자녀를 강간하게 한다. 범인이 자녀가 없으면 나무를 잘라 남자 양물의 모양을 만들어 그의 항문에 집어넣는다. 여항은 그 나라에서 13개월 동안 살다가 남풍이 불자 배를 타고 중국으로 돌아왔다. 자주 외국에 나가는 사람이 말했다.

"그 섬의 이름은 무문국無門國으로 자고이래로 중국과 왕래한 적이 없었다."

---

12 저녁 7~9시.

宋
生

　소주 출신 관찰사 송종원宋宗元[13]의 족제가 유년 시절에 부모를 여의고 숙부에게 의탁하여 살았는데, 숙부는 그를 엄하게 대했다. 송 씨가 일곱 살 때 사숙에 들어가 공부했는데 중간에 몰래 극장에 가서 연극을 보다가 사람들에게 들켜 숙부의 귀에 들어갔다. 그는 두려워 감히 집에 들어가지 못하고 목독향木瀆鄉으로 도망가서 거지가 되었다. 이李 씨 성을 가진 사람이 그를 불쌍히 여겨 거두고 전포錢鋪에서 일을 돕게 했다. 송 씨가 일을 부지런하고 조심스럽게 처리하여 이 씨는 나중에 하녀 정鄭 씨를 그의 아내로 삼게 했다.

　이렇게 9년이 흐르자 송 씨는 제법 많은 돈을 저축했다. 한번은 그가 성에 들어가 분향하러 가다가 길에서 숙부를 만났다. 송 씨는 숙부를 속일 수 없어 마침내 이실직고했다. 숙부는 송 씨가 많은 돈

13　자는 소광少光, 노유魯儒이고 호는 망사원網師園이며 강소성 장주長州 사람이다. 건륭 3년(1738)에 거인이 되었고 직예 성안 지현成安知縣, 양향 지현良鄉知縣, 천진도天津道, 광록시소경光祿寺少卿 등을 역임했다. 퇴임한 뒤 고향에 돌아와 남송 때 처음 만든 화원 '어은漁隱' 터를 구입해 중수하고 '망사원'이라 이름 지었다.

을 저축한 걸 알고는 그에게 집으로 돌아가자고 권유했으며 아울러 부인을 얻어주겠다고 했다. 송 씨는 처음엔 대답하지 않고 숙부에게 알려주었다.

"하녀가 이미 딸을 낳았습니다."

그러자 숙부가 화를 내며 말했다.

"우리는 명문가인데 어떻게 하녀를 아내로 삼을 수 있겠느냐?"

그러고는 송 씨를 핍박하여 이혼하게 만들었다. 이 씨 집에서는 이 얘기를 듣고 하녀를 자신의 딸로 삼고, 달리 그에게 혼수와 몸종을 마련하여 딸려 보내려고 준비했다. 하지만 숙부는 동의하지 않고 송 씨에게 명하여 이혼 서류를 써서 정 씨에게 주게 하고는 달리 조카에게 김 씨를 얻어주었다. 정 씨는 이혼 서류를 받은 뒤 통곡하며 딸을 안고 강에 뛰어들어 자살했다.

3년이 지나자 김 씨가 딸을 낳았다. 숙부가 가마를 타고 왕부기王府基를 지나는데 갑자기 회오리바람이 일어나 가마 주렴을 걷어 올렸다. 가족이 보니 가마에 탄 사람은 가래가 솟고 숨이 끊어졌으며 목 부분에 손톱 자국이 나 있었다. 이날 저녁에 김 씨가 꿈속에서 한 여자를 만났다. 머리를 풀어헤치고 몸에 피를 흘리며 그녀에게 하소연했다.

"저는 하녀 정 씨입니다. 당신 남편이 양심도 없이 나쁜 숙부 말을 듣고는 저와 이혼했지요. 저는 절개를 지켜 시집가지 않고 강물에 빠져 죽었어요. 지금 저는 먼저 숙부와 결판을 내고 곧바로 당신 남편에게 원수를 갚을 터인데, 이 일은 당신과는 상관없습니다. 무서워하지 마세요. 그러나 당신이 낳은 딸은 그냥 놔둘 수 없어요. 한 여자로 한 여자를 바꾸는 일이 공평한 복수 방법이지요."

김 씨가 깨어난 뒤 송 씨에게 알렸다. 송 씨가 무서워하며 친구와 어떻게 대처할지 상의하니 그 친구가 말했다.

"현묘관玄妙觀의 시施 도사가 부적을 그리면 귀신을 쫓아낼 수 있어. 그를 불러 법사를 치르고 문서를 써서 풍도酆都 지부地府로 보내면 별일 없을 거야."

이에 송 씨는 많은 돈을 들여 시 도사를 불러왔다. 시 도사가 정 씨의 출생 연월일을 묻고는 누런 종이에 써서 거기에 천사부天師符를 그려 귀신을 풍도로 압송하자, 송 씨 집은 과연 평온무사했다.

3년 뒤 송 씨가 대낮에 서재 창가에 앉아 있었다. 갑자기 정 씨가 나타나더니 송 씨를 욕하며 말했다.

"나는 먼저 당신 숙부를 잡은 다음 당신을 잡으려 했소. 나쁜 일을 하려고 의도한 것은 당신 생각이 아니고, 또 종전의 부부의 정을 감안한 까닭이라오. 그런데도 지금 당신은 도리어 선수를 써서 나를 풍도로 압송하다니 어찌 이 지경에 이르렀소? 지금 내 구류 기간이 다 차서 성황신에게 억울함을 호소했더니, 신이 나의 절개를 칭찬하면서 복수를 허락하셨소. 당신은 이제 다시 도망갈 수 없어요."

송 씨는 이로부터 정신이 혼미해지더니 인사불성이 되었다. 집 안의 가구를 까닭 없이 스스로 부쉈고, 빗장과 나무 몽둥이가 공중에서 어지럽게 날아다녔다. 김 씨 가족은 너무나 두려워서 스님을 불러 정 씨를 제도했지만 끝내 아무 소용이 없었다. 열흘이 지나지 않아 송 씨가 죽었다. 다시 열흘이 지나자 송 씨 딸도 죽었으며 김 씨만 무사하게 되었다.

시체의 향기

尸
香

　항주 사람 손수고孫秀姑는 금년 16세로 이 씨 집의 민며느리였다. 이 노인이 아들을 데리고 먼 곳으로 나갔기 때문에 집엔 나이 많은 노파만 남겨졌다. 이웃의 악당 엄호嚴虎가 아름다운 수고를 엿보고는 불을 빌린다는 핑계로 그녀에게 접근하여 말로 그녀를 희롱했다. 하지만 손수고는 엄호를 상대하지 않았다. 엄호는 또 자신의 미소년을 보내 손수고를 유혹하고 그녀 앞에서 교태를 부리며 아양을 떨게 했다. 손수고가 시어머니에게 알리자, 시어머니는 엄호를 호되게 혼냈다. 엄호가 대로하여 욕을 하며 말했다.

　"이년이 남의 호의를 무시하다니! 너를 손에 넣고야 말 테다."

　그러고는 아침저녁으로 벽돌을 던져 문을 부쉈다. 이 씨 집은 가난한 데다가 집의 담도 얇으며 친구도 거의 없었다. 엄호는 무뢰한이라서 이웃들이 감히 그의 일에 관여하지 않았다. 이에 손수고는 단지 시어머니와 서로 마주 보며 통곡할 뿐이었다.

　하루는 손수고가 새벽에 일어나 머리를 빗는데 엄호와 그의 미소년이 지붕으로 올라가 바지를 벗고 양물을 꺼내 그녀에게 보여주었다. 손수고는 분노를 이기지 못해 안팎의 옷을 겹겹으로 여민 다음 몰래 간수를 마시고 죽었다. 시어머니는 통곡하며 애절하게 울부짖다가 관청에 고발하려고 했지만, 그녀 대신 고발장을 써줄 사람이 없었다. 갑자기 기이한 향기가 손수고가 누운 곳에서 나와 거리 골목까지 퍼져 길 가던 사람들이 놀라 서로 마주 보았다. 엄호도 이 사실을 알고 죽은 고양이와 죽은 개 등 악취 나는 것을 이 씨 집 대문 밖에 놓고서 향기를 어지럽혔다. 하지만 그 향기는 더욱 짙어졌다. 때마침 총포청總捕廳 관리가 길을 지나다가 향기를 맡고 이상하게 여겨 길가의 이웃에게 탐문했다. 그는 손수고의 억울한 사정을 알고는 지부와 지현에게 보고하고 엄호를 법대로 처리했으며 손수고의 절개를 조정에 보고하여 표창했다. 그녀의 패방牌坊은 지금도 서호 가에 남아 있다.

형주부荊州府 백성 범范 씨는 시골에 살았지만 집안은 부유했다. 그런데 범 씨가 젊은 나이에 죽었는데 겨우 여섯 살 된 아들을 남겨놓아 누나에게 의지하며 함께 살았다. 열아홉 살의 누나는 책을 조금 읽었고 산술을 잘하여 집안일을 질서정연하게 처리했다. 친족 가운데 범동范同이라는 악당이 있어 그녀의 어린 동생을 속여 여러 번 돈을 빌리러 왔다. 그녀는 처음엔 그에게 돈을 빌려주었다. 나중에 범동이 무리하게 요구하자 그녀는 거절할 수밖에 없었다. 범동은 화를 내며 같은 패거리와 공모하여 그의 누이를 없애고 그들의 재산을 집어삼키려고 했다. 이에 성황묘에서 새회賽會14를 거행하는 틈을 타서 그 누이를 강물에 빠트렸고 전점錢店의 젊은이를 묶어 함께 강물에 빠트렸다. 그리고 두 끈으로 시체를 함께 묶어 관청에 보고하여 검시해달라고 말했다.

"평소에 늘 간통하다가 다른 사람이 알까 두려워 함께 죽기로 약속했어요."

현의 관리는 그의 말을 믿고 명령을 내려 관을 준비해 그들을 매장했다. 그리하여 범 씨네 재산은 모두 범동이 차지하게 되었다.

1년이 지나 형주태수 주종선周鍾宣[15]이 부임하던 중 범녀분范女墳을 지나다가 무덤 속에서 나오는 짙은 향기를 맡고는 서리에게 물어보았다. 그 가운데 한 사람이 범 씨 딸의 일을 알고 있어 억울한 사정을 고해바쳤다. 이에 남녀 두 무덤을 파내 검시해보니 시체는 모두 살아 있을 때와 같았고, 손발과 목에는 모두 줄로 묶인 상처가 있었다. 이에 범동을 불러와 심문하려고 했다. 하지만 범동은 이미 며칠 전에 여귀厲鬼[16]에 의해 죽임을 당했다. 주종선 태수는 술과 음식, 지전을 준비하여 범 씨 딸 무덤 앞에 가서 친히 제사를 지내고 '정녀범씨지묘貞女范氏之墓'라고 쓴 비석을 세워주었다. 사건이 깨끗이 해결되자 시체 두 구는 모두 썩었다.

---

14 의장을 갖추고 풍물을 올리며 고을의 신상神像을 모시고 나와 동네를 돌던 마을 축제.

15 귀주성 귀양貴陽 사람으로 강희 연간의 거인이다. 일찍이 대만臺灣 제라 지현諸羅知縣을 역임했으며『제라현지諸羅縣志』를 편찬했다.

16 제사를 받지 못하는 귀신.

儲梅夫府丞
是雲麾使者

저매부 부승은 운휘 사자

    종인부宗人府[17] 부승府丞 저매부儲梅夫[18]는 양생술에 뛰어나 70세가 되어도 피부가 영아처럼 부드러웠다. 건륭 25년(1760) 정월에 그는 조정의 명을 받들어 악독岳瀆[19]으로 제사지내러 갔다. 어느 날 수돈우정搜敦郵亭에서 투숙했다. 이날 저녁에 여관의 등불이 여러 색깔로 바뀌었다. 잠시 후엔 같은 모습으로 바뀌었는데 어떤 것은 연꽃 같고 어떤 것은 여의如意 같고 어떤 것은 지란芝蘭 같았다. 연기가 두세 자나 높이 뿜어졌고 공중엔 바람과 안개가 맴돌았다. 저매부가 급히 가동을 불러 가보게 했는데 모두 기이하게 여기고 그 등에 손대지 말라며 경계했다.

---

17 명·청 시기 황실의 종족 관리 사무를 관장하던 기구.
18 저인지儲麟趾(1702~1783)는 자가 매부이고 호가 쌍수헌雙樹軒이며 강소성 형계荊溪 사람이다. 건륭 4년(1739)에 진사가 되었으며 한림원 편수, 서길사, 귀주도 감찰어사貴州道監察御史, 종인부 부승을 역임했다. 거리낌 없이 직언했던 간관諫官으로 유명했다. 주요 저작으로는『쌍수헌집雙樹軒集』등이 있다. 저매부에 관한 고사는『수원시화隨園詩話』권257편에도 나온다.
19 오악五嶽과 사독四瀆(장강長江·황하黃河·회하淮河·제수濟水)의 병칭.

이날 저녁에 저매부는 꿈속에서 한 무리의 신선을 보았다. 대여섯 명이었는데 그를 한 곳에 데리고 갔다. 위에는 '적운강赤雲岡'이란 세 글자가 쓰여 있었다. 그들은 저매부를 운휘 사자雲麾使者라 불렀다. 신선들이 함께 소나무 그늘 밑에 앉아 시를 지었는데 해상신기옹海上神奇翁이란 신선이 먼저 "화촉이 오늘 밤 단지를 바치고蓮炬今宵獻端芝"라는 시구를 짓자, 두 번째의 오송장인五松丈人이 이어서 "여러 신선이 모여 콧수염을 읊조린다群仙會飄吟髭"라고 말했다. 이어서 다음의 동방청동東方青童이 "봄바람은 수양버들 가지를 바꾸고자 한다春風欲換楊柳枝"고 말했다. 그러자 옆에 있던 여자 신선이 웃으며 말했다.

"이것은 운휘 사자가 황하를 건널 때 지은 시구인데, 왜 당신이 그의 시를 훔쳤소?"

이에 두 사람이 마주 보고 웃었다. 갑자기 등불에서 폭죽 같은 큰 소리가 나자 저매부는 놀라 깨어났다.

唐配滄

　무창 사마武昌司馬 당배창唐配滄은 항주 사람으로 효성으로 이름이
났으나 부임하는 도중에 사망했다. 5년이 지나 당배창의 장자가 멀
리 사천에 가서 가르쳤다. 큰며느리 곽郭 씨가 항주에서 병이 났을
때 갑자기 당배창의 말투로 말했다.

　"저승에서 내가 관직생활을 청렴하게 하여 나를 무창부武昌府 성황
으로 임명하셨다. 너희가 곧 결혼하려고 하는데 너희에게 줄 것이 없
구나. 며느리가 부지런하여 내가 특별히 며느리를 구조하러 온 것이
란다. 다만 너희는 사자교獅子橋로 가서 유노랑劉老娘을 찾아 그녀에게
기도하면서 질병을 없애달라고 부탁하려무나."

　당배창의 둘째 아들 개무開武가 재빨리 유노랑을 찾아서 집으로
불러왔다. 원래 유노랑은 항주 사람이 말하는 활무상活無常[20]이다. 당
씨 가족이 말했다.

20　주무상走無常이라고도 부른다. 지옥의 옥졸 이름으로 이승과 저승을 왕래하며 영
매 구실을 한다.

"이 병을 당신이 구할 수 있단 말이오?"

유노랑이 대답했다.

"저는 저승의 명령을 받들어 체포하는 일을 맡았는데, 어떻게 그녀를 몰래 놓아줄 수 있겠습니까? 지금 당신 집 나리가 염라대왕께 사정하러 가셨으니, 아마도 죽지 않는다는 보장을 할 수 있겠지요."

당 씨 가족이 그 이유를 물었다.

"나리가 어디 계신지 보셨나요?"

"지금 조신竈神21과 얘기하고 있어요."

잠시 후에 다시 말했다.

"나리께서 문밖으로 나서 저승으로 가려 하십니다."

병이 난 곽 씨는 조용히 누워 아무 말도 하지 않았다. 잠시 뒤에 유노랑이 말했다.

"나리께서 오십니다."

곽 씨가 곧 큰 소리로 말했다.

"너는 죽지 않으니 걱정할 필요가 없다."

이때 당 씨 친구들이 환자를 문병 왔다. 곽 씨가 당배창의 말투로 그들에게 안부를 물었는데 살아 있을 때와 똑같았다. 당배창의 둘째 아들이 무릎을 꿇고 부탁하며 말했다.

"아버지가 신이 되셨으니 분명 화복을 미리 아시겠죠. 자식들은 장차 어찌 되겠습니까?"

당배창이 힘주어 말했다.

---

21 부엌의 길흉화복을 관할하는 신.

"좋은 사람이 되어 좋은 일을 하면, 자연히 잘 지낼 텐데 왜 그걸 미리 알아야 하나?"

그리고 다시 말했다.

"나는 오늘 개인적인 일로 사당의 인부를 지치게 만들었어. 속히 지전을 태우고 술과 음식을 장만하여 그들에게 대접하려고 하네."

말을 마친 곽 씨는 원래의 목소리로 돌아왔으며 병도 저절로 나았다.

이는 건륭 24년(1759) 5월의 일이다. 곽 씨는 지금까지도 살아 있다.

구 문달공이 수신이 되다

구 문달공裘文達公이 임종할 때 가족에게 말했다.

"나는 남경 연자기燕子磯[22]의 수신水神으로 지금 다시 제자리로 돌아가려 한다. 내가 죽은 뒤 내 영구를 강서로 돌려보내되 반드시 연자기를 지나도록 하라. 그곳엔 관제묘가 있으니 사당에 가서 제비를 뽑아 길흉을 점치도록 하라. 만일 상상上上의 세 번째 제비가 나오면, 나는 여전히 수신이다. 그렇지 않다면 나는 유배당해 복위할 수 없느니라."

이렇게 말을 마치고는 사망했다. 가족들은 이 말을 듣고 반신반의했다. 한 하인이 이 말을 믿고 확신에 차서 말했다.

---

22 지금의 난징시 치샤구棲霞區 관인문觀音門 밖에 있으며 장강의 삼대 명기名磯 중 으뜸으로 "만리장강제일기萬里長江第一磯"라고 불린다. 바위가 강 위로 뻗은 모양이 제비가 날개를 펼치며 나는 것 같다고 하여 '연자기'라고 불렸다. 이곳은 고대의 중요한 항구였다. 강희와 건륭 두 황제가 이곳에서 잠시 머물렀으며, 건륭제는 이곳에서 '연자기' 비를 썼다. '연기석조燕磯夕照'는 청초 금릉 48경 가운데 하나다. 연자기 부근에 홍제사弘濟寺, 관음각觀音閣 등의 건물이 있다.

"구공裵公은 왕태부인王太夫人이 낳으신 아들입니다. 자당 어르신의 본적은 남경으로 당시 도강할 때 일찍이 연자기 수신묘에서 자식 점지를 빌었죠. 밤에 꿈속에서 관복을 입고 홀을 든 사람이 이렇게 말했대요.

'네게 아들, 특별히 훌륭한 아들을 주겠노라.'

과연 1년 뒤에 구공을 낳았죠."

구공의 아내 웅熊 부인이 구공의 영구를 모시고 고향으로 돌아가던 중 연자기를 지났다. 구공의 임종 유언에 따라 관제묘에 가서 제비를 뽑아 점을 쳤는데, 과연 상상의 세 번째 제비를 뽑았다. 온 가족이 통곡하면서 지전을 태우고 강에 뿌렸으며 또 사당 곁에 구공의 신위를 세웠다. 윤 문단공尹文端公은 문달공을 위해 쓴 시비를 그 옆에 세웠다. 그해 내가 소주에 갔을 때 배가 여기서 태풍을 만나 운행할 수 없었다. 이에 신위에게 읍을 하고 벽에다 시를 써놓았다.

연자기 아래 정박하고 燕子磯邊泊

황공로23 아래로 지나가노라 黃公壚下過

옛 비석을 문지르고 摩挲舊碑碣

이 산아를 슬퍼하노라 惆悵此山阿

짧은 머리 눈처럼 하얗고 短鬢皤皤雪

---

23 황공주려黃公酒壚의 줄임말로 위진魏晉 시기 왕융王戎(234~305)과 완적阮籍(210~263), 혜강嵇康(224~263) 등 죽림칠현竹林七賢이 모여서 술을 마시던 곳이다. 이후 시문에서는 친구들이 모여 술마시는 장소를 비유한다.

장강의 파도 넘실거린다 長江渺渺波

그 이튿날 과연 순풍이 불어주었다.

莊生

섭상류葉祥榴 거인의 말에 따르면 그에게 진陳 씨 성을 가진 친구가 있는데 집에서 스승 장생莊生을 초빙했다고 한다. 8월 어느 날 저녁 학생들의 수업이 끝나고 진 씨 형제가 서재에서 바둑을 두고 있었다. 장생이 곁에서 보다가 피곤해져 몸을 일으켜 집으로 돌아갔다. 장생의 집은 진 씨 집에서 1리쯤 떨어져 있으며 반드시 다리를 지나가야 했다. 이날 장생이 다리를 건너다가 실족하여 땅에 쓰러졌다. 그는 급히 일어나 집으로 돌아갔다. 문을 두드려도 반응이 없어 진 씨 집 서재로 돌아가는 수밖에 없었다.

이때 진 씨 형제의 바둑 대결이 아직 끝나지 않아 그는 정원에서 산보했다. 집 뒤에 작은 문이 있고 문 안엔 둥근 정자가 있으며 무수한 파초 나무를 심어놓아 장생은 주인이 이토록 우아한 집을 가졌으면서도 서재를 만들지 않은 것에 대해 탄식했다. 다시 몇 걸음 걸으니 작은 정자 안에서 임신부가 출산하려고 하는데 얼굴이 예뻐 보고 나서 마음이 움직였다. 그러다가 생각을 바꿨다.

'이곳은 집주인의 안방이니 이러한 상황을 보고도 물러서지 않는

것은 예의에 어긋나지.'

급히 물러나와 서재로 돌아와 잠시 앉았다. 집주인의 바둑은 몰래 동생의 공격을 받았으나 집주인은 도리어 다른 곳만 바라보며 위기를 깨닫지 못하는 듯해 훈수를 두었다. 집주인은 당황하며 놀란 듯했으나 여전히 아랑곳하지 않았다. 그러자 장생이 다시 소리쳤다.

"제 말을 듣지 않으시면 바둑은 집니다."

아울러 손으로 바둑판의 돌을 직접 가리켰다. 집주인 형제는 깜짝 놀라 급히 안방으로 달려가 등불을 껐다. 장생은 하는 수 없어 집으로 돌아가다가 다리에 이르러 발을 헛디뎌 다시 떨어졌다. 일어나서 집에 도착해 문을 두드리니 문지기가 열어주고는 들어오게 했다. 장생은 아까 문을 두드려도 대답하지 않은 것을 두고 문지기를 꾸짖었으나 문지기는 영문을 모르겠다는 듯이 답했다.

"아까는 듣지 못했는데요."

이튿날 장생이 진 씨 집에 가보니 서재의 촛대가 땅에 쓰러져 있고 바둑판은 두던 모습 그대로 펼쳐져 있었다. 황홀하니 마치 꿈을 꾸는 것 같았다. 잠시 뒤 집주인이 나와서 말했다.

"어젯밤에 선생님이 가신 뒤 귀신 소리가 나고 심지어 등불도 꺼졌으니 정말 괴이한 일입니다."

장생은 이 말을 듣고 놀라 어젯밤에 자신이 돌아와 훈수를 두지 않았냐고 알려주었다. 그러자 집주인이 말했다.

"우리 형제는 선생님이 다시 오신 걸 못 보았는데요."

"증거가 있어요. 제가 당신 화원에 이르러 임신부를 보았어요."

그러자 주인장이 웃으며 말했다.

"우리 집엔 화원이 없어요. 임신부가 어디에 있단 말입니까?"

"바로 집 뒤에요."

그러고는 주인장을 이끌고 뒤로 가보니 작은 토문土門이 있고 안은 반 무畝 크기의 채마밭이었다. 채마밭 서쪽에 돼지우리가 있었는데 어미 돼지가 새끼 여섯 마리를 낳아 다섯 마리는 살고 한 마리는 죽어 있었다. 장생은 놀라 생각한 끝에 처음 집에 돌아가고자 다리를 건넜을 때 영혼이 신체에서 떨어졌음을 알게 되었다. 나중에 다시 떨어졌을 때 영혼이 신체로 돌아온 것이다. 음욕을 억제할 수 없다면, 다음 생애엔 짐승으로 환생할 것이다.

갈 도인

褐
道
人

청대 초년에 덕德 시랑侍郎은 갈褐 도인道人과 친하게 지냈다. 도인은 관상술에 정통하여 덕 시랑이 어느 해에 승진하고 어느 해에 1품관, 2품관의 홍정자紅頂子[24] 모자를 쓰며 어느 해에 벼락을 맞을 것이라고 얘기해주었다. 덕 시랑은 이 말을 듣고 반신반의했다. 나중에 승진할 때 보니 과연 도인의 말과 완전히 일치했다. 이에 덕 시랑은 매우 무서워하며 도인에게 벼락을 피할 수 있는 방법을 알려달라고 간청했다. 도인이 일부러 난색을 표명하자, 덕 시랑은 반복하여 부탁했고, 이에 도인이 말했다.

"한 가지 방법이 있소. 그날이 되면 공이 조정의 10여 분의 일품관, 이품관의 구슬을 앞 대청의 온돌 위에 놓고 공은 중앙에 앉아 있으시오. 정오가 되면 재난을 면할 수 있을 게요."

덕 시랑은 그 말대로 따라 했다.

그날이 되자 날씨는 맑았다. 정오가 가까워지자, 하늘에 검은 구

---

24 청대에 2품 이상 고관의 모자로 꼭대기에는 붉은 산호 구슬을 달았다.

름이 일더니 비바람이 함께 몰아치고 우렛소리가 진동하여 벼락이 떨어지려다가 다시 올라갔다. 갑자기 하인이 급하게 달려와 시랑에게 보고했다.

"마님이 뜰에서 벼락에 맞았어요."

덕 시랑은 너무 놀라 함께 앉았던 여러 관리와 급히 달려가 부축했는데, 우렛소리가 나더니 온돌을 산산조각이 나도록 때렸다. 그리고 온돌에는 두 자 길이의 커다란 전갈이 있었다. 덕 시랑의 모친은 평온무사했고 갈 도사를 찾았으나 행방이 보이지 않았다. 이때에야 갈 도인이 전갈 요정임을 알았다. 그는 관상술로 사람을 우롱했으며 실제로는 자신을 보호하기 위한 장치였으니 확실히 정교했다. 뇌신이 아니었다면 어찌 덕 시랑이 그에게 이용되는 것을 알 수 있었겠는가?

동기각

佟
騎
角

    북경 사람 부구傅九가 한번은 정양문正陽門[25]에서 성을 빠져나와 작은 골목을 지났다. 이 골목은 좁았으나 지나다니는 사람이 많아 여러 사람이 어깨와 등을 스치고 지나갔다. 갑자기 어떤 사람이 날 듯이 부구에게로 달려오는데 그 기세가 맹렬하여 미처 피하지 못하고 두 사람은 가슴이 서로 부딪쳐 그 사람이 결국 부구와 한 몸으로 합쳐졌다. 부구는 몸에 물을 맞은 느낌이 들어 추워서 부들부들 떨었으며 급히 비단 파는 점포로 뛰어 들어가 앉았다. 잠시 앉아 있다가 갑자기 큰 소리로 말했다.

    "네가 내 갈 길을 가로막다니 정말 가증스런 놈이로구나."

    그러고는 자신의 뺨을 때리고 자기 수염을 잡아당겼다.

    가족이 부구를 데리고 집으로 돌아왔으나 밤새 시끄럽게 소리 질렀다. 어떤 사람이 활무상活無常 동기각佟騎角이 이 병을 치료할 수 있다고 알려주어 부르러 가려는데 부구가 이미 알고서 욕을 해댔다.

25　자금성의 정문. 속칭 전문前門이라 부른다.

"나는 동기각銅騎角이든 철기각鐵騎角이든 아무도 무섭지 않아."

잠시 후에 동기각이 불려왔다. 그가 눈을 부릅뜨고 말했다.

"너는 어느 곳의 귀신이기에 이곳까지 와서 사람을 해치느냐? 빨리 사실대로 불거라. 사실대로 말하지 않으면 네놈을 기름 솥에 집어넣을 것이다."

부구는 눈을 부릅뜬 채 아무 말도 하지 않고 사각사각 이를 갈며 증오하는 소리를 냈다. 이때 빙 둘러 구경하던 남녀가 담장처럼 꽉 들어찼다. 동기각이 솥에 기름을 쏟고 불을 붙였다. 손에는 동차銅叉를 들고 부구의 얼굴을 향해 들이대면서 찌를 듯한 자세를 취했다. 부구는 무서워서 스스로 사실대로 말했다.

"저는 이사李四라고 하며 봉양鳳陽 사람입니다. 굶주림과 추위에 쫓겨 남의 무덤을 도굴하다가 그 집 사람에게 붙잡혔어요. 저는 일시에 조급해져서 쇠가래로 들고 체포에 저항하다가 연이어 두 사람에게 상해를 입혀 법률에 따라 참수형을 당했지요. 오늘 붙잡혀 채시菜市[26]로 압송되어 처벌을 받게 되었어요. 제가 온 힘을 다해 도망 나왔는데 뜻밖에도 이 사람에게 길이 막혔어요. 저는 사실 마음속으로 화가 나서 그와 대결하려 합니다."

그러자 동기각이 말했다.

"그러하면 빨리 떠나시오."

---

26 여기서는 일반인의 사형을 집행했던 청대의 형장 채시구菜市口를 말한다. 요나라 때 이곳은 안동문安東門 밖의 교외였고 금나라 때는 시인문施仁門 안의 정자가丁字街였다. 명대에는 북경에서 가장 큰 채소 시장이 이곳에 들어서서 점포가 가장 밀집된 이곳을 '채시가菜市街'라 불렀고 청대에 '채시구'로 바꾼 이래 지금까지도 그대로 쓰고 있다.

이에 작살을 들고 앉았다. 부구가 통곡하며 말했다.

"소인은 옥중에 있고 두 다리가 얼어붙어 움직일 수 없어요. 제게 짚신 한 켤레를 주시고 아울러 비밀을 지켜 관청에 알려 저를 잡아가지 않게 해주세요."

부 씨 가족이 즉각 짚신을 태우자 부구가 땅에 엎드려 머리를 조아리고 다리를 뻗어 짚신을 신는 모습을 취했는데, 옆에서 지켜보던 사람이 모두 웃었다.

동기각이 그에게 어디로 갈 것인지 묻자 그가 말했다.

"재앙을 피해 좀 멀리 가려고 합니다. 운남으로 갈 거예요."

동기각이 말했다.

"이곳에서 운남까지는 만 리나 떨어져 있어 대번에 갈 수가 없네. 도중에 분명 관리에게 붙잡힐 테니 나를 따라 일을 하면 밥 먹을 곳을 찾을 수 있을 것이야."

부구는 머리를 조아리며 그러겠다고 동의했다. 동기각이 주머니에서 누런 종이를 꺼내 불에 태우자 부구는 땅에 쓰러져 움직이지 못했다. 한참 뒤에야 겨우 깨어났다. 그에게 방금 일어났던 일을 물었으나 그는 아무것도 몰랐다.

이날은 바로 형부에서 가을에 범인을 처형하는 날이었다. 소식을 물어보니 과연 도굴범은 이미 참수형을 당해 군중에게 공개되었다. 원래 이 악귀는 자기가 이미 죽었는지도 몰랐다. 동기각은 나이 오십이 넘었는데 말수가 없고 잠을 즐겨 자서 한번 잠들면 3, 4일씩 일어나지 않았다. 그의 집에 가 대문을 들어서니 먼지 하나 보이지 않았는데, 평소에 귀신들이 그를 위해 일한다고 말했다.

淘氣

　영주지부永州知府 은공恩公의 하인은 나이가 젊고 본분을 지키지 않아 도기淘氣[27]라는 별명이 붙었다. 하루는 도기가 서재에서 일을 하다가 처마 앞에서 반딧불이를 보았다. 계란만 한 크기의 빛을 냈는데 그는 마음속으로 기괴하게 여겼다. 이때는 날씨가 무척 더운 시기라 도기는 옷을 벗고 침상에 누웠다. 사타구니에서 무언가 꾸물꾸물 올라오는 느낌이 들어 만져보니 그 반딧불이였다. 그가 웃으며 말했다.

　"이처럼 작은 벌레도 이 물건을 좋아하니?"

　곧 이불을 끌어당겨 몸을 덮고 잠을 청했다.

　한밤중이 되어 어떤 사람이 손으로 이불을 펼치고 그의 양물을 잡았다. 그리고 그 모서리를 쓰다듬고 오줌 구멍을 지그시 눌렀다. 이때 도기가 몸을 뒤척이려 했으나 아무리 해도 움직여지지 않았다. 이어서 어떤 사람이 그와 교합하는 듯했다. 잠시 후에 정액이 흘러

27　장난이 심하다는 뜻이다.

나왔다. 이튿날 도기는 몸이 피곤함을 느꼈다. 하지만 눈을 감고 어제 저녁의 즐거움을 생각하고는 다시 한 번 하고 싶었으나 다른 사람에겐 알리지 않았다. 저녁이 되자 그는 목욕을 하고 알몸으로 기다렸다. 이경이 되자 반딧불이가 먼저 오는데 빛이 갈수록 커져 여자를 비춰주는데 매우 아름다운 자태로 천천히 걸어왔다. 도기는 매우 기뻐서 그녀를 껴안고 애무하며 그녀에게 성명을 물었다.

"저의 성은 요姚 씨입니다. 부친은 명말의 지부였으며 일찍이 이 아문에서 살았어요. 제가 18세 때 흠모하는 사람과 인연을 맺지 못해 병이 나 죽었어요. 제가 살아 있을 때 배꽃을 무척 좋아하여 숨이 끊어질 때 노모에게 부탁하여 저를 화원의 배꽃 밑에 매장해달라고 했지요. 제가 보니 당신이 젊기에 당신을 따르려고 왔어요."

도기는 이때에야 그녀가 귀신임을 알고 베개를 들어 내던지고 소리를 지르며 뛰어나가 안채에 이르러 문을 두드렸다. 안채의 여성은 화재가 났다고 여기며 급히 일어나 문을 열어주면서 알몸의 도기를 보고는 감히 앞으로 나서지 못했다. 은공이 나와 그에게 무슨 짓을 하느냐며 꾸짖었다. 도기는 그 일을 사실대로 말해주었다. 은공은 그를 단사丹砂로 진정시키고 바지를 입혀주었다.

이튿날 사람들이 배나무 밑을 파보니 과연 붉은 칠을 한 관이 나왔다. 열어보니 살아 있는 듯한 여자가 누워 있어서 그녀를 화장한 다음 매장했다. 도기는 이때부터 성실하게 변했고 분수를 지키지 않는 일을 하지 않았다. 동료들이 웃으며 말했다.

"사람은 귀신을 만나지 않으면 안 된다니까. 도기가 귀신을 만나더니 더 이상 장난을 치지 않는군."

白蓮教

경산京山[28]에 허許 씨 성을 가진 부호가 있는데 대대로 상호桑湖 곁에 살았다. 그가 새로 며느리를 들였는데 혼수품이 무척 많았다. 양삼楊三이라는 좀도둑이 이 소식을 듣고는 재물에 눈독을 들였다. 1년이 지나자 허 노인이 그의 아들을 경성으로 보냈다. 신부는 임신했으며 그녀를 돌보는 사람은 하녀 두 명뿐이었다. 이에 양삼이 밤에 신부의 방에 잠입하여 몰래 숨어서 엿보았다.

삼경이 되자 양삼이 등불 아래에서 한 사람을 보았다. 눈이 움푹 들어가고 수염이 났으며 황금빛 자루를 지고 창문에서 기어들어왔다. 양삼은 자기 동료 중에 이런 사람이 없다고 생각하며 숨을 죽이고 몰래 지켜보았다. 그 사람은 소매에서 향 한 자루를 꺼내 불을 붙이곤 두 하녀가 자는 곳에 놓아두었다. 이어서 그 사람이 임신부가 자는 곳을 향해 주술을 외우자 임신부가 갑자기 일어나 그 사람을 향해 알몸으로 무릎을 꿇었다. 그 사람은 자루를 열어 작은 칼을 꺼

---

28 지금의 후베이성 징먼시荊門市 징산현京山縣을 말한다.

내 임신부의 복부를 갈라 태아를 꺼내고는 작은 항아리에 넣은 다음 짊어지고 방을 나가자, 임신부의 시체가 침상 아래로 떨어졌다.

양삼은 너무 놀라서 문을 나서 그 사람을 쫓아갔다. 마을 입구의 한 여관에 이르러 양삼은 그를 잡고서 크게 소리 질렀다.

"여관 주인님, 빨리 나와보세요. 제가 요상한 도적을 잡았어요."

인근의 이웃들이 함께 와서 자루를 열어보니 소아의 태혈이 아직도 뚝뚝 떨어지고 있었다. 사람들이 대로하여 쇠가래, 호미를 들고 때리자 그 사람은 크게 웃을 뿐 아무런 상처도 입지 않았다. 사람들이 똥을 퍼와 그에게 뿌리자 그제야 그는 꼼짝도 하지 않았다. 날이 밝고 그를 관청으로 보내 심문하자 사실대로 불었다.

"저는 백련교도[29]이며 동료가 매우 많습니다."

관청에서는 이때야 섬서·호북·호남 일대의 임신부를 죽인 범인이 바로 그 사람이었음을 알게 되었다. 심문이 끝난 뒤 그 사람을 능지처참형에 처하고 양삼에게 은 50냥을 상으로 내렸다.

---

29 백련교白蓮敎는 중국 민간 종교 중 하나다. 남송 소흥紹興 연간에 오군吳郡 곤산崑山의 승려 모자원茅子元(법명 자소慈昭, 1069~1166)이 민간에서 유행하던 정토결사를 바탕으로 새로운 종파를 만들었는데, 이를 백련종白蓮宗 혹은 백련교라고도 한다.

服桂子長生

계수나무 열매를 복용하고
장생하다

　여기呂琪의 형님이 영남에서 관직생활을 했는데 여기도 형을 따라
갔다. 관사에 옛 우물이 있었다. 여기가 여름날 밤에 더위를 식히다
가 우물에서 댕그렁 하는 소리가 나고 수십 알이나 되는 붉은색 탄
환이 튀어나왔는데 크기는 바둑돌만 했다. 여기는 우물 속에 보배가
있는가 싶어 이튿날 사람을 줄에 묶은 다음 우물 아래로 내려가 찾
게 하여 해묵은 계수나무 열매 수십 알이 올라왔는데 색깔은 선홍
색이며 무척 예뻤다. 여기는 장난삼아 우물물과 함께 삼켰다. 매일
일곱 알씩 삼키니 7일이 지나자 동이 났다. 계수나무 열매를 다 먹은
뒤 그는 갑자기 인삼을 먹은 것처럼 정신이 강건해지는 것을 느꼈다.
이후 그는 90여 세까지 살았다.

이오

伊五

군대 간 이오伊五는 몸이 왜소하고 얼굴이 못생겨 군관들이 별로 좋아하지 않았다. 그는 너무나 가난해서 살길이 없어 혼자 성을 빠져나와 목을 매달아 자살하려고 했다. 갑자기 한 노인이 표연히 걸어오더니 그에게 왜 목숨을 버리려는지 물었다. 이오는 사실대로 알려주었다. 그러자 노인이 웃으며 말했다.

"그대의 신기가 비범하니 도를 배울 수 있겠구나. 네게 책 한 권을 줄 터이니 너는 평생 충분히 양생할 것이다."

이오가 노인을 따라 몇 리 길을 걷다가 큰 계곡을 건너 갈대밭을 지나자 굽은 오솔길이 나왔다. 그들은 야트막한 집에 들어가 투숙했다. 이오는 노인을 따라 도를 배우기 시작했다. 7일 동안 도를 배워 도술이 완성되자 노인과 그 집이 모두 사라졌다. 이오는 이때부터 편안한 삶을 보냈다.

이오의 동년배들이 이오를 초대하자 이오는 대번에 승낙하곤 동료와 함께 주막에 갔다. 대여섯 명이 마음껏 먹고 마시다보니 계산할 때 7200문의 돈이 나왔다. 사람들은 이오가 어떻게 대처할까 고민

하고 있을 때 갑자기 검은 얼굴의 사내가 누각에서 내려와 허리를 굽혀 읍을 하며 말했다.

"이오 나리가 여기에서 손님을 초대했단 말을 듣고 주인님이 저보고 술값을 가져다주랬어요."

전대를 풀어 돈을 꺼내주고는 떠나갔다. 그 돈을 세어보니 정확히 7200문이었다. 사람들이 모두 깜짝 놀랐다.

한번은 이오가 사람들과 저자를 걷고 있는데 백마를 탄 사람이 질주하며 지나갔다. 이오가 급히 말을 채찍질하여 따라가며 꾸짖었다.

"얼른 네 몸에 찬 주머니를 내게 주려무나."

그 사람이 당황하여 말에서 내려 품속에서 가죽 주머니를 꺼냈는데 공기를 주입한 돼지 오줌보만 한 크기였다. 그 사람은 주머니를 이오에게 준 뒤 급히 달려갔다. 사람들이 영문을 모르자 이오가 말해주었다.

"이 안에 든 것은 아이의 영혼이오. 말을 탄 사람은 지나다니는 신인데 얼마나 많은 사람의 영혼을 몰래 훔쳤는지 모르오. 만일 나를 만나지 못했다면 또 아이가 죽어났을 거요."

잠시 뒤 한 골목으로 들어서니 서향으로 난 집의 문에서 곡소리가 났다. 이오가 작은 주머니를 문틈으로 벌리자 안에서 짙은 연기가 나더니 그 집의 대문 안으로 들어가자마자 즉시 어떤 사람의 말이 들렸다.

"아이가 깨어났어요."

곡소리가 웃음으로 바뀌는 순간이었다. 사람들은 이 때문에 이오를 신명으로 여겼다.

때마침 높은 관리의 딸이 마귀에 들려 이오의 명성을 듣고는 큰 돈을 주고 그를 초청했다. 딸은 방 안에서 이오가 온다는 소식을 알고는 슬픈 안색을 띠었다. 이오가 방에 들어서자 딸은 방구석으로 피하며 다리미를 들고 자신을 방어했다. 이오가 위아래로 살펴보다가 나와서 말을 꺼냈다.

"기물이 요괴로 변했으니 오늘 밤 당신을 위해 그것을 제거하겠습니다."

삼경이 되자 이오가 주머니에서 작은 검을 꺼냈는데 날카롭기가 눈처럼 반짝이는 빛과 같았다. 그는 머리를 풀어헤치고 신발을 벗고 검을 쥐고 들어갔다. 이 집 가족들은 뜰 밖에서 지켜보았다. 잠시 뒤 방 안에서 질타하는 소리, 때리는 소리, 물건 깨지는 소리, 욕을 하며 시끄럽게 구는 소리가 들렸다. 한참이 지나 아무 소리도 나지 않고 그 여성이 머리를 조아리며 애원하는 소리가 흐릿하게 들렸다. 이오가 갑자기 사람을 불러 빨리 등불을 가지고 오게 하자, 사람들이 하인, 하녀를 데리고 등불을 들고 들어갔다. 이오는 땅에 떨어진 물건을 가리키며 말을 꺼냈다.

"이것이 야료를 부렸어."

사람들이 보니 등으로 엮은 대나무 의자였다. 장작을 쌓고 그것을 불태우니 온 땅에 피가 철철 흘렀다.

諸
廷
槐

가정嘉定 제정괴諸廷槐의 집에 한 하인이 있었는데 그의 아내 이李씨는 재혼이었다. 하루는 갑자기 귀신이 이 씨의 목구멍을 누르며 말했다.

"나는 당신의 전남편이다. 내가 병들어 차를 마시거나 약을 복용할 때 넌 언제나 거들떠보지도 않아 나를 화가 치밀어 죽게 만들었지. 염라대왕은 내 목숨이 다하지 않은 채 떨어져 죽은 것을 가엽게 여기셨네. 하지만 나를 받아주려고 하지 않더군. 나의 영혼은 이리저리 떠돌아다니며 굶주림과 추위에 벌벌 떨었지. 당신은 이곳에서 등 따시고 배부르게 먹고 지내다니 나는 참을 수가 없어. 그래서 네 목을 졸라 너에게도 나의 고통을 맛보게 하련다."

제정괴는 이 씨에게 귀신이 붙었음을 알고 앞으로 다가가 그녀의 뺨을 두 대 때렸는데, 귀신이 아프다며 도망갔다. 제정괴가 자기 손바닥을 보니 솥 밑바닥의 검댕처럼 온통 검었다.

잠시 후 귀신이 다시 소란을 피우기 시작했다. 제정괴가 다시 때려도, 이 씨는 조금도 겁을 내지 않았으며 그의 손도 검어지지 않았다.

귀신이 욕을 퍼부었다.

"네 주인이 처음 날 때릴 때는 뜻밖이어서 아팠다. 지금 나는 이미 네 척추의 틈 속에 숨었기에 손바닥으로 매섭게 때려도 무섭지 않아."

이에 가족들이 이 씨를 대신하여 사정을 봐달라고 애원했다.

"당신 아내는 아내로서의 책임을 다하지 않고 당신을 주도면밀하게 보살피지 못한 것에 불과합니다. 결코 당신을 고의로 죽일 뜻이 아니었으니, 당신이 복수할 만한 원수는 아니죠. 하물며 당신과 낳은 자녀는 재혼한 남편에게 기대어 대신 양육하고 있으니, 그래도 양심이 있는 편이지요. 당신은 어째서 손을 놓지 않고 음식을 먹지 못하게 그녀를 괴롭히는 게요?"

그러자 귀신이 허락했다. 이 씨는 목이 맑아짐을 느끼고 그 자리에서 세 그릇을 비웠다. 사람들은 이 귀신이 말에 감동할 줄 안다며 이렇게 말했다.

"주인이 당신을 위해 법사를 하고 제도해주면 어떠하오?"

귀신은 다시 이를 승낙했다. 이에 귀신을 위해 스님을 불러 설초設醮[30]하고 왕생 주술을 읊었다. 귀신이 이 씨의 몸을 떠났다가 얼마 후 다시 와서 말했다.

"스님이 아직 도첩度牒을 주지 않아 저는 환생할 수 없어요."

이에 스님이 재빨리 도첩을 태우자, 귀신은 바로 떠나고 이 씨도 회복되었다.

---

30 제사 방식의 일종. 나중에 도사나 스님이 패방을 설치하거나 도량을 만들어 재화災禍를 소멸시키는 행위를 가리키게 되었다.

귀신이 소란을 피울 때 제정괴의 막내아들을 가장 무서워하며 이렇게 얘기했다.

"어린 상공의 머리에 붉은빛이 나는 걸 보니 틀림없이 귀인상이네요. 저는 그를 보고 싶지 않아요."

어떤 사람이 귀신에게 물었다.

"이것은 제 씨 댁 조상들이 공을 쌓고 덕을 쌓은 덕분이지요?"

"아닙니다. 그의 집 묘지의 풍수가 비호해주는 덕택입니다."

"어떻게 압니까?"

"저와 몇몇 귀신 친구가 그 무덤에서 사람들이 차려놓은 제사 음식을 먹곤 하는데, 유독 제 씨 댁의 무덤엔 올라갈 수 없어요. 그 집 무덤 위엔 열기가 있어서 불처럼 솟구치기 때문이지요."

왕 도사

王
都
司

산동 출신의 왕王 씨가 제령도사濟寧都司[31]를 지냈다. 갑자기 어느 날 꿈속에서 남문 밖 관제묘의 주창周倉이 자신에게 이런 말을 했다.

"당신이 관제묘를 수리하면 은 5000냥을 얻을 수 있네."

왕 도사는 이를 믿지 않았다. 이튿날 밤에 그의 꿈속에서 관평關 平[32] 장군이 말했다.

"우리 집 주창은 아주 성실하여 사람을 속이는 자가 아니오. 은 5000냥은 지금 관제의 향안香案 밑에 있소. 당신이 어두운 밤에 촛 불을 켜면 은 5000냥을 얻을 수 있소."

왕 도사는 놀랍기도 하고 기뻐서 향로 밑의 땅에 금은이 매장되었 을 것으로 생각하고 자기 소유로 돌리려고 아들을 데리고 은을 담고 자 가죽 주머니를 들고 갔다.

사당에 도착하니 날이 이미 밝았다. 향로 밑에 호리 한 마리가 잠

---

31 도사는 청대 녹영綠營의 군관으로 유격遊擊 다음가는 지위다.
32 『삼국지연의三國志演義』에 등장하는 관우의 양자.

들었는데 검은색에 털은 길고 두 눈에서 황금빛이 났다. 왕 도사가
깨어나 말했다.

"관신關神이 내게 명하여 이 요괴를 없애라는 말인가?"

이에 아들과 함께 줄로 호리를 묶어서 가죽 주머니에 넣어 등에
지고 집으로 돌아갔다. 주머니 속의 호리가 갑자기 사람의 말투로
바꾸어 말했다.

"나는 호선狐仙이오. 어젯밤에 우연히 술에 취해 구토하고 관제묘
에 누웠다가 관제의 심기를 건드렸소. 그래서 그대에게 현신하여 나
를 수습하게 한 것이오. 나는 원래 죄를 지었소. 하지만 천년 동안 수
련했소. 이 죄는 하찮으니 그대가 나를 주머니에서 꺼내주면 피차 좋
은 일이 아니겠소?"

왕 도사가 장난스럽게 말을 걸었다.

"무엇으로 나에게 보답하겠소?"

"은 5000냥을 선물로 드리리다."

왕 도사는 주창, 관평 두 장군의 말이 영험하다고 생각하고는 호
리를 놓아주었다. 호리는 순식간에 수염이 하얀 노인으로 바뀌었다.
오사모에 술을 달았고 말이 온화하고 우아했으며 사람을 부드럽고
친밀하게 대했다.

왕 도사가 술자리를 마련하고 호선과 과거와 미래의 일들을 얘기
하며 그에게 물었다.

"도사는 가난한 관리인데 어떻게 하면 은 5000냥을 얻을 수 있
나요?"

"제령성에 부자가 많은데 모두 인의를 행하는 사람이 아니올시다.

나는 그 가운데 악질을 골라 그의 집으로 가서 벽돌을 던지고 기와를 깨서 그의 머리를 열나도록 때리니 겁을 먹고 벌벌 떨면서 그의 집에서 자연히 도사를 부르고 부적을 얻어 재앙을 몰아냈지요. 그대는 그들에게 가서 요괴를 몰아낼 수 있다고 말하시오. 그때가 되면 당신은 종이 한 장을 가지고 이름을 써서 공중에 불을 태우고, 저는 마음속으로 이해하고 다른 집으로 가서 소동을 피우겠소. 이렇게 한 달 동안 소란을 피우면 당신은 은 5000냥을 얻을 수 있지요. 다만 당신의 관직이 도사라서 돈은 은 5000냥에 불과하오. 이 숫자가 되면 다시 구할 신경을 쓸 필요도 없지요. 내가 그대에게 보답한 다음 떠나도록 하겠습니다."

며칠 지나지 않아 제령성 안팎으로 전염병과 요괴가 성행하여 소란스럽고 불안에 떨었다. 그러나 왕 도사가 이르자마자 안정을 되찾았다. 왕 도사는 이로써 은 5000냥을 얻어 200냥으로 관제묘를 수리하고 주창, 관평 두 장군에게 제사를 지냈다. 그리고 병을 핑계로 관직을 내놓고 고향으로 돌아와 지금까지도 편안하게 지내고 있다.

권 16

항대종이 기령동자가 되다

杭大宗爲
寄靈童子

　만근봉萬近蓬[1]은 두군斗君[2]을 자못 엄숙하게 받들어 매년 가을 7월에 우란회盂蘭會[3]를 열고 시류남施柳南[4] 자사와 함께 도량을 설치했다. 시류남은 귀신을 볼 수 있었다. 무릇 제삿밥을 먹으러 올 때마다 그는 모두 누구인지 지적할 수 있고 귀신과도 말이 통했다. 제단을 설치하자 만근봉이 먼저 죽은 자의 성명을 써서 제단 앞에서 불태웠다. 만근봉은 항대종杭大宗[5] 선생의 제자인데 한번은 항대종 선생의 이름을 빠트리고 쓰지 않았다. 시류남은 이날 저녁에 운집한 여러 귀

1　만복萬福은 자가 옥창玉蒼, 호가 근봉이며 절강성 문현汶縣(지금의 닝보시寧波市) 사람이다.
2　도교의 북두성군北斗星君을 말한다. 도교에서 인간의 수명을 주재하는 신으로 북두칠성北斗七星을 신격화한 존재다.
3　우란분회盂蘭盆會, 우란분법회, 우란분재盂蘭盆齋라고도 부르며 부처님이 살아 있을 때 목련 존자에 의해 시작된 것으로 전해진다. 우란분법회는 '목련 존자의 구모생천求母生天'이라 하여 널리 회자됐으며『목련경』과『우란분경』에 자세히 나와 있다. 우란분회는 이들 경전을 근간으로 유래된 제사나 법회로 불교의 5대 명절 가운데 하나다. 매년 음력 7월 15일 거행한다.
4　항주 사람이다.

152

신을 보았다. 짧게 하얀 수염을 기른 귀신이 얇고 가벼운 비단으로 만든 두루마기만 걸치고 모자를 쓰지 않고 와서는 욕설을 퍼부었다.

"근봉이 내 제자인데도 오늘 모임을 주선하곤 나를 초청하지 않다니 무슨 이유인가?"

시류남은 종래 항대종을 본 적이 없어 우두커니 그를 바라보기만 했다. 옆 사람이 그에게 알렸다.

"이분이 항대종 선생입니다."

시류남이 앞으로 달려가 읍을 하며 물었다.

"선생님은 어디에서 오셨습니까?"

항대종이 대답했다.

"나의 전생은 법화회法華會[6]에서 향불을 올린 사람으로 이름은 기령동자寄靈童子지. 향불을 올릴 때 향을 사르는 여성의 미모를 보고는 우연히 마음이 움직여 인간 세상으로 유배당했네. 나는 인간 세상에서 성격이 시원스럽고 솔직하여 입바른 소리를 잘 했으며, 악행을 저지르지 않고 선을 쌓아 원래의 자리로 돌아갈 수 있었다네. 다만 내가 사람을 조롱하기를 잘 하여 패거리를 지어 다른 파를 배척하고 재물을 탐내다가 관음보살에게 멸시당해 원래 자리로 돌아가는 것이 허락되지 않았네."

---

5 청대 문인이자 화가 항세준杭世駿(1695~1773)은 자가 대종이고 호가 근포堇浦이며 절강성 인화 사람이다. 옹정 2년(1724)에 거인이 되었고 건륭 원년(1736)에 박학홍사博學鴻詞로 천거되어 편수를 맡았고 어사를 지냈다. 주요 저작으로 『도고당집道古堂集』 『용계당집榕桂堂集』이 있다.

6 법화회는 『법화경』을 송축하는 법회를 말한다.

그는 또 자신의 손과 입을 가리키며 말했다.

"이 두 가지가 나를 피곤하게 하는군."

시류남이 물었다.

"선생님은 저승에서도 즐거우십니까?"

"나는 여기서 아무런 고락이 없이 한가롭게 돌아다닌다네. 자유롭게 마음대로 노니는 셈이지."

"선생님은 왜 환생하지 않으십니까?"

항대종이 박수를 치는 모습을 하고 웃으며 말했다.

"내가 77년간 사람 노릇을 했지만 순식간에 지나버렸네. 돌이켜 생각해보면 무슨 재미가 있었겠나?"

"선생님은 왜 관음에게 가서 받아달라고 하지 않으십니까?"

"나의 타락은 사소한 과실 때문인지라 제도하기야 쉽지. 자네가 근봉에게 알려 나 대신 「예적금강주穢迹金江呪」[7]를 2만 번 읽어달라 하게. 그러면 내가 원래 자리로 돌아갈 수 있다네."

"진성재陳星齋[8] 선생은 왜 오지 않으십니까?"

"나는 그에 비할 수 없지. 그는 벌써 계궁桂宮[9]으로 돌아갔네."

말을 마치고 자리로 가서 실컷 먹고는 웃으며 말했다.

---

7 예적금강은 108위位 신중탱화에서 맨 위쪽에 그려지며 3개의 얼굴과 3개의 눈과 8개의 팔을 갖고 있고 손에는 종과 칼을 들고 있다. 부처님 법을 수호하는 신 중 하나다.

8 진조륜陳兆侖(1700~1771)은 자가 성재, 호가 구산勾山이며 항주 사람이다. 옹정 8년 (1730)에 진사가 되었고 태복시경太僕寺卿을 역임했다. 시와 서예에 뛰어났는데 주요 저작으로는 『자죽산방시문집紫竹山房詩文集』 등이 있다.

9 달 속에 있다는 궁전.

"시류남이 벼슬을 그만두면 우리 동료 전윤田允 형이 실컷 먹을 곳이 있을 텐데."

전윤 형은 속된 말로 귀신 '귀鬼'자다.

서강의 물귀신

西江水怪

　서한보徐漢甫는 강서에서 어떤 사람이 주술로 물고기와 자라를 잡는 것을 보았다. 그 사람은 날마다 물가로 나가는데 도사처럼 우보禹步[10]로 걸으며 주술을 외우면 곧 파랑이 일어 물고기와 자라가 떼를 지어 와서 그 마음대로 골라잡아 돌아오곤 했다. 그런데 이 법술은 제한이 있어 많이 잡을 수는 없었다. 하루 생활비에 해당되는 물고기와 자라를 잡을 수 있을 뿐이다.

　하루는 우연히 큰 호숫가로 가서 법술을 부리는데 갑자기 수면에서 미후獼猴[11]만 한 크기의 괴물이 솟구쳤다. 금빛 눈과 하얀 발톱에 치아가 입 밖으로 튀어나온 괴물이 공격하려는 자세를 취했다. 그는 급히 내의를 벗어 머리를 감싸고 도주했다. 괴물은 튀어올라 그의 어깨를 타고 앞이마를 붙잡았다. 땅에 쓰러진 그는 머리에서 선혈을 펑펑 쏟으며 혼수상태가 되었다. 사람들이 달려가 구조하자 괴물은

10　도사들의 수련법 가운데 하나인 비틀거리는 듯한 걸음걸이.
11　긴팔원숭잇과에 속한 포유동물.

사람들이 오는 것을 보고는 까마귀와 까치 소리를 내며 한 길 높이로 튀어올라 도망갔다. 사람들은 감히 뒤쫓을 수 없었다. 상처를 입은 사람이 깨어나자 누가 이런 말을 했다.

"이것은 수괴水怪인데 물고기와 자라를 자손으로 여기고 있어요. 내가 그의 자손을 먹는 바람에 복수하러 왔죠. 그 발톱이 매우 날카로워 사람의 두개골을 깨버립니다. 내가 머리에 아무것도 뒤집어쓰지 않은 데다가 다른 사람의 도움도 받지 못해 그 발톱 아래서 죽었지요."

중능 仲能

당재적唐再適 선생이 천서도대川西道臺로 지낼 때 취사원 진陳 씨가
있었다. 그는 성격이 거칠었으며 술을 좋아했다. 어느 날 저녁에 그
가 술에 취해 누웠는데 무엇이 배 위에 올라탄 것 같아 보니 노인이
었다. 두발과 수염은 온통 하얗고 얼굴은 기괴하게 생겼으며 흐릿하
여 분명히 보이지 않았다. 진 씨는 동료가 장난치는 것이라 여겨 그
다지 무서움을 느끼지 못했다. 당시는 초가을로 홑이불을 덮고 있었
는데 진 씨는 이불로 그 사람을 싸서 껴안고 잠을 잤다. 달이 밝아
잠에서 깬 그가 이불을 헤쳐 보니 세 자 정도 되는 하얀 쥐가 눌려
서 죽어 있었다. 진 씨는 그제야 그의 배 위에 올라탄 노인이 바로 쥐
의 요정이었음을 알게 되었다. 생각해보건대 이것은 『옥책기玉策記』[12]
에서 말하는 '중능仲能'[13]이다. 관상 점을 잘 보는 사람이 그것을 산

---

[12] 도교에서 말하는 천서天書의 일종.
[13] 쥐 이름. 동진東晉 간보干寶의 『수신기搜神記』에 "100세까지 사는 쥐는 색깔이 하얗
고, 사람에게 붙어서 점을 칠 수 있는데 중능이라 하며 한 해의 길흉을 알 수 있다百歲鼠
色白, 善憑人而卜, 名曰仲能, 能知一年中吉凶"라는 구절이 있다.

채로 잡을 수 있다면 미리 화복을 안다고 한다.

참새가 은혜를 갚다

雀
報
恩

주지상周之璋은 방생을 좋아했다. 그중에서도 특히 참새를 좋아했다. 언제나 집의 처마 밑에서 곡물을 놓아두어 참새에게 주곤 했다. 그는 중년 때 실명했으나 여전히 참새에게 모이를 주었다.

어느 날 주지상이 갑자기 병들어 숨이 끊어졌으나 가슴만은 따스했다. 가족이 곁에서 나흘 밤낮을 간호하자 그가 깨어나 말했다.

"당시 내가 집의 문을 나서 홀로 광야를 걷고 있었단다. 날이 저물자 인적이라곤 찾아볼 수 없었지. 나는 마음속으로 두려워 나는 듯이 수십 리를 뛰어가다가 어느 성을 보았어. 성 밖은 한적하여 연기와 불이 없더군. 잠시 후 한 노인이 지팡이를 쥐고 오기에 봤더니 원래 돌아가신 부친이셨지. 나는 부친 앞에 무릎 꿇고 슬퍼서 눈물을 흘렸어. 부친이 묻더군.

'누가 너를 이곳으로 불렀더냐?'

'이곳에서 길을 잃었어요.'

'상관없다.'

부친이 나를 성으로 데리고 가 어느 아문 앞에 당도했어. 또 다른 노인이 윤건과 도복을 입고 안에서 나왔는데 돌아가신 조부더군. 조부가 나를 보더니 깜짝 놀라 부친을 꾸짖으며 말씀하셨지.

'너는 정말 어리석구나. 어째서 아들을 이곳으로 데려왔단 말이냐?'

부친에게 물러가라 이르시곤 나를 끌고 떠나셨어. 그때 얼굴이 추악하게 생겨먹은 두 관리가 소리 지르더군.

'이미 이곳에 왔는데 어찌 떠날 수 있느냐?'

조부와 서로 빼앗으려고 싸우더군. 그런데 갑자기 수많은 참새가 서쪽에서 날아와 두 관리를 쪼더라고. 관리는 놀라서 도망갔지. 조부가 성을 나갈 때까지 나를 보호하자, 참새 떼가 따라와 다투어 그 날개로 나를 덮었지. 수십 리 길을 갔을까, 조부가 지팡이로 내 어깨를 때리면서 말씀하시더군.

'집에 도착했다.'

그래서 꿈에서 깨어난 것 같더군."

주지상은 이로부터 두 눈의 시력이 돌아왔고 지금까지도 평온무사하다.

전고

全姑

    탕산현湯山縣 차관茶館의 전고全姑는 태생이 어여뻐 뽀얀 피부에 몸매가 하늘하늘했다. 19세 때 이웃의 잘생긴 남자 진생陳生과 사통했다가 무뢰한에게 알려져 붙잡혔다. 진 씨 집은 부유하여 은 100냥을 무뢰한에게 뇌물로 주었다. 현의 포졸이 이 사실을 알고 무뢰한과 돈을 나누려고 했으나 성사되지 않자 무뢰한을 잡아 현아로 압송했다. 현령은 이학자라 자부하던 터라 진생에게 곤장 40대를 치도록 했다. 전고가 슬피 울고 눈물을 흘리며 진생 대신 볼기를 맞겠다고 하자, 현령이 전고를 후안무치하다 여기곤 더욱 분노하여 전고에게도 곤장 40대를 치게 했다. 두 노복이 전고를 마당 아래로 끌어냈으나 마음속으로는 그녀를 가련히 여겼다. 이 여자의 온몸이 부드러워 뼈가 없는 것 같았기 때문이다. 또 진생의 뇌물을 받기도 한지라 넓적한 나무로 가볍게 땅을 두들겨 때리는 시늉만 했다. 현령은 노기가 식지 않아 전고의 머리카락을 자르고 그녀의 신발을 벗겨 탁자 위에 놓고는 전성 사람의 경계로 삼게 했다. 그런 다음 전고를 관방에 팔아버리는 것으로 사건을 결말지었다.

진생은 줄곧 전고를 그리워하다가 돈을 풀어 다른 사람에게 부탁하여 그녀를 사와서 아내로 들였다. 한 달도 되지 않아 현의 포졸들이 분분히 찾아와 돈을 뜯어가는데 길에서 웅성웅성하는 바람에 이일이 알려졌다. 현령은 실정을 들은 뒤 대로하여 다시 두 사람을 아문으로 붙잡아왔다. 전고는 이번에 매를 면할 수 없으리라 여기곤 몰래 솜과 휴지를 찢어 바지 속에 넣어 자신의 엉덩이를 보호했다. 현령이 그녀를 보자 이렇게 말했다.

"네 하반신의 불룩 솟은 게 무엇이더냐?"

　　이에 대청에서 내려와 바지 속에 놓은 것을 모두 꺼내고 친히 곁에 서서 감독하며 알몸으로 형을 받게 했다. 진생이 나아가 저지해보았지만 뺨을 수백 대 맞은 뒤 다시 형을 받고 집으로 돌아온 지 한달이 넘어 사망했다. 전고는 아무개 공자에게 첩으로 팔려갔다.

　　유劉 거인은 협객이었다. 그는 이 소식을 듣고 직접 현아로 들어가 현령을 책망하며 말했다.

"내가 어제 현아에 당도하여 들으니 공이 장형을 때리라고 분부했는데 강도나 상습 도둑을 고문하는 것으로 알았소. 그런데 계단 아래에서 보니 뜻밖에도 맞는 사람은 미녀였소. 자줏빛 비단 바지를 벗기고 맞았는데 양쪽 엉덩이가 높이 솟아 하얀 눈송이 같았소. 태양이 쪼이자 녹을까 두려울 정도였소. 그런데 그대는 그녀를 백 대나 때렸지요. 장으로 치니 썩은 복숭아 색깔로 변하더군요. 그녀가 범한 것은 풍류죄이거늘 하필 그럴 필요가 있었소?"

"전고가 아름다우니 그녀를 때리지 않으면, 사람들은 내가 호색한이라고 웅성거릴 겁니다. 진 씨가 부자라서 그를 때리지 않으면, 내가 뇌물을 받았다고 수군거릴 겁니다."

"부모의 관리가 되어서 다른 사람의 피부로 자신의 명성을 얻다니 이래도 되는 거요? 오래지 않아 벌 받을 것이오."

옷소매를 떨치고 나가며 현령과는 절교했다.

10년이 안 되어 현령은 송강지부松江知府로 승진했다. 어느 날 지부가 공관에 앉아 점심밥을 먹는데 하인이 창밖에서 들어와 지부의 등을 세 번 때리는 한 소년을 목격했다. 지부는 등이 아프다고 크게 소리 지르고는 밥을 넘길 수 없었다. 오래지 않아 등이 부풀어 올라 한 자 정도 되었으며 중간에 골이 있어 마치 그 모습은 두 엉덩이 같았다. 의사를 불러 보게 했더니 그 의사가 말했다.

"치료할 수 없소. 이미 썩은 봉숭아 색깔로 변했어요."

그는 이 소식을 듣고 마음이 슬펐다. 열흘이 안 되어 사망했다.

奇
勇

기이한 용사

청나라 초기에 두 파도로巴圖魯[14]가 있었다. 땅에 오줌을 갈기면 한 자 정도의 웅덩이가 파였다. 자신의 머리를 붙잡고 지면에서 한 자 정도 공중에 뜰 수 있었으며 두 발이 공중에 떠서 장시간 떨어지지 않았다. 한번은 산해관山海關[15] 밖의 적이 진영을 약탈하다가 어둠 속에서 그의 머리를 베었다. 칼에 머리가 베이자, 그는 급히 오른손으로 머리를 받았고 왼손으로 칼을 휘둘러 적 수십 명을 죽이고는 자신도 죽었다.

---

14 만주어로 '용사'라는 뜻이다. 청대에 군사적 공훈을 세운 관리에게 부여했던 칭호다.
15 지금의 허베이성 동북쪽 끝, 발해만渤海灣 연안에 있는 도시. 만리장성의 동쪽 끝에 있는 관문으로 예로부터 군사 요충지다.

홍모국 사람들이
기녀에게 침을 뱉다

紅毛國人吐妓

홍모국紅毛國[16]에는 기녀가 많았다. 오입쟁이들이 술자리를 마련하여 기녀를 불렀다. 그리고 기녀의 아랫도리를 벗기고 그녀를 둘러싸고 그녀의 음부에 침을 뱉고는 기녀와 성교하지 않았다. 다 뱉은 뒤돈을 주었는데, 이를 '중두전粱兜錢'이라 했다.

---

16 홍모국은 네덜란드를 가리키는 것으로 보이나 유럽 국가를 지칭하기도 한다.

西賈認父

서양 물품 상인이 부친을 알아보다

전부 주사銓部主事[17] 오일기吳一騏[18]는 전당 사람이다. 그는 거인 시험에 합격하고 나서 경성에 가 회시會試에 응시하고자 여관에 묵었다. 양상洋商 왕 씨가 그를 찾아와서는 자기 부친이 임종할 때 절강의 어느 곳에서 환생하는데, 오 씨의 아들이 될 거라고 말했다 한다. 왕씨 부친이 사망한 시간이 바로 오일기가 출생한 때였다. 왕 씨는 또 어제 저녁에 모친이 현몽하여 한 말을 얘기해주었다.

"네 부친이 서울에 가 있고 지금은 모처에 머물고 있단다. 어째서 찾아가지 않니?"

이 때문에 이곳을 방문하여 한번 뵙기를 부탁했던 것이다. 오일기는 이 일이 너무나 괴상하다며 나오려고 하지 않았다. 왕 씨는 한바탕 통곡하고는 오일기의 숙소를 향해 절한 뒤 떠나갔다. 왕 씨는 매우 부유하여 결코 다른 목적을 가지고 온 것이 아니었다. 그래서 사

---

17 청대에 인재를 선발하기 위해 이부에서 지방으로 파견했던 관리.
18 건륭 연간의 진사.

람들은 오일기가 융통성이 없다며 비웃었다. 오일기는 전부 주사를 맡은 지 몇 년 안 되어 사망했다. 사망할 때의 나이는 고작 28세였다.

徐步蟾宮

    양주 안찰사 오죽병吳竹屛[19]이 건륭 12년(1747) 회시에 응시했다. 금릉에서 부계扶乩하여 자신의 합격 여부를 물었다. 계반乩盤에서 '서보섬궁徐步蟾宮'[20]이란 네 글자를 써주자, 오죽병은 매우 기뻐하면서 연이어 진사가 되고 한림원에 들어갈 조짐이라고 여겼다. 하지만 합격자 발표가 났는데 낙방했다. 그해 일등은 서보섬徐步蟾[21]이었다.

---

19 이름은 지보之輔이고 죽병은 그의 자다. 강소성 강도江都 사람이다. 강서 안찰사江西按察使를 역임했으며 서예와 그림에 뛰어났고 금석 수집을 좋아했다.

20 서서히 섬궁(달나라)으로 올라간다는 뜻이니 과거 급제를 비유한다.

21 자가 동삼同三, 월향月香이고 호가 지전芝田이며 강소 흥화興化 사람이다. 건륭 12년(1747) 향시에 거인이 되었고 건륭 16년(1751)의 진사다. 하남 수무河南修武, 부구 지현扶溝知縣을 역임했으며 그곳 백성의 추앙을 받아 『부구현지』「순리전循吏傳」에 수록되어 있다.

입비뚤이 선생

歪嘴先生

호주 사람 반숙潘淑이 이李 씨와 약혼만 하고 결혼하지 않았는데 반숙이 병사했다. 그가 임종할 때 장인을 불러 아직 출가하지 않은 아내를 재가시키지 말고 수절하게 해달라고 부탁하자 그의 장인도 동의했다. 반숙이 죽은 뒤 장인 이옹李翁은 앞서의 약속을 잊어버리고 딸을 결국 다른 사람에게 시집보냈다. 출가하기 전날 밤 귀신이 딸의 몸에 붙어 소란을 피웠다. 교사를 하던 장張 선생은 이 소식을 듣고 화가 치밀어 여자가 살고 있는 누각으로 달려가 고대의 예절을 들어가며 귀신을 꾸짖었다. 그는 여자가 비록 출가했으나 시댁의 가묘에 참배되지 않았을 때 남편이 죽은 것이고, 하물며 아직 출가하지 않은 여자에게 어떻게 수절하란 말을 하느냐고 말했다. 귀신은 대답할 것이 없어 장 선생 앞으로 걸어가 입을 열어 그에게 숨을 불었다. 장 선생은 얼음같이 차가운 냉기를 느꼈는데 악취가 나서 참을 수 없었다. 이로부터 여자의 병은 나았으나 장 선생의 입이 비뚤어졌다. 이 씨 집에선 장 선생에게 감사드리고 그를 집으로 불러들였다. 온 마을 사람들은 그를 '입비뚤이 선생'이라 불렀다.

鬼
衣
有
補
褂
痕

귀신의 옷에 관복 도안을
수놓은 흔적이 있다

상주 사람 장蔣 씨는 감숙에서 현승縣丞을 지냈다. 건륭 45년(1780) 감숙 회족回族[22]이 봉기하여 장 씨가 피살되었고, 그의 가족은 3년째 그의 소식을 듣지 못했다. 장 씨의 조카가 동성東城[23]에서 인삼 가게를 열었다. 갑자기 어느 날 오후에 장 씨가 곧바로 가게로 들어왔는데 베로 머리를 감싸고 입은 옷은 도안을 수놓은 흔적이 있었다. 그가 조카에게 말했다.

"내가 모월 모일 반란군에게 피살되었고 시체는 거연성居延城[24] 아

---

22 회교도.

23 지금의 베이징시 둥청구東城區에 속한다. 명대 영락 19년(1421) 북경에 도읍을 정할 때 동성에 열다섯 개의 방방을 두었다. 청대엔 대흥현大興縣에 속했고 동성에 양황鑲黃, 정백正白, 양백鑲白, 정람正藍 네 개의 기旗가 주둔했다. 민국 시대에는 네이이內一, 네이산內三 등의 구로 나뉘었으며 1952년에는 둥단구東單區, 둥시구東四區로 나뉘었다. 1958년에 둥단구와 둥시구를 둥청구로 통합했다. 2010년에는 둥청구에 충원구崇文區를 합병하여 신둥청구를 만들었다. 동북쪽은 차오양구朝陽區, 서쪽은 시청구西城區, 남쪽은 펑타이구豐臺區와 이어진다.

24 한·당 이래 서북 지구의 군사 요충지다. 그 터는 지금의 네이멍구자치구 어지나기額濟納旗에서 동남쪽으로 1만 7000미터 떨어진 곳에 있다.

래에 있단다. 너는 사람을 그곳으로 보내 관에 넣어가지고 오너라."

아울러 따라온 하인을 가리키며 말했다.

"이 아이도 그 병란 때 죽었어. 내가 지금 저승에서 그를 고용해 매년 은 2, 3냥을 주고 있단다."

장 씨 조카가 크게 놀라며 그렇게 하겠다고 응답했다. 장 씨는 하인에게 명하여 불을 빌려 담배를 피우곤 순식간에 사라졌다.

장 씨 조카가 즉시 사람을 파견하여 관에 장 씨의 시신을 싣고 돌아와 열어보니 두개골은 여러 덩이로 잘리고 몸에는 알록달록한 마고자를 걸쳤는데 위에는 희미하게 사각형의 관복 도안을 넣은 흔적이 남아 있었다.

孫方伯

포정사 손함중孫涵中[25]이 모 부처의 시랑으로 지낼 때 경성의 앵도
사가櫻桃斜街[26]에서 살았는데 집이 무척 정갈했다. 그런데 갑자기 악
취가 창밖에서 불어와 마당 한가운데까지 이르렀다. 냄새가 나는 곳
을 따라갔더니 후원의 우물이었다. 한밤중 삼경에 가족들이 모두 잠
들었는데 연이어 하인 이름을 부르는 소리가 들렸다. 들어보니 우물
에서 희미하게 나오는 소리였다. 손함중이 대로하여 우물을 메우자,
괴상한 일은 두 번 다시 발생하지 않았다.

---

25 손함중孫含中의 오기다. 자는 우림雨林이고 호는 서림西林이며 산둥성 창읍昌邑이
다. 건륭 연간의 진사이며 영소 병비도寧紹兵備道, 절강 순무浙江巡撫 등을 역임했다.
26 베이징 쉬안우구 동북쪽에 있으며 동쪽 끝이 호국관음사護國觀音寺이고 서쪽 끝
이 오도묘五道廟다. 명대에는 양전호동楊氈胡同이라 불렸다. 이곳에 양탄자 제조공장
이 있었다 하니 '양楊'은 '양羊'의 해음이거나 양탄자 주인의 성이 양楊일 수도 있다. 청
대 건륭 연간에 '앵도사가'로 바꾼 이래 지금까지 쓰고 있다. 앵도사가 11호 서단반점西
單飯店은 위안스카이袁世凱(1859~1916)가 차이어蔡鍔(1882~1916)를 연금했던 곳이고,
27호는 저명한 배우 신펑샤新鳳霞(1927~1998)의 고거이며, 65호는 베이징이원공익회회北
京梨園公益會가 들어섰던 곳이다.

동과 파는 사람

賣
冬
瓜
人

항주 초교문草橋門[27] 밖에 동과冬瓜를 파는 사람이 있는데 머리끝에서 원신元神[28]이 나오게 할 수 있으며, 항상 눈을 감고 침상 위에 앉아서 원신이 나오게 하여 밖에서 응수하게 했다. 어느 날 그의 원신이 밖에 나가 굴비 여러 마리를 사서는 이웃에게 부탁하여 아내에게 주도록 했다. 아내가 굴비를 받고는 방에 들어와 그에게 말했다.

"당신 또 장난치시는군요?"

그러고는 굴비로 그의 머리를 쳤다. 잠시 후 동과를 파는 원신이 돌아왔다. 머리가 굴비로 더럽혀져 침상 가에서 배회하던 원신은 신체에 들어갈 수 없어 한바탕 통곡한 뒤 떠났다. 그러자 시체는 점차 굳어지기 시작했다.

---

27 항주 10대 고성문의 하나인 망강문望江門의 속칭이다.
28 도가에서 사람의 영혼을 가리키는 말이다.

柳
如
是
爲
厲

소주 소문현昭文縣 관공서는 명대 전겸익錢謙益[29]의 고거다. 동쪽 행랑채 세 칸은 유여시柳如是[30]가 목매 죽은 곳이므로 역대 현관縣官들이 모두 그곳을 잠가놓고 열지 않았다.

건륭 45년(1780) 직예 사람 왕 씨가 지현을 맡았다. 가족은 많고 방은 적어 동쪽 행랑채를 열어 첩과 두 하녀에게 주어 함께 살게 했다. 다른 첩은 서쪽 행랑채에 살게 했으며 한 노파가 시중을 들었다. 삼경이 안 되어 서쪽 행랑채의 노파가 살려달라고 소리 질렀다. 왕공

---

29 전겸익(1582~1664)은 자가 수지受之, 호가 목재牧齋이며 강소성 상숙 사람이다. 만력 38년(1610)의 진사다. 동림당東林黨의 영수였으며 명이 망한 후 마사영馬士英(1591?~1646), 완대성阮大鍼(1587~1646)과 함께 남경에서 복왕을 옹위하여 남명 홍명정권을 세웠다. 여기서 예부상서를 지냈으며 청에 항복한 뒤 예부시랑을 역임했다. 주요 저작으로 『초학집初學集』 『유학집有學集』 『투필집投筆集』 등이 있다.
30 유여시(1618~1664)는 명말의 명기로 본성이 양楊, 이름이 애愛인데 나중에 성을 유柳, 이름을 시是로 바꾸었다. 자가 여시如是, 호가 하동군河東君, 미무군蘼蕪君이며 전겸익의 첩이다. 명나라가 멸망할 때 유여시가 전겸익에게 순국하라고 권유했다. 전겸익이 죽음을 두려워하자 유여시가 연못에 뛰어들어 자살하고자 했으나 그의 제지로 하지 못했다. 유여시의 무덤은 장쑤성 창수시 위산진虞山鎭에 있다.

175

이 급히 달려가보니 첩이 침상에 보이지 않았다. 사방을 뒤져 첩을 찾았는데 눈은 다쳤고 이마가 깨졌으며 알몸으로 피를 흘리고는 그곳에 서서 벌벌 떨면서 말했다.

"제가 등불을 켜놓고 잠을 자고자 막 누우니 음산한 바람이 장막을 헤치고 들어와 추워서 온몸을 떨었어요. 머리를 높게 올리고 붉은 옷을 입은 여인이 휘장을 열고서는 저를 부르더니 머리채를 당겨 저를 강제로 일으켜 세웠어요. 저는 너무나 무서워 휘장 뒤로 급히 도망가다가 옷걸이에 눈이 부딪혀 다쳤어요. 제가 외치는 목소리를 듣고 노파가 급히 뛰어오자, 귀신이 저를 놓아주고 창문으로 나갔어요."

관청의 사람들은 모두 두려워하며 동쪽 사랑채에 사는 첩의 담력이 작다고 생각했으나 그녀에게 사실을 알려주진 않았다. 이튿날 정오가 되자 동쪽 사랑채의 문이 열리기도 전에 사람들이 문을 열고 봤는데 첩과 두 하녀가 긴 줄로 묶여 목을 매 죽었다. 이에 왕공이 전처럼 사람에게 명하여 동쪽 사랑채를 잠그자, 이후부턴 아무 일도 생기지 않았다.

어떤 이는 유여시가 전겸익을 위해 순절했으니 정당한 죽음이라서 여귀厲鬼[31]가 되어선 안 된다고 말했다. 『금사金史』 「포찰기전蒲察琦傳」에 따르면, 포찰기[32]가 어사로 있을 때 최입崔立[33]이 정변을 일으키자, 그는 장차 순절하고자 집에 가서 모친에게 작별을 고했다. 모친이 마침 낮잠을 자다가 갑자기 깨어났다. 포찰기가 모친에게 물었다.

"어머니, 무엇 때문에 깨어났어요?"

"내가 방금 꿈속에서 세 사람이 몰래 들보에 숨어 있는 걸 보고 놀라 깨어났단다."

포찰기가 무릎 꿇고 말했다.

"들보에 있는 사람은 귀신이에요. 아들이 순절하여 들보에 목을 매고자 하기에 귀신이 들보 위에서 기다린 것입니다. 모친이 본 것이 바로 저를 기다리는 귀신이지요."

이어서 그가 목을 매달아 죽었다. 이를 보면 충의忠義를 가진 귀신도 길을 안내하고 대체하는 귀신을 쓰는 것을 면할 수 없음을 알 수 있다.

---

33 최입(?~1234)은 금나라 말기의 대장으로 장릉將陵(지금의 산둥성 더저우시德州市) 사람이다. 몽골군이 남하할 때 그는 하북 지주의 무장 세력에 가담하여 군관이 되었다. 금 애종哀宗 천흥天興 원년(1232)에 변경汴京(지금의 허난성 카이펑시)의 포위 공격 때 그는 서면 원수西面元帥로 임명되었다. 1232년에 군사 쿠데타를 일으켜 재상을 죽이고 양왕梁王 완안승각完顔承恪을 감국監國으로 세우고 자칭 태사太師, 군마도원수軍馬都元帥, 상서령尙書令, 정왕鄭王이라 불렀다. 그는 몽골군과 화의한다는 명분으로 금은보화를 빼앗아 양왕과 변경에 머물던 황족에게 주고 몽골군 진영에 들어가게 하면서 금나라의 조종을 받았던 꼭두각시 유예劉豫를 본보기로 삼아 괴뢰 황제가 되려고 했다. 나중에 그는 장령將領 이백연李伯淵 등에 의해 죽임을 당했다.

머리를 손에 든 사마

捧頭司馬

여고如皋 사람 고암高巖이 섬서 고릉지현高陵知縣을 맡았다. 그의 한 친구가 그를 찾아가는데 성에서 10리 정도 벗어나자 날이 이미 저물어 성으로 들어가지 못할 것 같았다. 길옆에 황폐한 절이 있었다. 본채의 문은 닫혔고 서쪽 방 2칸에 작은 문이 있어 정실로 통했는데 그 문도 닫혀 있었다. 그가 보니 집은 정결한 편이라 하룻밤 빌려 투숙했다. 그는 술을 사서 몇 잔 마시고는 옷을 벗고 잠들었다. 그의 하인은 그 방을 나가 사당을 지키는 도인과 함께 동쪽 귀퉁이의 방에서 잠을 잤다.

이날은 음력 16일이었다. 달빛이 대낮처럼 환하게 비쳤다. 고암의 친구는 오랫동안 잠들지 못하다가 갑자기 정실에서 걸어오는 발자국 소리를 들었다. 작은 문이 와락 열리더니 사람이 보였는데, 목에 조주朝珠[34]를 걸고 있었으나 정작 머리통은 보이지 않았다. 귀신은 창 밑으로 걸어와 앉아서 달을 감상하는 듯한 자세를 취했다. 고암

---

34 청대 고급 관원이 목에 걸던 목걸이.

의 친구가 깜짝 놀라 기척을 내자 귀신은 몸을 돌려 즉시 본채로 돌아갔다. 고암의 친구는 재빨리 일어나 문을 열고 도망가려 했으나 하인이 열쇠로 잠가놓은 터라 열리지 않았다. 큰 소리로 외쳤으나 소리가 나오지 않았으며 하인도 대답하지 않았다. 하는 수 없어 창문으로 기어 나왔는데 창밖엔 곧바로 담장이 있어 올라갈 수 없었다. 창가에 붙은 큰 나무 한 그루에 올라가 창 아래를 내려다보았다. 귀신은 자기 머리를 손에 받치고 다시 바깥으로 나와 먼저 앉았던 곳에 앉아 있었다. 머리를 무릎 위에 놓고 천천히 두 손가락을 뻗어 눈썹과 눈을 문지른 다음 손으로 받들고 정수리에 놓았는데 두 눈이 번쩍번쩍 빛나며 차가운 빛이 반사되었다. 이때 고암의 친구는 혼비백산하여 인사불성이 되었다.

이튿날 새벽에 하인이 방에 들어왔는데 주인이 보이질 않아 도처에서 찾아보았다. 한참 뒤 나무 위에서 찾아내 급히 두 손으로 끌었으나 그의 손이 나무 기둥을 꽉 쥐고 있어 아무리 해도 떨어지지 않았다. 시간이 많이 지나서야 그가 깨어났는데 귀신이 자신을 잡은 것으로 여겼다. 사당을 지키는 도인에게 물으니 도인이 말했다.

"20년 전 영하寧夏 지방에서 전쟁이 났는데 동지同知를 지내던 호북 사람이 군량을 운반하는데 기한에 대지 못해 대수大帥[35]에게 참수되었어요. 그의 가족이 관을 고향으로 운반하다가 이곳에 이르러 운반비가 떨어져 관을 이곳 사당에 맡겼지요. 아마도 귀신이 고향을 그리워한 나머지 손님 앞에서 현신한 것 같네요."

---

35 청대 총독순무總督巡撫를 이르던 말.

나중에 고암의 친구가 이 일을 고암에게 알리자 고암은 돈을 내
관 운반비로 삼고, 아울러 호북에 있는 고인의 아들에게 편지를 써
서 그의 아들이 와서 아버지의 관을 가져가게 했다.

투구게를 쫓아내다

오흥吳興 변산卞山에 백후동白鱟洞이 있다. 매년 봄과 여름 사이에 흰 연기가 동굴 속에서 스며 나왔는데 하얀 주단 같았으며 공중에서 떠다니는데 정해진 방향은 없었다. 흰 연기가 지나는 곳에서는 누에가 전멸했다. 그래서 누에를 키우는 사람들은 특히 연기를 두려워했다. 그러나 흰 연기는 유독 징과 북소리를 무서워했다. 명대 태상경太常卿[36] 한소韓紹[37]가 관련 부서에 명하여 사람을 보내 독화살로 쫓아내게 하고는 「구후문驅鱟文」을 지어 『오흥부지吳興府志』에 수록했다. 흰 연기는 근년에 와서 피해가 더욱 심해지고 있다.

건륭 48년(1783) 4월에 범范 씨가 소장을 써서 성황묘에 가서 고소했다. 그날 저녁 꿈속에서 한 노인이 그에게 말했다.

"자네가 고발한 고소장은 이미 비준되었소. 나는 저녁에 현의 진

---

36 태상시경太常寺卿을 말하며 제사와 예악을 관장했다.

37 자가 광조光祖. 호는 회우懷愚이고 절강성 오정烏程 사람이며 명대 융경隆慶 5년(1571)의 진사다. 장락 지현長樂知縣, 태복시경太僕寺卿을 역임했으며 그의 아들이 바로 동림당의 블랙리스트 『동림점장록東林點將錄』을 작성한 한경韓敬(1580~?)이다.

인玄衣眞人에게 명하여 후어鱟魚[38]를 쫓아낼 것이오. 후어는 이슬 관리에 공로가 있으나 피해본 사람도 적지 않소. 그것이 욕심을 냈으니 당연히 벌을 받아야 하오. 여러분은 유황과 연초를 준비해두고 모처의 동굴에서 기다리시오."

범 씨는 제 시간에 맞춰 수십 명을 모아 동굴 앞으로 갔다. 이경이되어 달빛이 약간 밝은데 공중에서 바람이 불었다. 앞산엔 한 길 크기의 박쥐가 동굴 앞으로 날아왔다. 순식간에 수십 마리의 박쥐 새끼도 날아왔다. 박쥐가 날아올 때마다 앞의 등불이 길을 인도하는것 같았다. 범 씨가 이를 깨닫고는 말했다.

"이것이 성황이 말한 현의 진인이 아닐까?"

마침내 불을 켜고 연초를 불살랐다. 오래지 않아 동굴 속에서 소리가 나는데 조수가 솟구치고 태풍이 부는 것 같았다. 하얀 주단 같은 빛이 날아오자 박쥐가 둘러싸는데 작전을 벌이며 진형을 갖추는듯 피차 오랫동안 공격했다. 향민鄕民들은 징과 북을 치고 폭죽을 터트려 응원했다. 대략 한 시간이 지나자 하얀빛이 버들 솜처럼 흩어지고 파란 기체가 동북쪽으로 날아갔다. 박쥐도 흩어져 날아갔다. 이튿날 아침에 가보니 숲엔 버들 솜 1000여 근이 쌓였는데 어떤 것은 푸르고 어떤 것은 흰색이었다. 비린내가 나서 냄새를 맡을 수 없었으며 손으로 만질 수도 없었다. 이로부터 후어鱟魚의 해침이 끊겼다.

---

38 투구게(학명 *Tachypleus tridentatus*)를 말한다.

張口生風
海中毛人

바다의 모인이
입을 벌려 바람을 버다

　옹정 연간에 해선이 대만臺灣 창화현彰化縣 경계로 표류했는데 배에
는 20여 명이 탔고 수많은 화물을 적재하고 있었다. 이 사람들은 곧
창화에서 거주하게 되었다. 1년이 지나자 광동 출신의 마을 사람이
관청에 그들을 고발했다. 관청에서 조사를 나오자 뱃사람들은 해명
하며 말했다.

　"우리가 바다로 나가 항행하다가 태풍을 만나 바닷길을 잃어 해류
를 따라 동쪽으로 며칠 밤낮을 가던 중 배가 해안에 닿았어요. 바닷
물을 돌아보니 산처럼 솟아올라 배가 더 이상 나아갈 수 없어 해안
으로 올라온 것입니다. 지상의 파손된 배에는 죽은 사람의 해골이
얼마나 많은지 이루 셀 수 없을 정도였고, 스스로 죽을 일만 남았다
고 여겼지요. 1년이 안 되어 같은 배를 탔던 사람은 점차 병사하고
살아남은 우리도 양식이 떨어졌지요. 남은 콩 몇 말을 땅에 심어 싹
이 나 열매를 맺자, 우리는 그것으로 끼니를 때웠어요. 어느 날 몇 길
크기의 털이 난 사람이 동쪽에서 천천히 다가와 바닷물을 가리키며
웃었지요. 우리가 그에게 인사하고 머리를 조아리자 거인이 손으로

바다를 가리키더군요. 우리보고 빨리 떠나라는 의미 같았어요. 처음엔 알지 못했으나 나중에 깨닫고 급히 돛을 올리고는 항해하려고 하자, 거인이 입을 열어 입김을 뿜는데 '쏴쏴' 동풍이 불어 밤낮으로 그치지 않았어요. 이에 녹자항鹿仔港[39]이 보이기에 돛을 내리고 정박했어요."

창화현 관리가 조사해보니 확실히 그러한지라 공문을 써서 광동으로 보내고 배에 실은 모든 화물을 원래 출항할 때의 200여 명에게 골고루 분배하여 각자 집으로 보내고는 사건을 매듭지었다.

나중에 어느 토인이 말했다.

"그곳 이름이 해갑海閘인데 동해의 가장 변두리로, 배가 그곳에 이르면 근본적으로 돌아갈 방법이 없소. 120년이 지나야만 동풍이 불고 굴곡이 져서 돌아갈 수 있는데, 이 20여 명이 마침 이를 당한 것은 기괴한 일이오. 털이 많은 거인이 어느 신인지는 알 수가 없군."

---

39 녹항鹿港은 대만성 창화현의 진鎭 이름으로 원명이 녹자항이었다. 네덜란드 사람들이 이 항구에서 대량의 사슴 가죽을 수출했다고 하여 붙은 지명이다.

卞
山
地
陷

변산의 땅이 꺼지다

건륭 50년(1785) 호주 지방이 크게 가물어 서문 밖 하당下塘의 지면이 몇 길이나 움푹 꺼졌다. 민가의 용마루와 지면이 서로 평행을 이루어 집 안에 있던 사람들이 기와를 헤치고 기어 나왔는데, 집 안의 물건은 하나도 손상되지 않았다. 강에서 갑자기 흙 두둑이 솟더니 하얀빛이 솟아 용계龍溪 방면으로 이동하며 괴상한 바람을 따라갔다. 계곡 물에 떠 있는 수십 척의 어선이 모두 하얀빛에 가렸다. 잠시 뒤 바람이 멎자 배는 모두 한곳에 모였고 하얀빛도 사라졌다.

당시 방方 씨 성을 가진 노인이 있었는데 나이는 구십이 넘었다. 그가 다른 사람에게 알리기를, 소년 시절에 어선에서 뱀장어 한 마리를 잡았는데 무게는 대여섯 근 나갔으며 숨길 수가 없어서 오정현령烏程縣令에게 바쳤다고 말했다. 때마침 현령의 꿈속에서 백의의 여자가 나와 그에게 이렇게 말했다.

"나는 초계苕溪40의 수신水神으로 진陳 황후41를 위해 궁문을 지키

---

40 지금의 저장성 북부에 있으며 저장 팔대수계八大水系의 하나다.

고 있소. 내일 난리가 있을 터이니 당신이 나를 구해주길 바라오."

이튿날 뱀장어를 보고는 구해달라던 여자인 줄 알고 사람을 보내 강에 놓아주었다. 지금 보는 하얀빛이 그 뱀장어가 아닐까? 서문 밖은 영희문迎禧門[42]과 서로 이어졌는데 남조 진무제陳武帝의 황후가 그의 부모를 위해 변산卞山[43]에 묘소를 마련하고 일꾼을 보내 땅을 파고 장례를 치르고 안장한 뒤 땅을 덮었다. 이렇게 본다면 땅이 꺼진 것도 이유가 있다.

---

41 남조 진陳나라 고조 무제(진패선陳霸先, 503~559)의 황후 장章 씨(506~570)를 말한다. 장 씨는 오정 사람이다.

42 옛날 호주성湖州城의 아홉 성문 가운데 하나가 지금의 칭퉁다교青銅大橋 곁에 있었던 영희문이다. 진陳나라 개국 황제이자 장흥長興 출신인 진패선이 장 황후를 맞이할 때 이곳을 지나 성에 들어갔다고 하여 붙은 이름이다.

43 변산弁山이라고도 부르며 저장성 후저우에서 서북쪽으로 9킬로미터 떨어져 있다. 타이후호 남쪽에 있으며 주봉 운봉정雲峰頂은 해발 521미터다. 당대 시인 육구몽陸龜蒙(?~881)의 「자견시 30수自遣詩三十首」에 이곳 풍광을 묘사한 구절이 보인다.

鬼
逐
鬼

귀신이 귀신을 쫓다

동성桐城 출신 좌左 수재는 아내 장張 씨와 애정이 매우 돈독했다. 장 씨가 병들어 사망하자 좌 수재는 그녀와 헤어지는 것을 참을 수 없어 날마다 그녀의 관 옆에서 잠을 잤다. 7월 15일 그의 집에서 우란회를 여는데 가족들은 모두 밖에서 부처에게 절을 하며 설초設醮하고 좌 수재만 혼자 장 씨의 관 옆에서 책을 읽고 있었다. 갑자기 음산한 바람이 한바탕 일더니 목매 죽은 귀신이 머리를 헤치고 산발한 채 피를 흘리며 줄을 끌고 좌 수재에게 다가왔다. 좌 수재는 당황하여 관을 두드리며 크게 외쳤다.

"여보, 날 좀 구해줘."

그러자 그의 아내는 대번에 관 뚜껑을 열고 일어나 욕을 퍼부었다.

"악귀가 대담하게 예의도 없이 내 서방님을 해치다니."

팔을 뻗어 귀신을 때리자 귀신은 기우뚱기우뚱 도망갔다. 아내가 그에게 말했다.

"당신 너무 멍청해요. 부부가 사랑만 퍼붓다가 결국 이 지경에 이르렀군요. 당신의 복이 없으니 악귀가 감히 침범하네요. 저와 함께 돌아가 다시 한 번 환생하여 함께 백년해로합시다."

좌 수재가 연이어 승낙하자 장 씨는 여전히 관 속으로 들어가 누웠다. 좌 수재가 가족을 불러 보니 관에 박았던 못이 모두 잘려 있었고 아내의 치마 절반이 관 틈에 끼어 있었다. 1년도 안 되어 좌 수재도 죽었다.

柳
樹
精

버드나무 정령

　항주 사람 주기곤周起昆이 용천현龍泉縣 현학縣學 교유教諭를 맡았다. 매일 저녁에 명륜당明倫堂의 북이 아무런 까닭도 없이 저절로 울렸다. 그가 사람을 보내 살펴보게 하니 한 길 크기의 사람이 손으로 북을 쳤다. 문지기 유용兪龍은 평소 담력이 크기로 유명한데 몰래 활을 당겨 그를 쏘자, 장인長人이 미친 듯이 도망갔다. 이튿날 저녁엔 북소리가 들리지 않았다.

　두 달이 지나 학교 문밖에 태풍이 불어 거대한 버드나무 한 그루를 뽑아놓았다. 주기곤이 사람에게 명하여 나무를 잘라 땔감으로 만들게 했는데, 중간에 화살이 나무줄기를 뚫은 게 발견됐다. 그제야 북을 친 것이 버드나무의 요괴인 것을 알게 되었다. 용천현에서는 여태까지 거인이나 진사에 합격한 사람이 없었는데, 그해에 진陳 씨성을 가진 사람이 진사에 합격했다.

접히는 신선

摺
疊
仙

소주 호시관諝市關[44]에 사는 진일원陳一元이 집을 떠나 도를 배웠다. 정사精舍 한 채를 구입하여 혼자 방에 앉아 안에서 자물쇠를 잠갔다. 처음엔 죽을 먹지 않았고 이어서 과일과 채소를 먹지 않았으며 석호石湖[45]의 물만 마시고 그의 아들에게 명하여 매달 물 한 통을 가져오게 했다. 두 달 되던 날 그의 아들이 찾아왔는데 물통은 여전히 문밖에 있었고 물은 이미 말라 있었다. 그의 아들이 다시 물통에 물을 채워 아버지에게 주었다.

손경재孫敬齋 수재가 이 소식을 듣고 경모하여 종이에 편지를 써서 물통 뚜껑에 붙이고 진일원이 만나줄지를 묻고 아울러 약속 시간을

---

44 절강성 여요현余姚縣 호산諝山 기슭에 설치한 일종의 군사 시설.
45 태호의 지류로 소주의 명승지였다. 범려范蠡가 서시西施를 데리고 이곳을 거쳐 태호로 들어가 은거했다고 전해진이다. 이곳엔 오월의 유적과 옛 절, 탑, 무덤 및 송대 시인 범성대范成大(1126~1193)의 별장이 있었다. 이 밖에도 어장漁莊, 천경각天鏡閣, 행춘교行春橋, 월성교越城橋, 고야왕묘顧野王墓, 월성교 석기시대 문화유지文化遺址, 석호관월石湖串月 등 경관이 즐비하다. 부근의 상방산上方山에도 오왕배교대吳王拜郊臺, 오왕정吳王井, 장군동藏軍洞, 능가탑楞枷塔, 범가사范家祠, 조음사潮音寺 등이 있다.

알려줄 것을 부탁했다. 다 붙인 후에 마음이 불안한 것이 진일원이 거절할 것만 같았다. 그다음 달에 가보니 물통의 종이는 그대로 있었으며 그 밑에 다음과 같은 글이 적혀 있었다.

"2월 7일에 오면 만나겠소."

손경재가 크게 기뻐하여 약속 시간에 그의 아들과 함께 갔다. 보니 진일원은 마흔가량 되어 보였고 그의 아들은 이미 노인이었다. 손경재가 그에게 어디에서 수도를 시작할지 묻자 진일원이 말했다.

"잠시 앉아 있으시오. 마음속으로 생각하는 일을 헤아려보리다."

손경재가 잠시 앉아 있으니 진일원이 질문했다.

"그대는 몇 번 생각했소?"

"일흔두 번 생각했습니다."

그러자 진일원이 웃으며 말했다.

"심중에 기탁하는 바가 없이 고요함을 추구하면 도리어 움직이나니, 이것이 사물의 규율이오. 그대가 한 시간에 일흔두 번을 생각했다지만 결코 많은 것이 아니라오. 근기와 기질이 있어야 도를 배울 수 있소."

아울러 그에게 물 마시는 방법을 가르치며 말했다.

"인생은 본래 허공에서 나오는 것이오. 먹는 것이 많기 때문에 신체를 견고하고 무겁게 만들며 배 속엔 더러운 벌레가 갈수록 많아지고 담이 뭉치기 쉽소이다. 도를 배우는 사람은 먼저 입을 깨끗이 하고 나서 장을 깨끗하게 하여 각종 벌레를 굶어 죽게 해야 하오. 이렇게 하면 내장을 세척하게 되오. 물은 선천적인 제일의 진기眞氣인지라 천지가 개벽할 때 오행은 없었소. 먼저 물이 있었기에 물을 마시는 것이 신선술을 수련하는 요체요. 하지만 도시의 물은 너무나 혼탁하여 내장을 피곤하게 만드니, 반드시 산속의 가장 청결한 물을 받아 천천히 삼키고 인후에서 '켁켁'거리는 소리가 나야 단맛을 변별해낼 수 있소이다. 한 국자의 물만으로도 하루 밤낮을 지낼 수 있소. 이렇게 하여 120년을 지내면, 신체가 점점 가벼워지고 맑아져 물 마시는 것도 필요 없어지고 기를 복용하여 바람을 타고 다닐 수 있소."

손경재가 진일원에게 누구에게 배웠는지 물었다. 그러자 진일원이 대답했다.

"30년 전에 태산泰山으로 가서 향을 사르다가 한 청년을 만났소. 그 청년은 얼굴이 영준한데 날씨가 어떨지 예측할 수 있었소. 그때 나는 그와 동행했지요. 청년은 등에 비단주머니를 졌는데, 매번 여관에 들 때마다 반드시 주머니에게 가볍게 말한 다음 잠을 잤지요. 내가 마음속으로 의혹이 들어 벽에 작은 구멍을 뚫고 보니, 청년은 주머니를 작은 탁자 위에 놓았고 의관을 정제하고는 두 번 절을 했소. 한 노인이 주머니에서 웃으며 앉아 있었는데 두 눈에서 빛이 났으며 하얀 수염이 휘날렸지요. 두 사람이 함께 조용히 얘기를 나누었으나 잘 들리지는 않고, 다만 '유절도자有竊道者, 유도절자有道竊者'라는 여덟 글자만 들었을 뿐이오. 한밤중 삼경이 되자 그 청년이 말하더군요.

'선생님 주무실 시간입니다.'

노인이 고개를 끄덕이자 청년은 노인을 접어서 종이로 만든 사람처럼 상자에 넣었소. 이튿날 청년은 내가 몰래 본 것을 알았지요. 따라서 내게 그의 내력을 알려주며 나를 제자로 받아주기로 승낙하고 도술을 전수해주었지."

손경재가 시험 삼아 진일원을 의자에 앉은 채로 들었는데 30근
(18킬로그램) 정도에 불과했다. 손경재의 두 딸이 아직 출가하지 않은
까닭에 진일원에게 휴가를 내고 집으로 돌아갔다가 다시 도술을 배
우기로 했다.

나는 진택현震澤縣 장 지현張知縣 관공서에서 손경재를 만났다. 그가
내게 이와 같은 일을 말해주었는데, 당시는 건륭 53년(1788) 2월
10일이었다.

정수리에 머리카락이 없는 신선

仙人頂門無髮

건륭張 38년(1773) 가을 장張 지현知縣이 비릉(상주)에서 양楊 도인을 만났다. 도인은 동안에 학발鶴髮이었지만 정수리 사방 한 치 정도엔 머리카락이 한 올도 없었다. 장 지현이 이상하게 여겨 그에게 이유를 물었다. 도인이 웃으며 대답했다.

"그대는 거리 양쪽에 난 긴 잡초를 보지 못했소? 행인이 밟고 다니는 중앙엔 풀이 자랄 수 없잖소?"

처음엔 도인의 말뜻을 못 알아들었다. 나중에 생각해보니 신문囟門[46]은 원신元神[47]이 드나드는 곳이라 머리카락이 자랄 수 없음을 알게 되었다. 양 도인은 매일 밤 사당 문밖에 앉아 밤을 지새웠다. 스님이 사당 안으로 들어가 주무시라고 권해도 도인은 고집을 부리며 들어가지 않았다. 이튿날 아침에 그를 보러 갔다. 태양이 동쪽에 떴는데 도인은 담장 위에 앉아 햇빛을 마시고 있었다. 그의 정수리엔 어

---

46 갓난아이의 정수리가 채 굳지 않아서 숨 쉴 적마다 발딱발딱 뛰는 숨구멍.
47 도가에서 사람의 영혼을 부르는 말이다.

린아이가 있는데 둥글고 청수하게 생겼다. 그도 햇빛을 마주하고 손발을 흔들며 마시고 있었다.

향홍 / 香虹

오강현吳江縣에 강姜 씨 성을 가진 사람이 일남일녀를 두었고 그의 아들은 신부 유劉 씨를 맞아들였다. 유 씨는 유순하고 온화했으나 가사에는 능숙하지 못했다. 강 씨의 하녀 향홍香虹은 평소 양쪽에 말을 옮겨 시비 붙이는 것을 좋아했다. 따라서 강 씨 딸에게 밤낮으로 유 씨의 단점을 지적했다. 유 씨는 마음속으로 원망했으나 표현할 길이 없었다. 유 씨가 강 씨에게 시집올 때 혼수품이 무척 많았으나 모두 시어머니에게 강탈당했다. 1년도 안 되어 유 씨는 병이 나 병상에서 일어나지 못했다. 시어머니는 그녀가 걸린 병이 폐병인 줄 알고 자기 아들을 그녀에게 접근하지 못하게 했다. 이에 유 씨는 우울하게 죽었다.

어느 날 갑자기 강 씨 딸이 침상에 오르더니 자기 뺨을 때리며 평생 지었던 나쁜 일을 꺼내놓기 시작했다.

"시어머니가 서방님을 보지 못하게 했으니 인연의 운명이 이미 다한 듯합니다. 하지만 당신들 마음 씀씀이가 어찌 그리 혹독합니까?"

이렇게 며칠 동안 소란을 피우자 그녀를 위해 초단醮壇을 설치하고 제도해도 응답하지 않았다. 강 씨 노부부가 좋은 말로 달래자 그녀가 말했다.

"시아버님은 저를 후하게 대해주셨으나 시어머니는 언제나 패악을 부렸어요. 이는 모두 향홍의 죄이니 전 그녀를 용서하지 않겠어요."

향홍은 그때 바로 옆에 있었다. 갑자기 눈을 크게 뜨고 외치며 마치 누군가 공중으로 들어올린 것처럼 하늘로 낚아채져 올라갔는데 곧 땅에 떨어져 죽었다. 그러자 강 씨 딸이 원래 상태로 돌아왔다.

이것은 건륭 53년(1788) 정월의 일이다.

염왕이 전당에 오르기 전에 탄알을 삼키다

閻王升殿
先吞鐵丸

항주 민옥창閔玉蒼[48] 선생은 평생 청청하게 관직생활을 했다. 그가 형부낭중刑部郎中을 맡았을 때 매일 밤 저승 염라대왕의 직무를 대행했다. 이경이 되자 의종儀從, 교마驕馬가 와서 그를 영접했다. 저승엔 모두 다섯 개의 전당이 있는데 민옥창이 관장하는 것은 다섯 번째 전당이다. 매번 전당에 오르기 전에 판관은 언제나 먼저 탄알鐵彈 한 알을 보냈는데 모양새는 참새 알 같고 무게는 두 냥 정도였으며 그에게 배 속에 삼키게 한 다음 사무를 심리하게 했다. 판관이 말했다.

"이것은 상제께서 주조한 것이오. 염라대왕께서는 이승의 관리가 저승의 일에 관여하여 사사로운 정에 얽매일까봐 탄알을 삼켜서 그 마음을 진정시키게 한 것이오. 수천 년 동안 지속된 관례입니다."

민옥창이 관례대로 탄알을 삼키고 안건 심사를 끝내자, 토해내고

---

48 이름은 패珮, 자는 옥창, 호가 설암雪巖이다. 절강 오정烏程 사람으로 강희 연간(1708)의 진사이며 아미 지현峨眉知縣, 어사御史를 역임했다. 의약에 조예가 깊었으며 주요 저작으로 『본초찬요本草纂要』(10권)가 있다.

세 번 반복하여 세척하더니 판관에게 주어 보관하게 했다. 그가 처리한 공무는 새벽에 일어나면 잊어버렸다. 설령 기억하더라도 그가 다른 사람에게 알린 적은 없다. 다만 사람들에게 소고기를 먹지 말며 『대비주』를 많이 읽으라고 권유할 따름이다.

부임하고 3개월이 되자 어느 날 새벽에 일어나 여러 친우를 불러 모으더니 그들에게 알렸다.

"나는 지금에야 하찮지만 좋은 일이 쓸모없음을 알게 되었소. 어젯밤에 내 사촌 동생 아무개가 죽었소. 영혼이 저승에 이르자 판관이 그가 평생 벼슬살이하면서 저지른 악행을 보고하며 그를 지옥에 보내도록 지시하고, 안건의 심사를 거친 뒤 죄명이 나오면 다시 공문을 동악대제에게 보내 시행한다오. 나는 마음속으로 그 때문에 난처해서 옥패獄牌를 탁자 위에 놓고 이 아무개에게 여러 번 눈짓을 했지요. 이 아무개는 평생 소고기를 먹지 않았으며 관리로 지낼 때엔 사사로운 소 도살을 특히 엄금했는데 마치 공덕으로 자신의 죄를 맞바꾼 것 같다고 호소했소. 내가 아무 말도 못 하자 판관이 반박하며 말했지요.

'맹자가 한 말이 있지요. 은혜가 금수에까지 풍족하게 베풀어지면서 공이 백성에겐 가지 않는다고.[49] 그대가 소고기를 먹지 않았다면 인육을 먹은 것이오?'

_____

[49] 『맹자』 「양혜왕 상梁惠王上」에 나오는 구절이다. 원문은 "지금 은혜가 금수에까지 풍족하게 베풀어지는데 공이 백성에게 가지 않는 것은 유독 무엇 때문입니까今恩足以及禽獸, 而功不至於百姓者, 獨何與?"다.

그러자 이 아무개가 말하더군요.

'저는 결코 인육을 먹은 적이 없어요.'

판관이 다시 물었지요.

'백성의 고혈도 인육이지. 넌 탐관오리라서 1000만 명의 고혈을 빨아먹고 하찮은 소고기를 먹진 않았지. 잘 생각해보시오. 사소한 좋은 일로 큰 죄를 맞바꿀 수 있을 것 같소?'

이 아무개는 대답하지 못했지요. 나는 그가 평소 『대비주』를 많이 읽은 걸 알고 있는데 『대비주』는 저승에서 가장 중시하지요. 따라서 '대비주' 세 글자를 손바닥에 써서 그에게 보여준 것이에요. 이 아무개는 망연하여 한 글자도 읽지 못했어요. 내가 그 대신 몇 구절 읽자, 그 자리에 모였던 판관 관리들이 일제히 무릎을 꿇고 들었는데, 서쪽에서 환하게 붉은 구름이 날아오더군요. 그러나 탄알은 이미 가슴속에 솟아올라 좌충우돌하여 창자가 끊어질 듯 아팠어요. 나는 하는 수 없어 급히 옥패를 취해 붉은색으로 비점批點을 치고 이 아무개를 지옥에 넣었소. 그제야 창자에 들어 있던 탄알이 안정되어 나는 다시 다른 안건을 심리하고 돌아왔소."

여러 친우가 물었다.

"대체 소고기는 먹어도 되오?"

"먹을 수도 있고 안 먹을 수도 있지요."

그에게 이유를 묻자 그가 말했다.

"이 일은 글자를 쓰는 종이를 아끼는 것과 같소. 성인이 경계하지 않는 것이나 농사를 중시하고 문화를 중시하는 마음을 넓히고 동류의 사물을 비교 추론하여 그것의 공통된 본질을 밝힐 뿐이지요. 그래서 소고기를 먹지 말라고 금지하는 것은 인자한 것이지요. 하지만 '천지는 인자하지 아니하여 만물을 짚으로 만든 제사용 강아지로 취급하는'[50] 법이지요. 이 말은 노자老子가 한 것입니다. 생각해보세요. 봄누에가 실을 토해내면, 천자로부터 일반 백성에 이르기까지 모두 입을 옷이 있게 되지요. 그 공로는 소보다 더 크고 목숨은 소보다 더 귀중한데, 어째서 그것을 죽여 삶고 그것의 장을 빼내 구워 먹는단 말이오? 진실로 소를 위해 억울함을 호소하거나 그것의 살생을 금지하는 사람이 없으니, 무슨 연유요? 이는 천지의 본성이 사람을 귀중히 여기기 때문이오. 사람을 중시하고 축생을 천하게 여기는 것은 인정상 마땅한 일이오. 따라서 소고기를 먹는 것은 달관이오."

---

50 『노자』 제5장에 나오는 구절이다. 원문은 "천지불인, 이만물위추구天地不仁, 以萬物爲芻狗"다.

만불애

萬
佛
崖

　강희 50년(1711) 숙주肅州 합려산合黎山[51] 산정에서 갑자기 어떤 사람이 소리를 질렀다.

　"열었어요? 열었어요?"

　이런 소리가 몇 날 지속되어도 대답하는 사람은 한 명도 없었다. 어느 날 한 목동이 지나다가 장난삼아 대답했다.

　"열려라!"

　이 한마디에 갑자기 우레가 치면서 산돌이 깨졌다. 그 가운데에서 가파른 벼랑이 나왔으며 그 위엔 천연적으로 생긴 수천 개의 보살상, 수염과 눈썹이 나타났다. 사람들은 지금도 이곳을 만불애라고 부른다. 장회수章淮樹[52] 도대가 그곳을 지나다가 친히 보살상을 보았다.

51　고대의 곤륜산崑崙山으로 지금의 간쑤성 허시주랑河西走廊 중부에 있다.
52　이름은 반주攀柱이고 안휘성 동성 사람이다.

大力河

손孫 아무개가 타전로打箭爐[53] 천총千總[54]을 맡았다. 그가 관할하던 곳에서 두 달 동안 연이어 비가 내렸다. 갑자기 하루는 비가 그치고 태양이 솟았다. 손 아무개가 매우 기뻐서 문밖으로 나와 하늘을 쳐다보았다. 그런데 갑자기 안개 낀 황사가 온 하늘을 뒤덮고 바람 소리가 노호하여 우레가 치는 바람에 손 아무개는 똑바로 서지 못하고 땅에 고꾸라졌다. 마치 어떤 사람이 그의 변발을 잡아당겨 내동댕이치는 것 같아 다리와 얼굴에 모두 상처를 입었다. 손 아무개는 마음속으로 지진이 일어난 줄 알고 고통을 참으며 기다렸다. 한 식경이 지나 지진이 그치자, 손 아무개가 일어나 살펴보는데 자신의 집을 포함하여 주변의 집이 모두 망가져 있었다. 동생 중 한 명은 도망 나와 죽음을 면했는데, 상봉한 두 형제는 무서워 죽을 지경이었다. 손 아

---

53 청대 옹정 연간에 지금의 사천성 강정康正 지방에 타전로청打箭爐廳이라는 병기창이 설치되었다.
54 청대 하급 무관으로 수비를 담당했다.

무개는 변방에서 산 지 오래되어 상황을 잘 알고 있는지라 동생에게 말했다.

"지진이 일어나면 반드시 여진이 이어져 한 번에 그치지 않아. 나와 너 죽더라도 함께 죽자꾸나."

이에 줄로 서로의 몸을 묶고는 껴안았다.

말을 다 마치기도 전에 괴상한 바람이 다시 불어왔다. 형제가 땅에 엎드려 있는데 처음엔 무척 흔들리는 것 같았다. 다행히 모래가 눈을 가리지는 않았지만, 땅이 몇 길이나 갈라졌고 어떤 곳에선 검은 구름이 흘러 나왔다. 어떤 곳에선 자색과 녹색의 불빛이 나왔고 어떤 곳엔 악취와 비린내가 나는 검은 물이 솟아나왔다. 어떤 곳에는 수레바퀴만 한 사람 머리가 나와 눈빛을 반짝이며 사방을 흘겨보았다. 어떤 곳은 갈라졌다가 합쳐졌으며 어떤 곳은 영원히 웅덩이가 되기도 했다. 형제 두 사람은 아무 탈 없이 무고했다. 지진이 완전히 끝난 뒤 형제는 무너진 집터에서 시신을 수습해 매장하고 살림살이를 정리한 다음 각자 살길을 찾았다.

지진이 나기 석 달 전에 미친 스님이 푸른색 장부를 가지고 왔는데 그 위에 "모화인구일만募化人口一萬"이란 문구가 쓰여 있었다. 손 아무개는 그가 요사한 말로 민중을 현혹시킨다면서 잡아다 현아로 압송했다. 그 스님이 버드나무 가지에 올라서서 말했다.

"그대는 나를 현아로 압송하지 말고 나를 물길이 터진 대력하大力河로 보내 막게 하시오."

이 말을 마치곤 사라졌다. 그해 지진이 일어나던 날 사천 대력하의 둑이 터져 1만여 명이 수몰되었다.

권 17

백골정

白骨精

처주處州[1] 일대엔 산이 많은데 여수현麗水縣은 선도봉仙都峰 남쪽에 있다. 현지인이 밭을 갈아 개간한 땅이 많은데 산의 허리까지 이르렀다. 산속에는 괴물이 많아서 사람들이 일찍 나왔다가 일찍 들어갔으며 밤에는 문밖을 감히 나오지 않았다.

어느 해 늦가을에 이李 씨 성을 가진 논 주인이 시골에 내려가 벼를 베고자 혼자 농촌의 집에서 살게 되었다. 현지인은 그가 담력이 작은 것 같아 그에게 사실대로 알려주지 않고 저녁에 나오지 말라고만 당부했다. 어느 날 저녁 달빛이 매우 좋아 논 주인이 앞산에서 산보하는데 갑자기 하얀 물체가 달려와 바삭거리는 소리를 냈으며 모습이 무척 괴상했다. 논 주인이 급히 집으로 돌아오니 그 물체도 쫓아왔다. 다행히 주인의 대문 밖엔 난간이 있어 밀고 들어갔으나, 그 괴물은 뛰어넘을 방법이 없었다. 주인은 난간으로 들어간 뒤 담력이 세졌다. 이때 달빛이 밝게 비추어 울타리 틈으로 자세히 바라보니 그

---

1 지금의 저장성 리수이시麗水市의 옛 명칭이다.

것은 해골이었다. 울타리 문을 물고 부딪히는데 비린내가 나서 참을
수가 없었다. 잠시 후 닭이 울자 괴물이 땅에 넘어지면서 백골 더미
로 바뀌었고 날이 밝자 그것도 사라졌다. 현지인에게 물어보니 이렇
게 말했다.

"다행히 당신이 만난 것은 백골정白骨精이라서 화를 당하지 않았
어요. 만일 백발 노부老婦를 만났다면 거짓으로 점포를 열고 당신에
게 담배를 피우라고 권했을 텐데 그녀의 담배를 피우면 당신은 살아
날 방법이 없지요. 백발 노부는 달빛이 하얗고 바람이 맑은 밤마다
항상 나와서 소란을 피우는데, 빗자루로 백골정을 쓰러트려야만 합
니다. 그런데 그것이 무슨 요괴인지 모르겠어요."

원각정

龜殻亭

　건륭 20년(1755) 천동도川東道² 도대 백공白公이 은 1000냥으로 어린 첩을 사서 배를 타고 임지로 돌아왔다. 그는 첩을 무척 총애했다. 배가 진강을 지날 때 달빛을 받으며 정박하자 첩이 창문을 열고 물을 긷다가 거대한 자라에게 삼켜졌다. 백공은 매우 슬퍼하다 원망을 품고 그 자라를 반드시 잡겠다고 다짐했다. 이에 각 어선에 전령을 보내 합심하여 잡도록 명령했다. 그 자라를 잡는 사람에게 은 100냥을 포상으로 걸었다. 뱃사공들이 다투어 돼지 위, 양의 간을 오수구五鬚鉤에 미끼로 걸고 위엔 빈 술 단지를 매달고 수면에 뜨게 하여 밤낮으로 자지 않고 자라를 낚으려고 기다렸다. 이틀 뒤 과연 큰 자라 한 마리를 낚았는데 수십 명이 잡아당겨도 올라오지 않았다. 최후에 배의 밧줄을 가져와 거대한 맷돌에 비끄러매고 물소 네 마리를 동원하여 맷돌에 연결해서 마침내 큰 자라를 뭍으로 끌어 올렸다. 자라 대가리는 수레바퀴만 한데 인부들이 예리한 도끼로 쪼개니 땅 위로

---

2 '천동'은 사천성의 동부 지역을 말한다.

떼굴떼굴 구르고는 큰 웅덩이를 만들어 '찰찰'거리며 소리를 내다가 한참 지나서 죽었다. 자라의 배를 가르자 백공 첩의 손에 꼈던 금팔찌가 아직 배 안에 있었다. 이에 사람들이 자라를 잘게 갈라 불로 태우자 악취가 멀리까지 퍼졌다. 자라 껍질은 몇 길이나 되고 쇠보다 더 딱딱하여 아무 쓸모가 없을 듯해 이를 자재로 삼아 정자를 지었다. 큰 껍질을 지붕으로 삼으니 밝은 기와의 창처럼 빛이 들어왔는데, 지금도 진강 조양문朝陽門 밖 대로변에 있다.

사리를 무서워하는 요괴

소주의 부호 황黃 노인은 80세가 넘었는데 이층집에 혼자 살고 있다. 어느 날 그는 문에 기대 안을 엿보는 한 여성을 보았다. 노인이 장년 때 그의 사랑하는 딸이 이 누각에서 죽었는데 그는 딸의 혼인가 싶어 그녀가 그곳에 있어도 아랑곳하지 않았다. 이튿날 저녁에 그 여자가 다시 나타났으며 그 옆엔 한 남자가 있었다. 삼 일째 되던 날 일남일녀가 대들보에 걸터앉아 두 눈으로 아래를 엿보았다. 노인은 못 본 체하며 고개를 숙이고 책을 보고 있었다. 그 남자가 대들보에서 내려와 노인 옆에 섰다. 노인이 웃으며 말했다.

"그대도 귀신인가? 너무 늦게 오셨군. 나는 이미 팔십이 넘어 조만간 죽을 몸이야. 얼마 안 있으면 그대와 같은 처지가 될 터인데 어째서 나를 찾아왔는가? 그대가 신선이라면 왜 앉아서 얘기하지 못하는가?"

귀신은 아무 대답도 하지 못하고 한숨만 길게 내쉬었다. 사면의 창이 일제히 열리더니 음산한 바람이 엄습했다. 노인이 소리쳐 사람을 부르자 귀신도 사라졌다.

몇 달이 지나 노인의 두 며느리와 손자 한 명이 사망하고 집안에
어린 하녀만 남았다. 노인은 자기가 죽은 뒤 어린 하녀가 의지할 곳
이 없을까봐 그녀를 집안의 가정교사 화공華公과 짝을 지워주었다.
그녀는 나중에 세 아들을 낳았다. 지금 절강 임해현臨海縣의 화공 사
무실에 있다. 이 일은 화공이 내게 알려주었다.

누 진인이
요괴를 잘못 잡다

妻眞人錯捉妖

송강松江 장충진張忠震 어사는 건륭 49년(1725)의 진사다. 그의 서재에 있는 침실에서 밤마다 쥐가 싸우며 시끄럽게 구는 소리가 들렸다. 장충진은 쥐의 소란을 싫어하여 폭죽을 쏘아 몰아냈으나 도망가지 않았다. 화승총으로 쏘아도 쥐는 막무가내였다. 장충진은 침실에 무슨 요괴가 있나 싶어 구들을 파보았으나 아무것도 나오지 않았다.

서재의 뒤편은 하녀의 침실이다. 어느 날 저녁에 방건方巾을 쓰고 검은 도포를 걸친 사람이 와서는 하녀에게 성교를 요구했으나 그녀가 허락지 않자 잠시 뒤 정신이 혼미해져서 인사불성이 되었다. 장충진이 이 일을 안 뒤 장張 진인이 옥도장을 찍은 부적을 하녀의 이불 속에 넣어두고 하녀 가슴을 덮었다. 그날 저녁에는 괴물이 나타나지 않았다. 그러나 이튿날 또다시 소란을 피우기에 하녀의 하의를 벗겨 더러운 것으로 부적 위에 칠했다. 장충진은 화가 나서 누累 진인을 불러 법단을 설치하여 법술을 부리게 했다. 3일 뒤 살쾡이와 같은 것을 붙잡아 항아리 안에 넣어 봉해두고는 온 가정이 이제부터 편안할 것이라 믿었다. 그날 밤 그 괴물이 크게 웃으며 당도했다.

"내 형제는 나아갈 곳과 물러날 곳을 모르더니 결국 도사에게 홀렸으니 정말 한탄스럽도다. 그는 감히 나를 잡지 못할 것이오."

그러고는 이전보다 더 음란하게 굴었다. 장충진이 다시 누 진인을 불러 상의하자, 누 진인이 말했다.

"저의 법술은 한 번밖에 시행할 수 없소. 두 번째는 영험이 없답니다."

장충진이 하는 수 없이 밤마다 하녀를 성황묘로 보내고서야 괴물이 떠나갔다. 그런데 집에 돌아오기만 하면 괴물도 돌아왔다.

이렇게 반년이 지났다. 어느 날 장충진이 심야에 손님과 바둑을 두고 있었다. 이때 마침 폭설이 내려 그가 우연히 창문을 열고 양치질하는데 창밖에 선 물건을 보았다. 크기는 나귀만 했고 얼굴은 검고 눈은 노란 것이 계단 아래에 꿇어앉아 있었다. 장충진이 토해낸 양칫물이 괴물 등에 튀겼다. 아울러 신속히 창밖으로 튀어나가 괴물을 잡으려 했으나 그새 사라졌다. 이튿날 새벽에 하녀가 장충진에게 말했다.

"어젯밤에 그 괴물이 와서는 자신이 주인에게 들켜 천기를 누설했다면서 오늘부터 오지 않겠답니다."

이로부터 그 요괴는 과연 나타나지 않았다.

진 씨 여성이
돌을 먹다

陳姓婦啖石子

절강 천태현天台縣 서향西鄉의 신을 맞이하는 행사에서 신상神像이 걸친 도포가 약간 구겨져서 진陳 씨 성을 가진 부인이 다리미로 곧게 폈다. 진 씨가 저녁에 집으로 돌아오자, 금빛 갑옷을 입은 신이 자칭 장군이라면서 수많은 사람을 대동했는데 의장대가 자못 성대했다.

"당신이 내 대신 의복을 정리해주오. 그리고 내게 사랑을 품은 듯하니 지금 당신을 아내로 맞이하겠소."

그는 또 과자를 가져와 그녀에게 주었는데, 그 과자란 사실 강 속의 돌이었다. 진 씨가 먹으니 부드러웠으며 맛도 좋았다. 돌을 먹으면 작은 것은 대변으로 나왔고, 큰 것은 여전히 입으로 토해냈다. 토한 것은 일반 돌처럼 단단했다.

진 씨의 부친, 형제들은 그 신이 왔을 때 힘센 사람을 보내 신과 싸우게 했다. 몇 시간 싸우니 진 씨가 말했다.

"신의 추병鎚柄[3]을 망가트렸어요."

이튿날 사람들이 들판의 사당에 가보니 오통신이 쥐고 있는 금추金鎚가 망가져 있었다. 이에 그 사당을 부수니 이로부터 신은 다시 나타나지 않았다.

---

3 추는 긴 손잡이에 원형의 타격 병기를 부착하여 공격력을 강화시킨 곤봉이다. 원형의 타격 부분이 저울추와 비슷하게 생겨 이런 종류의 무기를 추라 이른다.

천태현 항아리

天台縣缸

　절강 천태현 관공서에 부임하는 관리들이 언제나 세 당을 비워두고 살지 않았으며 그곳엔 항아리를 하나씩 비치해두었다. 이 항아리가 명대부터 전해오는 것이라 하는데 항아리에 신령이 있고 사람의 화복을 미리 안다고 하여 지현이 부임할 때마다 반드시 삼궤구배三跪九拜의 예를 갖추어 제사를 지냈다. 그러지 않으면 소란을 피웠다. 지현이 승진할 때 이 항아리가 미리 허공에 떴는데 어떤 것이 그것을 끌어올리는 것 같았다. 지현이 강직되거나 파면될 때 그 항아리는 밑으로 들어가 흙 속으로 점점 깊이 빠졌다. 평상시에 항아리는 언제나 땅에서 한 치가량 떠 있으며 땅에 닿지 않았다. 나는 이 말을 듣고 마음속으로 믿지 않았다.

　건륭 47년(1782) 봄 내가 천태산으로 유람했는데 지현 종예천鍾醴泉이 나를 관내로 초청하여 술을 마셨다. 술을 마신 뒤 내가 지현에게 물었다.

　"관공서 안에 두 가지 고물이 있다는데 내게 좀 보여줄 수 있겠소?"

　하나는 서재 서쪽에 있는 계수나무로 하늘 높이 솟았고 집 옆에 편액이 걸려 있는데 명 천계 4년(1624)에 지현 진명중陳命衆이 쓴 글씨다. 세 당을 돌아가면 항신缸神이 사는 곳이다. 항아리의 크기는 북만 했고 노란 모래로 거칠게 빚은 것에 불과하다. 중간에 작은 구멍이 있는데 현의 관리가 말했다.

"이곳이 신의 입구입니다."

위에는 짐승의 피가 가득했는데 해마다 닭과 돼지를 죽여 희생으로 남긴 것이다. 내가 부채로 건드려보았더니 그 소리가 맑았으며 대조각으로 그 밑을 건드렸더니 조금도 들어가지 않았고 땅에서 떨어져 있지 않았다. 종鍾 공이 두려워하자 내가 웃으며 말했다.

"내가 그것을 두드려보고 넣어도 보았으니 항아리 신이 응당 내게 화를 내리지, 그대에겐 내리지 않을 것이오."

이후 아무 일도 발생하지 않았다.

이 항아리에 관한 일은 『천태현지天台縣志』에 수록되어 있다.

목 아가씨의 무덤

木姑娘墳

경성 보화반寶和班[4]은 유명한 연극 극단이다. 어느 날 한 사람이 말을 타고 와 신신당부했다.

"해대문海岱門[5] 밖 목부木府에서 연극을 공연하려 하니 얼른 가보시오."

이날 극단은 마침 공연이 없어 그를 따라 성 밖으로 나갔는데 날이 벌써 어두워졌다. 몇 리를 가니 황야의 앞에 큰 집이 보였고 손님이 매우 많았으며 등불이 환하게 빛났으나 약간 푸른색을 띠었다. 안방에서 한 하녀가 말을 전했다.

"아가씨 분부입니다. 생단生旦[6] 역만 부르시고 대화검大花臉[7]은 올라가 북이나 징을 치지 말라 하십니다. 너무 시끄러워 사람들이 짜증

---

4 건륭 연간에 북경에서 활동했던 극단 이름으로 대표적인 소속 배우로는 이계관李桂官 등이 있다.
5 숭문문崇文門의 옛 이름으로 지금은 철거되어 사라졌다.
6 중국 전통극에서 '생'은 남자 배역, '단'은 여자 배역을 말한다.
7 중국 전통극에서 원로·대신·재상으로 분장하는 배역.

낸답니다."

극단 담당자가 그녀의 말대로 진행했다.

이경부터 연극을 시작하여 날이 밝아도 그치지 않았으며 수고한다고 음식이나 술을 내놓지도 않았다. 주렴 안에 있던 여성들과 당상의 손님들이 조잘거리며 말을 했지만 잘 들리지 않았다. 이에 연극 배우들이 놀라며 의아해했다. 대화검을 부르는 고顧 씨가 참지 못하고 스스로 얼굴에 분장을 하고는 「관공關公이 형주를 빌리다借荊州」를 공연하고자 단도單刀를 들고 등장하니 일시에 북과 징 소리가 하늘을 찔렀다. 그때 갑자기 당상의 등불이 꺼지고 손님들도 모두 사라졌다. 사람들이 불을 가져와 비춰보니 황량한 무덤 앞이었다. 그들은 급히 연극 도구들을 수습하여 돌아갔다. 이튿날 현지인에게 물어보니 다음과 같이 대답했다.

"그곳은 아무개 부府 목 아가씨木姑娘의 무덤입니다."

우레가 왕삼을 죽이다

雷誅王三

상주 사람 왕삼王三은 나쁜 짓만 일삼고 사람을 꼬드겨 소송을 제기하여 거기서 돈을 타내는 모리배였다. 지부 동이董怡[8]가 부임하여 우선 그를 체포 명단에 올리자 왕삼은 도망갔다. 왕삼의 동생 왕자王仔는 무진현 수재로 마침 결혼식 날이라 신부가 방금 집에 들어온 터였다. 관리가 왕삼을 잡지 못하자 왕자를 부로 데리고 가서 구치소에 가뒀다. 왕삼은 가족이 붙잡힌 걸 알고 관청의 일이 조금 해이해진 틈을 타서 밤에 동생 집으로 들어가 동생으로 사칭하여 신부와 첫날밤을 보냈다.

이튿날 관리가 왕자를 당상에 끌어다놓으니 지부는 그가 유약한 서생인 데다가 그의 무고함을 가련하게 여겼으며 또 그가 신혼인 줄 알고 곧 풀어주었다. 그러면서 한 달의 시간을 주면서 그에게 왕삼을 찾아 붙잡으라고 명령했다. 왕자는 집으로 돌아와 부인을 위로했다. 부인은 이때에야 어젯밤에 함께 몸을 섞은 사람이 가짜인 줄 알고는

---

8 순천부順天府 풍윤현豐潤縣 사람으로 강희 연간의 진사다.

부끄럽고도 화가 나서 목을 매달아 자살했다. 왕자의 장인이 항의하고 싶었으나 추문이 밖으로 새나가는 것이 부끄럽기도 하거니와 이것이 사위의 잘못이 아님을 알고는 이렇게 말했다.

"우리 집에서 보낸 혼수품을 모두 관 속에 넣어주면 나는 아무 말 안 하겠네."

왕자와 부모는 모두 슬퍼하면서 그대로 따라 처리했다.

왕삼은 이 소식을 듣고 다시 탐욕이 일었다. 그는 관을 묻은 곳을 몰래 봐두었다가 가서 도굴했다. 관을 열었을 때 신부가 마치 살아 있는 듯하여 그녀의 하의를 벗기고 시체를 욕보였다. 그 짓을 끝내고 그녀의 패물을 품에 숨기고 길을 떠나려는데 갑자기 벼락이 떨어져 왕삼이 맞아 죽고 신부는 도리어 살아났다. 이튿날 새벽에 묘지기가 이 소식을 왕자에게 알렸다. 왕자는 신부를 집으로 데려와 다시 결혼식을 올렸다. 지부가 이 말을 듣고는 왕삼의 뼈를 갈아 재로 날리도록 명령했다.

쇠 상자의 도마뱀

鐵匣壁虎

운남 곤명지昆明池9 옆에 한 농민이 땅에서 쇠 상자를 파냈는데 상자 위엔 부록符錄10이 쓰였으나 알아볼 수 없었다. 그 옆엔 해서체로 "지정원년양진인봉至正元年楊眞人封"11이라 쓰여 있었다. 농민은 그것이 무엇인 줄 몰라 상자를 쪼갰다. 상자 안에 한 치가량의 도마뱀이 꿈틀거리는데 아직 죽지 않은 것 같았다. 한 아이가 물을 뿌리자, 삽시간에 도마뱀의 몸이 길어지고 비늘이 생기더니 허공에 올라 폭풍을 일으키고 폭우를 내리게 하여 천지가 캄캄했다. 이때 공중에서 뿔 하나를 가진 검은 교룡과 황룡 두 마리가 싸우면서 우박을 내렸다. 이때 망가진 농작물과 민가가 너무 많아 셀 수도 없었다.

---

9 전지滇池, 곤명호昆明湖, 전남택滇南澤, 전해滇海라고도 부르며 지금의 쿤밍후 호수다. 쿤밍시 서남쪽에 위치한다. 판룽장盤龍江강 등의 하류가 유입되며 호수면의 해발은 1886미터다. 윈난성 최대의 담수호이며 고원명주高原明珠라 불린다.
10 뒷날에 일어날 일을 미리 알아서 몰래 적어놓은 글.
11 "지정 원년(1341)에 양 진인이 봉해두다"라는 뜻이다.

신이 된 도공

건륭 34년(1769) 양회 염운사兩淮鹽運使 도사아圖思阿[12]가 부임했다.
그는 청렴하고 품성이 고상했다. 그리고 매일 300문文을 썼다. 그는
상인을 온화하고 솔직하며 자애롭고 친절하게 대했고 끊임없이 일깨
워주었다. 사람들은 청나라가 생긴 100년 동안 그와 비교할 수 있는
염운사는 없다고 여겼다. 그는 73세까지 살고 세상을 떴다. 죽기 사
흘 전에 그가 모든 막객과 친척, 친구들을 불러 모아 얘기했다.

"내가 곧 죽을 터이니 후임에게 인계할 수 있도록 그대들이 나 대
신 소금 업무를 정리해주오."

사람들은 모두 의혹이 일어 그가 헛소리하는 것으로 여겼다. 그러
자 도공이 웃으며 말했다.

"내가 사람을 속일 줄 아나보지?"

죽던 날 그는 스스로 유언장을 쓰고는 목욕한 후에 관복을 입고
가부좌를 튼 자세로 사망했다.

---

12 만주기인滿洲旗人 출신이다.

삼칠 날 상인들이 조문 와서 곡을 했다. 도공의 한 첩이 사람을 보내 그들에게 물었다.

"여러분은 이 땅에 사주부思州府가 어디 있는지 아세요?"

"알아요. 광서성에 있어요. 부인께서는 왜 그걸 물으시는지?"

"어젯밤에 꿈속에서 나리가 하시는 말씀을 들었어요. '나는 사주부로 가서 성황이 될 터인데 옥황상제께서 임명하셨다'고 하시던걸요."

이에 여러 상인이 깜짝 놀랐다. 도공이 과연 신이 된 줄은 알았으나, 무슨 인연이 있기에 그렇게 먼 곳으로 가서 성황이 되었는지는 몰랐다.

隨園瑣記

수원의 자질구레한 이야기

나의 이모 왕王 씨가 전염병에 걸려 돌아가실 때 갑자기 몸을 돌려 안쪽을 향해 누우면서 '츠츠' 소리를 내며 쉼 없이 웃었다. 그녀의 딸이 왜 웃느냐고 물으니 이모가 말했다.

"듣자니 원袁 씨네 생질이 곧 늠생이 된다기에 기뻐서 그런다."

그때 나는 아직 부학附學 생원이었다. 이모가 죽고 이듬해에 나는 정말 세시歲試13에 3등으로 합격해 늠생으로 충원되었다.

나의 부친이 세상을 떠날 때 그를 모시던 주朱 씨도 병을 얻어 이렇게 말했다.

"나는 간다, 나도 간다. 나리가 지붕 기와에서 날 부르신다."

당시 내 선친이 이미 세상을 떠났지만 주 씨의 병이 위중했기에 그녀가 슬퍼할까봐 사람들이 그녀에게 알리지 않은 상태였다. 얼마 뒤 주 씨도 사망했다. 나는 이때에야 고인이 지붕에 올라가 초혼한다는 말이 결코 근거 없는 것이 아님을 믿게 되었다.

---

13 청나라 때 3년마다 있던 향시, 회시, 전시의 예비시험을 이른다.

문지기 주명朱明이 죽었다가 소생하여 눈을 뜨고는 손을 뻗어 지전을 요구하며 말했다.

"교제할 돈이 필요하오."

그에게 지전을 태워주자 곧 눈을 감고 죽었다.

건륭 19년(1754) 내가 병을 얻어 생명이 위태로웠다. 얼굴이 하얀 아이가 끈이 달린 모자를 쓰고 침상 아래에 꿇어앉았는데 손에는 종이를 쥐고 있었다. 그 위에는 "가정조조, 인구요요家政條條, 人口寥寥" (집안 살림이 근근이 이어지고, 식구는 점점 줄어든다)란 여덟 글자가 쓰여 있었다. 이 귀신이 나를 놀린다고 생각하여 나도 귀신을 놀리려고 했다. 이날 정오에 호초탕胡椒湯을 다 마신 뒤 가슴이 이전보다 편안하여 입에서 나오는 대로 지껄였다.

"불쌍한 귀신도 호초를 무서워하는 게지."

아이가 비웃으며 떠나갔다. 내가 고열이 나서 심할 때 침상 위에 예닐곱 명이 제멋대로 누워 있었다. 때로 내가 신음하고 싶지 않은데도 그 사람들은 날 신음하게 했다. 나는 조용히 잠시 누워 있으려고 했으나 그 사람들이 나를 흔들었다. 열이 내리기 시작하자 사람들이 줄어들기 시작했다. 열이 모두 내렸을 때는 나 혼자만 남았다. 나는 이때에야 사람에게 삼혼육백三魂六魄14이 있다는 말이 맞음을 믿게 되었다.

---

14 정확히는 삼혼칠백이다. 사람의 혼백을 이르는 말로 삼혼은 태광胎光, 상령爽靈, 유정幽情을 말하고 칠백은 시구尸狗, 복시伏矢, 작음雀陰, 탄적吞賊, 비독非毒, 제예除穢, 취폐臭肺를 이른다.

사람의 꿈자리에 대해 이해할 수 없는 것이 있다. 나의 조부 단부공旦釜公[15]이 도술을 좋아했다. 그가 꿈속에서 산꼭대기로 뛰어 올라갔는데 그곳엔 여덟 명이 술을 마시고 있었으며 생김새는 세속의 그림에 나오는 팔선[16]과 같았다. 조부가 그들 앞에 이르자 그들은 결코 일어서지 않았다. 조부가 농담을 하며 말을 꺼냈다.

"팔선은 다리가 15개뿐이군요."

철괴리鐵拐李[17]가 이 말을 듣고 대로하여 지팡이로 조부를 때리려고 했다. 그러자 여러 신선이 소리쳤다.

"얼른 사죄하지 못할까!"

그러고는 조부를 끌어다 무릎을 꿇고 사죄하게 했다. 그런데 지팡이로 허리를 때리면서 말했다.

"널 3년 더 살게 해주겠다."

조부가 깨어난 뒤 보니 허리에 계란 크기만 한 게 솟아 있어 의사가 치료해도 효과가 없었으며 곧 문드러져 터졌다. 3년 뒤 조부는 결국 사망했다. 나는 농담하면서 다리 저는 놈이 우리 집과 아무런 원수도 진 일이 없으니 철괴리의 초상을 볼 때마다 한바탕 꾸짖어도 여태까지 이상한 일을 당하진 않았다고 말했다.

---

15 원매의 조부 원기袁錡의 자가 단부旦釜이며 2남 원빈袁濱과 원홍袁鴻, 3녀를 두었다. 원매는 원빈의 아들이다.
16 도교의 신선으로 맏형 격인 종리권鍾離權, 병자들을 돌봐주는 이철괴李鐵拐, 악공들을 지켜주는 한상자韓湘子, 악극을 후원하는 조국구曹國舅, 이발사들을 돕는 여동빈呂洞賓, 노인들을 지켜주는 장국로張國老, 꽃꽂이의 선인 남채화藍采和, 유일한 여성인 하선고何仙姑를 가리킨다.
17 세속에서는 팔선의 한 사람인 이철괴를 철괴리라고 부른다. 절름발이라고 전해진다.

나의 매형 왕공남이 우겸의 무덤[18]에 가서 꿈 해몽을 빌었다. 꿈 속에서 한 스님을 보았더니 외모는 흉물스럽고 추악한데 그를 쫓아와 몽둥이로 때렸다. 왕공남이 미친 듯이 도망가다가 풀밭에 앉아 있는 스님 수십 명을 보았다. 왕공남이 그들에게 도움을 요청하자 스님들이 그를 풀 속으로 끌어당기고는 사방으로 둘러싸고 손을 밖으로 합장했다. 그를 쫓던 스님이 그곳에 당도하여 왕공남을 잡을 수 없게 되자 큰 소리를 지르며 말했다.

"무정한 종자 같으니. 그를 무엇 때문에 감추는 것이냐! 모두 비켜라, 이 몽둥이 맛 좀 보아라!"

왕공남이 깨어났으나 지금까지도 들어맞지 않았다.

내가 어렸을 때 꿈속에서 붓 수백만 자루를 엮어서 뗏목을 만들어 타고서 강물 위를 떠돌았다. 그러나 지금까지도 효험이 없다.

또 어느 입춘 날 꿈속에서 관제를 보았는데 녹색 도포를 걸치고 긴 수염을 날리며 공중에 서서 왼손으로 나를 잡았고 오른손으로 우레를 쥔 채 내 배꼽으로 들어왔는데 배 속은 불에 덴 것처럼 아팠다. 통증이 가라앉은 뒤에도 배 속은 여전히 뜨거웠다. 어떤 사람은 관제가 무오년생이고 나도 무오년(1738)에 거인에 급제했기에 들어맞은 셈이라고 풀이했다. 그러나 이것은 어디까지나 억지다.

옹정 10년(1732) 향시에 나도 응시하러 갔다. 이날 오경에 꿈속에서 길에서 현학縣學의 문지기 이염선李念先를 만났는데 손을 흔들며

---

18 명대의 민족 영웅 악비, 장창수張蒼水(1620~1664)와 함께 '서호삼웅西湖三雄'이라 불리는 우겸의 무덤은 저장성 항저우시 시후구西湖區 삼태산三台山 자락에 있다.

말했다.

"가지 마세요, 가지 마세요. 상공은 향시에 합격하지 못하고 유재
遺才에도 들어가지 못해요. 반드시 정규 시험에만 합격할 것입니다."

당시 과거, 유재에 합격한 사람이 무척 많아서 내가 합격하지 못할
까 전전긍긍했는데 결과적으로 꿈속에서 문지기가 한 말대로 되었
다. 나는 이 때문에 늠생에 충원되거나 과거에 합격하는 것도 하찮
은 일이나 도리어 꿈의 징조가 있음을 알게 되었다. 이후 진사에 합
격하여 한림원에 들어가고 현령으로 부임한 것에는 아무런 전조가
없었다. 이는 무슨 까닭일까?

광서의 귀사

廣西鬼師

광서 사람들은 귀사鬼師를 신봉한다. 진陳 씨와 뇌賴 씨 성을 가진 사람이 곧 죽을 사람을 산 사람과 바꿔치기해서 살린다고 하여 환자 집에서는 그들을 초청하곤 했다. 환자 집에 오면 그들은 먼저 잔에 물을 떠와 그 위를 종이로 덮고 환자의 침상에 거꾸로 매단다. 이튿날 와봤을 때 물이 떨어지지 않았으면 살릴 수 있다고 말했다. 어떤 사람이 수탉 한 마리를 잡아왔다. 그들은 흰 칼로 닭의 목을 7~8치 정도 찌르고 환자에게 마주 보게 하고는 운기송주運氣誦呪했다. 주문을 다 외우고 닭 입에서 피가 떨어지지 않으면 살릴 수 있다고 말했다. 칼을 빼서 땅에 던지자 닭은 살아서 팔딱팔딱 뛰어다녀 예전과 똑같았다. 만일 물이나 닭 피가 한 방울이라도 떨어지면, 구원하는 일을 거절하고 환자 집을 떠나버렸다.

이렇게 구조할 수 있는 사람에 한해 귀사가 법단을 설치했다. 법단에는 귀신이 그려진 그림 수십 폭을 걸어두었다. 귀사가 여인으로 분장하고 칠성보七星步[19]를 걸으며 주문을 외우고 징과 북을 쳤다. 저녁이 되면 기름종이 등을 켜고 들판에 나가 혼을 불렀는데 그 소리가 멀리까지 전해졌다. 이웃 가운데 깊이 잠든 사람이 있으면 혼이 부르는 소리를 듣자마자 올 수 있어 귀사가 등불을 혼에게 건네주면 혼이 이를 받는다. 그런 다음 귀사는 환자 가족에게 축하의 말을 전한다. 이에 환자는 점점 완쾌되고, 등불을 받은 사람은 곧 죽는다. 액막이 방법으로는 밤마다 북과 종소리를 들으면 두 발로 땅을 밟을 수 있어 아무런 장애가 없다. 진 씨와 뇌 씨 두 사람은 이것으로 부를 쌓았는데, 그들 집 음침한 곳에는 수많은 귀신상이 모셔져 있었다.

나의 숙모가 병이 들어 뇌 귀사를 불러 보게 했다. 뇌 귀사가 검으로 방 안에서 귀신을 잡았는데 커다란 박쥐만 한 것이 침상 밑으로 파고 들어갔다. 뇌 귀사가 손바닥으로 그것을 때리자, 불이 쓰러지면서 뇌 귀사의 수염을 태웠다. 뇌 귀사가 대로하여 동유桐油로 태우게 하고는 도부道符를 그려 불사르고 손으로 솥 안의 기름을 저으니 침상 아래의 귀신이 '추추' 소리를 내며 용서해달라고 했다. 한참 지나자 소리가 비로소 사라졌으며 숙모의 병도 과연 완쾌되었다.

어느 날 진 귀사가 아무개 집을 위해 초혼하다가 남색 의복을 입은 여자가 천천히 걸어오는 모습을 보았다. 앞에 와서 살펴보니 자기 딸이었다. 진 귀사가 깜짝 놀라 건네주려던 불을 땅에 던지고는 손바닥으로 딸의 등을 때리고 급히 집으로 돌아와 딸을 찾아봤다. 딸은 방금 일어났는데 꿈속에서 부친이 자기를 불러서 깨어났다고 말했다. 그녀가 걸친 남색 적삼엔 기름 자국이 분명히 남아 있었다.

계림桂林 위魏 태수의 딸이 위독하여 위 부인이 진 귀사를 불러왔

---

19 도교에서 북두칠성에게 예배할 때 일정한 규정에 의해 걷는 걸음.

다. 진 귀사는 사례금으로 은 100냥을 제시했다. 위 태수는 평소 방정하고 엄격한 사람이라 그를 잡아다 때리고는 감옥에 넣었다. 진 귀사가 웃으며 말했다.

"당신이 나를 곤장으로 때리다니 후회하지 마시오."

이곳에서 귀사를 때리자 딸이 침상에서 소리쳤다.

"귀신 두 명이 진 귀사의 명이라며 제 엉덩이를 때리고 감옥으로 끌고 가요."

위 부인이 깜짝 놀라 남편에게 진 귀사를 풀어주고 그에게 후한 상을 내리라고 극력 권유했다. 그러자 진 귀사가 말했다.

"이미 딸이 야료를 부리는 귀신에게 놀랐으니 나도 어찌할 방도가 없구려."

위 씨 딸은 끝내 죽고야 말았다.

馬家墳

마 장군 가족 무덤

　이도랍伊都拉이 21세 되던 해에 우림군羽林軍[20]으로 선발되었다. 한 번은 휴가를 받아 노구교 서쪽에서 사냥을 하다가 숲으로 날아가는 참새 떼를 보았다. 이에 그가 말을 달려 사냥매를 풀어 새를 잡기 시작하자 참새들은 혼비백산하여 흩어졌다.

　이도랍이 사냥매를 회수하러 숲에 들어갔다. 깊은 숲에 한 사람이 서 있는데 사냥매를 그의 팔 위에 올려놓고 오른손으로 매의 털을 빗겼다. 이도랍이 자세히 보니 그 사람은 손끝에서 발끝까지 모두 백골이었다. 그가 깜짝 놀라 급히 뛰어가 하인들에게 알렸다. 하인들이 조총으로 쏘자 백골은 사라졌다.

　이도랍이 매를 거두고 앞으로 1리쯤 걸어가자 앞에 높은 누각이 나타나 고관대작의 장원으로 여겨 각자 말에서 내렸다. 그러자 노부인이 천천히 걸어왔다. 그녀는 머리를 크게 틀어 올리고 살굿빛 도포를 걸치고 발에는 흰 양말과 비단 신발을 신었으며 하녀 몇 명을

---

20 중국의 황실 호위대를 말한다.

대동했다. 그녀가 이도랍을 부르며 말했다.

"아무개 집 도령 아니냐? 난 네 내종 고모다. 네가 기왕 여기까지 왔으면서 어째 날 보러 오지 않은 게냐?"

이도랍이 황급히 앞으로 나아가 인사드렸다.

"제가 궁중에서 근무하느라 어르신 댁을 몰라보았군요. 제가 댁에 가서 인사드리겠습니다."

노부인이 앞에서 길을 안내하며 하인을 불러 말했다.

"너희는 모두 잠시 쉬어라."

댁으로 들어서니 집은 모두 깊숙하고 고요했다. 노부인은 자리에 가부좌를 틀고 이도랍과 최근의 일을 얘기했는데 그녀는 모두 상세히 알고 있었다. 또 딸을 불러 인사시킨 다음 말했다.

"얘가 네 누이란다. 올해 열여덟 살이네."

이도랍이 보니 매우 예뻐 보여 마음이 살짝 움직였다. 노부인이 말했다.

"네가 이처럼 먼 곳까지 사냥하러 왔으니 목이 몹시 마를 테지?"

그러고는 오이를 가져다주었는데 그 오이는 일반 오이보다 두 배나 커 보였다. 노부인은 동시에 오이를 이도랍의 하인에게도 주었다. 그들은 오이를 받고 머리를 조아리며 감사를 표한 뒤 집을 나왔다. 시종이 이도랍을 왼쪽 행랑채로 끌고 가서 그를 여자와 함께 머물게 했다. 두 사람은 많은 대화를 나누었다.

잠시 후 화려한 관복을 입은 남자가 산호와 공작의 깃으로 꾸민 모자를 쓰고 성큼성큼 밖에서 들어왔다. 이도랍이 일어서서 공손히 두 손을 모으고 안부를 물었다. 그 사람이 좌정한 뒤 말했다.

"방금 숲에서 사냥매 한 마리를 얻었는데 보통이 아니어서 무척 아꼈지요. 그런데 누군지는 모르지만 화승총을 쏘는 바람에 하마터면 맞을 뻔했어요. 사냥매가 도망갔으니 정말 아깝습니다."

이도랍은 이 말을 듣고서야 비로소 깨달았다. 상대방이 귀신임을 알고 묵묵히 아무 말도 할 수 없어 변소에 가는 척하고 문을 나와 말을 타고 줄행랑을 쳤다. 따라온 예닐곱의 하인 모두 안색이 잿빛이었다. 수십 걸음을 가다가 멈춰서 돌아보니 소나무 숲과 우거진 잡초만 보였다. 현지 사람에게 물어보았다.

"이곳은 마 장군 가족 무덤馬家墳입니다. 왕년에 마 장군이 전사하자 부인, 딸과 함께 이곳에 합장했어요."

천주성　　　　　　　　天廚星

　　조능시曹能始 선생은 음식을 극도로 가렸다. 그의 요리사 동도미董
桃媚는 특히 요리에 뛰어났다. 조능시가 연회를 열어 손님을 초대할
때마다 동도미의 요리가 나오지 않으면, 식탁에 앉은 손님들은 기뻐
하지 않았다. 조능시와 같은 해에 진사에 합격한 사람이 사천 학정四
川學政으로 나아갔는데 요리사가 없는지라 동도미를 데려가게 해달라
고 부탁했다. 조능시가 허락하고는 동도미를 보내려고 했으나, 동도
미는 가려 하지 않았다. 조능시가 화가 나 그를 나가게 했더니 그는
무릎 꿇고 말했다.

　　"저는 천주성天廚星[21]입니다. 나리는 본래 천관天官이기에 제가 모
시는 겁니다. 학정은 보통 사람인데 어찌 천주天廚의 먹을 복을 누릴
수 있겠어요? 근래 나리의 녹봉 운명이 다했으니, 저도 이제 떠나고
자 합니다."

　　말을 끝내고 허공에 올라 서쪽으로 떠났는데 얼마 후 그의 그림자

21　녹봉과 음식을 상징하는 별.

가 보이지 않았다. 1년도 안 되어 조능시는 사망했다.

꿈속의 연구

조曹 학사[22]가 젊었을 때 태평서방太平書坊을 지나다가 『초산집椒山集』[23]을 사서 집에 돌아와 저녁에 읽는데 너무 피곤하여 책을 덮고 누워 잤다. 그런데 문 두드리는 소리가 들려 열고 보니 동학 지우산遲友山이었다. 두 사람이 손을 잡고 높은 누대에 올라 보름달을 감상하다가 지우산이 시 한 소절을 읊었다.

한들한들 바람 타고 바라보니 희미하고 冉冉乘風一望迷

조낙인이 이를 이어 읊었다.

하늘엔 운무가 끼어 있고 석양 지노라 中天煙雨夕陽低

---

22 조낙인曹洛禋을 말한다. 자는 인서麟書, 호는 복원復園이고 당도當塗 사람이다. 옹정 7년(1729)에 거인에 합격했고 국자감 조교, 한림원 시독학사를 역임했다. 그의 고사는 『수원시화』 권2의 69조에도 나온다.
23 명대 양계성楊繼盛(1516~1555)의 시문집으로 초산은 그의 호다.

올 때의 의복 대부분 하얗게 변했으나 來時衣服多成雪

지우산이 받아서 읊었다.

떠난 뒤 가죽과 털은 모두 진흙투성이다 去後皮毛盡屬泥
다만 흰 구름이 차가운 땅속으로 침범하고 但見白雲侵月冷

조낙인이 읊었다.

어찌하여 꾀꼬리는 꽃을 마주하고 우는가 何曾黃鳥隔花啼

지우산이 읊었다.

가면 갈수록 인간의 모습 아니고 行行不是人間像

조낙인이 읊었다.

손으로 교룡을 당겨 지팡이로 삼는다 手挽蛟龍作杖藜

시를 완성하고 지우산이 작별을 고하고는 떠났다.
조낙인이 집으로 돌아와 방금의 일을 아내에게 알려주자, 아내는 거들떠보지도 않았다. 하인을 부르자 하인도 대답하지 않았다. 그가 다시 북쪽 창가에 앉아 『초산집』을 꺼내 몇 장을 보다가 고개를 돌려 대나무 침상에 있는 자신을 발견하고는 깜짝 놀랐다. 자기가 꿈꾸고 있는 것을 알았다. 그가 깨어 일어나 『초산집』을 보니 분명히 몇 장 뒤적인 흔적이 있었다. 이튿날 지우산의 부고가 날아왔다.

碧
眼
見
鬼

파란색 눈으로
귀신을 보다

하남 순무河南巡撫 호보전胡寶瑹[24]의 눈은 파란색으로 어려서부터
귀신을 볼 수 있었는데 9세 때까지 말을 할 줄 몰랐지만 전생의 일
은 기억하고 있었다. 나중에 말을 하게 되었지만 아무것도 기억하지
못했다. 그는 사람이 다니는 길거리나 집 안 곳곳에 모두 귀신이 있
으며 조정의 오문午門[25] 안에만 없다고 말했다. 죄인을 처형하는 채시
구菜市口에는 귀신이 많이 모여 있다고 했다. 양기가 왕성한 사람을
만나면 귀신이 그를 피해다니고, 쇠약한 사람을 만나면 어깨를 스치
고 지나간다고 했다. 만일 귀신이 누군가에게 조소하거나 조롱하면
그 사람은 반드시 병이 난다. 귀신은 정오 이전에는 그다지 나타나지
않으며, 오후에 길에 많이 있다고 했다. 귀신의 행동거지는 비열하고
옹졸하며 씩씩하거나 정대하지 못했다.

---

24 호보전(1694~1763)은 자가 태서泰舒이고 안휘성 흡현歙縣 사람이다. 옹정 원년(1723)
의 거인이고 건륭 22년(1757)에 하남 순무가 되었다.
25 황성 전체의 정문이 천안문이고, 황성 내부에 있는 자금성(고궁)의 정문이 오문이
다. 관리들의 형벌은 오문 앞에서 집행했다.

호보전은 평생 사당에 들어가지 못하게 되었다. 신불神佛이 그를 보면 왕왕 일어서기 때문이다. 그가 일찍이 평생 보았던 신에 대해 서술한 바 있다. 가장 존귀한 신은 동악대제로 그 의장대가 특히나 성대했다. 가장 기괴한 신은 금장군金將軍으로 온몸에서 황금빛이 나고 모공에서 번쩍번쩍 금빛을 낸다. 가장 추악한 신은 협면신狹面神으로 신장은 세 자이며 얼굴 길이는 네 자이나 너비는 대여섯 치에 불과하여 그를 마주하면 혐오감이 생긴다. 여래如來, 선자仙子, 관공關公, 장후蔣侯26 같은 다른 신은 아직 보지 못했다. 어렸을 때 토지묘를 지나가다가 곁에 세워놓은 우두귀牛頭鬼를 보았다. 그가 귀신의 뿔을 밟자, 그 귀신이 그를 따라 집으로 들어왔다. 뿔로 그의 침상을 받고는 침상을 계속해서 흔들어댔다. 호보전은 이때부터 학질에 걸렸고 우두귀가 그의 가슴을 눌렀다. 그의 모친이 제사를 지내주자, 귀신은 그제야 떠나갔다. 어떤 사람이 물었다.

"호공은 높으신 관리인데 어째서 신불이 그를 보면 항상 일어섰으며, 아울러 비천한 우두귀가 건방지게 그를 농락했을까요?"

---

26 장흠蔣歆은 자가 자문子文이고 삼국 시대 광릉廣陵(지금의 양저우) 사람이며 한말에 말릉위秣陵尉를 지냈다. 어느 날 도적을 종산鐘山(자금산紫金山) 아래까지 쫓아갔으나 전사하여 종산 아래에 매장되었다. 민간 전설에 따르면 그는 저승 십전염라十殿閻羅 중의 제일전진광왕第一殿秦廣王이 되었다고 한다. 손오孫吳 초기에 어떤 사람이 백마를 타고 흰 깃털 부채를 들고 시종을 거느리며 지나가는 장자문의 모습을 보았는데, 생전의 옛 모습 그대로였다. 장자문은 생전에 술과 여색을 좋아했지만 자신의 골상이 수려하여 죽은 뒤에 신이 될 거라고 여겼다. 과연 죽은 뒤에 여러 차례 모습을 나타내어 손권孫權이 장자문의 사당을 짓고 장후蔣侯로 봉하고는 종산을 장산蔣山으로 개명했다. 영험하기로 이름난 그는 비수전쟁淝水之戰 때에도 모습을 드러냈으며 가뭄 같은 재해를 구제했다고 전해진다. 남제南帝 동혼후東昏侯 때에는 심지어 그를 제帝로 봉했다.

내가 대답해주었다.

"신불은 정직하고 총명하여 그가 고귀한 사람이고 바른 사람인 줄 알기 때문에 그를 존중한 것입니다. 우두귀는 무지하니 어떻게 그를 존중할 줄 알겠어요?"

호보전이 하남 순무로 임직할 때 음력 초하룻날에는 분향하고 예배하러 가곤 했다. 사당에 아직 도착하지 않았는데 갑자기 머리를 숙이며 부채로 얼굴을 가렸다. 사司, 도道의 관리가 그를 맞이하면서 그에게 인사했지만 그는 전혀 아랑곳하지 않았다. 호보전은 평소에 겸손하고 예의 바른데 하루아침에 이런 꼴로 바뀌니 사, 도의 관리가 의아하게 생각했다. 하루 지나서 사, 도의 관리가 기회를 틈타 그에게 물었다.

"그날 나리가 분향하고 예배하러 갈 때 우리 인사를 받지 않으셨는데 혹시 저희가 무슨 죄를 지었나요?"

"아니야. 저번에 사당에 이르기 전에 두 천봉신天蓬神[27]이 하신河神에 의해 그곳에 갇혔는데, 그들이 내게 봐달라고 통사정했지. 내가 대답했다면 그들은 원래 죄를 받아야 하는 것이고, 대답하지 않았다면 천봉신이 실마리를 풀지 못했을 거야. 그래서 내가 못 본 체하고 지나쳤던 거야."

---

27 천신天神의 하나로 흉악한 신이다.

용모

龍母

　상숙 지방의 이李 씨네 며느리가 임신한 지 14개월 만에 고깃덩어리를 낳았다. 구불구불하게 서려 있었고 수정처럼 빛이 났다. 가족이 무서워서 고깃덩어리를 강물 속에 던졌는데 그것이 작은 용으로 변해 하늘로 올라갔다. 1년이 지나 이 씨 며느리가 죽었다. 입관하려고 할 때 뇌우가 몰아쳐 하늘이 어두워지고 용이 구슬프게 울었는데 그 소리는 황소가 울부짖는 듯했다. 고을의 이웃 사람들이 신기하게 여겨 이 씨 며느리를 위해 우산虞山[28]에 사당을 짓고 '용모묘龍母廟'라 불렀다.

　건륭 27년(1762) 여름에 한재가 발생하여 제물을 바치고 제사를 지냈지만 아무런 영험이 없었다. 계림 순무 진굉모陳宏謀[29]가 마음속으로 매우 슬퍼하자 그들 수하의 막료 설일표薛一瓢가 말했다.

28　장쑤성 창수시 경내에 있는 산으로 지금은 우산공원과 우산국가삼림공원으로 나뉘어 있다. 이 산의 이름은 상商, 주周 시기 강남의 선조 우중虞仲(중옹仲雍)이 사망한 뒤에 이 산에 묻혔다고 한 데서 기원한다.

"어째서 당상에 올라 용모龍母에게 절을 하지 않으십니까?"

진굉모가 관리를 파견하여 소와 양을 잡아 올리고 용모묘에 가서 기도했다. 이튿날 바로 비가 내렸다.

---

29 진굉모(1696~1771)는 자가 여용汝容이고 광서 계림 사람이다. 옹정 연간에 진사가 되었고 포정사, 순무, 총독, 동각대학사 겸 공부상서를 역임했다. 주요 저작으로는 『배원당전집培遠堂全集』 『진용문선생유서陳榕門先生遺書』 등이 있다.

청량 노인 　　　　　　　　　　　　　　清凉老人

　　오대산五臺山[30]에 청량 노인清凉老人이라 불리는 스님이 있었다. 그는 불교 교의에 정통하여 악 상국鄂相國[31]으로부터 존경을 받았다. 옹정 4년(1726)에 노인이 세상을 떠났다.

　　그때 서장의 어떤 사람이 아이를 낳았는데 여덟 살이 되도록 말을 하지 못했다. 하루는 삭발하고 출가하려 할 때 그 아이가 소리 질렀다.

　　"나는 청량 노인이오. 빨리 날 위해 악 상국에게 알리시오."

　　악 상국이 그 아이를 집으로 데려와 그와 이야기를 나누었는데 하는 말이 청량 노인 생전의 일과 완전히 맞아떨어졌다. 그리고 악

30　산시성 신저우시忻州市 우타이현五臺縣 경내에 있으며 저장 보타산普陀山, 안후이 구화산九華山, 쓰촨 아미산峨眉山과 더불어 중국 불교의 4대 명산으로 손꼽힌다. 동서남북, 중앙에 우뚝 솟아 있는 봉우리 다섯 개가 흙으로 쌓아올린 누대 같다 하여 붙은 이름이다.

31　악이태鄂爾泰(1677~1745)를 말한다. 자는 의암毅庵이고 만주양람기인滿洲鑲藍旗人이다. 거인 출신이고 관직은 보화전대학사保和殿大學士에 이르렀다. 주요 저작으로는 『국조궁사國朝宮史』 『서림유고西林遺稿』 등이 있다.

상국의 시중드는 사람, 하인, 수레꾼을 가리키며 그들의 이름을 부르는데 예전부터 잘 알고 있는 듯했다. 악공이 고의로 그를 시험해보고 싶어 그에게 청량 노인이 사용했던 염주를 주자, 아이는 손에 염주를 쥐고 머리를 조아리며 말했다.

"아닙니다. 이것은 제가 전생에 상국에게 드린 선물입니다."

악공이 기이하게 여기며 그를 오대산의 방장으로 보냈다.

아이가 하간河間에 이르자 편지 한 통을 써서 하간 사람 원袁 아무개에게 주었는데 작별의 정이 감동적이었다. 원 아무개는 청량 노인의 친구다. 그가 깜짝 놀라 즉각 노인이 선물로 준 검은 말을 타고 와서 그를 맞이했다. 아이는 도중에 그를 보고 수레에서 내려 곧장 달려가 원 아무개의 허리를 붙잡고 말했다.

"헤어진 지 8년이 지났는데 아직 날 알아보겠소?"

그러고는 말갈기를 쓰다듬고 웃으며 말했다.

"너도 건강한 게지?"

말이 이 말을 듣고 슬픔을 참지 못하고 울었다. 이때 길 옆에 둘러서서 바라보던 사람이 만 명이 넘었는데 모두가 그를 살아 있는 부처라면서 절을 했다.

아이는 점점 자라 몸매가 미녀처럼 날씬했다. 한번은 유리창琉璃廠[32]을 지나다가 그림 가게에서 파는 춘궁화春宮畫를 보고 너무 기뻐서 보고 또 보았다. 돌아갈 때 백향柏鄉[33]을 지나던 중 기녀를 불러

---

32 지금의 베이징 쉬안우구에 있으며 골동품과 서적을 파는 청대의 상점 거리다.
33 지금의 허베이성 싱타이시邢台市에 속한 현이다.

욕정을 풀었다. 오대산에 이르러 산 아래의 음부와 젊고 잘생겼으며 양물이 거대한 사람을 모두 산으로 불러 모아 그들로 하여금 온종일 즐기게 하고는 자신은 한쪽에서 이를 지켜보았다. 그는 이래도 부족하다고 여기고 신도들이 바친 헌금을 꺼내와 사람을 소주로 보내 배우를 불러와서는 가무를 즐기게 했다. 이 때문에 그는 탄핵당했다. 상주문이 아직 올라가기도 전에 그가 이를 알아차리고 탄식하며 말했다.

"하늘과 햇볕 가리는 곡궁수曲躬樹도 없이 색계천色界天[34]에서 태어났으니 잘못되었구나!"

이어 가부좌를 튼 채 세상을 하직했으니 그때 나이 24세였다.

내 친구 이죽계李竹溪[35]가 전생에 청량 노인과 친하게 지낸지라 환생한 그를 찾아갔다. 가보니 그는 마침 여자로 분장했고 몸에는 붉은 치마를 두른 채 아랫도리를 벗고 한 남자로 하여금 비역질을 하게 하고 자기도 다른 여자와 음란한 짓을 벌였다. 곁에는 그와 똑같이 음란한 짓을 하는 무리들이 무수했다. 이죽계가 대로하여 욕을 퍼부었다.

---

34 불교 용어로 중생의 공덕이나 선악을 헤아려 육도六道로 나뉘는데 그중 천도天道는 다시 욕계천欲界天, 색계천, 무색계천無色界天으로 나뉜다. 욕계는 욕망이 지배하고 현상적인 육체의 세계를 이르며 지옥·아귀·축생·아수라·인간·육욕천六欲天을 일컫는다. 색계는 욕계 위에 있는 천계天界로 욕계의 더러움을 벗어나 물질적인 것이 모두 청정한 세계를 이른다. 무색계는 물질을 초월한 세계, 순수한 정신적인 영역, 육체를 갖지 않고 정신적인 요소로만 되는 세계를 말한다.
35 이수李綬를 말한다. 자는 패정佩廷이고 호는 죽계다. 순천부 완평宛平 사람으로 건륭 연간의 진사이며 관직은 좌도어사左都御史에 이르렀다.

"살아 있는 부처가 어찌 이럴 수 있단 말이냐?"

노인은 조금도 마음에 두지 않으며 게어偈語를 지어 대답했다.

남자가 즐기고 여자가 사랑하니 男歡女愛

거리낄 게 아무것도 없어라 無遮無礙

한 점 생기가 도니 一點生機

사바세계 이루도다 成此世界

세속 선비는 무지하거니와 俗士無知

크게 놀라고 의아하게 여긴다 大驚小怪

서애객

徐崖客

　호주 사람 서애객徐崖客[36]은 서출이다. 서애객 계모가 부친을 꼬드겨 아들을 죽이려고 했다. 그러자 서애객은 도망 나와서 사방을 떠돌았다. 명산대천, 깊은 바위와 험한 동굴 등을 그는 반드시 올라가 보았으며 그러면서 자신은 본래 죽었어야 할 몸이니 두려울 게 없다고 생각했다.

　한번은 서애객이 안탕산에 갔으나 올라갈 수가 없었다. 저녁에 투숙할 곳을 찾지 못해 헤매는데 곁의 한 스님이 물었다.

　"그대는 유람을 좋아하오?"

　"그렇습니다."

　"저도 젊었을 때 이런 취미를 가졌는데 한 이인異人을 만났지요. 그가 제게 가죽 주머니를 주더군요. 저녁에는 주머니 안에 들어가 잤

36　명대 지리학자, 여행가, 문학가였던 서하객徐霞客(1587~1641)의 오기로 보인다. 서하객은 이름이 홍조弘祖, 자가 진지振之, 호가 하객이며 지금의 장쑤성 장인시江陰市 사람이다. 그는 평생 중국 전역을 돌아보고 30년에 걸쳐 60만 자에 달하는 유람기 『서하객유기徐霞客遊記』를 편찬했다.

는데 폭풍우나 호랑이, 표범, 뱀도 저를 다치게 할 수 없었지요. 그가
또 제게 발싸개 천을 주었어요. 길이는 다섯 길이나 되는데 아주 높
은 산을 만날 때 그 천을 위로 던지면 천을 잡고 쉽게 올라갈 수 있
었지요. 간혹 넘어질 때도 그 천을 꼭 잡고 있으면 떨어져도 다치지
않습니다. 이렇게 저는 국내 전역을 돌아다녔어요. 지금은 늙어서 피
곤한 새가 둥지로 돌아온 격입니다. 제가 이 두 가지를 그대에게 드
리겠습니다."

서애객이 이를 받은 뒤 스님에게 감사의 절을 올리고 작별을 고하
고는 떠났다. 이후 산을 오르거나 깊은 동굴을 지날 때는 모두 뜻대
로 이루어졌다.

그는 전남滇南[37]으로 가서 청령하青蛉河[38] 밖으로 천여 리를 지나다
가 길을 잃었으며 온 길에는 모래와 자갈만 아득하게 보였다. 저녁에
그는 광야에서 가죽 주머니에 들어가 잠을 청했다. 달빛 아래에서
어떤 사람이 가죽 주머니 위에 오줌 누는 소리를 들었는데, 그 소리
는 만조 때와 같았다. 몰래 살펴보니 대모인大毛人으로 눈은 네모지
고 코는 갈고리처럼 생겼으며 두 어금니가 뺨 밖으로 몇 자 뻗어 나
와 일반 사람보다 몇 배 길어 보였다. 그는 또 모래 위에서 짐승의 어
지러운 발자국 소리를 들었는데, 수만 마리의 노루와 토끼가 미친 듯
이 쫓기는 것 같았다. 잠시 뒤 서남쪽에서 태풍이 불어오고 비린내

---

37 오늘날 윈난성을 이르던 별칭이다. 중국 남부의 소수민족이 가장 많이 살고 있는 성
이다. '동식물 왕국' '유색금속 왕국'이라 불리고 있다.
38 청령하는 윈난성 추승주楚雄州 야오안현姚安縣 경내에 있으며 원명은 삼과수강三
窠戌江이다. 삼과산三窠山에서 발원하여 하류는 다야오허大姚河강과 합쳐진다.

로 견딜 수 없었는데 뱀 한 마리가 공중을 날아 여러 짐승을 몰고 지나갔던 것이다. 뱀의 길이는 수십 길이며 머리는 수레바퀴만 했다. 서애객은 숨을 멈추고 엎드려 감히 소리 낼 수 없었다. 날이 밝아 가죽주머니에서 나오니 뱀이 지난 곳 양쪽엔 초목이 말라버렸으나 자신은 조금도 다치지 않았다. 그는 배가 고팠으나 빌어먹을 곳이 없었다. 앞을 바라보니 앞마을에서 연기가 나는 듯하여 급히 쫓아가보니 모인毛人 두 사람이 나란히 앉아 있었다. 그 옆에는 토란을 삶는 솥이 놓여 있었는데 향이 무럭무럭 났다. 서애객은 그를 달빛 아래에서 소변 누던 사람으로 의심했다. 그가 꿇어앉아 머리를 두 번 조아리려도, 모인은 그가 무엇을 하려는 것인지 이해하지 못했다. 그가 모인에게 먹을 것을 달라고 애원해도 알아듣지 못했다. 그러나 안색과 거동은 온화하여 서애객을 보고 웃었다. 이에 서애객은 손가락으로 입을 가리키고 또 자신의 배를 가리켰다. 모인이 더 크게 웃으며 '아아' 소리를 내자 숲의 계곡을 진동시켰는데 서애객의 뜻을 알아차린 듯 그에게 토란 두 개를 주었다. 서애객이 배불리 먹고 반 개의 토란을 남겨 가지고 돌아와 다른 사람에게 보여주었는데 하얀 돌이었다.

서애객은 천하를 편력하고 호주로 돌아왔다. 그는 언제나 사람들에게 이렇게 말했다.

"천지의 본성은 사람을 귀하게 여긴다. 무릇 모든 황야의 잡초와 인적이 닿지 않는 깊은 곳엔 귀신이나 괴물도 갈 수 없다. 귀신이나 괴물이 있는 곳엔 사람도 있다."

虎
街
文
昌
頭

호랑이가
문창제 머리를 물다

　섬서 흥안주興安州의 한 백성이 유월에 며느리를 맞이했다. 날씨가 무더웠고 길도 멀어 신부는 붉은 수건으로 얼굴을 가렸으나 무더위를 참지 못하고 수레에서 갑자기 사망했다. 그녀 부모는 슬퍼하며 관을 사서 염을 했는데, 집으로 돌아오기가 불편하여 성 밖 옛 사당의 뒤편에 놓아두었다. 관목이 튼실하지 못한 데다가 마침 폭우를 만나 차가운 기운이 관 속에 스며들자, 신부가 살아나서 관 속에서 웅성거리는 소리가 났다. 사당의 사도인 두 스님은 그 소리를 듣고 가서 관을 열고 미모의 여성을 부축하여 일으켜 탕약을 먹였다. 신부가 소생하자 스님은 그녀를 안고 사당 안으로 들어왔다. 어린 스님이 이 여자를 차지하고 싶어 사부에게 술을 사오게 하고는 반쯤 취하자, 도끼로 사부를 찍어 죽이고는 다시 신부의 관에 사부의 시체를 넣고는 사당 뒤편에 놓았다. 이에 그는 여성을 업고 밖으로 도망 나와 다른 마을의 문창사文昌祠에서 거주하면서 머리를 기르고는 도사로 자처했다.

　1년이 지나서 저녁에 갑자기 호랑이 한 마리가 사당 안으로 들어와 문창제군文昌帝君 소상의 머리를 물고 가버리고는 새끼 호랑이 세 마리를 남겨두었다. 이 일이 마을 안에 퍼지자, 사람들은 다투어 호랑이를 보러 왔다. 신부의 부모도 보러 왔다가 갑자기 딸을 보고는 귀신을 본 것이 아닌가 하고 생각했다. 오랫동안 껴안고 통곡했다. 딸은 속일 수 없어 일의 경과를 설명해주었다. 아울러 어린 스님이 그녀를 아내로 독점하기 위해 노스님을 죽인 일을 알려주었다. 그녀의 부모가 관청에 고발하여 심문을 거친 후 판결이 내려졌고, 노스님의 시체를 발굴하여 검시한 뒤 젊은 스님을 법대로 처리했다. 딸은 부모에게 인계하여 집으로 데리고 돌아가게 했다.

이 사건은 엄동우 시독이 섬서에서 돌아온 뒤 친히 내게 해준 말이다.

采戰之報

  경사京師 사람 양楊 아무개가 채전술采戰術[39]을 공부하여 납 막대기를 생식기에 삽입하여 숨을 내쉬고 들이쉼에 따라 진퇴할 수 있었다. 이를 '운검運劍'이라 한다. 한번 기를 불어넣으면 납 막대기가 질의 벽에 닿아 격렬한 소리를 냈다. 혹은 음도陰道로 소주 반 근을 빨아들일 수 있다. 그에게 박해를 받고 유린당한 기녀와 첩들이 부지기수였다.

  어느 날 갑자기 양 씨는 그것이 장생의 방법이 아니라며 후회하면서 연단煉丹하는 훌륭한 스승님을 널리 찾아다녔다. 전하는 말에 따르면, 부성문阜城門[40] 밖 백운관白雲觀[41]은 원대 구 진인丘眞人[42]을 위해 창건한 것으로 매년 정월 19일에 반드시 진선眞仙이 내려온다 하여 향을 태우는 신도들이 운집한다고 한다. 양 씨가 이곳을 찾아가보았

---

39 채음보양采陰補陽 혹은 채양보음采陽補陰으로 음양을 서로 보충해주는 도가의 수련 방법을 말한다. 즉 남녀가 성교를 통해 체내의 '음양 평형'에 이르는 것을 가리키는데, 중국 고대 도가의 방중술에 속한 개념이다.
40 북경 내성의 아홉 문 가운데 하나로 원대엔 평칙문平則門이라 불렸고, 명대 정통正統 4년(1439)에 부성문으로 개명했다.

더니 아름다운 여승이 대중과 함께 향을 사르는데 바람이 불어도 의복 주름이 전혀 움직이지 않았다. 양 씨는 그녀를 신선이라 여기고 앞으로 나아가 무릎 꿇고 부탁했다. 그러자 비구니가 말했다.

"그대는 도를 배우는 양 씨 아니십니까?"

"그렇습니다."

"저의 도는 반드시 사람을 골라 전수해주니, 그대 같은 속물에겐 전해줄 수 없어요."

양 씨는 더욱 이상하게 여기고 끊임없이 절하며 부탁했다. 비구니가 그를 사람이 없는 곳으로 데려가더니 그에게 단약 두 알을 주며 말했다.

"2월 15일 모처에서 기다리세요. 단약 두 알을 그대에게 줄 터이

---

41 베이징 시청구 시볜문西便門 밖 바이윈관가도白雲觀街道에 있다. 당 현종이 노자를 받들어 제사지내던 성지였으며 당시에는 천장관天長觀이라 불렀다. 금 세종世宗 때는 대대적으로 확장하고 시방대천장관十方大天長觀이라 불렀으며 금말에 중건하고 태극궁太極宮이라 불렀다. 원초에 도교 전진파全眞派의 장춘진인長春眞人 구처기丘處機 (1148~1227)가 원 태조 성길사한成吉思汗(1162~1227)의 조서를 받들어 태극궁에 상주하면서 전국의 도교를 관장했으며 이름을 장춘궁長春宮으로 바꿨다. 금 정대正大 4년 (1227) 구처기가 사망하자, 제자 윤지평尹志平(1169~1251)이 장춘궁 동쪽에 도관을 세우고 백운관이라 불렀다. 원대 말년에 장춘궁 등의 건축이 모두 불타버리고 백운관만 남았다.

42 구처기丘處機(1148~1227)를 말한다. 자는 통밀通密이고 도호道號가 장춘자長春子 이며 산동성 사람이다. 구처기는 남송, 금, 몽골 제국 통치자와 민중에게 사랑과 존경을 받았다. 도교에서 구처기는 전진도全眞道 '칠진七眞' 가운데 한 사람이며 용문파龍門派의 조사組師다. 김용金庸의 무협소설 『사조영웅전射雕英雄傳』 『신조협려神雕俠侶』에서 그가 호방하고 무예가 높은 경지에 오르고 항금호민抗金護民의 민족 영웅으로 묘사되면서 더욱 유명해졌다.

니 먼저 한 알을 삼키시고 정해진 시간에 다시 한 알을 드시면 도를 전수해드리겠습니다."

양 씨가 그녀의 말대로 집에 돌아와 단약을 삼키니 모공에서 열이 나 두 번 다시 추위를 타지 않았다. 음욕은 평상시보다 백배나 증가하여 가면 갈수록 짝을 찾게 되었다. 기원의 여성들은 그만 보면 자리를 피하여 그와 성교하고 싶어하는 사람은 없었다.

약속한 날이 다가와 양 씨가 단약 한 알을 삼킨 뒤 약속 장소에 가보니, 비구니가 과연 먼저 조용한 방에 앉아 바지를 벗고는 그에게 말했다.

"'훔치는 기술은 사심이 없어 날개가 있어도 날지 못한다'는 옛말을 아시오? 도를 구하시려면 먼저 저와 교합해야 합니다."

양 씨는 무척 기뻤으며 자신의 채전술을 자부하던 터라 뛰어 올라탔다. 오래지 않아 정액이 흘러 그치지 않았고 정신을 잃고 땅에 쓰러졌다. 그러자 비구니가 소리쳤다.

"도를 전했노라, 도를 전했노라, 응보다, 응보다!"

이어 크게 웃으며 떠나갔다.

양 씨가 오경에 깨어나 보니 자신은 무너진 집에 누워 있었다. 문밖에 죽을 파는 상인의 말이 들려 기어가 그에게 상황을 알려주자, 사람들이 그를 집에 데려다주었는데 3일 뒤에 사망했다.

나무로 만든 노복

木皂隷

경사 보천국寶泉局[43]에 토지묘土地廟가 있는데 양 옆에는 나무로 만든 노복 네 명이 서 있었다. 보천국에서 동전을 주조하는 사람들은 모두 이 사당에 와서 제사를 지냈다. 장인들은 매일 밤 보천국 안에서 잤다. 젊은 장인들은 왕왕 꿈속에서 남에게 계간鷄姦을 당했는데 마치 가위에 눌린 것 같았다. 마음속으로 증오했지만 손발은 묶인 것처럼 움직일 수 없었고 소리도 지를 수 없었다. 새벽에 일어나 항문을 만져보니 푸른 진흙으로 막혀 있었다. 이렇게 한 달이 지났다. 사람들은 서로 놀렸으나 끝내 무슨 요괴의 짓인지는 아무도 몰랐다. 나중에 토지신에게 제사지내다가 묘 옆에 지키고 선 노복 목상을 만났는데 얼굴이 저녁에 왔던 색마와 같았다. 이에 관청에 고소하여 철로 만든 못으로 그의 다리를 고정시켰다. 이로부터 그 요괴는 두 번 다시 오지 않았다.

---

43 주전鑄錢을 관리하는 국가 기관으로 네 개의 분국分局을 두었다. 그 가운데 남국南局은 지금의 첸량후퉁錢粮胡同에 있었다.

王清本

　호북 순무湖北巡撫 진공陳公[44]이 선친 문숙공文肅公[45]을 선영에 매장할 준비를 하고 있었다. 이미 날짜를 잡아놓았는데 그의 동생 승조繩祖[46]가 꿈을 꾸다가 어떤 사람이 명함을 들고 찾아와 인사를 하는데 명함에 '왕청본王淸本'이란 세 글자가 쓰여 있고 문에 들어온 사람은 13명이었다. 이들은 앉아서 한 마디도 하지 않았다. 잠시 후 12명은 떠나갔으나 한 사람만 남아 승조에게 말했다.

　"12명은 모두 하신河神입니다."

　승조는 이 말을 듣고 놀라 깨어났다.

　이튿날 묘지에 가서 길을 막는 나무를 베어내는데 한 나무에 '왕

44　진휘조陳輝祖(?~1783)를 말한다. 호남성 기양祁陽 사람으로 음생蔭生 출신이다. 호부원외랑, 낭중, 광서 순무, 호북 순무, 민절 총독閩浙總督을 역임했다.
45　진대수陳大受(1702~1751)를 말한다. 자가 고함古咸이고 호가 가재可齋이며 관직은 이부상서에 이르렀다. 진휘조의 부친이다.
46　진승조는 자가 효호孝祜, 호가 긍교緪橋이며 형양衡陽 동현東縣 금교진金橋鎭 사람이다. 저작으로 『긍교유고緪橋遺稿』가 있다.

청본'이란 세 글자가 보였다. 세어보니 열두 가지였다. 진공 형제는 깜짝 놀라 나무를 베지 말도록 명령했다. 그 나무는 아직도 진공 집에 있다.

이 일은 엄동우 시독이 내게 들려준 말이다. 아울러 그가 말했다.

"『오색선五色線』⁴⁷이란 소설을 우연히 읽어보니, 과연 하신의 이름을 왕청본이라 기록해놓았더군."

<hr>

47 송대에 편찬된 잡서.

女化男

여자가 남자로 바뀌다

내양현來陽縣[48] 설薛 씨 집에서는 딸 설매雪妹를 황 씨네 아들에게 시집보내기로 했다. 출가하는 날이 다가왔는데 설매가 갑자기 병이 났다. 위독할 때 혼수상태에서 흰 수염의 노인이 그녀의 몸을 더듬는 것을 느꼈다. 손이 하반신을 더듬을 때 설매는 수치심에 그의 손을 막았다. 흰 수염의 노인이 다급하게 물건을 밀어넣고 일을 치른 뒤 떠나갔다. 설매가 통곡하자 부모가 놀라 뛰어와 보니 딸은 이미 남자의 몸으로 변했으며 병도 완전히 나아 있었다. 추현鄒縣 현령 장석조張錫組가 당시 내양현 일을 겸직하고 있었다. 마침 포정사 도회헌陶悔軒이 이 사건을 심리하러 내양에 왔다. 설매 사건을 조사해보니 과연 남자였으나 여자 얼굴에 여자 목소리였다. 음낭은 약간 틈이 벌

---

48 지금의 산둥성 옌타이시煙臺市의 현급시縣級市인 라이양시를 말한다. 여러 판본에는 뇌양현耒陽縣으로 표기되어 있는데 뇌양현은 지금의 후난성 헝양시衡陽市 남쪽에 있는 레이양시를 말한다. 본문에 추현鄒縣 현령 장석조가 내양현의 일을 겸직한다고 했는데, 만약 뇌양현이라면 거리가 멀어서 도저히 겸직할 수 없다. 추현은 지금의 산둥성 쩌우청시鄒城市를 말한다. 따라서 '뢰耒'는 '래萊'자의 오기로 보인다.

어져 여자의 음부와 닮아 있었다. 설 씨 집엔 본래 아들만 둘이 있었
는데 여기에 설매까지 보태어 셋이 되었다. 이에 설매 이름을 설래髐
袾로 개명했다.

井泉童子

정천 동자

소주 거인 무환繆渙은 나와 같은 해에 급제한 사람이다. 무환의 아들 희관喜官은 12세로 성정이 완고하고 비열하여 아동들과 함께 장난치면서 우물에 오줌을 싸기도 했다. 그날 저녁 희관이 병들었는데 정천 동자井泉童子에게 고소당해 부府의 성황이 곤장 20대의 판결을 내렸다. 새벽에 일어나보니 그의 양 볼기는 퍼렇게 멍들었으며 병은 약간 호전되었다. 3일이 되자 희관의 병은 더 위독해졌다. 그가 말했다.

"정천 동자는 성황신이 같은 마을 출신이라고 동정하여 큰 죄인데도 벌을 적게 줄까봐 다시 사로신司路神[49]에게 고소했습니다. 그 신은 '이 아이가 남의 집 우물을 더럽혔고 그 죄는 독을 푼 것과 같으니 그의 목숨을 바쳐야 한다'고 말했지요."

이날 밤 희관이 죽었다. 사람들이 성황이 누구냐고 물으니 그가

---

49 '노路'는 송대의 지방 행정구로 청대의 성省에 해당된다. 따라서 사로신은 부府, 주州, 현縣의 도시 수호신인 성황신 위에 있는 신분이다.

대답했다.

"주공周公 범련范蓮[50]입니다. 옹정 8년(1730)의 진사이며 소주 사람으로 일찍이 하남 모 군郡의 태수를 지냈어요. 그는 정직하고 자상하여 죄인의 곤장을 때릴 때마다 차마 볼 수가 없어 부채로 그의 얼굴을 가리곤 했지요."

---

50 주범련(1700~1764)은 자가 효백效白이고 호가 악군萼君이며 옹정 연간의 진사다. 저작으로 『학고재시學古齋詩』가 있고 『청세종헌황제실록清世宗憲皇帝實錄』을 편찬했다.

射天箭

소주 사람 도기전陶夔典에게 열여섯 살 난 동생이 있는데 하늘을 향해 활쏘기를 좋아하여 별명이 '천전天箭'이었다. 갑자기 어느 날 활쏘기를 마친 뒤 활을 버리며 큰 소리로 외쳤다.

"나는 태호의 수신이다. 아침에 이곳을 지나다가 네 화살에 내 둔부를 맞았으니 그 죄는 죽어 마땅하다!"

온 가족이 무릎 꿇고 수신에게 살려달라고 애걸했으나 끝내 그의 목숨을 구해내지 못하고 하루 동안 병들었다가 사망했다. 도기전이 내게 말했다.

"동생은 확실히 완고하고 비열해. 하지만 귀신의 영혼이 아이가 쏜 화살을 피하지 못했다니 정말 이해할 수 없어."

신의 저울

神秤

　장옥기張玉奇는 무진현 호방戶房의 서리書吏다. 한번은 그가 돈과 곡식을 운반하여 소주로 가던 중 횡림橫林[51]을 지나다가 대낮에 땅에 쓰러졌다. 하루가 지나자 겨우 깨어났다. 꿈속에서 장옥기가 금빛 갑옷을 입은 사람에게 붙잡혀 큰 건물에 이르자, 그 사람이 외쳤다.

　"사부님, 죄인이 도착했습니다!"

　상좌에 시퍼런 얼굴에 이를 흉악하게 드러낸 사람이 말했다.

　"죄인이라니 곧바로 수감하라."

　금빛 갑옷을 입은 사람이 무릎을 꿇고 지시를 바라며 말했다.

　"장옥기는 처리해야 할 조정 일이 있어서 수감하기가 불편하옵니다. 잠시 그를 놓아주어 이승에 돌아가 공무를 마치게 한 다음 심문을 진행해도 늦지 않을 것입니다."

---

51 횡림진橫林鎭은 지금의 장쑤성 창저우시 우진구武進區 동쪽에 있다. 원명은 고괴탄古槐灘인데 279년에 횡림으로 개명했으니 유구한 역사를 가진 강남 수향水鄕의 유서 깊은 진鎭이다.

파란 얼굴도 동의했다. 이에 장옥기는 마침내 살아났다.

그가 전량을 소주로 압송하고 회답 공문서를 받아 돌아가던 중 여전히 횡림을 지나가다 여관에 묵게 되었다. 꿈속에서 금빛 갑옷을 입은 사람이 와서 그를 끌고 사부에게 보였는데 바로 시퍼런 얼굴에 이를 드러낸 사람이었다. 사부가 판결을 내리며 말했다.

"장옥기 생애의 공과를 기록한 장부를 가져와 그것의 무게를 재본 다음 다시 죄를 다스려 벌을 주도록 하겠다."[52]

시종이 저울을 가져왔는데 황금빛으로 번쩍거렸으며 저울추는 자금석紫金石으로 만든 것이었다. 무릇 선한 일을 했으면 붉은 표를 쓰고, 악한 일을 했으면 검은 표를 써서 나누어 저울 접시에 던졌다. 잠시 뒤 붉은 것은 가볍고 검은 것이 무거워지자 장옥기는 놀라서 계속 떨었다. 잠시 뒤 어떤 사람이 붉은 표로 표시한 문서 한 권을 가져와 저울 접시에 올려놓자, 접시 안의 검은 표의 문서가 모두 압도당했으며 붉은 표의 분량은 무거워 잴 수도 없을 정도였다. 시퍼런 얼굴이 말했다.

"그가 큰 공덕을 베풀었으니 놓아주어 이승으로 돌아가게 하고 수명을 12년 연장하도록 하라."

이에 장옥기가 놀라 깨어났다.

---

52 이 스토리는 고대 이집트의 아누비스 신이 죽은 사람의 심장을 저울에 다는 의식과 흡사하다. 이 의식에서 저울의 한쪽엔 죽은 자의 심장을, 다른 한쪽엔 진리와 정의를 상징하는 마트 여신의 머리에 꽂은 깃털을 올려놓는다. 이때 망자의 심장이 깃털보다 가벼우면 이승에서 선행을 많이 베푼 것으로 여겨 저승에서 되살아나게 되지만, 깃털보다 무거우면 괴물 암무트가 그 심장을 먹어치워 영혼을 아예 없앴다고 한다.

장옥기가 꿈속의 일을 다른 사람에게 알려주니 어떤 사람이 그에게 어떠한 문서인지 아느냐고 물었다. 그러자 장옥기가 말했다.

"제가 청부 맡은 일인데 어찌 모르겠습니까? 그것은 상주 유劉 포정사의 재산 몰수 사건입니다. 유 씨 재산이 몰수될 때 논과 밭이 없는 소작인이 진 옛 빚이 많아 지현이 액수대로 받으려고 했지요. 저는 겉으로는 지현의 말을 듣는 척하며 저녁에 고의로 불을 지르고는 영수증을 전부 태워버렸어요. 이 때문에 태형을 받은 다음에야 추심을 그치게 되었지요. 생각해보니 무겁게 나간 것이 바로 그 문서였어요."

장옥기는 지금까지도 살아 있다.

莊
明
府

　현령 장흔莊炘[53]이 아직 관직을 갖지 않았을 때 광서 횡주橫州 자사
의 집에서 교사로 지냈다. 하루는 그가 대낮에 서재에서 잠을 자다
가 꿈속에서 푸른 옷을 입은 사람을 보았다. 그가 청첩장을 가져와
말했다.

　"성황신이 부르십니다."

　장흔은 그를 따라 아문에 도착했다. 성황신이 계단을 내려와 맞이
하고는 서로 인사가 끝나자 말했다.

　"한 사건이 있는데 그대가 증인이니 불편하겠지만 대질해주시오.
큰 방해는 하지 않으리다."

　장흔은 이를 승낙하고 즉각 그가 당시 증인이 된 원인과 경과를
설명했다. 성황이 웃으며 고개를 끄덕이더니 아이를 불러 술자리를
준비하게 했다. 성황은 남쪽을 향해 앉고 장흔은 서쪽을 향해 앉았

53　장흔(1735~1818)은 자가 경염景炎, 호가 사찬似撰이며 강소성 무진 사람이다. 그가
평생 써온 저술이 물에 침수되어 글은 6권, 시는 700여 수가 남아 있다고 한다.

다. 성황이 말했다.

"우리 관공서에는 막우幕友 네 명이 있는데 그들을 불러 배석해도 되겠습니까?"

장흔은 고개를 끄덕여 동의를 표시했다. 좌우의 사람이 네 사람을 불러왔는데 모두 장흔이 알지 못하는 터라 서로 인사만 하고 한 마디도 하지 않았다. 네 사람은 성황신 가까이 앉았으며 장흔과 멀리 떨어져 있었고 계단 아래엔 붉은 등잔 네 개가 번쩍번쩍했다.

연회가 끝나자 장흔은 이곳이 저승인 줄 알고는 물었다.

"제 미래의 일을 미리 알 수 있나요?"

성황신은 난색을 표하지 않고 좌우 사람에게 명하여 네 개의 장부를 가져오게 했다. 위에는 붉은색 표가 붙여져 있으며 횡사, 요절, 장수, 사주 등의 항목이 있었다. 장흔의 이름은 장수 항목에 열거되어 있었고 아내, 아들, 첩 등도 상세하게 기록되어 있었다. 장흔은 당시 아직 자식과 첩이 없었다. 장흔이 작별을 고하자, 성황신은 푸른 옷을 입은 사람에게 명하여 원래 길을 따라 그를 데려다주게 했다.

아문을 나서니 연극하는 무대가 길거리에 보였다. 관중이 둘러서 사람으로 담을 이루었다. 장흔이 무슨 연극반인지 물었더니 푸른 옷을 입은 사람이 말했다.

"곽삼반郭三班입니다."

그 가운데 하얀 수염의 노인 풍馮 씨는 장흔의 이웃 사람으로 죽은 지 벌써 여러 해가 지났다. 그는 장흔을 보자마자 다가와 악수하며 안부를 묻고는 그에게 부탁했다.

"내가 모처에 매장되었는데 관이 지풍地風에 날려 옆으로 기울었

으니 그대가 돌아가거든 나의 자손에게 알려 나를 이장시켜 편안하
게 해주오."

장흔이 광서에서 고향으로 돌아와 풍 씨의 말을 풍 씨 가족에게
전해주었다. 무덤을 파보니 과연 관이 기울어졌고 썩어 있었다. 10여
년이 지난 뒤 장흔의 상황은 모두 꿈속에서 말한 것과 일치했다. 다
만 아무개가 증인을 섰다는 말을 다른 사람에게 알려주려고 하지
않았다.

정향 동자

淨香童子

　계림 출신의 상국 진문공陳文恭[54] 공이 어렸을 때 부계扶乩를 보았
는데 계선乩仙의 판결문에 다음과 같이 쓰였다.

　"사람은 원래 도인기가 다분하고 관리는 본래 선재다人原多道氣, 吏本
是仙才."

　이후 진문공은 봉강대리封疆大吏[55]를 역임했으며 관직은 재상에까
지 이르렀으니 계선의 말은 그의 관직이 그렇게 높게 올라가리라곤
말하지 않은 것 같았다.

　진문공이 죽은 지 여러 해가 되자 소주 설생백薛生白[56]의 며느리가

---

54 진문공(1696~1771)은 이름이 홍모弘謀이고 자가 여자汝咨, 시호가 문공이다. 건
륭제의 이름 '홍력弘歷'을 피하여 굉모宏謀로 개명했다. 광서 계림 사람으로 옹정 원년
(1723)의 진사이며 관직은 각지의 포정사, 순무, 총독, 동각대학사東閣大學士, 공부상서
등을 역임했다. 주요 저작으로는『오종유규五種遺規』(편집) 등이 있다.
55 봉강대신封疆大臣, 봉강대원封疆大員이라고도 부른다. 명대의 도지휘사都指揮使,
포정사, 안찰사와 청대의 총독, 순무 등에 해당된다. 한 성이나 여러 성을 총괄하는 군정
대권이 고대의 강토를 분봉分封하는 제후와 같다 하여 붙은 이름이다. 지금의 성장省長
에 해당된다.

병이 났는데 치료해도 효과를 볼 수 없었다. 이에 부계하여 선인에게 처방전을 부탁하니 계선이 처방전을 내리며 말했다.

"설중립薛中立[57]은 참 가련하도다. 승기탕承氣湯[58]을 가지고 있으면서도 복용할 줄 모르니 그래도 명의의 아들이라고 부를 수 있겠소?"

이에 승기탕을 복용하자 환자의 병이 완치되었다. 그리고 계선의 이름을 물으니 계선이 이렇게 대답했다.

"저는 섭천사葉天士[59]입니다."

원래 섭천사와 설상백은 살아 있을 때 각기 의술로 경쟁했는데 설중립은 바로 설상백의 아들이었다. 그래서 계선이 그에게 농담한 것이다.

이로부터 소주 사람들이 그에게 가서 처방전을 구하는 일이 많아졌는데, 계선이 내린 처방전의 약은 모두 병을 없애주었다.

하루는 갑자기 작별을 고하며 계반에 큰 글씨로 썼다.

"제가 대공大公의 선조 정향 동자淨香童子의 부르심을 받았으니 떠나가지 않을 수가 없군요."

사람들이 깜짝 놀라 정향 동자가 어째서 대공의 선조냐고 물었다. 그러자 계선이 말했다.

---

56 설설薛雪의 자가 생백이다.

57 설설의 아들이다. 설설의 아들 설중립, 손자 설수어薛壽魚, 증손 설계잠薛啓潛, 족손 설승기薛承基는 모두 가학인 의업醫業을 이었는데 특히 설승기의 업적이 뛰어나다.

58 대황大黃, 박초朴硝, 두시豆豉, 후박厚朴, 지실枳實 따위를 넣어 달여 만드는 탕약.

59 섭계葉桂(1666~1745)를 말한다. 천사는 그의 자이고 호는 향암香嵒이다. 그는 청대의 유명한 의학자로 4대 온병학가溫病學家 중 하나다. 주요 저작으로는 『온열론溫熱論』 『임증지남의안臨證指南醫案』 『미간본섭천사의안未刻本葉天士醫案』 등이 있다.

"바로 진문공 공입니다. 그는 벌써 정향 동자의 자리로 다시 돌아왔어요."

진문공은 이전에 소주 순무를 지낸 적이 있었다.

棺
尸
求
祭

관의 시체가 제사를 요구하다

상주 출신의 오용견吳龍見[60] 어사는 오문단吳文端[61] 공의 증손이다.
오용견의 동생이 이 씨 집에서 가르치고 있었다. 이 씨 집은 넓었고
집 옆엔 옛 관이 있었으며 세유繐帷[62]엔 먼지가 가득 쌓였다. 오 씨는
습관적으로 봐왔기에 달리 이상한 점을 느끼지 못했다.

어느 날 저녁에 달빛이 밝은 날 관 속에서 '탁탁' 소리가 났다. 가
보니 관 머리가 열리고 중간에서 사람 머리가 나왔다. 사모를 쓰고
하얀 수염을 한 그가 손으로 배를 가리키며 배고프다면서 제사를
지내줄 것을 부탁하자, 오 씨는 그렇게 하겠다고 대답했다. 하얀 수염

---

60 오용견(1694~1778)은 자가 순사徇士, 성사惺士, 벽유辟帷 등이고 원명은 한립倜立
이다. 강소성 무진 사람으로 건륭 원년(1736)의 진사다. 관직은 무강현 지현武強縣知縣,
헌현 지현獻縣知縣, 호광사 주사湖廣司主事, 섬서 사낭중陝西司郎中, 산서도 감찰어사山
西道監察御史, 섬서 포정사 등을 역임했다. 주요 저작으로는 『벽유문초辟帷文鈔』(25권),
『속초續鈔』(3권) 등이 있다.
61 오전吳琠(1637~1705)을 말한다. 자는 백미伯美이고 호가 동천銅川이며 시호가 문단
이다. 산서성 심주沁州 사람으로 순치 연간의 진사이며 관직은 보화전대학사에 이르렀다.
62 영구의 앞부분을 덮는 장막.

의 노인이 관에서 담황색 도포를 꺼내 그에게 주면서 말했다.

"이것은 명대 만력 황제의 하사품입니다. 당신께 사례로 드립니다."

오 씨는 감히 받을 수 없었다. 밤이 점점 깊어지자 관이 원래 모양으로 닫혔다.

이튿날 오 씨는 이 일을 주인에게 알리고 망인을 위해 초단醮壇을 설치하고 제도했다. 전하는 말에 따르면, 이 관 속의 사람은 이 씨의 고조로 이름은 걸傑이며 명대의 시랑을 지냈다고 한다. 자손이 상당히 많았는데 지관의 말을 따라 매장하지 않았다고 한다.

심초원이 동악부의 관리가 되다

    가흥 사람 성백이盛百二63는 건륭 21년(1745)의 거인으로 심초원沈椒園64 선생에게 배웠다.

    심초원이 죽은 지 여러 해가 되었을 때, 성백이가 꿈속에서 어느 곳을 노닐고 있었고 심초원은 여덟 명이 드는 가마를 타고 있었는데 따르는 의장대가 매우 성대했다. 성백이가 급히 달려가 두 손을 모으고 인사를 드렸다. 심초원이 손을 가로저으며 그를 제지하더니 잠시 뒤 아문으로 들어갔다. 성백이가 아문으로 가서 명함을 올리고는 뵙기를 간청했다. 그러자 문지기가 지시를 전달했다.

---

63 성백이(1720~?)는 자가 진천秦川이고 호가 유당柚堂이며 절강성 가흥嘉興 사람이다. 장서가였던 그는 여러 분야에 밝아 무불통지였다고 한다. 주요 저작으로는 『유당문존柚堂文存』 『개산각음고皆山閣吟稿』 『유당필담柚堂筆談』 『문수만록問水漫錄』 『증정교가서增訂敎稼書』 『상서석천尙書釋天』 등이 있다.

64 심정방沈廷芳(1702~1772)을 말한다. 자는 원숙畹叔이고 호는 초원이다. 절강성 인화 사람으로 건륭 연간의 진사이고 관직은 한림원 서길사, 산동 안찰사 등을 역임했다. 주요 저작으로는 『십삼경주소정자十三經注疏正字』 『속경의고續經義考』 『고문지수古文指授』 『감고록鑒古錄』 『이학연원理學淵源』 『은졸재시문집隱拙齋詩文集』 등이 있다.

"이곳은 동악부東岳府입니다. 주인은 이곳에서 부조部曹[65]로 지내고 있는데 뵙기가 불편합니다."

성백이는 심초원이 신이 된 걸 알고는 비틀거리며 달려 나왔다. 그런데 버드나무 그늘 아래에서 어떤 사람이 방황하며 홀로 서 있었다. 자세히 보니 심초원의 사촌 동생 사查 씨였다. 그에게 왜 여기에 서 있는지 묻자 그가 대답했다.

"초원 형님이 저를 막료로 초빙하여 이렇게 왔어요. 이곳에 와보니 절 보려 하지 않으셔서 무슨 까닭인지 모르겠네요. 제게 명고明姑라는 큰딸이 있는데 겨울에 출가시키고자 하여 딸이 출가한 뒤에 올 수 있어요. 그 뜻을 그에게 알릴 방법이 없는데 어떻게 해야 좋을지 모르겠어요."

"그러시다면 제가 다시 가서 선생님의 문을 두드려보겠습니다. 선생님을 만나볼 수 있다면 당신의 뜻을 전해드리지요. 어떻습니까?"

"정말 다행입니다."

이에 성백이는 다시 관청으로 가서 문지기에게 두 번째로 찾아와 뵙고자 하는 까닭을 말했다. 문지기가 들어가 말을 전하고는 잠시 뒤 나와서 말했다.

"주인님은 공사가 다망하셔서 결코 만나보실 수 없어요. 다만 대신 그 뜻을 사 상공께 전해드리니 그를 급히 오게 하되 겨울까지 기다리지 말랍니다. 다시 말하면 사 씨 아가씨도 곧 뒤따라오게 될 것이니 출가하는 날짜를 기다릴 필요가 없답니다."

---

65 청대 각부의 속관.

성백이는 이 말을 사 씨에게 전해주었다. 두 사람이 마주 보고 눈물을 흘리며 울 때 성백이가 깨어났다. 이때는 이월 봄이었다.

성백이가 급히 사 씨에게 달려가보니 두 사람은 꿈속의 말이 맞다면서 무척 우울해했다. 이때 사 씨는 무척 건강했으며 아무런 병도 없었다. 8월이 되자 사 씨는 학질에 걸려 사망했다. 9월에 사 씨의 딸도 학질에 걸려 죽었다.

심초원은 우리 시사詩社의 친구로 함께 박학홍사과 시험을 친 적이 있다.

권 18

섬서 차상

섬서 차상茶商 아무개가 강서로 가서 차를 팔고 돌아오던 중 문향閩鄉[1]의 여관에서 묵었다. 여관의 동쪽 행랑채에는 먼저 투숙한 두 사람이 있었는데 산동 출신의 포목상이었다. 투숙객들은 저녁밥을 먹고 문을 닫고 잠을 잤다. 차를 판매하는 객상이 꿈속에서 괴물을 보았는데, 머리카락을 헤치고 붉고 짧은 수염을 길렀으며 얼굴은 움푹 들어갔다. 괴물이 문을 밀치고 들어왔는데 손에는 철사 줄을 들고 동쪽 행랑채에 묵던 두 포목상을 묶어 가두고는 이어서 자신을 가둬, 세 사람은 한데 연결되어 엮인 굴비처럼 문밖 버드나무에 묶였다. 괴물은 다시 다른 여관에 들어가기도 했다. 두 포목상의 철사가 너무 바짝 조여서 전혀 움직일 수가 없었지만, 차상은 약간 느슨하게 묶여서 힘겹게 몸부림친 끝에 빠져나올 수 있었다. 이때 놀라 잠에서 깨어났는데 꿈이라 생각하고는 이를 여관 주인에게 알려주었으

---

1 지금의 허난성 링바오시靈寶市 원샹현閩鄉縣을 말한다. 동쪽은 함곡관函谷關, 서쪽은 동관潼關, 남쪽은 진령秦嶺과 이어져 있어 고대로부터 군사 요충지였다.

며 그다지 무서워하지도 않았다.

　이튿날 오경에 여관 주인이 큰 소리로 소리쳤다. 동쪽 행랑채에 묵던 두 손님이 사망했다는 것이다. 반 리 밖의 여관에서도 마부 한 사람이 사망했다.

산낭랑

山
娘
娘

임평현臨平縣 손係 씨 신부의 몸에 여자 귀신이 붙어 자신을 '산낭랑山娘娘'이라 불렀다. 꾸미길 좋아했으며 요염한 옷을 입고는 대낮에 남편을 끌어안고 입으로는 성교와 같은 외설적인 말을 했다. 그녀 남편은 참을 수가 없어 오산吳山2의 시施 도사를 불러 법술을 부리게 했다. 막 단壇을 설치하려는데 산낭랑이 비웃으며 말했다.

"시 도사가 이름이 조금 났다고 감히 날 다스린다고! 내가 그를 왕 도사로 분장시켜 요괴를 베도록 하겠다."

왕 도사가 요괴를 참수한다는 것은 민간 공연에서 무능한 도사를 조롱하는 것이다. 산낭랑이 즉시 손으로 배를 누르자 경혈에서 더러운 피가 분출했으며 시 도사의 법술은 과연 효력이 드러나지 않았다.

시 도사가 말했다.

---

2 항저우시 서후호의 동남쪽에 있다. 왼쪽에 첸탕장강, 오른쪽에 시후호를 끼고 있어 항저우의 명승지다. 춘추 시대 오나라 서쪽의 경계였기에 오산이라 불렸다고 전한다.

"내 베개 속에 벽예부辟穢符3가 있지."

그의 도제에게 가져오게 하여 펼치고는 다시 단에 앉아 법술을 부렸다. 신부도 두려운 낯빛으로 안석에 앉아 빗자루를 흔들고 법술을 부리며 서로 오랫동안 싸웠다. 그녀의 남편은 세 개의 눈을 가진 신이 하얀 원숭이 한 마리를 잡는 것을 보았다. 크기는 다섯 자인데 계단 앞에 던져져 원숭이가 엎드려 있었다. 도사는 원숭이를 잡아 땅으로 내동댕이쳤으며 칠수록 작아져 최후엔 막 출생한 작은 고양이만 했다. 이에 그것을 질그릇 항아리 속에 넣고 부적으로 봉하고는 도장을 찍어놓았다. 오래지 않아 검은 기운이 항아리 속에서 나왔다. 이튿날 항아리를 강물에 던지자 신부의 병이 마침내 나았다.

---

3 나쁜 기운을 밖으로 몰아낸다는 부적.

과주 공자

瓜
州
公
子

항주 대방백大方伯⁴ 거리에 호胡 씨 성을 가진 집이 있는데 시누이
와 올케 두 사람이 함께 살고 있었다. 청명 날 올케가 기와 위에 버드
나무로 쌓은 다리를 보고서 어린애가 장난친 것으로 여기고는 대나
무가지로 그것을 건드려보았다. 저녁에 깃털 옷을 입은 남자가 갑자
기 그녀의 침상으로 다가와 말했다.

"저는 과주瓜州의 공자인데 당신들 시누이, 올케 두 사람과 연분이
있어요. 그래서 버드나무 가지를 꺾어 오작교를 만들어 기와 위로 건
너오게 하여 청명절을 맞으려고 했는데 당신은 어째서 오작교를 부
쉈어요?"

말을 마치고는 그 집에 살면서 두 사람의 몸에 붙어 야료를 부리

---

4 항주의 옛 거리 이름으로 처음에는 중반가中班街로 불렀다. 남송 종실의 자제들이 거
주했던 곳이다. 명 인종仁宗 때 포정사布政使 응조옥應朝玉이 이 골목에 큰 저택을 지었
고 포정사를 방백方伯이라 불렀기에 이 거리 이름을 대방백항大方伯巷이라 불렀다. 민
국 시기에 도로를 확장하면서 모두 사라지고 지금은 상청구上城區에 즈다팡보直大方伯
란 거리 이름만 남아 있다.

기 시작했다.

호 씨 집에서는 도사를 불러 『옥황경玉皇經』[5]을 외워 요괴를 물리치고자 했다. 도사가 도착하자 요괴가 요강을 그에게 던지고 경전을 전부 적셨더니 도사는 도망가버렸다. 호 씨가 노파 다섯 명을 보내 밤새 지키도록 했다. 그런데 다섯 노파의 머리카락이 서로 연결되어 서로 끌지 않으면 걸어다닐 수가 없었다. 이렇게 소동을 벌인 지 한 달이 지났다.

호 씨의 딸이 일찍이 정혼한지라 호 씨는 길일을 잡아 딸을 시집보내기로 했다. 그러자 요괴가 말했다.

"그 집은 나와는 연분이 없으니 갈 수가 없소. 여기서는 단지 미녀 한 사람만 따라갈 수 있으니 너무 적막하여 나는 이쯤해서 떠나고자 하오."

그리고 호 씨에게도 말을 했다.

"내가 이곳에서 당신에게 소동을 벌인 지 오래되었지만 갚을 것이 없어 부끄럽소. 내 누이가 예뻐서 당신에게 첩으로 주고 싶은데 당신이 받아줄지 모르겠소."

호 씨가 한번 보고 싶다고 말하자 요괴가 받아주었다. 그리고 그에게 중당中堂에 주렴을 걸게 하고 보았더니 절세미인이었다. 호 씨가 자신도 모르게 가슴이 설레어 급히 결혼 날짜를 물어보았다. 그러자

---

5 본이름은 『고상옥황본행집경高上玉皇本行集經』으로 도교 경전이다. 3권으로 되어 있으며 도사가 재초기양齋醮祈禳 및 도문공과道門功課를 올릴 때에는 반드시 이 경문을 외워야 한다.

요괴가 말했다.

"나는 당신이 나의 매부가 되길 원했소. 그런데 누이는 늙고 추한 당신 꼴을 보더니만 마음속으로 받아들이려고 하지 않소. 당신 아래턱의 수염을 뽑아내면 혼사가 이루어질 것 같소."

호 씨는 이미 오십 세가 넘고 신체도 비만인 데다 수염이 많은데 그의 말에 혹하여 대번에 수염을 밀어버렸다. 요괴가 공중에서 크게 웃으며 떠나갔지만, 그의 누이는 끝내 오지 않았다.

爲潮鳴寺僧 王白齋尚書

왕백재 상서가 조명사의 스님이 되다

　나와 같은 해에 급제한 왕백재王白齋[6]는 나이가 젊고 준수하게 생겼으며 수재에 합격하던 때가 겨우 17세였다. 한번은 우연히 조명사潮鳴寺[7]에 유람 나갔다가 역대 스님의 초상화를 건 영당影堂에서 노스님의 초상화 한 폭을 보았다. 그 뒤 이유도 없이 모발이 쭈뼛 서더니 집으로 돌아오자마자 마침내 병들었다. 이로부터 절을 방문하더라도 감히 안으로 들어갈 수가 없었다. 이후 그가 3등으로 합격했을 때 꿈속에서 노스님이 그에게 향 54자루를 주면서 말했다.

6　절강성 전당 사람으로 건륭 연간의 진사였으며 관직은 예부상서, 호부상서, 형부상서를 역임했다.

7　지금의 항저우시 칭춘로慶春路 북쪽에 조명사가 있었다. 조명사는 후량後梁 정명貞明 원년(915)에 세워졌으며 당시 이름은 귀덕원歸德院이었다. 송 고종이 남하할 때 이 절에 묵은 적이 있으며 밤에 강의 파도 소리를 듣고는 금나라 병사가 추격하는 것으로 오인하여 크게 놀랐다고 한다. 후에 전당강 조수 소리임을 알고는 이 절에 '조명사'란 편액을 내렸다고 한다. 명대 홍무 24년(1391)에는 항주 총림의 하나로 지정되었다. 1935년에는 각민소학覺民小學, 1979년에는 조명사항소학潮鳴寺巷小學으로 개조되었다. 조명사의 터는 지금의 조명사항 46호 자리다.

"내겐 세 아들이 있단다. 첫째는 몽린夢麟[8]이고 둘째는 전유성錢維城[9]이며 셋째가 바로 너란다. 장차 네가 형명刑名을 다룰 때 어느 사건에서 제도할 터인데 다시 원래 자리로 돌아갈 것이니라."

왕백재는 이 일을 가슴속에 숨겨두고 다른 사람에게 발설하지 않았다. 나중에 그는 과연 형부상서가 되었으며 54세까지 살았으나 끝내 제도한 것이 무슨 사건인지는 모른다.

---

8 몽린(1723~1758)의 성은 서로특씨西魯特氏이고 몽골정백기인蒙古正白旗人으로 자가 문자文子, 호가 무당舞塘이다. 건륭 연간의 진사이며 관직은 호부시랑, 공부시랑을 역임했다.
9 전유성(1720~1772)은 자가 유안幼安이고 호가 가헌稼軒이며 강소성 무진 사람이다. 건륭 연간의 진사(장원)였으며 관직은 형부시랑을 역임했다. 저작으로 『다산집茶山集』이 있다.

白
天
德

　　호주 동문 밖에 사는 주周 씨 아내가 답청踏靑하러 성에 들어갔다
가 귀신에 들려 집으로 돌아왔다. 주 씨는 도사 손경서孫敬書를 불러
『천봉아天蓬兒』[10]를 읽게 하여 요괴를 쫓았고 귀신을 고문하는 막대
기로 때렸다. 요괴가 그의 아내 몸에 붙어 자백했다.

　　"저는 백천덕白天德입니다. 야료를 부리는 놈은 제 동생 유덕維德이
니 저와는 상관이 없어요."

　　손경서가 부적을 써서 백유덕을 잡아와 그에게 물었다.

　　"너는 주 씨 부인과 무슨 원한이 있느냐?"

　　"원한은 없어요. 제가 길에서 그녀를 만났는데 미모에 흠뻑 빠져
좋은 인연을 맺고자 합니다. 제가 그녀를 사랑하거늘 어찌 해친단 말
이오?"

　　"어디에 사느냐?"

────────────

10　도교의 주문呪文으로 『천봉신변법天蓬神變法』이라고도 한다.

"동문 현제묘玄帝廟[11] 곁에 붙어 제삿밥을 먹고 산 지 이미 수백 년이 넘었습니다."

"동문의 사당은 현제 태자의 궁궐이다. 전 군郡의 화재를 진압하기 위해 세운 것이지. 그래서 이궁 동쪽에 사당을 세웠어. 그런데 너는 어째서 현제의 사당이라고 망언하는가?"

"화재 진압은 마땅히 그의 어머니를 다스려야지, 그의 아들을 다스릴 수는 없소. 나무를 벌목할 때 그것의 줄기를 잘라야지, 나무의 가지를 자를 수 없는 것과 마찬가지죠. 당신이 도사가 되었으나 오행 생극五行生剋의 원리조차 모르는데 어찌 법술을 부려 나를 쫓아낼 수 있단 말이오?"

그러고는 도사의 어깨를 툭 치면서 크게 웃고는 떠나갔다. 이후 주씨 아내의 병도 나았다.

---

11 노자老子를 제사지내는 사당.

鶻髏乞恩

해골이 은혜를 애걸하다

항주 사람 진이기陳以夔는 오귀반운법五鬼搬運法[12]에 능통하여 남들에게 후광을 베풀어주었는데 신통한 효력이 있었다. 한번은 그의 친구 손孫 씨가 그의 집에서 잤는데 한밤중에 침상 밑에서 백발 노인이 걸어 나와 무릎을 꿇고 말했다.

"공께서 진 선생에게 말을 전해주시오. 제게 해골을 돌려주어 저의 시체를 합체해달라고요."

손 씨가 무척 겁이 나서 급히 몸을 일으켜 등불을 가져와 침상 밑을 비추어보니 해골 한 구가 보였다. 그는 이때에야 진이기가 귀신을 쫓아낸 것은 모두 부적과 주술을 써서 파손된 관에서 천령개天靈蓋[13]

---

12 줄여서 오귀술五鬼術이라고 한다. 오귀는 다섯 온신瘟神(역귀), 즉 춘온春瘟 장원백張元伯, 하온夏瘟 유원달劉元達, 추온秋瘟 조공명趙公明, 동온冬瘟 종사귀鍾士貴와 이들을 총괄하는 중온中瘟 사문업史文業을 가리킨다. 오귀반운법은 오귀를 부려 재물을 운반한다는 뜻으로 다른 사람의 재물을 자기 집으로 가져오게 하는 것이다. 다섯 역귀가 남의 문을 열지 않고 금고를 열지 않고도 남의 재물을 취득한다는 장면이 고대 중국 소설에 간혹 보인다.
13 머리뼈 중에서 대뇌의 뒤를 덮은 좌우 한 쌍의 편편하고 모가 난 뼈.

293

를 꺼낸 것임을 알게 되었다. 손 씨가 처음에 그에게 해골을 돌려주라고 권유했으나, 진이기는 여전히 발뺌하며 인정하지 않았다. 손 씨가 침상 밑의 해골을 가져와 증거로 삼자, 진이기는 그제야 할 말이 없어 비로소 해골을 원래 장소에 가져다놓았다. 이로부터 오래지 않아 진이기는 여러 귀신의 공격을 받아 온몸이 푸르게 붓더니 사망했다.

석과 한 알을 저승에서 삼등분해 사용하다

항주 수재 공미원龔薇垣은 원래 감천 지현甘泉知縣 공명수龔明水[14]의 조카다. 한번은 병이 나 꿈속에서 저승에 나갔다가 그곳 거리의 점포를 보았는데 이승과 별로 다르지 않았다. 다만 황사가 가득하여 해와 달이 보이지 않을 뿐이었다. 한 점포의 계산대에 앉아 있던 사람이 옛날부터 알던 이라서 앞으로 나아가 길을 묻자 그가 말했다.

"이곳엔 길이 없어요. 당신은 여기까지 와서 또 어디 가려고 합니까?"

다시 물었으나 그는 상대하지 않았다.

공미원은 하는 수 없어 길가에 서서 방황했다. 이때 한 사람이 네 명이 멘 가마를 타고 있었는데 앞에서 한 사람이 길을 비키라고 소리치며 다가왔다. 가까이 가보니 자신의 장인이었다. 공미원이 급히 다가가 묻자 장인이 상심하여 말했다.

---

14 전당 사람 공감龔鑑을 말한다. 명수는 그의 자이고 경학에 정통했다. 주요 저작으로 『모시소설毛詩疏說』이 있다.

"이곳은 인간 세상이 아닌데 자넨 어째서 이곳에 오게 되었나?"

공미원은 이때에야 자신이 이미 죽었음을 알았다. 이에 병든 상황을 얘기해주고 아울러 자기 부모의 수명을 물었다. 장인이 말했다.

"이 일은 내 관할이 아닐세. 자네 숙부 명수 선생이 지금 왕부王府에서 가르치고 계시니 그를 찾아가 물어보게. 다만 왕부는 존귀하고 위엄 있는 곳이라 지키는 사람이 많을 터, 사례금을 주지 않으면 자네에게 통보해주지 않을 걸세."

공미원은 사례금이 무슨 뜻인지 몰라 묻자 장인이 말했다.

"이승에서 통용되는 석과錫錁[15]에 불과하네. 무릇 이승에서 석과 하나를 태우면 저승에서는 이를 쪼개 3분의 1만 사용하지. 파손된 것이라면 환산하여 10분의 1이나 2 정도 사용하지."

공미원이 장인의 말을 듣고 급히 왕부로 달려갔으나 잊어먹고 석과를 가져오지 않았다. 한 궁문에 도착하니 시위들로 빼곡 찼는데 공미원을 보더니 과연 손을 펼쳐 돈을 요구했다. 공미원은 대답할 말이 없었다. 다만 부탁하는 말을 꺼냈다.

"저의 숙부 명수 선생이 이곳에서 가르치고 있어요. 번거롭겠지만 한번 통보해주세요."

시위가 발끈하여 욕을 퍼부었다.

"늙고 케케묵은 백면서생이 왕부에 있으니 정말 구역질나는군. 어째서 또다시 케케묵고 어린 백면서생을 보내주었지?"

그러고는 몽둥이를 휘둘러 그를 때렸다. 그가 깜짝 놀라 잠에서

---

15 지전의 일종.

깨어나니 가족들이 자신을 둘러싸고 곡을 하고 있었다. 몇 개월이
지나 공미원은 갑자기 아무런 까닭 없이 목매달아 죽었다.

계란 껍질에 분노를 담다

鷄
卵
擔
糞

항주 청태문淸泰門[16] 밖에 관음당觀音堂이 있다. 이곳에 사는 서徐
씨는 부인을 오통신에게 빼앗겼다. 매월 1일, 15일이 되면 오통신이
그의 집에 와서 먹고 마시는데 무슨 일이 생길 때마다 반드시 미리
그에게 통지했다. 서 씨 집이 매우 가난하여 아내는 남편을 도와 논
밭에 분뇨를 주었다. 오통신은 그녀를 가련하게 여겨 대신 분뇨통을
메어주었다. 빈 계란 껍질 두 개로 통을 만들어 한 섬가량의 분뇨를
담을 수 있었는데 작은 대롱으로 메었다. 여기에 담은 분뇨는 일반
나무로 만든 분뇨통보다 훨씬 많았으며, 분뇨를 뿌린 밭은 특히나 비
옥했다.

---

16 항주의 고대 동문東門이다. 오월 때는 남사문南士門이라 불렸고 송초에 들어서 남
쪽에 다시 문을 내고 숭신문崇新門이라 불렸으며 이 문 가까이에 천교薦橋가 있어 천교
문薦橋門이라고도 불렸다. 남송 때 원나라 병사들이 항주성을 공격하면서 이 문이 훼손
되었다. 원말 지정至正 19년(1359)에 성을 중건하면서 동쪽으로 3리 떨어진 곳에 문을
만들고 청태문이라 불렀다. 문밖엔 수로가 교차하고 이곳에 우렁이螺螄가 많아 나사문
이라 부르기도 했다. 청 광서光緖 33년(1907) 호항철로滬杭鐵路가 들어와 청태문 안에
역을 설치하면서 이 성문은 철거되었다.

狐丹

상주 무진현에 사는 여呂 씨는 부인을 호정狐精에게 빼앗겼다. 여우가 미남으로 변하여 당건을 쓰고 사람들에게 길흉화복을 예측해주었는데, 어떤 것은 적중하고 어떤 것은 적중하지 않았다. 어떤 사람이 점을 치러 왔을 때 여우가 출타했으면 찾아온 사람은 종이를 태워 재를 단지 속에 넣어두었다. 여우가 돌아오면 입으로 붉은 물건을 토해내는데 모양새는 작은 거울 같고 크기는 한 치에 불과했다. 이를 가지고 단지 속의 재를 비춰 태운 종이에 쓰인 말을 읽어내는데 조금도 틀림이 없었다. 다 비추고 나면 여전히 그것을 배 속으로 삼켰다. 어떤 사람은 그것을 호단狐丹이라 했다. 여우의 말을 여 씨 아내가 전해주었는데 그 내용을 잊어먹을까봐 손으로 그녀 손가락의 가운데 마디를 누르면, 여 씨 아내는 기억해낼 수 있었다. 장편의 운문일지라도 암송할 수 있었지만, 다 얘기하고 나면 여전히 한 글자도 기억하지 못했다.

여 씨 아내의 사촌 오빠 되는 수재가 여우와 수창酬唱하고자 여 씨 아내를 불러 여우에게 말을 전하게 했다. 그러자 여우가 말했다.

"내가 써놓은 대련이 있는데 수재께서 하련下聯을 지으시면 그대와 수창하겠소."

대련의 문구는 "붉고 하얀 복사꽃이 종이창을 비추는데, 꽃은 두 색깔이 아니로다紅白桃花紙窓, 花無二色"였다. 여 씨 아내가 수재에게 전달했으나 수재는 대련을 짓지 못해 부끄러워하면서 떠나갔다. 이 여우는 지금도 여 씨 집에 살고 있다.

이는 전죽초錢竹初[17] 지현이 내게 해준 말이다.

---

17 청대 문학가, 희곡가 전유교錢維橋(1739~1806)를 말한다. 자가 수삼樹參, 계목季木이고 호가 서천曙川, 죽초竹初, 반원半園, 반축도인半竺道人 등이며 강소성 무진현 사람이다. 건륭 10년(1745)의 장원 전유성錢維城(1720~1772)의 동생이다. 건륭 연간의 진사였고 절강성 은현鄞縣 지현을 역임했으며 저작으로는 『죽초시문집竹初詩文集』『전죽초산수정품錢竹初山水精品』 등이 있다.

處
州
溺
婦
奇
獄

처주 실종 아내의 기이한 소송

처주處州 시골의 농민 진서陳瑞가 친정으로 돌아가는 아내를 전송하던 중 반당교半塘橋[18]를 지났다. 변소에 다녀온다던 그의 아내가 한참이 지나도 돌아오지 않았다. 진서가 가서 아내를 찾아보았지만 끝내 찾지 못했다. 앞마을 밖에 관을 놓은 방에 붉은 치마가 보이기에 급히 달려가 보니 과연 아내의 치마였다. 그의 아내가 납치되어 관속으로 들어가고 치마 반쪽만 밖으로 나온 것 같았다. 그는 마음속으로 강시가 야료를 부린 것으로 의심하여 관을 부수고 아내를 구출하려고 했다. 관이 누구의 것인지 물어보니 장 씨 성을 가진 사람

---

18 소주 고성의 서북쪽에 있는 산당가山塘街에 있었다. 보력寶歷 2년(825) 백거이가 항주에서 소주자사로 부임하여 수륙 교통을 원활하게 만들기 위해 호구에서 창문間門에 이르는 산당하山塘河를 굴착하고 산당하 북쪽에 도로를 내어 이를 산당가山塘街라 불렀다. 산당하와 산당가의 거리가 7리라고 하여 이곳을 '칠리산당七里山塘'이라 부른다. 산당하에 걸쳐 있었던 옛 다리로 산당교, 통귀교通貴橋(일명 서운교瑞雲橋), 성교星橋, 채운교彩雲橋(일명 반당교半塘橋), 보제교普濟橋, 망산교望山橋, 서산묘교西山廟橋 일곱 개가 있었다. 그 가운데 통귀교가 가장 유명한데 영화감독 장량張良의 「매화건梅花巾」(1980), 리사오훙李少紅의 「홍분紅粉」(1994)도 이 다리를 배경으로 찍은 바 있다.

이 말했다.

"제 고모의 관입니다. 고모가 사망했을 때 나이는 서른이 넘었으며 그녀 아들도 죽었으나 매장할 여력이 없어 여기에 오랫동안 놓아두었어요."

진서가 관을 열어달라고 부탁하니 장 씨는 처음에 대답하지 않았다. 진서가 두세 번 애걸복걸하자 장 씨는 가까스로 허락했다. 관을 열어보니 안에는 하얀 수염의 노인이 누워 있고 손에는 진 씨 아내의 치마를 쥐고 있었으나, 아내의 몸은 보이지 않았다. 이에 진서는 살아 있는 아내를 실종 신고하고 장 씨는 죽은 고모 시체를 실종 신고했으나, 관청에서는 심리할 방법이 없었다. 이 사건은 지금도 계류 중이다.

道
家
有
全
骨
法

항주 용정龍井[19]을 처음 팔 때 상인 섭葉 씨가 이 일을 주관했다. 예倪 씨가 섭 씨에게 착공 날짜를 골라주었다. 10년이 지나 섭 씨가 사망했다. 예 씨도 갑자기 병이 나 수많은 귀신이 그의 몸에 들러붙었는데 말하는 목소리가 각기 달랐다.

"내 뼈를 돌려다오, 내 뼈를 돌려다오."

'추추' 소리가 나는데 호남, 호북, 절강, 강소, 산동 말이 뒤섞여 있었다. 최후에 자칭 진조陳朝[20]의 부傅 장군이라는 사람이 말했다.

"나는 소마가蕭摩訶[21]의 남정북벌을 도운 사람이오. 이곳에 매장된 지 1000년도 넘었는데 당신은 어째서 섭 씨와 함께 나의 뼈를 해치는 거요?"

가족들이 둘러싸고 애걸하며 말했다.

---

19 저장성 항저우시 시후호의 서남쪽 산지에 있는 우물. 부근은 용정차 산지로 유명하다.
20 남조 나라 이름(557~589)으로 건강建康(지금의 난징)에 도읍했다.
21 소마가(532~604)는 남난릉南蘭陵(지금의 산둥성 이현嶧縣) 사람으로 자는 원윤元胤이다. 공을 세워 표기대장군驃騎大將軍이 되었으며 수원군공綏遠郡公에 봉해졌다.

"이는 관청에서 하달한 명령입니다. 저의 주인은 항명할 힘이 없어요. 장군께서는 어찌 이해하지 못하십니까?"

"나는 비록 공적인 사무를 위배할 수 없으나 당신이 섭 씨와 공모하여 관을 파내어 뼈를 드러낸 일을 관청에 보고했는데도 관청이 따르지 않았다면, 이 일은 당신들과는 무관하오. 그런데 지금 당신들은 보고하지도 않았을뿐더러 심지어 우리 수십 명의 뼈를 한데 뒤섞어 내던졌으며, 게다가 남자에게 여자의 머리뼈를 맞추고 노인에게 소년의 다리를 맞추었소. 지금은 뿔뿔이 흩어졌으니 귀신들이 어찌 편안히 지낼 수 있겠소?"

가족들이 불법으로 액막이할 것을 부탁하자 장군이 말했다.

"불법은 효과가 없소. 도가에 전골법全骨法이 있으니 그들에게 가서 부탁해보시오."

이에 예 씨 가족은 두군斗君을 모신다는 시유남施柳南, 만근봉萬近蓬 등을 찾아가 절을 하고 부탁했다. 이에 용정에 법단을 설치하고 7일 동안 법술을 부렸다. 서호 가에 온갖 신을 그린 등이 물 위에 흩어져 있는 것을 똑똑히 보았는데, 어떤 것은 높이 접어서 탑 모양이 되었고, 어떤 것은 가로로 놓여 기러기가 열을 지어 나는 것 같았다. 어떤 것은 한데 쌓여서 커다란 수레바퀴 같았고, 어떤 것은 흩어진 반딧불이 같았다. 잠시 뒤 두모斗母22가 하강했는데 패옥과 장신구가 장엄하여 가까이 다가가 볼 수 없었다. 죄수 두 명을 끌고 왔는데 바로 섭 씨와 예 씨였다. 두 사람은 모두 계단 앞에 무릎을 꿇었고,

---

22 도교의 여신.

수십 명의 귀신이 다가와 그들을 때렸다. 이어 두모가 소리치며 말했다.

"이것도 너희 재앙이 긴 운명이니 원한을 품거나 분노할 필요가 없다. 내가 구유九幽[23]의 사자使者에게 흩어진 뼈를 모두 들고 오라 하여 너희에게 전부 맞추어주면 된다."

잠시 지나자 수십 구의 해골에서 모두 하얀 기운이 감싸고 잠깐 덩어리로 뭉치더니 빠진 곳이 모두 채워졌다. 장군의 신장은 한 길이 넘었는데 금빛 갑옷을 걸치고 여러 귀신을 인솔하여 두모에게 절하며 감사의 뜻을 표시했다. 섭 씨는 족쇄가 풀어지자 두 손을 모아 두모에게 인사한 뒤 떠났다. 이로부터 예 씨의 병은 완쾌되었다.

이 일은 만근봉이 내게 해준 말이다.

---

23 가장 낮은 땅속이라는 뜻으로 죽은 뒤에 넋이 돌아가는 곳을 이르는 말.

지장왕의 뺨을 때리다

批地藏王頰

양강 총독兩江總督 우성룡于成龍[24]이 아직 출세하지 못했을 때 꿈속에서 한 궁전에 이르렀는데 위에 '지장왕부地藏王府'라는 네 글자가 쓰여 있었다. 궁전 위엔 한 노스님이 책상다리를 하고 눈을 감고 있었다. 우성룡은 지장왕이 인간의 생사를 관장하고 있으니, 집안의 늙은 하인이 성실하고 근면하지만 병든 지 오래되도록 낫지 않음을 생각하고는 예의를 표해 상황을 말해주면서 노복의 수명을 연장시켜 줄 것을 부탁했다. 그가 여러 번 말해도 노스님은 묵묵부답이었다. 우성룡이 대로하여 곧장 앞으로 나아가 그의 뺨을 때렸다. 노스님이 눈을 뜨고는 웃으면서 그에게 한 손가락을 펼쳐 보였다. 우성룡이 잠에서 깨어난 뒤 이 일을 다른 사람에게 알렸다. 사람들은 지장왕이 손가락을 펼쳐 보인 것은 수명을 12년 연장한 것이라 말했다. 오래지 않아 노복의 병이 나아 결국 12년 더 살게 되었다.

---

24 우성룡(1617~1684)은 자가 북계北溪이고 시호가 청단淸端이다. 산서성 영령永寧 사람으로 관직은 양강 총독에 이르렀다.

儒佛兩不收

불가와 유가 두 곳에서 받아들이지 않다

항주 사람 양조남楊兆南은 유학자이면서 선학禪學에도 능통했다. 그가 죽은 지 1년이 되자 현몽하여 그의 아내에게 말했다.

"사람이 죽은 뒤에 반드시 귀속되는 곳이 있네. 내가 본래 유학자이나 혼을 관리하는 사람이 나를 문창제군文昌帝君에게로 보냈어. 문창제군이 문제를 내어 나를 시험해보았지만 내가 대답하지 못하자 날 받아주려고 하지 않았지. 혼을 관리하는 사람이 다시 날 보살에게 보냈어. 보살이 경전을 꺼내 나에게 물었지만 풀지 못하자 보살도 날 받아주지 않았지. 내가 저승에서 방황하자니 쉴 곳도 없소. 부득이 모월 모일 장張 씨 집에서 환생하려고 하오. 내 생각에 평생 불교를 좋아했으니 그대는 반드시 장 씨 집으로 가서 내가 다시는 타락하지 않도록 그들이 나를 기를 때 비린 음식이나 우유 같은 것을 먹이지 말라고 알려주오."

장 씨는 죽은 양조남의 친구다. 양 씨 아내가 그날 그의 집에 가보니 과연 남자아이를 낳았다. 이 아이는 낳을 때 책상다리를 하고 앉았으며 3년이 지나도 울음을 그치지 않았다. 장 씨가 아이에게 비린 음식을 먹이자 즉각 울음을 그쳤으나 아이는 경련의 병을 앓았다.

이는 건륭 43년(1778)의 일이다.

鳥門山事

조문산 사건

소흥성紹興城 동관東關[25]에 장 씨 성을 가진 사람이 있는데 그의 아내가 병이 나 의사를 부르러 갔다. 그는 조문산鳥門山[26]을 지나다가 하얀 수염의 노인을 만나 그와 함께 갔다. 이때 날이 이미 어두워졌다. 장 씨는 노인네가 걸을 때 다리가 땅에 닿지 않으며 석양이 그를 비추어도 그림자가 없는 것을 발견하고는 마음속으로 귀신이 아닌가 의심이 들어 그에게 물어보았다. 귀신도 숨기지 않고 말했다.

"나는 사람이 아니라 귀신이오. 다만 그대에게 부탁할 것이 있소. 그대를 해치진 않을 것이오. 나의 해골을 조문산 서쪽에 매장했소. 그곳에서 돌을 채취하는 사람들이 매일 파내느라 돌이 무너져 내려 내 무덤의 썩은 관목도 절반이 드러났으며 오래지 않아 강 속으로 떨어질 것 같소. 그대가 나를 가련히 여겨 이장시켜주길 바라오. 앞

---

25 지금의 저장성 사오싱시 상위구上虞區에 속한 둥관가도東關街道를 말한다. 북송 때 이곳에 둥관역東關驛을 세웠다.
26 지금의 저장성 사오싱시 둥후東湖호 왼쪽에 있다.

으로 신교新橋 지방으로 가면 물에 빠져 죽은 귀신 다섯이 그대를 기다릴 겁니다. 내가 그대를 대신해서 미리 손을 써놓았소."

그가 가슴 안에서 주가고점朱家糕店에서 만든 떡을 꺼내 장 씨에게 먹으라고 주면서 말했다.

"내일 주 씨 집으로 가서 주 씨네 떡을 싸는 포장지를 증거로 삼으시오."

장 씨가 그와 함께 신교로 가보니 과연 다섯 뭉치의 검은 기운이 다리 위에 앉아 있었다. 노인이 앞으로 다가가 버드나무 가지를 꺾어 그들을 때리자, 모두 '추추' 소리를 내면서 물속으로 떨어졌다. 장 씨는 의사 집으로 가고 노인은 재차 작별 인사를 하고는 떠나갔다.

이튿날 장 씨가 주가고점에 가서 떡을 사 떡 포장지를 가져와 보니 과연 주 씨네 가게의 광고였다. 주 씨에게 일의 경과를 알리자 가게 주인이 조용히 말을 꺼냈다.

"당신이 만난 노인의 성은 막莫이고 이름은 전장全章으로 저의 친척입니다. 그를 이장하는 일을 어째서 제게 부탁하지 않고 그대에게 부탁했을까요? 생각해보니 그가 당신과 인연이 있는가봅니다. 당신은 물에 빠져 죽은 귀신 다섯 명의 손에 죽을 운명이 아니었습니다. 그래서 신령이 그 노인에게 명하여 그대를 구제해주었군요."

그러고는 장 씨를 데리고 조문산에 가보니 노인의 무덤이 보이는데 관은 물에서 한 자 정도 떨어져 있었다. 장 씨는 다른 곳을 골라 이장해주었다.

楊二

　항주 사람 양이楊二는 평소 주먹다짐과 몽둥이 휘두르는 것을 일삼았다. 여름날 저녁에 후원의 인공산에 앉아 더위를 식히는데 돌 틈에서 작은 머리가 삐져나왔다. 먼저 머리카락이 나오더니 이어서 얼굴이 나왔다. 양이가 깜짝 놀라 몽둥이로 때리자 머리가 사라졌다.

　이튿날 양이가 2층에서 잠을 자는데 아래층에서 나막신을 신고 걸어다니는 소리가 분명하게 들렸다. 양이는 도적인가 의심했지만 도적이 나막신을 신고 물건을 훔칠 것이라고는 생각하지 않았다. 잠시 뒤 나막신 소리가 계단을 따라 한 계단 한 계단 올라왔다. 보니 흰옷 입은 사람이 머리에 둥근 통 모양의 높은 모자를 쓰고 손에는 사각형 등롱을 들고서 양이를 향해 히히거리며 웃었다. 양이가 쇠자로 때리자 흰옷 입은 사람은 아래층으로 떨어지며 노기충천하여 말했다.

　"때려라, 때려! 내가 동료를 불러와 곧 너를 처리해주마."

　이튿날 양이는 친구들을 소집하여 어젯밤 일을 알려주었다. 이들은 모두 무뢰배로 소란을 피우며 말했다.

"귀신에게 동료가 있다지만 우리에게도 동료가 있지. 우리가 노형을 호위하여 이층으로 올라가 귀신을 때려잡자."

이에 양이가 술자리를 마련하자 모두 실컷 퍼마신 다음 각자 무기를 들고 누각으로 올라갔다. 하지만 귀신은 끝내 나타나지 않았다. 닭이 울 때 무뢰배들은 모두 피곤하여 곯아떨어졌다. 날이 밝자 양이가 안 보여 함께 찾으러 갔으나 그가 이미 아래층 대나무 의자에 죽어 있는 모습을 발견했다.

吳秉中

　　오병중吳秉中의 집은 규항葵巷27에 있으며 나의 옛집과 이웃한다. 오
병중은 왕명천汪名天 선생을 초빙하여 그의 아들과 조카들을 가르치
게 했다. 어느 날 달빛이 밝을 때 오병중이 왕명천 선생의 학관을 방
문했다. 서로 한담하던 중 벽 위의 노인을 보았는데, 크기는 한 자 정
도였고 백발에 머리는 뾰족했으며 앉아서 그의 거동을 흉내 냈다. 오
병중이 담배를 피우니 그도 담배를 피웠다. 오병중이 두 손을 모으
자 그도 두 손을 모았다. 오병중이 이상하게 여겨 왕 선생을 불러 보
게 했다. 왕 선생이 본 것도 이러한 모습이었다. 조카 석구錫九가 가서
보았지만 아무것도 보이지 않았다. 그해 가을에 오병중과 왕명천 선

27　지금의 항저우시 젠궈중로建國中路와 제팡로解放路 동쪽 교차 지점 부근을 가리킨
　다. 송대에는 항주성 밖의 작은 골목이었다. 청 건륭 연간에 공부낭중工部郞中 왕계숙汪
　啓淑(1728~1799)이 이곳 인공산에 규원葵園을 축조했기에 이 골목 이름을 규항이라 불
　렀다. 광서 18년(1892) 순무 숭준嵩駿이 이 골목 북쪽에 '부문강학지려敷文講學之廬'(지금
　의 항칠중杭七中의 전신)를 세웠다. 『수원시화』 권10 78조에 따르면 원매는 규항에서 거주
　하다가 17세에 이곳을 떠나 56세에 백화白下에서 돌아와 규항을 찾았다고 한다.

313

생은 모두 사망하고 석구만 지금까지 살아 있다.

土窟異獸

토굴의 기이한 짐승

　복건 상인 진陳 씨가 다른 객상과 함께 항해하다가 태풍을 만나 산기슭 아래로 표류했다. 사람들은 산언덕이 평탄하여 올라갈 수 있는 것을 보고 함께 올라가 땔나무를 마련하려고 했다. 막 언덕에 오르자 길이 매우 좁았으며 1, 2리 걸어가자 길이 점차 넓어졌다. 이때는 날이 저물어 바닷바람이 솔솔 불어오고 숲속의 새들도 쩍쩍 울기 시작했다. 사람들은 더 깊이 들어갈 수 없어 배로 돌아왔다.

　이튿날 바람이 더 거세어져서 배가 출항할 수 없었다. 배 위의 사람들은 어제 섬 전체를 돌아보지 못한 것을 후회하며 다시 가보기로 하고 진 씨를 끌고 동행했다. 어제 가던 길을 따라 8, 9리 가자, 작은 시내가 나왔는데 물색이 맑고 푸르며 그 옆엔 그다지 높지 않은 토산이 있었고, 동굴 속엔 마치 무엇인가 숨을 할딱거리고 있었다. 다른 사람들은 무서워 날뛰었지만, 진 씨는 자신의 담력을 믿고 거목에 올라가 몸을 숨기고 살펴보았다. 한 식경쯤 지나서 그 물체가 동굴 밖으로 나왔는데 몸은 무소보다 컸고 외형은 코끼리 같았으며 머리엔 뿔 하나가 나 있었다. 뿔에서는 빛이 나고 날카로웠다. 그것은

315

돌 위에 웅크리고 앉아 길게 울부짖는데 그 소리에 대나무가 갈라졌다. 진 씨는 겁이 나 나무 위에서 떨어질 뻔했다. 호랑이, 표범, 원숭이, 사슴들이 모두 동료를 데리고 와서는 그 야수 다리 밑에 엎드렸는데 수가 천 마리를 넘었다. 그 야수는 살진 것을 골라 다리로 밟고 혀로 그 배를 핥으며 그 피를 빨아먹었다. 뭇 짐승들이 두려워 벌벌 떨면서 감히 움직일 수도 없었다. 그 짐승은 야수 서너 마리를 먹어 치우더니 다시 꼬리를 끌며 동굴 속으로 들어갔다. 진 씨는 나무 위에서 내려와 왔던 길을 따라 배로 돌아가서 그동안 본 일을 다른 사람들에게 얘기해주었다. 끝내 그 산과 그 짐승의 이름이 무엇인지는 몰랐다.

鷄脚人

닭발을 가진 사람

　복건 상인 양楊 씨는 대대로 서양 상품의 운송 판매를 직업으로 삼았다. 그의 말에 따르면 그의 조부가 강희 연간에 여러 상인과 출항했다가 회오리바람을 만나 갑문 속으로 들어갔다고 한다. 그곳의 물 사면은 높고 중앙엔 매우 낮은 해만海灣이 있으며 해수의 아래였다고 한다. 그들의 배가 소용돌이를 따라 내려갔으나 사람과 배는 전혀 다치지 않았다. 해만 끝에 이르자 산천, 초목, 논밭, 채소, 곡류 등이 보여 인간 세상과 다르지 않았으나 집만 보이지 않았다. 언덕 옆엔 배가 정박해 있고 그 가운데 수십 명은 중국에서 떠난 사람들로 양 씨 조부 등을 만나자 친척을 만난 것처럼 기뻐했다. 그들의 말에 따르면 이곳의 물은 윤년월閏年月에 하루만 조수가 높고 바닷물과 수평을 이루어 배가 돌아갈 수 있다고 한다. 그러나 한 식경이 지나면 또 출항할 수가 없다. 이 사람들은 먼젓번 태풍 때문에 이곳에 왔는데 그중 어떤 사람이 윤년에 수위가 높아진 틈을 타서 고향으로 돌아갈 수가 있었다. 그들은 출항하지 못하고 이곳에서 6년을 머물렀는데 모두 윤년을 만나도 수위가 높아진 기회를 잡지 못해 돌아갈 수 없었다.

양 씨 조부와 같은 배에 탔던 사람은 40명인데 곡류, 채소 등의 종자를 가져왔기에 이를 나누어 경작했다. 그곳의 토지는 비옥하여 수확도 일반 수확보다 두 배였다. 그리고 물을 댈 필요도 없었다. 그들은 매일 먼저 온 사람들과 오가며 응수하느라 자신들이 세상 밖에 있는 것을 잊어먹었다. 아쉬운 건 황력黃曆28이 없어 시간을 모르기 때문에 밥을 먹고는 모두 배에 올라 물이 차기를 기다린다는 점이다.

어느 날 양 씨 조부가 동료와 들판을 산보할 때 계곡 맞은편에서 계곡 입구로 다가오는 사람을 보았다. 그 사람들은 키가 한 길 내외이며 옷을 입지 않았고 몸에는 털이 난 데다 발은 닭발 같았으며 정강이뼈는 우슬牛膝 같았다. 양 씨 조부를 보자 그들은 소리 지르며 말을 거는 듯했으나 그 소리가 잘 들리지 않았다. 양 씨 조부가 배로 돌아와 먼저 도착한 사람에게 본 것을 말해주었으며, 그들도 처음 왔을 때 계곡 입구에서 봤던 것을 말했다. 계곡물이 깊었기 때문에 털이 난 사람은 건너지 못했다. 만일 모인毛人이 여기에 온다면 우리가 설마 한 명이라도 살아남을 수 있단 말인가?

6년이 지나 8월에 바람을 만나 해수가 가득 차서 그들은 먼저 도착한 선원들과 함께 고향으로 돌아갔다. 양 씨의 노복도 함께 갔는데 지금은 이미 팔십 세가 넘었으며 아직도 살아서 그 일을 상세하

---

28 고대 중국에서 조대가 바뀌면 연호를 고치고 새로운 역법을 반포했다. 역법에는 황제의 연호가 들어가 있다. 그래서 전통 역법을 '황력皇曆'이라 불렀다. 가장 이른 역법이 황제黃帝에서 나왔기에 황력黃曆이라고 부르기도 한다.

게 얘기해주었다. 대만에 닭발을 가진 소수민족이 항상 나무 위에 산다는데, 이들이 그 동족 후예가 아닐까?

해 화상

海
和
尚

반潘 씨 성을 가진 어부가 있었는데 물고기 잡는 기술이 좋아 집 안 살림이 상당히 넉넉했다. 하루는 반 씨가 여러 어부와 해변에서 그물을 던졌다. 그물을 끌어올릴 때 평상시보다 두 배나 묵직하여 몇 명이 힘을 합쳐서야 그물을 끌어올릴 수가 있었다. 그러나 그물에는 물고기가 들어 있지 않고 책상다리를 하고 앉아 있는 소인 6~7명이 있었다. 그들은 사람을 보자 합장하며 인사하는 모습을 보였다. 소인의 온몸은 털로 덮여 원숭이 같았고 머리는 밀어서 머리카락이 없고 하는 말도 알아듣지 못했다. 반 씨가 그물을 펼쳐 그들을 놓아주자, 그들은 해면에서 수십 보를 걸어가더니 물속으로 들어갔다. 현지인이 말했다.

"이들은 해 화상海和尚입니다. 그들을 잡아 포를 떠서 말려도 살아 있으며 그 상태로 1년 동안 굶주림을 참을 수 있지요."

一足蛇

발이 하나뿐인 뱀

　　사대치謝大癡의 말에 따르면, 그의 친구가 귀주에 있을 때 어느 날 한 마을을 방문했다고 한다. 민가에 똑같은 물건이 많이 걸려 있었는데 인광鱗光이 빛나고 이미 바람에 바짝 말랐다. 촌민이 이 마을에서 5리 떨어진 곳에 마을 사람들이 땔나무를 하는 산이 있으며, 산 기슭은 왕래하는 도로라고 말해주었다. 길옆에 큰 고목이 있으며 그 나무에 뱀 한 마리가 숨어 있는데 사람 머리에 당나귀 귀 모양이었으며, 귀로 움직여 소리를 낼 수 있고 비늘은 소나무 껍질 같으며 용의 발톱 같은 다리는 하나뿐이고 혀는 긴 데다 매우 빨리 뛰어다닌다고 했다. 뱀이 사람에게 접근하면 입에서 독기를 뿜어 사람을 혼절시키며, 혀를 사람의 코 속에 넣고 피를 빨아먹는다고 한다. 마을 사람들이 거지들을 모아 돈을 주어서 뱀을 잡게 시켰으나, 어느 누구도 지원하는 사람이 없었다.

　　1년이 지나자 거지 두 명이 응모했으나 부르는 가격이 너무 높아 여러 사람이 돈을 추렴해서 부르는 가격을 맞춰주었다. 거지들은 침을 자신의 몸에 흠뻑 칠한 뒤 웃통을 벗어 뱀을 유혹했다. 뱀이 정말

다가오자, 거지들은 급히 길옆의 밭으로 달려갔다. 뱀은 따라오다가 진탕에 빠져 움직일 수가 없었다. 그러자 두 거지가 달려가 긴 장대에서 칼을 꼽아 칼로 뱀의 머리를 자르자 뱀이 죽었다. 그 뱀에 물렸던 촌민들이 다투어 뱀의 고기를 나누어 가졌다. 민가에 걸린 것이 바로 잘린 뱀 조각들이다.

方蚌

네모난 조개

어떤 사람이 민강閩江[29]이 바다로 드는 곳에서 땔감을 하러 가다가 산에 이르러 보니 동굴 안에 네모진 조개가 가득 찼다. 큰 것은한 길 정도이고 작은 것도 여러 자가 넘었으며 겹겹이 쌓여 있어 대략 1000개쯤 되었다. 그 사람이 너무 놀라 떠나려고 했으나 갑자기한 조개가 입을 열었는데 조개껍질 안에 남색 얼굴의 사람이 들어있었다. 형상은 야차와 같았으며 거기서 누워 있었다. 그는 사람을보더니 손발을 움직여 잡으려는 자세를 취했다. 그는 몸을 일으키려했으나 일어나지 못했다. 원래 그것의 신체는 껍질 안에서 자라 조개껍질을 등으로 삼았기에 껍질에서 떨어질 수 없었다. 잠시 후 모든조개가 입을 벌리니 모두 안에 야차가 들어 있었으며 모습은 앞의것과 같았다. 그 사람은 대경실색하여 급히 도망가는데 등 뒤에서

---

29 민장강은 푸젠성에서 가장 큰 강이다. 푸젠성과 장시성의 경계인 젠닝현建寧縣 쥔커우진均口鎮에서 발원하여 젠시建溪, 푸툰시富屯溪, 사시沙溪의 3대 지류가 난핑시南平市 부근에서 합쳐진 구간 이후부터 민장강이라 부른다.

'쏴쏴' 하는 소리가 났다. 그 조개들이 움직이며 그를 따라오는 소리였다. 배 근처에 도착하자 배 위에 있던 사람들이 큰 도끼로 한 마리를 쪼개니 야차도 죽었다. 주워가지고 돌아와 사람들에게 보여주었지만, 이것이 무엇인지 아는 사람은 없었다.

山
和
尚

산 화상

　이李 씨 성을 가진 사람이 중원에서 노닐다가 홍수를 만나 산으로 올라가 피했다. 물이 너무 빨리 차올라 그 사람은 위로 올라가 산꼭대기에 이르렀다. 이때 날이 저물었다. 그는 낮은 초가집을 발견했는데 산민의 경작지를 저녁에 순찰하는 사람이 사는 곳이다. 안에는 풀이 깔렸고 옆에는 대로 만든 딱따기가 놓여 있었다. 이 씨는 이곳에 들어가 묵었다.

　한밤중에 이 씨는 물 밟는 소리를 들었다. 보니 검고 작은 뚱보 스님이 물에서 헤엄치고 있었다. 스님이 이 씨에게 다가왔는데 이 씨가 큰 소리로 외치니 스님은 약간 뒤로 물러섰다. 잠시 후 스님은 다시 앞으로 다가왔다. 이 씨는 다급한 나머지 딱따기를 들어 필사적으로 내리쳤다. 산민이 모두 몰려들자 그 괴물은 떠나가 밤새도록 두 번 다시 찾아오지 않았다. 이튿날 물이 빠진 후 산 위의 사람에게 물어보니 이렇게 대답했다.

　"그 사람은 산 화상山和尙이라오. 외롭고 허약한 사람만 속여 그 사람의 뇌를 먹는답니다."

종이 재를 주다

贈
紙
灰

항주에 사는 한 포쾌捕快[30]가 그의 아들을 보내 도적을 잡으러 가게 했다. 그의 아들은 밤새도록 집에 돌아오지 않았다. 포쾌는 마음속으로 의혹이 들어 도제를 딸려 보냈다. 그의 아들은 황량한 풀숲에서 말도 하고 웃기도 했다. 잠시 뒤 관을 놓은 방으로 들어가 바지를 벗고 관의 시체를 끌어안고 성교하는 자세를 취했다. 도제가 놀라 소리치자 그 아들도 놀라서 벌떡 일어섰다. 아들은 하는 수 없이 허리춤을 매고 도제를 따라 집으로 돌아왔다. 그러나 정액이 여전히 계속 흘러내렸고 그의 음부를 만져보니 빙설처럼 차가웠으며 아랫배까지도 차가웠다. 그의 모친이 이유를 묻자 그가 대답했다.

"소자가 어느 날 밤 불을 빌리러 작은 방에 갔는데 미인이 저를 유혹했어요. 그래서 저는 그녀와 종신토록 함께할 것을 약속하고 결혼했는데 벌써 한 달이 넘었어요. 그리고 그녀가 제게 백은 50냥을 주었지요."

---

30 명청 시대 주현州縣의 관청에서 범인을 잡던 하급 관리. 포역捕役이라고도 부른다.

그의 모친이 그를 욕하며 말했다.

"귀신이 어떻게 은을 가진단 말이냐?"

그가 품속에서 은 주머니를 꺼내 탁자 위에 던지자 쨍그랑하고 금속 소리가 났다. 하지만 열어보니 모두 종이가 탄 재였다. 이웃 사람에게 물어보고 나서야 그 방 안에 최근에 사망한 과부의 관이 놓였음을 알았다.

탕 한림

전당 사람 탕기오湯其五[31] 한림이 출세하기 전에 공원貢院 시험을 치르기 위해 방 한 칸을 빌려 묵고 있었다. 방이 너무 작아서 불만이었는데 옆을 보니 커다란 저택이 있고 굳게 닫힌 채 사는 사람이 없었다. 이웃 사람들에게 물어보니 이랬다.

"이곳은 항주 태수 시공柴公의 집입니다. 그 집에서 악귀가 야료를 부리는 바람에 사려고 하는 사람이 없어요."

탕기오는 평소 대담했던지라 이렇게 말했다.

"며칠 빌려서 살아도 됩니까?"

이웃은 그가 미쳤다고 비웃었으나 그를 말리는 사람은 없었다.

탕기오가 자물쇠를 열고 대문을 밀치고 들어가 보니, 누각에는 탁자 두 개, 의자 네 개가 있었고 누각 서쪽에는 대나무 상자가 놓여 있었다. 오래도록 사는 사람이 없었으나 먼지 하나 묻지 않았다. 탕

---

31 이름은 세창世昌이고 자가 기오다. 호는 대송對松이고 절강성 인화 사람이며 건륭 연간의 진사다. 주요 작품으로는 「순대기사오십운巡臺紀事五十韻」이 있다.

기오는 마음속으로 기뻐하면서 짐을 들어 이층으로 올리곤 손에 술
병, 몽둥이를 든 채 촛불을 켜놓고 책을 읽었다.

삼경이 되자 창밖에 음산한 바람이 불어 촛불이 점차 작아지더니
한 여성이 머리카락을 풀어헤치고 알몸으로 피를 뿜으며 들어왔다.
탕기오가 몽둥이로 때리자 그 여자는 어찌할 바를 몰라 입을 열었다.

"귀인이 여기 계신 줄 몰랐어요. 제가 잘못했습니다."

그러고는 창문으로 나갔다. 탕기오는 귀신이 나간 걸 보고 기뻐하
며 옷을 벗고 잠을 자려고 했다. 그런데 갑자기 누각의 서쪽 행랑채
에서 무슨 소리가 들렸다. 보니 그 여자가 서쪽 행랑채에서 나왔는
데 손에는 치마저고리와 색깔이 고운 옷, 빗, 참빗 등을 들고 있었다.
목욕하고 화장하려는 듯한 모습이었다. 탕기오는 전혀 두려워하지
않고 술을 마시며 책을 읽었다.

잠시 후에 그 여자가 단장을 마치고 색깔이 곱고 화려한 옷을 입
고는 천천히 탕기오 앞으로 다가와 무릎을 꿇으며 말했다.

"제 몸엔 원혼이 붙어 있어요. 당신 말고는 절 위해 밝혀줄 사람이
없지요. 제 성은 주朱 씨이고 이름은 필화筆花이며 항주 시柴 태수의
첩입니다. 시 태수의 본처가 질투심이 강하고 교활한데 태수가 절 총
애하는 줄 알고는 감히 박해할 수가 없었지요. 마침 제가 아이를 낳
을 때 본처가 산파에게 뇌물을 주고는 태아가 나온 뒤 생동유生桐油
를 내 자궁에 칠해놓아 저는 썩어서 죽었어요. 제 아들 이름은 아무
개인데 본처가 자기 아들로 삼았어요. 지금은 비록 성장했으나 저의
아들인 줄 모릅니다. 10년 뒤 공께서 호북 향시의 주임시험관을 맡
을 것이고 제 아들이 공의 문하에서 나올 테니, 공께서 제가 입은 억

울함을 아들에게 알려주시기 바랍니다. 제 시체는 이 누각의 동쪽 담 우물가에 매장되어 있어요. 팔각형의 벽돌로 표시해두었으니 제 아들에게 명하여 생모를 이장시켜주시기 바랍니다."

아울러 대나무 상자를 가리키며 말했다.

"이것은 제 장신구와 화장품을 담은 상자입니다. 제가 죽을 때 태수가 무척 애통해하시면서 임종 때 가족들에게 분부하여 저의 상자를 집으로 갖고 가지 못하게 했어요. 그것을 보면 상심할까봐 두려웠던 것이죠. 후에 어떤 사람이 훔치러 왔기에 제가 음산한 바람으로 그를 물리쳤어요. 지금 이 상자에는 아직 은 300냥이 들어 있으니 당신에게 드리겠습니다."

탕기오는 그녀의 처지를 듣고 상심하면서 그러마고 대답했다.

이후 발생한 일은 귀신이 한 말과 맞아떨어졌다. 이층의 요괴는 이로부터 나타나지 않았고 집도 팔렸다.

黑苗洞

검은 묘동

호남성 방현房縣은 여러 산에 둘러싸여 있다. 서북 800리는 모두 산으로 이어져 있으며 봉우리란 봉우리도 기괴한 형상을 띠고 있었다. 그리고 묘동苗洞[32]의 숫자는 1000여 채에 달했으며 이 지구에 감히 들어가본 사람은 없었다.

한 나무꾼이 잘못하여 묘동에 들어갔다가 길을 잃어 나오지 못했다. 몇 명의 검은 사람을 보았는데 온몸에 털이 나 있고 하는 말도 알아듣기 힘들었으며 새처럼 풀로 둥지를 만들고 나무 꼭대기에서 살았다. 이들은 나무꾼을 보더니 기뻐하며 등나무 줄기로 나무꾼의 손발을 묶어 나뭇가지에 매달아놓았다. 나무꾼은 빠져나가지 못하고 죽을 것으로 예상했다.

잠시 후 한 노파가 다른 둥지에서 나왔는데, 백발에 이마가 높고 사람과 거의 비슷했으며 호남 사투리로 나무꾼에게 물었다.

"그대는 어째서 길을 잃고 이 동굴까지 들어오셨소? 나도 방현 시

---

32 소수민족 묘족이 거주하는 동굴을 말한다.

내 사람이오. 강희 연간에 흉년을 만나 밥을 구걸하러 다니다가 길을 잃어 이곳으로 오게 되었소. 흑표黑豹가 처음에 나를 잡아먹으려고 했지만, 나중에 내 하반신을 만지다가 여자인 줄 알고는 나를 둥지에 남겨두어 아내로 삼았소."

그녀가 흑모인黑毛人 두 명을 가리키며 말했다.

"얘들이 내 아들이오. 내 말을 잘 들으니 내가 당신을 구해주리다."

나무꾼은 무릎을 꿇고 고맙다고 말했다. 노파가 몸을 일으켜 나무에 올라가 친히 그를 위해 줄을 풀어주고 소매에서 밤과 대추 몇 알을 꺼내주며 말했다.

"요기나 하시오."

그러고는 즉시 흑모인 두 명에게 낮은 소리로 많은 말을 했지만 무슨 뜻인지 알 수가 없었다. 그리고 나뭇가지 위에 베를 깔며 말했다.

"내 고향 사람을 해치는 이가 있거든, 이것을 보여주어 내 뜻을 알려라."

한 모인이 나무꾼을 집으로 돌려보내는데 3일 정도 걸어서야 오던 길을 겨우 찾아 집으로 돌아왔다. 길가의 사람들이 모두 말했다.

"그곳은 흑묘동黑苗洞입니다. 길을 잃고 그곳에 들어간 사람들은 아무도 돌아오지 못했지요."

空中扯辮

공중에서 변발을 당기다

　　무호蕪湖 강구江口 순검사巡檢司[33] 아문의 궁병弓兵 조신趙信은 서른 살이 넘었는데도 아직 아내를 얻지 못했다. 하루는 그가 들판의 사당으로 가다가 미련이 남아 실없이 웃으면서 집으로 돌아가려 하지 않았다. 사람들이 그에게 이유를 묻자 그가 대답했다.

　　"저는 아무개 집의 데릴사위가 되었어요."

　　그러고는 그 아내의 미모와 부유한 집안을 한껏 자랑했다. 이튿날 조신은 또 들판의 사당에 갔으며 여전히 예전처럼 즐거워하며 웃었다. 어떤 사람이 그와 함께 가봤지만 아무것도 발견하지 못하여 그가 귀신 들린 줄 알게 되었다. 이에 그의 부모에게 부탁하여 감금하여 나오지 못하게 방문을 잠그고 차와 밥을 줄 때에만 열어놓았다. 조신이 방 안에서 소리쳤다.

　　"제가 왔어요, 제가 왔어요! 제 변발을 잡아당기지 마세요!"

33　오대 때부터 설치되었으며 현급 아문에 속한 기구로, 주로 도적의 체포와 지방의 치안 유지를 담당했다.

가족들이 창틈으로 훔쳐보니 조신 머리의 변발이 공중으로 서 있어 마치 어떤 사람이 잡아당기는 것 같았다. 이에 더욱 엄격하게 그를 단속했다. 3일 뒤 아무 소리도 나지 않아 문을 열어보니, 조신은 변발로 침대 난간에 목을 매 죽어 있었다.

蓬頭鬼

봉두난발 귀신

경현涇縣[34] 우于 도사는 낮에만 귀신을 볼 수 있었다. 한번은 그가 시내 조趙 씨 집에서 술을 마시다가 몰래 조 씨에게 말했다.

"당신 집 서쪽 누각 협장夾墻 안에 봉두난발 귀신이 나옵니다. 이리저리 살피는 모습이 도적과 흡사해 반드시 몽원蒙冤의 귀신일 터이니 잡아야 합니다. 다만 그가 잡으려 하는 사람이 부府의 누구인지 모를 뿐이오."

"어떻게 해야 알 수 있어요?"

"제가 내일 아침에 와서 귀신이 어느 곳에 숨어 있는지 살펴보고 그대에게 알려주겠소. 당신이 집안사람을 시켜 가는 곳마다 쫓아가서 귀신이 무슨 짓을 하는지 보면 알 수 있어요."

조 씨는 그의 말이 옳다고 생각했다.

이튿날 우 도사가 와서 말했다.

---

34 옛 이름은 유주歙州이며 지금의 안후이성 쉬안청시宣城市 관할 현이다. 창장강 중하류 평원과 완난산구皖南山區의 접경지대에 있다.

"귀신이 서청西廳 탁자 다리 밑에 있어요."

조 씨가 가족을 한곳에 모아 탁자 앞으로 걸어가도 귀신은 전혀 아랑곳하지 않았다. 조 씨의 여섯째 딸이 다가가자 귀신이 그녀를 보고 크게 웃었다. 이때 우 도사가 말했다.

"바로 이 사람입니다. 하지만 잠시 당신 딸에게 알려주지 마세요. 딸이 놀라 무서워할지도 모르니."

조 씨가 재앙을 물리쳐달라고 기도해야 할지 묻자 우 도사가 말했다.

"이 일은 전생의 천벌이라서 벗겨줄 방법이 없어요."

이로부터 벽돌과 기와를 던지는 소리를 들었는데 한 달이 지나도 그치지 않았다. 후에 여섯째 딸이 난산으로 사망하자 집안은 정말 평온해졌다.

借絲綿入殮

사면을 빌려 염을 하다

　　무호蕪湖 사람 조칠공趙必恭이 호남湖南 형양 지현衡陽知縣으로 근무하다가 독감에 걸려 숨이 끊어졌다. 가족은 관과 장례에 쓰일 사면絲綿 등의 물건을 하나도 빠짐없이 전부 갖춰놓았다. 하지만 그의 가슴에 아직도 온기가 남아 있어 염하진 않았다.

　　조필공이 꿈속에서 황사 속으로 걸어다니는데 아득하여 하늘의 태양을 볼 수 없었다. 작은 강을 지나니 날이 점점 밝아졌으며 '준제 관음암準提觀音庵'이란 사당을 보았다. 그가 걸어 들어가니 노스님이 가부좌를 틀고 앉았는데 소면을 삶는 냄새가 진동했다. 허기를 느낀 조필공이 스님에게 먹을 것을 구걸했다. 그러자 스님이 소리 치며 말했다.

　　"당신은 하필 이곳에서 먹을 것을 구걸하오? 빨리 집으로 돌아가시오. 집 안에 면이 그대를 기다리고 있으니!"

　　조필공이 뒤뚱거리며 사당을 빠져나오다가 같은 고향의 이웃 오吳씨를 만나자, 그 사람이 두 손을 모으고 감사를 표하며 말했다.

　　"당신이 보내준 덕에 제 몸을 따스하게 덥힐 수 있었어요."

조필공은 그가 무슨 말을 하는지 몰라 놀라서 깨어났더니, 과연 암자에서 풍기는 듯한 소면 냄새를 맡게 되었다. 원래 가족들이 시체를 지키느라 하루 종일 아무것도 먹지 않다가 소면을 삶아 허기를 때우던 참이었다. 조필공이 즉시 소면을 가져오게 하여 먹으려고 하자, 가족이 말했다.

"나리께서는 병든 지 한 달 넘게 국물조차 마시지 못했는데 어떻게 소면을 드실 수 있겠어요?"

조필공이 하도 고집을 피워 먹겠다고 하니 가족은 하는 수 없이 한 그릇을 말아주었다. 그는 뜻밖에도 평상시처럼 먹었으며 병도 완쾌되었다. 마음속으로 오 씨가 따뜻하게 입혀준 데 감사하다는 말을 상기하곤 어지러운 꿈은 근거가 없다고 여겨 가족에게는 한 마디도 하지 않았다.

2년이 지나 조필공 가족이 무호로 돌아왔는데 과거에 염하려고 준비했던 사면 상자를 가지고 갔다. 그런데 때마침 오 씨가 사망했다. 당시는 한여름이라 사면을 살 곳이 없어서 그의 집안에서 대렴大斂할 때 조 씨에게 사면을 빌리러 왔기에 조 씨가 오 씨 가족에게 빌려주었다. 또 3년이 지나 조필공이 관직을 그만두고 집으로 돌아가다가 우연히 가족과 이전의 꿈 얘기를 하게 되었다. 이때에야 비로소 천리 밖에서 벌어졌던 2년 전의 이 사면이 오 씨에게 쓰였음을 알게 되었다. 그래서 오 씨의 영혼이 미리 와서 감사 인사를 한 것이다.

洞
庭
君
留
船

동정군이 남긴 배

동정호에는 화물을 실은 배가 많이 드나든다. 그중에서 화물을 부린 뒤 매년 깔끔하게 정리되어 있는 배 한 척이 있었는데, 수많은 사람이 끌어도 움직이지 않았다. 선상의 사람들은 그 이유를 알고 이렇게 말했다.

"이것은 동정군洞庭君35이 남겨놓은 배입니다."

이에 사람들은 그 말을 듣고 배를 그곳에 남겨두고 다시는 물건을 싣지 않았다. 선상의 조타수와 선원은 모두 다른 배로 옮겨가 일을 했다. 저녁때가 되자 그 배는 신등神燈을 밝게 빛내며 파랑 속에서 이리저리 출몰하다가 새벽이 되자 다시 원래 정박했던 곳으로 돌아왔다. 매년 그 배는 순서대로 출장을 나갔지만 여태껏 한 집의 배도 재난을 당하지 않았고, 그 배도 여태껏 충돌하여 파손된 적이 없었다.

---

35 동정호의 수신.

힘을 잃은 남 장군

纜將軍失勢

파양호로 운행하는 객선이 폭풍을 만나 왕왕 검은 줄이 용처럼 배를 향해 덮치면, 배는 반드시 파손되기 마련이다. 사람들은 이 줄을 '남 장군纜將軍'이라 불렀으며, 해마다 이 줄에게 제사를 지내곤 했다.

옹정 10년(1732)에 큰 가뭄이 들어 호숫가 마른 모래 위에 썩은 줄이 가로놓여 있었다. 농민들이 그 줄을 잘라 불태웠더니 물이 마른 뒤에 피가 흘러나왔다. 이로부터 남 장군은 다시 소란을 피우지 않았으며, 선상의 사람도 두 번 다시 그 줄에게 제사지내지 않았다.

吳二姑娘

전초全椒 출신의 김종정金棕亭[36] 진사는 양주 마馬 씨의 영롱산관玲瓏山館[37]에서 임시로 거주했다. 그의 손자는 17세로 글도 잘 써서 할 아버지를 따라 공부하며 조손이 방을 사이에 두고 잠을 잤다.

어느 날 김종정은 손자가 어리벙벙하게 부르는 소리를 듣고 악몽을 꾸는 것으로 여기곤 일어나 손자를 깨웠다. 손자가 깨어나자 김종정은 곧 자기 방으로 돌아와 잠을 청했다. 잠시 후 손자가 다시 악몽을 꾸어 가보았더니 손자는 이미 일어나 침상에 앉아 할아버지를 마주 보고 두 손을 위로 들어올리며 말했다.

---

36 김종정(1719~1791)은 이름이 조연兆燕이고 자가 종월鍾越이며 호는 종정이다. 건륭 31년(1766)의 진사이며 관직은 국자감박사에 이르렀다. 주요 저작으로는 『종정고문초棕 亭古文鈔』(10권), 『변체문초駢體文鈔』(8권), 『시초詩鈔』(18권), 『사초詞鈔』(7권) 등이 있다.
37 청대의 저명한 장서가 마왈관馬曰琯(1688~1755), 마왈로(1701~1761)의 장서루 소 영롱산관小玲瓏山館을 말한다. 다른 장서가인 고상顧湘(1829~1880)의 장서루도 영롱 산관이어서 구별하기 위해 '소영롱산관'이라 불렀다. 당시의 명사 여악厲鶚(1692~1752), 전조망全祖望(1705~1755), 진장陳章, 진찬陳撰(1678~1758), 김농金農(1686~1763) 등이 모두 이곳에서 지내며 시를 지으면서 교류하거나 책을 빌리고 베끼기도 했다.

"한 손가락을 굽혀보세요."

이에 한 손가락을 굽혔다.

"다섯 손가락을 굽혀보세요."

손자 말대로 다섯 손가락을 모두 굽혔다.

이후엔 팔짱을 끼거나 두 손을 모으는 등 온갖 자세를 취해 보였다. 김종정이 손자를 책망하자, 손자는 울면서 집에 돌아가 엄마를 보게 해달라고 부탁했다. 김종정은 가마를 불러 손자를 돌려보냈다.

집에 도착한 뒤 손자는 의관과 신발, 혁대를 잘 갖춰 입은 다음, 할아버지와 부모님을 자리에 모시고는 절하고 작별을 고하며 말했다.

"저는 곧 신선이 되어 하늘로 올라갑니다."

온 가족은 당황하고 의혹이 들어 어떻게 해야 될지 몰랐다. 정오가 되자 손자는 마음이 다소 안정되면서 살며시 김종정에게 귓속말로 말했다.

"다름 아니라 작은 여우가 저를 괴롭히고 있을 뿐이에요."

말을 마치더니 다시 예전처럼 정신 착란에 빠졌다. 그는 "오이 아가씨吳二姑娘는 저와 전생에 인연이 있어요"라든가, "여동생 오삼 오가씨吳三姑娘도 와서 자매 둘이 함께 제게 시집오려고 해요"라는 말을 지껄이기도 했다. 그러곤 남들이 차마 들을 수 없는 외설스런 말도 했다. 그가 김종정을 앞으로 끌어당겨 숨을 내쉬니 얼음처럼 차가웠고 비관鼻管에서 단전에 이르기까지 모골이 송연하게 만들었다.

진강 출신의 중서사인中書舍人 장춘농蔣春農[38]이 김종정에게 천사부天師符[39]를 보내왔다. 김종정이 이를 걸려고 하자 그의 손자가 급히 빼앗았다. 다행히 비단으로 만든 것이라 손톱으로 긁어도 손상되지 않왔다. 김종정이 손자를 향해 부적을 펼쳤으나, 손자가 냉기를 뿜어내자 부적이 창밖으로 불려나가 비단은 결국 찢어졌다. 김종정은 하는 수 없이 성황묘, 관제묘에 가서 기도했다. 며칠 지나자 그의 손자가 갑자기 소리쳤다.

"가마를 영접하시오, 가마를 영접하시오. 복마대제가 오십니다."

김종정이 깜짝 놀라 가족을 데리고 함께 무릎을 꿇었다. 그 손자가 김종정의 이름을 부르며 욕을 퍼부었다.

"김조연金兆燕, 너는 진사 신분인데도 관모를 벗고 정수리를 내놓았으며 관복도 입지 않고 나를 영접하다니, 이럴 수 있나?"

김종정이 머리를 조아리며 사죄했다. 잠시 뒤 다시 외쳤다.

"가마를 영접하시오, 가마를 영접하시오. 공자께서 오십니다."

김종정이 다시 머리를 조아리며 영접했다. 관제와 공자 두 사람이 무슨 말을 했으나 분명하게 듣지 못했고 다만 환자의 발성 소리를 통해 산동과 산서 두 지방의 사투리임을 알았다. 이렇게 오시午時부터 신시申時까지 온 가족이 무릎 꿇고 구해달라고 애걸했는데, 감히 일어나지 못해 발목이 퉁퉁 부어올랐다. 그의 손자가 날카로운 소리로 외쳤다.

---

38 이름은 종해宗海이고 자는 성암星巖이며 호는 춘농이다. 건륭 17년(1752)의 진사다. 중년에는 벼슬을 그만두고 여고如皐의 치수서원雉水書院, 의징儀徵의 낙의서원樂儀書院, 양주의 매화서원梅花書院 등지에서 가르쳤다. 주요 저작으로는 『춘농음고春農吟稿』 『색거집索居集』 『남귀총고南歸叢稿』 등이 있다.

39 단오절에 주문呪文이나 부적 등을 써서 재앙을 없애고 해로운 기운이 날뛰지 못하게 제압해 눌러 길함을 얻는다는 압승득길壓勝得吉의 부적을 말한다. 보통 누런 종이에 붉은 도장을 찍으며 천사天師나 종규 상을 그린다.

"요마妖魔가 이미 죽었으니 네 손자를 상진 제후上眞諸侯로 봉하노라. 난 이제 가겠다."

김종정이 머리를 조아리며 신선을 전송한 뒤 손자에게 죽을 가져다주자, 손자는 허공에 손을 까부르며 말했다.

"죽을 먹어라, 죽을 먹어라."

여전히 이전처럼 허튼소리를 지껄였다. 김종정은 이때에야 깨달았다. 관제와 공자는 모두 요괴가 사칭한 것이다. 이에 손자를 꾸짖으며 말했다.

"나는 예순이 넘도록 여태껏 속임을 당한 적이 없는데, 지금 도리어 너에게 희롱당하다니?"

그러자 손자는 고개를 움츠리고 안을 보며 입을 가리고 웃으면서 득의한 모습을 지었다.

이렇게 미친 지 한 달이 넘자 임林 도사가 찾아와 북두칠성을 향해 절을 하면 요괴를 몰아낼 수 있다고 말했다. 김종정은 이에 단을 설치하고 재계하고 독경하며 천도했다. 이렇게 7일이 지나 환자의 기색이 점차 돌아오자 급히 혼사를 서둘러 데릴사위로 보냈더니, 요괴는 과연 다시 찾아오지 않았다.

이는 건륭 47년(1771) 3월의 일로 김종정 선생이 친히 내게 알려준 것이다.

石獅求救命

돌사자의 목숨을 구하다

　광동 조주부潮州府 동문 밖으로 행인이 지나갈 때마다 살려달라고
외치는 소리가 들렸지만, 사방을 둘러봐도 아무도 없었다. 그 소리는
지하에서 나왔다. 사람들은 죽은 사람이 부활한 것이라 여겨 호미로
그곳을 파기 시작했다. 세 자 정도 파보니 돌사자가 커다란 이무기에
의해 목 부분이 묶여 있었다. 사람들은 깜짝 놀라 이무기를 죽이고
돌사자를 사당 안으로 옮겼다. 현지 사람들이 돌사자에게 기도하며
부탁할 것을 빌면 매우 영험했다. 만일 돌사자를 존중하지 않거나 믿
지 않으면, 즉각 재난을 내렸다. 이로부터 향불이 끊이지 않고 타올
랐다.

　태수 방공方公은 이 얘기를 듣고 요괴라 여기고는 그 사당을 철거
하려고 했다. 민중은 이 소식을 듣고 소란을 피워 하마터면 폭동으로
번질 뻔했다. 태수는 하는 수 없어 거짓말로 돌사자를 성안으로 모시
기 위해 다른 곳에 사당을 짓겠노라고 말한 다음에야 민중이 동의했
다. 사자를 연무장演武場으로 옮겨 망치로 부순 뒤 강으로 던졌으나
아무 일도 발생하지 않았다. 태수 방공의 이름은 응원應元[40]이며 호

남 파릉巴陵[41] 사람이다.

은연중 생각이 났다. 진晉 영강永康 연간에 오군吳郡 회요懷瑤 집의 지하에서 개 짖는 소리가 들려 파보았더니 개 두 마리가 나왔다. 노인들은 그 개를 서견犀犬이라 불렀는데 개를 얻은 사람은 부자가 되었다고 한다. 이 일은 『이원異苑』[42]에 기록되어 있다.

---

40 관직은 광동혜조가병비도廣東惠潮嘉兵備道를 역임했다.

41 형초荊楚 문화의 요람이었던 웨양岳陽의 옛 지명이다.

42 남조 송宋나라의 유경숙劉敬叔이 지었으며 10권이다. 모두 귀신 이야기를 기록했다.

旱魃

건륭 26년(1761) 경성에 큰 가뭄이 들었다. 긴급한 공문을 전문적으로 배달하는 공무원 장귀張貴가 아무개 도통都統을 위해 공문을 전해주러 갔다. 양향良鄕43에 이르자 날이 이미 어두워져 야경을 돌기 시작했다. 성을 나와 사람이 살지 않는 곳에 이르렀는데, 갑자기 검은 바람이 불더니 그의 등롱도 꺼졌다. 그는 비가 올까 싶어서 길 옆의 역정驛亭으로 피신했다. 그런데 한 여자가 등롱을 들고 왔는데 나이는 17, 18세 정도 되어 보이고 용모가 아름다웠다. 그녀가 장귀를 자기 집으로 초대하여 그에게 차를 따라주고 그를 도와 말을 기둥에 매고 나서는 그와 함께 동침하길 원했다. 장귀가 기뻐 어쩔 줄 몰라 하며 두 사람은 하룻밤을 질펀하게 보냈다. 닭이 울자 여자가 옷을 걸치고 일어났다. 장귀가 못 가게 말려도 막무가내였다. 장귀는

---

43 지금의 베이징시 팡산구房山區에 있다. 진秦나라 때 현을 설치했고 지명은 "사람과 물산이 모두 뛰어나다人物俱良"에서 따왔으며 옛날부터 상인들이 운집하던, 수도의 서남쪽 관문이다. 베이징에서 서남쪽으로 20킬로미터 떨어져 있다. 1958년에 량샹현과 팡산현房山縣을 통합하면서 량샹현은 량샹진으로 조정되었다.

너무나 피곤하여 계속해서 잤다. 꿈속에서 이슬방울이 콧잔등에 떨어지는데 너무나 차가워 풀이 그의 입을 찌르는 것 같았다. 날이 밝을 때에야 황량한 무덤에서 자고 있는 자신을 발견했다. 장귀는 깜짝 놀라 급히 말을 끌어와 나무에 묶어놓았는데 보내야 할 공문서는 이미 반나절이나 넘겼다.

관아에서는 공문서를 도통에게 발송하여 진상을 조사했다. 고의로 공문서를 늦게 보내고 거기에 무슨 부정이 들어 있는지를. 도통이 좌령에게 명하여 엄격하게 심문하자, 장귀는 겪은 일을 사실대로 설명했다. 도통이 사람을 보내 그 무덤을 조사해보니, 장張 씨 성을 가진 여자가 출가하기 전에 다른 남자와 간통했으며 일이 누설되자 부끄럽고 화가 나서 목매 자살했는데 왕왕 나타나 지나가는 행인을 해친다는 사실을 알게 되었다. 어떤 사람이 이렇게 말했다.

"이것은 한발旱魃입니다. 외형은 팔이 긴 원숭이 같으며 두발을 풀어놓았어요. 한쪽 발로 걸을 수 있어 수발獸魃이라고도 부릅니다. 목을 매달아 죽은 후에 강시로 변하여 밖으로 나와 사람을 유혹한다고 하여 귀발鬼魃이라고도 불러요. 한발을 붙잡아 불에 태우면 비를 내리게 할 수 있지요."

도통은 상부에 이를 보고했으며 관을 열어보니 과연 여자 강시였다. 용모는 살아 있는 듯했고 온몸에 하얀 털이 나 있었다. 강시를 태우자 이튿날 큰비가 내렸다.

蝎怪

전갈 요괴

동 지현佟知縣이 예성 지현芮城知縣을 맡았을 때 한 시골 농민이 여름에 윗옷을 벗고 돌에 앉아 국수를 먹고 있었다. 아직 다 먹지도 않았는데 갑자기 소리를 지르고는 땅에 쓰러져 사망했다. 사람들이 그를 살펴보니 등 중앙에 몇 치 깊이의 구멍이 생겼고 검은 피가 샘물처럼 흘러나왔는데 무슨 병인지 알지 못했다. 사람들은 보고서를 써서 관아로 보냈는데, 국수를 판 사람이 독을 집어넣은 것으로 의심했다. 동공佟公이 검시하러 왔는데, 그 사람이 앉았던 돌 옆에 구멍이 있었고 검은 피가 구멍 속으로 들어갔으며 아래에서는 빨아들여 삼키는 소리가 났다. 동공이 사람을 시켜 돌 밑을 파보게 했다. 세 자정도 파보니 구멍 속에 거위만 한 크기의 전갈이 머리를 들고 피를 빨아 마시고 있었으며 꼬리는 둥글고 금빛이었다. 사람들이 다투어 보습과 호미로 때리자 전갈이 죽었다. 그러나 꼬리는 다치지 않았다. 다시 죽은 사람의 등 흉터와 대조해보니 완전히 들어맞았다. 이에 전갈 꼬리를 창고에 보관했는데 지금도 남아 있다.

사왕

蛇
王

호북, 호남 일대에 사왕蛇王이 있는데 모양은 제강帝江⁴⁴ 같으며 귀,
눈, 발톱, 코가 없으며 입만 있었다. 외형은 네모지고 육궤肉橛 같으며
행동은 굼뜨고 지나간 곳에는 초목이 모두 말라버렸다. 입으로 큰 이
무기나 독사들을 삼키면 곧 물로 변했고 그 육궤는 더욱 팽창되었다.

상주에 사는 섭葉 씨 형제 둘이 파릉 일대로 유람 나갔다. 갑자기
여러 뱀이 바람처럼 지나갔는데 무언가를 피하는 것 같았다. 비린내
가 갈수록 독해져 두 사람은 무서워서 나무 위로 숨었다. 잠시 후
가시가 없는 고슴도치 같으며 몸집이 그다지 크지 않은 정방형의 육
궤가 동쪽에서 나타났다. 동생이 활을 당겨 쏘아 육궤의 얼굴에 적
중시켰다. 육궤는 조금도 반응을 보이지 않고 화살을 맞은 채 걸어
갔다. 동생이 나무 위에서 내려와 육궤의 몸 가까이 다가가 다시 쏘
려고 화살을 뽑았으나, 그는 오히려 땅에 쓰러져 오랫동안 일어나지
못했다. 형이 나무에서 내려와 보니 동생의 시체는 검은 물로 변해버

---

44 『산해경山海經』「서산경西山經」에 나오는 괴물로 춤과 노래를 잘했다고 한다.

렸다.

동정호 가에 사는 늙은 어부가 말했다.

"내가 사왕을 잡을 수 있소."

사람들이 놀라 무슨 방법을 쓸 것인지 물었다.

"백 개가 넘는 만두를 만들어 긴 장대에 끼워 사왕 입으로 보내줍
니다. 그러면 사왕은 조금 먹고 버리곤 다른 만두로 바꿀 겁니다. 이
렇게 수십 번 바꾸다보면 처음의 만두는 진흙처럼 흐물흐물해지고
이어서 검어지며 다시 노란색으로 변했다가 약간 붉어집니다. 만두
색깔이 하얀색으로 바뀌면 여러분이 포위하여 돼지나 개를 잡듯이
죽이면 됩니다. 그것은 사람을 물 수 없어요."

사람들이 시험해보니 과연 늙은 어민이 한 말 그대로였다.

안연이 선사가 되어 판결하다

顔淵爲先師判獄

　항주 출신의 장굉張紘 수재가 여름에 이질을 앓다가 사망했다. 그의 집안은 가난한지라 관을 살 수 없어 숙부에게 도움을 청했다. 숙부는 해녕海寧에 사는데 심부름 보낸 사람이 왕복하며 5일이 지나자 장굉이 도리어 살아났다. 그는 자신이 천제가 있는 곳에서 심판을 받았는데 사형 선고가 내려졌다고 말했다. 그때 천제가 이렇게 말했다.

　"그는 수재다."

　천제는 한 관리를 파견하여 그를 학궁學宮[45]까지 보내주게 했다. 장굉을 데려간 관리는 학궁의 두 선사先師에게 부탁했다.

　"이 사람은 이미 최종 결정이 되었으나 두 선생님의 의견을 듣고자 합니다."

　한 사람이 말했다.

　"그의 죄는 가벼우나 도리를 따져보면 무거우니 사형에 처해야 합

45　각 부현府縣에 있는 공자 사당을 말한다.

니다."

다른 사람이 말했다.

"비록 그러하나 일이 딱하게 되었군요. 그는 결코 주모자가 아니니 잠시 한 등급 감형해주어 5년이 지난 뒤 개과천선하면 됩니다. 그의 부친이 영남에서 관리로 지내며 백성에게 공덕을 쌓았으니, 잠시 그를 압송하여 그의 부친에게로 보냅시다."

원래의 압송관에게 명하여 그를 영남嶺南 명환사名宦祠[46]로 보내게 했다. 그가 부친을 배알하자 부친이 큰 소리로 꾸짖었다.

"넌 내 아들이 아니다."

그러고는 접견을 거부했다. 그의 모친이 옆방에서 나와 울면서 말했다.

"아버지가 너를 아들로 인정하지 않으니 너는 빨리 돌아가 잘못을 뉘우치거라. 그런데 너는 죽은 지 오래라 시체가 이미 썩었을 터이니 돌아올 수 있으면 돌아오너라. 돌아올 수 없어도 여전히 상제가 사는 곳으로 가면 무슨 처분이 있을 것이니 절대로 다른 사람의 시신을 빌려 소생하지 말거라."

귀복鬼僕을 파견하여 그와 함께 집으로 가보니 가족은 모두 그를 인정하지 않았다. 집에는 시체가 누워 있으나 아직 부식되지 않았고 옆에는 등불이 켜져 있고 밥 한 공기를 퍼다놓았다. 압송하는 사람이 장꿩을 시체 위에 올려놓으니 시체가 즉시 움직이기 시작했다. 아내가 울다가 놀라며 그를 바라보자 귀복이 소리쳤다.

---

46 명신名臣을 제사지내는 사당을 말한다.

"그를 인정하면 저는 돌아가 그의 마님에게 보고할 수 있어요."

그러고는 마침내 떠나갔다.

이때 장굉이 살아났다. 사람들은 다투어 그가 무슨 잘못을 범했는지 물었으나, 장굉은 말하려 하지 않았다. 이후 5년이 되지 않아 장굉은 결국 사망했다.

장굉의 사촌 형 장강張綱은 모서하毛西河[47]의 친구다. 장강이 모서하에게 말했다.

"청나라 병사가 항주로 내려오자 노왕潞王[48]이 북쪽으로 떠났지. 그의 궁녀들은 당서塘西[49] 맹孟 씨 집에 숨었어. 내 동생이 이 궁녀들 중 왕 씨에게 홀려 청에 자수하여 상금을 받으려 했으나 나중에 후회하여 그 명단에 들어가지 않았네. 나중에 왕 씨와 함께 자수한 다섯 명은 갑자기 사망했지. 내 동생은 이번에 죽었다가 소생했지만 교활한 성격은 여전히 고쳐지지 않았지. 동생이 주朱 도사와 학을 가지고 다투다가 사사로이 도사의 이름을 찢어 해구海寇 사건에 넣는 바람에 주 도사를 죽음으로 몰았어. 선사의 가르침을 등지고 자모의

---

47 모서하(1623~1716)는 이름이 기령奇齡이고 호가 서하다. 명말의 제생諸生, 청초의 경학가, 문학가다. 주요 저작으로는 『사서개착四書改錯』『대학지본도설大學知本圖說』 『상호수리지湘湖水利志』『소산현지간오蕭山縣志刊誤』『서하시화西河詩話』『서하사화西河詞話』『경산악록竟山樂錄』『악본해설樂本解說』『중씨역仲氏易』 등이 있다.
48 노왕은 이름이 주익류朱翊鏐(1568~1614)다. 안휘 봉양鳳陽 사람으로 목종穆宗 주재후朱載垕(1537~1572)의 넷째 아들이며 명 융경隆慶 5년(1571)에 노왕으로 봉해졌다.
49 탕시진塘西鎭은 항저우시 북부에 있으며 후저우시의 더칭현德淸縣과 경계를 이루고 있다. 징항 대운하京杭大運河가 탕시진을 지나므로 이곳은 쑤저우, 상하이, 자싱嘉興, 후저우로 가는 중요한 수로이며, 대대로 항저우시의 수상문호水上門戶 역할을 했다.

교육을 어겼으니, 그가 끝내 장수하지 못한 것은 당연한 일이야."

그리고 모서하가 학궁의 선사 이름이 무엇인지 묻자, 장강이 말했다.

"한 사람은 안연顏淵[50]이고, 또 한 사람은 자복경백子服景伯[51]이네."

---

50 공자의 제자 안회顏回.
51 춘추 시대 노나라의 명신 자복하子服何의 시호다.

두부에 젓가락을 걸쳐놓다

豆腐架箸

사천 무주茂州에 사는 부호 장張 씨가 늘그막에 아들을 얻어 무척이나 사랑했다. 놀러 나갈 때마다 아들을 성대하게 꾸몄다. 아들이 여덟 살 때 묘회廟會 구경을 갔는데 끝내 집으로 돌아오지 않아 사방으로 찾으러 다녔다. 끝내 계곡 물속에서 찾긴 했지만 이미 피살된 뒤였다. 알몸으로 물속에 누워 있었으며 옷과 패물은 모두 사라졌다. 장 부호가 관청에 신고를 했으나 범인은 잡히지 않았다.

자사 섭공葉公이 성황묘에서 잠을 자다가 꿈을 꾸었다. 밤에 꿈속에서 성황신이 문을 열고 그를 영접하더니 술자리를 마련하여 잔치를 벌였다. 식탁 위엔 두부 한 접시가 놓여 있고 젓가락이 그 위에 걸쳐 있었으며 다른 요리는 아무것도 없었다. 성황신이 그 자리에서는 끝내 한 마디도 말하지 않았다. 섭공이 깬 뒤 이 꿈을 해몽했으나 아무리 해도 어떤 암시도 얻지 못했다. 나중에 포졸이 어떤 사람이 금팔찌를 전당포에 맡긴 것을 알고 그를 잡아다 심문해보니, 장물이 장 부호가 신고한 것과 들어맞았다. 그 사람의 성은 부符인데, 그제야 대竹가 두부腐 위에 얹힌 것이 '부符'자를 암시했음을 알게 되었다.

蔣
金
娥

장금아

통주 홍인진興仁鎭 전錢 씨의 딸이 열다섯 살 때 고顧 씨 성을 가진
농민에게 시집갔다. 그해에 전 씨가 병이 나 사망했다가 깨어나더니
말했다.

"이곳은 어디입니까? 제가 어떻게 이곳에 왔지요? 저는 상숙 장蔣
순무의 딸이며 어릴 때 이름은 금아金娥입니다."

상세하게 장 씨 집안 일을 말한 다음 끊임없이 울면서 그녀의 남
편을 가까이 다가오지 못하게 막으며 말했다.

"당신이 누군데 감히 내게 다가오려 합니까? 얼른 사람을 보내 날
상숙으로 돌려보내주세요."

거울을 가져와 자신을 비추어 보더니 고통스럽고 슬프게 말했다.

"이 사람은 내가 아니고, 나는 이 사람이 아니에요."

거울을 던져버리고는 다시 비추어 보지 않았다.

전 씨 집에서 사람을 보내 비밀리에 조사해보았더니 장 씨 집에
과연 금아라는 딸이 있었다. 병사한 시간과 환생한 시간도 맞았다.
그래서 마침내 배를 빌려 딸을 상숙으로 돌려보냈다. 장 씨네 사람

들은 이를 믿지 못해 사람을 배 안으로 보내 살펴보게 했다. 부인이 장 씨 집안에서 보낸 사람을 보자마자 그녀 이름을 불렀다. 일시에 둘러싼 사람들로 가득 찼다. 하지만 장 씨 집에서는 일이 커질까 두려워 전 씨를 달래 노잣돈을 주고 빨리 통주로 돌아가게 했다. 전 씨는 평소에 글자를 몰랐다. 병든 뒤부터 갑자기 글자를 알고 시를 지을 줄 알았으며, 행동거지가 편안하고 우아한 것이며 지난날 촌부의 그런 모습이 아니었다.

하의문何義門[52] 선생의 조카 가운데 호가 권지權之인 사람이 있다. 권지가 이전에 장 씨 딸을 아내로 삼으려고 했으나 문턱을 넘지도 못하고 장 씨의 딸이 사망했다. 이때 일이 전 씨에게까지 닥쳐 전 씨가 가서 하권지를 보더니 그를 고모부라 불렀다. 그녀와 이전의 일을 얘기해보니 모두 기억하고 있었다. 이에 하권지를 의부로 삼았다. 하권지는 그녀에게 원래 남편과 혼인하라고 권유했으나 그녀는 원하지 않았다. 그녀는 출가하여 비구니가 되려고 하였으나 성사되지 못했다.

이 일은 건륭 32년(1767)에 발생했다.

---

52 하의문(1661~1722)은 이름이 작焯이고 자가 염첨殮瞻이며 호가 의문이다. 강소성 장주長州 사람이며 관직은 한림원 편수에 이르렀다. 주요 저작으로는 『의문독서기義門 讀書記』 등이 있다.

還我血　　　　　　　　　　　　　　　　　내 피를 돌려다오

　　형부 감옥의 옥졸 양칠陽七은 산동의 인삼 절도범과 사이가 좋았다. 절도 사건이 발생한 뒤 형을 집행할 즈음 인삼을 양칠에게 뇌물로 주었다. 그리고 양칠에게 은 30냥을 주며 자기의 헝클어진 머리를 관에 넣어 매장해줄 것을 부탁했다. 하지만 양칠은 약속을 어겼다. 그리고 인혈만두가 폐병 치료에 좋다는 말이 생각나서 만두를 인삼 절도범의 피에 묻혀 친척에게 주었다. 그가 집으로 돌아오자 갑자기 두 손으로 자신의 인후를 누르며 소리 질렀다.

　　"내 피를 돌려다오, 내 은을 돌려다오!"

　　그의 부모와 아내는 지전을 태우고 스님을 불러 독경하며 그를 구하려고 했다. 그러나 끝내 그는 자신의 인후를 눌러 끊어버리고 사망했다.

권 19

주세복

周世福

　산서 석루현石樓縣 주세복周世福, 주세록周世祿 형제가 서로 싸우다가 동생이 칼로 형의 배를 찔러 창자가 두 치가량 흘러나왔다. 시간이 지나자 주세복 창자의 상처가 아물었으나 입처럼 접었다 포갰다 할 수 있었고 그럴 때마다 창자가 밖으로 나오게 되었다. 주세복은 주석 사발을 창자 위에 덮어놓고 다시 끈으로 주석 사발을 묶어놓았다. 대소변은 모두 이곳으로부터 배설되었다.

　이렇게 3년이 지나자 주세복은 사망했다. 죽던 날 주세복의 영혼이 다른 사람의 신상에 붙어 그의 동생을 욕하며 말했다.

　"네가 날 죽인 것은 전생에 정해진 운명이다. 하지만 몇 년을 앞당겨 날 더러움에 빠트리다니!"

나의 외손자 한종기韓宗琦는 어려서부터 총명하고 영민하여 5세
때『이소離騷』[1] 등의 책을 읽었으며 13세에 수재에 합격했다. 14세 되
던 해에 양 총독楊總督이 민풍民風을 살피다가 한종기를 최상급으로
특선하여 부문서원敷文書院[2]에 보내 공부하게 했다. 당시 부문서원의
원장은 일찍이 예부시랑을 지냈던 제소남齊召南[3]이었다. 그가 한종기

1　전국 시대 초나라 굴원屈原의 대표작.

2　항주의 부문서원은 당 정원貞元 연간(785~804)에 처음 세워졌으며 당시에는 보은
사報恩寺라 불렸다. 명 홍치弘治 11년(1498) 절강 우참정浙江右參政 주목周木이 만송서
원萬松書院으로 개조했으며 명대 이학가 왕양명王陽明(1472~1529)이 이곳에서 강학한
바 있다. 청 강희제가 '절강부문浙江敷文'이란 편액을 내리면서 그 이름을 따와 부문서
원으로 개명했다. 지금의 터에 '만세사표萬世師表' 패방牌坊과 '지성선사공자상至聖先
師孔子像' 등의 석비가 남아 있다.

3　청대 지리학자 제소남(1703~1768)은 자가 차풍次風, 호가 경태瓊台, 식원息園이다.
절강성 천태天台 사람이고 건륭 연간의 진사였으며 관직은 예부시랑에 이르렀다. 주요
저작으로는『보륜당집고록寶綸堂集古錄』『보륜당문초시초寶綸堂文鈔詩鈔』『제태사이
거집齊太史移居集』『경대집瓊臺集』『역대제왕연표歷代帝王年表』『후한공경표後漢公卿
表』등이 있다.

를 보자마자 놀라며 탄식했다.

"이 아이의 풍격이 남달라 요절할 것 같군."

건륭 24년(1759) 8월 초하루의 새벽에 한종기가 갑자기 모친에게 말했다.

"어젯밤에 매우 이상한 꿈을 꿨어요. 꿈속 하늘에서 수백 명을 보았는데 모두 운무 속에서 바쁘게 뛰어다니더군요. 어떤 사람은 책을 뒤적이고 어떤 사람은 종이와 붓을 전해주었는데, 그들의 표정과 태도가 모두 달랐어요. 잠시 뒤 합격자를 호명하는 소리를 들었는데 37등으로 제 이름을 부르는 것이었어요. 저는 깜짝 놀라 대답하고는 깨어났어요. 호명한 이름을 분명히 들어서 깨어날 때도 똑똑히 기억하고 있었어요. 그런데 날이 밝아 옷을 걸치고 일어나자마자 모두 잊었어요."

그때부터 한종기와 가족은 과거 합격자 명단에 이름이 있는 것으로 보아 금년에 실시되는 향시에 합격할 것이라 여겼다.

향시에 응시하여 세 번째 시험을 쳤을 때는 마침 추석이라 달이 대낮처럼 밝았다. 한종기가 답안지를 제출하러 갈 때 어떤 사람이 부르는 소리를 들었다.

"한종기, 돌아가는 게 좋아!"

이렇게 연이어 세 번이나 소리쳤는데 그 소리는 갈수록 날카로워 마치 그의 행동이 굼뜬 것을 나무라는 것 같았다. 한종기가 대답하며 말했다.

"알았어요."

답안지를 낼 때 사방을 둘러보니 시험장엔 아무도 없었다. 이에 뒤뚱뒤뚱 거처로 돌아왔다.

이튿날 한종기는 시험장에 있었던 학우에게 누가 불렀는지 물었다. 그러자 학우들이 대답했다.

"그런 일 없었어. 우리가 자네와 함께 돌아가고자 했다면, 반드시 너의 번호를 불렀을 거야. 어떻게 감히 네 이름을 직접 부를 수 있겠니?"

향시 합격자 발표가 났는데 한종기는 낙방했다.

이로부터 한종기는 우울하게 지내다가 오래지 않아 병에 감염되어 이로부터 일어나지 못했다. 임종하기 전에 그는 이태백의 "고개 들어 밝은 달 바라보고, 고개 숙여 고향을 그리워하네擧頭望明月, 低頭思故鄉"⁴라는 명구를 읊조렸다. 그는 눈을 뜨고 모친에게 말했다.

"지금 전생의 일을 깨달았어요. 저의 전생은 본디 옥황상제에게 꽃을 바치는 동자였어요. 한번은 옥황상제가 생일을 맞아 제가 헌화할 때 몰래 하계의 꽃등을 보았다가 공교롭게도 여러 신선에게 들켰지요. 그래서 저는 불경죄로 몰려 그 벌로 그날 당일에 인간세계로 내려오게 되었어요. 지금 벌 받는 기간이 차서 급히 돌아가는 것이니 모친께서는 염려치 마시옵소서."

한종기가 죽었을 때의 나이는 겨우 열다섯 살이었다. 민간의 속설에서는 정월 구일이 옥황상제의 생일이라고 전해진다.

---

4   이백李白의 「정야사靜夜思」에 나오는 구절이다.

서정로의 아내 유 씨

徐
俞
氏

등주 지주鄭州知州 서정로徐廷璐는 아내 유兪 씨와 금슬이 돈독했다. 유 씨가 죽은 뒤 서정로는 극도의 비통에 빠졌다. 아내 방에 있었던 화장품, 옷가지, 향을 모두 아내의 생전처럼 늘어놓았다. 아내는 생전에 항상 입는 조끼를 베개 위에 까는 습관이 있었는데 지금도 여전히 그 자리에 놓여 있다.

사망한 지 7일이 되자 뜰에서 유 씨에게 제사를 지냈다. 갑자기 어린 하녀가 놀라며 소리쳤다.

"부인이 살아났어요!"

서정로가 급히 아내의 침실로 달려갔다. 그러나 유 씨가 걸치던 조끼만 침상에 단정히 놓여 있을 뿐이었다. 잠시 후 서 씨 가족이 달려와 모두 자기 눈으로 이러한 정경을 목도했다. 이때 서정로가 앞으로 다가가 아내를 껴안으려고 하자 아내의 그림자가 잠시 보이더니 이내 사라졌다. 조끼는 우뚝 서 있다가 한참이 지나자 서서히 떨어졌다.

어느 날 저녁 서정로가 아내 방에 술자리를 마련해놓고 아내와 식탁에서 함께 대작하려고 했다. 그가 술잔을 들고 눈물을 흘리며 말했다.

"당신이 평소에 나보고 술을 끊으라고 권유했는데 지금은 나를 훈계할 사람이 없구려."

서정로의 말이 채 끝나기도 전에 그의 손에 든 술잔이 사라졌다. 모시고 섰던 노복들이 방에서 술잔을 찾아보았으나 잔의 종적은 보이지 않았다. 잠시 뒤 그 술잔은 이미 식탁에 엎어져 있었으며 술은 한 방울도 남지 않았다.

유 씨가 죽은 후 서정로의 첩이 사람들에게 이런 말을 했다.

"이제 부인은 두 번 다시 나를 욕하지 못할 것이오."

밤이 되자 유 씨가 그녀의 침상 앞으로 달려와 두 뺨을 때렸는데 검푸른 다섯 개의 손가락 자국은 3일이 지나서야 점차 사라졌다. 그로부터 온 가족은 유 씨를 경외했는데 그녀가 살아 있을 때보다 더 심했다.

비파 무덤

　한림 동조董潮[5]는 청년 시기 과거에 급제했으며 글씨, 그림, 시문도 동료 중에서 가장 뛰어났고 성격도 호탕하고 소탈했으며 『시경』 「국풍」을 좋아했다. 그리고 항시 여러 명사와 함께 도연정陶然亭[6]에 모여 산보하면서 시를 읊었다. 동조는 혼자 흙산 아래까지 가게 되었다. 거기서 갑자기 비파 소리를 듣고는 그 소리를 따라 찾아갔더니 무너진 집에서 나온 것이었다. 그 집에 17, 18세가량의 미녀가 창가에 앉아 있었다. 그녀는 담홍색 치마를 입고 창가에서 조용히 비파를 연주하다가 동조를 보고는 조금도 부끄러워하거나 회피하지 않고 여전히 연주했다. 동조는 주변을 맴돌면서 떠나려 하지 않았다.

　함께 간 문사들은 동조가 오랫동안 돌아오지 않자 함께 찾아 나섰다. 무너진 집의 창밖에 멍청히 서 있는 그를 발견하고 동조를 불

5　동조(1729~1764)는 자가 효창曉滄이고 호가 동정東亭이며 강소성 무진 사람이다. 건륭 연간의 진사이며 당시 한림원 편수를 지냈다. 주요 저작으로는 『동정시東亭詩』 『동고잡초東皐雜鈔』 『수화집시여漱花集詩餘』 『홍두시인집紅豆詩人集』 등이 있다.

렀으나 아랑곳하지 않았다. 문사들이 그를 꾸짖자 동조는 깜짝 놀라 꿈에서 깨어났다. 그 여자의 형체와 비파 소리도 모두 사라졌다.

동조가 문사들에게 방금 보고 들었던 일을 얘기해주었다. 이에 사람들이 그 집으로 들어가 찾아보았으나 땅엔 온통 깨진 기와뿐이고 네 벽은 허물어졌으며 사는 사람도 없었다. 한 떨기의 쑥만 있었는데 이곳이 바로 사람들이 말하는 '비파분琵琶墳'이었다. 문사들은 동조를 부축하여 집으로 데려다주었다.

오래지 않아 동조는 큰 병에 걸려 상주로 돌아와서 집에서 병사했다.

6 　지금의 베이징 쉬안우구宣武區 동남쪽의 도연정공원陶然亭公園 안에 있다. 도연정은 원대의 자비암慈悲庵 서쪽에 세워진 정자를 말한다. 강희 34년(1695)에 공부낭중工部郎中 강조江藻가 자비암 서쪽에 정자를 세우고 강정江亭이라 불렀다. 나중에 당대 시인 백거이(772~846)의 시 「유우석과 술을 사서 한가하게 마시고 뒷날 만나기로 약속하며與夢得沽酒閑飮且約後期」에 나오는 "여군일취도연與君一醉陶然" 구절을 따서 '도연정'이라 불렀다. '도연陶然'이란 두 글자가 아직도 정자 안에 남아 있다. 그리고 가오쥔위高君宇(1896~1925)와 스핑메이石評梅(1902~1928)의 유골이 이 공원 안에 안장되어 있다. 이곳은 수많은 명사가 집회를 열던 장소이기도 하다. 캉유웨이, 량치차오, 탄쓰퉁 등이 이곳에서 변법유신을 논의했으며 무술정변戊戌政變 때 희생된 강광인康廣仁(1867~1898)도 이곳에 매장되어 있다. 그리고 장타이옌章太炎(1869~1936)은 위안스카이의 칭제稱帝를 반대했다가 이곳의 용천사龍泉寺에 구금되기도 했다. 민국 초년에 쑨원孫文(1866~1925)이 베이징에 왔을 때 이곳 집회에 참가했으며 5·4운동 이후 리다자오李大釗(1889~1927), 마오쩌둥毛澤東(1893~1976), 저우언라이周恩來(1898~1976) 등도 이곳에서 집회를 가졌다. 그래서 1979년에는 이곳에 혁명문물진열실革命文物陳列室을 만들어 대외적으로 개방했다.

조아구

曹
阿
狗

　귀안현에 사는 정삼랑程三郎의 아내는 젊고도 예쁘며 품성이 고와
마을 사람들은 그녀를 삼낭자三娘子라고 불렀다.

　어느 여름날 새벽에 삼낭자가 단장하고 있을 때 갑자기 비정상적
으로 거동하여 미친 것 같았다. 정삼랑은 귀신 들린 것으로 여겨 왼
손을 뻗어 그녀의 뺨을 때렸다. 그러자 삼낭자가 외쳤다.

　"때리지 마세요. 저는 이웃 사람 조아구曹阿狗입니다. 우리 조 씨 집
에서 제사를 지낸다는 소식을 듣고 다른 조상들과 같이 돌아왔어
요. 그런데 집에 도착해보니 제 자리만 없더군요. 저는 부끄럽고도
배고파 삼낭자의 품성이 곱다는 말을 듣고 특별히 그녀의 몸에 붙어
먹을 것을 구걸했을 뿐입니다. 그러니 두려워하지 마세요."

　정삼랑의 이웃 조 씨는 향리의 대가족인데 그저께 스님을 불러
『염구경焰口經』[7]을 독송했다. 그러나 조아구는 도리어 조씨 집안의 무
뢰한이라서 아무도 자기 딸을 그에게 시집보내려고 하지 않았다. 그

─────────────

7　아귀餓鬼에게 시주施主를 올리는 경.

래서 그는 죽을 때까지 총각으로 지냈다. 조아구에게 후손이 없기에 제사지낼 때 그에게 자리를 마련해주지 않은 것이다. 조 씨 가족은 이 말을 듣고 두려워 급히 밥과 술을 준비하고 지전, 은과銀鑼 등을 태우며 삼낭자 앞에서 기도했다. 그러자 삼낭자가 말했다.

"오늘 저녁에 반드시 저를 위해 제단을 마련해 제 영혼을 강가로 보내주세요. 이후 제사가 있을 때마다 아구의 자리를 마련해주어야 됩니다."

조 씨는 두려워하며 아구의 요구에 따라 제사를 지내고 영혼을 보내주었다. 그러자 삼낭자의 병이 마침내 완쾌되었다.

전중옥

錢
仲
玉

전중옥錢仲玉은 소년 시절 실의에 빠져 절강성 난계현蘭溪縣 관아에서 막료로 지냈다.

정월 15일 원소절에 동료들은 모두 거리로 등불을 보러 나갔지만 전중옥은 기분이 좋지 않아 홀로 집에 남았다. 그는 정원에서 산보하며 달을 바라보다가 탄식했다.

"어쩌하면 은 500냥을 얻어 고향에 돌아가 온 가족과 모일 수 있을까?"

말이 떨어지자 계단 아래에서 응답하는 소리가 들렸다.

"있어요, 있어요!"

전중옥은 친구가 그를 조롱하는 것으로 여겨 사방을 둘러보았으나 사람이 보이지 않아 서재로 돌아와 앉았다. 이때 창밖에서 발자국 소리가 들렸고 이어서 한 미녀가 휘장을 걷고 들어와 전중옥에게 말했다.

"서방님, 두려워하지 마세요. 저는 사람이 아니지만 사람을 해치진 않아요. 타향에서 명절을 보내는 적막한 마음은 똑같은데, 방금 서방님께서 탄식하는 목소리를 듣고 가소롭게 느껴졌어요. 서방님처럼 당당한 7척 거구의 남자가 어찌 500냥 때문에 걱정하세요?"

"방금 '있어요, 있어요!'라고 말한 분이 당신이오?"

"그래요."

"어디 있단 말이오?"

그 미녀가 웃으며 말했다.

"서방님, 너무 조급히 굴지 마세요."

이렇게 말하고는 전중옥의 손을 끌어 함께 앉으며 말했다.

"제 이름은 왕육고汪六姑입니다. 사후에 이곳 지세가 낮은 웅덩이에 매장되었어요. 장기간 흙탕물이 들어와 더럽혀졌으니 서방님께서 제 유해를 높은 언덕에 이장시켜주시기 바랍니다. 그렇게 해주시면 서방님께서 필요하신 은으로 보답해드리지요."

"무슨 병으로 죽었소?"

이 말을 들은 미녀는 두 손으로 얼굴을 가리며 말했다.

"부끄러워 말할 수 없어요."

전중옥이 다시 고집스레 물어보자 미녀가 입을 열었다.

"저는 어렸을 때 남녀 간의 정사를 알아버렸어요. 가난한 집에서 태어나 성장했지요. 제가 거주하던 누각의 창문이 길가로 나 있어요. 하루는 창가에 앉아 있다가 우연히 잘생긴 소년이 밖에서 소피를 보는 모습을 목격했어요. 그가 자지를 꺼냈는데 선홍색으로 옥과 같았답니다. 저는 마음속으로 그를 흠모하게 되었죠. 그때부터 저는 온 천하의 남자가 모두 그러한 것으로 여겼어요. 나중에 채소를 파는 주周 씨에게 시집갔는데 그놈은 용모가 추악한 데다가 자지도 왜소하고 더러워 그 소년처럼 아름답지 않았어요. 그래서 원망하다가 병이 생겼어요. 게다가 입으로 말하기도 그렇고 하여 마침내 죽게 되었지요."

전중옥은 그녀의 말을 듣고는 정욕이 발동하여 급히 바지 허리띠를 풀고 미녀의 손을 끌어다가 자기 물건을 만지게 했다. 바로 이때 갑자기 다른 사람의 목소리가 전해오자, 미녀가 급히 옷소매를 떨치며 일어서서 말했다.

"아직 연분이 닿지 않았군요."

전중옥이 그녀를 동쪽 담장 밑까지 전송하자, 미녀는 손목의 은팔찌를 벗어서 전중옥의 손에 쥐여주며 말했다.

"서방님 영원히 잊지 마세요!"

말을 마치곤 사라졌다. 전중옥은 황홀하여 마치 꿈을 꾼 듯했다. 은팔찌가 아직 손에 있는 것을 보고 이를 몰래 숨겨두었다.

이튿날 밤에 인적이 드물어지자 전중옥은 홀로 어두운 담장 아래에서 산보하면서 사방을 둘러봤지만 다시 나타나지 않았다. 이에 그가 (우연히 만났던 미녀의 이야기를) 집주인에게 말해주고 증거로 은팔찌를 내놓았다. 집주인은 이상하게 여겨 담장 아래를 파보았다. 세자 정도 파니 과연 여자 시체 한 구가 나왔다. 의복과 장신구는 부식되었으나 안색과 피부는 살아 있는 듯 생생하여 전중옥이 본 미녀와 같았다. 다만 오른손에 은팔찌를 아직 끼고 있었다. 전중옥은 급히 자신의 외투를 벗어서 그 여자 시체를 덮어주었다. 그리고 관과 이불을 준비하여 그녀를 높은 언덕으로 이장했다.

그날 밤 왕육고가 꿈에 나타나 전중옥에게 감사를 표했다.

"서방님의 성심성의에 감사드립니다. 은이 있는 곳을 알려드릴게요. 서방님 침대에서 왼쪽으로 세 자 깊이의 지하에 있어요. 옛날에 어떤 사람이 은 500냥을 묻어놓았으니 내일 서방님께서 파내어 쓰세요."

전중옥이 그녀의 말대로 파보았더니 과연 은 500냥이 나왔다.

하마고

蝦蟆蠱

　　서생 주의인朱依仁은 글씨를 잘 써서 광서 경원 지부慶遠知府 진희방
陳希芳의 비서로 채용되었다.

　　한여름 어느 날 진희방이 술자리를 마련하여 막료를 초청했다. 착
석하고 나서 각자 모자를 벗었다. 이때 사람들은 주의인의 머리에
앉아 있는 커다란 두꺼비를 발견했다. 한 사람이 앞으로 나가 그 두
꺼비를 땅에 떨어트리자 두꺼비는 순식간에 사라졌다. 연회가 한밤
중까지 이어지자 그 두꺼비가 다시 주의인의 정수리에 올라갔으나
주의인은 전혀 눈치채지 못했다. 동료가 다시 두꺼비를 떨어트리자,
두꺼비는 식탁에 떨어져 요리와 안주를 전부 흩트렸다. 잠시 후 두꺼
비는 또 사라졌다.

　　주의인이 거처로 돌아와 누워 잠들려고 할 때 갑자기 정수리가 가
려웠다. 이튿날 정수리의 머리카락이 전부 빠지고 정수리에는 작은
무덤만 한 물집이 솟았으며 선홍색이었다. 잠시 뒤 그 물집의 피부가
갑자기 파열되더니 두꺼비 한 마리가 틈 속에서 머리를 내밀고 눈을
크게 뜨고는 사방을 두리번거렸다. 두 앞발로 정수리를 밟고 있었

고, 허리 이하는 물집 속에 숨어 있었다. 바늘로 찔러도 죽지 않았다. 두꺼비를 물집 속에서 끌어내리려고 했지만, 주의인은 고통을 참을 수 없었다. 의사조차 속수무책이었다.

경원 아문의 문지기 노인이 (그 두꺼비를 관찰하고 나서) 말했다.

"이것은 하마고蝦蟆蠱입니다. 금비녀로 찌르면 죽일 수 있지요."

사람들이 문지기 말대로 해보니 과연 효과가 있었다. 이에 그 두꺼비를 물집에서 꺼냈다. 이로부터 주의인은 무탈했으나 다만 정수리 뼈가 함몰되어 그 모습이 잔을 엎어놓은 것 같았다.

돈더 요괴

礮
怪

고예공高睿功은 대대로 부귀한 집안의 자제였다. 그의 집 대청 앞에 귀신이 출몰하곤 했다. 매일 밤 어떤 사람이 대청을 지나가면, 키가 한 길이 넘고 하얀 옷을 입은 사람이 뒤뚱뒤뚱 뒤에서 따라와 두 손으로 그 사람의 눈을 가리는데 얼음처럼 차가웠다. 이 때문에 고 씨 집안 사람들은 앞문을 닫고 옆문을 열어둔 채 출입했다. 나중에 흰옷 입은 사람이 점차 대낮에도 나타나는 바람에 고 씨 집안 사람들은 모두 피해다니게 되었다.

하루는 고예공이 술을 마시고 대청에 앉아 쉬고 있었다. 흰옷 입은 사람이 계단을 걸어다니며 대청 기둥에 기대서서 손으로 수염을 비비 꼬며 두 눈을 뜨고 하늘을 바라보았는데, 고예공이 그 자리에 있는 줄 눈치채지 못한 것 같았다. 고예공이 몰래 흰옷 입은 사람의 등 뒤로 가서 주먹을 휘둘러 때렸으나, 도리어 대청 기둥을 쳐서 손가락이 골절되고 선혈이 흘러나왔다. 흰옷 입은 사람은 이미 계단 한가운데 서 있었다. 고예공은 큰 소리를 치면서 추격했다. 그때 마침 비가 내려 이끼가 미끄러운 바람에 땅에 넘어졌다. 흰옷 입은 사람은 이를 보고 웃으며 손을 들어 고예공을 때리려고 했으나 허리가 굽어지지 않았다. 발로 차려고 했으나 발이 너무 길어 올릴 수 없었다. 괴물은 대로하여 계단을 돌며 포위했다. 고예공은 흰옷 입은 사람이 힘을 쓸 수 없음을 알고는 곧장 앞으로 달려가 두 발을 붙잡고 세게 쳤다. 흰옷 입은 사람은 땅에 쓰러지더니 곧바로 사라졌다.

고예공은 가족을 불러 흰옷 입은 괴물이 처음 나타난 곳을 파보게 했다. 세 자 정도 파니 백옥으로 만든 낡은 돈대가 나왔다. 돈대 위에는 선혈이 아직 남아 있었다. 고예공의 손가락에서 묻은 피였을 것이다. 고예공은 백옥 돈대를 쳐서 부쉈다. 이때부터 괴물은 나타나지 않았다.

육랑신이 야료를 부리다

六郎神鬪

광서 남녕南寧의 백성은 모두 육랑신六郎神[8]에게 제사를 지냈다. 어떤 사람이 죄를 범하기만 하면, 육랑신이 나타나 야료를 부렸다. 이 육랑신은 특히나 여자를 유혹하는 데 뛰어나 미녀들은 대부분 육랑신의 차지가 되었다. 피해를 당한 사람은 지전 한 다발, 쌀밥 한 그릇을 준비해두고 악공 두세 명을 초빙하여 심야에 제사를 지내 육랑신을 황량한 벌판으로 보냈다. 그러면 육랑신은 다른 사람의 집으로 가서 야료를 부렸다. 그래서 이곳 민간에서는 밤마다 육랑신을 전송하는 의식을 거행했다.

양삼楊三 아가씨는 나이 17세로 미모가 출중했다. 어느 날 저물녘에 양삼 아가씨와 부모가 함께 앉아 있었는데 갑자기 그녀가 두 눈을 휘둥그레 뜨며 미친 듯이 웃었다. 잠시 후 그녀는 다시 침실로 돌아와 연지 찍고 분 바르며 온갖 아양 떠는 모습을 지었다. 그녀의 부

---

8 민간에서 신봉하는 육랑신은 머리가 세 개, 팔이 여섯 개, 눈이 세 개인 신화 인물로, 모든 것을 통찰할 수 있다고 전해진다.

모가 다가가 연유를 물어보려고 했다. 그런데 갑자기 벽돌이 하늘에서 날아왔다. 이어서 침실 문이 닫히고 방에서는 남녀가 담소하는 소리가 전해졌다. 양삼 아가씨의 부모는 딸이 육랑신에게 미혹당한 것을 알고는 급히 악공을 불러 그를 내보내려고 했으나, 육랑신은 떠나려고 하지 않았다.

이튿날 새벽이 되자 양삼 아가씨가 침실에서 평상시처럼 걸어 나왔다. 그녀가 부모에게 말했다.

"육랑은 준수한 청년입니다. 그는 머리에 장건將巾[9]을 쓰고 몸에 연갑軟甲[10]을 걸쳤으며 나이는 대략 27, 28세로 저를 무척 사랑하니 그를 내보내지 마세요."

부모는 어쩔 수 없어 그대로 두는 수밖에 없었다.

이렇게 며칠 밤이 지났다. 한번은 양삼 아가씨가 갑자기 침실에서 뛰어나와 부모에게 말했다.

"또 다른 육랑이 왔어요. 그 사람은 긴 수염이 나 있고 얼굴은 흉악한데, 지금 앞의 육랑과 저를 쟁취하기 위해 싸우고 있어요. 앞의 육랑은 그의 적수가 아니어서 도망갈 수밖에 없을 거 같아요."

바로 이때 공중에서 싸우는 소리가 더 크게 들렸고, 방 안의 물건은 온전한 것이 하나도 없는 듯했다. 부모는 다시금 악공을 청하여 두 명의 육랑신을 모두 멀리 떠나보냈다. 이로부터 양삼 아가씨는 탈 없이 지냈다.

---

9 경극京劇에서 무장武將이 평상시에 쓰는 모자.
10 유연하면서도 질긴 재료로 만든 호신용 전투복.

반혼향

返魂香

초저招姐는 우리 집의 하녀인데 그녀의 조모 주周 씨는 일흔 살이 넘었으며 독실한 불교 신자였다.

어느 날 저녁에 주 씨는 막 침상에 누워 있다가 한 노파가 그녀 앞에 서 있는 모습을 발견했다. 처음 봤을 때 노파의 신체는 왜소했으나 자꾸 바라보니 신체가 점점 자랐다. 노파는 손에 종잇조각을 들고 주 씨의 안석 위에 쌓아두었다. 노파는 남색 치마를 입었는데 색깔이 몹시 고왔다.

주 씨는 마음속으로 가늠했다. 똑같은 남색인데 어째서 그녀 치마의 색깔만 유독 고운 것일까? 이에 노파에게 물었다.

"할머니가 입은 남색 베는 어디에서 염색했수?"

그 노파가 아무 대답도 하지 않자, 주 씨는 화가 나서 욕설을 퍼부었다.

"내가 묻는데도 대답을 하지 않다니 당신 귀신이오?"

"그래요."

"당신이 귀신이라면 날 잡으러 온 거요?"

"그렇습니다."

주 씨는 더욱 열불이 나서 욕을 했다.

"내가 잡힐 순 없지."

이렇게 말하고는 손을 앞으로 뻗어 노파의 뺨을 때렸다. 자신도 모르게 혼이 나가 문밖에까지 이르렀으나 그 노파는 사라졌다.

주 씨가 황사로 덮인 길을 걷던 중 발이 땅에 착지하지 않고 허공을 걷는 느낌이 들었고 사방엔 인적이 없었다. 그러다가 앞에 가옥이 나타났는데 외벽은 전부 하얀 석회로 칠해져 있고 상당히 넓었다. 주 씨가 문을 밀치고 방으로 들어서니 향안香案엔 높은 향초가 타올랐다. 향의 색깔은 붉은색, 노란색, 남색, 하얀색, 검은색의 다섯 가지로 나뉘었으며 향의 심지는 저울 기둥처럼 길고 향초의 윗부분이 붉게 타올랐다. 아래에 채색 비단이 겹겹이 쌓여 있어 마치 속세 영아의 목에 걸어놓은 유해劉海[11] 같았다. 한 노파가 향안 앞에서 무릎 꿇고 절하는데 모습이 무척 자상했다. 노파가 주 씨에게 왜 이곳에 왔는지 물었다. 그러자 주 씨가 대답했다.

"제가 길을 잃어 이곳까지 오게 되었어요."

노파가 다시 물었다.

"집에 돌아가고 싶어요?"

"돌아가고 싶지만 돌아갈 수 없을까 두려울 뿐입니다."

"이 향 연기만 맡으면 즉각 돌아갈 수 있답니다."

주 씨가 향안에 다가가 냄새를 맡으니 그윽한 향기가 곧장 뇌 속

11　부녀 혹은 아이들이 앞이마에 가지런하게 늘어뜨린 짧은 앞머리.

으로 들어갔다. 이에 깜짝 놀라 깨어났다. 가족들은 그녀가 집에서 뻣뻣하게 누운 지 3일이나 되었다고 알려줬다. 어떤 사람이 주 씨의 이 일을 듣고 말했다.

"그것은 바로 취굴산聚窟山[12]에서 나는 반혼향返魂香[13]입니다."

---

12 신화 전설에 나오는 산 이름으로 취굴주聚窟州에 있다고 한다.
13 『술이기述異記』(권상)에 따르면, 서쪽 바다 끝에 취굴주가 있고 그 위에 반혼수返魂 樹가 있는데 그 나무뿌리를 고아서 즙을 낸 뒤 반혼향이라는 환약을 만들어 죽은 이의 코에 대면 기사회생한다는 전설이 있다.

觀音作別

관음보살이 작별하다

내게 방方 씨 성을 가진 시녀가 있는데 단향목檀香木으로 조각한 관음보살을 모셨으며 크기는 네 치가량이었다. 나는 평소 도량이 큰 지라 관음보살에게 예배하지 않았으며 시녀가 모시는 것을 금하지도 않았다.

우리 집 하녀 장마張媽는 이 관음보살을 더욱 경건하게 모셨다. 그녀가 아침에 일어나 처음 하는 일은 관음보살 앞에 가서 향을 사르고 머리를 조아린 다음 집 안을 청소하는 것이었다. 하루는 내가 새벽에 일어나 몇 번이나 장마를 불러 세수하고 양치질하려고 했는데 그녀는 마침 관음보살에게 절을 하고 있었다. 나는 울화가 치밀어 관음보살을 들어 땅에 내던지고는 발로 몇 번 짓밟았다.

장마가 이 사실을 안 뒤 울면서 내게 말했다.

"어젯밤 꿈에 관음보살이 제게 와서 작별을 고하더군요. '내일 나는 작은 재난을 겪을 터 네 집을 떠나 다른 곳으로 갈 수밖에 없구나.' 지금 과연 나리가 짓밟았으니 이것은 운명이겠죠?"

이에 시녀는 이 관음보살을 준제암準堤庵으로 보내 모셨다.

내 생각은 이렇다. 불교 교의에서는 모든 것이 헛되다고 얘기했으니 관음보살이 어떻게 현몽하여 이처럼 교활한 일을 드러낼 수 있겠는가? 반드시 귀신이 그녀 몸에 붙어서 인간의 향불을 훔쳐 누리는 것이다. 이로부터 나는 가족들이 불상을 모시는 것을 허락하지 않았다.

兎
兒
神

토아신

청대 초년에 한 어사가 소년 시기에 과거에 급제하여 복건 순안福建巡按[14]으로 부임하게 되었다. 순안부巡按府에 호천보胡天保라는 사람이 있었는데 이 순안 대인의 미모를 애모했다. 순안이 수레를 타고 나가거나 대청에 올라 집무를 볼 때마다 그는 숨어서 훔쳐보곤 했다. 그의 이러한 행위가 순안에게 발각되어 의심이 생겼으나 그의 의도를 분명히 알진 못했다. 서리들에게 물어봐도 그들은 감히 사실대로 말하지 못했다.

오래지 않아 순안이 각 주현州縣을 돌며 순시하는데 호천보도 따라다녔다. 어느 날 호천보가 몰래 화장실에 숨어서 순안 대인의 엉덩이를 훔쳐보았다. 순안은 더욱 의심이 들어 그를 불러 문책했다. 처음에 그는 말하려고 하지 않았으나 몽둥이로 맞고 나서야 실토했다.

"사실 대인의 미모를 보고 나서 마음속으로 잊을 수 없기 때문입니다. 대인은 천상의 옥계玉桂이시니 어찌 저의 서식처가 될 수 있겠

---

14 순안어사巡按御使의 준말. 감찰어사로 각지를 순시하던 관리.

습니까? 그러나 대인만 보면 저는 정신이 아찔해져서 온전치 못하고 저도 모르는 사이에 이처럼 무례한 짓을 하게 됩니다."

순안은 이 말을 듣고 대로하여 즉각 하인을 시켜 몽둥이로 때려죽였다.

한 달이 지나 호천보가 동향 사람의 꿈에 나타나 말했다.

"저의 무례한 행위로 귀인의 존엄을 해쳐 문책당해 죽음에 이른 것은 본디 당연한 일이오. 하지만 저는 필경 단순히 사랑하는 마음과 일시의 치정을 가진 것에 불과하니 평시의 남을 해치는 것과는 다릅니다. 제가 저승에 이르니 그곳의 관리들이 모두 저를 비웃고 야유했으나 저를 증오하는 사람은 없었소. 지금 저승의 관청에서는 저를 토아신兎兒神으로 책봉하여 인간 세상의 남성 동성애 일을 전담시켰소. 그대들은 저를 위해 사당을 세워주고 제사지내주길 바라오."

복건 지방은 원래 남자를 의동생으로 삼는 풍속이 있는데[15] 호천보가 현몽하여 한 말을 듣고는 다투어 돈을 모아 사당을 세웠다. 묘신廟神은 과연 영험하여 밀회했으나 소원을 이룰 수 없었던 남성들

---

[15] 명대 심덕부沈德符(1578~1642)의 『만력야획편보유萬曆野獲編補遺』 권3 「풍속風俗·계형제契兄弟」에 "복건 사람들은 동성연애를 매우 중시했다. 신분이 고귀하거나 미천하거나 곱게 생겼거나 추하게 생겼거나 각기 같은 부류끼리 인연을 맺곤 했다. 나이가 많은 사람이 의형이 되고 나이가 적은 사람이 의동생이 된다. 그 의형이 의동생의 집에 들어가게 되면 의동생의 부모는 사위처럼 극진히 사랑해준다. 이후 의동생의 생계나 결혼 같은 여러 비용은 모두 의형이 맡아서 처리한다. 서로 사랑하기에 나이가 서른이 넘어도 여전히 일반 부부처럼 잠자리를 같이한다閩人酷重男色, 無論貴賤妍媸, 各以其類相結, 長者爲契兄, 少者爲契弟. 其兄入弟家, 弟之父母撫愛如婿, 弟日後生計及娶妻諸費, 俱取辦于契兄, 其相愛者, 年過而立者, 尙寢處如伉儷"라는 구절이 있다.

이 모두 이곳에 와서 기도했다.

정진방程晉芳[16]이 말했다.

"이 순안은 아마도 『안자춘추晏子春秋』[17]에서 무례한 일을 범한 사람을 죽이지 말라는 경고[18]를 읽지 못하여 그의 처리 조치가 너무 무거웠다. 적위인狄偉人 선생이라면 그렇게 처리하지 않았을 것이다. 전하는 말에 따르면 적위인 선생이 한림원 편수를 지낼 때 역시 젊고 잘생겼었다. 한 젊은 가마꾼이 선생의 집에 들어와 선생의 수레를 끌었는데 일을 매우 신중하고 부지런하게 했다. 적狄 선생은 그에게 임금을 주었지만 그는 받으려고 하지 않았다. 선생도 그를 애호했다. 오래지 않아 가마꾼이 위독하여 의사를 불러 약을 먹여도 효과가 없었다. 임종 때 그는 적 선생을 병상 앞으로 불러 선생에게 말했다.

'저는 곧 죽으려고 하니 한마디 안 할 수가 없네요. 제가 이렇게 병들어 죽게 된 것은 제가 나리의 미모를 사랑했기 때문입니다.'

적 선생이 크게 웃으면서 가마꾼의 어깨를 치며 말했다.

'어리석은 친구! 자네가 정말 그런 마음을 가졌다면 어째서 일찍 말하지 않았어?'

가마꾼이 죽은 뒤 적 선생은 그의 장례를 후하게 치러주었다."

---

16 청대 경학가, 시인 정진방(1718~1784)은 자가 어문魚門이고 호가 계환桂宦이다. 안휘성 흡현歙縣 사람이며 건륭 연간의 진사였다. 주요 저작으로는 『즙원시戢園詩』(30권), 『면화재문勉和齋文』(10권) 등이 있다.

17 춘추 시대 제나라의 정치가 안영晏嬰의 언행을 기록한 책.

18 『안자춘추』 「외편」 제8조에 나온다.

옥매

玉梅

  내 동생 원향정袁香亭의 어린 하녀 옥매玉梅의 나이는 대략 열 살이
넘었다. 어린 하녀는 평소 손발이 매우 쟀으나 갑자기 게을러지더니
하루 종일 침상에 누워 잠만 잤다. 이 때문에 몇 번이나 벌을 주었으
나 여전히 고쳐지지 않았다. 그녀는 밤마다 중얼거렸는데 마치 다른
사람과 조용히 말하는 것 같았다. 향정이 내막을 물어도 그녀는 말
하려 하지 않았다. 이에 사람을 시켜 그녀의 하의를 벗겨 음부를 검
사했더니 이미 처녀가 아니었고 음부는 문드러져 있었다.
  향정이 대로하여 고문을 하자 옥매가 그제야 실토했다.
  "밤마다 괴물이 나옵니다. 모습은 검은 양 같고 인간의 말도 할 수
있어요. 그의 양물은 털이 난 송곳 같아서 고통을 감당할 수가 없어
요. 괴물이 남에게 알리지 말라고 저를 협박했어요. 이 일을 다른 사
람에게 알리면 저를 끌어다 죽이겠다고 했어요."
  향정의 가족은 그녀의 말을 듣고는 놀라움을 금치 못했다.
  밤이 되자 옥매가 침상에 든 뒤에 향정은 몰래 숨어서 엿들었다.
처음엔 고양이가 물을 마시는 소리 같더니 나중엔 신음하기 시작했

다. 향정이 여러 사람을 데리고 몽둥이를 들고 방 안으로 들어가 촛불을 들어 사방을 비춰보니 다른 사람은 없었다. 향정이 물었다.

"괴물이 어디에 있느냐?"

옥매가 침상 아래를 가리키며 말했다.

"저 푸른 두 눈을 가진 것이 괴물입니다."

과연 그 괴물이 보였다. 괴물의 눈에서 쏘는 두 줄기 파란빛이 침상 휘장을 모두 파랗게 물들였다. 가족들이 몽둥이로 때리자 괴물은 창문으로 뛰어나가 도망쳤다. 휘장의 갈고리, 상자에 걸린 고리 같은 것이 흔들려 소리가 요란스럽게 울렸다.

이튿날 옥매가 실종되었다. 도처에서 찾아보았으나 그녀의 종적은 보이지 않았다. 저물녘에 주방 찬모가 장작을 쌓아놓은 창고의 서쪽 구석에서 바람에 날리는 붉은 치마를 발견했다. 사람들이 가서 그녀를 찾아냈으나 이미 인사불성이었다. 그녀에게 생강즙을 먹이자 서서히 깨어나기 시작했다. 옥매가 이렇게 말했다.

"어젯밤에 괴물이 돌아와 제게 말했어요. '우리 둘의 일이 네 주인에게 발각되었으니, 너를 안고 갈 수밖에 없구나.' 그는 마침내 저를 장작 창고에 숨겨놓고 오늘 저녁에 다시 온댔어요."

다시 옥매에게 물었다.

"어젯밤에 고양이가 물을 마시는 소리를 들었는데, 그것은 무슨 일이냐?"

"그 괴물이 매번 제게 음란한 짓을 하기 전에 먼저 핥은 다음 성교를 합니다. 입으로 핥는 재미가 좋아요."

향정은 그날로 중매쟁이를 불러 옥매를 다른 사람에게 팔아버렸다. 하지만 그 괴물은 결국 그녀를 따라가지 않았다.

盧彪

내가 젊었을 때 같은 학관에서 공부하는 노표盧彪라는 동학이 있었다. 하루는 노표가 학관에 왔는데 울상을 지었다. 동학들이 묻자 그가 대답했다.

"내가 어제 서호 가로 성묘 갔다가 늦게 돌아오니 성문이 닫혔더군. 그래서 성 밖의 여관에서 묵을 수밖에 없었어. 그 밤 달빛이 유난히 밝더군. 닭이 처음 울 때 일어나 달빛을 밟으며 성으로 돌아왔지. 청파문 근처에 왔을 때 돌 위에 앉아 잠시 쉬었네. 그런데 멀리서 한 여자가 다가오더니 내게 엎드려 절을 하는 거야. 귀신인가 싶어 얼른 『대비주』를 독송하며 다가오는 걸 막았지. 그 여자는 그 소리를 듣고는 두려운 듯 감히 내게 접근하지 않더군. 나는 읊으면서 그녀에게 다가갔지. 내가 다가갈수록 그녀는 뒤로 물러나더군. 이때 내 마음도 당황스러워 걸음아 살려라 하고 도망쳐서 한달음에 몇 리 길을 달려 청파문까지 왔지. 이때 동방이 밝아지고 날이 환해져서 성 안팎에서 생선 장수, 짐을 진 상인이 많이 오가더군. 내 생각에 지금은 두려울 바가 없으니 차라리 그곳에 가서 그 여자의 종적을 찾아보고 싶더라고. 이에 나는 다시 원래의 길을 따라 걸어갔지. 뜻밖에도 그 여자가 내가 앉았던 바위에 앉아 누군가를 기다리는 듯했어. 그녀는 나를 보자 크게 웃으며 내게 덮치더군. 입에서 냉기를 뿜었는데 마치 화살을 쏜 듯 내 머리카락이 쭈뼛쭈뼛 솟고 온몸이 벌벌 떨렸어. 나는 두렵고 조급하여 다시 『대비주』를 읊으며 막았지. 그 여자는 화부터 내더군. 그녀가 두 손을 위로 뻗으니 옷소매에서 마른 뼈 두 개가 나왔는데 '칙칙' 소리가 들렸어. 삽시간에 그녀의 얼굴색이 변하여 푸르지도 않고 누렇지도 않았으며 일곱 구멍에서는 피가 흘러나오더군. 나는 나도 모르게 크게 소리 지르며 땅에 쓰러졌네. 그녀의 마른 뼈도 내 몸 위로 덮쳤어. 나는 이때부터 혼수상태였지. 나중에 길을 지나가는 사람이 나를 부축하여 일으킨 다음 생강즙을 먹인 뒤에 깨어나기 시작해 집으로 돌아온 거야."

나는 동학들과 급히 술을 마련하여 놀란 노표를 진정시켜주었다. 노표를 자세히 살펴보니 그의 귓구멍, 콧구멍 및 변발 속에 파란 진흙이 들어 있었고 듬성듬성하니 크기는 콩만 했다. 어떤 사람은 이것이 모두 노표 스스로 넣은 것이라서 그의 두 손에 모두 진흙이 묻었다고 말했다.

孔林古墓

옹정 연간(1723~1735)에 진문근陳文勤[19] 공 세관世倌이 지시를 받들어 공림孔林[20]을 수리하고 있었다. 공묘孔墓에서 40여 걸음 떨어진 곳에 지면이 움푹 꺼져 동굴 구멍이 생겼다. 동굴 안으로 내려가 살펴보니 안에 한 길이 넘는 크기의 석탑石榻이 보이고, 석탑 위에 놓인, 주목으로 만든 관은 이미 썩어 있었다. 그리고 기골이 장대한 백골 한 구가 있었다. 백골 옆엔 청동 검이 놓였는데 크기는 한 길이 넘고 반짝반짝 녹색 빛을 내고 있었다. 그 밖에 죽간竹簡 수십 편이 있었으며 그 위엔 과두蝌蚪 문자[21]가 새겨져 있었으나 만져보자마자 모두 재로 변해버렸다. 정鼎, 조俎, 준尊, 이彝 등이 있었으나 대부분 심하게 파손되었다.

---

19 진문근(1680~1758)은 이름이 세관世倌이고 시호가 문근이다. 절강성 해녕海寧 사람이고 강희 42년(1703)의 진사이며 관직은 공부상서, 문연각대학사에 이르렀다.

20 오늘날 산둥성 취푸曲阜에 있는 공자 및 그 자손들의 묘지를 말한다.

21 머리 부분은 굵고 꼬리 부분은 가늘며 모양새가 올챙이를 닮았다고 해서 과두 문자라고 부른다.

진문근 공은 이 무덤의 연대가 공자보다 이르다고 여겼다. 그래서
경거망동해서는 안 된다고 생각했다. 이에 조심히 다루어 벽돌로 묘
혈 입구를 잘 막아놓고 소뢰小牢를 진설하고 제사를 지냈다.

史閣部降乩

사 각부에 계선이 강림하다

양주 태수 사계곤謝啓昆[22]이 부계扶乩하니 계선이 재색 계반에 「정기가正氣歌」 몇 구를 썼다. 사 태수는 문천상 선생일 거라고 여겨 급히 의관을 바로잡고 절을 하고는 계선의 이름을 물었다. 그러자 계선이 대답했다.

"저는 망국의 비루한 신하 사가법이올시다."

그때 사 태수는 마침 사가법의 사당과 무덤을 수리하고 능묘 주위에 소나무와 매화나무를 심고 있었다. 이에 그가 계선에게 물었다.

"저는 공을 위해 사당과 무덤을 수리하고 있는데 알고 계신지요?"

"알고 있지요. 하지만 이것은 태수의 직책이기는 하나 일반 관리들이 할 수 있는 일이 아니오."

사 태수가 자신의 최고 관직을 묻자 계선이 대답했다.

---

22 사계곤(1737~1802)은 자가 온산蘊山이고 호가 소담蘇潭이며 강서성 남강南康 사람이다. 건륭 연간의 진사이며 관직은 광서 순무를 역임했다. 주요 저작으로는 『수경당집樹經堂集』(23권), 『수경당영사시樹經堂咏史詩』(526수), 『서위서西魏書』(24권) 등이 있다.

"지위가 없다고 걱정하지 마시오. 그대가 염려해야 할 것은 지위를 가지고 있으면서도 하지 않는 일이오."

"앞으로 자식을 가질 수 있는지요?"

"자식을 낳아 자신의 명성이 더럽혀지는 것보다는 차라리 자식 없이 후세에 이름을 남기는 것이 낫소. 태수께서는 이를 명심하시오."

"선생께서는 이미 신이 되셨습니까?"

"그렇소."

"어느 신이 되었는지요?"

"천조계찰대사天曹稽察大師요."

계선은 말을 마치고 태수에게 긴 종이 한 폭을 요구했다. 사 태수가 어디에 쓸 거냐고 묻자 계선이 말했다.

"대련 한 폭을 적으려고 하오."

사 태수가 종이를 주자 계선이 붓을 휘둘러 썼다.

일대의 흥망을 운명으로 돌리니 一代興亡歸氣數

천추의 사당 강산에 기대고 있네 千秋廟貌傍江山

서예의 글씨는 고아하고도 힘이 있어 보였다. 사 태수는 이 대련을 사가법 사당 정문의 양쪽에 걸어두었다.

懸
頭
竿
子

머리를 버건 장대

한 현령이 보산현寶山縣에서 임직할 때 지나가는 객상이 찾아와 강가의 부두에서 남에게 재물을 빼앗겼다고 고발했다.

현령이 그곳으로 가서 조사했다. 이곳에서 수로로 가면 직접 현성縣城으로 통하나 배를 타면 도리어 여기서 다시 짐꾼을 고용하여 운행하는 것이 관례였다. 현령은 마음속으로 꼼수가 있다고 여겼으나 사람들은 그 진상을 얘기하지 않았다.

한 파총把總이 뵈러 와서 말했다.

"여기서 배를 타면 현성으로 곧바로 갈 수 있어요. 지금 객상이 여기에 와서 짐을 부리고 육로로 짐을 운송한 것은 모두 부두의 백성이 너무나 가난하기 때문이지요. 그들은 전부 짐을 싣고 부리는 수입에 의거하여 생계를 유지합니다."

현령이 객상의 물건을 약탈한 사건이 있는지 물었다.

"감히 말할 수 없습니다. 나리께서 소인의 죄를 용서하시면 제가 한 말씀 드리지요."

"청대의 율령에 자수하면 죄를 면해준다는 조항이 있지 않소? 그대가 내게 사실대로 고하면 자수하는 것으로 쳐줄 텐데 그대는 무엇 때문에 주저하오?"

"그 재물을 약탈한 사람은 모두 이 일대를 장악한 깡패입니다. 소인의 아들도 한패입니다. 지난달 한 객상이 이곳을 지나 현성으로 통하는 수로를 보고는 짐을 부리려고 하지 않았지요. 그래서 싸움이 벌어진 사실이 있었어요."

건륭 30년(1765) 조정에서 반포한 새로운 조례에 따르면 강도를 붙잡으면 파격적으로 승진시켜주기로 되어 있다. 현령은 이 약탈 사건을 판정할 때 승진하고 싶은 마음에 자신이 강도를 붙잡았다고 말하고는 문서를 갖추어 상부에 보고했다. 또 파총이 실정을 알고도 보고하지 않았다면서 범인은닉죄에 따라 처단했다. 함께 참수당한 사람은 모두 6명이다. 현령은 안경 지부安慶知府로 승진했고 6년 뒤엔 송태 도대松太道臺[23]가 되었다.

한번은 도대가 연해를 순시하다가 당시 강도 사건이 발생한 보산현의 부두에까지 왔다. 보니 그곳엔 여전히 여섯 개의 장대가 세워져 있고 위에는 여섯 구의 해골이 걸려 있어 따르던 관리에게 물어보았다.

"앞의 장대 끝에 걸린 것이 무엇이냐?"

뒤따르던 관리가 급히 대답했다.

"여섯 강도의 두개골입니다. 이 때문에 대인께서 승진하셨는데 벌

---

23   송강부松江府와 태창주太倉州를 합하여 송태도라 부른다. 이 지역은 중요한 곳이라서 특별행정구역으로 도道가 설치되었다.

써 잊은 것은 아니시겠지요?"

도대는 자신도 모르게 모골이 송연해져 화를 내며 말했다.

"죽일 놈 같으니! 누가 나를 이곳으로 데려왔느냐? 빨리 돌아가자,
얼른 돌아가자!"

가마가 관아에 도착하자마자 문지기에게 욕을 퍼부었다.

"이곳이 관아의 내실이거늘 네가 감히 파총을 멋대로 들이다니!"

욕설이 끝나자 갑자기 도대는 등이 아프다고 소리쳤다. 가족이 등
을 보니 커다란 농창이 있었고 주위엔 여섯 개의 농두膿頭가 있어 마
치 농창을 둘러싸고 깨문 것 같았다. 도대의 가족은 이것이 불길한
징조임을 알고 급히 지전을 태우고 고승을 불러 참회했다. 그러나 끝
내 도대는 일어나지 못했다.

진자산

陳
紫
山

향시와 회시에서 나와 같이 급제한 진자산陳紫山의 이름은 대곤大鯤이고 강소 율양溧陽 사람이다. 진자산이 현학縣學에 들어갈 때 나이는 열아홉 살이었다. 한번은 그가 갑자기 병이 나 위독해졌다. 꿈속에서 자색 옷을 입은 스님이 자신을 현규 대사玄圭大師라 소개하고 그의 손을 잡으며 말했다.

"네가 날 속이고 인간 세상으로 왔다니 돌아가는 게 좋을 거야."

진자산이 대답하기도 전에 스님이 웃으며 말했다.

"급할 거 없어, 급하지 않아. 자네가 인간 세상에서 진사에 합격하여 한림원에 들어갔으니 이를 좀 누리다가 와도 늦지 않지."

스님이 또 손가락을 꼽으며 말했다.

"17년 후에 만나세."

이 말을 하고는 떠나버렸다. 진자산이 놀라서 깨어나니 온몸에 땀이 흐르면서 병이 나았다.

건륭 4년(1739)에 진자산은 진사에 합격하고 한림원에 들어가 관직이 시독학사侍讀學士에 이르렀다. 38세 되던 그해 가을에 진자산은 이질을 앓아 오랫동안 치료해도 낫지 않았다. 이 때문에 지난날 꿈속에서 스님과 17년 뒤에 보자고 약속했던 날짜가 생각났다. 그는 이 병이 호전되지 않으리란 것을 알고 웃으며 가족에게 말했다.

"현규 대사가 아직 오지 않으니 아마 연기되었는지도 모르겠군."

어느 날 아침에 진자산이 일어난 뒤 분향하고 목욕재계하고 나서 관복을 정갈하게 차려입고는 가족에게 말했다.

"나의 스승[현규 대사]이 오셔서 이제 떠나야 하네."

같은 해에 과거에 급제한 한림원 편수 김질부金質夫[24]가 진자산을 찾아왔다. 김질부는 평소 독실한 불교 신자인데 옆에서 큰 소리로 외쳤다.

"자네를 세상으로 보냈다가 다시 자네를 데려가면서 왔다 갔다 하니, 무슨 까닭이겠는가?"

이때 진자산은 이미 혼수상태가 되어 두 눈을 감았다. (김질부의 말을 듣고는) 억지로 일어서서 눈을 부릅뜨며 말했다.

올 때에도 막지 않았고 來原無礙

갈 때도 거리낌 없노라 去亦無妨

인간 세상이나 천상이나 人間天上

모두 똑같은 곳이거늘 一個壇場

---

24 본명은 김문순金文淳이고 질부는 그의 호다. 자는 금문金門이고 절강성 인화 사람으로 한림원 편수, 봉천奉天 금주부錦州府 지부知府를 지냈다.

이 말을 마치고 가부좌를 튼 채 사망했다.

忌
火
日

화일을 꺼리다

조내은曹來殷[25]은 북경에서 한림원 편수로 재직하고 있었다. 어느 날 그가 낮잠을 자다가 건장한 남자가 찾아와 절하는 꿈을 꾸었다. 그 사람은 자칭 황곤포黃昆圃[26] 선생이라 하는데 만나자마자 그를 끌고 가버렸다. 한 곳에 이르러 보니 궁전은 으리으리하고 정전에 남향으로 앉은 신이 있는데 청대의 관복을 입고 조내은을 불러들이면서 말했다.

"우리 세 사람은 모두 한림원 관리이기에 선후배의 예를 거행할 뿐, 상하의 예를 올리지 않겠습니다."

좌정한 뒤 신이 조내은을 주시하면서 말했다.

25　본명은 조인호曹仁虎(1731~1787)이고 자가 내은이며 호는 습암習庵이다. 가정嘉定(지금의 상하이 시내) 사람이고 건륭 26년(1761)의 진사이며 관직은 시독학사에 이르렀다. 주요 저작으로는 『완위산방시집宛委山房詩集』 『용경당문고蓉鏡堂文稿』 등이 있다.

26　황숙림黃叔琳(1672~1756)은 아명이 위원偉元, 자가 곤포, 굉헌宏獻, 호가 금돈金墩, 북연재北硯齋다. 강희 연간의 진사이며 강희, 옹정, 건륭 연간에 첨사詹事, 내각학사, 예부시랑, 형부시랑, 이부시랑을 역임했다. 주요 저작으로는 『사통훈고보史通訓故補』 『문심조룡집주文心雕龍輯注』 『관북역초觀北易抄』 『시경총설詩經總說』 등이 있다.

"경은 열한 살 때 좋은 일을 했지요. 상제도 알고 있어요. 그래서 특별한 지시를 내려 경을 이곳에 불러와 관직을 주려는 것이니 경은 신속히 와야 합니다."

조내은은 신의 말을 듣고 망연하여 어릴 적 무슨 일을 했는지 기억이 나지 않았다. 그는 재삼 고사하면서 집안이 빈한하고 자녀가 어려서 오고 싶지 않다고 말했다. 그러자 신은 화가 나서 옆의 황곤포 선생에게 말했다.

"당신이 잘 권유해보시오."

이렇게 말하고는 두말 없이 들어갔다.

황곤포가 조내은의 손을 잡아끌고 웃으며 말했다.

"저도 한림이란 자리가 고생스럽다는 건 잘 알지요. 경은 어째서 가족만 생각하시고 직무를 맡으려 하지 않으십니까?"

조내은이 재삼 부탁하자 황곤포가 말했다.

"제가 경을 위해 사정한다면 가능할 것 같아요. 하지만 경은 이후에 화일火日을 만나면 절대 문밖으로 나가지 마세요. 절대 잊지 마십시오."

조내은이 그 신이 누구냐고 물으니 황곤포가 말했다.

"장경강張京江27 상공입니다."

또 거기가 어디냐고 물으니 그가 대답했다.

---

27 장옥서張玉書(1642~1711)를 말한다. 호가 경강, 자가 소존素存이고 강소성 단도丹徒 사람이다. 순치 18년(1661)의 진사이며 관직은 문화전대학사에 이르렀다. 주요 저작으로『장문정집張文貞集』이 있다.

"천조天曹[28]의 도찰원입니다."

조내은은 이 말을 듣고 놀라 깨어났다.

이로부터 조내은은 문을 나설 때마다 역서를 뒤적여보았다. 화일을 만나면 경조사가 있어도 절대 문밖을 나서지 않았다. 그러나 몇 년이 지나자 조내은은 (화일에 문을 나서지 않는다는) 의식이 희미해졌다. 건륭 33년(1768) 음력 12월 23일에 그는 내각 중서中書 엄동우의 초청을 받아 정진방의 집에서 거행한 시회詩會에 참가했다. 현지 풍속에 따르면, 이날은 민간에서 조왕신에게 제사지내는 날이라 사람들은 이를 제목으로 삼아 시를 지으며 읊조렸다. 순식간에 술잔이 몇 순배 돌자 조내은은 갑자기 정신이 혼미해지더니 잠자려고 하는 것 같았다. 잠시 후 그는 두 눈을 감고 땅에 쓰러졌다. 여러 손님이 크게 놀랐다. 어떤 사람은 시구에 조왕신을 모욕하는 말이 들어 있어 조왕신이 야료를 부린 것으로 여겼다. 이에 모두 조왕신에게 머리를 조아리며 사죄했다. 삼경이 되자 조내은은 겨우 깨어나 검은 도포를 입은 사람이 그를 보내주어 돌아왔다고 말했다. 이튿날 조내은이 역서를 가져와 살펴보니 23일이 바로 화일이었다.

---

28 도가에서 말하는 천상의 관서官署. 선관仙官을 가리킨다.

주 법사

朱
法
師

　내가 한림원에 있을 때의 동료 주운朱沄[29]의 부친 주박암朱朴庵 선생은 섬서 사람이다. 주박암 선생은 젊었을 때 학관을 설립하여 아동을 가르치는 것으로 생업을 삼았다. 한번은 그가 우연히 한 마을을 지나는데 마을 사람들이 모두 앞 다투어 전해주었다.

　"주 법사가 왔어요."

　사람들은 술과 요리를 준비하여 그를 잔치에 불렀다. 또 그에게 이름을 써줄 것을 부탁했는데, 이를 가지고 귀신을 진압한다는 명분이었다.

　주박암 선생이 웃으며 마을 사람들에게 알려주었다.

　"저는 아동을 가르치는 선생일 뿐, 법사가 아니올시다. 게다가 법술 같은 것도 없으니 요괴를 진압할 수 없어요. 어디다 쓰시게요?"

　"우리 마을에 호선狐仙이 있는데 백성을 해친 지 벌써 3년이 되었

29　자는 과한課閑이며 오현吳縣 사람이다. 주요 저작으로 『묵림금화속편墨林今話續編』 등이 있다.

408

어요. 어제는 호선이 하늘에서 말하더군요. '내일 주 법사가 오면 나는 그를 피할 것이다.' 오늘 선생이 오셨는데 성도 주 씨여서 법사라고 여긴 겁니다."

주박암 선생이 그들에게 이름을 써주자 이 마을은 과연 태평해졌다.

오래지 않아 주박암 선생이 다른 마을로 갔다. 이 마을 사람들도 이전 마을처럼 그를 환영하면서 말했다.

"호선이 말했지요. 20년 뒤에 주 법사와 태학太學의 숭지당崇志堂[30]에서 만날 거라고요."

그때 주박암 선생은 아직 향시조차 치르지 않았었다.

나중에 주박암 선생은 임자과壬子科(건륭 57년, 1792)의 향시에 합격하고 국자감國子監 조교로 선발되었다. 임지에 도착한 뒤 그는 국자감의 제기를 모두 호선이 훔쳐간 것을 발견했다. 제사를 주관하는 담당자가 이 때문에 당황하여 곳곳에서 찾아보았으나 끝내 찾지 못했다. 막 가격을 따져 배상하려는데 주박암 선생은 20년 후에 태학의 숭지당에서 만나자는 말이 생각나 제문을 써서 호선에게 도움을 요청했다. 어느 날 저녁 잃어버렸던 제기가 전부 숭지당에 나타났는데, 어느 것 하나 손상되지 않았다. 주박암 선생이 손가락을 꼽아 계산해보니, 그가 이전의 그 마을을 떠난 지 마침 20년째였다.

---

30 북경 안정문安定門 내 성현가成賢街 공묘孔廟의 서쪽에 있는 국자감의 중심 건물이 벽옹辟雍이다. 이는 북경 '6대 궁전'의 하나다. 벽옹 북쪽에는 장서실인 이륜당彝倫堂이 있고, 양쪽에는 강의실인 육당六堂이 있다. 동쪽에 솔성당率性堂, 성심당誠心堂, 숭지당崇志堂이 있고, 서쪽에는 수도당修道堂, 정의당正義堂, 광업당廣業堂이 있다.

성문의 얼굴

城門面孔

광서부廣西府 아문의 한 관리 이름이 상령常寧이었다. 하루는 오경에 상령이 긴급한 사무를 집행하려고 성문을 나섰다. 그때는 성문이 아직 열리지 않아 그가 손으로 문을 잡았는데 그 성문은 유난히 부드러워 마치 사람 피부 같았다. 상령이 깜짝 놀라 희미한 달빛으로 똑바로 보았더니 거대한 사람의 얼굴로 성문을 막고 있었으며 얼굴에 오관이 모두 갖춰져 있고 두 눈은 키箕만 했다. 상령은 놀라 몸을 돌려 도망갔다. 날이 밝자 사람을 따라 성을 나갔으나 성문은 아무런 이상이 없었다.

竹
葉
鬼

풍계豐溪[31] 사람 오봉아吳奉珴가 복건의 먼 산악지대에서 벼슬하다
가 병으로 사직하고 고향으로 돌아왔다. 그가 배를 타고 예장豫章[32]
을 지나는데 그때는 한여름이라 백화주百花州[33]의 빈 여관을 빌려 묵
었다.

이 여관의 방이 매우 넓어서 오봉아는 몹시 쾌적함을 느꼈다. 그
러나 여관 안팎으로 항상 귀신이 우는 듯한 소리가 들렸다. 사람이
혼자 움직일 때 왕왕 검은 그림자를 보기도 했다.

어느 날 저녁에 오봉아가 걸상을 주랑 난간의 한쪽에 놓고 더위를
식히고 있는데, 담장 모서리의 파초에서 '쏴쏴' 하고 소리가 났다. 잠
시 후 많은 사람이 나왔는데 거인, 난쟁이, 뚱뚱이, 홀쭉이가 있었으
나 모두 한 자를 넘지 않았다. 마지막에 나온 사람은 키가 상당히 크

---

31 지금의 후베이성 주시현竹溪縣 평시진을 말한다.
32 지금의 장시성 난창南昌 지역을 말한다.
33 지금의 난창시 둥후東湖호에 있는 명승지다. 관오정冠鰲亭, 구곡교九曲橋 등이 있다.

며 머리엔 큰 삿갓을 써서 얼굴을 가렸다. 이들이 갑자기 담장을 에 우고 왔다 갔다 하는데 수십 개의 오뚝이 같았다. 오봉아가 급히 사람들을 불러 달려왔을 때 그 난쟁이는 갑자기 사라지고 온 천지에 반딧불이로 변했다. 오봉아가 손을 뻗어 한 마리를 잡으니 손안에서 '까까' 하고 소리를 냈다. 나머지 반딧불이는 모두 사라졌다. 오봉아가 촛불을 가져와 비춰보니, 그가 손에 쥔 것은 대나무 잎이었다.

어느 귀족 관리의 큰아들은 성품이 흉악하고 포악했다. 부하가 그의 마음에 차지 않은 탓에 때려서 죽게 만들었다. 그리고 시녀들의 하체를 비인도적인 형벌인 궁형으로 폭행했다. 오래지 않아 이 불량배는 병들어 죽었다.

불량배가 죽은 뒤 생전의 심복 하인에게 현몽하여 말했다.

"저승에서는 생전에 포악했기에 내게 벌주어 다음 생애에선 짐승으로 태어날 것이다. 내일 새벽에 어미 당나귀의 배에 들어가 환생할 것이니, 너는 신속하게 어느 골목의 당나귀 고기 집으로 가서 그 어미 당나귀를 사와 내 목숨을 구해야 한다. 지체하면 안 된다."

그 불량배가 매우 슬프게 말했다. 그 하인은 꿈속에서 깨어나 마음속으로 반신반의하며 다시 잠들었다. 잠시 뒤 그 불량배가 다시 꿈에 나타나 말했다.

"내가 생전에 네게 은혜를 베풀었지. 지금 너만이 날 구해줄 수 있는데 설마 평소에 베푼 은혜를 잊은 건 아니겠지?"

그 하인은 불량배의 말을 듣고 즉각 그 골목으로 달려갔다. 어미 당나귀는 마침 도살당하려던 찰나였다. 하인이 이를 구입해서 집으로 끌고 와 뜰에서 길렀다. 나중에 어미 당나귀가 새끼를 낳았는데 마치 이 집 사람들을 아는 것처럼 굴었다. 사람들이 '당나귀 나리'라고 부르면 그 새끼는 펄쩍펄쩍 뛰어 달려왔다. 추鄒 씨 성을 가진 화가가 그의 집 후원 옆에 살았다. 하루는 갑자기 당나귀 울음소리를 듣고는 의혹이 들었다. 이에 불량배의 가족이 그에게 알려주었다.

"우리 집 당나귀 나리가 우는 소리입니다."

熊太太

곰 부인

강희 연간에 서울 내성에 사는 오공伍公의 벼슬은 삼등 시위였다. 그해에 오공은 황제를 따라 목란木蘭[34]으로 사냥을 나갔다. 사냥개를 뒤쫓다가 그만 깊은 계곡에 떨어져 살아서 돌아갈 것 같지 않았다.

오공은 3일 동안 굶었는데 곰이 계곡을 지나다가 그를 안아 끌어 올렸다. 오공은 곰에게 잡아먹힐 것으로 여겨 두려움에 떨었다. 그러나 곰은 그를 산굴 속으로 안고 들어가 과일을 따서 먹여주거나 등에 죽은 돼지, 양을 메고 와서 그에게 먹으라고 주었다. 오공은 생고기를 보고는 미간을 찌푸렸다. 그러자 곰이 나뭇잎을 따와 고기를 익혀서 오공에게 주었다.

시간이 점차 지나자 오공은 마음속으로 두려워하지 않게 되었다. 그러나 오공이 소변을 볼 때마다 곰은 늘 그의 거시기를 쳐다보며 웃었다. 오공은 그제야 곰이 암컷임을 알게 되었다. 오래지 않아 곰과 오공은 부부가 되어 세 아들을 낳았다. 세 아들은 하나같이 용감하

고 힘이 세서 일반 사람을 뛰어넘었다. 나중에 오공이 산을 나가겠다고 부탁했으나 곰은 허락하지 않았다. 그러나 오공의 세 아들이 집으로 돌아가길 부탁하자 곰이 허락했다.

오공의 큰아들 낙포諾布는 남령시위藍翎侍衛란 벼슬을 지냈다. 그가 큰 수레를 특별히 제조하여 부모를 모시고 산에서 집으로 돌아가자 가족들은 모두 그 곰을 '곰 부인熊太太'이라 불렀다. 어떤 사람이 뵙기를 청하면 곰 부인은 말을 못 하기 때문에 두 앞발을 맞대고 답례했다. 곰 부인은 오공 집에서 10여 년을 살다가 오공보다 먼저 세상을 떠났다.

이 일은 학사 손춘대孫春臺[35] 선생이 친히 보고서 내게 해준 것이다.

---

35 강소성 무석 사람으로 건륭 연간의 거인이다. 시독학사, 광서 순무를 역임했다.

冤鬼錯認

원귀가 잘못 알다

항주성 간산문 밖의 유가교俞家橋[36]에 사는 양원룡楊元龍은 호서湖墅 쌀가게에서 경리로 지냈다. 호서 쌀가게는 유가교에서 5리 떨어져 있다. 양원룡은 일찍 나와 늦게 귀가했는데 날마다 이러했다.

어느 날 미곡상의 장사가 워낙 잘되어 양원룡이 바삐 보내다가 저녁 늦게야 귀가했다. 그가 승파교勝壩橋까지 왔을 때 급히 길을 가는 옛 친구 이효선李孝先 일행과 마주쳤다. 양원룡이 부르자 이효선이 말했다.

"나도 모르겠어. 이 두 사람이 무슨 일로 나를 억지로 끌고 소주로 가려고 하는지."

양원룡이 그 두 사람에게 물었으나 그들은 미소만 지을 뿐 대답하지 않았다. 양원룡이 두 손을 모으고 이효선에게 작별을 고하자 이효선이 양원룡에게 부탁했다.

---

36 지금의 저장성 항저우시 스샹로石祥路의 절요공원浙窯公園 남쪽에 있는 돌다리 이름.

"자네가 잠시 후 조왕묘潮王廟[37]에서 1리쯤 떨어진 소석교小石橋를 지날 때 어떤 사람이 자네 이름을 묻거든 절대 양 씨라 말하지 말고 다른 성으로 둘러대게. 양 씨라 말하면 이름도 그에게 알려줘야 하네. 반드시 기억해두게나. 잊지 마시게."

양원룡이 그 까닭을 물으려고 할 때 이효선은 총망히 떠나갔다.

양원룡이 소석교에 다다르자 과연 두 사람이 잔디밭에 앉아 있었다. 그들이 양원룡을 보자 말을 걸었다.

"당신 성이 무엇이오?"

"양 씨입니다."

두 사람은 즉각 앞으로 나서서 그를 붙잡으며 말했다.

"이미 오랫동안 기다렸네. 오늘은 너를 놓아 보낼 수 없지."

양원룡이 온 힘을 다해 몸부림쳤으나 중과부적이어서 물속으로 끌려 들어갔다. 이때 그는 두 사람이 귀신임을 깨닫고 또 이효선의 말이 생각나는지라 큰 소리로 외쳤다.

"저 양원룡은 당신들과 결코 원수진 일이 없어요."

그 가운데 한 귀신이 말했다.

"잘못 잡았어. 그를 놓아주지."

---

37   항저우시 상탕허上塘河강 동쪽, 차오후이신춘朝暉新村 북쪽에 있다. 당 함통咸通 연간(860~874)에 세워졌다. 조왕묘의 본래 이름은 석모묘石姥廟이고 석괴石瑰를 모시고 제사지냈다. 당대의 석괴가 파도의 범람을 막기 위해 방죽을 쌓다가 바다에서 죽었다고 한다. 현지 백성은 그의 공을 기리기 위해 사당을 세우고 제사를 지냈으며 당 의종懿宗이 그를 조왕潮王으로 봉했다. 매년 음력 8월 28일 조왕의 생일에는 묘회廟會를 거행했다. 1958년에는 이를 허물고 조왕묘소학潮王廟小學을 세웠으며 1983년 이후엔 문교인쇄창文教印刷廠 창고로 쓰이고 있다.

양원룽이 물속에서 몸부림치면서 소리쳤다. 때마침 탕원湯圓[38]을 파는 행상이 다리를 지나다가 부르는 소리를 듣고는 등불로 비춰보니 양원룽이 물속에 빠져 있기에 급히 그를 구조했다. 양원룽이 땅에 기어올라 보니 이웃집 장張 노인이어서 물에 빠진 경과를 말해주었다. 장 노인이 양원룽을 집까지 호송해주었다.

이튿날 새벽 양원룽이 이효선을 찾아가보니 그의 집에선 이미 시체를 입관하고 있었다. 양원룽이 그 까닭을 물으니 가족이 말했다.

"어제 저녁에 나리께서 갑자기 중풍이 들어 사망했어요."

양원룽이 소석교에서 이효선을 만났을 때가 바로 그의 영혼이 귀신에게 붙잡혀가던 때였다. 그러나 그가 소주에 가서 무엇을 하는지는 모른다.

---

38 새알심 비슷한 모양의 식품. 원소절元宵節 전후로 먹는다.

대주의 사냥꾼

代
州
獵
戶

대주代州[39]의 이숭남李崇南이란 사냥꾼이 한번은 교외에서 사냥하다가 무리지은 비둘기 떼를 만났다. 그가 총을 들어 사격하여 비둘기 한 마리의 등을 명중시켰으나 부상 입은 비둘기는 날아갔다.

이숭남은 깜짝 놀라 나는 듯이 뒤쫓았다. 갑자기 비둘기가 동굴 속으로 날아 들어가서 보이지 않게 되었다. 이숭남이 동굴 속으로 쫓아 들어가니 석실이 매우 넓고 수십 개의 석인石人이 배열되었으며 조각이 매우 정교했다. 그러나 이 석인의 머리는 잘려나가 각자 자신의 손에 들고 있었다. 마지막에 배열된 석인은 머리를 베고 누워서 화를 내며 이숭남을 노려보았고 두 눈동자를 굴리는데 번쩍번쩍 빛이 나왔다. 이숭남이 공포감을 느끼고 동굴에서 나오려는데, 부상당한 비둘기가 비둘기 수만 마리를 이끌고 동굴 입구로 날아와 그를 쪼았다. 이때 이숭남의 총 약실에는 총알이 없어 그는 빈총을 들고 때리면서 물러나다가 자신도 모르게 물웅덩이에 빠졌다. 그 웅덩이의

---

39 지금의 산시성 다이현代縣.

물은 선홍색으로 피처럼 뜨거웠으며 피비린내가 나서 견딜 수 없었다. 비둘기는 목이 마른 듯 웅덩이의 물을 보더니 모두 날아와 다투어 마시는데, 이숭남이 그 틈을 타서 도망갔다.

동굴에서 빠져나오니 이숭남이 걸친 의복은 비할 데 없이 붉은색으로 물들었다. 야간에 등빛과 달빛에 비추니 붉은 빛깔이 더욱 반짝거렸다. 하지만 이숭남은 그 산과 비둘기들이 어떤 괴물인지 끝내 알지 못했다.

금강신이 야료를 부리다

엄주嚴州의 아무개는 조정에서 형부상서를 지냈다. 그에게 서徐 씨 성을 가진 친척이 있는데 『금강경』40을 숙독했다.

이후 형부상서가 죽자 서 씨는 그를 위해 공덕을 쌓고 매일 『금강 경』을 암송하여 800번에 이르렀다. 그러나 어느 날 저녁 서 씨가 갑 자기 중병에 걸렸다. 한 귀신이 혼수상태에 빠진 서 씨를 데리고 염 왕전으로 갔다. 염왕이 위에 앉아서 서 씨에게 말했다.

"형부상서가 법 집행을 너무 가혹하게 하여 지금 상제께서 그를 이곳으로 보내 심사 처리하고 있는데, 그의 소송 사건은 심사할 게 너무 많다. 그런데 갑자기 금강신金剛神이 들어와 내게 큰 소란을 피 우며 나의 심리를 방해했다. 그리고 억지로 형부상서를 그에게 보내 주라고 했다. 이곳은 저승의 재판정이고 금강은 천상신장天上神將이라 서 내가 그와 감히 대항할 수 없어 그가 데려가게 할 수밖에 없었다. 그러나 금강신은 결국 형부상서를 석방해주었다. 나는 범인을 도망

---

40 『금강반야바라밀경金剛般若波羅蜜經』의 준말이다.

가게 했으므로 상제에게 보고할 방법이 없어 지장왕地藏王[41]에게 가서 물어보고 나서야 네가 인간 세상에서 쓸데없는 일에 많이 참견했으며 형부상서를 위해 『금강경』을 읽어주었기 때문인 줄 알게 되었다. 지장왕은 반드시 공정하게 심판해야 하고 사사로운 정에 얽매이지 말아야 한다고 하여 나 대신 금강신을 저지하여 두 번 다시 이곳을 찾아와 야료를 부리지 못하게 하고, 아울러 형부상서를 다시 본전으로 압송해와 심판을 기다리고 있다. 내가 너를 불러온 것은 그간의 이해관계를 그대에게 알려주고 이후 다시는 그를 위해 염불하지 말게 하기 위해서다. 나는 네가 호의로부터 한 일을 알고 있으며 큰 죄도 아니니, 너를 인간 세상으로 보내주마. 하지만 네가 까닭 없이 금강신을 불러왔으니 어쨌든 작은 잘못을 저지른 셈이므로 너의 수명을 12년 단축시키도록 하겠다."

서 씨는 이 말을 듣고 놀라서 깨어났다.

오서림吳西林[42] 선생이 말했다.

"금강신은 불가에서 융통성이 없는 신이다. 같은 사람은 편들고 다른 파를 배격하며 부르면 반드시 나오고 도움을 요청하면 반드시 들어주지만, 시비곡직을 전혀 따지지 아니한다. 그래서 불가에서는 금강신을 불전의 문밖에 놔두어 외관을 꾸미거나 무력을 막아

---

41 지장보살.
42 오영방吳穎芳(1702~1781)을 말한다. 자가 서림이고 호는 수허樹虛다. 절강성 인화 사람이고 건륭 연간의 학자였다. 주요 저작으로는 『임강향인시집臨江鄕人詩集』 『취빈록吹豳錄』 『설문이동설文理董』 『음운토론音韻討論』 『문자원류文字源流』 『금석문석金石文釋』 등이 있다.

내는 용도로 쓴다. 『금강경』을 읽는 사람은 마땅히 조심하고 신중해
야 한다."

燒
頭
香

처음으로 향을 사르다

　민간 풍속에 신불에게 향을 사를 때 새벽에 처음으로 향을 사르
는 것을 두향頭香이라 부른다. 두 번째로 향을 사르면 바로 신불에게
불경한 일이 된다.

　산음에 사는 심沈 씨가 성황묘로 가서 두향을 사르기로 했다. 누
차 일찍 일어나 일찍 갔지만 다른 사람이 먼저 와서 향을 사르고 있
었다. 따라서 그는 울적하게 지냈다.

　심 씨의 동생이 이 일을 안 뒤 미리 향불을 관리하는 사람에게 통
지하여 다른 사람을 받지 말고 심 씨가 오거든 나중에 사당 문을 열
어 다른 손님을 받으라고 부탁했다. 그러자 향불 관리인이 그의 말을
승낙했다.

　어느 날 새벽에 성황묘에 가보니 향 사르는 다른 사람은 아직 오
지 않아 기뻐하며 향에 불을 붙이고 몸을 구부려 절을 했다. 하지만
그는 (고개를 조아리자마자) 땅에 쓰러져 일어날 수 없었다. 하인이 급
히 그를 부축하여 집으로 돌아갔다.

　심 씨가 집에 돌아와 큰 소리로 외쳤다.

"저는 심 씨의 부인이오. 생전에 처첩 간에 질투하여 다툰 일은 있으나 죽을죄를 짓진 않았어요. 제 남편이 나쁜 생각을 품어 제가 아이를 낳는 틈을 타서 산파를 매수하여 저의 음부에 철침 두 대를 놓아 저를 죽였어요. 가족들은 모두 이 일을 모릅니다. 제가 성황신에게 가서 고발하자, 성황신은 제 남편의 수명이 아직 다하지 않아 심리할 수 없다더군요. 지난달 관제가 이곳을 지나가기에 제가 앞으로 나아가 억울함을 호소했더니, 성황신은 제가 관제의 의장대를 막았다면서 저를 묶어서 향안香案 밑에 처박아두었습니다. 다행히 하늘의 법망이 관대하더군요. 제 남편이 두향을 사르러 왔다가 제게 잡혔지요. 이번에 그를 죽이지 않으면 안 됩니다."

심 씨 가족들은 모두 모여 머리를 조아리며 절하고 수백만에 달하는 지전을 태우거나, 혹은 고승을 불러 염불하고 제도하겠다고 부탁했다. 그러나 심 씨의 아내는 이렇게 말했다.

"다들 어리석군요. 저는 너무나 처참하게 죽었어요. 얼른 가서 천관天官을 뵙고 성황신이 함부로 자행한 나쁜 짓과 심 씨가 저지른 악행을 모조리 고발할 겁니다. 이러한 일을 어찌 당신들이 지전을 태우고 제도한다고 해서 용서받을 수 있다고 생각합니까?"

말이 끝나자 심 씨는 침상 위에서 땅에 떨어지고 일곱 구멍에서 피가 흘러나와 사망했다.

426

樹怪

나무 요괴

비차도費此度[43]가 종군하여 서촉西蜀으로 정벌 나가 삼협三峽[44] 지구의 깊은 계곡에 이르렀다. 고목 한 그루가 우뚝 서 있는데 마른 가지만 남아 있고 꽃과 잎은 없었다. 사병들이 그 나무 밑을 지나다가 땅에 넘어져 일어나지 못해 그 가운데 세 명이 사망했다.

비차도가 대로하여 친히 가서 살펴보았다. 나뭇가지는 마치 새의 발톱 같았고 어떤 사람이 그 곁을 지나가면 붙잡히곤 했다. 비차도가 날카로운 검을 휘둘러 나뭇가지를 베었다. 가지가 땅에 떨어지자 선혈이 솟구쳤다. 이로부터 행인들이 (이 나무 아래를 지나가도) 아무 탈 없었다.

---

43 본명은 비밀費密(1623~1699)이며 자가 차도, 호는 연봉燕峰이다. 사천성 신번新繁 사람이다.
44 장강 상류의 세 협곡, 즉 사천성의 구당협瞿塘峽, 무협巫峽, 호북성의 서릉협西陵峽 을 말한다.

광신의 호선

廣信狐仙

포정사 서지정徐芷亭[45]이 당초 광신廣信[46]에서 지부로 지낼 때였다. 아문의 서쪽 행랑채 몇 칸을 수년 동안 잠가놓았는데 그곳에 호선狐仙이 있다고 말했다. 서 부인은 이를 믿지 않고 친히 가서 살펴보았다. 그녀가 가보니 코 고는 소리가 들렸다. 문을 열고 들어갔으나 사람은 보이지 않았다. 그 코 고는 소리는 걸상에서 나는 것이었다. 서 부인은 몽둥이를 들고 걸상을 내리쳤다. 이때 갑자기 허공에서 사람 목소리가 들려왔다.

"부인, 때리지 마세요. 저는 오강吳剛[47]의 아들입니다. 저는 이 집에서 백년도 넘게 살았어요. 저는 다른 곳으로 가서 살고 싶지만 언제

---

45 서지정徐芷汀의 오기로 보인다. 본명이 서원徐垣, 자가 자정紫庭, 호가 지정芷汀이 며 북경 대흥大興 사람이다. 건륭 기미년己未年의 진사이고 귀주 포정사를 역임했다.
46 광신은 한 무제가 남월왕국南越王國을 평정한 뒤부터 삼국 시대 손오孫吳 시기에 이르기까지 교주交州의 행정 소재지였다. 지금의 광시성 우저우梧州와 광둥성 평카이封開 일대에 해당된다. 지금의 광둥, 광시, 광저우란 이름이 바로 여기서 나왔다. 이곳은 영남 문화와 월어粤語의 최초 발상지다.

나 문신門神이 저를 막았어요. 부인께서 저 대신 문신에게 제사를 지내고 저 대신 사정해주세요. 그러면 저는 양보하여 조정의 관공서에서 나가겠습니다."

서 부인은 무척 겁이 났다. 그녀는 즉각 술과 안주를 장만하여 대나무 침상 앞에 늘어놓았고 동시에 문신에게 제사지내며 자초지종을 얘기했다.

얼마 안 있어 다시 공중에서 이야기하는 말이 들렸다.

"제가 부인의 은혜를 입었으나 보답할 수 없어 부끄럽사옵니다. 부인에게 경사를 보고합니다. 댁의 나리가 조만간 승진할 겁니다. 그리고 한 가지 부탁드립니다. 7월 7일에 부인께서는 절대로 도련님을 안고 홍매원紅梅園으로 놀러 가지 마세요. 그날은 아마도 악귀가 동산에서 야료를 부릴 겁니다."

말을 마치고 조용해졌다.

7월 7일이 되자 서지정의 사촌 형이 홍매원을 지나다가 나무 위에 붉은 옷을 입은 두 아이가 그에게 손을 흔드는 모습을 보았다. 그 사촌 형이 가까이 다가가보니 두 아이는 사라졌다. 그런데 갑자기 굉음이 들리더니 인공산의 돌덩이가 무너져 그 사촌 형은 하마터면 그 안에 깔릴 뻔했다. 그해 9월에 서지정은 공남도대贛南道臺로 승진했다.

47　중국 고대 신화에서 달 속에 산다는 선인仙人을 말한다. 단성식段成式(803~863)의 『유양잡조酉陽雜組』 권1 「천지天呪」에 따르면, 그는 후한 서하군西河郡 사람으로 신선술을 익히다가 천제로부터 징벌을 받아 월궁에서 높이가 500길이나 되는 월계수를 베는 일을 맡았다. 하지만 월계수를 아무리 도끼로 찍어도 찍힌 부분이 저절로 봉합되었다고 한다.

이 고사는 서지정의 아들 서병감徐秉鑒48이 내게 해준 말이다.

---

48 자는 빙암冰巖이고 산동 창읍현昌邑縣 지현을 역임했다. 관직을 그만둔 뒤 장기간 역하歷下(지금의 지난시 리샤구)에서 머물렀다. 원매는 그와 친하게 지냈는데 『수원시화보유隨園詩話補遺』 권4 54조에 따르면, 원매가 소흥의 서병감 집에서 7일을 보냈다고 한다.

白石精

안휘성 천장현天長縣의 사방司坊 임사林師는 집에 계단乩壇을 설치했는데 설치한 곳은 괴물이 차지하고 있는 곳이었다. 그 요괴는 자칭 '백석 진인白石眞人'이라 했다. 사람이 그곳에 가 길흉화복을 점치면 용케도 그대로 들어맞았다.

이 요괴는 항상 임 사방에게 신선술을 배우라고 권유했다. 그러면서 한쪽 눈만 뜨고도 상제가 사는 궁전과 구름 속에 떠다니는 신선을 볼 수 있다는 것이다. 임 사방은 요괴에게 미혹되어 이로부터 여기에 사로잡혔다. 때때로 작은 칼로 자신의 코를 베기도 했다. 누가 칼을 빼앗기라도 하면 그는 화를 벌컥 내면서 욕설을 퍼부었다.

어느 날 계반乩盤에 이런 글씨가 쓰였다.

"나는 이곳의 토지신이다. 지금 너에게 묶인 사람은 서산西山의 백석 요정白石精이다. 이 요정은 신통하고 광대하다. 내가 백석 요정의 분부를 받았는데 그는 글자를 쓸 수 없다고 한다. 지금부터 계반은 내가 관리하고 내가 대신 글을 쓸 것이다. 오늘 그가 부처를 참배하러 서천西天에 갔기 때문에 내가 특별히 네게 통지하는 것이다. 빨리 계반을 부수고 글을 써서 본현의 성황에게 보고하면 요정으로부터 괴롭힘을 당하지 않을 것이다. 하지만 토지신이 비밀을 누설한 사실을 요정이 알게 해서는 안 된다."

그때 마침 한림원 편수 장사전蔣士銓이 금릉에서 천장으로 왔다. 그는 연유를 듣고 즉각 계반을 부수고 은 30냥을 주고는 천사부天師符 한 장을 사서 임 사방의 거실에 걸어두었다. 이로부터 그 요정은 과연 나타나지 않았다.

10년 뒤 임 사방이 세상을 떠났다. 그런데 천사부가 여전히 그의 거실에 걸려 있었다. 하루는 선향線香49이 갑자기 넘어지면서 부적의 붉은 글자를 모두 태웠다. 하지만 부적의 바탕 종이는 타지 않았다. 그때 경사에 있었던 장사전은 임 사방의 부고를 받지 못했다. 마침 천사天師가 조정에 왔을 때 장사전에게 알려주었다.

"경의 친척 임 사방이 세상을 하직했어요."

장사전이 장 천사에게 어떻게 아는지 묻자 장 천사가 대답했다.

"모월 모일 내가 보낸 부적의 신장神將이 벌써 제자리로 돌아왔기 때문입니다."

이후 장사전은 임 씨 집에서 부적을 태운 소식을 듣고 놀라움을 느꼈다.

부계扶乩할 때마다 장사전이 옆에 있기만 하면 그 계반은 움직이지 않았다. 장 선생이 떠난 뒤에 사람들이 계선乩仙에게 묻자 그 계선이 말했다.

---

49 향료 가루를 가늘고 길게 만들어 굳힌 향.

"저 선생의 몸에는 문광文光이 빛나서 제가 차마 볼 수 없어요."

토지신은 이렇게 말했다.

"백석 요정이 임 씨 집에서 소란 피운 것은 임 사방의 영혼을 붙잡아 그 대신 말하고자 한 것일 따름이다."

귀신 올가미

鬼
圈

병부·우시랑兵部右侍郎 장시암蔣時庵[50]의 공자가 하루는 몇몇 친구와 경성의 민충사憫忠寺[51]로 놀러 갔다. 그때는 마침 청명절이어서 그들은 교외로 답청 나갔다가 정사精舍의 여러 방에서 은은하게 퍼지는 비파 소리를 들었다. 장 공자와 친구들이 앞으로 나가 보니 한 여자가 등지고 앉아 손으로 비파 줄을 타고 있었다. 더 가까이 다가가 자세히 보자 그 여성이 갑자기 머리를 돌렸는데 얼굴이 푸르뎅뎅하고 험상궂은 여자 귀신이었다. 여자 귀신은 그들을 보자마자 곧장 공격했다. 그리고 음산한 바람이 불어오자 장 공자와 친구들은 놀라서

---

50 본명은 장원익蔣元益이고 호가 시암, 자가 희원希元, 한경漢卿이다. 강소성 장주長州 사람이며 건륭 연간의 진사다. 주요 저작으로는 『청아당시여淸雅堂詩餘』『지아재시초志雅齋詩鈔』 등이 있다.

51 지금의 베이징시 쉬안우문宣武門 밖 자오쯔 후퉁敎子胡同 남쪽에 있으며 법원사法源寺라 부르기도 한다. 당 정관貞觀 18년(644)에 태종이 고구려를 정벌 나갔다가 돌아오는 길에 죽은 병사들의 영혼을 애도하기 위해 이곳에 절을 지으라는 조서를 내렸으나 그 뜻을 이루지 못했다. 무측천武則天 만세통천萬歲通天 원년(696)에 이 절을 완공했다. 병란이나 지진 등으로 무너진 절을 여러 차례 중수하여 지금에 이르고 있다.

집으로 달려왔다.

그때는 오후 늦은 시각이라서 장 공자와 친구들은 자신들의 눈이 노화된 탓으로 여겼다. 그리고 네 명이 각자 몽둥이를 들고서 다시 갔다. 그 방에 갔을 때 얼굴이 검은 네 명의 사내가 그곳에 앉아 그들을 기다리고 있었다. 검은 얼굴의 사내 네 명은 각자 구리 올가미를 들고서 장 공자와 친구들에게 던졌다. 장 공자 일당은 올가미에 걸려 모두 땅에 쓰러졌다. 손에 든 몽둥이는 한번 써보지도 못했다. 장 공자와 친구들이 낭패하여 위급한 상황에 처했을 때 말몰이꾼 몇몇이 말을 타고 다가오자, 얼굴 검은 네 명은 사라졌다. 장 공자와 친구들은 집으로 돌아갔으나 모두 너무 놀란 나머지 10일 동안 병상에 누워 있었다.

여우 퇴치 방법이 있다는
『동의보감』

東醫寶鑑
有法治狐

소산蕭山 사람 이선민李選民은 소년 때 호방했다. 어느 날 절에 가서 향을 사르다가 미녀를 발견했다. 사방에 아무도 없는지라 마침내 말을 걸어보았다. 그 여성은 자신이 오吳 씨이며 어려서 부모를 여의고 외삼촌 집에 의지해 사는데 외숙모가 학대하는 까닭에 이곳에 와서 예불 드리며 좋은 짝 만나길 바란다고 말했다. 이 씨가 달콤한 말로 그녀를 꼬드기자, 그 여성은 공손히 승낙하여 마침내 이 씨 집으로 함께 돌아가 이로부터 정감이 매우 돈독해졌다.

시간이 지나면서 이 씨의 몸은 갈수록 여위어가고 성교할 때 그 정기를 빨아들이는 것이 보통의 부부와 다름을 느꼈다. 게다가 그녀는 10리 이내에서 벌어지는 일을 남보다 먼저 알았다. 마음속으로 여우임을 눈치챘지만 그녀를 쫓아낼 방법이 없었다.

하루는 그의 친구 양효렴楊孝廉을 이끌고 30리 밖까지 나가서 자기 사정을 친구에게 알렸다. 그러자 양씨가 말했다.

"『동의보감』52에 여우 퇴치 방법이 나와 있는 걸로 기억하는데, 한 번 시험해보지 않겠는가?"

마침내 함께 유리창으로 가서 그 책을 구하고 조선 사람을 찾아 통역하게 하고는 그대로 시행해보았다. 그러자 그 여성은 정말 울면서 떠났다.

이 일은 내가 강서의 태사太史 사온산謝蘊山[53]의 집에 있을 때 양효렴이 직접 내게 해준 말인데, 애석하게도 『동의보감』 몇 권 몇 쪽에 있는지는 물어보지 못했다.

---

52 조선시대 의관 허준許浚(1539~1615)이 지은 의서.

53 본명은 사계곤謝啓昆(1737~1802)이고 자가 온산, 호가 보사정補史亭이다. 강서성 남강南康 사람이며 건륭 연간의 진사이고 관직은 광서 순무를 역임했다. 주요 저작으로는 『수경당집樹經堂集』 『수경당영사시樹經堂詠史詩』(526수), 『서위서西魏書』 『소학고小學考』 『광서금석록廣西金石錄』 등이 있다.

계선의 말

　무주 태수撫州太守 진태휘陳太暉[54]가 아직 수재일 때 절강에서 향시를 보았다. 시험 치르기 전에 그가 계선乩仙에게 시험 문제를 물었더니 계선이 말했다.

　"구체적이면서도 미세하다."

　나중에 진태휘는 보결로 합격했으나 계선이 그에게 알려준 것은 시험 문제가 아니었음을 알았다.

　어떤 사람이 계선에게 대련을 써달라고 요구하자 계선이 열 글자를 썼다.

　열심히 식사나 많이 하시고 努力加餐飯[55]
　조심스럽게 친구를 섬기노라 小心事友生[56]

54　본명은 진랑陳朗이고 자가 태휘, 호가 청가靑柯다. 절강성 평호平湖 사람이며 건륭 연간의 진사다.
55　『고시 19수古詩十九首』「가고 또 가고行行重行行」에 나오는 마지막 구절이다.

대련을 부탁한 사람이 하련의 출처를 알지 못해 다시 계선에게 묻자 계선이 대답했다.

"수재는 시문時文만 읽고 두보 시를 읽지 않았군. 가련하고도 가소롭도다."

진태휘가 친구들과 연꽃을 구경하러 감호鑑湖57로 놀러 갔다가 돌아왔다. 계선이 물었다.

"어젯밤 감호에서 즐겁게 노셨나?"

그 가운데 한 친구가 붉은 연꽃을 묘사한 시를 지어 계선에게 들려주면서 계선에게 화답해줄 것을 부탁했다. 그러자 계선이 그의 시에 화답하여 말했다.

붉은 꽃 다 지니 아가씨 바쁘고 紅衣落盡小姑忙

이로부터 아침마다 오니 잎사귀도 향기롭다 從此朝來葉亦香

봄철이 너무 촉박하다고 괴로워하지 마시게 莫惱韶光太匆迫

꽃이 삼 일 핀 것도 오래간 것이라네 花開三日卽爲長

운문산의 어느 민가에서 귀신이 소란을 피워 계선에게 잡아달라고 부탁하자 계선이 말했다.

---

56 두보杜甫(712~770)의 「팔애시八哀詩·좌복야 정국공 엄무에게 계증贈左僕射鄭國公嚴公武」에 나오는 구절이다.

57 저장성 사오싱시 남쪽에 있다. 후한 영화永和 5년(140) 회계태수會稽太守 마진馬臻(88~141)이 산음山陰과 회계 두 현의 물을 끌어들여 호수로 만들었다. 호숫가에는 마진묘馬臻墓, 육유고리陸遊故里, 삼산三山, 쾌각유지快閣遺址 등이 있다.

"나는 구할 수 없네. 아무개 마을의 여이余二 나리께 부탁해보게. 구하러 올 걸세."

그 촌민은 계선의 말대로 여이 나리를 불러왔다. 여이 나리가 그 집에 들어서자마자 집의 동북쪽 모서리를 향해 큰 소리로 외쳤다.

"너희는 사천으로 가야 한다. 그것도 빨리 가야 한다."

단지 허공 속에서 대답하는 소리만 들렸다.

"지당하옵니다."

이로부터 요괴는 결국 사라졌다. 여이 나리는 어느 마을의 고루한 서생이었다. 어떤 사람이 그에게 무슨 말로 귀신을 쫓았는지 묻자, 그는 웃으면서 대답하지 않았다. 계선에게 물어도 역시 대답하지 않았다.

권 20

관음상을 옮기다

移觀音像

산서 택주澤州의 북문 밖에 관음상을 모시는 사당이 있었다. 관음상이 놓인 자리 아래의 돌 틈에서 나나니벌이 나와 분분히 날아다니는데 수만 마리라서 햇볕을 가려 한낮인데도 캄캄했다. 현지 백성은 이 관음상을 옮기고 벌집을 파내고는 연기로 그을렸다. 여기서 뜻밖에도 붉게 칠한 관이 나왔는데 관 뚜껑이 없고 그 안엔 여인이 누워 있었다. 그 여인이 갑자기 몸을 일으켜 붉은 소매를 휘두르며 이마에 두 개의 띠를 두른 채 앞으로 걸어갔다. 사람들은 깜짝 놀라 눈만 크게 뜬 채 그녀가 떠나가는 모습을 지켜보았다. 그녀가 입은 치마를 보니 위에는 나비를 가득 수놓았는데 날아다닐 듯 생생했다. 그녀는 결국 이李 씨 집에 들어가더니 사라졌다.

그때 이 씨 집에선 막 며느리를 들였는데 여러 사람이 불길한 조짐을 이 씨에게 알렸다. 그러나 이 씨는 이 일을 허황한 것으로 여겼고 사람들이 허튼소리를 한다고 책망했다. 3일도 안 되어 이 씨 새댁이 목을 매달아 자살했다.

山
陰
風
災

건륭 34년(1769) 한림원 편수 장사전 선생이 산음의 즙산서원戱山
書院[1]에서 가르쳤다. 서徐 씨 성을 가진 계단乩壇 관리인이 있었는데
계반乩盤에 큰 글씨로 '관신하강關神下降'이란 네 글자를 썼다. 장 선생
은 관제신에게 절하면서 자기 노모의 수명을 물어보았다. 그러자 계
선이 말했다.

"그대의 모친은 두 번째로 인간 세상에 출생해서 오고 감에 스스
로 정해진 수명이 있으니 지금으로선 천기를 누설할 수 없어요."

이어서 다시 말했다.

"가복을 물러나게 해주세요. 제가 알려드릴 긴요한 말이 있습니다."

장 선생이 가복을 물리자 계선이 말했다.

---

1 왕가탑 남쪽의 산비탈에 있다. 명대의 저명한 학자 유종주劉宗周(1578~1645)가 이곳
에서 강학했고 그의 제자 황종희黃宗羲(1610~1695), 진학陳确(1604~1677), 장이상 등 즙
산학파의 발상지다. 광서 27년(1901)에 산음현학당山陰縣學堂으로 개조되었고 그 기간
에 서석린徐錫麟(1873~1907)이 이곳에서 가르친 적이 있으며 판원란范文瀾(1893~1969),
천젠궁陳建功(1893~1971), 쉬친원許欽文(1897~1984) 등도 이곳에서 공부한 적이 있다.

"그대는 재주가 출중하기에 그대에게 알려드립니다. 금년 7월 24일 산음에서 커다란 재난이 발생할 것이니 모친을 호송하여 재난을 피하세요."

"저는 지금 서원에서 묵고 있는데 이곳엔 친척이 없어 피할 곳이 없습니다. 게다가 액운이 낀 사람이라면 피하려고 해도 피할 수 없잖아요."

"선생은 통달하셨군요."

이어 신령스런 바람이 쏴쏴 하는 소리가 들리더니 관제신도 떠나갔다.

7월 24일이 되었지만 장 선생은 이미 계선의 경고를 잊어버렸다. 그날 새벽에 일어나보니 날씨가 맑아서 아무런 이상도 보이지 않았다. 오후 2각이 되어 갑자기 서쪽에서 폭풍이 불어오고 하늘엔 먹구름이 껴 먹처럼 까맸다. 사람들은 서로 마주 보고도 상대방을 알아보지 못했다. 하늘에선 거대한 용 두 마리가 싸우는데 삽시간에 모래와 돌이 날리고 크고 작은 돌덩이가 비 뿌리듯 창문으로 떨어졌다. 10길이 넘던 고목도 광풍에 의해 뿌리째 뽑혔다. 장 선생이 가르치던 즙산서원 대청의 커다란 돌기둥도 흔들거리며 거의 넘어질 것 같았다.

이 광풍은 신시申時2에 이르러 점차 멈추기 시작했다. 담장이 무너져 두 노복이 깔려 죽었고, 오직 일곱 살 난 아이만 쌀통 속에서 죽지 않고 신음하고 있었다. 물어보니 아이가 대답했다.

---

2 오후 3~5시.

"담장이 무너질 때 얼굴이 검고 키 큰 사람이 나와서 저를 잡아 쌀통에 넣었어요."

그의 모친은 그 쌀통 옆에서 압사했다. 이해에 사망한 연해 일대의 주민은 몇만 명에 이르렀다.

사단하

謝檀霞

연방連防 선생은 광서 소주昭州 사람이다. 그는 청결을 좋아했으며 시를 즐겨 읊었다. 그는 친구의 초청을 받아 호남, 호북 일대로 장사하러 갔다. 한번은 친구가 점포에 들러 결산하느라 연방이 홀로 화물선을 지키며 상강湘江에서 몇 날을 정박했다. 푸르고 맑은 강물을 좋아했다. 그는 옷을 벗어 노복에게 건네주며 깨끗하게 빨아달라고 부탁했다. 자기는 끊임없이 시를 읊조렸다.

그날 밤 그는 꿈속에서 수면에 서 있었는데 미모의 여성이 발로 수면을 밟으며 그에게 말을 걸었다. 그 여자가 말했다.

"제 이름은 사단하謝檀霞입니다. 원대 사람인데 18세 되던 해에 요절했어요. 부모님은 제가 생전에 이곳의 산수를 좋아한 것을 애석하게 여겨 절 이곳에 매장했지요. 지금 무덤은 물에 침수되어 벌써 물이 유골에 들어왔고 오랫동안 모래로 덮였어요. 저는 생전에 청결함을 좋아하고 음송을 사랑했으니 선생님의 취미와 부합하는군요. 저는 장수해야 했으나 요절했어요. 신령한 기운을 보전할 수 있었더라면 기사회생하여 선귀仙鬼 사이에 낄 필요는 없었겠지요. 선생님은

446

내일 풍랑 속에서 죽을 것인즉 선생님과 취미가 같기에 미리 알려드리는 것입니다. 선생님께서는 신속히 배를 바꿔 타고 집에 돌아가시길 바랍니다."

연방은 깜짝 놀라 깨어나 급히 짐을 꾸려 배를 타고 집으로 돌아갔다. 집으로 돌아간 후에는 문밖을 나서지 않았다. 오래지 않아 들자니 상강에서 폭풍을 만나 수천 명이 비명횡사했다고 한다. 이 이야기를 듣고 끊임없이 가슴이 벌렁거렸다.

이 일이 있고 1년이 지났을 때 꿈속에서 귀신 몇 명이 집에 찾아와서 그가 몰래 도망간 죄를 저질렀다고 공소했다. 아울러 염왕이 이 때문에 화가 치밀어 엄벌에 처하라는 명령을 내렸다고 한다. 연방이 매우 놀라 지전을 태워주자 귀신은 징벌을 잠시 늦추기로 약속했다. 그러나 며칠이 지나자 귀신이 또 찾아와서 태우는 지전을 두 배로 올리라고 말했는데 연방은 대답할 수밖에 없었다.

그날 연방이 지전을 태우기 전에 낮잠을 자다가 꿈속에서 걸어 들어오는 사단하를 보았다. 그녀가 미소 지으며 그에게 말했다.

"저는 선생님께서 큰 재난에서 벗어난 것을 축하하러 왔어요. 선생님의 거처를 찾기가 어렵더군요. 몇 번 물어서야 겨우 찾았어요. 선생님은 그때 상강의 재난을 아실 테지요. 죽은 사람이 너무나 많아 쉽게 어물쩍 넘어갈 수 있었지요. 다행히 각부의 판관이 마침 갈려 신구 관리가 교체될 때 저는 벌써 사람을 저승에 보내 부탁해놓았어요. 선생님의 이름을 생사부에서 삭제해달라고요. 지금부터 선생님은 영원히 죽지 않을 겁니다. 저는 비록 수백 년 된 영혼이지만 짝 없이 표류하다가 선생님과 조석으로 만나길 기다렸습니다. 정기를 흡입하여 몸을 건강하게 하는 법을 선생님께 가르쳐드릴 겁니다. 하지만 반드시 성관계를 할 필요는 없어요. 인간 세상의 부부처럼 하면 돼요."

이어서 다시 말을 이었다.

"귀신이 사기를 치러 찾아와도 선생님께서는 그들을 아랑곳하지 마세요. 제가 여기에 있으니까요."

이후 사단하는 대낮엔 연방의 집에 나타나 그와 같이 지내 겉보기엔 부부와 같았다. 그러나 그녀는 온종일 마시지도 않고 먹지도 않았다. 시간이 흐르자 연방도 수련하여 음식을 먹지 않았다. 그가 다른 사람에게 길흉화복을 예언할 때마다 모두 들어맞았다. 그래서 거리의 이웃들이 모두 그를 존경하여 떠받들게 되었다. 그러나 사단하는 무미건조한 인간 생활을 혐오하여 연방을 데리고 상강 유역을 다시 찾았는데 그들의 종적이 어디로 향했는지는 아무도 모른다.

引鬼報寃

귀신을 끌어들여 원한을 갚다

절강 염운사浙江鹽運司 아문에 마계선馬繼先이라는 포졸이 있었다. 마계선은 은 1000냥을 저축해두곤 그의 아들 마환장馬煥章을 위해 작은 관직을 사서 맡게 했다. 마환장이 관직을 맡고 나서 돈을 거둬들이는 수완은 그의 아비보다 고명하여 짧은 시간 안에 갑자기 거대 부호가 되었다.

마계선은 만년에 이르러 마馬 씨를 첩으로 들여 두 사람이 화목하게 지냈다. 그의 수중에 아직 은 1000냥을 저축해두었는데 하루는 그가 마 씨에게 보여주며 말했다.

"자네가 나를 잘 모시기만 하면 내가 죽은 뒤 이 재산 전부를 자네에게 주겠네. 그때 자네가 여기서 재가하든 말든 그건 자네 마음대로 하시게."

5, 6년이 지나 마계선이 병들자 아들 마환장을 다시 불러 말했다.

"이 여인이 날 지극정성으로 모셨다. 내가 죽거든 모든 재산을 그녀에게 주거라."

그러나 마계선이 죽은 뒤 마환장은 갑자기 나쁜 마음이 일어 일찍이 천주태수泉州太守를 지냈던 고모부 오吳 씨와 의논했다.

"노인네 손에 그렇게 많은 돈이 있는 줄은 생각지도 못했어요. 부친이 임종 전에 재산 전부를 그 여인에게 주라고 했는데 너무 아깝지 않나요?"

오 씨가 말했다.

"이 일은 쉽게 처리할 수 있어. 네 부친이 죽었으니 내가 널 도와 그 여인을 쫓아내마."

며칠 지나서 마환장은 영구를 지키라는 명목으로 그 첩을 속여 부친의 거실에서 나오게 했다. 그리고 이 틈을 타 부인과 함께 들어가 부친이 모아둔 돈 상자를 자신의 내실로 옮기고 다시 부친의 방을 잠갔다. 그 첩은 밖에서 영구를 지키느라 마환장 부부가 한 일에 대해선 전혀 알지 못했다.

마계선이 부친상을 당한 지 7일째 되던 날 그 첩이 침실로 들어가려고 하자, 오 씨가 갑자기 밖에서 들어와 큰 소리로 말했다.

"이모, 가지 마세요. 제가 보기에 이모 나이가 젊으니 수절할 수 없을 거 같아요. 그러니 오늘 짐을 꾸려 친정집으로 돌아가 좋은 배필을 찾아보세요. 저는 이미 마환장을 시켜 은을 보내라고 얘기해놨어요. 이렇게 하면 되겠죠?"

그러곤 즉시 마환장을 불러 은 50냥을 꺼내오게 했다. 마환장이 앞으로 나아가 말했다.

"벌써 준비해두었어요."

그래도 첩이 방에 들어가려고 하자 마환장이 제지하며 말했다.

"이 일은 고모부가 분부하신 일이니 잘못될 리 없어요. 상자와 짐은 제가 벌써 꾸려두었어요. 그러니 방에 들어갈 필요가 없어요."

첩은 성품이 성실한 데다가 오 씨의 위세가 겁이 나 눈물을 머금은 채 수레에 오를 수밖에 없었다. 마환장은 오 씨의 노고에 대해 극도로 감사했다.

몇 개월이 지나 7월의 중원절中元節3이 가까워졌다. 이때 첩이 가져간 은과 의복은 벌써 그녀의 부모와 형제들이 다 써버렸다. 그래서 그녀는 중원절을 틈타 망부에게 제를 올리고 마 씨 집으로 돌아가 수절하려고 했다. 7월 12일 첩이 향촉과 제기를 준비하여 마 씨 집으로 돌아가 제사를 지내려고 했다. 하지만 마환장의 부인으로부터 거친 욕설을 들었다.

"파렴치한 것 같으니! 떠났다가 다시 돌아오다니!"

그녀의 출입을 막으면서 첩에게 명령했다.

"바깥 대청의 주랑 밑에서 잠시 하룻밤을 지내고 이튿날 곡제哭祭를 마치고 즉각 떠나라. 더 머무른다면 사정을 봐주지 않겠다."

첩은 밤을 새워 곡을 했으나 오경이 되어서 그녀의 곡소리가 들리지 않았다. 이튿날 아침에 가서 보니 그녀가 이미 대들보에 목을 매단 뒤였다. 마환장은 관을 사서 대충대충 처리하여 첩을 매장했다. 첩의 친정집은 오 씨의 권세가 무서워 다른 말을 감히 꺼내지도 못했다.

그러나 마환장은 이 집에 목을 매단 귀신이 있기에 두려워서 집을 장章 씨에게 팔고 자신은 더 화려한 주택을 지어 거주했다.

---

3 음력 7월 15일에 열리는 중국의 전통 명절의 하나.

장 선생은 어려서부터 불교를 믿고 염불하곤 했다. 그는 밤마다 나타나는 그 여자를 보았는데 들보에 목을 매달고 우는 표정을 지었다. 장 선생은 오래전에 이 일을 알고는 마음속으로 울분이 쌓였으며, 아울러 마환장이 진상을 속인 채 귀신이 나오는 주택을 자기에게 양도한 것에 대해 분개했다. 그래서 (마 씨가 처음 나타났을 때) 그가 말했다.

"마 아주머니, 제가 그 주택을 사면서 치른 돈이 적지 않아요. 결코 강점한 것이 아닙니다. 아주머니는 마환장, 오 씨와 원수를 졌지, 저와는 아무런 상관이 없어요. 내일 저녁 이경에 제가 직접 아주머니를 마환장 집에 보내드리겠어요. 어떻습니까?"

마 씨의 망령은 예쁘게 미소 짓고는 표연히 사라졌다.

이튿날 저녁이 되자 장 선생은 마 씨를 위해 위패를 세우고 향을 사르며 기도했다. 그런 다음 마 씨의 망령을 마환장의 새집으로 보내며 낮은 소리로 말했다.

"아주머니 잠시 옆에서 기다려요. 제가 문을 두드릴 때까지요."

그리고 즉시 문을 두드리며 문지기에게 말했다.

"주인장 계시오?"

문지기가 대답했다.

"아직 안 돌아왔어요."

장 선생이 몰래 마 씨의 망령에게 말했다.

"아주머니, 스스로 들어가세요. 이번엔 복수할 수 있어요."

문지기는 장 선생이 문밖에서 왜 중얼거리는지 모르고 속으로 그가 치매에 걸렸다며 비웃었다.

장 선생이 귀가한 뒤 이날 밤은 잠을 이루지 못했다. 날이 아직 밝지도 않아 그는 마 씨 집 앞으로 가서 소식을 탐문하는데 문지기가 문밖에 서 있었다. 그래서 장 선생이 물었다.

"어째서 이리 일찍 일어나셨소?"

"어젯밤 주인님이 돌아와 문을 들어서자마자 병이 났는데 아마도 안 될 거 같습니다."

장 선생은 이 말을 듣고 기뻐하며 집으로 돌아왔다. 오후에 가서 물어보니 마환장은 벌써 죽었다. 며칠 지나자 오 태수도 사망했다. 마환장은 자식이 없어 그가 죽은 뒤 유산은 다른 사람의 소유가 되었다. 오 씨가 죽자 그의 가정 형편도 쇠락해졌다.

두 영혼이 형의 목숨을 구하다

靈魂兩救兄命

　　무창武昌 태수 왕헌침汪獻琛의 동생 왕연생汪延生이 무더운 여름에 갑자기 사망했다.

　　이후 건륭 28년(1763) 가을에 이르러 왕연생의 당형 왕희관汪希官도 중병을 앓아 며칠 밤을 통증으로 잠들 수가 없었다. 의사가 처방전을 내렸는데 보약으로 치료하라는 것이었다. 왕희관의 모친이 약을 달여 들어갔을 때 환자가 갑자기 소리치며 말했다.

　　"아주머니, 다시는 일을 그르치지 마세요. 제가 종전에 돌팔이 의사한테 속았고, 지금 희관 형도 이러한 재난을 당했어요. 저는 차마 그가 죽어가는 모습을 좌시할 수 없어요."

　　말을 마치고는 곧 약사발을 땅에 던져버렸다. 왕희관의 모친이 물었다.

　　"너는 누군데 내 아들 몸에 붙어 있는 게냐?"

　　"제가 바로 연생입니다. 저는 죽은 지 1년도 안 되었는데 아주머니께선 제 목소리도 못 알아들으십니까?"

　　"너는 저승세계에서 무슨 일을 하느냐?"

"저승에서는 저의 성품이 곧고 강직하며 게다가 억울하게 죽은 것을 고려하여 상주 성황의 의식儀式을 담당하는 관리로 임명했어요. 이번에 상주 성황이 절강성 성황과 회동하여 본성 총독이 부임한 이래의 정치적 업적을 심의하며 제게 문건을 전송하는 일을 맡겼지요. 그래서 제가 이번에 문건을 전해주러 온 김에 희관 형을 보러 온 거예요. 그런데 뜻하지 않게 그가 병들었는데 하마터면 돌팔이 의사에게 죽을 뻔했어요. 지금 제가 성황 아문에 가서 공무를 처리한 다음 다시 올게요."

귀신이 말을 마치자 왕희관은 눈을 감고 누워 편안하게 하룻밤을 푹 잤다.

이튿날 새벽에 왕희관이 깨어나기에 물어보니, 그는 아는 게 하나도 없었다.

저녁때 왕희관이 갑자기 왕연생의 말투로 말했다.

"정말 피곤해 죽겠어요. 아주머니, 얼른 제게 물 좀 주세요."

왕희관 모친이 물을 가져다주자 그가 다시 말했다.

"빨리 여덟째 형을 불러오세요. 제가 할 말이 있어요."

여덟째 형은 바로 왕연생의 친형이다. 여덟째 형이 오자 안부를 묻는데 생전처럼 친해 보였다. 그리고 다시 말했다.

"여덟째 형님, 형은 어째서 그렇게 노는 데만 열중해? 전날에 형은 사당 앞의 저수지에서 배를 젓다가 하마터면 돌기둥에 부딪혀 죽을 뻔했어. 그때 다행히 내가 그 자리에 있어서 넘어지려는 돌기둥을 막았지. 그러지 않았다면 형은 아마 액운을 피하기 어려웠을 거야. 그 돌기둥 아래에 고분이 있어. 당시 아버지가 이 저수지를 팔 때 살펴보지 않아 유골을 오랫동안 물에 불렸기 때문에 묘주의 영혼이 와서 보복하려는 거야. 내가 두세 번 부탁해서야 겨우 동의했지. 여덟째 형님, 반드시 이장해야 해."

다시 세 여동생을 앞으로 불러와 부탁했다.

"큰애와 둘째는 복이 많은 사람이니 아무 일도 생기지 않을 거야. 하지만 막내의 복은 그리 많지 않아. 차라리 나를 따라가서 모친의 보살핌을 받는 게 나을 거야. 여기서 굳이 계모의 학대를 받을 필요가 있니?"

그런 다음 크게 웃으면서 두 손을 모아 작별을 고했다.

"안녕, 잘 있어."

왕희관은 말을 마치자 예전처럼 다시 침상에 누웠다. 며칠이 지나자 그의 병도 나았다. 그리고 반년도 안 되어 막내 여동생이 정말 사망했다.

건륭 29년(1764) 겨울 왕희관의 꿈속에서 왕연생이 나타나 그에게 말했다.

"희관 형, 형은 지금 병이 나았어. 동생 일도 마쳤으니 작은 공적을 세운 셈이지. 아마 승진하여 관직을 받을 거야. 지금 헤어지면 아마 만날 기약이 없겠지."

말을 마치곤 떠났다. 왕희관이 상심하여 소리치다가 꿈속에서 깨어났다.

木畫

　　하남성 영성현永城縣 현위 육경헌陸敬軒은 절강성 소산蕭山 사람이다. 그는 영성 관아를 축조하는 일을 책임지고 현장에서 재목을 구하기로 했다. 관아에 원래 있었던 버드나무 한 그루를 베려고 했다. 그런데 나무판자에서 절묘한 산수화를 발견했는데 화공이 옅은 먹으로 그린 것 같았다. 화면의 왼쪽은 우뚝 솟은 산봉우리를 그렸고, 오른쪽은 깎아지른 절벽이며 절벽 위의 고송 한 그루와 산나무 한 그루가 가지와 잎을 낮게 드리웠다. 고송 위는 등나무 덩굴이 칭칭 동여매고 있었다. 중간에는 한 늙은이가 지팡이를 짚고 서 있는데 높은 모자에 긴 소매였으며 수염과 눈썹은 살아 있는 듯 생생했다. 늙은이의 왼손은 소매 속에 넣고 가슴 앞을 치고 있었다. 오른발은 앞을 향해 올렸고 신발 밑창이 약간 터졌으며 왼발로 바지 아래를 가렸다. 마치 머리를 돌려 졸졸거리는 샘물 소리를 귀 기울여 듣는 듯했다.

　　육경헌은 이 천연 목화를 보배로 여겨 집으로 가지고 돌아갔다.

　　이는 건륭 46년(1781) 10월 13일의 일이다.

457

곤경대

滚
經
臺

귀주 평월부平越府 관아에 석대石臺가 있는데 높이는 일곱 자이고 불경 16폭이 숨겨져 있으며 전부 산스크리트어로 쓴 것이라 일반 사람들은 읽을 수 없었다.

전하는 말에 따르면, 태수가 소송 사건을 심리할 때 사건이 중대한데도 범인이 죄를 자백하지 않을 경우, 경문을 가져와 석대 위에 올려놓고 범인에게 경문 위에서 구르라고 명령했다. 정직하고 죄가 없는 사람은 아무렇지도 않으며, 죄를 지은 사람은 갑자기 눈이 동그래지고 온몸이 뻣뻣해진다. 몇백 년 동안 평월부 태수가 이 방법으로 사건을 판결하여 범인들도 이 곤경대滚經臺를 감히 무시할 수 없게 되었다.

장문화張文和[4] 공의 다섯째 아들 장경종張景宗[5]은 성격이 괴팍했다.

---

4   본명은 장정옥張廷玉(1672~1755)이고 시호가 문화다. 자는 형신衡臣이고 호는 연재硯齋이며 안휘성 동성 사람이다. 강희 39년(1700)의 진사였고 관직은 보화전대학사를 역임했다. 그의 고거가 지금의 안후이성 퉁청시桐城市 라오청구老城區 서남쪽에 있다.

그가 나중에 평월부 태수로 부임해서는 이를 요괴로 여겨 석대를 부수고 불경 16권을 전부 불살라버렸다. 바로 그해에 두 아들이 세상을 떠났다. 이듬해에 장문화 공도 세상을 하직했다.

---

5 장정옥은 장약연張若淮(1703~1787), 장약애張若靄(1713~1746), 장약징張若澄, 장약정張若渟(1728~1802) 등 여덟 명의 아들을 둔 것으로 알려져 있으나 장경종이란 이름은 보이지 않는다. 그중 장남 장약율張若霦, 삼남 장약체張若璲, 사남 장약운張若云, 팔남 장약회張若瀹는 요절한 것으로 보인다.

채화 삼낭자

菜花三娘子

양호陽湖[6]에 젊고 잘생긴 수재가 있었다. 어느 봄날 저녁에 그가 혼자 서재에 앉아 있는데 갑자기 가볍게 문을 두드리는 소리가 들렸다. 그가 문을 열고 보니 어린 새댁이었다. 자칭 '채화 삼낭자菜花三娘子'라고 하는데 특별히 자매를 데리고 왔으니 수재의 반려로 삼고 싶다고 말했다. 그녀 뒤에 과연 네 자매가 따라왔는데 마치 인간 세상의 들러리 같았다. 수재는 그녀들의 미모에 경탄하면서 마침내 그녀들을 머물러 살게 했다. 시간이 지나자 수재가 질병에 걸렸다. 이때 그는 미녀들을 쫓아내고 싶었으나 그녀들은 떠나려고 하지 않았다. 수재의 부친이 상신서를 써서 본현의 장왕묘張王廟[7]에 보내어 고소했다.

그날 밤 수재의 부친은 꿈속에서 장왕이 이 미녀들을 붙잡아 심

---

6 청대 강소성 상주부常州府에 속한 현 이름이다. 옹정 4년(1726) 상주부 무진현의 인구와 세금이 많아 무진현(서쪽)과 양호현(동쪽)으로 나누었다. 1912년에 양호현은 철폐되었다. 중국 문학사에 나오는 양호파陽湖派는 이들의 좌장인 운경惲敬(1757~1817), 장혜언張惠言(1761~1802)이 모두 상주부 양호현 출신이라 얻은 이름이다.

문하는 모습을 보았다. 장왕은 삼낭자가 양갓집 자제를 꼬드긴 것을 책망하고 아울러 그녀들에게 각각 50대씩 곤장을 치고는 아문에서 쫓아 내보냈다. 다섯 미녀가 장왕묘를 나와 몇 걸음 걷지도 않았는데 노복이 손에 곤장을 든 채 쫓아와 삼낭자에게 돈을 요구했다.

"내가 사사로운 정에 얽매여 가볍게 때리지 않았더라면, 너희의 보드라운 엉덩이는 벌써 문드러졌을 거다. 그러니 어찌 지금처럼 길을 걸을 수 있었겠느냐?"

다섯 미인은 모두 치마 띠 속에서 은을 꺼내 사례금으로 주었다.

3일이 지나 삼낭자가 다시 수재를 찾아와 말했다.

"서방님과의 연분이 아직 다하지 않아 서방님을 버리고 떠날 수 없어요. 서방님이 다시 저를 장왕에게 고발한다 해도, 장왕은 저를 어떻게 하질 못할 겁니다. 서방님 동학 가운데 왕王 선생이 있다는데 그 사람은 진부하고 가증스럽습니다. 서방님은 우리가 내왕했던 일을 그에게 알려주지 마시고 게다가 그를 집 안으로 들이지 마세요."

그러나 수재의 부모는 이 요녀를 증오하여 다시 공문을 써서 장왕묘에 보냈다. 그러나 이번에 신명은 정말 영험을 드러내지 않았다.

---

7 장순張巡(709~757)을 모시는 사당이다. 장순은 남양南陽 사람으로 개원 연간에 진사과에 합격하고 청하현淸河縣 현령, 진원현眞源縣 현령을 역임했다. 천보 14년(755) 겨울에 범양范陽에서 안녹산安祿山(703~757)이 반란을 일으키고 남하하여 낙양을 함락시켰다. 이에 장순이 병사를 인솔하여 반란 평정에 나섰다. 휴양睢陽(지금의 허난성 상쥐시商丘市 수양구)에 이르러 태수 허원許遠(709~757)과 공동으로 수비했으며 하남 절도부사河南節度副使, 어사중승御史中丞을 맡았다. 이후 성이 함락되면서 붙잡혔으나 충정을 굽히지 않고 순국했다. 이러한 까닭에 그를 추앙하는 민중이 전국 곳곳에 장왕묘를 세워 제사를 지냈다.

수재의 부친은 급히 왕 선생을 불렀다. 하지만 당시 왕 선생은 먼 외지의 학관에서 가르치고 있었다. 며칠이 지나 왕 선생이 도착했으나 그때는 이미 수재가 죽은 뒤였다. 사실 왕 선생은 본 현의 늠생에 불과하고 아직 서른 살도 안 되었다.

神和尙

조운숭趙雲崧[8] 탐화探花[9]가 16세 되던 해에 그의 친척 장張 씨가 신화병神和病[10]에 걸렸다. 한 여자 귀신에게 씌어 모습은 외로운 고니 같고 뼈는 마른 장작개비처럼 말라 점차 사경을 헤맸다.

장 씨의 모친이 도처에서 신에게 기도했으나 끝내 아무런 효과가 없었다. 그러나 조운숭이 환자의 침상에 앉아 있기만 하면, 여자 귀신은 감히 장 씨 신변에 다가올 수 없었다. 조운숭이 떠나기만 하면 여자 귀신은 웃으면서 말했다.

"너는 어째서 조 탐화를 항상 이곳에 머무르게 하지?"

장 씨 모친이 조운숭에게 가서 구해달라고 부탁하면 조운숭은 부

---

8 본명은 조익趙翼(1727~1814)이고 자는 운숭, 호는 구북甌北이다. 강소성 양호陽湖 사람이고 건륭 26년의 진사다. 주요 저작으로는 『이십이사찰기廿二史札記』 『구북집甌北集』 『구북시화甌北詩話』 등이 있다.

9 과거시험에서 3등으로 합격한 사람을 말한다.

10 귀신, 요괴 등이 몸에 붙어서 생긴 병을 말한다. 특히 선녀, 호녀狐女, 여귀女鬼 등이 남자의 몸에 붙어서 생긴 병을 이른다.

득이 장 씨 집에 가서 촛불을 붙잡고 환자와 같이 지냈다. 3일 되던 밤 조운숭이 피로를 이기지 못해 막 눈을 감고 잠든 사이 환자의 정액이 흘러내렸다. 며칠 지나지 않아 곧 사망했다.

소를 갉아먹는 쥐

　구용현의 한 마을 사람이 집에서 수소 한 마리를 키웠다. 어느 날 갑자기 쥐 일곱 마리가 나타나 수소의 항문을 통해 배로 들어가 소의 심장과 폐를 갉아먹어 이 수소는 결국 죽었다.

　소 주인이 밖으로 나온 쥐를 쫓아가 그중 한 마리를 잡았다. 그 쥐는 온몸에 하얀 털이 났으며 체중은 열 근이나 나갔다. 그것을 잡아 삶으니 그 맛은 닭고기, 돼지고기보다 더 맛있었다.

신을 대신하여
참수형을 판결하다

代
神
判
斬

소십주蕭十洲가 종군했다가 관직을 사직하고 어버이를 봉양하기 위해 귀향하던 중 배가 무협巫峽에서 정박했다. 이날 밤 그의 꿈속에서 관리 복장을 한 사람이 말을 타고 손에는 영전令箭[11]을 쥐고 강을 따라 가다가 어느 것이 소蕭 나리의 배인지 탐문했다. 그는 소십주의 뱃머리에 뛰어올라 숨 가쁘게 품속에서 공문을 꺼내 소십주에게 건네주었다. 그 공문 겉봉에는 '금룡사대왕봉金龍四大王封'이란 여섯 글자가 쓰여 있었다. 또 범인 일곱 명이 배 위에 압송되어 한쪽에 무릎 꿇고 있었다. 한 관리가 소십주에게 '참형斬刑'을 내려달라고 부탁했다. 소십주가 놀라며 말했다.

"이는 지방관이 할 일이오. 저는 무관인 데다가 은퇴하여 귀향하는 중이라 월권을 행사할 수 없소이다."

"공문에는 대인의 성함이 있습니다. 대인께서 관례에 따라 처리하시지요."

---

11   군중軍中에서 명령 전달의 증거로 사용한 화살 모양의 수기手旗.

순식간에 등불이 휘황해지고 "전당에 오르라" "문을 열라"는 소리가 전해지는 가운데 계단 아래에서 의장대가 숙연하게 양옆에 나란히 섰다. 소십주는 자신이 배 위에 있는 것이 아니라, 이미 법정의 자리에 앉아 있음을 발견했다. 관리가 먼저 교수형을 받은 죄수 여섯 명의 이름을 부르고 최후에 참수형 판결을 받을 범인의 이름을 불렀다. 그는 겨우 6, 7세의 아이였다. 소십주가 관리에게 물었다.

"그는 미성년의 꼬마에 불과한데 무슨 죄를 지었기에 참수한단 말이오?"

관리가 손을 흔들며 말했다.

"이 사람들의 죄명은 이미 정해졌으니 번거롭게 이의를 제기할 필요가 없어요. 대인께서는 속히 판결하세요."

이렇게 말하고는 판결용의 범인 표찰을 건네주고는 마침내 범인 일곱 명을 압송하여 법정을 나갔다. 소십주는 꿈에서 깨어나 악몽을 꾼 것으로 여겼다.

이튿날 새벽 강 수면엔 안개가 짙게 깔려 소십주는 닻줄을 풀지 말라고 당부했다. 오전에 소십주는 모친을 모시고 잡담했으나 어젯밤 꾸었던 악몽 얘기를 꺼내지 않았다. 그런데 갑자기 강 수면에서 화물선 한 척이 암초에 부딪혀 선체가 가라앉았다. 선상 사람들은 큰 소리로 구조를 요청했는데 그 모습이 매우 처참했다. 소십주는 사람들에게 작은 배를 몰고 다가가 구조하라고 다급히 명령했다. 결과적으로 세 명을 구했는데 벌써 몸이 뻣뻣해져 죽어갔다. 한참 동안 응급 조치를 취하니 서서히 깨어나기 시작했다. 화물선의 키잡이 일곱 명은 모두 물에 빠져 죽었다. 나중에 물속에서 건진 한 명은 머리가 없는 남자아이 시체였는데, 그가 걸친 의복으로 봐서 한 키잡이 의 아들이었다.

나는 소십주가 꾼 꿈이 무석 사람 화사도華師道[12]의 꿈과 같다고 여겼다. 화사도도 저승사자가 그를 아문으로 불러 범인에게 참수형 을 판결하게 한 꿈을 꾼 적이 있었다. 화사도는 그 사람의 죄명이 아 직 정해지지 않아 '참수'란 글자를 쓰려고 하지 않았다. 이때 봉두난 발한 여인이 법정에 올라와 화사도에게 여러 번 애걸하며 말했다.

"대인께서 '참수형' 판결을 내리지 않으시면, 이 사건은 3년 동안 질질 끌 겁니다."

화사도는 끝내 쓰지 않고 말했다.

"제가 참수해야 할 이유를 알지 못하는데, 어떻게 마음대로 쓸 수 있겠소?"

마침내 소리쳐 그 여인을 아문에서 쫓아내는 과정에서 화사도는 꿈에서 깨어났다. 3년 뒤 화사도가 사망했다. 사도는 자가 반강半江이 고 전서, 예서에 뛰어났으며 회수淮水 상류가의 정순강程純江[13] 집에 학관을 열고 학생을 가르쳤는데 나와는 친한 친구 사이다.

---

12 본명은 화옥순華玉淳(1703~1758)이고 자가 사도, 호가 담원澹園이며 강남의 학자 였다. 주요 저작으로는 『효경통의孝經通義』『악부고樂府考』『전폐고錢幣考』『진상고辰 象考』『담원시문집澹園詩文集』 등이 있다.
13 본명은 정무程茂이고 호가 순강, 자가 사립嗣立이며 상해上海 산양현山陽縣 사람 이다.

鬼
門
關

　주의朱衣 선생은 자가 양강梁江이고 태창주太倉州 사람이며 수재 출
신이다.

　건륭 33년(1768) 주의가 강녕江寧에서 향시를 치르고자 했는데 객
사에서 갑자기 열병에 걸려 병세가 엄중했다. 그의 친척과 친구들이
배 한 척을 세내어 그를 집으로 돌려보냈다. 배가 단도갑丹徒閘[14]에
도착하자 선창에 누워 있던 주의는 갑자기 혼절했다. 혼미한 가운데
주의는 자신을 언덕으로 인도하여 올라가는, 푸른 옷을 입은 두 사
람을 보았다. 이 길은 곧았지만 좁았다. 하늘엔 빛이 없고 주위는 칠
흑처럼 어두웠다. 주의의 발걸음이 무척 가벼워 나는 것 같았다.
10여 리를 걸었을까? 갑자기 한 괴물이 나타나 주의의 왼쪽으로 바
짝 따라왔다. 다시 10여 리를 가자, 또 한 괴물이 나타나 주의의 오

14　송나라 소희紹熙, 경원慶元 연간(1190~1200)에 단도와 간벽諫壁 항구를 세우고 강
물을 이곳으로 끌어들이고 운행했으나 나중에 폐쇄했다. 원나라 문종文宗 천력天歷 2년
(1329)에 단도갑을 세워 강물을 끌어들여 저장하고 운하의 수량을 조절했다. 이 부근의
산에서 흘러나오는 물도 모두 단도갑을 통해 장강으로 흘러들어간다.

른쪽에서 따라왔다. 주의는 다시 수십 리를 걸어서 성 밑에 도달했다. 성벽의 누대는 높이 솟았으며 두 성문은 닫혀 있었다. 성문 입구의 편액엔 '귀문관鬼門關'이란 세 글자가 가로로 쓰여 있었다. 푸른 옷을 입은 두 사람이 문을 두들겨도 대답하는 사람이 없었다. 다시 두드리자 갑자기 문 옆에서 한 귀신이 나타났다. 험상궂은 얼굴을 가진 귀신이 푸른 옷을 입은 두 사람과 서로 싸우기 시작했다.

이때 갑자기 전갈하는 소리가 나더니 홍등이 먼 곳에서 다가왔다. 그리고 네 명이 드는 가마에 한 장관이 타고 있었다. 가까이 가서 보니 태창주의 성황신 같았다. 그 성황신이 물었다.

"자네 이름이 무엇인고?"

"태창주의 수재 주의라고 하옵니다. 지금 과거시험장에서 돌아오는 길입니다."

"너무 일찍 왔구나. 이곳엔 오래 머무를 수 없네."

관리에게 길을 인도하는 홍등을 물리고 그를 집으로 보내 돌아가도록 명령했다. 이때 성문이 천천히 열리더니 성황 나리의 가마가 성 안으로 들어오자 성문이 다시 닫혔다. 홍등을 들었던 관리가 주의에게 말했다.

"얼른 나를 따라 동쪽으로 가자."

주의는 앞서 왔던 길이 아닌 것처럼 느껴졌다. 2, 3리를 걸어 큰 강가에 도착하니 강 위의 파도가 솟구쳐서 하늘을 찌를 듯했다. 홍등을 든 관리가 주의를 강물로 힘껏 밀어넣었다. 다급해진 주의는 살려달라고 고함치다가 깨어났다.

이때 여객선은 이미 태창주 성 밖을 운항 중이었는데 주의가 죽은 지 벌써 3일이 지났다. 하지만 가슴에 온기가 남아 있어 수종이 선원을 재촉하여 밤낮으로 운항했다. 주의가 집에 돌아오자 병은 완전히 나았다.

이 고사는 소송포蕭松浦가 내게 얘기해주었다.

소송포의 말에 따르면, 그가 종전에 주애珠崖[15]에 놀러 가다가 담이儋耳[16]를 지나게 되었다. 그곳 산봉우리가 사면을 병풍처럼 둘렀고 험하고도 가팔랐다. 그 중간엔 작은 길이 나 있었다. 석벽에는 '귀문관'이란 세 글자가 새겨져 있었다. 옆의 다른 바위엔 당대 명재상 이덕유李德裕가 애주崖州 사호참군司戶參軍으로 폄적되어 이곳을 지날 때 적은 시구가 새겨져 있었다. 그 시는 다음과 같다.

한번 만 리 길을 떠나면 一去一萬里
열에 아홉은 돌아오지 못하리라 十來九不還
고향은 어디에 있느뇨 家鄉在何處
앉아서 귀문관을 건너노라 坐渡鬼門關

글자의 직경은 다섯 자이며 필력이 강건했다. 이 귀문관을 지나면 앞은 독무毒霧가 짙게 펼쳐지고 악초惡草로 뒤덮여 있으며 도처에 기이한 새와 괴상한 뱀이 있는 데다 천지가 캄캄하여 귀역鬼域에 들어

---

15 한 무제 때 해남도海南島 동북부에 설치했던 군 이름으로 지금의 충산현瓊山縣 동남쪽에 해당된다.
16 한나라 때 담이군을 설치했으며 당나라 때에 담주儋州로 개명했다. 지금의 하이난섬 단저우시 서북부에 해당된다.

간 듯 인간 냄새라고는 조금도 없다고 한다.

冤魂索命

억울하게 죽은 귀신이
원수를 갚으러 오다

건륭 23년(1758) 소송포와 심의암沈毅庵은 번우현番禺縣의 관청에서
막료로 지내며 함께 형옥刑獄의 사무를 관장했다.

당시 번우현의 교당荍塘에서 살인강도 사건이 발생하여 범인 일곱
명이 일망타진되었고 증거도 확보해놓았다. 소송포는 법률에 의거하
여 범인 일곱 명을 참수형으로 판결하고 부사府司 아문에 압송하여
안찰사의 지시를 기다렸다. 당시의 안찰사는 일곱을 모두 참수형에
처한다는 것은 지나치게 가혹하므로 원심을 돌려보내면서 정상을
참작해줄 것을 요청했다. 허나 소송포는 이처럼 중대한 사건을 심리
하길 저어해 핑계를 대고 사양했다. 이에 사건은 심의암에게로 넘어
갔다.

심의암의 거처는 소송포와 판자벽을 사이에 두고 있었다. 어느 날
밤 소송포가 안건을 보고 있는데 심의암의 서재에서 가느다란 '쏴
쏴' 소리가 희미하게 들려왔다. 소송포가 바깥으로 나와 문틈으로
살펴보니 심의암은 책상에 엎드려 빠르게 뭔가를 쓰고 있었다. 그의
곁에는 귀신 서너 명이 서 있었고 손에는 모두 자신의 머리를 들고

있었다. 또 난쟁이 귀신 여러 명이 바닥에 빙 둘러 무릎을 꿇고 있었다. 소송포가 급히 심의암을 부르며 보았더니 갑자기 피비린내가 코에 스며들었고 등불은 모두 꺼져버렸다. 소송포도 놀라 창밖에서 혼절했으며 어린 종이 급히 부축하여 방으로 보내 뉘였다.

이튿날 심의암과 동료들이 그 연유를 묻자, 소송포는 자기가 본 일을 그들에게 알려주었다. 심의암이 말했다.

"나는 알고 있지. 어젯밤에 내가 본 것은 교당의 살인강도 사건 문건이었어. 이 사건의 증거가 확보되었고 범죄의 판결도 타당하여 범인 일곱 명을 살릴 수 있는 방법이 없었네. 그런데 상관이 반박하여 원심을 되돌리는 바람에 일곱 명의 범인 가운데 두 명을 추려 감형할 수밖에 없었지. 일곱 명 가운데 사아정謝阿挺, 심아치沈阿痴 두 범인은 본래 밖에서 장물을 받았을 뿐 안으로 들어가지는 않았네. 그러나 주인과 장물을 두고 싸울 때 칼로 주인을 찔렀지. 하물며 그에겐 또 다른 전과가 있기에 소 선생이 참수형으로 판결했지. 나는 안찰사의 지시에 따라 두 범인의 죄를 감형해주려고 했네. 자네가 봤던, 땅에 무릎 꿇고 앉았던 난쟁이 귀신들이 바로 사아정과 심아치의 조상들일세. 빙 둘러서서 시중들던 머리 없는 귀신은 이미 사형 집행을 받은 사아정과 심아치의 동료들이 아니면, 피살된 원귀인데 모두 원수를 갚으러 온 걸세. 나는 법을 어기면서까지 사람의 목숨을 살리고 죽은 귀신이 지하에서 억울함을 품게 할 수 없었네. 그러니 어서 원심대로 판결해주면 좋겠네."

교당의 살인강도 사건은 마침내 원심대로 판결되었다.

掃
螺
蛳

우렁이를 쓸다

서호徐浩[17]가 산서의 도대로 부임했는데, 늙은 여우가 도사로 변장하여 늘 서호의 아문에 출입하면서 서호와 말을 나누게 되었다.

당시 산서 모 현의 현령 왕王 씨는 강소 태창太倉 사람이다. 어떤 사람이 왕 현령을 무고했는데 서호는 사실로 믿고 왕 현령을 파면하려고 했다. 이때 늙은 여우가 직접 나서서 왕 현령 조상의 공덕이 헤아릴 수 없을 정도라고 말했다. 이후 서호가 조사해보니 현령은 청렴하며 공소가 무고임을 알게 되었다. 이 사건은 마침내 해결되었다.

왕 현령이 서호를 찾아가니 서호가 물었다.

"경의 조상은 어떻게 선한 일을 하셨나요?"

"저의 5대조는 바닷가에서 경작했지요. 그런데 바닷물이 들어올 때마다 푸른 우렁이가 조수를 따라 해안으로 올라왔어요. 조수가 빠지면 푸른 우렁이가 바다 속으로 돌아갈 수 없어 사람들이 잡아다가 시장에 내다 팔았습니다. 저의 5대조 부부는 각기 빗자루로 푸른

---

17   순천부 대흥大興 사람으로 건륭 연간의 진사였다.

우렁이를 쓸어서 바다로 돌려보냈어요. 한밤중부터 새벽까지 이 일을 했지요. 이렇게 60년간 지속하셨어요. 여우가 말했던 공덕이란 아마도 이것을 가리키지 않을까요?"

서호 관아에 채운彩雲이란 하녀가 있었다. 여우가 채운을 보고는 서호에게 말했다.

"저 애는 내력이 있어 하녀로 부릴 수 없소. 하녀는 장래에 관음대사가 직접 중매하여 동정군洞庭君에게 시집가게 될 겁니다."

며칠 지나자 채운은 그녀의 부친이 쓴 부채를 쥐고 뜰의 기둥에 기대 살펴보고 있었다. 서호는 채운이 글을 좀 읽는 것을 알고 물어보니, 그녀의 부친은 수재, 할아버지는 한림이었다. 그는 늙은 여우의 말이 생각나서 채운을 그의 세 번째 손녀로 삼기로 결정했다. 이로부터 원근 일대 지방 사람들은 서호 집에 셋째 아가씨가 있음을 알게 되었다.

반년이 지나 한 거부가 서호에게 편지를 보냈으며 아울러 관음대사의 초상화를 주었다. 그 편지의 내용은 다음과 같다.

"대인의 셋째 아가씨가 아직 미혼이라고 들었습니다. 셋째 아가씨를 신대년申大年 태수의 아들에게 시집보내고 싶습니다. 그리고 관음대사 초상화를 보내드리는데 매우 영험하오니 대인께서 서재 안에 걸어두고 기도하면 반드시 보답이 있을 겁니다."

신 태수는 호북 사람이므로 '동정군'이란 말을 깨달았다. 관음대사 초상화와 중매인의 편지가 함께 와서 이 혼사를 치를 수 있었다. 여우는 이처럼 장래를 정확하게 예측할 수 있었다.

周太史驅妖

주 태사가 요괴를 쫓아버다

　　주용수周用修는 강서 서창현瑞昌縣 누하촌樓下村 사람으로 나이가 오십이 넘었다. 일찍이 상처하여 지금은 아들과 며느리를 두었으며 생계는 그런대로 자급자족하는 편이었다.

　　하루는 오십이 넘은 노파가 주 씨 집에 들어오더니 누각에 올라 주용수의 큰며느리를 불러다놓고 그녀에게 말했다.

　　"내가 네 시어머니이니 놀랄 필요 없다."

　　주 씨의 큰며느리는 의아해했다. 주 씨 집에 시집온 뒤 여태까지 시어머니를 본 적이 없기 때문이다. 주용수는 이 말을 듣고 노파를 보려고 했지만 그 노파는 거절했다. 큰아들도 보고 싶어했으나 역시 만나려고 하지 않았다. 하지만 노파의 음식이나 주거는 보통 사람과 다르지 않아서 온 가족은 편안하게 여겼다.

　　오래지 않아 노파에 관한 유언비어가 그녀의 귀에까지 전해지자 노파는 화를 내며 이곳을 떠났다. 이로부터 주용수의 집은 점점 곤경에 빠졌다. 집 안에 모아둔 비단과 양식은 본래 궤짝에 숨겨두고 단단히 잠가놓았는데, 열어보니 텅텅 비어 있었다. 마을 사람들은 주용수의 대문 입구에서 비단과 양식을 파는 노파의 모습을 자주 보았다. 이렇게 3년이 지나자 주 씨 집은 빈털터리가 되었다. 주용수는 관청에 고발하기도 하고 무사巫士를 불러 요괴를 쫓아냈으나 모두 아무런 효과가 없었다.

이때 주용수와 종친인 서길사庶吉士 주후원周厚轅[18]이 마침 휴가를 받아 주 씨 집을 방문했다. 그 노파는 주후원이 오기 하루 전날에 주 씨 집을 떠났다. 주후원이 오기만 하면 노파는 다시 떠났다. 주용수는 이를 괴이하게 여기면서 주후원에게 귀신을 몰아내달라고 부탁했다.

주후원이 붉은 붓으로 누런 종이에 격문을 써서 토지신과 사신社神 앞에서 불살랐다. 격문에는 이렇게 쓰여 있었다.

"음양의 길은 하나의 이치에서 나왔다. 음사陰司가 없고 양사陽司만 존재한다면, 자그마한 누하촌에서 토지신, 사신 두 신명이 계시는데도 노파가 야료를 부린다는 소식이 있으니 이제 누구에게 물어보겠는가? 3일 안에 노파를 내쫓아야 한다. 그렇게 할 수 없으면 5일이나 7일 주겠다. 그렇게 할 수 없다면 신이 없는 것으로 치겠다. 그러니 어찌 인간의 제삿밥을 먹을 수 있겠는가? 나는 장차 사람을 시켜서 너희의 사당을 불태우고 너희의 초상화를 훼손할 것이다."

주후원은 이 격문을 불태운 뒤 친구를 찾으러 강을 건넜다. 보름

18 　주후원(1746~1809)은 자가 어원馭遠, 호가 가당駕堂, 재헌載軒이며 강서성 호구湖口 사람이다. 건륭 36년(1771)의 진사이고 관직은 호부급사戶部給事를 역임했다. 북경에서 옹방강翁方綱(1733~1818), 장사전, 정진방, 오석기吳錫麒(1746~1818) 등과 '도문시사都門詩社'를 결성한 바 있다. 주요 저작으로는 『촉유초蜀遊草』 『유시집有是集』 등이 있다.

동안 일을 본 뒤 주후원은 다시 누하촌을 찾았다. 그가 가마에서 잠시 잠들었는데 꿈속에서 온 들판과 계곡에 남녀노소로 가득한 모습을 보았다. 인산인해를 이루어 거의 수천만의 사람이 길을 포위하고 보고 있었다. 수염 길이가 두 자 되는 두 노인이 주후원의 가마 옆에 섰는데 묵묵히 아무 말도 하지 않았다. 이때 주후원이 놀라 깨어나 가마를 빌려 성으로 들어갔다. 이때 주 씨 가족이 그에게 축하하며 말했다.

"공께서 격문을 불사른 뒤 3일 안에 요괴가 떠나더니 두 번 다시 오지 않았어요."

말이 채 끝나기 전에 주용수도 달려와 머리를 조아려 감사를 표하고 아울러 두 신명을 위로하는 글을 써달라고 부탁해 두 신사神祠에서 불태웠다. 이로부터 요괴는 나타나지 않았다.

양저

良
猪

안휘성 숙주宿州의 휴계구睢溪口에서 마을 사람 한 명이 살해되었다. 범인이 시체를 우물 속에 던졌는데 관청에서 조사하러 나왔으나 범인을 잡지 못했다.

갑자기 돼지 한 마리가 말 앞으로 달려와 구슬프게 울었다. 관리들이 돼지를 쫓아내도 돼지는 떠나려고 하지 않았다. 한 관리가 말했다.

"이 짐승이 무슨 할 말이 있나본데?"

그 돼지는 앞발을 굽히고 땅에 엎드려 고개를 조아리는 모습을 지었다. 관리들은 몇 명에게 명하여 돼지 뒤를 바짝 따라가게 했다. 돼지가 일어서서 앞서 길을 인도하여 한 인가에 도착했다. 문을 밀치고 들어가더니 돼지가 침상 아래로 달려가 주둥이로 바닥을 파고 칼을 끄집어냈다. 칼에는 선혈이 아직 묻어 있었다. 관리들이 이 집 주인을 체포하여 심문한 결과 그가 바로 휴계구 살인범이었다.

향리 사람들은 의로운 돼지를 기념하기 위해 각자 돈을 내어 돼지를 사찰 안에서 사육했고 그 돼지를 '양저良猪'라고 불렀다. 10여 년 뒤 이 돼지가 죽자 스님들이 불감佛龕을 만들에 그곳에 안장했다.

우레가 소매치기를 때리다

雷打扠手

오정현吳程縣에 사는 팽彭 씨의 아내가 병들어 침대에 누웠다. 아들이 아직 어린지라 팽씨는 아내가 눕자 혼자서 생사를 팔아 근근이 생계를 유지했다.

하루는 팽 씨가 생사 한 묶음을 지고 생사 도매상에 가서 팔았다. 도매상 주인이 가격을 낮게 제시하여 서로 다투다가 그 생사를 탁자에 놓아두었다. 이때 생사 도매상에 드나드는 사람이 많았는데 주인은 팽 씨의 생사 물량이 너무 적다며 다른 고객을 보러 갔다. 그런데 뜻밖에도 눈 깜짝할 사이에 그 생사가 사라졌다. 팽 씨는 생사를 주인이 감춘 것이라 여기곤 그를 관청에 고발했다.

그 생사 도매상이 말했다.

"제가 이 도매상을 열 때 본전만 쳐도 은이 몇만 냥입니다. 그런데 내가 어떻게 몇천 문文도 안 되는 당신 생사를 속일 수 있단 말이오?"

관리들은 주인의 말에 일리가 있다고 여겨 더 이상 추궁하지 않았다.

팽 씨는 관아에서 나와 울적하게 집으로 돌아갔다. 때마침 그의 아들이 문밖에서 놀고 있다가 생사를 팔고 돌아오는 아버지를 보고는 분명 사탕이나 과자를 사왔을 것으로 여겨 앞으로 나아가 먹을 것을 요구했다. 팽 씨는 생사를 잃어버린 탓에 마음속으로 화를 삭이던 중이라 아들을 보고는 다리로 차버렸다. 그런데 뜻밖에도 아이가 넘어져 죽었다. 팽 씨는 후회막급인지라 강물에 투신하여 자살했다. 그의 아내는 이런 사정을 전혀 몰랐다. 그런데 이웃 사람이 팽 씨 아들이 문 앞에 넘어진 것을 보고 부축했으나 이미 숨진 것을 발견했다. 이에 급히 아이의 죽음을 병든 팽 씨 아내에게 알렸다. 팽 씨 아내는 어린 아들의 사망을 애통하게 여겨 초조한 나머지 누각에서 뛰어내려 자살했다. 관청에서는 검시한 뒤 고을 사람에게 명하여 대신 매장해줄 것을 부탁했다.

3년이 지나 오정현에 큰 뇌우가 내려 세 사람이 생사 도매상의 집 입구에서 벼락을 맞아 쓰러졌다. 오래지 않아 한 이발장이가 서서히 깨어났다. 그가 전하는 말은 이렇다.

"소매치기 손孫 씨가 생사 도매상 집에서 팽 씨의 생사를 훔쳤는데 도매상의 맞은편 사䠙 씨에게 들켰지요. 사 씨는 팔아 두 사람이 반씩 나눠 가지기로 하고 고발하지 않기로 했어요. 나중에 그 생사를 우리 점포에 팔았는데 저는 300문文을 먹었고 그들은 각기 2000문을 가져갔어요. 나중에 들으니 생사를 잃은 사람은 강물에 뛰어들어 자살했고, 관청에서 검시한 후에는 아무 일도 생기지 않았어요. 그러나 뜻밖에도 우리 세 사람이 함께 벼락을 맞았네요. 그들 두 사람은 이미 목숨을 잃었고 저는 다리 한쪽이 절단되었습니다."

관청에서 조사해보니 과연 그러한 일이 있었다.

북문화

北
門
貨

소흥 사람 왕王 씨와 서徐 씨는 명말에 하남에서 장헌충, 이자성의
난을 피해 도망가는데 지나는 곳마다 시체로 온 들판이 뒤덮여 있었
다. 어느 날 저녁 서 씨는 이자성의 병사들을 만났다. 둘은 잡혀서
죽을까봐 즉시 시체더미 속에 숨었다. 한밤중이 되자 등불이 휘황해
지더니 한 대오가 성루에서 한 계단씩 내려오기에 왕 씨와 서 씨는
또 이자성의 순라병이 지나가는 것으로 여겼다. 대오가 가까이 다가
올 때 보니 성황신의 등롱이었다. 두 사람은 더 무서워져서 감히 소
리도 내지 못했다.

잠시 후 관리의 말소리가 들렸다.

"이곳에 어째서 산 사람 냄새가 나지?"

또 다른 관리가 외쳤다.

"하나는 북문화北門貨이고, 하나는 팔자에 들어 있지 않아."

말을 마치고 성황신의 대오는 점점 멀어졌다.

이튿날 새벽에 적병이 성을 빠져나갔다. 왕 씨와 서 씨는 일어나 어
젯밤에 들은 '북문화'라는 말이 생각나서 남쪽으로 가야겠다고 생각

했다. 저녁 무렵 그들이 성문 입구에 도달했는데 공교롭게도 성의 북문이었다. 갑자기 적병을 만나는 바람에 서 씨는 피살되었다. 왕 씨는 도망가 고향 소흥으로 돌아왔는데 나중에 자손이 매우 번성했다.

진흙으로 만든
유해선이 걸어다니다

泥劉海仙行走

    호남 상덕常德 태수 서문도徐文度의 집은 강소 여고如皐의 북문 안에 있었다. 그는 진흙으로 빚은 유해선劉海仙[19]을 산 적이 있는데, 크기는 여섯 자가 넘고 대청의 신감神龕 안에 수년간 모셨다. 하루는 서문도가 막 잠들었는데 꿈속에서 갑자기 대청에서 발자국 소리가 들려 하녀를 불러 등을 들고 가보게 했다. 잠시 후 그 하녀는 당황하여 달려와 말했다.

    "신감 안의 유해선이 갑자기 땅에 내려와 걸어다녀요."

    서 태수는 처음에 믿지 않았으나 하녀가 당황하는 모습을 보고는 대청으로 나와 보았다. 진흙으로 빚은 유해선이 정말 뒤뚱뒤뚱 길을 걷고 있었다. 온 가족 모두가 이를 요괴라 여기고는 부수려고 했다. 그러자 서 태수가 가족에게 말했다.

---

[19]   유해섬劉海蟾, 유해劉海라고도 부른다. 오대 시기의 사람으로 종남산終南山에서 수도하여 신선이 되었으며 팔선八仙 가운데 한 명이다. 민간에서 유행하는 그림은 장발을 하고 앞에 짧은 머리가 이마를 덮은 도사의 형상을 하고 있다.

"무서워할 필요 없네. 이 조상雕像이 걸을 수 있다는 것은 아마도 영험한 징조가 있는 것이니 그것을 부숴버릴 수는 없네."

이에 진흙으로 빚은 유해선을 신감 안에 모시게 한 지 벌써 20년이 넘었는데도 괴이한 현상이 발생한 적은 없었다. 서 태수의 아들 서상포徐湘浦는 지금 양절 부사兩浙副使를 맡고 있다.

당나귀가 억울한 죽음의
누명을 벗기다

驢雪奇寃

　건륭 43년(1778) 봄 보정부保定府 청원현清苑縣의 주민 이李 씨의 딸
이 서쪽 마을 장가장張家莊의 장張 씨 총각에게 시집갔다. 친정과 장
가장의 거리는 100여 리 떨어져 있었다. 결혼한 뒤 신부가 친정에 돌
아와 한 달 넘게 지내자 신랑이 당나귀를 타고 신부를 맞으러 왔다.
신랑은 신부더러 당나귀를 타게 하고 자기는 그 뒤를 따라 걸어갔다.
도중에 어느 마을을 지나는데 그 마을은 장가장에서 20리밖에 떨
어져 있지 않아서 수많은 촌민은 신랑을 잘 알고 있었다. 그래서 장
난을 쳐서 웃음거리를 만들기로 했다. 게다가 당나귀도 집으로 돌아
가는 길을 알고 있기에 신랑은 신부더러 먼저 가게 했다.

　신부가 당나귀를 타고 6, 7리 길을 가자 세 갈래 길을 만났다. 여
기서 서쪽으로 곧장 가면 장가장 대로가 나오고 동쪽으로 가면 임
구현任丘縣 경계가 나온다. 이때 한 청년이 마차를 타고 서쪽 길에서
털털거리며 달려왔다. 그 청년은 임구현의 유劉 씨 성을 가진 부호의
도련님인데, 신부를 태운 당나귀가 임구현으로 가는 길로 접어들어
어쩔 수 없이 그와 함께 갔다.

날이 점점 어두워지자 신부는 마음속으로 당황하여 그 도련님에게 물었다.

"이곳에서 장가장까지 머나요?"

"낭자, 길을 잘못 들었소. 장가장은 서쪽으로 가야 하고 이쪽은 임구로 가는 대로요. 장가장까지는 수십 리 길입니다. 벌써 날이 어두워졌으니 장가장까지는 가지 못하오. 내가 낭자를 위해 잘 곳을 찾아줄 테니 하룻밤 주무시고 날이 밝거든 사람을 보내 당신을 보내주리다. 어떻소?"

신부는 어쩔 수 없이 따랐다.

앞마을의 한 집에 들어섰는데 그 집 주인은 유劉 가의 소작인 공孔 씨였다. 공 씨는 편안히 쉴 수 있도록 침실을 준비해주었다. 그때 공 씨의 딸도 신혼이라서 마침 친정집에 있었다. 공 씨가 딸에게 말했다.

"오늘 저녁 도련님이 오셔서 투숙한다는데 명을 거스를 수 없구나. 너는 잠시 시댁으로 돌아갔다가 도련님이 가시면 내가 다시 널 데려오마."

딸은 부친의 말에 순종하여 시댁으로 돌아갔다. 그 방에서 유 도련님과 신부는 함께 투숙하게 되었다. 유 도련님의 마부는 방 밖에서 잤고, 신부가 탔던 당나귀는 처마 아래에 매어놓았다.

이튿날 정오가 되도록 도련님과 신부가 문밖으로 나오지 않아 공 씨가 창틈으로 방 안을 엿보았다. 두 구의 시체가 온돌 위에 누워 있고 머리는 모두 바닥에 있었다. 처마 아래에 매어두었던 당나귀도 보이지 않았다. 이 때문에 공 씨와 도련님의 마부는 온몸을 부들부들 떨면서 어떻게 조치해야 될지 몰랐다.

잠시 후 공 씨가 몰래 그 마부에게 말했다.

"네 집은 하남에 있으니 여기서 멀리 떨어진 셈이다. 이 옷가지들을 모두 싣고 떠나 숨도록 해라. 일단 관청에서 조사 나오면 너나 나나 목숨 부지하기 어려울 게다."

마부는 그의 말에 따랐다. 그날 밤 두 사람은 시체 두 구를 교외로 끌고 와 암매장했다. 마부는 옷가지를 싣고 떠났다.

유 도련님의 모친은 아들이 오랫동안 나가서 돌아오지도 않고 아무런 소식도 없어서 임구현 관아에 가서 신고하고 그 마부를 잡아 달라고 부탁했다. 그런데 장가의 신랑은 신부가 실종된 것을 알고 특별한 사고가 난 것으로 의심하여 급히 청원현 관아에 가서 장인 장모가 음모를 꾸몄다고 고소했다. 관청은 그 속에 필시 억울한 사연이 있을 것으로 추측하고는 밀정을 보내 조사하게 했다. 이때 마침 도박을 좋아하는 불량배 곽삼郭三이 당나귀 한 마리를 끌고 시장에 내다 팔았는데 그 당나귀의 털 색깔은 교묘하게도 신부가 탄 당나귀의 색깔과 완전히 똑같았다. 심문을 거친 결과 곽삼이 공 씨의 딸과 사사로운 정분이 있음을 알게 되었다. 공 씨 딸이 친정으로 돌아간 뒤 이를 모르고 곽삼은 뒤의 창을 통해 방에 몰래 잠입했다가 남녀 한 쌍이 온돌에 누워 있는 것을 보고는 일시에 화가 치밀어 두 사람을 죽이고 당나귀를 훔쳐 달아났던 것이다.

현령은 다시 공 씨를 불러 시체를 어디에 매장했는지 묻고 직접 그곳에 가서 시체를 발굴했다. 세 자 정도 파니 발굴된 것은 놀랍게도 완전한 시체인데 대머리의 노스님이었다. 현령이 다시 더 밑을 파보게 하니 살해된 시체 두 구가 나왔다. 그래서 신부가 억울하게 죽은 일도 밝혀졌고 실종된 유 도련님도 행방을 찾았다. 하지만 노스님의 시체는 또 새로운 현안이 되었다.

그 문제로 의혹에 빠진 사이 하늘이 갑자기 어두워지더니 비가 내리기 시작하자, 관리들은 옛 사당으로 가서 비를 피했다. 이 사당은 매우 적막하고 사람 그림자라곤 보이지 않았다. 관리들이 사당 부근의 주민들에게 사당에 대해 물어보니 한 주민이 대답했다.

"이 사당엔 원래 스승과 제자 두 스님이 있었는데, 나중에 사부는 밖으로 나가 주유했으며 그 제자도 타지로 떠났어요."

관리와 주민들이 나서서 노스님의 시체를 식별하고 나자 주민들이 이구동성으로 말했다.

"이 시체는 밖으로 나가 주유했던 사부입니다."

이에 관리는 그 제자에 대한 체포령을 내렸다. 결국 하남 귀덕부歸德府 땅까지 가서 찾았는데 제자는 이미 환속하여 머리를 기르고 아내를 얻어 현지에서 두부 가게를 열고 있었다.

관청에서 제자를 심문한 결과 사부가 죽은 원인을 알아냈다. 원래 제자의 아내는 결혼하기 전 늘 사부와 사통하는 관계였다. 이후 제자가 점점 자라 성인이 되자 역시 그 여자와 사통했다. 사부가 항상 이를 불평하자, 제자는 여인과 공모하며 사부를 죽이고 사당을 버리고는 멀리 도망가 부부의 인연을 맺었다. 이에 끝내 법대로 처리되었다.

장대령

張
大
令

　가홍 사람 장대령張大令 선생은 건륭 26년(1761)에 진사가 되었고 해령海寧 태수 사우창査虞昌[20]의 스승으로 평소 행실이 정직했다.

　어느 날 갑자기 장대령이 새벽에 일어나 다급하게 관복을 찾으며 권세가가 방문할 것이라고 말했다. 마침내 그는 관복을 가지런하게 입고 대문 밖에 나가 영접하고는 중당中堂에 올라가 읍을 한 다음 앉게 하고는 입으로 중얼거리며 손님과 대화했다. 옆에서 듣던 사람들은 이들의 말을 전혀 알아듣지 못했다. 처음엔 무척 기뻐하는 것 같더니 이어서 탄식하다가 다시 겸손한 모습을 보였다. 그는 차 두 잔을 따라 한 잔은 자신이 마시고 한 잔은 공중으로 들었다가 손을 떼었는데도 그 찻잔은 떨어지지 않았다. 이렇게 장시간 응수하더니 장대령이 대문 밖까지 나와 읍을 하며 전송하곤 집으로 돌아왔다.

　장대령의 가족이 누구냐고 물으니 그가 대답했다.

20　사우창은 자가 봉개鳳喈, 호가 식려息廬이며 건륭 19년(1754)의 진사다. 주요 저작으로는 『동종시선同宗詩選』이 있다.

"가흥부嘉興府의 성황신이야. 그는 이미 승진하여 나를 그의 후계자로 추천하려고 찾아온 거야. 그가 내게 알리길, 한두 해 안에 가흥부의 두 귀인이 비명횡사하는데 여기 연루되어 죽는 사람도 적지 않다는구면. 이것이 하늘의 뜻이니, 말을 하긴 하나 불편하구만."

말을 마치고 침상에 단정히 앉아 이로부터 마시거나 먹지도 않았다. 3일 뒤에 그는 끝내 사망했다.

얼마 후 절강의 왕王, 진陳 씨 두 순무의 사건[21]이 적발되어 비명에 죽었다.

---

21 절강성 순무 왕단망王亶望(?~1781)과 그의 후임 진휘조陳輝祖(?~1783) 두 사람의 재해 구제금의 착복과 옥기의 은닉죄 사건을 말한다. 이 때문에 탄핵당해 왕단망은 참수되었고, 진휘조는 부친 진대수陳大授(1702~1751)의 영향력으로 참수형은 모면했지만 결국 죽고 말았다.

경수   鏡
                                                       水

상담현湘潭縣의 경수鏡水가 이전 사람의 3세의 일을 비추어 볼 수
있었다. 낙駱 씨 성을 가진 수재가 샘물 앞에 가서 비추어 보았더니
사람 모양이 아니라 맹호였다. 또 늙은 뱃사공이 샘물 앞에서 비춰
보았더니 성장을 차린 미녀였다. 이 경수 위엔 연꽃이 무성하게 피어
있고 꽃잎마다 모두 청색을 띠었다.

호구虎丘의 채 장관蔡掌官은 젊은 데다가 잘생겼는데 골동품 판매를 생업으로 삼았다.

어느 날 채 장관이 예강민倪康民의 집에서 술을 마셨다. (술을 마신 뒤) 예강민은 젊은 노복을 불러 등롱을 들고 그를 집으로 데려다주게 했다. 두 사람이 인적이 없는 곳에 이르렀을 때 채 장관이 다른 사람에게 읍을 하더니 낮은 소리로 말을 했다. 그 노복이 물었다.

"누구랑 말씀하셨어요?"

"내 친구 이삼가李三哥가 날 초청해서 지금 그와 함께 가려 하니, 자넨 날 따라올 필요가 없네."

말이 채 끝나기도 전에 강 속으로 뛰어들었다. 그 노복은 다급하게 채 장관을 구조하여 집으로 끌고 돌아가 그간의 일을 그의 부모에게 알려주었다.

채 씨의 친구들이 이 소식을 듣고는 깜짝 놀라 채 장관을 위문하러 찾아왔다. 이때 채 장관의 정신이 또렷하지 않아 말을 할 수가 없었다. 하지만 칼을 보기만 하면 그것으로 인후를 찌르려 했고, 줄을 보기만 하면 목에 가져다 걸었다. 마치 죽음이 그에겐 이 세상에서 최대의 쾌락인 듯했다. 가족은 그를 방 안에 가둬두고는 속옷, 적삼, 바지의 띠는 전부 풀어내고 벽에 자그마한 구멍을 내어 시간마다 음식을 넣어주었다.

청명절이 되자 채 씨 가족이 모두 성묘하러 갔다. 채 장관은 이 틈을 타서 창을 넘어 도망 나와 이틀 동안이나 집에 돌아가지 않았다. 가족은 그가 죽은 것으로 알고 도처에서 시체를 찾았다. 백련교白蓮橋22의 황량한 들판까지 찾아갔다가 갑자기 그가 뽕나무에 기대 큰 소리로 외치는 것을 들었다.

"내가 여기에 있으니 다시 찾을 필요 없어요."

그의 가족이 놀라고도 기뻐서 급히 가보니 그는 벌써 나무 위에 목을 매단 뒤였다. 방금 그것은 영혼이 낸 목소리였다. 나뭇가지에 맨 줄은 염색집 마당에서 말릴 때 쓰는 베를 훔친 것이었다.

---

22 소주 백련경白蓮涇(상당하上塘河에서 이쌍하里雙河까지)에 있었던 다리 이름.

沈
文
菘

심문숭

고우高郵 사람 심문숭沈文菘이 산동 점화 지현霑化知縣을 맡았을 때 친한 동료가 서장으로 파견을 가게 되었다. 동료는 공무를 받들어야 했지만 집에는 연로한 부모가 계셔서 봉양해야 하는 처지였다. 심문숭은 그를 가련히 여겨 대신 서장으로 가려고 했다. 이 소식을 들은 사람들은 심문숭의 고상한 의리를 찬탄해 마지않았다.

심문숭이 3년 넘게 분주하게 뛰어다닌 끝에 (공무를 마치고) 점화로 돌아가기 시작했다. 연도에 얼음이 얼고 눈이 덮여서 엄청나게 추웠으며 한 달이 넘게 걸어도 왕왕 인적을 보지 못했다. 두 노복 가운데 하상夏祥이 심문숭을 충심을 다해 잘 모셨다. 숙영할 곳에 이를 때마다 하상은 갑자기 사라졌다가 잠시 후에 좁쌀을 들고 돌아와 밥을 지어 심문숭에게 대접했다. 그러나 그 좁쌀을 어디에서 가져왔는지는 모른다.

어느 날 날이 어두워지고 안개로 뒤덮였다. 그들은 걸어가다가 험준한 비탈에 이르렀다. 그 산 아래는 만 길이나 되는 깊은 계곡이었는데 두 사람이 실족하여 떨어졌으며 심문숭이 타던 말의 앞발도 떨어

지려고 했다. 그 찰나 갑자기 운무 속에서 관음대사의 형상이 나타났
는데 손에 푸른 연꽃을 들고는 심문숭에게 방향을 가리켜주었다. 잠
시 후 그 말이 계곡을 뛰어넘어 평지에 도착했다. 심문숭은 노복 두
명을 잃은 것을 애통해하고 배회하며 앞으로 나아가지 못했다.

시간이 흐르자 날씨가 점점 어두워지기 시작했다. 이때 갑자기 사
람 말소리가 들렸다. 심문숭이 급히 큰 소리로 불렀더니 하상이 다
가왔다. 이에 심문숭이 물었다.

"어떻게 나왔어?"

"계곡으로 떨어졌을 때 키가 한 길이 넘고 몸에 푸른 털이 난 사람
이 계곡에서 절 업어서 겨우 빠져나왔어요."

주인과 하인 두 사람은 서로 껴안고 통곡했다.

심문숭이 산동으로 돌아온 뒤 그 경위를 친구인 고문량高文良23 공
에게 얘기해주었다. 고문량 공이 크게 감동하여 「관음대사도觀音大士
圖」를 그리고는 위에 날짜를 기입하여 기념으로 삼았다.

30년이 지난 뒤 심문숭의 손자 심균안沈均安24이 강서 공현 현위贛
縣縣尉를 맡았다. 고문량 공의 손자 고사횡高士鐄도 공현 현위를 지냈

---

23 본명은 고기탁高其倬(1676~1738)이고 시호가 문량, 자가 장지章之, 호가 미소美沼,
종균種筠이다. 요령遼寧 철령鐵嶺 사람이며 한군양황기漢軍鑲黃旗 소속이다. 지두화指
頭畫(붓 대신 손가락으로 먹을 찍어서 그린 그림)의 창시자 고기패高其佩(1672~1734)의 사촌
동생이다. 강희 33년(1694)의 진사이며 내각학사, 운귀 총독, 민절 총독, 양강 총독, 강소
순무, 공부상서를 역임했다. 원매와 친하게 지냈으며 주요 저작으로 『미화당시집味和堂
詩集』이 있다.
24 자는 제가際可이며 강소 고우高郵 사람이다. 관직은 강서 동지江西同知를 역임했
으며 시와 서예에 뛰어났다. 『수원시화』 권10 29조에 보인다.

다. 두 사람은 처음엔 알지 못했으나 나중에 가세家世를 언급하다가 조상들이 친한 벗임을 알게 되었다. 그 「관음대사도」는 대대로 전해지는 보물로 여태까지 고 씨 집에 보존되어 있었으나 이후 심균안에게 돌려주었다.

남 아가씨

藍
姑
娘

왕王 중승中丞[25]이 부친상을 치르기 위해 관직을 그만두고 집에서 지냈는데 항주 양시공관羊市公館에서 살았다.

하루는 그의 집 주방에서 일하는 하녀가 갑자기 땅에 쓰러졌다. 한참 지나서 천천히 깨어나더니 두 눈을 크게 뜨고 기인旗人의 말투로 얘기했다.

"저는 양홍기鑲紅旗 모 부部 도통都統 집의 남 아가씨藍姑娘인데 지금 목마르고 배고프니 왕 대인에게 알려 속히 먹을 것을 주세요."

왕 순무가 직접 와서 그녀에게 물었다.

"너는 기인이라면서 어째서 우리 한족 집안에 왔느냐?"

하녀 몸에 붙어 있던 귀신이 말했다.

"저는 언니들과 청명절에 묘회廟會를 보러 나왔다가 공교롭게도 지

---

25 절강성 순무를 지냈던 탐관 왕단망王亶望(?~1781)을 가리킨다. 강소 순무 왕사王師의 아들로 산서 임분臨汾 사람이다. 거인이 되자 돈으로 지현 자리를 샀으며 몇 년 뒤에 승승장구하여 절강 포정사를 지냈다. 그는 한재 현황을 허위로 보고했다가 들통나 건륭 46년(1781)에 탄핵받아 참수되었다.

나던 포정사 국█ 대인을 뵈었어요. 그의 의장대와 수종이 너무 많은
지라 저희 일행은 흩어져버렸지요. 저는 피하지 못해 대인 집으로 달
려온 겁니다."

왕 순무가 말했다.

"너는 국 대인은 피하면서 어째 나는 피하지 않느냐? 국 대인이 나
의 부하인 줄 모른단 말이냐? 그가 너를 흩어지게 했으면 너는 왜 그
의 집에 가서 소란을 피우지 않는 게냐?

"저는 그가 두려워요."

"보아하니 너희가 귀신 노릇하는 일이 순조로운가본데 현직 관리
는 두려워하면서 물러난 관리는 무서워하지 않는다?"

"그렇지 않아요. 물러난 관리가 좋은 관리라면 저는 두려워하지
않아요."

왕 순무는 이 말을 듣고 불쾌했지만 방법이 없는지라 그녀에게 밥
을 주고 지전을 태워 보냈다. 이렇게 해서 하녀는 원래 모습으로 돌아
왔다. 그러나 1년도 안 되어 왕 순무는 죄를 지어 목숨을 잃었다.

쥐의 쓸개에 난 두 머리

鼠膽兩頭

산동 사람 계미곡桂未谷[26]은 전적을 두루 읽었고 전서와 예서에 뛰어났다. 그는 집에 수많은 비석 탁본을 소장하고 있었다. 그런데 밤이 되기만 하면 이 탁본을 쥐들이 물어뜯곤 했다. 계미곡은 화가 나서 쥐를 잡을 방도를 강구했다. 그가 쥐의 쓸개즙으로 귀머거리를 치료할 수 있단 말을 듣고는 잡은 쥐 한 마리를 놓고 산 채로 쓸개를 빼냈는데 크기는 누에만 했으며 양 끝에 머리가 나 있고 게다가 기어다녔다. 그 쥐가 죽은 지 반나절이 지나도 쥐의 쓸개는 여전히 살아 있었다. 그는 이유를 알 수 없었다. 갑자기 무서워져서 그것을 도랑에 내다 버렸다. 하지만 뜻밖의 일은 발생하지 않았다.

'수서양단首鼠兩端'[27]이란 고사성어의 출처는 아마도 쥐의 쓸개와 연관이 있는 듯하다. 그러나 계미곡이 쥐 몇 마리를 해부했지만 두

---

26 본명은 계복桂馥(1736~1805)이고 자가 미곡, 동훼東卉, 호가 우문雩門이며 산동 곡부 사람이다. 건륭 55년(1790)의 진사이며 운남 영평현 지현永平縣知縣을 역임했다. 문자학, 훈고학의 대가이며 특히 전서, 예서, 전각에 뛰어났다. 주요 저작으로는『설문해자의증說文解字義證』『무전분운繆篆分韻』『만학집晩學集』등이 있다.

머리가 있는 쥐의 쓸개를 찾지는 못했다.

---

27 쥐가 머리를 내밀고 양쪽 끝에서 망설이다. 구멍 속에서 머리를 내민 쥐가 나갈까
말까 망설인다는 뜻으로, 주저하면서 결단을 내리지 못하거나, 어느 한쪽으로 붙지 않
고 양다리를 걸치는 것을 비유하는 말이다. 『사기史記』「위기무안후열전魏其武安侯列
傳」에 나온다.

서해사의 신

西
海
祠
神

　가흥 사람 전여기錢汝器[28]는 태부太傅[29] 전문단錢文端[30] 공의 일곱째 아들인데, 섬서 무공 현령武功縣令으로 선임되었지만 부임한 지 몇 개월 되지 않아 병사했다.

　전여기가 세상을 뜨기 하루 전 아침에 일어나 가족에게 목욕물을 준비해달라고 부탁하여 목욕한 다음, 관복을 차려입고는 북쪽을 향해 아홉 번 절하고 다시 동쪽으로 아홉 번 절했다. 가족이 그 까닭을 물으니 그가 대답했다.

　"북쪽으로 절한 것은 황상의 은혜에 감사하기 때문이고, 동쪽으로 절한 이유는 우왕에 감사하기 때문입니다. 제가 서울을 빠져나와 포주蒲州를 지나다가 서문 밖의 우왕묘禹王廟에서 투숙했어요. 꿈속

28　자는 용암用庵이고 호는 단丹이다. 전여기의 맏형이 전여성錢汝誠(1722~1779)이다.
29　태자를 보필하는 관리.
30　본명은 전진군錢陳群(1686~1774)이고 자가 주경主敬, 호가 향수香樹, 시호가 문단이다. 절강성 가흥 사람이며 강희 60년(1722)의 진사이고 한림원 서길사, 편수, 형부시랑 등을 역임했다.

에서 우왕이 저를 부르더니 수신으로 임명하기에 서해사西海祠에서 지냈어요. 제가 사양했으나 우왕이 허락하지 않았어요. 내일이 바로 제가 부임하는 날인데 안 갈 수가 없어요."

이튿날 아침 전여기는 과연 침상에 단정하게 앉아 사망했다. 이는 건륭 47년(1782) 9월 17일 발생한 일이다.

그 전에 곽郭 씨 성을 가진 서생은 주질盩厔 사람인데 총명하고 지혜로우며 노래와 춤에 뛰어나 전여기가 그를 아꼈고 당시 손연여孫淵如[31]도 그를 좋아했다. 오래지 않아 곽 서생은 다른 일로 전 씨 댁을 떠나갔다. 이후 손연여가 조읍현령朝邑縣令 장허암莊虛庵[32]의 집에서 머물 때 곽 서생의 편지 한 통을 받았다. 그 편지엔 이렇게 쓰여 있었다.

"9월에 제가 해주解州를 지나는 도중 꿈속에 전여기도 해주에 왔는데 의장대와 시위가 무척 성대했어요. 전여기가 제게 알려주더군요.

'장차 서해사로 가서 수신으로 부임합니다. 밤새워 허물없이 얘기하는 친구처럼 대해주시니 이승과 저승의 거리감이 전혀 없네요. 앞으로 포주성 남쪽 성곽 밖에서 저를 찾아오세요.'

전여기가 말을 마치자 저도 깨어났어요. 만일 꿈속에서 들은 말이 사실이라면 전여기는 분명 인간 세상에 없겠지요."

---

31 본명은 손성연孫星衍(1753~1818)이고 자가 연여, 호가 계구季逑다. 강소성 양호 사람이고 건륭 연간의 진사이며 관직은 형부주사刑部主事, 산동 독량도山東督粮道에 이르렀다. 건가학파乾嘉學派(고문경학파)의 한 사람으로 주요 저작으로는 『주역집해周易集解』 『환우방비록寰宇訪碑錄』 『손씨가장서목록내외편孫氏家藏書目錄內外篇』 『방무산인시록芳茂山人詩錄』 등이 있다.

32 본명은 장흔莊炘(1735~1818)이고 호가 허암, 자가 경염景炎이다. 강소성 무진 사람이고 관직은 섬서성 빈주 지주邠州知州에 이르렀다.

그때 손연여가 곽 서생의 종적을 찾고 있었으나 소식을 얻지 못했다. 편지를 받은 그는 당일로 수레를 타고 출발하여 황하를 건넜다. 포주에 이르러 찾으니 그곳에 서해사가 정말 있었다. 이 사당은 원세조世祖 지원至元 12년(1275)에 창건했으며 지금의 것은 중수한 것이다. 손연여가 마침 사당 앞에서 배회하는데 갑자기 주랑 아래에서 걸어오는 곽 서생을 보았다. 두 사람이 만나 그간의 얘기를 나누다보니 서로 희비가 교차했다. 즉시 술을 준비하고 제물을 바쳐 함께 제사를 지냈다. 손연여가 제문을 썼는데 그 내용은 다음과 같다.

"옛날에 거경巨卿[33]은 꿈속에서 죽은 친구의 음성을 듣고 그의 장례식에 소거素車를 몰고 왔다. 또 자문子文[34]은 술을 좋아했지만 신이 되는 풍골을 손상시키지는 않았다. 삼가 여기에 옛날 고사를 서술하노라. 다시는 그대를 만날 수 없구나."

---

33 후한 범식范式의 자다. 산양山陽 금향金鄉 사람이다. 그는 젊었을 때 태학에 들어가 공부했다. 여남汝南 사람 장소張劭와는 둘도 없는 단짝이었다. 두 사람이 동시에 고향으로 돌아가며 헤어질 때 범식이 장소에게 2년 뒤에 찾아가겠다고 약속했다. 2년 뒤 약속 시간이 되자, 장소는 모친에게 이 일을 알리고 음식을 장만하도록 부탁했다. 결국 범식은 약속대로 장소를 찾아와 그들의 우정을 재확인했다. 이후 장소가 병이 나서 임종할 때 친구 범식을 그리며 탄식하다가 결국 사망했다. 이날 범식은 꿈속에서 장소가 현몽하여 자신의 죽은 날짜를 알려주며 다시 한 번 보고 싶다고 말했다. 이에 범식은 상복을 입고 상여 수레를 몰고서 친구의 영구 앞으로 달려갔다고 한다. 『후한서』 「독행열전獨行列傳」에 나온다.
34 삼국 시대 위魏나라 조창曹彰(?~223)의 자다. 조조의 아들이며 조비의 동생이다. 어려서 말 타기와 활쏘기를 잘했고 체력이 남보다 뛰어났다. 일찍이 군사를 이끌고 정벌하러 나갔을 때 용맹하게 싸움을 잘해 조조가 그를 '황수아黃鬚兒'라고 불렀다.

당시 양호陽湖 거인 홍양길洪亮吉[35]도 애도 시를 지었는데 시구에
이런 구절이 있었다.

소년은 모름지기 먼저 보상받길 바랄 터　少年有願須先償
벌써 신적에 들어갔으니 어찌 미칠 수 있으랴　既入神籍何能狂

35　홍양길(1746~1809)은 자가 치존稚存이고 호가 북강北江이다. 건륭 연간의 진사이
며 관직은 편수, 귀주 독학貴州督學에 이르렀다. 주요 저작으로는 『권시각시문집卷施閣
詩文集』『갱생재시문집更生齋詩文集』『한위음漢魏音』『북강시화北江詩話』『춘추좌전
고春秋左傳詁』 등이 있다.

호손주

猢
猻
酒

조낙인曹洛禋 학사가 일찍이 내게 이런 얘기를 해준 적이 있다.

강희 43년(1704) 봄 그는 친구 반석주潘錫疇[36]와 함께 황산黃山[37]을 유람하다가 문수원文殊院[38]에 이르러 스님 설장雪莊 등과 함께 식사를 하게 되었다. 갑자기 식탁에 같이 앉아 있던 스님이 사라지고 정수리만 노출되었다. 설장 스님이 말했다.

"이곳으로 구름이 지나갔어요."

이튿날 그들이 운봉동雲峰洞에 들어갔을 때 동굴 안에서 한 노인을 발견했다. 키는 아홉 자요, 긴 수염을 길렀으며 베옷을 입고 짚신

---

36 본명은 반천성潘天成이고 자가 석주, 호가 철려鐵廬이며 강소성 율양溧陽 사람이다. 저작으로 『철려집鐵廬集』이 있다.
37 안후이성 남부 황산시 경내에 있으며 72개의 봉우리를 갖고 있다. 주봉 연화봉蓮花峰은 해발 1864미터이며 광명정光明頂, 천도봉天都峰과 더불어 황산의 3대 주봉이다.
38 천도봉과 연화봉 사이에 있으며 1613년에 세웠다. 1637년에 화재로 전소되어 이듬해에 휴녕休寧 사람 왕지룡汪之龍이 중건했다. 문수원 왼쪽에 천도봉, 오른쪽에 연화봉을 끼고 있으며 부근에 영객송迎客松, 봉래삼도蓬萊三島 등 절경이 포진해 있다. 1952년 겨울에 화재로 전소되었고 1955년에 그 자리에 옥병루빈관玉屏樓賓館을 세웠다.

을 신은 채 석상石床에 단정히 앉아 있었다. 조 학사가 노인에게 마실 차를 요구하자, 노인이 웃으며 말했다.

"이처럼 깊은 산골에 차가 어디 있겠소?"

조 학사가 볶은 쌀을 휴대한지라 노인에게 약간 쥐여주자 그 노인이 말했다.

"나는 60여 년 동안 쌀을 먹어본 적이 없소."

조 학사가 노인의 성명을 물으니 그 노인이 대답했다.

"나는 주집周執이며 일찍이 명대의 총병總兵이었소. 명말에 이곳에 은거한 지 130년이 되었소. 이 동굴은 원래 원숭이가 모여 살던 곳인데 나중에 호랑이가 차지했지요. 원숭이들은 이를 걱정하던 차에 나를 불러 호랑이를 잡게 했어요. 그 무리를 깡그리 죽이고 나서 내가 이 동굴에 살게 되었소."

노인의 석상에는 칼 두 자루가 놓여 있는데 하얀 눈처럼 빛을 발산했다. 석대石臺엔 하도낙서河圖洛書39와 64괘도卦圖40가 놓였고 바닥엔 호피 수십 장이 쌓여 있었다. 노인이 미소 지으며 조 학사에게 말했다.

"내일 원숭이들이 내 생일을 축하하러 올 텐데, 그 장면은 정말 볼 만하오."

말이 미처 끝나기도 전에 새끼 원숭이 몇 마리가 동굴 입구에 나

---

39 하도는 복희伏羲가 황하에서 얻은 그림으로, 이것에 의해 복희가 『역易』의 팔괘八卦를 만들었다고 하며, 낙서洛書는 하우夏禹가 낙수洛水에서 얻은 글로, 이것에 따라 우는 천하를 다스리는 대법大法으로『홍범구주洪範九疇』를 만들었다고 한다.

40 『주역』에서 인간과 자연의 존재 양상 및 변화 체계를 상징하는 64개의 괘.

타나 동굴 안의 낯선 사람을 보더니 놀라서 도망갔다. 그러자 노인이 말을 꺼냈다.

"내가 호랑이를 죽인 뒤부터 원숭이들이 내게 감지덕지하며 매일 순서를 정해 심부름꾼을 보내지요."

그러고는 즉시 불렀다.

"손님을 초대했으니 너희는 땔나무를 주워오고 토란을 삶아오너라."

원숭이들은 분부를 듣자마자 즉각 뛰어나갔다. 오래지 않아 원숭이 새끼들이 땔감을 안고 왔으며 토란을 삶아 조 학사와 함께 먹었다. 이때 조 학사가 마음속으로 생각했다. 이곳에 마실 술이 있다면 더 좋은 텐데. 어찌 알았는지 노인은 그의 심사를 꿰뚫고 곧바로 그들을 데리고 낭떠러지 바위 밑에 가서 덮었던 돌을 여니, 오목형의 작은 돌구유가 보였고 그 안에 맑고 푸른 미주가 가득 담겨 있었는데 맑은 향이 코를 찔렀다. 그때 노인이 말했다.

"이 술은 호손주猢猻酒[41]이올시다."

이에 주거니 받거니 함께 술을 마셨다. 술이 얼큰하게 취하자 노인이 쌍검을 빼어 춤추기 시작했다. 그 쌍검이 움직일 때마다 전광석화처럼 빛났으며 회오리바람을 불러일으켰다. 노인이 춤을 마치고 동굴 안으로 들어와 호피 위에 누워 조 학사에게 말했다.

---

41 산속에 사는 원숭이들은 월동 양식을 저장하기 위해 온갖 과일을 따서 동굴에 저장해놓는다. 하지만 겨울에도 먹을 것이 충분하면 동굴에 저장했던 과일을 잊어먹는다. 시간이 지나면 그 과일은 자연 발효가 되면서 술이 되는데, 이를 호손주라 부른다. 후아주猴兒酒, 후아낭猴兒釀이라고도 한다.

"배고프면 잣과 상수리를 마음대로 따먹어도 되오."

잣과 상수리를 먹은 뒤 몸이 가벼워지고 강건해지는 느낌을 받았다. 조 학사가 다년간 앓았던 풍한병風寒病도 팔구 할은 나았다.

마지막으로 노인은 조 학사를 이끌고 벼랑으로 갔다. 거기에 수염이 길고 하얀 원숭이가 솔가지로 짠 작은 집에 앉아 있었다. 손에는 경서 한 권을 들고 입으로 낭랑하게 낭송하는데 무슨 말인지 알아듣지 못했다. 작은 집 아래에서는 수천 마리의 원숭이가 머리를 조아려 절하고 춤을 추기도 했다.

조 학사는 몹시 기쁜 나머지 황급히 문수원으로 돌아가 설장 스님을 이끌고 함께 가보고 싶었다. 하지만 나중에 도착했을 땐 동굴 안에 석상만 남아 있고 그 노인은 보이지 않았다.

장 수재

張秀才

항주 출신 장張 수재가 경성 모 도통都統 집에서 학생들을 가르쳤다. 그의 서재는 화원 속에 있으며 본채에서 백 보쯤 떨어져 있었다. 장 수재는 평소에도 담력이 약해 밤만 되면 시동을 불러 함께 잠을 잤다. 항상 등불을 켜놓고 잠자리에 들었으며 이렇게 벌써 1년이 지나갔다.

이듬해 8월 중추절에 달빛 휘영청 밝은데 시동이 밖으로 술 마시러 나가 정원 문을 닫지 않았다. 장 수재가 마침 인공산의 돌 위에서 달을 감상하고 있는데 갑자기 머리를 풀어헤친 나체의 여인이 먼 곳에서 달려왔다. 장 수재가 자세히 보니 여인의 피부는 하얗지만 얼굴과 몸에는 온통 진흙이 묻어 있었다. 깜짝 놀란 장 수재는 무덤 속에서 솟아나온 강시로 여겼다. 특히 여인의 두 눈은 빛이 나서 밝은 달빛과 비교할 만했으니 장 수재는 더욱 공포감을 느꼈다. 그는 급히 서재로 돌아와 몽둥이를 방문에 받쳐놓은 다음 침상 위로 올라가 몰래 바깥 동정을 살폈다.

오래지 않아 '꽈당' 하는 소리가 들리더니 문을 괴어놓았던 몽둥이도 부러졌으며 그 여인이 당당하게 들어왔다. 그녀는 장 수재의 의자에 앉더니 책상 위의 서첩을 모두 쫙쫙 찢어버렸다. 이때 장 수재는 이미 혼비백산했다. 그 여인이 다시 책상 위의 계척界尺을 들어 힘껏 탁자를 내리치고는 갑자기 하늘을 바라보며 장탄식했다. 장 수재는 혼비백산하여 이로부터 인사불성이었다.

몽롱한 가운데 장 수재는 어떤 여인이 자신의 아랫도리를 어루만지는 것을 느꼈다. 또 그녀가 욕하는 소리가 들리는 것도 같았다.

"이런 남만자南蠻子[42] 같으니, 쓸모가 없다니까, 쓸모없는 놈!"

이렇게 욕설을 퍼붓고는 흔들거리며 떠나갔다.

이튿날 장 수재는 뻣뻣하게 침상에 누워 일어나지 못했으며, 시동이 불러도 대답이 없었다. 시동과 학생들이 황급히 도통을 불러 살피게 하고는 그에게 생강즙을 먹였다. 잠시 뒤 장 수재가 천천히 깨어나 어젯밤 귀신을 만난 상황을 얘기해주었다. 도통이 웃으며 말했다.

"선생님, 두려워 마시오. 그 여인은 귀신이 아니라 우리 집 하녀요. 남편이 죽자 그리워하다가 미치고 말았죠. 그녀를 가둬둔 지 벌써 2년이 되었소. 어제 저녁에 자물쇠가 마침 망가지는 바람에 뛰쳐나가 선생을 놀라게 한 것이오."

장 수재가 믿지 않자 도통이 그를 끌고 하녀를 가둔 방에 가보니 정말 어젯밤에 봤던 여인이었다. 이에 장 수재의 근심은 깨끗이 사라졌다.

42　남방 사람을 비하하는 말. 당시 북경 사람들 눈에 항주 사람들은 '남만자'로 보였을 것이다.

하지만 장 씨의 거시기가 "쓸모없다"고 한 그녀의 말이 그를 부끄럽게 만들었다. 이를 눈치챈 시동이 웃으며 그에게 말했다.

"장 선생의 거시기가 쓸모없었기에 다행입니다요. 이 집안사람 중 미친 여인의 마음에 들었던 남자는 모두 그녀에게 끊임없이 당했습지요. 어떤 남자의 거시기는 물려서 상처가 나고 잡아 뜯겨 하마터면 떨어져나갈 뻔했습니다."

周將軍墓二事

주 장군의 묘에 관한
두 가지 사건

산서성 영무寧武의 주우길周遇吉[43] 장군 묘는 100여 년 동안 강물에 침수되어 무덤이 점차 무너졌다. 현지 백성 장張 씨가 이를 슬퍼하며 술과 제물을 준비하여 제사를 지내고 묵묵히 기도하며 말했다.

"장군님은 생전에 권위를 떨쳤고 사후엔 신통력을 보여주셔야 하는데, 어째서 자신의 무덤조차 보호하지 못하십니까?"

이튿날 저녁 무렵 하늘에서 한바탕 뇌우가 쏟아지자, 사방 100리 안에서 병마들이 날뛰고 소리치는 소리가 들렸다. 한밤이 지나자 장군 묘지 옆에 10여 길 높이의 산봉우리가 솟아 있었으며 이 산이 강물을 차단한 탓에 물이 묘지 앞에서 산봉우리를 돌아서 흐를 수밖

---

43 주우길(1600~1644)은 명대 금주위錦州衛(지금의 랴오닝성 진저우시錦州市) 사람이다. 명말에 산서의 총병이 되었다가 명이 멸망한 1644년에 영무에서 이자성 군대에 포로로 붙잡혀 피살되었다. 주우길은 사후에 영무현寧武縣 동문 밖의 회하恢河 근처에 묻혔다가 청대 순치 연간에 이르러 묘지가 중수되고 비석이 세워졌다. 하지만 물이 범람해 지금의 닝우역 근처의 높은 지대로 옮겼다. 1930년대에 퉁푸철로同蒲鐵路를 내면서 다시 성 북쪽의 화개산華蓋山 산록으로 이장했다. 묘 앞에는 비석 네 개가 서 있는데, 셋은 청대에 세운 것이고 하나는 신중국 성립 후 세운 것이다.

에 없었다. 사람들은 모두 이상한 일이라고 생각했다.

건륭 45년(1780) 산서 영무 지구에 폭우가 내려 산사태가 났다. 주 씨는 주우길 장군의 후손이었다. 그가 모친을 업고 피하다가 날이 어두워 기우뚱거리며 걸었는데 길을 전혀 인식하지 못했다. 아들의 등에 업힌 모친이 나무랐다.

"너는 처자식이 있고 네 처는 자식을 낳아 기르고 있으니, 손자가 주 씨 혈통을 이을 것이다. 그런데 너는 모든 걸 버리고 곧 흙에 들어갈 노파만 업고 있으니, 우둔한 짓이 아니냐?"

주 씨는 아랑곳하지 않고 모친을 단단히 업고 미친 듯이 앞을 향해 달려갔을 뿐이다. 이튿날 새벽에 그는 자신과 모친이 주우길 장군 무덤 위에 서 있는 것을 발견했다. 이 무덤은 높이가 한 길이 넘어서 홍수가 이르지 못했다. 주 씨는 밤새 걸었으나 집에서 3리도 벗어나지 못한 셈이다.

주 씨가 집으로 돌아오니 아내와 아들은 모두 무사했다. 부인이 그에게 말했다.

"홍수가 몰려올 때 어떤 사람이 우리 모자를 부축하여 지붕으로 올라가 목숨을 유지할 수 있었어요."

이웃 사람은 전부 홍수에 떠내려간 상태였다.

권 21

누 도인과 나 도인

妻
羅
二
道
人

누 진인婁眞人[1]은 송강현松江縣 풍향楓鄕 사람이다. 그는 어려서 부모를 여의고 당숙 집에서 자랐다. 그러나 그가 성인이 된 뒤 당숙집의 하녀와 사통했다. 당숙은 분노하여 그를 집 밖으로 쫓아내버렸다. 떠날 때 그는 당숙의 은 500냥을 훔쳐서 강서 용호산龍虎山[2]으로 도망갔다.

누 씨가 가던 중 막 다리를 건너려고 할 때 하얀 수염의 도사가 손에 지팡이를 쥐고 다리 곁에 서서 누 씨에게 웃으며 말했다.

"너 잘 왔다. 장 천사張天師 밑에서 법사法師가 되고 싶지 않은가? 알다시피 법사가 되려면 관례에 따라 상견례를 할 때 은 1000냥을

---

1 누근원婁近垣(1689~1776)을 말한다. 자는 삼신三臣이고 호는 낭재郎齋다. 청대 정일파正一派 도사이며 북경 동악묘를 관장한 적이 있다. 주요 저작으로는 『남화경주南華經注』『어선묘정진인어록御選妙正眞人語錄』『중수용호산지重修龍虎山志』 등이 있다.

2 장시성 잉탄시鷹潭市에서 서남쪽으로 20킬로미터 떨어진 곳에 있다. 후한 중엽 정일도正一道의 창시자 장도릉張道陵이 이곳에서 연단煉丹한 바 있다. 연단에 성공하자 용과 호랑이가 나타났다 하여 붙여진 이름이다. 그중의 최고봉 천문산天門山은 해발 1300미터다.

518

내야 하네. 은 500냥 가지고는 쓸 데가 없어."

누 씨가 이 말을 듣고 놀라 말했다.

"전 확실히 이것밖에 없어요. 돈이 부족한데 어떻게 하죠?"

"내가 벌써 널 위해 준비해두었느니라."

시종에게 배낭을 가져오게 하여 보여주었는데 정말 500냥이 들어 있었다. 누 씨는 머리를 조아리며 감사의 절을 하고 그를 신선이라고 불렀다. 그러자 도사가 말했다.

"내가 무슨 신선이야? 나는 천사부의 법사로 성은 진陳이고 이름은 장章일세. 속세와의 내 인연이 다하여 곧 떠나려고 하네. 너를 기다리느라 아직 떠나지 못한 거야. 여기에 비단주머니 세 개가 있는데 넌 수시로 몸에 지니고 다니다가 장차 급한 일이 생기거든 하나씩 열어보게."

말을 마친 도사는 다리 곁에서 가부좌를 튼 채 죽었다.

누 씨가 천사부에 들어가서 천사를 배알하니 천사가 말했다.

"진 법사는 네가 오길 바란 지 한참 되었지. 그런데 네가 오자마자 죽었으니 타고난 팔자가 아니더냐?"

과거의 관례에 따라 천사는 경성에 들어가 황상을 알현하는데 그 법사들도 모두 수행하게 되어 있다. 옹정 10년(1732)에 천사가 입조했으며 다른 법사들도 천사를 따라 경성으로 들어갔다. 하지만 누 씨는 함께 가지 않기로 했다. 밤에 천사의 꿈속에서 진 법사가 기우뚱거리며 걸어오더니 눈물을 흘리며 그에게 말했다.

"우리 도교는 곧 멸망할 것인데 누 씨만이 이를 구할 수 있어요. 그래서 이번에 경성에 들어가면 반드시 그를 데려가세요. 절대로 일을 그르치지 마세요."

천사는 누 씨의 비범함에 더욱 놀라며 그를 경성으로 데려가기로 결정했다.

그때 경성 지구는 오랫동안 비가 내리지 않고 가물어 수많은 도사가 기우제를 지내도 아무 효험이 없었다. 옹정제는 천사를 불러 구두로 유지諭旨를 내렸다.

"열흘 기간을 주겠소. 그대가 하늘에 기도하여 비를 내리지 못하면, 그대의 도교는 퇴출될 것이오."

천사는 두려워하며 땅에 엎드려 유지를 받들었다. 그는 꿈속에서 진 법사가 했던 말이 생각나 그 자리에서 누 법사가 법단에 올라 법술을 행하게 해달라고 황상에게 건의했다. 누 법사는 단에 올라 첫번째 비단 주머니를 열어 적힌 지시대로 주문을 외웠다. 그가 법단에서 미처 내려오기도 전에 갑자기 먹장구름이 잔뜩 끼더니 순식간에 비가 흠뻑 내렸다. 옹정제는 크게 기뻐하며 그 자리에서 유지를 내려 그를 경사에 남아 있게 했다.

옹정 11년(1733) 요인妖人 가사방賈士芳이 민간에서 야료를 부려 황상은 누 진인에게 요괴를 없애게 했다. 누 진인은 오뢰정법五雷正法[3]으로 요괴를 퇴치하고 북두北斗 49천天에게 절을 올렸다. 그해에 경성에서 지진이 발생했으나 누 진인이 사전에 조정에 예보했다. 이는 모두

---

3 오뢰법 혹은 뇌법雷法이라고도 부른다. 한족 신화나 도교 법술 일종이다. 오뢰는 수, 화, 목, 금, 토 오행五行의 우레를 가리킨다. 오행의 상생상극相生相剋으로 인해 음과 양이 움직이고 진동하여 우레가 발생한다. 이렇게 오행이 모두 뇌동하는 것을 오뢰라 한다. 이 법술을 쓰면 귀신을 부릴 수 있고, 기도에도 효험이 있다고 한다.

진 법사가 그에게 준 비밀 주머니에서 지시한 세 가지 일을 말한다.

지금 누 진인은 아직 건재하나 그의 비단 주머니는 비어 있어 써먹을 법술도 없다. 전하는 말에 따르면, 누 진인이 복용하는 환약은 '123'이라 부르는데, 당귀 한 냥, 숙지황熟地黃 두 냥, 구기枸杞 세 냥을 배합하였기에 이를 '123'이라 한다.

또 나 진인羅眞人이란 사람이 있는데 1년 내내 누더기 한 벌만 걸치고 미친 듯이 저잣거리를 돌아다녔다. 어린아이들도 그의 뒤를 졸졸 따라다니며 장난치곤 했다. 어떤 사람이 생쌀과 보리 한 사발을 가져와 나 진인에게 불어보게 했다. 나 진인이 입김으로 한번 불자, 쌀과 보리가 즉각 익었다. 저녁에 주인이 촛불을 켜려고 할 때 나 진인을 불러다가 불게 하면 그 촛불이 타올랐다. 경사에 아홉 개의 성문이 있는데 하루 사이에 아홉 개 성문의 안팎에서 모두 진인의 그림자를 볼 수 있었다. 이후 갑자기 숨어서 종적을 감췄는데 아마 죽었을 것이다.

경성의 부귀한 집에는 겨울에 온돌을 놓아 따뜻하게 땠다. 온돌 깊이가 한 길이 넘으며 3년마다 한 번씩 탄재를 청소했다. 연年 씨 집에서 구들을 청소할 때 구들 안에서 코 고는 소리가 들렸다. 청소하던 노복이 깜짝 놀라 사람들을 불러 자세히 보았더니 나 진인이었다. 그가 구들 속에서 기어 나와 사람들에게 말했다.

"내가 당신들 구들을 빌려 3년 동안 푹 자다가 결국 청소하는 바람에 나오게 되었소."

연 씨 가족들이 그를 사당으로 보내려고 하자 나 진인이 말했다.

"사당엔 들어가고 싶지 않소."

사람들이 그를 모실 만한 곳을 찾으려고 하자 나 진인이 말했다.

"모셔지고 싶지 않소."

"그러면 어디에 가고 싶어요?"

"저를 전문前門 밖 벌집으로 보내주시오."

연 씨 가족은 나 진인을 벌집으로 보냈다. 벌집은 토산의 중턱에 있었는데 동굴이 좁았으며 그곳엔 수백만 마리의 꿀벌이 모여 이리저리 날아다녀 '왱왱'거리는 소리가 났다. 나 진인은 상의와 하의를 벗고 나체로 벌집 속으로 들어갔다. 여러 벌이 그를 에워싸기 시작했다. 어떤 벌은 그의 눈 속으로 들어가고 어떤 벌은 그의 입으로 들어가고, 또 몸의 일곱 구멍으로 드나들었으나 나 진인은 아무렇지도 않다는 듯이 태연자약했다. 사람들이 그에게 먹을 것을 보내주면, 어떤 때는 먹기도 하고 혹은 먹지 않기도 했다. 그러나 그가 일단 먹기만 하면 반드시 깨끗하게 먹어치웠다. 한번은 어떤 사람이 그에게 쌀 한 말과 계란 300개를 가져다주었는데, 단숨에 먹어치우면서 아직 배부르지 않다는 표정을 지었다. 때까치나 올빼미처럼 끊임없이 지껄였는데 무슨 말인지 알아들을 수 없었다. 아무개 귀인이 그에게 생강 40근을 보내왔는데 순식간에 하나도 남기지 않고 다 먹어치웠다. 나 진인은 벌집에서 몇 년 동안 살다가 갑자기 종적을 감췄다. 사람들은 그의 행방을 알 수 없었다.

蛇舍草消木化金

범이 풀을 머금고 나무를 삼키니
황금으로 변하다

장문민張文敏[4] 공의 조카는 동정호반洞庭湖畔의 서적산장西磧山莊에 살았다. 이 공자는 매일 주방에 계란 두 알을 놓아두었는데 밤마다 뱀이 계란을 훔쳐 먹었다. 장 공자가 지켜보니 백사 한 마리가 계란 두 알을 삼켜 목 아래가 불룩하게 솟았다. 대번에 소화시킬 수 없어 나무 위로 올라가 목을 나무줄기에 비벼대자 순식간에 계란을 소화시켰다.

장 공자는 이 뱀의 탐식을 혐오하여 나무토막을 계란 모양으로 깎은 뒤 계란을 놓는 곳에다가 두었다. 저녁에 백사가 정말 나타나 목과 배가 예전처럼 불룩해졌다. 뱀은 여전히 나뭇가지에 올라가 비벼댔으나 타원형 나무 계란은 결국 소화시킬 수 없었다. 백사가 곤궁에 빠져 화원의 여러 나무 위로 올라갔다가 다시 내려오길 반복했

---

4 본명은 장조張照(1691~1745)이고 자는 득천得天, 호는 경남涇南, 시호는 문민文敏이다. 강소성 누현婁縣 사람이고 강희 48년(1709)의 진사이며 관직은 이부상서에 이르렀다. 청대의 장서가, 서예가, 희곡가다. 작품으로는 「행서동파시行書東坡詩」(고궁박물원 소장), 「임미첩臨米貼」(중앙공예미술학원 소장), 「매화도梅花圖」(고궁박물원 소장) 등이 있다.

다. 갑자기 정자 서쪽의 깊은 풀숲으로 기어들어가 녹색이며 끝이
세 갈래로 나뉜 풀을 골라 예전처럼 비비니 나무 계란도 소화가 되
었다.

이튿날 장 공자가 급히 그 세 갈래 풀을 찾아서 캐왔다. 아파서 식
욕이 없는 사람의 배를 이 풀로 문지르면 병이 즉각 나았다.

장 공자의 한 이웃에게 등창이 생겼다. 장 공자는 생각에 잠겼다.
음식물은 그래도 소화시킬 수 있으나, 등창은 소화할 수 없는 걸까?
이에 그는 세 갈래 풀 한 냥을 이웃 사람에게 주고 그것을 탕으로 달
여 복용하라고 했다. 그랬더니 이웃은 순식간에 등창이 나았다. 그런
데 이웃의 신체는 날마다 작아졌고 시간이 갈수록 뼈가 모두 녹아
물로 변했다. 환자 가족은 대로하여 장 공자를 묶어서 관가로 끌고
가 고소했다. 장 공자가 간곡히 애걸하면서 실정을 자백했으나, 이웃
집은 그만두려고 하지 않았다. 이웃이 주방에 들어가 밥을 먹을 때
였다. 세 갈래 풀을 삶는 솥에서 기이한 빛이 번쩍여서 가까이 다가
가 보니, 그 철 솥이 황금으로 바뀌어 있었다. 이웃집은 이에 기소를
중지하고 아울러 그에게 감사를 표했다. 그러나 결국 그 풀이 무엇인
지는 아무도 모른다.

蔡京後身

숭정 연간에 어느 상공은 자신이 채경蔡京[5]의 후신인데 선궁仙宮에
서 지옥으로 떨어졌다고 말했다. 각 세대에 『인왕경仁王經』[6]을 암송했
기에 눈과 귀가 밝아졌으며, 또 벌을 받아 양주 지방의 과부 신분으
로 환생해 40년 독수공방한 적도 있어 취미가 엽기적이었다. 예를
들면 미녀의 엉덩이, 잘생긴 남자의 남근을 훔쳐보는 것을 좋아했다.
게다가 남자의 아름다움은 앞에 있고 여성의 아름다움은 뒤에 있다
고 여겼다.

　그는 세상 사람이 남녀를 바꾸는데 그것은 결코 호색이 아니라
고 말했다. 여자에게는 남자 옷을 입히고 남자에게는 여자 옷을 입
혀 여성의 음부와 남근을 애무하는 것이 맛 중에서 가장 좋은 맛
이라고 여겼다. 또 항상 희첩姬妾과 우동優僮 수십 명을 불러놓고 희

5　채경(1047~1126)은 송대의 대신으로 휘종徽宗 때에 벼슬했다. 『수호전水滸傳』에서
는 극악무도한 간신으로 묘사되어 있다. 송 흠종欽宗 즉위 후 채경은 영남으로 폄적되
었는데 유배 가던 중 지금의 장사長沙에서 사망했다.
6　석가가 어진 왕의 도리를 설파한 불교 경전.

롱했다. 각자의 눈을 가리고 하반신을 내놓게 하여 누가 남자이고 누가 여자인지 서로 맞혀보게 하면서 이를 웃음거리와 즐거움으로 삼았다.

그 가운데 내각공사內閣供事 석준石俊이란 자는 영준하게 생겼고 남근이 매우 아름다웠다. 공은 기꺼이 빨아주면서 희롱했다. 글씨를 구하는 자가 있을 경우 석준이 먹을 갈지 않으면 얻을 수 없었다. 엉덩이에 쓰고서는 '백옥금단白玉錦團'이라 했고, 남근에 쓰고서는 '홍하선저紅霞仙杵'라고 말했다.

天
鎮
縣
碑

산서성 천진현天鎮縣은 운중군雲中郡에 예속되어 있다. 그곳엔 현제묘玄帝廟[7]가 있으며 사당엔 옛 비석이 있고 수많은 포탄과 총탄이 비석 안에 박혀 있었다.

천진현의 백성이 그 이유를 말해주었다.

명조 말년 이틈왕李闖王[8] 부대가 천진현을 공격하자 관군은 당해낼 수 없었다. 이때 이 석비가 갑자기 사당에서 날아와 적진 앞에서 선회하면서 봉기군이 쏜 총과 포탄을 모두 막아내 아군이 진지를 잃지 않았을 뿐 아니라 하나도 다치지 않았다. 적군은 이 비석 때문에 퇴각했다. 현지 백성은 그것을 '천성비天成碑'라고 부르며, 지금도 현제묘에 보존되어 있다.

---

7   노자老子를 모시는 사당.
8   명말 농민 반란의 지도자 이자성을 말한다.

가마를 메는 귀공자

撓驕郎君

　항주에 대대로 지위가 높은 왕汪 씨 가문이 있는데 그 집 공자는 어려서부터 총명하고 준수했으며 『한서漢書』를 유창하게 읽었다. 18, 19세에 이르러 어느 날 갑자기 먼 길을 떠나 오랫동안 집에 돌아오지 않았다. 가족들이 도처에서 찾아보았으나 그의 종적을 볼 수 없었다.

　이렇게 한 달이 넘게 지나갔다. 하루는 그의 부친이 천교대가薦橋大街9에서 그를 우연히 만났다. 그는 다른 사람의 가마를 메고 지나가던 참이었다. 부친은 깜짝 놀라 즉각 그를 데리고 집으로 돌아와 흠씬 팼다. 그에게 왜 가마꾼으로 일하는지 물어도 대답하지 않아 그를 서재에 가두고 자물쇠를 채워놓았다.

　그러나 며칠 지나지 않아 서재에서 빠져나와 또 남의 가마를 들어

9　항주의 10대 성문 중 하나인 청태문淸泰門을 들어서면 바로 '천교대가'였다. 거리가 무척 번화했으며 오락의 중심지였던 '중와中瓦'가 이곳에 있었다. 청태문을 천교문薦橋門이라 부르기도 했다.

주는 일을 했다. 이렇게 하길 여러 번 반복했다. 왕 공자의 조부, 부친은 어찌할 수가 없어 그가 하는 대로 내버려두었다. 친척이나 친구 가운데 딸을 그에게 시집보내려고 하는 사람이 없었다.

그러나 그가 숙독한 『한서』 가운데 몇 구절을 그는 종신토록 잊지 못했다. 그는 한적한 거리에서 『한서』 「고조본기高祖本紀」를 낭랑하게 암송하는데 한 글자도 틀리지 않았다. 항주의 사대부들도 기꺼이 그를 집에 초대하여 『한서』를 암송하는 모습을 보고는 자신보다 낫다고 여겼다. 그는 가마를 들면 두 어깨가 무겁지만 늑골이 편안해져서 잘 먹을 수 있고 푹 잘 수 있다고 말하곤 했다. 하루라도 가마를 들지 않으면 우울하고 불쾌하다는 것이다. 이 밖에 다른 취미는 없었다.

양입호가
재난을 구제하다

楊笠湖救難

양입호楊笠湖[10]가 하남에서 현령으로 지낼 당시 명을 받들어 기근을 구제하러 상수현商水縣[11]에 갔다. 당시는 초가을인데도 날씨가 무더워 참을 수 없었다. 공무를 마치자 성황묘에 가서 더위를 피했다.

미처 앉기도 전에 한 사람이 나는 듯이 달려와 말했다.

"소인 장상張相의 목숨을 구해주세요."

양 선생이 무슨 일인지 묻자 그가 말했다.

"몰라요."

양 선생의 수행원이 그를 정신병자로 여겨 모두 일어나 그를 사당에서 쫓아내려고 했다. 하지만 그는 큰 소리를 치면서 죽어도 나가려

---

10   본명은 양조관楊潮觀(1712~1791)이고 호가 입호, 자가 굉도宏度다. 강소성 금궤金匱 사람이고 각지 현령을 역임했는데 당시에는 하남성 임현林縣 현령으로 지냈다. 주요 저작으로는 『주례지장周禮指掌』『역상거우易象擧隅』『가어관주家語貫珠』『음풍각잡극吟風閣雜劇』등이 있다.

11   지금의 허난성 저우커우시周口市 서남쪽에 있다. 동쪽은 샹청시項城市, 서쪽은 옌청구郾城區, 남쪽은 상차이현上蔡縣, 북쪽은 촨후이구川滙區와 접경해 있다.

하지 않았다. 그가 다시 말을 이었다.

"제가 어젯밤에 꿈을 꾸었는데 꿈속에서 현지 성황신과 본 현의 작고한 왕 나리가 함께 앉아 있는 모습을 보았어요. 성황신이 제게 말하더군요.

'자네가 무슨 재난을 당하거든 현령에게 도움을 요청하게.'

저는 황급히 왕 나리께 고개를 조아렸지요. 그러자 왕 나리가 말씀하더군요.

'자네가 이미 저승에 왔으니 구해줄 힘이 없네. 이웃 현의 양 나리께 도움을 요청해야 하네. 내일 정오가 지나면 태평무사할 것이야.'

그래서 제가 오늘 아침에 일어나 양 나리가 성황묘에 계시다는 말을 듣고 도움을 요청하러 왔어요."

말을 끝내고는 다시 고개를 조아리며 떠나려고 하지 않았다.

양 선생은 어찌할 수 없어 웃으며 말했다.

"자넬 구해주겠네. 무슨 재난이 생기거든 언제든지 날 찾아오게."

그리고 수행원에게 그의 이름을 적어놓게 했다.

며칠 지나 양 선생은 장상이 거주하는 마을에서 기근을 구조하다가 현지 백성에게 장상에 대해 물어보니 백성이 말했다.

"장상이 그날 이상한 꿈을 꾼 뒤 성황묘에 갔죠. 그가 떠난 뒤 그의 침실 두 칸이 아무런 이유도 없이 무너져 수많은 물건이 깨졌어요. 그가 성에 들어갔기에 재난을 모면한 것이지요."

몸이 가벼운 시어사 풍양오

馮侍御身輕

시어사侍御史 풍양오馮養梧[12]가 막 출생했을 때 몸은 고양이처럼 작았고 몸무게는 채 두 근도 나가지 않았다. 그래서 가족들은 그가 성인으로 자라지 못할 것으로 여겼다고 한다. 그러나 10년이 지나 키가 크고 튼실한 사내로 성장했으며 진사에 급제하고 한림원에 들어갔으며 어사가 되었다. 풍양오는 두 아들을 두었는데 한 명은 포정사로 지내고 한 명은 어사다.

풍 선생이 어렸을 때 몸이 너무나 가벼워 발로 땅을 밟지 않고 허공으로 10여 걸음 걸을 수 있었다. 종전에 듣자니 이업후李鄴侯[13]가 어렸을 때 공중으로 날아다녔다고 한다. 그의 모친은 그가 떨어질까

12　본명은 풍호馮浩(1719~1801)이고 자가 양오, 호가 맹정孟亭이다. 절강성 동향桐鄉 사람이고 건륭 연간의 진사다. 주요 저작으로는 『맹정시문집孟亭詩文集』 『옥계생시평주玉溪生詩評注』 『번남문집상주樊南文集詳注』 등이 있다.

13　이필李泌(722~789)을 가리킨다. 자는 장원長源이고 경조京兆 사람이다. 중당 시기의 저명한 정치가로 현종, 숙종肅宗, 대종代宗, 덕종德宗 4대에 걸쳐 벼슬했다. 덕종 때 관직이 중서시랑, 동평장사同平章事에 이르렀으며 업현후鄴縣侯로 봉해져 세상 사람들이 그를 '이업후'라고 불렀다.

두려워 마늘을 먹였는데, 그렇게 하면 사악함을 누를 수 있다고 전해졌기 때문이다. 그러한 일이 확실히 있었다.

江
都
某
令

　강도江都의 모 현령은 공무가 있어 소주로 출장 갔다. 떠나기 전에 그는 감천 현령甘泉縣令 이李 씨 댁에 가서 작별을 고했다. 아울러 이 씨에게 부탁의 말을 전했다.

　"현에 검시할 일이 생기거든 대신 좀 처리해주길 바라네."

　이 씨는 그러겠다고 흔쾌히 대답했다.

　그러나 그날 밤 삼경 후에 짐을 꾸려 다시 아문으로 돌아왔다. 이 씨는 무슨 일인지 몰라 탐문해보니 살인 사건으로 보고되었다. 상인 왕汪 씨의 두 노비 사이에 말싸움이 벌어져 한 노비가 목을 매달아 자살했다. 왕 씨는 거상이었다. 현령은 이를 돈 벌 기회로 여겨 왕 씨에게 명하여 시체를 대청에 갖다놓게 하고 고의로 시간을 끌면서 검시하지 않아 썩는 악취가 났다. 왕 씨가 은 3000냥을 바치자 현령은 그제야 검시하려고 했다. 검시할 때 현령은 또 왕 씨를 위협하여 사인이 의심스럽다며 엄하게 추궁했다. 결국 추가로 은 4000냥을 더 갈취하고야 사건 종결에 동의했다.

　이 씨는 나중에 현령을 만나 너무 지나쳤다고 질책했다. 하지만 그 현령이 변명했다.

"나도 어쩔 수 없었네. 내 아들에게 현령 자리 하나 마련해주려고 그래. 왕 씨에게 받은 은 7000냥을 이미 경사로 보냈어. 지금 내 집 엔 한 푼도 없네."

오래지 않아 현령의 아들은 정말 감숙 모 현의 현령이 되었고 나중엔 하주 지주河州知州로 승급했다. 건륭 47년(1782)에 이 아들은 현의 재난 현황을 거짓으로 보고했다가 발각되어 참수형을 당했다. 현령의 두 손자도 군인으로 잡혀갔으며 집안의 모든 자산은 몰수되어 관청으로 들어갔다. 현령은 충격을 받아 등이 썩는 독창이 생겨 사망했다.

호랑이 귀를 잡다

執虎耳

운남 대리현大理縣 남쪽에 이사계李士桂라는 시골 사람이 있는데 대대로 농사를 생업으로 삼았으며 집 안에 무소 두 마리를 키웠다.

하루는 밤이 되어도 무소 한 마리가 아직 돌아오지 않아 이사계가 문밖으로 나가 찾아보았다. 밤중에 그가 떠오른 달빛에 비추어 바라보니 들판에 한 동물이 누워 자는데 코 고는 소리가 우레와 같이 났다. 이사계는 이 동물이 자기 집의 무소라고 여기며 욕을 퍼부었다.

"이놈의 짐승. 어째서 지금까지도 집으로 돌아가지 않을까?"

그렇게 말을 퍼붓고는 그 동물의 등에 타고 손을 뻗어 두 뿔을 잡았다. 그러나 그 동물은 뿔이 없고 솟은 두 귀만 있었다. 자세히 보니 온몸에 누런 삵과 같은 반점 무늬만 가득했다. 이사계는 이때에야 자기가 호랑이 등에 올라탔음을 알았으나 감히 내리지도 못했다.

그 호랑이는 사람이 등에 올라타는 느낌이 들어서 놀라 잠에서 깼다. 호랑이는 몸을 날려 일어나 소리를 치면서 펄펄 뛰었다. 이사계는 마음속으로 생각했다. 호랑이 등에서 내리면 자기 목숨은 보전할 수 없을 것이다. 이에 전력을 다해 호랑이의 두 귓바퀴를 꼭 부여잡고 죽어도 놓지 않으려고 했다.

호랑이는 성품이 맹렬하여 산을 넘고 물을 건너 가시에 찔려 온몸에 상처가 생겼다. 이튿날 새벽이 되자 힘이 다 빠져 지쳐서 죽었다. 이사계도 호랑이 등 위에 꼼짝하지 않고 누워 사경을 헤맸다. 그의 가족이 그를 찾아 안고 돌아와서야 결국 다시 살아날 수 있었다. 그의 두 다리는 호랑이 발톱에 긁혀 살이 떨어져나가고 어떤 곳은 뼈가 드러났다. 1년 넘게 치료해서야 겨우 건강이 회복되었다.

십팔탄두

十
八
灘
頭

　호남 아무개 순무는 평소에 관제를 섬겨 매년 정월 초하루가 되기
만 하면 반드시 관제묘에 가서 향을 올리고 제비를 뽑아 1년의 길흉
을 점쳤다. 그의 점은 언제나 영험했다.

　건륭 32년(1767) 정월 초하루에 그가 관제묘에 가서 절을 마치고
제비를 뽑았는데, 뽑은 제비에 '십팔탄두설여군十八灘頭說與君'이란 구
절이 있었다. 그는 항상 경계심을 가지고 그해에 얕은 물을 건너건
평탄한 길을 가건 반드시 가마를 타고 육로로 다녔지 배를 타진 않
았다.

　그해 가을에 후칠侯七 사건을 심리하기 위해 황상이 흠차대신을
파견하여 어느 호수를 따라 한 장소를 지나게 되었다. 수로로 배를
타고 가면 가깝고도 빨랐다. 육로로 가자니 길이 멀고도 속도가 느
렸다. 흠차대신은 배를 타고 수로로 가려 했으나 그는 도리어 육로로
가자고 주장하며 관제신이 내린 '십팔탄두설여군'이라는 점괘를 흠
차대신에게 읽어주었다. 흠차대신은 억지로 그의 의견에 따랐으나
마음만은 불쾌했다.

오래지 않아 귀주 연창鉛廠에서 뇌물 수수 사건이 발생했다. 어떤 사람이 순무가 귀주 순무로 부임할 때 뇌물을 받았다고 고발했으나 순무는 맹세코 부인했다. 그런데 당시 귀주 순무 관아의 문지기 이 씨가 이 사건에 연루되었다. 이 씨는 그 돈을 확실히 순무 나리께 전해주었으며, 자신은 결코 사기를 치지 않았다고 말했다. 당시 이 씨는 중형을 받아 두 다리가 마비되었다. 주인과 노비 두 사람이 끊임없이 다투자, 흠차대신이 순무에게 큰 소리로 말했다.

"'십팔탄두설여군'이라는 점괘 글이 들어맞았소. 그대 노비의 성은 이李 씨인데 '이'자의 윗부분이 '십팔十八'이오, 그 노비의 다리가 이미 마비[癱tān]되었으니 이것이 바로 여울 '탄灘[tān]'자와 발음이 같잖소. 그리고 '설여군說與君'은 은을 모두 당신에 주었다는 말이오. 관제 나리는 일찌감치 그대가 법을 어길 줄 이미 알고 있었소. 할 말이 있거든 해보시오."

순무가 아무 말도 못 하고 뇌물 수수를 인정하면서 사건은 해결되었다.

삼고낭

三
姑
娘

시어사 전기錢琦는 경성 남성南城의 방어를 책임지고 있었다. 양 수비梁守備는 비록 연로했으나 동작이 몹시 날쌔어 그가 잡아들인 강도만 해도 100명이 넘었다. 전 어사는 양 수비를 기이하게 여겨 그가 도적을 잡아 공을 세운 일을 들려달라고 부탁했다. 양 수비가 고개를 조아리며 말을 꺼냈다.

"강도를 잡은 일은 저에겐 신기한 일이 못 됩니다. 지금까지 제가 두려워하고 탄복할 만한 것은 기녀 삼고낭三姑娘을 붙잡은 사건입니다. 대인께서는 제 이야기를 천천히 들어보시지요.

옹정 3년(1725) 모월 어느 날 구문 제독九門提督[14]이 저를 불러 말하더군요.

'너는 금어호동金魚胡同[15]의 기녀 삼고낭을 아는가? 세력이 막강하다고 하던데.'

---

14 청대 총독구문보병통령總督九門步兵統領의 속칭이다. '구문'은 자금성의 구문을 말한다.

'압니다.'

'그 기녀를 잡아올 수 있느냐?'

'가능합니다.'

'사람은 얼마나 필요한가?'

'30명이면 충분합니다.'

제독이 제게 사졸 30명을 보낸 뒤 말하더군요.

'자네가 그 여인을 잡아오지 못하면 관을 들고 날 찾아오게.'

삼고낭이란 기녀는 큰 집에서 거주하여 그녀를 체포하기란 결코 쉬운 일이 아니었어요. 사졸 30명을 기원의 대문과 담장 밖에 매복 시키고 저는 담장을 뛰어넘어 동정을 살폈지요.

그때는 날이 어두워져 초가을 밤이라 싸늘했어요. 기원엔 높은 손차양이 설치되어 있고 손차양 꼭대기엔 등나무 덩굴로 빽빽이 덮여 있었지요. 저는 가벼운 몸으로 등나무 시렁을 뛰어넘어 기원 안과 방 안 동정을 살폈어요. 일경이 되자 두 하녀가 홍등을 들고 방의 서쪽에서 소년을 데리고 오더군요. 동쪽 창가 아래에 이르러 두 하녀가

15 지금의 베이징시 둥청구東城區 서남쪽에 있는 골목이다. 명대에는 징청방澄淸坊에 속했다. 이곳에 청말 대학사 나동那桐(1856~1925)의 저택이 있어 나가화원那家花園이라 부르기도 했다. 화원의 한쪽엔 연극 무대가 있어 청말부터 민국 시기까지 이곳에서 공연이 자주 열렸다. 탄신페이譚鑫培(1847~1917)와 메이란팡梅蘭芳(1894~1961)도 이곳에서 공연한 바 있다. 일본군 점령기에도 일본 대사관에서 이곳을 빌려 공연이나 연회를 벌이기도 했다. 1988년 이 골목에 허핑빈관和平賓館, 왕푸징반점王府井飯店을 확장하는 바람에 진위후퉁이 반쯤 철거되었으며 나가화원도 그때 사라졌다. 아울러 이 골목에 청대 북경 팔찰八刹의 하나였던 현량사賢良寺가 있었다. 리훙장李鴻章(1823~1901)도 이 사찰에서 거주하며 사무를 본 적이 있다.

몸을 엎드리고 낮은 소리로 말했지요.

'서방님이 도착했어요.'

두 하녀가 소년을 중당으로 인도하여 앉게 하고는 차를 마시면서 기다렸지요. 하녀가 소년에게 세 잔째 차를 건넬 즈음 네 하녀가 홍등을 들고 한 미인을 호위하여 중당에 이르렀어요. 그 소년은 보자마자 즉각 앞으로 나아가 절하더니 두 사람은 다정하게 얘기를 나눴어요. 삼고낭의 피부는 옥처럼 하얗고 부드러웠으며 두 눈은 명주明珠처럼 광채가 났지요. 감히 오랫동안 쳐다보지 못할 정도였어요. 오래지 않아 하녀들이 중당에 탁자 두 개를 늘어놓았고 여섯 하녀가 맛있는 술과 안주를 가져오더군요. 기이한 의복에 화려하게 꾸민 하녀가 좌우에서 시중들더군요. 술이 세 순배 돌자 또 하녀 몇 명이 각자 생笙과 소簫 등의 악기를 쥐더니 술자리 앞에서 연주하는데 여운이 감도는 소리가 귀를 즐겁게 해주었어요.

삼고낭이 소년을 보며 묻더군요.

'서방님 피곤하죠?'

삼고낭이 소년을 끌어 일어나더니 그의 옷소매를 끌고는 동창 옆의 쪽문을 통해 내실로 갔어요. 오래지 않아 거실 내의 등불이 전부 꺼지고 누각 서쪽 풍간風竿에 걸린 홍등만 반짝이더군요.

저는 마음속으로 생각했지요. 호랑이 굴에 깊이 들어갈 시기가 왔구나. 즉각 몸을 날려 등나무 덩굴을 넘어 문을 박차고 내실로 들어갔어요. 삼고낭은 놀라서 일어나 알몸으로 침상에서 뛰어내렸지요. 그리고 제 앞으로 달려와 손으로 제 허리를 잡고 저의 귀를 당기며 낮은 소리로 물었어요.

'어느 아문에서 파견된 관리입니까?'

'구문제독입니다.'

'제 잘못이군요. 제독부에서 사람을 보냈으니 누군들 벗어날 수 있겠어요? 비록 그러하나 저처럼 알몸인 사람을 데리고 제독 대인을 찾아뵙는 것은 예의에 맞지 않지요. 제가 옷을 입도록 해주세요. 감사 표시로 명주 두 알을 드릴게요.'

저는 그러라고 하며 그녀에게 바지, 치마, 내의, 외투를 던져주었어요. 그녀는 즉각 상자를 열고 명주 네 쌍을 꺼내 제 손에 던지더군요.

삼고낭이 옷을 다 입고 조용히 묻더군요.

'장군님은 부하 몇 명을 데려왔어요?'

'30명입니다.'

'지금 어디에 있죠?'

'대문과 담장 밖에 매복하고 있어요.'

'얼른 들어오라고 하세요. 심야에 저 때문에 그들을 굶주리게 했군요. 정말 미안해요.'

삼고낭이 곁에 있는 사람들에게 손님 접대를 준비하게 하자 하녀들이 양고기, 토끼고기를 굽고 삶는 등 즉각 일을 해치웠죠. 30명의 사졸이 자리에 앉아 먹고 마시면서 큰 소리를 내며 환호성을 질렀어요.

이때 저는 침상의 그 소년을 아직 잡지 못했다는 생각이 나서 달려가 휘장을 열어보았지요. 하지만 삼고낭이 손을 내저으며 말하더군요.

'장군님 어째서 이러십니까? 그 사람은 청조 모 대신의 공자입니다. 국가의 체통과 관련이 있고 게다가 그의 잘못이 아닙니다. 저는 이미 그를 지하도로 나가게 했어요. 제독이 심문할 때 장군에게는 화가 미치지 않도록 제가 감당하겠어요.'

날이 밝자 삼고낭은 붉은색 가마를 타고 저와 함께 제독 아문에 이르렀지요. 제독 아문에 반 리쯤 왔을 때 제독부의 사자가 말을 타고 나는 듯이 다가와 제게 제독 대인이 서명한 공문을 전해주었습니다. 공문에는 이렇게 적혀 있었어요.

'본 아문에서 체포한 삼고낭은 사전 조사가 확실하지 않으므로 양민을 연루시켜 감찰을 소홀히 했다는 혐의를 일으키지 않도록 속히 석방하라.'

저는 극도로 두려워 수레에서 내려 삼고낭을 풀어주었어요. 또 명주 네 쌍도 그녀에게 돌려주었지요. 그녀는 미소만 지으며 그 진주는 받지 않더군요. 바로 이때 어젯밤에 보았던 하녀 열두 명이 각자 빠른 말을 타고 맞이하러 와 삼고낭을 호위하여 가마에 오르게 하고 나는 듯이 떠났어요. 이튿날 제가 금어호동의 삼고낭 집을 정찰했더니 그 기원은 텅 비어 있더군요."

搜
河
都
尉

나의 친척 장개사張開土[16]가 숙주 지주宿州知州로 지낼 때 일찍이 칙
지를 받들어 강을 굴착하는 책임을 졌다. 굴착하면서 인부들이 수레
바퀴만 한 자라 한 마리를 발견했다. 이 자라의 목에 금패金牌가 매달
려 있고 거기에 '정덕이년황제칙봉수하도위正德二年皇帝敕封搜河都尉'[17]
라는 열두 글자가 쓰여 있었다. 자라의 두 눈은 짙은 녹색이었으며,
등껍질엔 한 치가 넘는 녹색 솜털이 있었다. 숙주의 백성이 자라를
보러 몰려왔으며 인부들은 자라를 얻은 일을 관청에 보고했다. 장
지주는 그것이 명대 황제가 책봉한 것임을 알고는 가련하게 여겨 놓
아주게 했다. 그날 밤 비바람이 몰아쳐 굴착하지도 않은 하도河道가
하룻밤 사이에 30여 길이나 넓어졌다.

---

16   자는 일륜軼倫이고 절강성 전당 사람이다. 진사 출신이며 건륭 7년(1742)에 동릉
지현銅陵知縣으로 부임했다.
17   "명대 무종武宗 정덕 2년(1507)에 황제가 칙지를 내려 수하도위로 책봉한다"는 뜻
이다.

科場事五條

　건륭 원년(1736) 정월 초하루에 대학사 장문화張文和[18] 공이 꿈을 꾸었는데 혼자 서재에 앉았던 부친 동성상공桐城相公 장영張英[19]이 손에 책 한 권을 들고 보고 있었다. 이에 장문화 공이 물었다.

"아버지, 무슨 책 보세요?"

"『신과장원록新科壯元錄』이란다."

"새 장원은 누군데요?"

　장양이 왼손으로 『신과장원록』을 가리키며 장문화에게 말했다.

"이리 오너라, 알려주마."

　장문화가 부친의 왼쪽으로 다가오자 장영이 말했다.

"너는 이미 알고 있을 텐데 다시 물을 필요가 어디 있느냐?"

18　본명은 장정옥張廷玉(1672~1755)이고 자가 형신衡臣, 시호가 문화다. 안휘성 동성 사람이고 강희 연간의 진사이며 관직은 보화전대학사에 이르렀다.

19　장영(1637~1708)은 자가 돈복敦復이고 호가 몽돈夢敦이며 시호가 문단文端이다. 안휘성 동성 사람이고 강희 연간의 진사이며 관직은 보화전대학사에 이르렀다. 주요 저작으로는 『독소당시집篤素堂詩集』 등이 있다.

이때 장문화가 꿈속에서 깨어났으나 끝내 무슨 영문인지 몰랐다. 나중에 합격자 발표가 났는데 병진과內辰科 장원은 김덕영金德瑛[20]이었다. 원래 장문화 공의 이름은 정옥廷玉이고 그의 부친 이름은 영英인데 구슬 '옥玉'자를 꽃부리 '영英'자 왼쪽에 옮기면 바로 옥빛 '영瑛'자가 된다. 신과新科의 장원이 바로 김덕영이라는 그 꿈이 들어맞았다.

장문화 공이 결혼한 뒤 아직 자식이 없을 때 경사 전문前門 밖의 관제묘에 가서 해몽을 부탁했다. 꿈속에서 관제가 그에게 대나무를 주었는데 가지와 잎이 없었다. 장문화 공은 (불길한 것으로 여겨) 기분이 울적했다. 이때 해몽을 하는 사람이 그에게 축하하며 말했다.

"선생님은 아들 둘을 얻을 겁니다."

장문화가 그 이유를 물으니 해몽하는 사람이 말했다.

"상대商代 고죽군孤竹君[21]에게 두 아들이 있었는데 하나는 백이伯夷고 하나는 숙제叔齊지요. 이들은 역사에 기록된 명인입니다. 다시 말해 대 '죽竹'자를 둘로 나누면 낱 '개个'자가 두 개 아닙니까? 이를 파자예지법破字預知法이라 하지요."

후에 장문화 공은 정말로 두 공자를 두었다.

왕사준王士俊[22]이 병부시랑으로 있을 때 건륭 병진과內辰科 전시殿試의 시험감독관을 맡았다. 어느 날 밤에 왕사준의 꿈속에서 문창제

---

20 김덕영(1701~1762)은 자가 여백汝白이고 호가 회문檜門이다. 절강성 인화 사람으로 건륭 원년(1736)의 장원이었고 한림원 수찬, 우서자右庶子, 태상시경, 강서 학정, 산동 학정, 순천 학정, 좌도 어사左都御史를 역임했다. 그는 서예에 뛰어났고 희곡을 좋아하여 이원에 자주 가서 공연을 관람하곤 했다.
21 상대 고죽국孤竹國 군주의 봉호封號.

군文昌帝君이 짧은 수염을 기른 도사를 안고 들어와 그의 손에 넘겨주었다. 이후 전시에서 호명할 때 보니 장원 김덕영도 짧은 수염을 기르고 있었다. 그의 모습은 꿈속에서 본 그 도사였다.

유대괴劉大櫆[23]가 병오년丙午年(1726) 회시에 응시했다. 시험이 끝난 뒤 그는 계선乩仙에게 과거의 합격 여부를 물어보았다. 그러자 계선이 '임자양방壬子兩榜'이라 알려주었다. 유대괴는 그 의미를 알지 못해 마음속으로 생각했다.

'임자년(1732)은 회시를 치르는 해가 아닌데, 혹 조정에서 은과恩科[24]를 시행하여 뽑으려나?'

나중에 병오과 회시에서 보결 합격자 명단에 들었고, 임자과 회시에서도 보결 합격자 명단에 들었다.

무환繆煥[25] 선생은 소주 사람으로 16세에 수재가 되었다. 한번은 그가 계선을 만나 과거시험 합격 여부를 물었다. 그러자 계선은 '육십등과六十登科'라고 알려주었다. 무환은 크게 불만이었다. 60세에야 합격하다니, 너무 늦다. 나중에 그는 서른이 안 되어 결국 거인이

---

22 왕사준(1683~1750)은 자가 서천犀川, 호가 작삼灼三이며 귀주성 평월平越 사람이다. 강희 연간의 진사이며 관직은 병부우시랑兵部右侍郎을 역임했다. 주요 저작으로는 『하남산동고리치행河南山東古吏治行』『하동종정록河東從政錄』『곤지록困之錄』『청류현지淸流縣志』 등이 있다.

23 유대괴(1698~1779)는 자가 재보才甫이고 호가 해봉海峰이며 안휘성 동성 사람이다. 주요 저작으로는 『해봉선생문집海峰先生文集』『해봉선생시집海峰先生詩集』『팔가문초八家文鈔』『칠률정종七律正宗』『역조시약선歷朝詩約選』 등이 있다.

24 나라에 경사가 있을 때 실시하던 과거.

25 운남성 곤명 사람이며 옹정 연간의 진사다.

되었다. 무환은 이때야 깨달았다. 계선이 말한 '육십등과'는 시험문제 '육십이이순六十而耳順'[26]을 가리킨 것이다.

세 서생이 함께 숙민공肅愍公 우겸묘于謙廟[27]에 가서 과거 합격 여부를 꿈속에서 알려달라고 기도했다. 그 결과 두 사람은 꿈을 꾸지 않았으나, 한 사람은 꿈속에서 숙민공의 말을 들었다.

"사당문 밖의 가림벽에 가서 비춰보게. 그러면 합격 여부를 알 수 있네."

이 서생은 깨어난 뒤 그 말을 두 서생에게 알려줬다. 두 서생은 그만 꿈꾼 것을 시기하여 소변 본다고 거짓말하고 밤중에 붓을 꺼내 가림벽 위에 큰 글씨로 '부중不中'이란 두 글자를 써놓았다. 당시 날이 아직 밝지 않아서 아니 '불不'자를 쓸 때 한 '일一'자 밑에 아래의 작을 '소小'자와 간격을 두게 되었다. 이튿날 새벽에 세 서생이 함께 가림벽을 보러 갔는데 '일개중一个中' 세 글자가 쓰여 있었다. 정말로 꿈을 꾼 그 서생만 합격했다.

---

26 『논어』「위정爲政」편에 나오는 구절.
27 북경의 우겸사는 명나라 정통正統, 경태景泰 연간에 위태로운 국면을 만회하려고 힘쓴 공신 우겸을 기념하기 위해 세운 사당이다. 영종英宗 정통 14년(1449)에 '토목의 변土木之變'이 발생하여 위급한 상태에 처했다. 토목의 변이란 명나라와 몽골 부족을 통일한 오이라트와의 사이에서 벌어진 전쟁을 말한다. 이 전쟁에서 영종은 오이라트의 포로로 잡혔다. 이때 우겸은 병부상서의 신분으로 주기옥朱祁鈺를 황제로 옹립하고 북경 보위전을 펼쳤다. 영종이 복위한 뒤 반역죄로 천순天順 원년(1457)에 처형당했다. 만력 23년(1595)에 그의 고택을 충절사忠節祠로 개조했다. 청초에 무너져 광서 연간에 중수했으며 1900년에 의화단이 이곳에 신단을 설치하기도 했다. 1976년에 괴성각魁星閣도 지진이 일어났을 때 무너졌다. 우겸사는 현재 젠궈먼네이다제建國門內大街에 있으며 1984년에 베이징시 중점문물보호단위로 지정되었다.

백사십촌

百
四
十
村

내각학사內閣學士 주황周煌[28]은 사천 사람이다. 그의 말에 따르면 그의 조부는 나무꾼이고 홀몸으로 아미산에 살았다고 한다. 조부는 99세 때에도 결혼하지 못했다. 그는 매일 산에 들어가 땔나무를 해 산기슭 아래에서 두부를 팔던 오吳 노인에게 팔았다. 오 노인 부부는 외동딸을 두었다. 오 노인은 매일 주 노인의 땔나무를 사서 뗐으며 두 사람의 거래는 만족스러웠다. 오 노인이 60세 생일 때 주 노인에게 말했다.

"내일이 제 생일입니다. 일찍 오셔서 술 한잔 하세요."

주 노인은 가겠다고 대답했다. 하지만 주 노인은 끝내 나타나지 않았다. 그러자 오 노인의 부인이 말했다.

"주 노인은 술을 좋아하는 양반인데 오늘은 땔나무를 팔러 오지

---

28   주황(1714~1785)은 자가 경원景垣, 호가 해산海山이며 사천성 부주涪州 사람이다. 건륭 2년(1737)의 진사이며 가경嘉慶 황제의 스승이다. 병부시랑, 공부상서, 병부상서를 역임했으며 주요 저작으로는 『응별집應別集』『해산존고海山存稿』『유구국지琉球國志』 등이 있다.

550

도 않고 축하하러 오지도 않았으니 혹시 병이 난 것 아닐까요? 당신이 한번 가보세요."

오 노인이 이튿날 그의 집을 방문했다. 보니 주 노인의 기색은 여전해 보여 오 노인이 물었다.

"어제는 왜 오시지 않았어요?"

주 노인이 웃으며 말했다.

"난 어제 산에 들어갔다가 땔나무를 하고 생일을 축하하려고 했네. 뜻밖에도 산골을 지나다가 쌓인 황백색黃白色의 물건을 보았지. 세상 사람들이 좋아하는 황금과 백은이더군. 내가 안간힘을 써서 그것을 집으로 가져와 침상 밑에 두었네. 내가 하산하여 (동생네 집에 가서 술을 마셨다면) 그것을 누가 간수하겠나?"

오 노인이 침상 밑을 내려다보니 과연 황금과 백은이었다. 그래서 주 노인에게 주의를 주며 말했다.

"형님은 이제 이곳에 살 수 없어요. 형님 혼자 이 황량한 산에서 사시고 게다가 금은을 가지고 계시는데, 강도가 훔치러 오지 않는다는 보장이 있어요?"

"동생 말도 일리가 있지. 나도 알고 있어. 그럼 나 대신 동생이 성안으로 들어가 사람이 드문 곳에다가 내가 살 곳을 찾아주시게."

오 노인은 그렇게 해주겠다고 대답하고 성안에 살 집을 찾고 아울러 주 노인을 도와 이사했다.

오래지 않아 주 노인이 다시 오 씨 집에 찾아왔는데 부끄러운 표정을 지으며 손에 든 은 100냥을 주고 읍을 하면서 말했다.

"자네에게 부탁이 있어 찾아왔네. 내년이면 내가 백 살인데 아직까지 마누라를 얻지 못했네. 나는 곧 땅속에 들어갈 몸인지라 감히 다른 생각을 가질 수 없었네. 그런데 뜻밖에도 이처럼 많은 재산을 갖게 되었으니 노인 혼자 그것을 지킨들 무슨 소용이 있겠나? 동생이 중매를 서서 마누라를 좀 얻어주시게."

오 노인은 눈을 비스듬히 뜨고 자기 부인을 바라보았다. 부부 두 사람은 쯧쯧 하며 계속 웃으면서 이 노인네가 늙은 줄을 모르는 모양이라고 비웃었다. 주 노인이 다시 말했다.

"그리고 마누라는 처녀가 아니면 안 되네. 만약 재혼이라면 결코 엄숙하고 진지한 부부가 아니겠지. 내가 늙었다고 싫어하면 혼수품으로 만 냥을 내놓고 3000냥을 중매비로 주겠네."

오 노인은 이러한 중매의 어려움을 알고 있으나 마음속으로 은 3000냥의 사례비 때문에 억지로 대답했다.

"알겠습니다."

주 노인은 그에게 두세 번 사례하고 떠나갔다.

이렇게 한 달이 넘게 지나도 노인에게 시집오려는 사람이 나타나지 않았다. 주 노인이 자주 찾아와 재촉했지만, 오 노인은 대충 얼버무릴 뿐 아무런 방법이 없었다. 이럴 즈음 오 노인의 19세의 딸이 갑자기 부모 앞에 무릎을 꿇고 부탁했다.

"주 노인에게 시집가고 싶어요."

오 노인 부부는 딸의 말을 듣고 어안이 벙벙했다. 그러자 딸이 다시 말했다.

"부모의 뜻은 주 노인이 너무 늙어서 싫고, 딸은 지금 한창 청춘인 것을 가련하게 여기시는 게지요. 제가 듣자니 사람마다 각자의 운명이 있다더군요. 만일 딸이 박명하다면 나이가 상당한 낭군에게 시집가면 과부로 살지는 않겠지요. 만일 딸의 목숨이 길다고 하면 이 노인은 그래도 몇 년 더 살 것이고 다행히 아들을 낳으면 장차 그 가정을 지탱할 수 있을지도 모르잖아요. 하물며 부모님은 아들도 없고 딸만 하나 두셨으니 딸이 아들 역할을 대신하여 효도하고 부모님 은혜에 보답할 수 있잖아요. 이 혼사에 응한다면 주 노인이 만 냥을 줄 것이고 게다가 3000냥을 사례비로 줄 터이니, 이것이 바로 아들보다 딸 낳은 것이 좋다는 증거 아닌가요? 게다가 저도 내심으로 위로가 돼요. 제 생각에 이 노인은 이처럼 많은 나이에 의외로 횡재를 얻게 되었으니 틀림없이 하늘이 내린 복이죠. 그러니 그가 그렇게 빨리 죽지는 않겠지요."

오 노인 부부는 딸의 말을 주 노인에게 전해주었다. 주 노인은 땅에 무릎을 꿇고 연신 오 노인 부부에게 머리를 조아리며 끊임없이 "장인, 장모" 하고 불렀다.

오래지 않아 오 노인의 딸은 주 노인에게 시집갔으며 1년 뒤에 아들을 낳았다. 이 아이가 성장한 뒤에 열심히 공부하여 이후 늠생 후보로 뽑혔다. 주 노인의 손자가 바로 내각학사 주황이다.

주 노인이 140세가 되던 해에 그의 아내 오 씨가 그보다 먼저 죽었으니 향년 59세였다. 오 씨가 죽은 뒤 주 노인은 후하게 장사를 지내고 상심하며 곡을 했다. 다시 4년이 지나서 주 노인은 144세 때 사망했다. 그가 거주하던 마을 사람들은 그곳을 '백사십촌'이라 부른다.

비정상적인 사람과 짐승

人畜改常

『수신기搜神記』[29]에 "닭은 3년, 개는 6년 이상 키우면 안 된다鷄不三年, 犬不六載"는 말이 있다. 다시 말하면 짐승은 오랫동안 기를 수 없다는 뜻이다.

우리 집 손회중孫會中이라는 노복은 누렁이 개 한 마리를 기르고 있다. 이 개는 매우 순종적이며 평시에 개에게 먹을 것을 주면 언제나 꼬리를 쳐서 사랑을 받았고, 사람이 드나들 때마다 개도 나와서 맞이하여 손회중은 그 개를 무척이나 사랑했다. 어느 날 손회중이 고기 한 덩이를 주었지만, 개가 손회중의 손바닥을 물어서 뚫는 바람에 그는 아파서 땅에 쓰러졌다. 이에 손회중은 몽둥이로 개를 때려죽여버렸다.

양주의 조구趙九라는 사람은 호랑이를 잘 길렀다. 그는 호랑이를 철창 우리에 가둬놓은 다음 수레에 싣고 시장으로 갔다. 길가의 관중이 먼저 10전만 던져주면, 그는 철창의 문을 열고는 자신의 머리

---

29 동진東晉 간보干寶가 엮은 지괴소설집(20권).

를 호랑이 입에 넣고 이리저리 움직였다. 그러면 호랑이의 침이 그의 얼굴에 가득 흐를지언정 그는 전혀 부상을 입지 않았다. 그는 이것을 즐거움으로 삼으며 전후로 20여 년을 보냈다. 어느 날 조구가 평산당平山堂[30] 앞에서 기예를 보이며 돈을 벌고 있었다. 그가 머리를 호랑이 입속에 넣고 이리저리 움직였다. 뜻밖에도 이번에 호랑이는 입으로 그의 목을 물어 끊어버렸다. 관중이 관청에 알리자 관청에서는 사냥꾼을 불러 총으로 호랑이를 쏘아 잡게 했다. 사람들은 모두 이렇게 말했다.

"새와 짐승은 오랫동안 사람과 관계 맺을 수 없다."

나는 이렇게 말했다.

"그렇지 않다. 사람도 짐승 같은 마음을 가지고 있다."

건륭 11년(1746) 나는 강녕江寧에서 지현으로 지냈다. 어느 날 어떤 사람의 사건을 접수했는데 일가 세 식구가 살해당했다는 것이다. 내가 친히 조사하러 갔는데, 범인은 바로 그 집 주인의 작은 외삼촌 유劉 씨였다. 조사에 따르면, 평소 유 씨와 누나, 매부의 관계는 매우 화목하여 불화가 전혀 없었다고 한다. 누나에게 다섯 살 난 아들이 있었다. 유 씨는 누나 집에 갈 때마다 어린 생질을 안아주고 먹을 것을 주었다. 이는 모두 습관적으로 하는 일이었다. 그해 5월 13일 유 씨가 다시 누나 집에 가서 생질을 안으려고 하자, 누나가 아들을 안아서 그에게 건네주었다. 뜻밖에도 유 씨는 생질을 안고서는 물통 속에 던져버리고 돌로 아이의 몸을 눌러 죽였다. 누나가 이 장면을 보고

---

30 북송 구양수가 양주 대명사 서쪽에 지은 건물 이름.

놀라 황급히 구조하려 하자, 유 씨가 보리를 베는 낫을 가져와 누나의 목을 베었다. 매부가 달려와 구조하려 하자, 유 씨는 칼로 매부의 복부를 찔러 창자가 한 자 넘게 흘러나왔으나 숨이 끊어지지는 않았다. 내가 그에게 평소 유 씨와 무슨 원한이 있는지 물었다. 그는 아무런 원한도 없다고 말하곤 숨이 끊어졌다. 나중에 내가 유 씨를 심문했으나 그는 도리어 두 눈으로 쳐다보기만 할 뿐 한 마디도 하지 않았다. 그러다가 갑자기 하늘을 우러러보며 크게 웃기 시작했다. 내가 이 사건을 상세하게 심문하기 어려워 즉각 태형을 내려 죽였다. 그래서 지금까지도 유 씨의 살인 동기는 밝혀지지 않았다.

또 한 과부가 사는데 수절한 지 벌써 20년도 넘었다. 사람들은 여태까지 그녀에 대해서 아무런 추문을 듣지 못했다. 그런데 갑자기 오십이 넘어서 한 노비와 사통하여 임신했다가 난산으로 사망했다.

사람이 정상의 성정을 바꾸면 그것은 개, 호랑이와 다를 바 없다.

夢葫蘆

조롱박을 꿈꾸다

　수재 윤정일尹廷一이 급제하기 전 시험에 응시하고 난 날 밤마다 신
선이 그에게 조롱박葫蘆을 주는 꿈을 꾸곤 했다. 합격자 발표가 날
때마다 언제나 낙방이었다. 그로부터 그는 시험 때마다 마음속으로
증오스러운 조롱박을 생각하게 되는데, 꿈속의 조롱박은 갈수록 커
졌다.

　옹정 2년(1724) 윤정일이 갑진과甲辰科 회시에 참가했다. 입장하기
전날 밤 그는 또 조롱박 꿈을 꿀까봐 밤새 자지 않고 앉아서 그 악
몽을 피하려고 생각했다. 그러나 그의 하인이 잠든 지 오래지 않아
꿈속에서 소리를 지르며 조롱박을 보았는데 윤 상공처럼 컸다고 했
다. 윤정일은 분통이 터졌으며 이번에도 불길한 징조라고 생각했으
나 어쩔 도리가 없어 한탄했다.

　나중에 회시 합격자 발표가 났는데 윤정일은 결국 32등 진사로
합격했다. 30등 진사의 성이 호胡 씨였고, 31등 진사 성이 노盧 씨였
는데 두 성을 연결하면 발음이 호로葫蘆 두 글자와 같다. 이 두 사람
은 모두 젊은 소년이었다. 윤정일은 그제야 깨달았다. 이전에 꿈속에

서 본 작은 조롱박은 진사에 합격한 두 사람이 나이가 어리고 아직 장성하지 못했음을 설명하는 것이다.

乩
仙
示
題

계선이 문제를 예시하다

강희 27년(1688) 무진과戊辰科 회시 전에 여러 응시생이 계선을 불러 시험 제목을 누출할 것을 부탁했더니, 계선은 계반乩盤에 '부지不知'라는 두 글자를 썼다. 수험생들이 재배하고는 다시 부탁하며 말했다.

"신선이 시험 문제를 모를 리가 있소?"

그러자 계선이 큰 글씨로 써서 말했다.

"부지부지우부지不知不知又不知."

이를 본 수험생들은 자신도 모르게 웃으면서 이 계선이 몹시 무지하다고 여겼다. 결과적으로 무진과 시험 문제는 『논어』「요왈堯曰」 편에서 공자가 말한 "천명을 모르면 군자가 될 수 없다. 예를 모르면 입신할 수가 없다. 사람의 말귀를 알아듣지 못하면 사람을 알아볼 수 없다不知命, 無以爲君子也. 不知禮, 無以立. 不知言, 無以知人也"라는 세 구절이었다.

강희 53년(1714) 갑오과甲午科 향시 전에 여러 수재도 계선을 불러 시험 문제를 누출할 것을 요구하자, 계선이 "불가어不可語"라는 세 글자를 썼다. 수재들이 애걸복걸하자, 계선이 다시 썼다.

"정재불가어상正在不可語上."

수재들은 이 말뜻을 이해하지 못하여 계선에게 좀더 명확히 가르쳐줄 것을 간곡히 부탁했는데, 계선이 다시 관청 '서署'자를 썼다. 수재들이 다시 물으니 계선은 더 이상 대꾸하지 않았다. 결과적으로 갑오과 향시의 시험 문제는 바로 『논어』 「옹야雍也」 편의 "그것을 아는 사람은 그것을 좋아하는 자만 못하다知之者不如好知者"라는 구절이었다.

神簽預兆

제비뽑기로 예시하다

　　장원 진대사秦大士[31]가 한림원에서 봉직하고 있을 때 퇴근하기 전에 관제묘로 가서 제비를 뽑아 앞날을 점쳐보았다. 나온 점괘는 "차분한 자세로 마음을 고르라靜來好把此心捫"는 글이었다. 진대사는 기분이 울적했다. 신선이 그에게 무슨 불행이 닥칠 것이라고 조소하는 것 같았다.

　　오래지 않아 시험을 치르는데 시험 제목은 「송백유심부松柏有心賦」였고, 압운은 마음 '심心'자로 제한했다. 그러나 그는 이 '심'자를 쓰는 것을 잊어버렸다. 그런데 채점관은 이를 가장 우수한 문장으로 낙점해 황상에게 올렸다. 황제가 읽고 나서 '심'자의 압운이 분명하지 않다고 하자, 진대사는 고개만 조아리면서 사죄했다. 그 채점관도 머리를 조아리며 역시 사죄했다. 그러자 황제가 웃으며 말했다.

31　진대사(1715~1777)는 자가 노일魯一, 호가 간천澗泉이며 강소성 강녕 사람이다. 건륭 17년(1752)의 장원이고 관직은 시강학사侍講學士에 이르렀다. 주요 저작으로는 『봉래산초집蓬萊山樵集』『말운루집抹雲樓集』 등이 있다. 난징시 친화이구秦淮區 창러로長樂路에 있던 그의 고거는 진대사기념관으로 꾸며졌다.

"마음 '심'자가 안 들어간 부가 장원이라니, 채점관이 보는 눈이 없는 사람이구나壯元有無心之賦, 主司無有眼之人!"

奇
騙

교묘한 속임수

오늘날 속임수가 갈수록 교묘해지고 있다.

금릉의 한 노인이 은 몇 냥을 가지고 북문교北門橋[32]의 전점錢店에 가서 동전으로 바꿨다. 그 노인은 자기의 은 색깔이 좋다고 말하며 가격을 높게 책정해달라고 하여 고의로 논쟁을 일으켜 가격 흥정에 들어갔다.

한 젊은이가 밖에서 전점에 들어오더니 공손하게 노인에게 예를 차리며 말했다.

"어르신, 아드님이 상주에서 무역하는데 저와는 동료입니다. 그가 제게 부탁하여 문은紋銀[33] 하나와 편지 한 통을 부쳐왔어요. 직접 댁에 가서 전해주려 했으나 뜻밖에도 여기에서 어르신을 만나게 되었 군요."

---

32 지금의 난징시 쉬안우구玄武區 주장로珠江路와 베이먼차오로北門橋路의 교차 지점 남쪽에 있으며 명대에 중수했다. 오대 때는 현무교, 송대에는 청화교清化橋, 무승교武勝橋라 불렀다.
33 질이 가장 좋은 은괴銀塊.

그 은과 편지를 노인에게 건네주고 다시 그에게 읍을 하고는 점포를 떠나갔다.

노인이 편지를 뜯어보고는 점포 주인에게 말했다.

"내 두 눈이 노화되어 편지를 볼 수 없소. 대신 읽어주구려."

주인이 편지 내용을 노인에게 들려주는데 모두가 가정의 자질구레한 일이었다. 편지 말미엔 이렇게 쓰였다.

"편지를 부치는 김에 문은 10냥을 보내니 아버지께서 생활 필수품 구입비로 쓰세요."

노인은 자못 희열이 만면한 모습을 짓더니 점포 주인에게 말했다.

"방금의 은 몇 냥을 나에게 돌려주시오. 더 이상 색깔을 가지고 논쟁하지 않으렵니다. 내 아들이 문은 10냥을 부쳐왔으니 이 문은으로 동전을 바꾸는 것이 어떻겠소?"

주인이 은을 받아 저울에 달아보니 11냥 3전이었다.

점포 주인은 추측해보았다. 그의 아들이 편지를 보내면서 은의 무게를 달지 못해 편지에 단지 10냥이라고 말했을 것이다. 노인이 직접 달아볼 수 없으니 차라리 잘못인 줄 알면서도 계속 밀고 나가 1냥 3전의 은을 챙기자. 이에 주인은 은 11냥 3전을 받고는 은 10냥의 가격으로 쳐주어 노인에게 동전 9000을 주었다. 그러자 노인은 등에 전대를 메고 떠났다.

노인이 점포를 떠나자마자 옆에서 지켜보던 고객이 점포 주인에게 말했다.

"주인장, 혹시 속지 않았어요? 그 노인네는 속임수의 고수라 가짜 은으로 돈을 가로챕니다. 방금 제가 보니 당신이 동전으로 바꿔줄

때 걱정되었어요. 노인장이 옆에 있어서 분명히 말할 수가 없었지요."

주인이 깜짝 놀라 가위로 문은의 모서리를 잘라보니 표면을 얇은 백은으로 싸고 그 안에는 전부 납이 들어 있었다. 주인은 뉘우치고 한탄하면서 지켜봤던 고객에게 감사드리며 그에게 노인이 사는 곳을 물었다. 그러자 고객이 말했다.

"그 노인이 사는 곳은 여기서 불과 10여 리 떨어져 있어요. 곧장 쫓아간다면 따라잡을 수 있을 겁니다. 하지만 저는 그 노인과 이웃이라 만일 제가 그의 비밀을 불었다는 사실을 안다면, 그는 아마도 제게 한을 품을 겁니다. 지금 대략적인 방향을 알려줄 테니 혼자서 빨리 쫓아가보세요."

주인은 그 고객을 데리고 가고 싶어 말했다.

"날 데리고 그가 사는 곳을 찾아서 그의 대문을 정확히 알려주고 당신은 즉각 떠나시오. 그러면 노인은 당신이 알려준 사실을 모를 텐데 어찌 당신을 원망하겠소?"

그 고객은 고집을 피우며 길을 안내하려고 하지 않았다. 주인이 어쩔 수 없어 그에게 은 3냥을 주자, 그 고객은 마지못해 억지로 길을 안내하게 되었다.

두 사람이 한서문漢西門[34] 밖까지 나오자 저 멀리 한 주점에서 그 노인이 옆에 전대를 놓고 몇 사람과 술을 마시고 있는 모습이 보였

---

34 석성문石城門이라 부르기도 한다. 명대 13개의 내성문 가운데 하나이며 중화민국 시기에 만든 한중문漢中門 남쪽, 지금의 한중문 광장漢中門廣場에 있었다. 1997년에 이 일대를 광장으로 개조했다. 원래의 한중문은 1970년대에 후쥐로虎踞路를 확장할 때 철거되었다.

다. 길 안내자가 그 노인을 가리키며 주인에게 말했다.

"바로 저 사람입니다. 얼른 가서 잡으세요. 저는 가겠습니다."

전점 주인은 기뻐하며 곧장 주점으로 달려가 노인을 붙잡고는 때리면서 욕을 퍼부었다.

"네 이놈 사기꾼아! 네놈이 납 10냥으로 만든 가짜 은으로 내 동전을 빼앗아가다니."

여러 사람이 모두 일어나 노인에게 무슨 일인지 물었다. 노인은 태연한 척하며 말했다.

"제 아들이 부쳐준 은 10냥으로 저 사람의 전점에서 동전을 바꿨어요. 그 은 10냥은 진짜입니다. 내가 가짜 은으로 바꿨다고 하는데 그럼 제가 원래 준 은을 사람들에게 어찌 보여주지 않습니까?"

주인은 가위로 자른, 납으로 테를 두른 가짜 은을 여러 사람에게 보여주었다. 노인이 웃으면서 말했다.

"이것은 저의 은이 아닙니다. 저의 은은 10냥에 불과하여 동전 9000으로 바꾼 겁니다. 지금 이 은은 가짜이니 무게를 달아보면 아마도 10냥이 아닐 겁니다. 저의 은이 아닌 게지요. 주인이 저를 속이는 거지요."

주점의 손님들이 저울로 가짜 은을 달아보았더니 과연 11냥 3전이었다. 여러 사람은 크게 분노하여 전점 주인을 꾸짖었다. 주인은 변명할 수가 없었다. 여러 사람이 일어나 그를 흠씬 두들겨 팼다. 그 전점 주인은 생각을 잘못하여 작은 이익을 보려다가 노인의 계략에 빠져 울상을 지으며 돌아오는 수밖에 없었다.

騙術巧報

속임수로 교묘한 대가를 치르다

속임수로 남을 속이는데 교묘한 대가를 치를 때도 있다.

상주 상인 화華 씨는 은 300냥을 가지고 회해淮海[35] 지구로 가서 장사를 했다. 그가 탄 배가 단양현을 지나는데 언덕에서 한 사람이 몸에 짐을 지고 황급히 그가 탄 배를 불러 같이 태워달라고 부탁했다. 화 씨는 측은한 생각이 들어 선주에게 명하여 배를 언덕에 대고 손님을 태우자고 했다. 선주는 토비土匪에게 연루될까봐 두려워 화 씨에게 손을 내저었다. 하지만 화 씨가 고집을 부리는 바람에 선주는 어쩔 수 없이 손님을 받아 배에 태우고 선미에서 쉬도록 조치했다.

배가 단도현丹徒縣에 닿으려고 할 때 그 승객이 짐을 지고 선미를 나와 화 씨에게 말했다.

"저는 친척을 찾으러 가는데 지금 그곳에 벌써 도착했어요. 이제 떠나겠습니다."

승객은 화 씨에게 작별 인사를 하고 언덕으로 올라갔다.

---

35 장쑤성 북부 지역을 말한다.

오래지 않아 화 씨가 상자를 열어 옷을 꺼내는데 상자 안에 있었던 은 300냥이 난데없이 사라졌고 그 자리에 기와 조각이 놓여 있었다. 그 승객이 바꿔치기한 것을 알고는 마음속으로 후회막심이었다.

갑자기 비가 내리고 날씨가 점점 추워졌다. 배는 또 역풍을 만나 나아가기가 힘들었다. 화 씨는 생각했다. 은은 이미 도둑맞았고 장사할 자본이 없으니 차라리 상주로 돌아가 자본을 모은 다음 회해로 가자. 이에 키잡이로 하여금 뱃머리를 돌리게 한 다음, 뱃삯은 회해로 가는 값으로 치르기로 했다. 선주는 그의 말을 따라 순풍에 돛을 달고 상주로 저어 갔다.

배가 분우진奔牛鎭[36]에 도착했을 때 또 한 사람이 봇짐을 메고 온몸에 비를 흠뻑 맞고는 언덕에 서서 배에 태워주길 부탁했다. 키잡이가 보니 그 사람은 원래 은을 훔쳐갔던 손님이었다. 자신은 급히 선창에 몸을 숨기고 다른 선원에게 배를 세우게 하고는 그 사람을 태웠다. 그때 날이 어두운 데다가 비까지 내려 그 도적은 이 배가 돌아가는 줄 몰랐다. 그는 급히 배에 올라 먼저 짐을 선원의 손에 넘겨주었다. 그가 배의 선창으로 들어가려는 순간 선창에 앉아 있는 화 씨를 발견하고는 놀라서 미친 듯이 달아났다.

화 씨가 행낭을 열어보니 원래의 은 300냥이 고스란히 남아 있었다. 그 밖에 진주 수십 알이 있었는데, 가치는 천금에 해당됐다. 화 씨는 이때부터 큰 부자가 되었다.

---

36 분우진은 지금의 창저우시 신베이구新北區 서남부에 있다.

香亭記夢

향정이 꿈을 기억하다

　향정香亭은 건륭 37년(1772) 겨울에 관직의 파견을 기다리고자 경성으로 올라갔다. 도중에 그는 동창부東昌府[37]로 에둘러 갔다. 12월 5일에는 관성현冠城縣[38] 동관東關의 한 여관에 투숙했다. 그날 밤 꿈속에서 자기가 화원에 갔는데 안에는 대나무와 돌이 쓸쓸하고 경계는 그윽하여 세속 사람이 사는 곳 같지 않았다. 책상 위에 책 한 권이 가로놓여 있고 글자는 깨알같이 작은 해서체로 쓰여 있었다. 향정이 자세히 보니 이런 고사가 실려 있었다.

　신야新野[39] 지방의 도랑에 큰 물고기가 살고 있었다. 그 물고기가 갑자기 미녀로 변하고는 자청 교여喬如라 했다. 이李 씨의 아들이 그

37　지금의 산둥성 랴오청시聊城市 둥창푸구東昌府區 지역에 해당된다. 명·청 시기 경항대운하京杭大運河를 이용하는 조운이 흥성한 덕분에 동창부의 경제가 번영하고 문화가 발달했는데 '강북일도회江北一都會'로 불렸다.

38　산둥성 허쩌현菏澤縣에서 서북쪽으로 175리 떨어진 곳에 있었다. 1953년 8월에 자오청현朝城縣과 관청현을 합병하여 관자오현觀朝縣으로 이름을 바꾸고 관자오현 아래에 여섯 개 구區를 설치했다.

39　지금의 허난성 난양시에서 관할하는 현이다.

녀에게 홀려 동거한 지 360일 되던 날 이 씨는 물에 빠져 사망했다. 송宋 씨의 아들도 교여에게 흠뻑 빠졌다. 그들이 함께 산 지 36일 되던 날 송 씨 아들도 사망했다.

이때 양楊 씨 아들은 교여가 요괴임을 알고는 고의로 그녀를 집으로 맞았으며 그녀를 특별히 총애했으나, 그녀에게 물 한 방울도 마시지 못하게 했다. 이리되자 교여는 써볼 계책이 없었다. 교여는 3년 동안에 아들 셋을 낳았다. 하지만 세 아들은 모두 물고기로 변했다. 6년째 되던 날 양 씨 아들의 몸에서 갑자기 물고기 비늘이 솟았으며, 교여는 도리어 더욱더 요염해졌다. 어느 날 밤 갑자기 폭풍우가 몰아쳤다. 이때 교여가 양 씨 아들을 꼭 껴안자, 두 사람의 몸은 하나로 합체되어 물고기로 변했으나 머리는 둘이었다. 갑자기 등지느러미를 세차게 흔들어 함께 날았다가 동정호로 떨어졌다. 낮에 나올 때는 양 씨 아들의 머리를 통하여 물을 마셨다. 저녁에 들어갈 때는 교여의 머리를 통해 물을 마셨다. 양 씨 아들은 여전히 교여와 성교한 줄 알았지만, 자신이 물고기로 변하여 물속에서 생활하는 줄은 몰랐다. 그런데 이 때문에 죽지 않고 장수하게 되었다. 이것은 바로 "사물은 그 사물 자체이므로, 변화한다고 해도 그 사물 자체로 돌아간다物其物, 化其化"는 의미다.

이후부터 글자가 희미하여 분명하게 보이지 않았다. 향정은 새벽 종소리에 놀라 깨어났다. 그는 베갯머리에서 책의 내용을 묵송했는데 한 글자도 빼먹지 않았다.

敦倫

부부생활을 하다

이강주李剛主[40] 선생은 '정심성의正心誠意'의 학문을 강학했다. 그의 일기책에는 자신이 매일 했던 일을 사실대로 기록해놓았다. 그가 매번 아내와 동침할 때에도 깔끔한 해서체로 기록했다.

"모월 모일 마누라와 한 번 부부생활을 했다某月某日, 與老妻敦倫一次."

40   이강주(1659~1733)는 이름이 공공塨, 자가 강주, 호가 서곡恕谷이다. 그는 사상가, 교육가, 철학자로 송원이학宋元理學을 반대하고 경세치용, 실학을 제창했다. 스승 안원顔元(1635~1704)과 더불어 안리학파顔李學派라 불린다. 주요 저작으로는 『소학기업小學基業』『대학변업大學辯業』『논학論學』『주역전주周易專注』『열사극시閱史郡視』『서곡후집恕谷後集』 등이 있다.

한 글자에 천 냥,
한 번 기침에 만 냥

一字千金
一咳萬金

상구현商丘縣 현령 양楊 씨가 상사에게 한 사건을 보고했다. 보고문 가운데 "비직감득卑職勘得, 호무의의毫無疑義"(소관이 살펴보건대 전혀 이의가 없습니다)라는 구절이 있었다. 안찰사는 그의 보고문을 받고 발끈하여 이 '호무의의'라는 네 글자의 말투가 전횡적이어서 비판해야 한다고 여기곤, 담당 부서에 문서를 이관시키고 그를 엄격히 처벌하게 했다.

양 현령은 다급하게 '호무의의'라는 문구를 '사무의의似無疑義'(이의가 없는 것 같습니다)로 고쳐 다시 상사에게 올려 비준을 얻게 되었다. 그러나 이 한 글자 때문에 왕복 노비路費와 각 부서와 연락하는 비용으로 은 1000냥을 소비했다.

문상현汶上縣 현령이 아무개 순무 대인을 접견할 때 감기가 들어 기침 소리를 참지 못했다. 순무 대인이 발끈하여 상사를 불경하게 대했다고 책망하며 그를 탄핵하려고 했다. 그 현령은 중간에 다리를 놓아 순무 대인에게 만 냥을 바치고서야 처벌을 면제받았다.

사람들은 "한 글자 때문에 천 냥 들었고, 한 번 기침하고 만 냥 소비했다"라는 말을 전했다.

보살이 답배하다

菩薩答拜

　나의 시柴 조모가 일찍이 내게 그녀의 외조모 양楊 씨 할머니에 대한 이야기를 해주었다.

　양 할머니는 아들을 낳지 못해 노년에 이르러 딸 홍洪 부인에게 기대 살아갔다. 향년 97세였다.

　양 할머니는 누각 위에서 거주하며 날마다 부처에게 절하고 불경을 외우면서 30년 동안이나 한 번도 누각에서 내려오지 않았다. 그녀의 천성이 자비롭고 선하여 누각 아래에서 노비를 때리는 소리가 들리기만 하면 그녀는 좌불안석으로 밥조차 먹지 않았다. 노비가 누각 위로 올라오기만 하면 그녀는 반드시 자신의 음식을 그들에게 나눠주었다. 그녀가 90세가 된 이후 부처에게 절을 할 때마다 그 불상이 몸을 일으켜 그녀에게 답배했다. 조모는 몹시 놀랐다. 그때 나의 조모는 나이가 아직 어려서 양 할머니가 부처에게 절할 때마다 그녀를 잡고 함께 절하면서 말했다.

　"이것아, 네가 여기 있으면 불상이 내게 답배할 수 없단 말이야."

　양 할머니가 임종하기 3일 전에 대야를 가져와 발을 씻으려고 했다. 하녀는 그녀가 평시에 쓰던 나무 대야를 가져왔다. 양 할머니가 말했다.

"이 나무 대야를 쓸 수가 없구나. 내가 이번에 가면 발을 연화에 올려놓을 텐데. 내가 평소 세수할 때 쓰던 구리 대야를 가져오너라."

오래지 않아 누각에서 갑자기 단향檀香 냄새가 공중에서 떠돌았다. 양 할머니는 책상다리를 하고 단정히 앉아 돌아가셨다. 그녀가 죽은 지 3일 밤이 지나 누각에서 향기가 점차 사라지기 시작했다.

시암에서 암탕나귀를
아내로 맞이하다

暹羅妻驢

시암暹羅[41]의 풍속이 가장 음탕하다. 남자 나이 열네다섯이 되면 그의 부모가 암탕나귀를 데려와 교접시켰다. 밤에 잠잘 때 암탕나귀를 묶어놓고 그의 거시기를 암탕나귀의 음부에 넣어서 양육했다. 이렇게 하면 남자의 정력이 이상하리만치 왕성해졌다.

이렇게 하여 3년이 지나면 본처를 맞이하며 그 암탕나귀는 죽을 때까지 양육했는데 측실側室로 여긴 것이다. 암탕나귀를 데려오지 않는 남자에게 시집가려는 여성은 결코 없다.

---

41 타이Thai의 이전 명칭인 시암Siam의 음역어.

倭
人
以
下
竅
服
藥

항문으로 약을 복용하는 왜인

　왜인은 병이 나도 약을 먹지 않는다. 나이가 많은 왜인 가운데 치료 경험이 풍부한 이가 약을 한 통 달인다. 환자로 하여금 몸을 돌려 눕게 하고 죽통을 항문에 삽입한다. 죽통을 따라 따뜻한 약물을 부어 큰 기력을 이용해 그것을 입에 대고 불었다. 잠시 뒤 배에서 '왈왈' 소리가 나면 죽통을 뽑아내고 한 번에 쏟아내면 병이 낫는다.

사자가 뱀을 공격하다

獅子擊蛇

　　시어사 과도戈濤[42]가 이런 일을 얘기해주었다.

　　그의 선부 과금戈錦[43]이 모 현 지현으로 지낼 때 한번은 서양에서 조공으로 바친 사자 한 마리를 만났는데, 이 현을 지나가고 있었다. 그 사자가 도중에 병이 들어서 사자를 운송하던 관리들이 사자를 잠시 현의 역참에 맡겨두었다. 하루는 사자가 큰 나무 밑에 꿇어앉았다. 잠시 후 사자가 머리를 들어 사방을 둘러보는데 두 눈에서 찌르는 듯한 황금빛을 발산했다. 또 앞발톱을 뻗어 나무줄기를 격파하여 나무뿌리를 잘랐다. 순식간에 선혈이 나무뿌리 부분에서 솟아올랐다. 나무뿌리 밑에 숨어 있던 큰 뱀은 두 동강이 나서 죽어버렸다.

　　그 전에 이 역참의 말들이 항상 병들어 왕왕 죽어버렸다. 이로부터 역참의 말들은 무사해졌다. 따라서 현령 과금은 조공을 바치러

42　과도(1716~1768)는 자가 개주芥舟, 호가 거원蘧園이며 직예성直隸省 헌현獻縣 사람이다. 건륭 연간의 진사이며 관직은 형과급사중刑科給事中에 이르렀다. 주요 저작으로는 『요당시집坳堂詩集』『요당잡저坳堂雜著』 등이 있다.

43　옹정 8년(1730) 경술과庚戌科 전시殿試에 합격했다.

온 사신을 후하게 대접했다.

경사에 이르자 사신이 사자를 황상에게 헌상했다. 조공으로 바쳤던 코끼리는 황상을 봐도 무릎을 꿇지 않았다. 사자가 이를 본 뒤 노기가 충천했다. 사자가 크게 울부짖자 코끼리 몇 마리가 깜짝 놀라 무릎을 꿇었다. 황상은 유지를 내려 사자를 놓아주어 본국으로 돌아가게 했다. 며칠이 지나 섬서 순무가 상주문을 바쳤는데 그 상주문에 이렇게 쓰여 있었다.

"경사에서 놓아준 그 사자가 오늘 정오에 이미 섬서성 동관潼關을 넘어갔습니다."

가사방

賈士芳

가사방賈士芳은 하남 사람인데 약간 멍청한 상을 가지고 태어났다. 따라서 그의 부모가 형에겐 공부하게 하고 그에겐 밭을 갈게 했다. 그러나 그는 가끔 마음속으로 하늘을 날고 싶다는 생각을 했다.

어느 날 한 도사가 가사방에게 물었다.

"하늘로 올라가고 싶지 않느냐?"

"예."

"그럼 두 눈을 감고 나를 따라오게."

가사방이 눈을 감자 갑자기 온몸이 하늘로 날아올라가고 귓가의 바람이 파도처럼 밀려왔다. 오래지 않아 도사가 그에게 말했다.

"눈을 떠보아라."

가사방이 눈을 뜨자 눈앞엔 웅장하고 화려한 궁전이 펼쳐졌다. 도사가 가사방에게 말했다.

"이곳에서 잠시 기다리게. 내가 들어갔다가 나올 테니."

한참 지나자 도사가 나와서 가사방에게 말했다.

"배고프지?"

그리고 술 한 잔을 가사방의 손에 건네주었다. 가사방이 반 잔 마셨을 뿐인데, 도사는 강권하지 않으며 말했다.

"여기는 자네가 오래 머물 곳이 아니네."

그러고는 눈을 감게 했는데 몸이 다시 허공에 날아오르고 귓가엔 먼젓번처럼 풍랑 소리가 났다. 오래지 않아 눈을 떠보니 자기 집 문 앞에 와 있었다.

형의 학관에 들어가자 형이 깜짝 놀라 말했다.

"넌 사람이냐, 귀신이냐?"

"사람이야. 어떻게 귀신으로 보지?"

"너는 몇 년 동안 집에 돌아오지 않고 어디에 있었던 게냐?"

"사람을 따라 하늘로 가서 왕복하는 데 반나절도 걸리지 않았는데, 어떻게 몇 년 걸렸다고 말하는 거야?"

형은 그가 어리석은 병에 걸린 줄 알고 더 추궁하지 않고 학생들에게 『주역』을 강의해주러 갔다.

가사방은 옆에 앉아 조용히 듣고 있다가 갑자기 일어나 손을 흔들며 말했다.

"형님 얘기는 틀렸어. 이 괘의 복사卜辭는 구오九五 양강陽剛이야. 육이六二 음유陰柔와는 호응하지. 이를 음양합덕陰陽合德이라 하는데 마땅한 자리를 얻어 때를 따르면 물과 불이 서로 도우니 정월의 괘로 변해. 이로부터 양강은 점차 올라가고 음유는 점차 내려가는 법이야. 양은 상구上九까지 올라가 수의 극한에 이르지. 수가 극한에 이르지 않아야 하는데 극에 이르면 뉘우침이 있고 뉘우치면 은폐하여 박剝과 복復의 조짐을 기다려야 하지."

그의 형님은 동생의 말을 듣고 깜짝 놀라 물었다.

"너는 책을 읽은 적도 없는데 어떻게 『주역』의 심오한 이론을 분석할 수 있지?"

이로부터 사람들은 가사방이 정말로 이인異人을 만났다는 사실을 믿고는 원근에서 사람들이 그의 이름을 추앙하여 찾아와 길흉화복을 점치게 했는데, 매번 영험하지 않은 적이 없었다.

하남 순무 전田 씨가 이 기적을 황상에게 상주하여 가사방은 황제의 부름을 받았다. 하지만 끝내 불법을 자행했다는 이유로 사형에 처해졌다.

전하는 말에 따르면, 가사방이 만났던 그 도사의 이름은 왕자진王紫珍이며 신통력이 있었다고 한다. 어느 날 이 도사가 차를 우려내더니 가사방을 불러 찻잔 안을 보게 하고는 그 찻잔을 가리키며 말했다.

"방금 우린 찻잎이 떠 있고 청탁이 분명하지 않음은 천지가 형성되기 전의 혼돈 상태를 상징하네. 잠시 시간이 지나면 물은 위에 있고 찻잎은 아래에 있는데, 이것이 바로 천지가 개벽하는 모습이지. 천지의 형성은 12만 년이 지났지만, 우리 도가가 보기엔 차 한 잔을 우리는 시간에 불과할 따름이네."

혜문민嵇文敏[44] 공이 하도 총독河道總督을 맡았을 때 가사방은 그의 저택을 자주 찾는 손님이었고, 수많은 막료가 모두 그를 존경하고

---

44 본명은 혜증균嵇曾筠(1670~1738)이고 시호가 문민이다. 자는 송우松友, 호는 예제禮齋이며 강소성 무석 사람으로 강희 45년(1706)의 진사이고 관직은 문화전대학사를 역임했다. 주요 저작으로는 『사선당집師善堂集』『하방주의河防奏議』『옹정절강통지雍正浙江通志』 등이 있다.

따랐다. 그러나 어떤 사람은 그를 안중에도 두지 않았다. 가사방은 이런 자를 아무도 없는 곳으로 끌고 가서 그 사람의 일생에서 부인조차 모르는 비밀을 일일이 말해 부끄럽게 만들어놓은 다음 설득시켰다. 가사방은 항상 사람들에게 귀신을 두려워하는지 묻곤 했다. 귀신을 무서워한다고 하면 그냥 두었지만, 귀신을 무서워하지 않는다고 말하는 사람이 있으면, 그날 밤에 반드시 기형의 사람이 그의 방안에 들어와 흉계를 꾸미곤 했다.

석남

石男

　'석부石婦'[45]란 두 글자는 한대 양웅揚雄이 지은 『태현경太玄經』에 처음 보이나 석부란 말은 옛날부터 있었다. 반은 남자이고 반은 여자인 인체는 불경에도 여러 번 기록되었다. 근래에 이른바 석남石男이라는 사람이 나타났다. 양주의 엄이관嚴二官은 잘생긴 미남이었지만 그에게 접근하려는 여성은 없었다. 그의 항문은 녹두만큼 작고 배출되는 분변은 선향線香 줄기 같았다. 그는 하루에 죽 한 그릇만 먹고 술 몇 잔을 마시며 소량의 채소를 먹을 뿐이었다. 더 이상 먹으면 배가 팽창하여 대변을 볼 때 극심한 고통이 따르기 때문이다.

45　『태현경』 권4 「확廓」에 "차삼은 넓어서 자식이 없다. 그 아내가 석부다次三廓無子, 室石婦"란 구절이 있다. 진晉 범망范望의 주에 "여성인데도 자식이 없는 것은 음기가 화합하지 못하기 때문이다. 그래서 석이라 이른다婦而無子, 陰不合也, 故謂之石也"라고 말했다.

鬚長一丈

한 길이 넘는 수염

강소성 진택현震澤縣의 황용미黃龍眉[46]는 관직이 열하 사기청熱河四旗
廳[47] 순검巡檢에 이르렀다. 황용미가 수염을 길렀는데 길이가 한 길이
나 되어 기이하게 보였다. 그는 수염으로 허리를 두 번 두른 다음 남
은 부분을 땅에 끌리게 드리웠다.

46　해녕海寧 사람으로 강희 32년(1694) 갑술과甲戌科의 진사 출신이며 한림원 편수를
역임했다.

47　열하는 옛 성의 이름으로 북경의 북방이었으며 성도省都는 청조의 이궁이 있었던
승덕承德이었다. 1601년에 설치된 '사기四旗'는 정백正白, 정황正黃, 정홍正紅, 정람正藍
을 말한다. 여기에 양백鑲白, 양황鑲黃, 양홍鑲紅, 양람鑲藍을 더해 '팔기'라 부른다.

금염파

禁
魘
婆

광동 애주崖州의 주민 가운데 절반 이상이 여족黎族[48] 사람이었고 여족은 다시 생여生黎, 숙여熟黎[49]로 나뉘었다. 생여족은 오지산五指山[50] 속에 살면서 각자 자치를 하여 조정의 명을 따르지 않았다. 숙여족은 장관에게 복종했고 장관을 뵐 때는 언제든지 무릎을 땅에 꿇었다.

여족 여성 가운데 금염파禁魘婆[51]라 불리는 무녀가 있었는데 금주禁呪를 읽는 방법으로 사람을 죽음에 이르게 할 수 있었다. 무녀가 사람을 해치는 방법은 이러했다. 사람의 수염, 모발이나 빈랑檳榔[52]을

---

48 하이난섬에 거주하는 영남 소수민족의 하나.

49 생여는 한족에 동화되지 않은 여족을, 숙여는 한족에 동화된 여족을 이른다.

50 해남에서 가장 높은 산으로 하이난섬 우즈산시五指山市에 있다. 산의 형세가 다섯 손가락 같다고 하여 붙은 이름이다. 하이난섬의 상징이며 하이난 중부의 소수민족들이 모여 사는 거주지이기도 하다.

51 주술이나 무술巫術로 사람을 해치는 무녀를 이른다.

52 종려나뭇과에 속한 상록 교목으로 아시아의 열대, 남태평양군도에서 자란다. 열매는 기호품으로 씹어 먹으며 약용이나 염료로 쓰인다.

먹을 때 뱉은 빈랑 씨앗을 죽통 속에 넣고 산꼭대기로 가져간다. 밤에 무녀는 산꼭대기에서 나체로 누운 다음, 별과 달을 바라보며 부적을 써놓고 주술을 외운다. 주술을 외운 지 7일이 되는 날이면 저주받은 사람은 죽는다. 사자의 신상에는 상흔이 없으며 솜처럼 부드럽다. 하지만 무녀의 주술은 여족만 해칠 수 있고 한족은 해칠 수가 없다. 무녀에게 해를 당한 사람이 그녀를 잡아 관청에 고소하고자 긴 죽통을 써서 줄로 무녀의 목을 묶어 끌고 관청으로 갔다. 이렇게 하지 않고 그녀에게 접근하면 반드시 무녀의 주술에 걸리고 만다.

무녀들의 자술에 따르면, 다른 사람을 해치는 상용 주술법을 쓰면 자신만 생존하고, 기한이 지나면 자신의 목숨을 보전하기 어렵다는 것이다. 무녀 중에는 15, 16세에 불과한 어린 여자도 있는데, 이들도 주술법을 걸 수 있으니 조상 대대로 전해 내려온 것이다. 무녀들의 주술은 엄격히 비밀리에 전해져왔다. 관청에서 형벌을 가하고 심지어 그녀들을 산 채로 때려죽여도, 무녀들은 한마디도 실토하지 않았다. 어째서 '금염파'만 있고 '금염공禁魘公'은 없는가? 이 주술법은 여자에게만 전하고 남자에겐 전수하지 않았기 때문이다.

대나무 조각을 자르다

割竹簽

여족 사람이 토지를 매매할 때 쌍방은 계약하지 않고 영수증도 쓰지 않는다. 그들은 단지 대나무 조각을 가져다가 칼로 댓조각 위에 토지 가격을 쓴 다음, 대나무 조각을 둘로 쪼개어 매매 당사자 쌍방이 각기 한쪽씩 갖고 이를 증빙으로 삼는다. 이후 토지의 매주買主가 이를 되팔려면, 새로운 매주는 반드시 옛 매주의 반쪽을 가져와 맞추어서 맞아야 한다.

여족 사람이 토지세를 납부할 때에는 대나무 조각이나 종이를 써서 종이 위에 관인을 찍고, 관인이 찍힌 종이를 대나무 조각 아래에 붙여 세금 완납의 표지로 삼았다. 여족 사람이 춘추 두 계절에 양식을 납부하는 수량은 내지보다 훨씬 많다.

黎
人
進
舍

여족의 합방

　여족 사람은 신부를 얻을 때 거마나 가마를 쓰지 않는다. 길일이 다가오면 신랑이 붉은 비단 한 필을 장인 집으로 보내고, 붉은 비단으로 신부를 싸서 어깨에 메고 돌아온다.

　여족의 풍속에 따르면, 남녀 쌍방이 결혼하기 전에 신랑이 몰래 장인 집에 와서 신부와 합방하는데 이를 '진사進舍'라고 한다. 신부가 임신하여 아들을 낳은 다음 신부를 메고 돌아오면, 모두가 영광스런 일로 여긴다.

　(신부가 시댁에 들어오면) 이웃 친구들이 분분히 찾아와 축하해준다. 여족의 축하 방식은 하얀 종이에 돈 몇 원을 싸서 (주인집에서 미리 설치해둔) 대문 입구의 대나무 광주리 안으로 던지는 것이다. 동시에 주인집은 문 앞에다 술 단지를 놓아두고, 술 단지 입구에는 가느다란 대통 여러 개를 꽂아둔다. 하객은 광주리 안으로 돈을 던진 다음, 결혼 축하주를 마신다. 다 마신 뒤에 하객들이 흩어질 때에 송영하거나 무릎 꿇고 절하는 예절은 없다.

　내가 조경부肇慶府에서 손님으로 있을 때 애주 자사崖州刺史 진계헌

陳桂軒이 내게 해준 말이다.

海
異

바닷물의 윗부분은 짜고 아랫부분은 싱겁다. 바닷물 속에서 자라는 물고기가 담수층에 들어오면 죽는다. 담수층에서 자라는 물고기가 함수층에 들어오면 죽는다. 짠 물로 밥을 하면 물이 다 없어져도 쌀은 익지 않아서 반드시 담수로 끓여야 쌀을 익힐 수 있다.

바닷물이 맑은 곳에서는 아래로 20여 길까지 볼 수 있으며 색깔은 청색, 홍색, 흑색, 황색 등 다양하다. 사람이 해수에서 소변을 보면 물빛이 즉각 불빛으로 변하여 별빛처럼 사방으로 분산된다.

해수 속의 어류는 다양하다. 어떤 물고기는 새나 참새처럼 수면에서 공중을 날기도 한다. 어떤 물고기는 호랑이 같은 무늬로 변하기도 하고 또 꽃사슴 무늬로 변하기도 한다.

갈호초와 쾌자죽

喝呼草筷子竹

　광둥성 혜주惠州[53] 지방의 산속에 일종의 풀이 자랐는데 풀을 향해 큰 소리를 지르기만 하면, 그 잎이 자동으로 말려서 현지 사람들은 그 풀을 '갈호초喝呼草'[54]라 불렀다.

　나부산羅浮山[55]엔 쾌자죽筷子竹이 자란다. 이 대나무는 짧고 가늘지만 질은 견고하여 이를 잘라 젓가락으로 만들 수 있다. 하지만 대나무를 자르는 사람들은 소리를 내면 안 된다. 만약에 말을 하거나 소리를 지르면, 대나무가 흙 속에 들어가버려 다시는 찾을 수 없기 때문이다.

53　광둥성 중남부 둥장東江강 부근, 주장삼각주珠江三角洲의 동북쪽에 있다. 객가인客家人의 중요한 집거지이자 집산지여서 '객가인의 수도客家僑都'로 불린다.

54　학명은 *Mimosa Pudica*이며 콩과 여러해살이풀이다. 미모사, 갈호채喝呼菜, 파추초怕醜草, 함수초含羞草라 부르기도 한다.

55　나산羅山과 부산浮山의 합칭으로 광둥성 보뤄현博羅縣 서북쪽 경내의 둥장강 근처에 있다. 보뤄현에서 35킬로미터 떨어져 있다.

이무기와 등나무

蚺
蛇
藤

　해남도의 경주瓊州, 광동성의 뇌주雷州 지방에 몸통이 수레바퀴만한 이무기가 있었다. 이무기가 지나가는 곳엔 짙은 비린내가 나며 독성도 무척 강했다. 이무기를 만나면 생명을 보장하기가 어렵다. 이무기는 더러운 것을 좋아하고 등나무 줄기를 무서워했다. 현지 사람들은 (이무기의 특성을 파악하여) 여성의 속바지를 등나무 줄기로 허리에 묶어두었다. 현지 사람들은 비린내를 맡으면 이무기가 나타날 줄 알았기 때문이다. 이때 먼저 여성의 속바지를 이무기에게 던져버린다. 그러면 이무기는 즉각 목을 내밀고 머리를 속바지에 들이밀어 냄새를 맡고 핥는다. 이때 등나무 가지를 빼내어 이무기를 때리면 움츠러든 틈을 타서 붙잡아 묶었다.

　이무기를 잡아 집에 온 뒤 이무기를 못으로 큰 나무에 박고 칼로 배를 가른다. 이때까지도 이무기는 아직 고통을 모르는 것 같았다. 이무기의 쓸개를 꺼낼 때쯤이면, 비로소 방어 본능이 돌아오지만 때는 이미 늦었다.

　이무기의 쓸개는 사람들이 꺼낼까봐 이리저리 도망가며 잡지 못하도록 움직인다. 이무기의 배가 완전히 갈라지면 완전히 숨이 끊어지고 그제야 쓸개가 비로소 땅에 떨어진다. 그것은 한 길 높이만큼 튀어 오르지만, 이후엔 힘이 빠져버려 뛰면 뛸수록 낮아진다. 이무기 쓸개를 지붕 처마에 매달아놓으면, 주머니 속의 쓸개즙이 잠시도 쉬지 않고 위아래로 움직인다. 이무기의 쓸개가 다 말랐을 때에야 약재로 넣을 수 있다.

網
虎

어망 속의 호랑이

강서 파양호의 어민들이 그물을 거두었을 때 어망이 무척 묵직함을 느꼈다. 어망을 펼쳐 보니 온몸이 울긋불긋한 맹호였다. 애석하게도 그 호랑이는 이미 죽어 있었다.

복건의 해원

福建
解元

   구문달 공이 복건 향시의 주임 시험관으로 부임했을 때 마음속으로 일등의 답안지에 대해 이상한 느낌이 들었다. 그래서 그를 한번 만나보고 싶은 생각이 들었다.

   하루는 낮에 공이 관청에 앉아 있는데 문밖에서 '쫘쫘' 하고 나는 소리를 들었다. 그가 물어보니 해원과 문지기가 사례금 때문에 피차 싸운 것이었다. 구문달 공은 마음속으로 그를 경멸했으나 해원이 돈이 없는 것으로 여겨 문지기에게 사례금을 받지 말고 즉각 들여보내라 말했다. 그 사람의 모습, 말투가 모두 저속하고 비루하여 얻을 것이 아무것도 없었다.

   구문달 공은 기분이 울적하여 이 일을 복건 포정사에게 알리며 그 해원을 뽑은 것을 후회했다. 그러자 포정사가 말했다.

   "공께서 언급하지 않으면, 나도 더 이상 말하지 않으리다. 합격자 발표가 나기 전날 밤에 꿈을 꾸다가 문창제군文昌帝君, 관제, 공부자孔夫子가 함께 앉아 있는 모습을 보았소. 붉은 옷을 입은 사람이 손에 『복건제명록福建題名錄』을 들고 왔는데 관제가 보더니 눈썹을 찌푸리며 말했지요.

'이 제명록의 첫 번째 사람은 평소 악행을 많이 하며 전횡하고 독단적인데 어째서 향시에서 일등으로 뽑혔을까?'

문창제군이 이어서 말했소.

'그 사람의 원래 정해진 관직은 높지만, 품행이 좋지 않아 관직이 이미 깎였소. 그는 평소에 용감하고 싸우길 좋아하나, 모친의 꾸지람을 듣기만 하면 즉각 거두어들였소. 하늘에서는 그에게 효심이 있음을 알고는 해원으로 뽑았소. 오래지 않아 그는 흙 속으로 들어갈 것이오.'

관제는 마음속으로 불만이었지요. 그런데 공부자는 한마디도 하지 않았어요."

이 또한 기이한 일이다. 오래지 않아 그 해원은 사망했다.

고사가 전처와
재결합하다

顧四嫁妻重合

    하남성 영성 지현永城知縣 여呂 씨 집에 소작농이 있는데 이름은 고
사顧四다. 건륭 21년(1756) 영성에 기근이 발생했다. 고사가 아내를 강
남 홍현虹縣의 손孫 씨에게 팔아버렸는데 오래지 않아 딸을 낳았다.

    이듬해 영성 지방에 풍년이 들어 고사는 다시 후처를 들여 아들
을 낳고 이름을 고성顧成으로 지었다. 고성은 어려서부터 집에서 멀
리 떠나 남의 집 머슴으로 일했다. 이후 전전하다가 홍현 지방으로
와서 손 씨의 데릴사위로 들어가 손 씨의 딸과 결혼했다.

    하지만 결혼한 지 2년이 지나 고성의 장인 손 씨가 사망했다. 고성
은 기댈 곳을 잃어버리자 아내와 장모를 데리고 영성 고향집으로 돌
아왔다. 고사가 맞이하러 나와보니 아들의 장모가 원래 자신의 전처
였다. 이때 고사의 후처가 1개월 전에 세상을 뜬지라 마침내 전처와
다시 부부의 인연을 맺게 되었다.

千里客

　명조 만력 연간에 절강 소흥 사람 대학사 상商 씨가 개인 주택을 지으려고 했다. 착공하기 전에 점을 쳤더니 나온 점괘는 "천리객이 이곳의 집에 와서 산다千里客來居此宅"는 글이었다. 당시 상 씨는 깜짝 놀랐다. 청대 초기에 시어사 왕난고王蘭皋 선생이 강남 염정江南鹽政으로 부임했었다. 임기가 차서 고향으로 돌아가다가 상 씨의 후손으로부터 이 주택을 사서 거주하게 되었다. 왕난고의 별호가 천리千里였다. 왕난고 선생은 강령 검교江寧檢校 왕대덕王大德의 부친이다.

조자앙이 계반에 강림하다

趙子昂降乩

　수재 등종락鄧宗洛[56]이 일찍이 그의 백조부 등개우鄧開禹 선생의 소싯적 일에 대해 말한 적이 있다.

　등개우가 젊었을 때 해녕海寧 진 대사공陳大司空[57] 집에 데릴사위로 들어갔다. 하루는 진 대사공의 가족이 계선을 부른 김에 등개우도 계선에게 자신의 운명을 점쳐보았다. 그러자 계선이 '여조자앙야予趙

56　여성 시인 진숙란陳淑蘭의 남편이며 원매의 제1호 여제자이기도 하다. 두 사람은 결혼한 뒤 금슬이 좋았으며 절차탁마하며 행복하게 살았다. 하지만 등종락의 재능이 아내만 못했고 과거시험에 누차 떨어지더니 우울증에 걸려 투신자살했다. 진숙란도 극도로 비통한 나머지 순절하고자 목을 매달았으나, 시아버지에 의해 구조되었다. 이때 자신의 행동을 약간 후회하기도 했다. 그녀와 등종락 사이엔 자녀가 없었기 때문에 수양아들을 들이기도 했다. 하지만 남편 등종락을 안장한 후에 "시아버지를 섬길 자식이 있으니 내 마음이 편안합니다. 서방님의 영구가 가버렸으니, 저는 혼자 못 삽니다有子事翁, 吾心安. 郎柩旣行, 吾不獨生矣"라는 유언장을 남기고 자살했다. 원매는『수원시화』권3 20조, 권6 106조에서 여제자의 죽음을 애도하면서「진열부전陳烈婦傳」을 지은 바 있다.

57　본명은 진세관陳世綰(1680~1758)이다. 자가 병지秉之, 호가 연자蓮子이며 절강성 해녕 사람이다. 강희 42년(1703)의 진사이며 관직은 공부상서에 이르렀다. '대사공'은 공부상서의 존칭이다.

子昂也'라는 다섯 글자를 썼다. 글씨체는 조자앙[58]의 필체와 흡사했다. 등개우는 옆에 서서 미소를 지으며 말했다.

"두 왕조를 섬겼던 인물이군."[59]

계선은 즉시 계반扎盤에 시 한 수를 적어 등개우를 비판했다.

내 몸이 두 왕조 섬겼다고 비웃지 마라 莫笑吾身事兩朝

내 이름은 오랫동안 붉은 하늘에 쓰였다오 姓名久已著丹霄

서생들은 더 이상 수다스럽게 지껄일 필요 없으니 書生不用多饒舌

너는 차가운 담요에서 쓸쓸함을 탄식하는 게 나으리라 勝爾閑氈嘆寂寥

이후에 등개우는 80세의 고령으로 세공생歲貢生[60]의 자격으로 내안현來安縣 현학훈도縣學訓導로 부임했고 90세에 사망했다.

---

58 본명은 조맹부趙孟頫(1254~1322)다. 자가 자앙, 호가 송설노인松雪老人이다. 주요 저작으로는 『송설재문집松雪齋文集』이 있다.

59 조자앙은 송 황실의 후예이나 이후 원나라 때 관리를 지내 한 몸에 두 양조를 섬겨 지조를 잃은 것이라고 등개우가 풍자한 것이다.

60 매년 혹은 2~3년마다 부학, 주학, 현학에서 늠생을 선발하여 국자감에 파견하여 수학하는 것을 이른다.

신선이 고증을 모르다

神
仙
不
解
考
據

　　건륭 51년(1786) 엄도보嚴道甫가 하남에서 머물렀다. 당시 계선乩仙
은 자칭 안문雁門 사람 전영田潁인데 공현鞏縣 유劉 씨 집의 계단에 내
려왔다고 말했다. 전영이 내려왔을 때 시를 쓰고 문장을 지을 줄 알
았으며 글씨를 쓰고 그림도 그릴 줄 알았을뿐더러 작품 수준이 모두
상당한 경지에 도달해 있었다. 그는 한유, 유종원柳宗元, 구양수, 소식
등 고대 명인을 대신하여 유 씨 집에 내려온 것이다. 이 때문에 유 씨
가 말했다.

　　"우리 집에 계단을 설치한 지 이미 여러 해가 지났소. 하남의 관료
와 신사들이 모두 존경하고 신뢰한다오."

　　전영은 본래 당대 개원, 천보 연간에 활동했던 사람이다. 일찍이 「장
희고묘지張希古墓志」[61]를 쓴 적이 있는데, 비석은 서안의 비림碑林[62]에서
소장했으나 근자에 순무 필원畢沅[63]이 그것을 소주의 영암산관靈巖山

---

[61]　산시성 시안시에서 출토된 묘지로 쓴 시간은 천보 15년(756) 4월 2일로 표기되어
있고 행서체로 쓰였다.

館[64]으로 옮겼다.

하루는 전영이 갑자기 필원의 집에 내려왔다. 처음에 그는 필원이 장희고비를 소장하고 보호해준 데 대해 감사드렸다. 이 일을 아는 사람이 없었기에 모두가 전영을 신기하다며 칭찬했다. 당시 그 자리에 있었던 엄도보도 다음과 같이 말했다.

"기억하건대 「장희고묘지」엔 '좌위마읍군상덕부절충도위장군左衛馬邑郡尚德府折衝都尉張君'이라는 말이 있지요. 당대의 부병府兵은 모두 각 위衛에 예속되고, 좌우위左右衛가 60부府의 부병을 통솔했지요. 묘지에서 말한 상덕부는 좌위통령左衛이 통솔한다는 뜻입니다. 그런데 『당서』「지리지」에 마읍군이 예속된 부 가운에 상덕부가 없어요. 이 묘지는 무엇을 근거로 한 것인지 모르겠습니다."

계선이 한동안 침묵하다가 입을 열었다.

"당초 내가 붓을 들었을 때는 묘 주인의 「행장」에 따랐을 뿐입니다. 『당서』「지리지」는 구양수가 편찬한 것이니, 언젠가 그를 만나면

---

62 산시성 시안시 베이린구碑林區 싼쉐가三學街 15호에 있다. 비림의 시초는 당대 장안 무본방務本坊 국자감 내에 세운 『석대효경石臺孝經』 『개성석경開成石經』으로 거슬러 올라갈 수 있다. 정식 창시자는 북송의 명신 여대충呂大忠(1020~1096)으로 원우元祐 2년(1087)부터 세우기 시작했다. 지금은 1만 1000여 점을 소장하고 있다. 1961년에 전국중점문물보호단위로 지정되었다.

63 필원(1730~1797)은 자가 양형纕蘅, 추범秋帆이고 영암산靈巖山에서 심덕잠沈德潛(1673~1769)에게 배웠다고 하여 자호를 영암산인靈巖山人이라 한다. 강소성 태창太倉 사람이고 건륭 25년(1760)에 진사가 되었다. 하남 순무, 호광 총독을 역임했으며 주요 저작으로는 『속자치통감續資治通鑒』 『전경표傳經表』 『경전변정經典辨正』 『영암산인시문집靈巖山人詩文集』 등이 있다.

64 지금의 쑤저우 영암사에 소장되어 있다.

이 문제를 물어서 다시 알려드리겠소."

그러나 이로부터 엄도보가 전영을 불러도 계선은 두 번 다시 내려 오지 않았다. 다른 곳에서 계선을 불러도 엄도보가 그 자리에 있으 면, 계선은 다시 나타나지 않았다.

産公

광서 태평부太平府 막료의 부인은 아이를 낳은 지 3일이 되면 계곡 물에서 목욕한다. 그녀의 남편은 이불로 영아를 싸서 안은 채 침상에 누워 음식을 먹는데, 반드시 부인이 시중들어야 한다. 조금이라도 신중을 기하지 않으면, 남편은 임신부처럼 수많은 후유증이 발생했다. 현지 사람들은 이렇게 산욕에 든 남자를 '산공産公'이라 불렀다. 하지만 아내는 도리어 아무런 고통도 없었다. 순무 사검당査儉堂[65]이 알려준 이야기다.

---

65 사검당(1716~1781)은 이름이 예禮, 자가 검당, 호가 철교鐵橋다. 북경 완평宛平 사람으로 사천 포정사, 호남 순무 등을 역임했다. 주요 저작으로는 『동고서당유고銅鼓書堂遺稿』 등이 있다.

오로목제 성황

오로목제 성황

烏魯木齊城隍

건륭 41년(1776) 오로목제烏魯木齊에서는 성벽을 쌓다가 지하에서 당 숙종肅宗 지덕至德 연간(756~758)의 부서진 비석을 발굴했는데 위에 '금포金蒲'라는 두 글자가 있었다. 이곳이 당대의 금포성金蒲城인 줄 알았는데 현재의 『당서』엔 도리어 '금만성金滿城'이라 쓰여 있으니 잘못된 것이다.

동시에 성황묘도 세웠다. 작업을 시작한 지 3일째 되던 날 도통都統 명량明亮66이 꿈을 꾸었는데 유관儒冠을 쓴 사람이 그를 찾아왔다. 그 사람의 성은 기紀, 이름은 영령永寧이고 섬서 사람인데 어젯밤에 천산天山의 신이 추천하여 오로목제의 성황으로 부임하다가 지방 장관을 알현하러 왔다는 것이다.

명량은 마음속으로 이를 기이하게 여겼다. 당시 필추범畢秋帆(필원)이 마침 섬서 순무를 맡았는데 명량이 편지를 써서 기영령이란 사람

---

66 명량(1736~1822)은 성이 부찰씨富察氏이고 만주 양황기鑲黃旗 사람이며 병부상서, 무영전대학사를 역임했다.

을 찾아보게 했다. 필추범이 각 주와 현에 공문을 발송하여 찾아보았으나 기 씨 성을 가진 백성 가운데 영령이라 불리는 사람은 찾을 수 없었다.

당시 마침 엄도보가 『화주지華州志』를 편찬하고 있었다. 기 씨 성을 가진 사람이 족보를 가지고 와서 그의 먼 선조의 사적을 『화주지』에 넣어줄 것을 부탁했다. 엄도보가 기 씨 족보를 넘겨보던 중 '기영령'이란 이름이 족보에 들어 있었다. 그러나 그 사람은 명대 중엽의 생원으로 평생 혁혁한 공적은 없었다. 단지 가정 31년(1552) 화주에 지진이 났을 때 그가 돈을 내어 지진에서 죽은 사람 40여 명을 매장해주었을 뿐이다. 엄도보는 곧 편지를 써서 이 사실을 명량에게 알렸다. 명량이 편지를 받던 날 마침 오로목제 성황묘가 낙성되었다.

흑상 黑霜

사해四海는 실제로 바다이다. 사람들은 남방에서 보는 바다를 남해라고 부르며 북방에서 보는 바다를 북해라고 부른다. 이는 역사책에서 충분히 증명할 수 있다.

엄도보가 섬서, 감숙 일대에서 떠돌 때 성의백誠毅伯 오공伍公[67]을 만난 적이 있다. 오공이 엄도보에게 말했다. 옹정 연간에 그가 성지를 받들어 러시아 지구로 시찰 나갔다가 바다가 북쪽 경계에 있단 말을 듣고 가보고자 했다. 러시아 사람들은 어려운 일이라고 생각했다. 오공이 꼭 보고자 고집을 부리니 러시아 사람들이 서양인 20명을 파견하여 나침반, 화기를 가지고 가게 하고 또 모전으로 둘러싼 마차를 준비하게 하여 오공을 태워가게 했다. 서양인과 오공의 수행원은 모두 낙타를 타고 오공을 따라 북쪽으로 출발했다.

---

67 오미태伍彌泰(?~1786)를 말한다. 성은 오미씨伍彌氏이고 몽고 정황기正黃旗 사람이다. 건륭 15년(1750)에 그에게 성의誠毅라는 백호伯號를 하사했고 양주 장군涼州將軍, 정람기 몽골도통正藍旗蒙古都統, 강녕 장군江寧將軍을 역임했다.

북쪽으로 떠난 지 6, 7일이 지나자 앞에 빙산이 나타났는데 성곽 같았다. 그 빙산의 꼭대기는 높이 솟아 하늘에 닿고 차가운 빛이 눈부셔 눈을 뜨지 못했다. 빙산 봉우리 아래에는 얼음동굴이 있었다. 서양인이 불로 나침반을 비춰보며 구불구불한 동굴로 들어갔다. 사람들은 동굴에서 3일 동안이나 걸어다니다가 동굴 입구로 빠져나왔다.

동굴을 나오니 하늘 색은 대모(거북 등껍질) 색처럼 어둡고 불시에 검은 연기가 불어와 자갈처럼 사람의 얼굴을 때렸다. 그러자 서양인이 말했다.

"이는 흑상黑霜이라 하옵니다."

이로부터 그들은 몇 리 길을 걸을 때마다 빙산 동굴로 들어가 흑상을 피했고 아울러 휴대한 초황으로 불을 내어 비춰보았다. 왜냐하면 이곳은 초목이 자라지 않고 석탄도 없었기 때문이다. 잠시 쉬었다가 계속해서 전진했다.

이렇게 하여 그들이 다시 5, 6일 걸으니 앞의 양측에 나누어 서 있던 동상이 발견됐다. 동상 높이는 수십 길로, 하나는 거북이 등에 서 있고 다른 하나는 뱀의 목을 붙잡고 있었다. 앞에는 구리 기둥이 있는데 그 위에 과두문자가 새겨져 있으나 무슨 내용인지 알 수가 없었다. 그러자 서양인이 소개하며 말했다.

"이 동상과 구리 기둥은 중국 당요唐堯[68] 황제가 세운 것입니다. 전하는 말에 따르면 구리 기둥의 과두문자는 '한문寒門'이란 두 글자라고 합니다."

---

68 요임금을 달리 이르는 말.

서양인이 이 틈을 타서 오공에게 수레로 돌아가자고 권유했다.

"앞에서 대해까지는 대략 300리 길이오. 그곳은 어두워 별과 해가 보이지 않으며 한기가 뱃속을 뚫으며 사람이 감기에 걸리면 반드시 죽습니다. 그곳의 해수 색깔은 칠흑처럼 검고 빙층이 수시로 갈라지죠. 저녁때에 이르면 야차와 괴수들이 다가와 사람을 잡아갑니다. 그곳에 이르면 물도 흐르지 않고 불을 피울 방법도 없어요."

오공이 불로 몸에 걸친 담비 가죽 외투에 붙여보니 과연 불붙지 않았다. 이에 한번 탄식하고는 노정을 돌이켰다.

러시아 공관으로 돌아온 뒤 오공이 사람 수를 점검해보니 수행원 50명 가운데 도중에 21명이 동사했다. 오공 자신도 얼굴이 칠흑처럼 검었고 반년이 지나서야 원래 피부색으로 돌아왔다. 그러나 그의 수행원 가운데 어떤 사람은 종신토록 검은 얼굴로 변했으며 끝내 원래 상태로 돌아오지 않았다.

후장後藏[69]에서 서남 방향으로 4000여 리를 가면 무로목務魯木이란 곳이 있는데 이곳이 바로 불경에서 말하는 중인도다. 중인도는 세존 석가모니가 거주했던 곳이라 한다. 그곳엔 금은으로 세운 궁전이 있는데 불경에서 기록한 내용과 별 차이가 없다. 궁전 바깥엔 큰 저수지가 있는데 면적이 100리에 달한다. 저수지 안의 하얀색 연꽃은 말斗처럼 크며 맑은 향기를 품어 사람의 옷에 붙으면 한 달이 지나도 향기가 사라지지 않는다. 이곳이 바로 불경에서 말하는 아잠지阿暫池다.

차갑고 따뜻한 기후의 변화가 있으나 내지의 3, 4월과 별 차이가 없어 벼농사를 일 년에 두 번 지을 수 있었다. 그곳엔 금은이 없어 현지 사람들이 장사할 때는 모두 물물교환으로 했다. 후장 왕은 5년에 한 번씩 와서 참배했다.

---

69 티베트의 라싸, 산난山南 지구를 전장前藏이라 하고, 르카쩌日喀則 지구를 후장後藏이라 부른다.

전하는 말에 따르면 옹정 초년에 러시아에서 병사 1만 명을 출동시켜 수백 마리의 흉맹스러운 야생 코끼리를 몰아낸다며 싸웠지만, 실제로는 무로목을 점령하려고 한 것이었다. 이때 세존이 금주禁呪를 외워 수천 마리의 독사와 거대한 이무기를 움직여 적과 대항했다. 러시아 사람들이 두려워하며 휴전을 제기하자, 수천 마리의 이무기와 뱀들이 순식간에 사라졌다고 한다. 그러자 세존이 러시아 사람들에게 말했다.

"이 뱀들은 당신들 탐욕에서 나온 것이니 탐욕을 부리지 않으면 사라집니다."

아울러 이곳 사람이 적어 10년에 한 번 중인도에서 동남 500명과 동녀 500명을 뽑아 보내 그들이 성장한 뒤 짝짓기를 하는데 지금까지도 그렇게 하고 있다.

이 얘기는 성의백 오공이 한 것이다.

내 문단공 전생은 백락

내 문단공來文端公⁷⁰은 자칭 백락伯樂⁷¹의 환생이라 한다. 그의 두 눈동자는 번쩍번쩍 빛이 났으며, 특히 말을 감정할 때는 신들린 듯 분석했다.

내 문단공은 병부상서와 상사원上駟院⁷²의 일을 겸직했다. 그가 말을 고를 때마다 110여 마리의 준마가 모여들어 무리를 이루었다. 내 문단공이 눈으로 힐끗 한번 보기만 해도 말의 흠집이나 우열을 하나하나 가려낼 줄 알았다. 그래서 말을 파는 상인들은 놀라움을 금치 못하고 내 문단공을 신선으로 여겼다. 70세가 된 이후에 그는 항상 눈을 감고 수양하곤 했다. 말이 그의 신변을 지나가기만 하면 조용히 말울음 소리만 들어도 그 말의 장단점을 판정할 수 있었다. 심지

---

70 내보來保(1681~1764)는 성이 희탑랍씨喜塔臘氏이고 자가 학포學圃, 만주 정백기正白旗 사람이다. 문단은 그의 시호다. 공부상서, 형부상서, 예부상서, 이부상서, 무영전대학사를 역임했다.

71 주나라 때 명마 감정을 잘했던 명인이다.

72 청대 내무부內務府 소속 삼원三院 중 하나로 궁내에서 쓰는 말을 관장했다.

어 말의 털 색깔이나 무슨 질병이 있는지도 맞힐 수 있었다.

황제가 타는 어마도 그가 보고 고른 것이다. 한번은 내시위內侍衛 몇 명이 말 세 필을 정선하고 수백 번의 시험을 거쳐 정확히 파악했다고 여겨 황상에게 바칠 준비를 했다. 그때 내 문단공은 이미 늙어서 눈꺼풀이 밑으로 축 늘어졌다. 그는 두 손가락으로 눈꺼풀을 열고 세 필의 말을 보고는 다음과 같이 말했다.

"한 마리는 쓸 수 있으나 두 마리는 쓸 수 없소."

다시 말을 시험해본 결과, 두 필의 말은 과연 잘 넘어졌다.

어느 날 내 문단공이 내각에서 한가롭게 앉아 있었다. 이때 사 문정공史文靖公[73]이 말을 타고 와 내각문 밖에서 내리며 말했다.

"내가 탄 조류마棗騮馬[74]는 정말 좋아."

내 문단공이 이를 듣고 말했다.

"좋기는 좋으나 그대가 탄 말은 조류마가 아니라 황표마黃驃馬[75]요. 그대는 어째서 남을 속이려고 하오?"

"방금 내가 분명 잘못 말했는데, 공은 어떻게 아셨소?"

내 문단공은 미소만 지을 뿐 대답하지 않았다.

또 어느 날 양 문장공梁文莊公[76]이 내각에서 숙직을 서기로 했는데 약간 지각하고는 그가 탄 말이 물을 너무 많이 마셔서 빨리 뛰기 어

---

73 사이직史貽直(1682~1763)은 자가 경현儆弦, 호가 철애鐵崖, 시호가 문정이다. 강소성 율양현 사람으로 강희 39년(1700)에 진사가 되었고 이부시랑, 병부상서, 직예 총독, 문연각대학사를 역임했다.

74 배는 희고 갈기와 꼬리는 검은 말.

75 누런 털에 하얀 반점이 섞인 말.

려웠다고 변명했다. 그러자 내 문단공이 말했다.

"물을 많이 마셔 탈이 난 것이 아니라, 물을 마실 때 거머리를 많이 먹어서 탈이 난 것이오."

양 문장공이 수의를 불러 침鍼 치료를 했더니 과연 거머리 몇 되를 배출하고는 병이 나았다.

내 문단공은 일찍이 엄도보 시독에게 다음과 같은 말을 한 적이 있다.

"내가 스무 살 때 어떤 일로 관청에 감금되어 장안문 밖에서 30여 일을 보낸 적이 있소. 그때 『주역』의 건곤乾坤 두 괘를 연구하다가 그 속에서 말을 보는 도리를 깨우치게 되었소. 하지만 이것은 마음속으로 깨달을 수 있을 뿐, 말로는 남에게 전수해줄 방법이 없다오."

76　양시정梁詩正(1697~1763)은 자가 양중養仲, 호가 향림薌林, 시호가 문장이다. 절강성 전당 사람으로 옹정 8년(1730)의 진사이며 동각대학사를 역임했다. 주요 저작으로는 『시음집矢音集』이 있다.

복건 시험장의
나무의 신

福建試院樹神

　한번은 기효람紀曉嵐77 태사가 복건 학정福建學政을 지냈다. 그 시험
장의 서쪽 사랑채 옆에는 측백나무 한 그루가 있는데 높이 자라고
나뭇가지가 무성하여 해를 가렸다. 같이 온 동료가 심야에 측백나무
아래에서 배회하는 사람을 보았다. 그 사람은 청대 관복을 입었으나
외투는 붉은색이었다. 기효람은 나무의 신이 야료를 부리는 것으로
여겨 방 안을 청소하고 '수신지위樹神之位'라는 위패를 세우고는 제사
를 지냈다. 아울러 대련 한 폭을 만들어 기둥 양쪽에 걸어두었다. 그
대련은 다음과 같다.

　하늘 높이 검푸른 빛은 언제나 이와 같고 參天黛色常如此
　고개 끄덕이는 붉은 옷 입은 사람은 아마 그대이리라 點首朱衣或是公

77　본명은 기윤紀昀(1724~1805)이고 자가 효람, 호가 석운石雲이다. 직예성 헌현獻縣
사람이며 건륭 연간의 진사이고 관직은 협변대학사協辨大學士를 역임했다. 기윤의 『열
미초당필기閱微草堂筆記』와 원매의 『자불어』는 포송령蒲松齡(1640~1715)의 『요재지이
聊齋志異』 이후 괴기소설의 쌍벽으로 불린다.

이로부터 요괴는 두 번 다시 나타나지 않았다.

우운석

于
雲
石

　강소성 금단金壇 출신의 우운석于雲石[78]이 한림원에서 임직할 때 부친을 경성으로 맞이하여 봉양하려고 했다.

　하루는 우운석의 부친이 경성으로 올라오던 도중에 날이 어두워지고 사방에는 인가가 보이지 않아 한 여관을 찾아 들어가 투숙했다. 그러나 여관 주인은 객실이 다 찼다며 거절했다. 부친은 부근에 다른 여관이 없는 줄 알고는 여관 주인에게 편의를 봐달라며 여러 번 사정했다. 주인은 한참 머뭇거리다가 말을 꺼냈다.

　"여관 뒤편에 빈집이 있는데 그곳은 아들이 유년에 공부하던 곳이오. 아들이 불행히도 요절했어요. 제가 차마 그곳에 가볼 수 없어 잠가놓았소. 손님께서 꺼리지 않는다면 잠시 하룻밤 머무셔도 됩니다. 어떠신지요?"

　부친은 여관 주인을 따라가는 수밖에 없었다.

　부친이 그 방으로 들어서니 사방의 벽은 모두 먼지투성이이고 거

78　강희 연간의 진사다.

미줄로 얼기설기 얽혀 있었다. 책상 위에는 여러 권의 책이 놓여 있는데 그 가운데 팔고문으로 된 원고가 있었다. 손 가는 대로 뒤적여보다가 원고의 글이 자신의 아들 우운석이 지은 글과 같음을 발견했다. 다시 뒤의 문장 여러 편을 뒤적여보니 그 원고도 아들의 향시, 회시를 치를 때의 문장과 완전히 같아서 부친은 놀라움을 금치 못했다.

이때 갑자기 빛 한 줄기가 창으로 들어왔다. 부친은 그 빛에 의거하여 맞은편의 석벽 위에 어렴풋하게 쓰인 '우운석'이란 세 글자를 보았다. 이에 촛불을 들고 다가가 살펴보니 '간소석干霄石'[79]이란 글자였다. 몸을 돌려 방 안으로 돌아오자 갑자기 '쿵' 하고 거대한 소리가 들려 고개를 돌려보니 그 석벽이 무너져 '간소석'이란 세 글자도 사라졌다. 이날 밤 부친은 놀란 마음을 진정치 못하고 밤새 잠을 이루지 못했다.

이튿날 새벽에 그는 여관을 떠나 경성에 이르러 아들을 만난 뒤 그가 여관에서 겪었던 일을 상세하게 말했다. 우운석은 이 말을 듣고 자기도 모르게 얼굴이 새파랗게 질리더니 갑자기 혼절하여 땅에 쓰러졌다. 부친이 급히 가족을 불러 치료했지만, 우운석은 소생하지 못하고 숨이 끊어졌다.

---

79 하늘로 치솟은 돌이란 뜻이다.

권 22

예부상서 왕호려는
연화사의 장로

是 王
蓮 昊
花 廬
長 宗
老 伯

　　예부상서 왕호려王昊廬[1]가 진사에 급제하기 전에 호북성 황강黃岡
에서 경성으로 가 회시에 참가하고자 여산을 지나다가 연화궁蓮花宮[2]
에서 투숙했다. 이튿날도 급히 길을 가야 해서 날이 어두워지기도
전에 잠을 잤다.

　　왕호려는 꿈속에서 대전 위에 앉아 있었고, 대전의 제사상엔 음
식과 과일이 가득 차 있었다. 제사상 앞에는 가사를 걸친 스님 수백
명이 가부좌를 틀고 원형으로 둘러앉아 염불하고 있었다. 왕호려는
손 가는 대로 제사상의 대추 몇 알을 집어 맛보다가 갑자기 깨어났
다. 깨어날 때까지도 달콤한 여운이 그대로 남아 있었다. 경황없는
상황에서 그가 방 밖을 보니 촛불이 휘황하고 제사상에 제물이 늘

1　본명은 왕택굉王澤宏이다. 호가 호려, 자가 연래涓來이며 호북성 황피黃陂 사람이다.
순치 12년(1655)의 진사이며 관직은 예부상서를 역임했다. 주요 저작으로 『학령산인시
집鶴嶺山人詩集』이 있다.
2　주장시 융슈현永修縣 탄시진灘溪鎭 톈허촌田合村에 있는 도교 사원이다. 1997년에
중건했으며 2006년에 거금을 들여 옥황전玉皇殿을 재건했다.

어져 있으며 스님들이 무릎 꿇고 절하고 있는 모습이 그가 방금 꿈 속에서 본 상황과 같았다.

왕호려가 문을 나서 스님에게 물어보고서야 이날이 돌아가신 이 암자의 장로 정월淨月 스님의 기일이라 스님들이 제도한다는 것을 알 게 되었다. 왕호려가 크게 놀라 일어나서 제사상의 제기에 담긴 대 추를 보니 윗부분이 서너 개 비어 있었다. 그는 그제야 자신의 전신 이 이 암자의 장로임을 깨달았다. 그래서 종신토록 불교를 경건하게 믿었다.

종전에 왕호려의 부친 왕용여王用予[3]는 명대 숭정 연간의 한림으로 명조가 멸망할 때 여산에서 순절했다. 망부를 추도하기 위해 그의 자 호를 '호려'라 했다. 『시경』에 나오는 "그 덕을 갚으려 해도 하늘은 넓고 끝이 없다欲報之德, 昊天罔極"[4]는 뜻에서 따온 것인데, 그의 이름은 택굉澤宏이다.

---

3 왕용여(1646~1696)는 자가 공안公安이고 왕진보王進寶(1626~1685)의 장자다.
4 「소아·요아蓼莪」편에 나온다.

귀신이 아들을 사다

鬼
買
兒

동정洞庭 출신의 공생 갈문림葛文林은 학교에서 문명文名이 높았다. 부친 갈형주葛荊州의 전처 주周 씨가 일찍 사망하자 부친은 후처 이李 씨를 얻었다. 이 씨가 바로 갈문림의 생모다.

이 씨가 들어온 지 3일째 되던 날 주 씨의 옷상자를 정리하다가 아홉 가지가 달린 연꽃을 수놓은 붉은 상의를 발견하고는 마음에 들어 그것을 몸에 걸쳤다. 그러나 그녀는 밥 한 끼를 먹고는 정신이 이상해졌다. 그녀는 자신의 뺨을 때리면서 말했다.

"나는 갈 씨의 전처 주 씨다. 상자 안의 붉은 상의는 나의 혼례복이다. 나는 평상시에 이 옷을 아끼느라 한 번도 입지 않았는데 너는 이 집에 처음 들어와 공공연히 훔쳐서 입었다. 이를 용서할 수 없으니 널 죽여버리겠다."

갈 씨 가족들은 둘러싸고 엎드려 이 씨에게 사정하며 말했다.

"부인은 이미 죽은 몸이거늘 이처럼 화려한 옷을 어디다가 쓰시려오?"

"얼른 이 옷을 불태워라, 내가 입어야겠다. 나는 내 그릇이 좁은 줄 안다. 내 생전의 화장품은 하나도 이 씨에게 주지 말고 모두 불태우면 기꺼이 이곳을 떠나겠다."

갈 씨 가족들은 별다른 방법이 없어 주 씨의 요구에 따라 그녀의 생전 물품을 전부 불태웠다. 주 씨의 영혼은 그제야 박수치며 말했다.

"지금 떠날 수 있겠다."

이후 이 씨의 정신이 되돌아오자 갈 씨 가족들은 무척 기뻐했다.

이튿날 이 씨가 새벽에 일어나 단장하고 있는데 갑자기 하품을 하더니 주 씨의 영혼이 다시 그녀의 몸에 붙어 노복들에게 말했다.

"얼른 가서 상공을 불러오너라."

부친이 급히 달려왔다. 이 씨가 부친의 손을 잡고 주 씨의 말투로 말했다.

"후처는 아직 젊어서 가사를 처리할 수 없으니 제가 매일 일찍 와서 대신 일해줄게요."

이로부터 주 씨의 영혼이 매일 오전에 이 씨의 몸에 붙어 살림살이를 보살피고 노복들을 꾸짖으며 가사를 조리 있게 처리했다. 이렇게 하여 반년이 넘게 지내다보니 갈 씨 가족들도 습관이 되어 집안에 귀신이 조화를 부리는 줄 느끼지 못했다.

어느 날 갑자기 주 씨가 이 씨의 입을 빌려 부친에게 말했다.

"이제 떠날게요. 제 영구가 집 안에 머물러 있어 당신들이 매일 내 신변에서 돌아다니니 영상靈床이 쉴 새 없이 움직이는군요. 관 속에 누워 있는 제 뼈마디가 아프군요. 얼른 출관하여 제 영혼을 좀 쉬게 해주세요."

"아직 장지를 찾지 못했으니 어떡하지?"

"마을 서쪽의 폭죽을 파는 장張 노인이 산기슭 아래에 공지를 가지고 있는데 어제 제가 가서 보았더니 그곳엔 소나무와 대나무가 있어 저의 뜻에 맞더군요. 장 노인은 은 60냥을 요구하나 제 생각에 36냥만 주면 살 수 있을 겁니다."

갈형주가 가서 보니 과연 공지와 그러한 사람이 있어 딱 들어맞아 그 자리에서 계약을 맺게 되었다. 주 씨의 영혼이 갈형주에게 출상 날짜를 정하게 하자 갈형주가 말했다.

"땅은 이미 매입했으나 친척과 친구들에게 알려야 하지 않겠소? 하지만 장례식에 상복을 입을 아들이 없어 실로 유감이오."

그러자 주 씨의 영혼이 말했다.

"상공의 말씀도 일리가 있어요. 지금 후처가 임신했다지만 아들인지 딸인지 모르니 제가 지전 3000을 태워 당신에게 아들을 사드리겠어요."

주 씨는 말을 마치고 떠났다.

산기가 되어 이 씨는 과연 갈문림을 낳았다.

이 씨가 출산한 뒤 만 사흘이 되자 주 씨의 영혼이 평시처럼 그녀의 몸에 붙었다. 시어머니 진陳 씨가 주 씨를 질책하며 말했다.

"새 며느리가 아이를 낳아 몸도 허약한데 네가 또 와서 소란을 피우다니, 어째서 그렇게 인정머리가 없다니?"

"아닙니다. 이 애는 제가 돈 주고 사온 아이인걸요. 장차 그가 제사를 지내며 제게 효도할 터이니 저는 그 아이의 정을 잊을 수 없어요. 게다가 새 며느리는 젊고 잠만 자느라 아이가 깔려 죽으면 그땐

어쩌시려고요? 제가 어머니께 할 말이 있어요. 아이가 젖을 떼면 어머님이 데리고 주무세요. 이렇게 해야 제가 마음을 놓습니다."

진 씨는 그럴듯하게 여겨 고개를 끄덕여 대답했다. 이 씨가 하품하자 주 씨의 영혼이 떠났다.

갈형주는 출상 시기를 골라 주 씨의 영구를 출관했다. 그러나 그는 아들이 이제 갓 돌이 지난지라 거친 베옷을 입힐 수 없어 가는 베옷을 입혔다. 주 씨의 영혼이 화를 내며 질책했다.

"가는 베옷은 '재최齊縗'라고 부르는데 손자가 조부의 상 때 입는 상복입니다. 저는 아이의 적모嫡母이니 거친 베옷 '참최斬縗'를 입혀야 됩니다."

갈형주는 하는 수 없어 아이에게 거친 베옷을 입혀 주 씨의 영구를 보냈다.

출상에 이르러 주 씨의 영혼이 다시 이 씨 몸에 붙어 통곡하기 시작했다.

"제 영혼은 이미 안식처를 얻었어요. 이제부터 영원히 찾아오지 않겠어요."

이후 주 씨는 과연 갈 씨 집에 두 번 다시 나타나지 않았다.

종전에 주 씨가 시집가지 않았을 때 이웃의 세 아가씨와 의자매를 맺어 생사를 같이하기로 맹세했다. 나중에 두 아가씨가 먼저 죽었다. 주 씨의 병이 위중할 때 갈형주에게 말했다.

"저의 두 의자매가 왔어요. 지금 그들이 제 침상 뒤에 숨어서 저를 부르는군요."

갈형주는 화가 치밀어 즉각 검을 빼어 침상 뒤를 후려쳤다. 주 씨가 발을 동동 구르며 말했다.

"그들에게 사정하기는커녕 도리어 팔을 베어버렸으니 제 목숨은 부지하기 힘들겠군요."

말을 마치고 숨이 끊어졌는데 그때 나이는 겨우 스물셋이었다.

鬼搶饅頭

귀신이 만두를 빼앗다

갈문림이 말했다. 동정산 일대에는 굶어 죽은 귀신이 많다. 하루는 그의 집에서 만두를 찌는데 다 익자 뚜껑을 열어보니 만두에서 '찌찌' 소리가 나면서 점차 축소되었다. 원래 주발만 한 크기였는데 호두만큼 작아졌다. 먹어보니 면근麵筋[쫄깃한] 맛이다. 만두의 속이 모두 사라졌기 때문이다. 사람들은 처음엔 무슨 까닭인지 몰랐다. 나중에 한 노인이 말했다.

"굶어 죽은 귀신이 빼앗아간 거야. 바구니를 열어서 붉은 붓으로 만두마다 붉은 점을 찍어놓으면 만두를 빼앗기지 않지."

갈 씨는 노인의 말대로 했다. 하지만 점 찍은 만두에는 여전히 점이 찍혀 있었지만 만두는 속이 사라져 작아져 있었다. 한 사람이 붉은 점을 찍는 속도가 굶어 죽은 수많은 귀신이 빼앗아가는 속도를 당해낼 수 없었기 때문이다.

하화아

荷
花
兒

여요餘姚 사람 장대립章大立은 강희 3년(1664)의 거인으로 집에서 학관을 세워 학생들을 가르쳤다. 어느 날 갑자기 일남 일녀 두 원귀寃鬼가 대낮에 모습을 드러냈다. 먼저 그의 인후를 조르더니 이어서 그를 땅에 쓰러트리고 그의 두 손을 높이 들었는데, 마치 차꼬를 채우고 줄로 공중에 매다는 것 같았다. 먼저 여자 원귀가 말했다.

"저는 하화아荷花兒입니다."

이어서 남자 원귀가 말했다.

"저는 왕규王奎라고 합니다."

모두 북경 말투였다. 장章 씨 가족이 물었다.

"우리 집 주인하고 무슨 원한이 있소?"

"장대립 전생의 성은 옹翁이고 이름은 똑같은 대립5입니다. 명대 융경隆慶 연간(1567~1572)에 그는 형부시랑을 지냈지요. 그 당시 저

---

5 옹대립(1517~1597)은 자가 유참儒參이고 여요餘姚 사람이다. 가정 17년(1538)의 진사이며 명대의 치수 공신이다.

의 주인 주세신周世臣[6]의 관직은 금의지휘錦衣指揮였는데 가정 형편이 빈한하여 장가가지 못해 신변에서 하화아와 왕규 두 사람이 보살폈어요. 하루는 집에 강도가 들어 주세신을 죽이고 도망갔어요. 우리 두 사람이 관청에 고발하자, 관청에선 장 파총張把總을 파견하여 강도를 잡으려 했지요. 그는 우리 두 사람이 간통하고 간통이 탄로나서 주인을 살해한 것으로 의심했어요. 그래서 우리를 형부에 넘겨 혹독하게 심문했지요. 우리 두 사람은 끝내 혹독한 고문을 이기지 못해 마침내 무고하게도 죄를 인정할 수밖에 없었어요.

당시의 형부시랑은 반지이潘志伊[7]였어요. 그가 이 사건에 의문을 품고는 우리를 감옥에 가두기만 한 채 질질 끌며 판결을 내리지 않았어요. 이후 옹대립이 형부시랑이 되자, 그는 오랫동안 판결하지 않은 것에 분노하여 왕삼석王三錫, 서일충徐一忠을 파견하여 다시 심문했어요. 왕과 서 두 사람은 상사에게 영합하기 위해 결국 간통하여 주인을 살해했다는 원심을 확정했지요. 반지이는 힘들게 주장하며 싸웠지만, 어쩔 도리가 없어 결국 우리 두 사람은 저잣거리에서 능지처참을 당했어요.

2년이 지나 끝내 진범이 잡히는 바람에 경성의 백성이 우리 두 사

6　자는 영후穎侯이고 강소 의흥宜興 사람이다. 숭정 13년(1640)에 진사가 되었고 그림과 시에 뛰어났다. 주요 저작으로『영후집穎侯集』이 있다.

7　자는 백형伯衡, 가정嘉征이고 호는 소동少東이며 평망진平望鎭 하당下塘 사람이다. 가정 44년(1565) 진사과에 합격하고 광서 포정사 우참정右參政, 정주 지주定州知州, 형부 낭중刑部郎中을 역임했다. 주요 저작으로는『산동문형조의山東問刑條議』『불우기사不遇紀事』등이 있다.

람의 억울함을 알게 되었지요. 궁중에 이 소식이 전해지자, 천자가 대로하여 옹대립의 관직을 삭탈하고 서일충과 왕삼석을 외직으로 내보냈어요. 물어봅시다. 우린 무고하게 능지처참당했는데, 그들의 해고와 전직으로 억울한 사건을 마무리 지을 수 있나요? 그래서 복수하고자 이곳에 찾아온 겁니다."

장 씨 가족이 물었다.

"그렇다면 왜 왕삼석, 서일충에게는 복수하지 않소?"

"두 놈은 못된 행적이 너무나 많아요. 지금 한 사람은 돼지로 환생했고, 또 한 놈은 풍도현鄮都縣 감옥에 갇혔으니 우리가 다시 복수할 필요는 없지요. 단지 옹대립은 전생에 나쁜 짓을 많이 했건만, 자못 '청관淸官'이란 명성이 들리고 관직이 높아서 보복하지 못했어요. 지금 그는 벌써 세 번이나 인간으로 환생했어요. 지금의 장대립은 녹봉과 직위가 높지 않아 우리가 복수할 수 있지요. 게다가 명나라 말기의 기율은 엄정하지 않고 운수도 다해가며 저승의 귀신조차 멍청했지요. 우리가 누차 억울함을 호소했지만 비준되지 않았고, 허락받지 못해 경성을 빠져나올 수 없었어요. 그런데 지금은 대청大淸의 세상이니 저승의 관리가 어찌 철저하게 회개하지 않을 수 있겠어요?"

장 씨 가족은 무릎 꿇고 사정했다.

"그럼 고승을 불러 두 분을 제도하면 어떻겠습니까?"

"우리에게 확실히 죄가 있다면 고승의 제도가 필요하겠지요. 지금 우리 두 사람은 죄가 전혀 없는데 고승을 불러 제도할 필요가 있겠어요? 하물며 제도란 우리가 저승을 벗어나 사람으로 환생하는 것에 불과할 따름입니다. 우리도 생각해봤어요. 사람으로 환생하여 옹

632

대립의 후신을 찾아 복수하여 그를 우리 손으로 죽이자고요. 그러나 이것은 우리와 옹대립의 격세隔世의 일인지라 방관자들은 사정의 내력을 이해하지 못해요. 비록 그 사람에게 복수한다고 하더라도 양측에서는 무슨 일인지도 모릅니다. 그래서 후세 관직을 맡은 사람에게 경계할 방법도 없어요. 사실 저승에서는 여러 번이나 우리의 환생을 허락했지만, 우리가 한사코 거절했어요. 지금 우리가 복수하면 사람으로 환생할 수 있어요."

(원귀가 붙었던 장대립이) 말을 마치고는 탁자에 놓인 작은 칼을 들어 자신의 살점을 베어내며 땅에 쓰러졌다. 베어내면서 여인의 목소리로 물었다.

"과형剮刑8 같지 않나요?"

잠시 후 남자의 목소리로 물었다.

"통증을 느끼나요?"

이렇게 온 자리에 피를 흥건히 흘리며 사망했다.

---

8 죄인의 살점을 도려내는 옛날의 형벌.

구양철

歐
陽
澈

　　송대 절서浙西 지구에 진동陳東,⁹ 구양철歐陽澈¹⁰ 사당이 있었다. 당시 백성은 그들의 충심을 기려 사사로이 사당을 세우고 제사를 지냈다. 후에 왕윤王倫¹¹이 금나라로 사신 나갔다가 돌아오면서 이 사당을 발견하고 화가 치밀어 지방 장관에게 명하여 사당을 부수게 했다.

　　명조 말년에 이르러 이사귀李士貴란 사람은 집안이 부유한 데다 의기가 있어 간산문 밖에 구양철 사당을 세웠다. 이로부터 현지 백성이 이곳에 와서 기도하며 화복을 점쳤는데 자못 영험했다.

9　　진동(1086~1127)은 자가 소양少陽이고 송대 강소성 단양丹陽 사람이다. 처사의 신분으로 흠종에게 수차례 상소문을 올려 채경, 동관童貫(1054~1126)을 탄핵했다. 송 고종高宗 때에도 상서를 올려 금군金軍과 적극적인 항전, 정치 개혁, 간신배 척결 등을 주장했으나 간신배 황잠선黃潛善의 무고로 진동과 구양철은 건염建炎 원년(1127) 8월 25일 저잣거리에서 함께 처형되었다. 주요 저작으로는 『소양집少陽集』 『건양양조견문록建炎兩朝見聞錄』이 있다.
10　 구양철(1097~1127)은 자가 덕명德明이며 강서성 숭인崇仁 사람이다. 조정의 폐정弊政 개혁과 금나라와의 화의를 반대하는 상소문을 올린 적이 있다. 건염(1127) 원년 8월에 진동과 함께 처형되었다.
11　　자는 정도正道, 시호는 민절愍節이다. 흠종欽宗 때 병부시랑을 역임했다.

어느 날 밤 이사귀가 꿈속에서 베 도포를 걸치고 가죽신을 신은 신을 보았는데 문을 두드리며 뵙기를 청하고는 이사귀에게 말했다.

"나는 구양철이오. 당시 내 지위가 낮은데도 말은 고고하게 해서 죄를 지었으니 이 또한 내가 자초한 일이지요. 다행히 상제께서 나의 충성을 가련히 여기시어 나에게 항주의 수재를 관리하는 일을 맡기셨어요. 항주성은 넓어서 나 혼자 감당하기에는 어렵지요. 그래서 나는 두 친구를 불렀는데 하나는 번안방樊安邦이고 한 사람은 부국장傳國璋이오. 그들은 평민이지만 기개가 있다오. 그러니 두 사람의 소상을 빚어 내 곁에 두고 나를 도와 항주의 백성이 편히 살고 본업에 힘쓰도록 해주시오."

이사귀가 대답하고는 즉각 웃음을 띠고 물었다.

"그런데 진동 선생은 지금 어디에 계십니까? 어째서 그를 불러 돕게 하시지 않는지요?"

"이백기李伯紀[12] 상공이 지금 남악 형산衡山의 성황이 되었는데 진동 선생은 그의 비서로 초빙되었어요."

이튿날 이사귀는 번안방과 부국장의 소상을 만들어 구양철 소상의 곁에 배치했다.

---

[12] 본명은 이강李綱(1083~1140)이고 복건성 소무邵武 사람이다. 송나라 고종 때 재상이 되어 금나라와 항전했다. 금나라와 항전하자고 여러 번 상소를 올렸으나 받아들여지지 않았다. 주요 저작으로는 『양계선생문집梁溪先生文集』『정강전신록靖康傳信錄』『양계사梁溪詞』 등이 있다.

부니

浮尼

건륭 43년(1778) 황하의 둑이 터지자 치수 감독이 이를 수습했다. 그러나 제방을 수리할 때마다 푸른 털을 가진 거위 떼가 수면에 나타나 헤엄쳤다. 그리고 밤이 되면 새로 막은 제방이 다시 터지려고 했다. 새총으로 거위를 쏘더라도 잠시 흩어져 날아갔다가 다시 모이기 시작했다. 이 일로 한 달 정도 시끄럽다가 점차 가라앉았다. 이 거위가 도대체 어떤 괴물인지 나이 든 치수 공사 인부조차 알지 못했다.

나중에 『계해패편桂海稗編』을 뒤적여봤더니 그 책에 명대 황소양黃蕭養[13]이 난을 일으킨 일이 기록되어 있었다. 그 가운데 황하와 장강에서 푸른 털을 가진 거위가 소란을 피운다고 말했다. 식견을 가진 사람이 다음과 같이 말했다.

"그것의 이름은 부니浮尼이며 일종의 물귀신이오. 검은 개를 바쳐 제사를 지내고 오색의 종자粽子[14]를 물속에 던지면 자동으로 떠날 것이오."

치수 관리가 이대로 해보았더니 과연 효험이 나타났다.

13 황소양(?~1450)은 명대 광동 농민봉기의 영수다. 원명은 무송懋松이고 영락 연간에 광동성 순덕順德에서 태어났다. 사촌沙村의 토호들과 싸우다가 살인죄로 감옥에 들어갔다. 이후 사면되어 고향을 떠나 연해지구에서 염상의 일을 도우면서 소금 밀매를 하다가 관병에게 붙잡혀 다시 감옥에 구금되었다. 그는 같은 감옥에 갇혔던 강서 객상을 꼬드겨 감옥을 탈출하여 모반을 꾀했다. 정통正統 14년(1449)에 그는 10여 만 명을 인솔하여 광주를 공격하고 자신을 순민천왕順民天王이라 부르고 연호를 동양東陽이라 정했으며 부하들에게 공公, 후侯, 백伯, 태부太傅, 도독, 지휘 등의 관작을 나눠주었다. 봉기군은 근 8개월 동안 광주를 공략했다. 이듬해 그는 우첨도어사右僉都御史 양신민楊信民(1390~1450)에게 속아 공세를 늦췄다. 명 장군 동흥董興이 이 틈을 타서 진공할 때 황소양의 화살에 맞아 죽었다. 그의 부하들은 후퇴하여 대량보大良堡로 물러나 배수진을 치고 명군과 격전을 벌였다. 실패한 뒤에도 남은 봉기군들은 연해에서 계속 투쟁했다.
14 찹쌀을 대나무 잎이나 갈댓잎에 싸서 삼각형으로 묶어 찐 음식.

번개가 충신을 구하다

전초全椒 사람 김광진金光辰[15]의 관직은 첨도어사僉都御史[16]에 이르렀다. 그가 직언하고 간언하는 바람에 숭정 황제의 분노를 사서 평대平臺[17]로 소환되어 질책당하고 아울러 혹독한 징벌을 받게 되었다. 이때 하늘에서 갑자기 벼락이 내리쳐서 황제의 보좌를 움직였다. 이에 숭정 황제는 하늘이 화를 내는 것으로 알고 김광진을 사면했다.

명대의 유괴劉魁,[18] 양작楊爵,[19] 주이周怡[20]도 가정嘉靖 황제 앞에서 직언으로 간언하다가 궁정에서 몰매를 맞은 뒤 감옥에 들어갔다. 이

---

15   자는 거탄居坦, 호는 쌍암雙巖이고 전초全椒 사람이다. 숭정 원년(1628)의 진사이며 관직은 첨도 어사僉都御史에 이르렀다.

16   명대부터 도찰원에 소속되었던 관리.

17   자금성紫禁城 안에 있는 고대高臺의 명칭으로 명대에 황제가 군신을 접견했던 곳이다.

18   자는 환오煥吾이고 강서성 태화泰和 사람이며 정덕正德 2년(1507)의 거인이다.

19   양작(1493~1549)은 자가 백수伯修, 호가 곡산斛山이고 섬서성 부평富平 사람이며 가정 8년(1529)의 진사다. 주요 저작으로는 『양충개집楊忠介集』 『주역변록周易辨錄』 등이 있다.

후 신선이 계단乩壇으로 내려와 그들 세 사람이 억울함을 당했으니 가정 황제에게 그들을 석방하라고 말했다. 그러나 웅협熊浹[21]이 황상에게 계선乩仙의 말은 믿을 수 없다고 하는 바람에 그들은 다시 체포되어 감옥에 들어갔다. 오래지 않아 황궁의 고현전高玄殿[22]에 큰 화재가 일어나자, 가정 황제는 두려워하여 영대靈臺[23]에 가서 기도했다. 이때 불빛 속에서 어떤 사람이 유괴, 양작, 주이 세 충신의 이름을 불렀다. 이에 가정 황제는 급히 성지를 내려 그들을 석방하고 그들의 관작을 복귀시켜주었다.

---

20 주이(1505~1569)는 자가 순지順之이고 안휘성 태평太平 사람이며 가정 17년(1538)의 진사다. 주요 저작으로는 『눌계문집訥溪文集』이 있다.

21 웅협(1478~1544)은 자가 열지悅之, 호가 북원北原이고 강서성 남창 사람이며 정덕正德 9년(1514)의 진사다. 병부상서, 예부상서를 역임했다.

22 대고현전大高玄殿은 명대 황실 도관으로 가정 21년(1542)부터 축조하기 시작했다. 베이징시 시청구 싼줘먼다제三座門大街 23호에 있었다. 가정 26년(1547) 화재로 전소되었고 만력 28년(1600)에 중수했다. 청대에 들어서 강희제의 이름을 피하여 '대고원전大高元殿', 후에는 '대고전大高殿'으로 개명했다. 아울러 옹정 8년(1730), 건륭 11년(1746), 가경 23년(1818)에 중수했다.

23 천자가 천문 기상을 관찰하던 대臺.

활백 　　　　　　　　　　　　　　　　　　　 滑伯

　하남 활현滑縣 아문 부근에 활백滑伯[24]의 무덤이 있었는데 그 규모
가 컸다. 신임 현령이 부임할 때마다 먼저 활백묘에 가서 제를 올리
곤 했다. 매월 초하루와 보름에도 향을 사르고 절을 올렸다.

　활백의 신은 때때로 나타났다. 그의 몸을 규장圭璋으로 장식하고
곤면衮冕을 걸치고 현령에게 나타나면 반드시 승진했다. 그가 심의深
衣와 평상복을 입고 나타나면 관직생활에서 불길한 일을 많이 당하
곤 했다. 나의 문하생 여병성呂炳星[25]도 일찍이 활현 현령을 맡았다.
하루는 그가 무덤에서 갑옷을 입고 서 있는 활백의 모습을 보았다.
그해에 그는 향하 동지香河同知로 승진했다.

24　활국滑國은 주 왕실 희성姬姓의 제후국으로 정나라와 이웃했다. 주 강왕康王이 집
정할 때 주공周公의 여덟 번째 아들을 활에 책봉하고 활백滑伯이라 했다. 활국은 지금의
허난성 화현滑縣 근방에 도읍했다가 지금의 옌스偃師 지역으로 천도했다. 활백은 정사
에 힘쓰고 백성을 사랑하며 활국을 빛냈다고 하여 후인들이 사당을 만들어 추모했다.
그 터는 지금의 화현사범학교滑縣師範學校 내에 있다.
25　원매의 제자로 『소창산방시집小倉山房詩集』 권9에 「여병성진사합근가呂炳星進士
合卺歌」가 실려 있다.

640

활백묘 앞에 고목이 무척 많다. 낙엽이 떨어질 때 바람결에 사방으로 날리곤 하는데, 묘 쪽으로는 하나도 떨어지지 않았다. 참으로 희한한 일이다.

반고의 발자국

盤古脚迹

　서쪽 바다의 석란산錫蘭山[26]은 산세가 높아 하늘을 뚫을 기세다. 그 산꼭대기에 거인의 발자국이 있다는데 암석이 두 자나 깊이 파였으며 길이는 여덟 자다. 반고 황제가 천지를 개벽할 때 남긴 발자국이라 한다. 그 나라 사람들은 모두 나체로 사는데 옷을 입으면 반드시 살이 썩는다고 한다.

26　스리랑카의 피두루탈라갈라Piduruthalagala산을 말한다.

珠
重
七
兩

진주 무게가 일곱 냥

『명사明史』의 기록에 따르면, 명대 영락永樂 15년(1417) 소록국蘇祿
國[27]에서 조정에 커다란 진주를 조공했는데 무게가 일곱 냥이 넘는
다고 한다.

---

27   지금의 인도네시아.

쓸개를 빼내
술에 담그다

采膽入酒

점성국占城國[28]에 다음과 같은 야만적인 풍속이 있다고 한다. 산 사람의 쓸개를 빼내 술에 담가 가족들과 함께 마시고 그 술로 목욕하면 "온몸에 담력이 생긴다"고 한다. 길가에 숨어 있다가 낯선 사람을 만나면 알아차리지 못하게 죽여 쓸개를 빼간다. 만약 그 사람이 눈치채고 놀라면, 그의 쓸개가 파열되어 효용이 없어진다. 그들은 수많은 쓸개를 그릇에 담아놓았고, 중국인의 쓸개는 반드시 제일 꼭대기에 올려놓았다.

점성국 국왕의 임기가 30년으로 만료되면 조정을 형제나 조카에게 맡기고 자신은 깊은 산속으로 들어가 재계하고 하늘에 참회하며 말했다.

"제가 국왕의 몸으로 포악무도한 짓을 저질렀으니, 호랑이나 이리가 저를 먹게 하거나 병들어 죽게 해주십시오."

---

28 베트남의 중남부 참파족이 세운 왕국(137~1697). 그 뒤 참파족은 여조黎朝(1789년 멸망)의 지배를 받게 되었다.

깊은 산에서 1년 살고도 아무 일 없이 무탈하면, 그는 조정으로 돌아와 예전처럼 국왕으로 복위했다.

쓸개 길이가 세 치

명대 복왕福王 주유숭朱由崧[29]이 패배한 그해에 봉기군에 참가했던 오한초吳漢超[30]는 선성宣城의 생원이었다. 그의 봉기군이 궤멸되어 성 밖으로 도망가면서 마음속으로 노모가 걱정되어 청군에게 달려가 자수했다. 대원수를 보자 그가 말했다.

"처음 봉기를 일으킨 사람은 접니다."

관군이 그를 죽이고는 그의 배를 갈라 쓸개를 꺼내보니 그 길이가 세 치가 넘었다.

29　주유숭(1607~1646)은 남명南明의 첫 번째 황제다. 신종神宗의 손자, 광종光宗의 조카, 복충왕福忠王 주상순朱常洵의 서자다. 1644~1645년 재위했으며 연호는 홍광弘光인데 후세에서는 홍광제弘光帝라 불렸다. 1645년 청군이 남경성을 함락하자, 무호蕪湖로 피신했던 주유숭은 붙잡혀 북경으로 압송되어 이듬해에 처형되었다.

30　오한초는 자가 허공許公이며 선성의 제생이다. 오한초의 봉기군이 중과부적으로 실패하여 사형에 처해지는데, 그의 부인 척戚 씨도 누각에서 투신자살하여 순절했다.

湖
神
守
尸

명대 말년에 대학사 하봉성賀逢聖[31]이 무창을 지키다가 장헌충이
인솔한 봉기군에게 포로로 붙잡히자, 돈자호墩子湖[32]에 투신자살했
다. 그해 여름부터 가을까지 하신河神이 돈자호 부근에 살던 주민에
게 현몽하여 말했다.

"나는 상제의 명을 받들어 하 상국의 유체遺體를 지키고 있는데
사실 매우 고생스럽소. 그대는 빨리 그를 끌어올려 수습해보시오.
하 상국의 왼손에 검은 사마귀가 있으니 쉽게 알아볼 것이오."

그 주민이 꿈에서 깨어나 이상하게 여겨 호숫가로 가서 기다렸다.

---

31   하봉성(1587~1643)은 자가 극요克繇이고 호북성 강하江夏 사람이며 만력 연간의
진사다. 관직은 예부상서, 동각대학사東閣大學士를 역임했다.

32   오늘날엔 쯔양호紫陽湖라고 부른다. 우창 사산蛇山의 남쪽에 있으며 동쪽으로 서
우이로首義路, 서쪽으로 쯔양촌紫陽村, 북쪽으로 쯔양로紫陽路와 인접해 있다. 송대 시
인 육유, 황정견黃庭堅(1045~1105)도 이곳에 배를 띄워 유람하고 시를 남긴 바 있다. 명
말 장헌충 농민봉기군이 무창을 공략하자, 예부상서 하봉성과 그 일가족이 이 호수에
뛰어들어 투신자살했다. 청초의 독학督學 고세태高世泰는 이 호수의 이름을 아상호亞
相湖로 개명했다.

얼마 안 되어 수면으로 시체 한 구가 떠올랐다. 주민은 시체를 건져 안장했다. 하 상국의 시체는 수면에 뜬 지 70일이나 되었는데도 얼굴은 생전과 다름없었다.

僵
尸
抱
韋
馱

안휘성 숙주宿州의 이구李九는 베를 팔아 살아가고 있었다. 한번은 그가 곽산霍山33을 지나는데 날이 이미 어두워졌다. 여관은 모두 가득 차서 한 사당을 빌려 자는 수밖에 없었다.

심야에 북이 두 번 울렸을 때 이구는 깊은 잠에 빠졌다. 그런데 꿈속에서 위태 신이 그의 등을 치면서 말했다.

"빨리 깨어나게, 어서 일어나. 큰 재난이 닥쳤네. 어서 내 몸 뒤로 숨어, 내가 구해줄 테니!"

이구는 깜짝 놀라 급히 일어나 기우뚱거리며 몇 걸음 걸었는데, 침상 뒤의 관에서 '철컥' 하고 소리가 들렸다. 이어서 강시가 관에서 나오려고 했다. 그 강시는 전신이 하얀 털로 덮여 마치 은서銀鼠 가죽을 거꾸로 입은 것 같았다. 얼굴은 모두 백색의 융모絨毛였으며 두 눈

---

33   안후이성 류안시六安市에 속한 현으로 안후이성 서부, 피허淠河강 상류에 있으며 한 원봉元封 5년(기원전 106)에 현을 설치했다. 허페이合肥에서 120킬로미터 떨어져 있다.

은 짙은 검은색이고 동공은 녹색인데 반짝반짝 빛이 났다. 그러고는 곧장 이구에게로 달려왔다. 이구는 불단에 뛰어올라 위태 신의 등 뒤로 숨었다. 강시는 두 팔을 뻗어 위태 신을 껴안고 물어뜯으며 '카카' 하고 소리를 냈다. 이구가 놀라서 소리 지르는 바람에 사당의 스님이 모두 일어났다. 손에 몽둥이와 횃불을 들고 달려오는 스님을 본 강시가 관 속으로 들어가자 원래대로 관 뚜껑이 닫혔다.

이튿날 스님들이 위태 신상이 강시에게 물어뜯기고 신상의 손에 든 금강저金剛杵³⁴도 세 토막으로 잘린 것을 보고는 강시의 힘이 무척 센 것을 알았다. 스님들이 관청에 보고하자 관청에서는 그 관을 불태워버렸다. 이구는 위태 신이 목숨을 구원해준 은혜에 감격하여 돈을 내 위태 신을 금으로 도금했다.

---

34 불교 의식에 사용되는 불교 용구의 하나. 저杵는 인도 고대의 무기 가운데 하나다. 제석천이 아수라와 싸울 때 코끼리를 타고 금강저를 무기로 삼아 아수라 무리를 쳐부 순다고 한 신화에서 그 신비한 힘이 유래되었다. 그리고 인도의 여러 신과 역사力士가 이 무기로 적을 항복시킨다고 한다. 뒤에 밀교에서 적을 쳐부수는 의미로 이 무기를 불구佛 具로 채용하여 여러 존상의 지물持物 또는 수행의 도구로 사용하게 되었다.

궁상맞은 귀신이 야료를 부리고, 부귀한 귀신은 야료를 부리지 않는다

서호 덕생암德生庵[35] 후문 바깥엔 관 1000여 개가 산처럼 쌓여 있었다. 내가 덕생암에서 투숙하고자 암자 스님에게 물었다.

"이곳에 귀신이 나옵니까?"

"이곳의 귀신은 모두 부유한 귀신이오. 일 년 내내 평안하고 조용하지요."

"항주성에 어찌 이처럼 부유한 사람이 많을 수 있나요? 부유한 귀신도 이처럼 많지 않을 텐데요? 다시 말해서 이렇게 많은 관이 오랫동안 쌓여서 매장되지 않은 것을 보면 그들 집안이 부유하지 않은가 봅니다."

스님이 풀이하며 말해주었다.

"소위 부유한 귀신이란 그가 생전에 부자였다는 말은 아니오. 무

---

35 원매의 『수원시화보유隨園詩話補遺』 권1에 "내가 서호 덕생암에 거주할 때 깊은 밤에 홀로 단교로 산보 나갔다가 항상 길을 잃을까봐 걱정되어 암자의 등불만 바라보며 돌아왔다余寓西湖德生庵, 夜深斷橋獨步, 常恐迷路, 緊望僧庵燈影而歸"라는 구절이 있다. 원매는 한때 이곳 암자를 빌려 공부했다.

룻 사후에 술과 음식, 제사를 받아먹고 지전을 태워주는 사람이 있다면 그것이 바로 부유한 귀신이지요. 이곳에 보관하고 있는 1000여 개의 관은 오랫동안 놓아두고 매장하진 않았지만, 스님들이 매년 네 계절마다 그들을 위해 모금하여 도량道場을 만들고 우란분회를 거행하여 그들에게 수천에 달하는 지전을 태워줍니다. 귀신들이 충분히 배불리 먹고 마셔서 사악한 마음이 생기지 않는 것이지요. 당신은 이 세상의 약탈, 사기가 모두 굶주림과 추위 때문에 벌어진 줄 모르십니까? 대체로 환자들이 입으로 말하지요. 눈에 보이는 귀신들은 모두 의관이 화려하고 위풍이 당당하다고요. 대체로 나와서 야료를 부리며 제사를 요구하는 귀신들은 대부분 봉두난발에 이빨이 드문드문 나 있고 옷이 남루하며 궁상맞지요."

나도 이 말에 일리가 있다고 생각했다. 이곳에서 한 달 넘게 살았지만 가동家僮, 비녀婢女 어느 누구도 음침한 심야에 귀신 소리를 들어본 적이 없었다.

건륭 53년(1788) 8월 하고도河庫道36 사마공司馬公이 하인 두 명을 집으로 돌려보냈다. 한 명은 서른 살의 축승祝升이고, 다른 한 명은 열여섯 살의 수자壽子다.

두 하인이 배 한 척을 세내어 강소성 보응현寶應縣의 유가보劉家堡로 갔다. 그날 날씨가 점점 음침해지자 수자가 갑자기 기뻐하면서 소리 질렀다.

"앞의 무대에서 연극을 공연해요. 황금 투구를 쓰고 황금 갑옷을 걸친 신이 공연하고 있는데 정말 볼만해요."

그러나 옆 사람들의 눈에는 모두 보이지 않았다. 어떤 사람이 수자를 비웃으며 말했다.

"앞에는 강물이 넘실거리는데 어디에 연극 무대가 있단 말이냐?

---

36 청대 남하하도南河河道 총독의 하급 관리로 치수 공사 비용의 출납을 담당했다. 옹정 8년(1730)에 강소에 하고도 한 사람을 두고 청강포淸江浦에 상주했으며 함풍 3년(1853)에 폐지했다.

네 녀석이 어린애마냥 연극을 보고 싶어서 그런 거 아니냐?"

이때 축승이 한 사공과 다투며 말했다.

"정말 연극하고 있어요. 여러분 눈에는 어째서 보이지 않을까?"

말이 끝나자마자 갑자기 괴상한 바람이 불어와 돛대를 두 토막으로 잘라놓았다. 이때 선창 안은 어두워지고 또 갑자기 뇌성이 울리더니 뱃머리에 있던 수자, 축승과 선미의 사공에게 떨어져 이들이 죽었다. 뇌우가 점점 멎자 선창 안의 사람들은 죽은 수자, 축승, 사공을 발견하고는 대경실색했다. 즉각 배를 언덕에 정박시키고 보응현 관아에 신고하며 관청에서 검시해줄 것을 요구했다.

이때 축승이 갑자기 깨어나더니 다음과 같이 말했다.

"나와 수자가 뱃머리에서 연극을 보고 있는데 갑자기 앞에서 금빛이 길에 가득 차 물길이 보이지 않더군요. 앞에 은빛 벽돌로 깐 대지가 나타났고 지면의 궁전이 우뚝 솟아 있었지요. 대전 정중앙에는 면류관을 쓴 신이 앉아 있는데 얼굴은 네모지고 하얀 수염을 기르고 있었어요. 양측에는 황금 투구를 쓰고 갑옷을 입은 수십 명의 신이 서 있었죠. 황금 갑옷을 걸친 신이 면류관을 쓴 신에게 국궁鞠躬하며 사건을 보고하더군요. 하지만 그가 무슨 말을 하는지는 알아듣지 못했어요. 다만 면류관을 쓴 신이 고개를 끄덕이는 모습만 보이더군요. 황금 갑옷을 걸친 신이 급히 배에 올라 나와 수자, 사공 세 사람을 대전으로 잡아가서 우리보고 무릎을 꿇게 하더군요. 그리고 그가 허리에 찬 보검을 빼내자 붉은빛이 반짝 빛났어요. 그 검으로 수자의 목을 날려버리고, 다시 보검이 사공의 가슴을 찔렀지요. 나는 형세가 나쁘게 돌아가는 것을 보고 몸을 돌려 도망가려고 했으나, 황금 갑옷의 다른 신이 붙잡아 황금 발톱으로 내 머릴 가격했어요. 나는 마침내 혼절했는데, 이후엔 아무 일도 기억나지 않더군요."

보응현 관리 만공萬公이 와서 검시할 때 축승의 말을 증거로 삼아 사건 전개 과정을 상세히 기록해두었다. 이후 수자와 사공의 두 시체를 다시 검시해보니, 그들의 인후와 가슴에 과연 뚫고 지나간 작은 구멍이 있었다. 관리는 관 두 개를 사오게 하여 수자와 사공을 매장했다.

아직 살아 있는 축승은 배 안에서 치료하기가 불편했으므로 사람들은 배를 대왕묘大王廟로 저어 정박시키고 축승을 대왕묘로 올려다놓았다. 그러나 축승이 대왕신을 보고는 대경실색하여 말했다.

"방금 대전 중앙에 앉았던 신이 바로 이 신이오."

또 눈을 흘겨 양측에 서 있는 신상을 보고는 소리쳤다.

"여러 신이 모두 대전 안에 있네요. 당신들은 어째서 나를 구해주지 않소?"

이 말을 마치고는 죽 한 그릇을 먹더니 갑자기 숨이 끊어졌다.

그해 겨울에 나는 유하상劉霞裳과 술양沭陽[37]으로 유람 가다가 유가보를 지나 배를 정박하고 대왕묘를 참관했다. 내가 본 바에 따르면, 대전의 신상은 도금한 보통의 나무인형에 불과할 뿐, 기이한 곳이라곤 아무 데도 없었다. 그런데 유하상이 신에게 물었다.

"수자는 나이도 어린데 무슨 죄를 지었기에 천벌을 받아야 했

37　지금의 수양현은 강소성의 직할 현으로 수허沭河강의 남쪽에 있다고 하여 붙은 이름이다.

나요?"

그 신은 아무 대답도 하지 않았다. 내가 유하상을 비웃으며 말했다.

"어리석은 수재로군. 이것이 '백성을 따르게 할 수는 있지만, 알게 할 수는 없다民可使由之, 不可使知之'[38]는 원리야. 유명幽明은 비록 길은 달라도 도리는 하나뿐이지. 어째서 신에게 쓸데없는 말을 한 거야?"

---

38 『논어』「태백泰伯」편에 나오는 구절이다.

水精孝廉

　광동의 기紀 거인擧人이 어린 시절에 실수하여 큰 뱀의 배 안으로 들어갔다. 안은 칠흑처럼 캄캄하여 아무것도 보이지 않고 비린내만 풍겼다. 그는 벽을 더듬다가 곳곳에서 미끄러져 잡을 것이 아무것도 없었다. 다행히 몸에 단도를 소지하고 있었기에 벽에 작은 구멍을 파고 나서야 한 줄기 빛을 볼 수 있었다. 그는 빛을 빌려 구멍 입구를 늘여서 끝내 밖으로 빠져나왔다. 피곤한 탓에 땅에 쓰러지듯이 누워버렸다. 나중에 이웃이 그를 발견하여 끌고 집으로 돌아갔다. 그날 마을 밖 30리 되는 곳에서 사람들은 죽어 있는 커다란 뱀을 발견했다.

　기 씨는 뱀독에 중독되어 온몸의 피부가 벗겨져 수정처럼 투명했고 창자와 위장도 비쳤다. 이러한 현상은 장년이 될 때까지 바뀌지 않았다. 그가 향시에 합격한 뒤 입시 동기들이 그를 보고는 모두 '수정 효렴水精孝廉'이라 불렀다.

물귀신이 이사 가다

水鬼移家

　왕王 씨는 항주성의 동원東園에 사는데 그곳엔 많은 양어장이 있었다. 그중에 동쪽과 서쪽에 두 개의 어장이 붙어 있으며 그 사이에 밭두렁이 있었다.

　어느 해 여름 정오에 왕 씨가 때마침 두 어장 사이의 밭두렁에서 더위를 식히고 있었다. 그런데 갑자기 동쪽 어장의 수면에 물결이 연이어 치솟았는데 너비는 한 자 정도로 넓었다. 그 물거품이 조수처럼 치솟아 그르렁그르렁 소리를 냈다. 물거품이 밭두렁 언덕 쪽까지 치솟아 한 자 반 정도의 검은 연기로 변하여 동쪽 어장에서 서쪽 어장으로 날아갔다. 잠시 후 양쪽 어장의 수면은 점차 평정을 되찾았다. 하지만 왕 씨는 누린내를 맡았다. 왕 씨가 이웃 주민에게 물어보니 그 이웃이 말했다.

　"물귀신이 이사하는 것이오."

負
妻
之
報

아내의 은혜를 배반하다

항주 선림교仙林橋[39] 근처에 사는 서송년徐松年이 동기점銅器店을 열었다. 서송년은 서른두 살 때 갑자기 불치병에 걸렸다. 몇 개월이 지나자 병세는 더욱 악화되었다. 그의 아내가 울면서 남편에게 말했다.

"우리 두 아이가 아직 어린데 당신에게 무슨 변고라도 생기면 저 혼자 몸으로는 아이들을 키울 능력이 없어요. 제가 신에게 기도하여 제 수명을 당신에게 빌려주고 싶어요. 당신이 두 아이를 잘 키울 테니까요. 자식들이 성장한 뒤 아내를 얻으면 가정을 꾸릴 수 있겠지요. 하지만 당신은 재취하면 안 됩니다."

서송년이 아내에게 그러겠다고 허락했다.

서 씨의 아내가 성황묘에 가서 기도하고 또 집에 모신 신 앞에서도 기도하며 자신의 목숨을 남편에게 빌려주라고 기원했다. 그녀는 점차 병이 생기더니 갈수록 위독해졌다. 그런데 서송년의 병은 갈수

---

39 지금의 항저우시 중산베이로中山北路 동쪽에 있다. 송대에 축주되었고 안국방安國坊에 속했다. 다리 근처에 선림사가 있어 붙은 이름이다.

록 가벼워져 끝내 나았다. 그해 서 씨 아내가 병사했다.

　서송년은 결국 자신의 약속을 어기고 후처 조▥ 씨를 얻었다. 신혼
날 밤 침대에 얼음처럼 차가운 여인이 나타나 두 사람 사이에 끼어
서송년이 조 씨에게 다가가지 못하도록 막았다. 신부가 깜짝 놀라 일
어나니 자신이 데려온 몸종이었다. 그 몸종의 몸에 서 씨 아내의 망
령이 붙어서 서송년이 약속을 어겼다며 통렬하게 질책했다. 이렇게
연이어 5, 6개월 동안 소동을 부렸다. 서송년은 목욕재계하고 제도
도 해봤으나 아무런 효과가 없었다. 결국 서송년도 옛 병이 도져 사
망했다.

四小龜扛一
大龜而行

새끼 거북 네 마리가
큰 거북을 업고 다니다

항주 횡당진橫塘鎭에 고정암孤靜庵이 있는데 암자의 노스님이 매일 후전後殿에서 분향하고 수련했다. 노스님은 날마다 거북 새끼 네 마리를 보았는데, 한 자가 넘는 둥글고 커다란 거북을 함께 업고서 담장, 난간을 따라 원을 그리며 기어다녔다. 이 동작을 끊임없이 반복했다. 노스님이 경문을 다 읽고 경罄을 은은하게 쳤다. 경 소리가 울리자마자 그 거북들이 자취를 감췄다. 몇 년이 지나 노스님은 원적했고 다섯 마리 거북도 두 번 다시 나타나지 않았다.

이는 옹정 연간에 발생한 일이다.

귀신이 탕원을 보내오다

鬼
送
湯
圓

항주에 사는 왕승옥王繩玉은 횡당진 종鍾 씨의 집에서 자제들을 가르쳤다. 종 씨 집 셋째 도령의 자는 유조有條이고 이미 스무 살이 넘었다. 그러나 그는 실제 나이를 속여 열여섯 살이라고 거짓말했다. 어느 날 그가 스승에게 물었다.

"선생님, 제가 공부하기에 너무 늦은 것이 아닌가요?"

"사람의 의지만 확고하다면야 언제든지 공부할 수 있지."

종유조는 무척 기뻐하며 이때부터 부지런히 공부하여 하루도 멈추지 않았다. 하지만 유조의 부친은 비속한 상인이었다. 아들의 노력에 대해 틀렸다고 보고 강제로 오문吳門[40]에 가서 장사하게 했다. 유조는 우울하게 오문으로 떠났다. 낮에는 시장에 가서 장사하고, 밤에는 숙소로 돌아와 문을 잠그고는 휘장 안에서 혼자 열심히 공부했다. 그는 방 안 도처에 "시간은 날 기다려주지 않는다歲不我與"[41]는 네

---

40 과거 소주와 그 일대를 지칭했다. 춘추 시대 오나라가 여기 도읍했기에 소주의 별칭으로 불린다.

글자를 붙여놓았다. 이렇게 4개월이 지나자 그는 피로가 쌓여 병을 안고 집에 돌아가지 않을 수 없었다. 그때는 9월 9일 중양절에 가까웠는데 그가 집에 도착한 지 얼마 안 되어 사망했다. 영구는 잠시 집 안에 두었다.

종유조 사후 이듬해 7월 7일 전날 저녁에 왕승옥이 꿈속에서 누군가 방문을 열고 서재로 들어오는 소리를 들었다. 종유조가 왼손엔 촛불을 들고 오른손엔 사발을 들고 있었는데 사발에서 열기가 솟아나왔다. 왕승옥 침상 앞까지 와서 휘장을 열고 웃으며 말했다.

"선생님 배가 고프시죠? 특별히 선생님께 드릴 간식을 가져왔어요."

왕승옥이 일어나 앉아서 그 사발을 받아 보니 사발에는 탕원 네 개가 떠 있고 구리 국자가 놓여 있었다. 이때 왕승옥은 종유조가 죽은 사실도 잊은 것처럼 결국 탕원을 떠서 먹었다. 세 개를 먹고 나니 배가 불러서 한 개를 남긴 채 사발을 종유조에게 건넸다. 종유조는 왕승옥이 눕자 휘장을 내려주고 방문을 닫은 뒤 조용히 나갔다.

왕승옥은 갑자기 깨달은 듯이 놀라며 중얼거렸다.

"유조가 죽은 지 벌써 1년도 넘었는데 오늘 밤에 어떻게 왔지?"

그가 이렇게 생각하고 있을 때 갑자기 배가 아파졌다. 밤부터 날이 밝을 때까지 세 번이나 화장실에 다녀왔다. 이튿날 몸이 피곤하여 일어날 수 없어 수레를 불러 집으로 돌아갔다.

집에 돌아오자 100명의 귀신이 그의 집 문에 붙어살았다. 그중에는 남자도 있고 여자도 있으며 노인도 있고 소년도 있었다. 외지 귀

---

41 『논어』「양화陽貨」편에 나오는 구절.

신도 있고 현지 귀신도 있었다. 온갖 귀신이 다 모였다. 얼굴이 누렇게 뜨고 주리고 여위었으며 의상을 비스듬히 걸치고 신발을 질질 끄는 가난한 귀신들이 대부분이었다. 다행히 그중에는 기형이거나 혐오스런 악귀는 없었다.

왕승옥의 누이는 적翟 씨에게 시집갔다. 누이는 오빠가 병이 났다는 소식을 듣고 병문안을 왔는데 문을 들어서자마자 한 귀신이 왕승옥의 몸에 붙어 왕승옥의 입을 빌려 말했다.

"너는 정가교鄭家橋 적 씨의 며느리 아니냐? 어째서 또 이곳에 왔느냐?"

후에 왕승옥의 남동생이 물어보고 나서야 비로소 이웃 적수발翟修髮의 부인이 최근에 목 매달아 죽은 것을 알았다.

왕승옥의 부친은 도처에서 의사를 부르고 약을 썼다. 그러나 가족들이 환자를 부축하여 약을 먹일 때마다 귀신들이 몰려왔다. 어떤 귀신은 어깨를 밀고 등을 때렸으며 어떤 귀신은 그의 두 손을 붙잡아 약을 먹지 못하게 만들었다. 이렇게 서너 차례 소란을 피웠다. 왕승옥은 몹시 성가신 나머지 부친의 명을 어기고 두 번 다시 약을 먹지 않았다.

이튿날 새벽에 왕승옥의 부친이 또 한 의사를 불러와 아들의 병을 진료했다. 의사가 물었다.

"이전에 무슨 약을 복용했나요?"

왕승옥의 부친이 사실대로 말해주었다. 의사는 먹던 약을 들고 보더니 놀라면서 말했다.

"다행히 아직 다 복용하지 않았군요. 그렇지 않았다면, 오늘 환자는 말을 할 수 없었을 겁니다." 그러고는 다른 처방전을 써주었다. 귀신들은 두 번 다시 약을 뺏으러 오지 않았다.

이때부터 여러 귀신이 왕 씨 집에 가득 들러붙었다. 낮에는 햇볕이 귀신들에 가려져 어두웠고, 저녁에도 귀신들이 밝은 등불을 가렸다. 그들은 앉거나 서고 말하거나 웃었으며 10여 일을 모여 지냈다. 왕승옥의 부친은 방법이 없어서 고승을 불러 불경을 읊고 아귀에게 시주했지만 전혀 효력이 없었다.

하루는 여자 귀신이 말했다.

"너희가 광도宏道라는 노스님을 불러오면 우리는 물러나겠다."

왕승옥의 부친은 여자 귀신의 말대로 광도 스님을 불렀다. 광도 스님이 왕 씨네 대문을 들어서자, 여러 귀신은 '휑' 소리와 함께 모두 흩어졌다. 이로부터 왕승옥의 병세는 나날이 호전되기 시작했다.

원자재袁子才가 말한다.

"마찬가지로 불경을 읊고 아귀에게 시주하면, 어떤 때는 효험이 있고 어떤 때는 효험이 없다. 이것은 귀신을 다스리는 사람이 있으나 귀신을 다스리는 방법이 없기 때문이다. 종유조는 귀신이기 때문에 귀신이 먹는 음식물을 사람이 먹을 수 없다는 사실을 모르고 스승에게 드렸다. 이것이 바로 어리석은 충효다."

충서 두 글자를 한 번에 쓰다

忠恕二字一筆寫

흡현歙縣 사람 황역조黃燁照[42]는 일찍이 복산 동지福山同知를 맡았다. 나중에 어떤 일로 관직을 그만두고 광동 소주서원韶州書院으로 가서 강연을 맡았다.

황역조는 친필로 '충서忠恕' 두 글자를 써서 각공刻工을 불러 비석에 새기게 하고 서원 강당의 벽에 붙였다. 비석의 낙관은 '신안후학 황역조경서新安後學黃燁照敬書'로 썼다.

황역조가 하루는 밤중에 꿈속에서 검은 옷을 입은 두 관리가 등롱을 들고 문으로 들어와 그에게 말하는 장면을 보았다.

"상관의 명령을 받들어 당신을 소환하러 왔습니다."

황역조가 그들을 따라갔다. 한 곳에 이르러 황역조는 계단을 올라 위로 나아갔다. 이때 큰 소리로 외치는 것을 들었다.

"멈추어라."

---

42   자는 묵곡黙谷이고 안휘 흡현 사람이다. 오랫동안 한구漢口에서 지냈으며 시와 그림에 뛰어났고 하지훈夏之勳과 친하게 지냈다.

황역조가 즉각 발걸음을 멈추자 검은 옷의 두 관리가 좌우에 나누어 섰다. 이때 흰 구름 밖에서 누군가가 꾸짖는 소리가 들려왔다.

"너는 대청 제국의 관리이면서 어째서 옛날로 돌아가려 하느냐? 네가 쓴 '충서' 비석에 왜 '신안'이라 낙관했느냐?[43] 빨리 가서 고치도록 하라."

황역조는 깜짝 놀라 꿈에서 깨어나 급히 각공을 불러 비석의 '신안' 두 글자를 '흡현'으로 바꾸게 했다.

며칠 지나서 황역조는 또 꿈을 꾸었다. 이전의 검은 옷의 두 관리가 그를 원래의 그곳으로 데려갔다. 신이 다시 흰 구름을 마주한 채 그에게 말했다.

"네가 '신안'을 '흡현'으로 고친 건 본디 잘한 일이다. 하지만 '충서' 두 글자의 의미가 서로 연결되거늘, 단숨에 읽어야 한다는 사실을 모른다는 말이냐? 너는 가서 고비첩古碑帖을 찾아보고 사람들이 어떻게 쓰는지 보도록 하라."

황역조는 꿈에서 깨어나자마자 고비첩古碑帖을 찾았다. 마침내 『십칠첩十七帖』[44]에서 왕희지 초서草書의 '충서' 두 자를 찾았다. 보니 '중심여일中心如一' 네 자처럼 보였다. 그는 그제야 깨닫고 원래의 비석을

---

43 신안은 명대의 지명이고 청대엔 흡현歙縣이라 불렸기에 이렇게 말한 것으로 보인다.

44 『십칠첩』은 왕희지 초서의 대표작으로 첫머리가 '십칠十七' 두 글자로 시작하기 때문에 붙은 이름이다. 원작은 사라졌고 지금 전하는 것은 각본이다. 모두 107행에 943자로 구성되어 있다. 쓴 시간은 영화永和 3년(347)에서 승평升平 5년(361)에 이르기까지 장장 14년이 걸렸다. 왕희지의 생애와 서예 발전을 연구하는 데 중요한 자료다.

부숴버렸다. 다시 「십칠첩」의 행서를 모방하여 쓰고 각공을 불러 비
석에 새겼다. 이 비석은 지금까지도 소주서원 안에 보존되어 있다.

土
雨

흙비

　　건륭 14년(1749) 수재 이원숙李元叔이 경사에서 심양沈陽으로 가르치러 갔다. 이듬해 4월엔 다시 심양에서 경사로 돌아왔다. 그는 배를 타고 요수遼水[45]를 건너 당일 북대자北臺子에서 투숙할 작정이었다. 하지만 여정이 무척 멀어 목적지에 이르기도 전에 날이 벌써 어두워졌다.

　　그가 탄 말 네 필이 끄는 마차가 깊은 삼림 속으로 들어갔다. 갑자기 나뭇잎에서 바스락거리는 소리가 났는데 빗방울이 나뭇잎을 때릴 때 나는 소리 같았다. 그리고 무언가 의복을 적셨는데 자세히 보니 모두 누런 흙가루였다.

　　잠시 후 말 네 필이 발걸음을 멈추고 뒷걸음질치며 앞으로 나아가려 하지 않았다. 마부가 이원숙에게 말했다.

　　"앞에 귀신이 있어요. 무릎 꿇은 귀신, 앉아 있는 귀신이 가는 길을 막아 마차가 지나갈 수 없어요."

45　지금의 랴오허遼河강의 옛 이름이다. 요수는 중국 고대 육천六川의 하나로 그 이름이 『산해경』 「해내동경海內東經」에 처음 보인다.

669

마부가 쇠 삽으로 흙을 파서 마차의 전방으로 날리며 입으로 주문을 외우자, 마차가 전진하기 시작했다.

그런데 몇 걸음 못 가서 찻잔만 한 불덩이가 나타났다. 그리고 마차 옆을 따라 서서히 전방으로 움직였다. 그 빛이 오르내리고 멀어졌다 가까워졌다 하면서 정처 없이 움직이다가 1리 정도 따라오더니 사라졌다.

현지 사람이 말했다.

"귀신이 출현할 때마다 먼저 흙비가 내리지요."

降
廟

　　광서 지방에 '강묘降廟'의 전설이 있다. 그곳 마을마다 총관묘總管廟
가 있다. 하지만 각 사당에서 올린 총관 신상神像은 아름답게 생긴
것도 있고 추하게 만든 것도 있으며, 어린이나 장년의 형상인 것도
있어 각기 달랐다. 강묘법降廟法을 배우는 사람의 수준이 어느 정도
경지에 이르면, 총관묘에 가서 점을 치며 신이 강림케 했다.

　　처음 사당에 들어가면 보검을 사당문 한가운데에 꽂는다. 신이 강
림한다면 보검을 뽑아서 돌아가고, 신이 강림하지 않는다면 발로 보
검을 차서 넘어뜨렸다. 보검이 넘어진 뒤에도 발을 들어 일어날 수
있으면, 신을 부른 사람은 살아날 수 있다. 그런데 보검이 넘어진 뒤
에도 일어나지 못하면, 신을 부른 사람은 신에게 죽임을 당한다.

　　그 방법은 다음과 같다.

　　그릇에 물을 가득 채운 다음, 우물 '정井'자를 쓰고 '정'자 바깥에
동그라미를 그린다. 바닥에도 '정'자를 쓰고 동그라미를 그린다. 팔선
교자 한가운데에도 '정'자를 쓰고 동그라미를 그린다. 그리고 네 아
이를 불러 각자의 손바닥에 달릴 '주走'자를 쓰고 '주'자 바깥에도

동그라미를 그린다. 그런 다음 물그릇을 땅에 놓고 팔선교자를 뒤집어놓고 네 아이로 하여금 손가락으로 탁자를 들게 한다. 이때 신을 부른 사람이 입으로 주문을 외운다.

"하늘도 돌고 땅도 돈다. 왼쪽에서 부르면 왼쪽으로 돌고, 오른쪽에서 부르면 오른쪽으로 돈다. 태상노군太上老君[46]이 무척 바쁘시니 돌아라! 돌지 않으면 동차차銅叉叉 네가 돌아라, 철차차鐵叉叉 네가 돌아라! 돌지 않으면 토지신, 성황신이 대신 돌릴 것이다."

주문을 다 외우고 나면, 네 아이가 탁자를 들어 원래 자리에 옮겨놓았다. 이때 처방전을 구해 병을 치료하면, 효험을 보지 않는 사람이 없었다.

---

46 공인된 도교의 시조 노자를 말한다.

隴西城隍神
是美少年

강희 연간에 농서현隴西縣 성황신의 얼굴은 검고 수염을 길게 길러 모습이 무척 위엄 있었다. 하지만 건륭 연간에 이르러 갑자기 준수한 소년 형상으로 바뀌었다. 어떤 사람이 사당의 스님에게 이유를 물으니 그 스님이 그에게 알려주었다.

"장로長老에게 듣기로는 옹정 7년(1729)에 사謝 씨 성을 가진 서생이 있었다 하오. 나이는 스무 살인데 스승을 따라서 사당에서 책을 읽었지요. 어느 날 밤에 스승이 외출하자, 사 씨는 뜰에서 산보하며 달을 감상하고 시를 읊었답니다. 이때 어떤 사람이 사당으로 들어와 성황신에게 기도하기에 사 씨가 신상 뒤에 숨어서 엿보았어요. 그 사람은 단지 기도만 했다 하오.

'성황 나리, 제가 오늘 밤 물건을 훔칠 수 있으면 반드시 돼지, 소, 양을 준비해서 바칠게요.'

사 씨는 이 말을 듣고 그가 좀도둑인 줄 알았지요. 그는 마음속으로 생각했어요. 성황신은 총명하고 정직한 신이니 설마 제물을 바친다고 해서 마음이 움직이겠는가?

이튿날 그 좀도둑은 과연 제물을 가지고 와서 보답했지요. 사 씨는 분을 이기지 못해 당장 공문을 써서 성황신이 뇌물을 받았다고 혹독하게 질책했어요.

그날 밤 성황신이 사 씨 스승의 꿈에 나타나 화가 닥칠 거라고 경고했지요. 스승이 꿈에서 깨어난 뒤 사 씨에게 그 사실을 물었어요. 사 씨는 두려워 한마디로 부인했어요. 노승이 대로하여 그의 상자를 수색한 결과 성황신을 질책한 원고를 발견했지요. 스승은 화가 치밀어 원고를 불태워버렸어요.

이날 밤 꿈에서 성황신이 비틀거리며 달려와 스승에게 말했다오.

'신에게 불경한 그대 제자를 고발하러 왔소. 아울러 그에게 장차 화가 닥칠 것이오. 원래는 그를 한번 놀라게 해줄 요량이었소. 그런데 뜻밖에도 선생이 그의 원고를 불태워버렸소. 그 문장이 길을 지나는 신의 손에 떨어져서 동악성황東岳城隍에게로 가서 고발당했어요. 동악성황은 대로하여 나를 파직하고 신문하라 명했소. 동시에 상제에게 보고하여 그대의 제자가 이곳 성황의 자리를 잇도록 하셨소.'

성황신은 말을 마치고는 울먹이며 떠났지요.

3일이 되지 않아 사 씨가 갑자기 죽었어요. 사당 안의 사람들이 마부 부르는 소리를 듣고는 신임 성황이 부임했다고 말했지요.

오래지 않아 얼굴이 검고 긴 수염의 성황 신상은 철거되고 미소년의 소상으로 바뀌었어요."

城隍赤身求衣

성황의 벗겨진 옷을 찾다

　도대 장정張挺이 호주 성황묘 수리를 주관했다. 그는 사람을 시켜 단향목으로 성황신의 신상을 세 길 크기로 조각하게 하고 법신法身 위에 곤포袞袍를 새기게 했다. 새로운 성황신상을 맞은 지 3일째 되던 날 장정은 꿈속에서 그에게 다가오는 거인을 만났다. 그 거인은 머리에 평천관平天冠[47]을 쓰고 몸엔 실오라기 하나 걸치지 않았으며 두 다리를 드러내고 휘장 앞에 똑바로 서 있었다. 장정은 꿈속에서 놀라 깨어나 속으로 성황신상이 생각나 급히 성황묘로 가서 어찌된 일인지 살펴보았다. 바로 이때 성황묘의 도사가 달려와 보고하길 성황신의 곤포를 누가 훔쳐갔다고 말했다. 이에 다시 사람을 시켜 곤포를 제작하게 했다. 동시에 하급 관리에게 지시하여 도둑을 잡아오게 했다.

47　제왕이 쓰던 관으로 위가 평평하며 백옥으로 된 구슬 열 개가 드리워져 있다.

물귀신이 입김을 불다

水怪吹氣

　항주에 사는 정지장程志章이 한번은 조주潮州에서 황강黃岡으로 운행하는 배를 타고 갑문을 지났다. 배가 반 리쯤 운행했을 때 갑자기 태풍이 불더니 검은 연기가 수면 위로 치솟았다. 검은 연기 속엔 온몸이 검은 사람이 있었다. 두 눈가와 입과 입술만 하얀 분을 바른 듯했다. 그가 뱃머리에 앉아 입김을 배에 탄 사람에게 불었다. 당시 배 안엔 모두 열세 명이 타고 있었다. 흑인에게 입김을 맞은 열 명의 얼굴은 검은색으로 변해 그 흑인과 다를 바 없어졌다. 맞지 않은 사람은 세 명뿐이었다. 잠시 뒤 검은 연기가 흩어지자 요괴도 보이지 않았다.

　배는 계속 운행했다. 갑자기 광풍이 크게 일자 배가 물속으로 뒤집혔다. 열세 명 가운데 열 명이 익사했는데 모두 얼굴이 검게 변한 사람이었다. 검게 변하지 않은 세 사람만 죽음을 모면했다.

단지가 울리다

항주 북문 밖 삼청원三淸院의 임林 도사는 요괴를 잡을 수 있었다. 임 도사가 흥화현興化縣[48]에서 한 요괴를 잡았다. 그는 요괴를 단지 속에 담아 봉하고 삼청원으로 돌아와 삼청신상三淸神像[49] 자리 밑에 놓아두었다.

1년 뒤 서생 전수해錢袖海[50]가 주연을 베풀어 남경 향시에 응시하려는 친구 공전경孔傳經을 전송했다. 전수해가 약간 술에 취해 단지에 담긴 요괴에게 말했다.

"내 친구가 이번 향시에 합격할 수 있으면 소리를 내보시오."

---

48 십국十國 오吳 무의武義 2년(920)에 해릉海陵의 북쪽에 자리한 초원장招遠場을 떼어내어 흥화현을 두고 강도부江都府에 소속시켰다. 이로부터 여러 번 변천을 겪었으며 지금은 타이저우시泰州市에 속해 있다.

49 도교의 세 신 옥청원시천존玉淸元始天尊, 태청태상노군太淸太上老君, 상청영보도군上淸靈寶道君을 이른다.

50 본명은 전동錢東이고 호가 수해, 자가 동고東皐다. 절강성 인화 사람이며 그림, 시, 사곡詞曲에 뛰어난 재주를 가졌다. 대표작으로 「홍우비연도紅雨飛燕圖」(1797), 「산수화훼책山水花卉冊」(1817) 등이 있다.

말이 떨어지기가 무섭게 단지 안에서 과연 소리가 났다.

친구가 떠난 뒤 전수해가 밤에 책을 보고 있는데, 흰옷을 입은 사람이 나타나 서재의 문턱에 앉아 그에게 두 손을 모아 인사했다. 전수해는 계척界尺으로 때렸다. 이때 흰옷 입은 괴물이 손뼉을 치며 한바탕 웃더니 종적도 없이 사라졌다. 그해에 공전경은 과연 향시에 합격했다.

貞女訴冤

정녀가 억울함을 하소연하다

　　육보매陸補梅[51]가 심주 태수潯州太守를 지낼 때 강간 살인 사건이 발생했다. 사건 조서가 소속 현에서 부府로 올라와 육보매의 책상에 놓였고 이제 육보매가 '여상핵전如詳核轉'이라 비준하면 종결된다.

　　그날 밤 육보매의 동료 방에서 갑자기 음산한 바람이 불더니 한 여자가 그의 앞에 서서는 한 마디 말도 꺼내지 않았다. 그러다가 오경이 되어서야 그 여자는 떠나갔다. 동료가 이를 육보매에게 알렸다. 당시 육보매는 성성省城으로 발령 나서 대기하고 있었다. 떠나기 전에 아들에게 말했다.

　　"너는 담력이 세니 오늘 밤엔 내 동료의 방에 가서 상황을 살펴보거라."

　　밤이 되자 육 공자가 아버지의 명을 따라 아버지 동료의 서재에 들어갔다. 한밤중에 과연 음침한 바람이 불더니 그 여자가 아버지

51　이조원李調元(1734~1803)의 시집 『동산시집童山詩集』에 이조원이 육보매에게 써준 「송이부육보매조출수박주란수送吏部陸補梅燥出守博州爛首」라는 송별 시가 들어 있다.

동료 앞에 나타났다. 그가 곧장 육 공자에 알렸으나, 육 공자는 아무 것도 보이지 않았다. 육 공자가 큰 소리로 물었다.

"무슨 일로 이곳에 왔소?"

"대인 책상에 놓여 있는 사건 조서의 피해자입니다. 저는 강간에 저항하다가 피살되었어요. 부모가 범인의 뇌물을 받고 위증을 서서 제가 간통했다고 말해 제 명예를 손상시켰어요. 제가 현에 제소했으나 현에서도 뇌물을 받고는 심리도 하지 않았지요. 그래서 여기에 와 억울함을 호소하는 것입니다."

육 공자는 도와주겠다고 대답하고는 즉시 그 여자의 호소를 편지에 써서 인편으로 부친에게 보냈다.

육보매는 성에서 돌아오는 길에 마침 이 현을 지나고 있었다. 그는 동료에게 편지를 써 원심을 현령으로 되돌려보내게 했다. 잠시 후 현령이 나와 육보매를 맞이했다. 육보매는 공관에 들어가지 않고 먼저 현의 성황묘에 가서 향을 사르고 참배했다. 육보매가 현령에게 말했다.

"내가 방문 조사해보니 귀하의 현에서 통간하고 자살했다고 한 사건에 억울한 사정이 있어요. 압니까?"

현령은 그녀 부모의 증언이 있으니 부모와 대질해보라며 항변했다. 육보매는 어찌할 수 없어 그날 밤은 성황묘에 투숙하고, 아울러 범인과 이웃의 증인에게 대전 뒤에서 자라고 전하고는 몰래 사람을 보내 대전 뒤에 숨어서 지켜보게 했다.

삼경이 되었을 때 증인들이 서로 말하는데 어떤 사람은 여자의 부모가 전혀 양심이 없다고 욕했으며, 어떤 사람은 그 여성이 강직하고 정결하다며 가련히 여겼다. 엿듣는 사람은 이 말을 모두 기록해두었다. 이튿날 육보매는 이웃을 심문하며 사실대로 증언하라고 말했고, 아울러 어젯밤에 적은 기록을 보여주었다. 이렇게 되자 모두 사실대로 실토하지 않을 수 없었다. 이에 이 사건은 강간 치사 사건으로 판정되었고 여성은 현의 절효사節孝祠[52]에 모셔졌다.

---

52   절부節婦와 효부孝婦를 제사지내는 사당.

양성룡이 신이 되다

楊成龍成神

처주 태수處州太守 양성룡楊成龍의 성격은 바르고 곧았으며 50년 동
안 벼슬하여 치적을 많이 쌓았다. 건륭 47년(1782) 봄에 내가 천태天
台로 여행 갔을 때 양성룡이 술자리에 나를 초청했다. 그 자리에서
양성룡이 산동에서 벼슬할 때 처리한 여러 큰 사건을 내게 상세히
말해주었다. 그 말을 듣고 그에게 고대 순리循吏[53]의 기풍이 있음을
알았다. 나는 당시 그의 전기를 써서 표창하겠다는 의사를 표현했
다. 뜻밖에도 우리가 헤어진 뒤 그는 늙었다는 핑계를 대며 사직하
고 심주深州[54]에서 관직생활 하는 아들의 집에 머물며 천수를 누리
다가 질병 없이 생을 마감했다.

종전에 양성룡이 산동 역성 지현歷城知縣으로 근무할 때 삼나무로
만든 관을 사서 장추진張秋鎭[55]의 절에 보관해두었다. 양성룡이 세상
을 떠난 뒤, 그의 아들 양준문楊浚文이 장추진으로 사람을 보내 삼나

무 관을 운반해오게 하고 염한 다음 부친의 영혼을 위로했다. 이때 양성룡의 어린 손자가 갑자기 땅에 쓰러졌다. 이어서 일어나 앉고는 할아버지 생전의 말투로 양준문을 훈계하며 말했다.

"준문아! 정말 엉터리로구나. 지금 6월 혹서에 내 시신을 침상에 두다니. 장추진에서 관이 오길 기다리는 동안 시신이 다 썩지 않겠느냐. 심주의 목재가 쓸 만한데 어째서 이를 두고 멀리서 가져오려는 거냐? 지금 처주에서 사람을 보내 나더러 그곳의 성황을 맡으라고 하는구나. 네가 장례를 마친 다음 부임하러 갈 것이다. 나는 딱히 부탁할 말은 없고 한마디만 알려주지. 사람이 세상에서 살아가면서 좋은 관리가 되어야 장차 좋은 복이 올 것이야. 이 말을 명심해두어라. 내년 3월 14일에 두 번째 손자도 아들을 낳을 것이다. 그 아이는 나의 유지를 이을 테니 태어나거든 이름을 '소지紹志'라고 지어라. 나를 안장할 때 묘지는 반드시 당무산唐務山에 쓰고 묘 입구를 계정癸丁 방향[남향]으로 두거라."

어린 손자가 이 말을 하고는 정신이 혼미하여 잠들었다. 잠시 후에 깨어나 장난을 치는 꼴이 예전과 같았다.

양준문은 망부의 훈계를 받아들였으나 마음속으로 다소 두려웠다. 이듬해에 양준문의 둘째 아들이 과연 아들을 낳아 '소지'라고 이름을 지었다. 태어나던 날이 3월 14일이어서 양성룡이 예언한 날짜

---

55 노서魯西 평원 양구현陽谷縣 경내에 있으며 대운하와 진디허金堤河강, 황허강이 교차하는 곳이다. 장추진은 청주青州의 안신진顏神鎭, 청래青萊의 경지진景芝鎭과 더불어 산동삼진山東三鎭이라 불렸다.

와 조금도 다름이 없었다.

周倉赤脚

전하는 말에 따르면 동대현東臺縣 백구장白駒場56의 관제묘에 맨발의 주창周倉 소상塑像이 있다고 한다. 그해 관우가 양양襄陽 한수漢水에 방덕龐德57을 빠트렸을 때 주창 장군이 친히 맨발로 한수에 들어가 진흙을 파냈다. 그래서 그의 소상을 맨발로 만들었다고 한다.

건륭 53년(1788) 겨울 내가 동대현을 지나던 중 유하상劉霞裳과 함께 관제묘에 들어가 참관했다. 주창은 과연 맨발이었다. 나는 또 그 신좌神座 뒤에 있는 나무상자를 발견했는데 길이는 세 자가 넘었다. 전하는 말에 그 나무상자는 열어선 안 된다고 했다. 한 태수가 신에

---

56 지금의 장쑤성 싱화시興化市 동북 지역과 다펑시大豐市 서남쪽이 만나는 지대를 말한다.

57 방덕(?~219)은 원래 마초馬超(176~223)의 부장이었으나 마초가 전쟁에 패한 뒤 마초를 따라 한중漢中으로 들어가 장로張魯에게 투항했다. 건안建安 20년(215) 조조가 한중을 평정하자, 장로를 따라 다시 조조에게 투항했다. 건안 24년(219) 번성樊城 전투에서 방덕이 관우와 생사를 건 싸움을 벌여 화살로 관우에게 상처를 입혔다. 관우는 조조의 칠군七軍의 물에 빠트렸고 방덕은 배를 빼앗아 번성으로 돌아가려다가 잡혔지만 굴복하지 않고 죽었다.

게 제사지낸 뒤 나무상자를 열었는데 삽시간에 광풍이 불고 우레가
쳤다고 한다.

張飛治河

대학사 혜문민嵇文敏 공이 남하 총독南河總督을 맡았을 때 황하의 동쪽 언덕에 제방을 쌓으려고 했다. 어느 날 밤 그는 꿈속에서 황금 투구를 쓰고 갑옷을 걸쳤으며 짧은 수염을 기른 장군을 보았다. 곧장 들어와 그에게 읍을 하고는 상좌로 올라가 앉으며 말했다.

"어느 제방을 견고하게 쌓으면 그곳은 확실히 아무 일 없을 것이다. 하지만 만일 이곳에 제방을 쌓는다면 반드시 실패할 것이다."

혜문민 공은 이 말을 듣고는 고개를 끄덕였다.

잠시 후 혜문민 공은 생각했다. 그 사람의 모습은 무인에 불과하고 말도 거칠다. 어째서 공공연하게 조정의 재상과 대립하려 하는가? 여기까지 생각하고는 심사가 불편해져 혀를 차다가 꿈에서 깨어났다.

이튿날 혜문민 공이 하도河道를 시찰하던 중 장환후묘張桓侯廟[58]를 지나다가 차를 마시러 들어가 잠시 쉬었다. 이때 그는 대전 안의 장환후 신상과 어젯밤 꿈속에서 본 사람이 완전히 같다는 것을 발견했다. 이때에야 깨닫고는 즉각 영을 내려 제방 공사를 중단시켰다.

58　장비묘張飛廟를 이른다. 원래 윈양현雲陽縣의 맞은편 창장강 남쪽 비봉산飛鳳山 기슭에 있었다. 전하는 말에 따르면 장비의 머리는 이곳에 묻히고, 몸은 지금의 쓰촨성 랑중閬中의 한환후사漢桓侯祠에 안장되었다고 한다. 싼샤댐 건설로 인해 장비묘는 창 장강 남쪽의 판스진盤石鎭 룽안촌龍安村으로 이전되어 2003년 7월 19일부터 정식으로 개방했다.

神佑不必貴人

신은 반드시 귀인만 도와주는 것이 아니다

　도대 장章 씨 집에 한 노비가 있었다. 이름은 진하채陳霞彩이며 상원현上元縣 의직항義直巷에 살았다.

　하루는 진하채가 내연의 처와 동침했다. 한밤중에 밖에서 비바람이 몰아치며 뇌성을 수반하는 소리를 들었다. 부근의 모든 물건이 박살나는 것 같았다. 그는 잠들 때 이 소란을 그리 염두에 두지 않았다. 이튿날 새벽에 일어나 보니 그들이 사는 집 뒷산에 쌓은 축담이 무너졌다. 자던 침상 앞뒤와 좌우엔 몇 자 높이의 벽돌이 쌓여 있었다. 다만 그들의 침상에만 아무 일이 없었다. 뜻밖에도 한 노비와 기생이 이처럼 신의 도움을 받았다.

신이 되는 사람은
현인일 필요가 없다

成神不必賢人

수재 이해신李海伸이 가을에 순천順天 향시를 치르기 위해 경사로 갔다. 그는 소주에서 압취선鴨嘴船[59]을 세내어 회하淮河[60]로 가고 있었는데 몇 년 전 이웃으로 지냈던 왕 씨가 선창으로 다가와 태워달라고 부탁했다. 이에 이해신은 왕 씨와 함께 동행하게 되었다.

저녁때가 되어 배를 언덕에 대고 밤을 지내게 되었다. 왕 씨가 웃으며 이해신에게 물었다.

"자네 담력이 센가?"

이해중은 이 말을 듣고 놀랐으나 전혀 대수롭지 않게 여기며 대답했다.

"세고말고."

"자네가 무서워할까봐 걱정되어 담력을 물어본 것이네. 자네가 담

---

59 배 모양이 널찍하고 길어 오리주둥이 같다 하여 붙은 이름.

60 화이허강은 창장강과 황허강 사이에 있으며 중국 칠대하七大河의 하나인데 그중에서도 창장강, 황허강, 지수이濟水강과 더불어 사독四瀆이라 불린다.

력이 세다니 사실대로 말하지. 나는 사람이 아니라 귀신이라네. 자네와 헤어진 지 벌써 6년이나 되었군. 나는 흉년으로 기근이 들자 무덤을 도굴해 먹고살았는데 결국 관청에 붙잡혀 사형을 당했네. 지금 귀신이 되었으나 여전히 배고픔과 추위로 시달리고 있지. 그래서 경사로 가서 지난날의 빚을 받고자 하니 가는 도중에 좀 보살펴주게."

"경사로 가서 누구에게 빚을 받으려고?"

"왕汪 씨라네. 왕 씨는 지금 형부의 낭중郎中을 맡고 있지. 참수형에 처한 조서가 형부로 이관된 뒤 왕 씨가 사람을 보내 나에게 감형해줄 수 있는 방법이 있다더군. 그래서 그에게 은 500냥을 보냈지. 뜻밖에도 그가 전혀 돌봐주지 않아 나는 끝내 목숨을 잃었네. 그래서 경사로 가서 그를 찾아 결판내려고 한다네."

왕汪 씨는 본래 이해신의 친척이다. 이해신은 듣고 나서 깜짝 놀라 완곡하게 왕 씨에게 물었다.

"자네의 죄는 참수형이므로 억울한 일은 아니잖아. 왕汪 씨는 사실 나의 친척이라네. 그렇지만 자네의 재물을 갈취해서는 안 되지. 내가 자네와 그를 만나러 가서 상황을 털어놓고 그가 자네의 돈을 갚으면 원한은 풀리겠지. 하지만 자네는 이미 죽은 몸이거늘 그렇게 많은 은을 어디에 쓰시게?"

"이 은을 쓸 곳은 없지만 집에는 아내와 자식이 있네. 자네와 인척이라 하니 은을 받아다가 내 대신 집에 가져다주시게."

이해신은 그러마고 승낙했다.

며칠 지나서 그들은 경사에 도착하려고 했다. 왕 씨가 먼저 가겠다고 말했다.

"내가 자네 친척 집에 가서 야료를 부리면 그를 구해줘도 무방하네. 자네가 다시 권유하면 그가 자네 말을 들을 걸세. 그렇지 않으면 왕汪 씨는 재물을 탐내는 사람이라 권유해도 말을 들으려 하지 않을 걸세."

왕 씨가 말을 마치고는 순식간에 사라졌다.

이해신은 경사에 도착한 뒤 먼저 묵을 곳을 잡고 3일이 지나서야 왕汪 씨 댁으로 갔다. 왕 씨는 과연 풍광병瘋狂病에 걸려 있었다. 온 가족이 신을 청해 점을 쳐보았으나 아무런 효험이 없었다. 이해신이 문을 들어설 때 왕王 씨가 왕汪 씨 입을 빌려서 말했다.

"너희 왕汪 씨의 구세주가 오셨다."

왕汪 씨 가족은 이 말을 듣고 무슨 말인지 몰라 다투어 이해신에게 물었다. 이해신은 숨기지 않고 사실대로 왕 씨 가족에게 말했다.

왕汪 씨 아내는 처음엔 몇만 장의 지전을 태워 배상하는 것으로 치면 될 것이라 생각했다. 왕 씨가 즉각 왕汪 씨의 입을 빌려 크게 웃으며 말했다.

"가짜 돈으로 진짜 돈을 갚겠다고? 천하에 그렇게 쉬운 일이 있더냐? 너희는 빨리 은 500냥을 가져다가 이 나리에게 주면 네 주인을 용서하겠다."

가족이 그대로 처리하자 왕汪 씨의 병은 과연 나았다.

또 며칠이 지나 왕王 씨가 이해신의 숙소로 찾아와 함께 남방으로 돌아갈 것을 재촉했다. 이해신이 내키지 않아 이렇게 말했다.

"아직 과거시험도 치르지 않았어."

"합격하지 못할 건데 무엇 때문에 응시하려고?"

이해신이 못 들은 척했다.

시험이 다 끝난 뒤 왕王 씨의 영혼이 다시 와서 돌아갈 것을 재촉했다. 이해신이 말했다.

"합격자 발표를 기다리네."

"자네는 합격할 수 없는데 무얼 기다린단 말인가?"

과연 합격자 발표가 났으나 그의 이름은 없었다. 이때 귀신이 달려와 웃으면서 물었다.

"지금은 돌아갈 수 있지?"

이해신은 부끄럽고 풀이 죽은 채 그와 남방으로 돌아갈 채비를 했다.

귀신과 이해신은 같은 배를 타고 가며 내내 같이 먹고 같이 잤다. 식탁의 음식물을 보더니 귀신은 냄새만 맡고는 한 입도 먹지 않았다. 그러나 뜨거운 음식이 귀신의 냄새를 맡으면 곧바로 차갑게 변하곤 했다.

배가 강소성 숙천宿遷에 이르자 귀신이 말했다.

"어느 마을에서 공연이 있는데 우리 가볼까?"

이해신이 귀신과 함께 무대 아래로 갔으나 몇 막만 보고는 귀신이 갑자기 사라졌다. 이때 갑자기 태풍이 몰아치더니 모래와 돌이 나는 소리가 들렸다. 이해신도 혼자 배로 돌아와 귀신이 돌아오길 기다렸다.

날이 어두워지려 하자 귀신이 화려한 옷을 입고 돌아와 이해신에게 말했다.

"돌아가지 않겠네. 난 이곳에서 관제關帝가 되겠네."

이해신이 깜짝 놀라 물었다.

"자네가 어째서 관제가 될 수 있단 말인가?"

"세상의 관음, 관제는 사실 귀신에서 충당한다네. 방금 그 마을의 공연은 바로 관제신에게 바친 거야. 사실대로 말하면 관제신은 나보다 더 무도한 사람이지. 그래서 나는 너무 화가 나서 그와 결전을 벌이고 그를 쫓아냈네. 그대는 방금 광풍이 불고 모래와 돌이 날아다니는 걸 보지 못했나?"

귀신은 말을 마치고 이해신에게 절하고는 떠나갔다.

이해신은 귀신 대신 은 500냥을 가져와 왕 씨 부인에게 건네주었다.

외눈을 가진 사람이 합격하다

강희 33년(1694)에 단도丹徒 사람 배지선裴之仙[61]이 몇몇 친구와 함께 회시를 치르러 경사에 갔다. 당시 경도에 부계扶乩로 신을 잘 부르는 사람이 있었다. 그들은 이 사람을 객사로 불러 과거시험의 합격 여부를 물었다. 잠시 뒤 계선乩仙이 내려와 귀할 '귀貴'자로 판정했다. 사람들이 무슨 뜻인지 몰라 다시 머리를 조아리며 물으니 계선이 말했다.

"모두 분명히 판정되었습니다."

회시 합격자 발표가 나자 배지선만 장원으로 합격하고 나머지는 모두 낙방했다. 사람들은 그제야 깨달았다. 원래 배지선은 외눈인데 '귀貴'자를 쪼개면 바로 '중일목인中一目人'이 된다.

---

61   자는 우항又航이고 호는 녹야綠野이며 강희 33년(1694)의 진사다.

여자 귀신이 고소하다

진강鎭江 사람 포包 씨는 젊고 잘생겼으며 왕王 씨를 아내로 맞이했다. 포 씨 집은 대대로 상업에 종사하여 일부 상인들과 골목에서 내왕이 잦았다.

건륭 45년(1780) 가을, 포 씨가 몇몇 친구와 기생집에 가서 놀다가 저녁 무렵에야 집으로 돌아왔다. 이때 포 씨의 아내 왕 씨가 마침 노파와 함께 주방에서 저녁을 준비하다가 문 두드리는 소리를 듣고는 노파를 불러 문을 열어주게 했다. 문을 열고 보니 화려하게 치장한 젊은 여자가 서 있었다. 그 여성은 문을 들어온 뒤 곧장 왕 씨의 내실로 갔다. 노파가 누구냐고 물어도 한마디 대꾸도 하지 않았다. 노파는 포 씨의 친척인가 싶어 왕 씨에게 달려가 알렸다. 왕 씨가 급히 내실로 달려가니 여성이 아니라 포 씨였다. 그녀는 '하하' 한바탕 웃고는 이 노인네가 노안이 와서 자기 남편을 여자로 보았다고 말했다.

그러나 포 씨는 갑자기 여성의 자태로 공경스럽게 왕 씨에게 다가와 안부를 물으며 말했다.

"포 서방님이 기생집에서 술을 마실 때, 저는 줄곧 기원 입구를 지키다가 그가 나올 때 저도 따라 돌아왔어요."

목소리와 거동은 모두 포 씨와 완전히 다른 모습이었다. 그가 무슨 풍병癲病에 걸렸나 두려워하며 급히 동복 및 이웃과 친척을 불러왔다. 포 씨가 일일이 그들과 만났는데 예의가 주도면밀했고 호칭도 정확했으며 엄연히 대갓집 규수였다. 그 가운데에 경박한 남자가 놀리며 희롱했다. 귀신은 즉각 화를 내며 말했다.

"저는 단정한 여성입니다. 누구라도 제게 함부로 한다면 목숨을 앗아가겠습니다."

여러 사람이 물었다.

"포 씨와 무슨 원한이 있어요?"

"저와 포 씨는 사실 애정이 원한으로 바뀐 경우입니다. 때문에 저는 열아홉 번이나 성황신에게 가서 그를 고발했으나, 아무 결과가 없었어요. 지금 저는 또 동악제군東岳帝君에게 고발해서 겨우 비준을 받았어요. 며칠 뒤에 저는 그와 함께 가야 합니다."

한 친척이 이름을 물었다.

"저는 뼈대 있는 집안의 딸인데 이름은 여러분에게 알려줄 수 없어요."

"그렇다면 포 씨를 고발한 이유는 무엇입니까?"

여자 귀신은 19장이나 되는 소송 청구서를 줄줄이 외웠다. 너무 빨리 말해 분명하게 들을 수 없었다. 대강의 뜻은 포 씨가 배은망덕하고 혼사가 조화롭지 못해서 고소했다는 것이다. 또 어떤 사람이 물었다.

"포 씨의 몸에 붙어 말하고 있는데, 그럼 포 씨는 지금 어디에 있어요?"

여자 귀신이 미소를 지으며 말했다.

"그는 내게 붙잡혀 성황묘 옆의 작은 방에 갇혀 있어요."

왕 씨는 울면서 여자 귀신에게 머리를 조아리며 남편을 풀어줄 것을 애원했다. 하지만 여자 귀신은 거들떠보지도 않았다.

밤이 되자 포 씨의 친척들이 비밀리에 상의하며 말했다.

"여자 귀신이 말했듯이 성황신에게 가서 여러 번 고발했으나 비준받지 못했잖아. 지금 포 씨를 성황묘 옆의 작은 방에 가두었다니, 우리가 성황신에게 가서 그녀를 고발해 성황신에게 정의를 펼쳐달라고 부탁해보자."

이에 사람들은 각자 향촉, 지전 등 제사 물품을 준비하여 그녀를 고발하러 갈 태세였다. 이에 여자 귀신은 즉각 말투를 바꾸어 말했다.

"지금 여러분께서 모두 오셔서 부탁하시니 그를 풀어주어 돌려보내도록 하겠습니다. 제가 고발한 일은 동악제군께서 판단하실 겁니다."

여자 귀신이 말을 마치자 포 씨는 땅에 쓰러졌다가 잠시 후 깨어났는데 몹시 피곤한 모습이었다. 사람들이 그를 둘러싸고 무엇을 보았는지 물었다.

"내가 기원 문을 나서니 그 여인이 쫓아오더군. 처음에 내 왼쪽에서 걷기도 하고 때로는 오른쪽에 서서 따라왔지. 교장教場에 이르자 그 여인은 앞에 나서서 나를 붙잡아 성황묘의 왼쪽 작은 방으로 끌고 가 가두었지. 캄캄한 방에서 어떤 사람이 줄로 내 손발을 묶고 나를 땅에 쓰러트렸지. 옆에서는 누군가 나를 감시하더군. 그러더니 그 여성이 들어와 말했지.

'오늘은 잠시 너를 돌려보내마.'

그리고 나를 작은 방에서 밀쳐냈어. 내가 허우적거리다가 깨어보니 벌써 집에 도착했더군. 이번 소송은 내일 동악제군이 법정을 열어 심리할 거야.'

가족은 좀더 자세히 물어보고 싶었으나 포 씨는 극도로 피곤하여 잠들었다.

포 씨는 이튿날 오후까지 자다가 깨어나 가족에게 말했다.

"하인을 불러 빨리 주안상을 차려 접대하라."

잠시 뒤 그는 친히 대청에 나가 비어 있는 의자를 향해 두 손을 모아 예를 표하고 입으로 중얼거렸는데 다른 사람은 하나도 알아듣지 못했다. 주안상이 다 차려진 뒤 그는 다시 내실로 들어가 침상 위에 누웠다. 밤이 되어 초경初更이 되자 포 씨가 갑자기 죽었으나 가슴엔 온기가 아직 남아 있었다.

왕 씨는 울면서 여러 사람과 함께 그의 곁을 지켰다. 그의 얼굴을 보니 잠시 푸르스름했다가 빨개지고 다시 노래지는 등 변화가 그치지 않았다. 삼경이 지난 뒤 포 씨의 가슴, 목과 인후에 전후로 긁혀서 붉어진 상처가 보였다. 이튿날 이경이 되었을 때 그의 변발이 갑자기 흩어졌다. 날이 밝자 그는 소생하여 차와 밥을 달라고 졸랐다. 연거푸 열 그릇 넘게 먹었는데 꾸역꾸역 입안에 삼키는 속도가 너무 빨라 지켜보던 사람들은 놀라서 어안이 벙벙했다. 포 씨는 정신을 가다듬고는 가족을 불러 술상을 차려 심부름꾼을 접대하게 했다. 왕 씨는 그의 분부에 따라 술상을 차렸다. 포 씨는 또 지전 6000장을 찾아오게 했다. 그중에서 해지거나 구멍 난 지전은 버리고 대청 앞에서 4000장을 불사른 뒤 대문 밖 골목에서 2000장을 불살랐다. 또 친히 대문 밖으로 나가 공수하며 예를 표하고 손님을 전송하는 모습을 취했다. 이어서 내실로 돌아와 침상 위에 누워 잤다.

포 씨는 이틀 밤낮을 자다가 깨어났다. 일어난 뒤 그는 보고 들은 일을 상세하게 털어놓았다.

"여자 귀신이 나를 풀어주어 집에 돌아온 뒤 이튿날 오후에 심부름꾼 두 사람이 나를 부르러 왔더군. 그중 한 명은 모르는 사람이었어. 다른 사람은 진陳 씨로 상인의 아들이었지. 내 소년 시절의 동창이지. 진 씨는 가정 형편이 어려워 아내를 얻을 때 내가 수천 문文을 도와주었어. 지금 그가 세상을 떠난 지 3년이 되었지. 진 씨가 말하더군.

'이 일은 벌써 속보사速報司[62]로 보내 심리하고 있네. 자네와 나는 동창이자 사이좋은 친구이고 내가 생전에 자네의 두터운 정분을 입었으니 지금 우정으로 보답해야지. 차꼬를 채울 필요가 없겠네.'

내가 동행하던 중에 보니 두 심부름꾼이 여자 귀신을 압송하더군. 차꼬를 찬 여자 귀신이 차꼬를 차지 않은 나를 보고는 화가 나고 분했던지 머리로 나를 받고 손톱으로 얼굴과 뺨을 긁었지. 그래서 내 몸에 붉은 손톱 자국이 생긴 거야. 여자 귀신은 두 심부름꾼이 뇌물

---

62 저승의 동악대제가 관할하며 선악 인과를 전담하는 기구를 말하는데 빠른 영험을 본다 하여 붙은 이름이다.

을 받고 내게 차꼬를 채우지 않았다며 욕하더군. 할 수 없이 그들은 내게 차꼬를 채우고는 네 사람이 동행했지.

길은 갈수록 멀고 하늘은 갈수록 어두워지더군. 음산한 바람이 세차게 불어 내 변발을 흩뜨려놓았지. 오래지 않아 우리는 아문 같은 곳에 도착했네. 심부름꾼이 내게 땅에 앉아서 기다리라더군. 잠시 후 홍등을 든 두 사람이 안에서 걸어 나왔네. 심부름꾼은 내 신상의 차꼬를 벗기고는 데리고 갔어. 홍등을 따라 대청으로 들어서니 홍등 옆에 무릎을 꿇으라고 하더군. 재판정의 책상에는 사건 조서가 놓여 있었고 한 관리가 책상에 앉아 있었네. 그 관리는 오사모를 쓰고 대홍포大紅袍를 걸치고는 손으로 수염을 비비 꼬며 물었지.

'자네가 포 씨인가?'

'예.'

관리는 여자 귀신을 대청에 오르게 하더니 많은 심문을 했지. 그 여자 귀신과 나는 계단 아래에 함께 꿇어 있어서 거리가 한 자도 되지 않았지만, 그녀가 대답하는 말은 한마디도 알아듣지 못했네. 이때 당상의 관리가 진노하여 하인을 시켜 여자 귀신의 뺨을 열다섯 차례 때리게 하고는 곧 차꼬를 채워 두 심부름꾼이 끌고 갔지. 그 여자 귀신은 결국 통곡하며 대청에서 물러갔네.

내가 막 대청에 올라 무릎을 꿇었을 때 진흙 속에 빠진 듯한 느낌이 들더군. 때때로 음산한 바람이 불어 얼굴은 칼로 찌르는 듯하여 벌벌 떨면서 추위를 감당할 수 없었지. 관리가 사람을 시켜 여자 귀신의 뺨을 때리라고 할 때, 진 씨 관리가 옆에서 조용히 내게 말하더군.

'노형, 당신 소송은 벌써 이겼습니다. 노형 두발이 몹시 헝클어졌

는데 제가 빗겨드리죠.'

내가 다시 고개를 들어 보니 홍등과 관리는 모두 사라졌더군.

진 씨와 다른 관리는 나를 집으로 돌려보냈어."

어떤 친구가 포 씨에게 물었다.

"그 여자 귀신은 자네가 아는 사람인가?"

포 씨는 극력 변명하며 말했다.

"전혀 몰라."

친구들의 추측에 따르면, 그 여자 귀신은 생전에 젊고 영준한 포 씨를 사모했다가 상사병으로 죽었다고 한다. 사후에도 포 씨를 저승으로 불러 짝을 맺으려 했다고 한다. 그래서 그녀는 사심으로 포 씨를 무고했으나, 발각되는 바람에 저승에서 처벌을 받았다.

丁
大
哥

　　강희 연간에 양주 고을에 사는 유이劉二가 농사를 짓고 살았다. 하
루는 유이가 성에 들어가 보리를 팔고 받은 돈을 찾으러 갔다가 곡
물상점 주인이 그를 붙잡아 술을 먹었다. 돌아올 때 날은 이미 어두
워졌다. 유이가 홍교紅橋에 왔을 때 소인 10여 명이 나타나 앞에 와
서 그를 끌었다. 유이는 이곳에 귀신이 많다는 걸 알았지만, 그의 담
력이 센 데다가 술김에 주먹으로 때려서 작은 귀신을 쫓아냈다. 그러
나 작은 귀신은 흩어졌다가 금세 다시 몰려들어 그를 공격했다. 이렇
게 여러 번이나 반복했다. 유이는 작은 귀신이 하는 말을 들었다.

　　"이 사람은 너무나 사나워 우리가 상대할 수 없고 정대가丁大哥를
불러와야 제압할 수 있어."

　　말을 마치곤 껄껄 웃으며 떠나갔다.

　　유이는 마음속으로 생각했다. 정대가는 어떠한 악귀일까? 하지만
기왕 이곳에 왔으니 앞으로 나아가는 수밖에 없었다. 막 다리를 지
나가다가 키가 한 길이 넘는 귀신을 보았다. 어둠 속에서 얼굴이 파
르스름하고 험상궂은 귀신을 본 듯하여 매우 두려웠다. 유이는 이때

703

마음속으로 생각했다. 먼저 선수를 쳐야 한다. 늦으면 벗어날 수 없다. 귀신이 아직 앞으로 오지 않은 틈을 타서 정면으로 공격해야 한다. 허리춤에서 2000문이 들어 있는 전대를 풀어 귀신을 향해 후려쳤다. 그 귀신은 맞고 땅에 쓰러졌으며 몸을 길 위의 돌에 찧어서 소리가 났다. 유이가 발로 귀신의 몸을 짓밟자 귀신은 점차 작아졌다. 다시 붙잡으니 매우 묵직한 느낌이 들었다.

유이는 귀신을 단단히 잡고 집으로 돌아왔다. 그가 귀신을 등불 아래에 비춰보니 원래 옛 관의 큰 쇠못이었다. 쇠못의 길이는 두 자이고 엄지손가락 굵기만 했으며 거칠었다. 유이가 못을 불구덩이에 던져 녹이자 피가 줄줄 흘렀다.

유이는 친구 몇 명을 불러와 웃으면서 그들에게 말했다.

"정대가의 힘도 별수 없어. 나 유이가鬼二哥만도 못하잖아!"

汪
二
姑
娘

왕이 아가씨

    소흥 사람 오吳 씨는 항렬이 세 번째이며 조주 자사趙州刺史 아문에서 법률 고문을 맡아보았다. 이후에 조주 아문에서는 오 씨 성을 가진 서기를 초빙했다. 이 서기의 항렬도 세 번째였으며 소주 사람이었다. 이들을 구별하기 위해 아문 사람들은 소흥 오 씨를 오사야吳師爺, 소주 오 씨를 소오사야小吳師爺라고 불렀다. 두 사람의 관사 문이 서로 맞닿아 있어 서로 화합하며 친하게 지냈다.

    조주 자사는 첩을 7~8명 두었으며 시녀와 하녀의 숫자는 헤아릴 수 없이 많은데 하나같이 요염하고 매혹적이었다. 그녀들은 항상 관사를 드나들었다. 두 오사야는 품평하면서 아무개 아가씨는 내 구미에 맞으며, 아무개 아가씨는 당신에게 가장 합당한 짝이라는 등 서로가 장난치며 즐길 거리를 찾곤 했다.

    어느 날 공무를 마치고 나니 이미 삼경이 넘어 각자 방으로 돌아가 쉬었다. 소오사야가 침상 위에서 담배를 피우는데 침상 휘장 밖에 촛불이 켜져 있어 하인을 불러 밖에서 문을 걸어 잠그게 했다. 이때 아문의 모든 사람이 잠들어 정적이 감돌았다. 갑자기 어떤 사람이 문을 밀치고 들어오자 소오사야가 물었다.

"누구요?"

찾아온 사람은 대답하지 않았다. 소오사야가 눈여겨보니, 스무 살 가량의 미모를 가진 여성이 종종걸음으로 그의 침상 앞에 다가와 그를 한참 동안 뚫어져라 바라보았다. 소오사야가 놀라서 물었다.

"당신은 누구요? 왜 제 방에 들어온 거요?"

"저는 왕이汪二 아가씨입니다. 저는 소흥의 오사야를 찾으러 왔는데 잘못 왔네요. 잘못 찾아온 겁니다."

소오사야는 주인의 시녀가 오사야와 약속이 있었던 것으로 여겼다. 이에 웃으면서 맞은편 문을 가리키며 말했다.

"소흥 오사야는 맞은편에 있어요. 저는 소주 출신의 오사야입니다."

그 여자는 기분이 잡쳤는지 그를 힐끗 보더니 떠났다.

이튿날 소오사야가 오사야에게 히죽거리며 물었다.

"어제 저녁에 재미 좀 보셨소?"

오사야는 무슨 뜻인지 영문을 몰랐다. 몇 번 말해주어도 오사야는 두서를 잡을 수 없어 다시 물었다.

"어떻게 된 일이냐?"

소오사야가 빙그레 웃으며 말했다.

"제가 직접 봤어요. 그래도 시치미를 떼시려고?"

오사야가 의혹이 증폭되어 두세 번 추궁하자 소오사야는 그 여자의 복장과 용모를 알려주면서 '왕이 아가씨가 소흥의 오사야를 찾으러왔다'는 말을 들려주었다. 오사야는 갑자기 안색이 변하여 말했다.

"그녀가 어떻게 여기까지 찾아올 수 있지?"

한참 동안 침묵이 흐르다가 또 소오사야에게 말했다.

"그녀는 원래 나의 가까운 친척인데 죽은 지 벌써 10년도 넘었어. 그녀가 어떻게 날 찾아왔는지 모르겠네."

소오사야는 이 말을 들은 뒤 이상하게 느꼈다. 오사야의 기분이 저조한 것을 보고는 더 이상 물어보기가 난처했다.

이날 아침부터 저녁까지 오사야는 끝내 한 마디도 하지 않았고 얼굴엔 두려운 모습이 더해졌다. 저녁때가 되자 그는 소오사야에게 그의 방에서 같이 자자고 청했다. 소오사야는 완강히 사양했다. 오사야는 하는 수 없어 하인 두 명을 불러 두 하인의 중간에서 잠을 잤다. 이날 밤 소오사야는 밤새도록 엿들었으나 아무런 동정도 없었다. 날이 밝은 뒤 하인 두 명이 일어나 보니 오사야는 이미 사망한 뒤였다.

사동두

謝
銅
頭

　　진강鎭江의 서문은 원래 당퇴산唐頹山[63]에 있었으나, 청나라 초기에 북성北城 밖의 양팽산陽彭山[64]으로 옮겼다. 옛 서문 부근에 사찰이 있었는데 전당과 낭무廊廡가 화려하고 정결했다. 이곳이 바로 여춘대麗春臺[65] 옛터라고 한다. 옛 서문은 교통의 요지에 있어 관료와 진신縉紳이 손님을 맞이하고 송별하며 이별주를 마실 때마다 이 사찰에서 거행했다. 성문이 북쪽으로 옮겨간 뒤부터 지나다니는 길이 멀리 떨어

63　전장鎭江 고성의 서남쪽에 있던 작은 산이었다. 지금은 평지로 변해버렸지만 청대까지만 해도 유적이 많이 있었던 명산이었다. 그 터는 지금의 징커우반점京口飯店 부근이다. 당퇴산 부근에는 관제묘, 치감댁郗鑒宅, 적노당積弩堂, 대공원戴公園, 풍의헌風漪軒, 나한사羅漢寺, 건원만수궁乾元萬壽宮, 영순묘靈順廟, 기영旗營 등이 있었다.

64　전장 남산과 운대산雲臺山 사이에 있었다. 청말에 징후철로京滬鐵路를 부설하면서 그 지선이 전장역鎭江站(서역)을 통과하며 철도가 양팽산의 동쪽에 놓이게 되었다. 1931년에는 성회로省會路(지금의 중산서로)를 만들면서 양팽산을 남북으로 나누게 되었다. 1984년에는 노동로勞動路(중산서로)를 확장하면서 양팽산을 깎았고 전후로 그 위에 주택 20동을 지었다. 지금은 양팽산공원이란 이름으로만 남아 있다.

65　여춘원麗春園, 麗春院이라 부르기도 한다. 명기 소경蘇卿이 거주하던 곳이라 하는데 이후 예기藝妓들의 거처나 기원을 묘사할 때 쓰인다.

져 있어서 이 사찰은 점차 쇠락했다. 구리로 주조한 대불상 세 개만 우뚝 서 있었다. 이 세 대불상은 무게가 각기 수만 근에 달했으며 오대 시기에 주조한 것이라 한다. 불상들은 수풀에 싸여 방치되어 있었다.

당시 사^謝 씨는 구리를 팔아서 먹고살았다. 그는 현지 관리와 결탁하여 동상 세 개를 용광로에 넣어 녹여서 돈을 벌려고 했다. 그들은 협의하여 동상을 녹이는 비용은 사 씨가 모두 부담하며 받은 돈의 절반은 사 씨가 갖고, 나머지는 여러 사람이 골고루 나누기로 했다. 녹이는 날 동상을 용광로에 넣자 사지와 신체가 녹기 시작했으나 세 불두만큼은 여전히 반듯했다. 이때 사람들은 걱정과 두려움이 생겼다. 그러자 사 씨가 말했다.

"쉬운 일이야."

그가 용광로에 올라가 용광로 안으로 오줌을 갈기자, 마침내 불두가 녹기 시작했다.

사 씨는 벌써 마흔이 넘었지만 아직 자식이 없었다. 마침 그가 신바람이 나서 웃고 있을 때, 노복이 뛰어 들어와 그에게 축하하면서 마님이 아기를 낳았다고 말했다. 사 씨는 기뻐 어쩔 줄 몰랐다. 그는 이 불상의 액운을 내 손으로 부쉈기 때문이라고 여겼다. 그래서 마침내 자기 아들 이름을 '사동두_{謝銅頭}'라고 지었다. 이때부터 사 씨 집은 조금씩 부유해지기 시작했다. 이제 사 씨는 동전을 몰래 주조하는 것으로 일을 바꿨다.

몇 년 뒤 사 씨와 비밀리에 동전을 주조한 공범이 범죄로 체포되자 사 씨를 일러바쳤다. 사 씨는 뜨거운 용광로의 재로 자신의 두 눈을 비벼 눈을 멀게 했다. 재판정에 섰을 때 자신은 눈이 먼 지 오래되었으니 분명 모함한 것이라 변호하여 결국 법망에서 빠져나왔다. 나중에 사동두가 장성하여 부친의 일을 이어받아 사사로이 동전 주조하는 일을 했다. 오래지 않아 다른 사람이 그를 고발했다. 건륭 연간에 부자 두 사람은 체포되어 양팽산 아래에서 참수형을 받았다.

烏頭太子

오두 태자

오吳 씨는 단도진丹徒鎭에서 살았다. 그의 집은 대대로 장강의 작은 섬에서 농사를 짓고 살았다. 건륭 18년(1753) 초겨울에 오 씨는 작은 섬에서 거둔 벼를 세금으로 내고, 남은 벼를 마당에 널어 말렸다. 이때 까마귀 떼가 날아와 그의 벼를 쪼아 먹었다. 오 씨는 흙덩이를 던져 까마귀를 쫓았다. 그런데 까마귀 한 마리가 이에 맞아서 놀라 땅에 떨어졌다가 잠시 뒤 몸부림치며 다시 날아갔다.

오 씨가 곡물 창고에서 돌아와 저녁밥을 먹고 나니 갑자기 비바람이 몰아치는 소리가 들렸다. 그가 문을 열고 바라보니 하늘이 칠흑같이 어두워지다가 장대 같은 비가 쏟아졌다. 급히 방으로 돌아오니 옷이 하얀색으로 바뀌었는데 모두가 까마귀 배설물이었다. 그는 까마귀 똥을 몸에 맞으면 불길하다는 말이 생각나서 탄식하며 말했다.

"오늘 까마귀 똥을 맞았으니 오래 살긴 글렀구나!"

오 씨가 까마귀 똥을 맞은 뒤부터 작조풍雀爪風에 걸려 손발이 오그라들고 일어나거나 눕기가 불편해졌다. 또 물건을 들 수도 없고 식사도 가족의 도움을 받아야 했는데 그 고통이 몹시 심했다. 그러나 그는 마음속으로 분명히 알고서 중얼거렸다.

"까마귀가 내 곡식을 쪼아 먹기에 쫓아낸 것뿐인데, 이게 무슨 잘못이란 말인가? 내게 감히 야료를 부리다니. 반드시 성황 나리께 고소하리라."

그는 이런 생각을 몇 번이나 해봤지만 실은 소장을 쓰질 못했다.

어느 날 오 씨가 낮잠을 자다가 꿈속에서 자신이 누런 종이에 소장을 써서 성황 나리에게 보내려고 했다. 이때 하늘에 갑자기 먹구름이 끼더니 먹구름 두 조각이 땅에 떨어져 푸른 옷을 입은 두 사람으로 변모하여 오 씨에게 말했다.

"이전에 그대에게 맞아 부상당한 그 까마귀는 까마귀가 아니라, 우리의 오두烏頭 태자입니다. 그대가 태자에게 죄를 지었기에 이 병에 걸린 겁니다. 그를 고발한다면 죄는 더욱 무거워질 겁니다. 술과 음식을 약간 마련하여 오두 태자에게 사죄하는 게 나을 겁니다. 그러면 생명을 보전할 수도 있어요."

그러나 오 씨는 이 말을 듣지 않고 더욱 화가 나서 말했다.

"까마귀가 내 곡식을 먹고 게다가 망령되게 나를 괴롭혔으니 반드시 고발하겠다."

말을 마치자 순식간에 하늘에서 먹장구름 두 조각이 땅에 내려온 뒤 하나는 소년으로, 하나는 하인으로 변모했다. 그 소년은 갈색 두건을 썼고, 하인은 뒤에서 따라오면서 소년에게 검은 우산을 받쳐주었다. 소년이 오 씨 앞으로 다가와 두 손을 모아 인사한 뒤 말했다.

"그대가 오두 태자를 고발한다던데 고소하는 이유가 무엇인지요?"

오 씨는 소장을 그 소년에게 보여주었다. 소년이 보더니 오 씨에게 말했다.

"아무튼 그대가 이전에 오두 태자를 때렸기 때문에 이 병에 걸린 겁니다. 지금 잘못을 인정하고 오두 태자 앞에서 통사정을 한다면, 당신의 건강을 예전처럼 되찾을 수 있는데 어찌하여 고소하려 합니까?"

말을 마치고 소장을 품속에 구겨 넣고는 하늘로 날아갔다. 오 씨가 이를 빼앗고자 급히 앞으로 달려가던 중에 깜짝 놀라 꿈에서 깨어났다.

이날부터 오 씨가 앓던 질병은 날마다 호전되었다. 두 달 후엔 예전처럼 건강을 완전히 회복했다.

오생이 저승에 두 번 들어가다

吳生兩入陰間

단도현丹徒縣의 오 씨는 명문가의 자제다. 그의 조부, 부친은 부학府學, 현학縣學의 학생이었다. 특히 조부는 사람됨이 단정하고 정직하여 향리 원근의 사람들은 그를 매우 존경했다.

오 씨는 조부가 돌아가신 지 10년 뒤에 아내를 맞아 가정을 꾸렸다. 금슬도 돈독하여 화목하게 지냈다. 건륭 21년(1756) 오 씨 아내가 갑자기 사망하자, 남편은 사무치게 그리워했다. 당시 단도성에 주장반朱長班이라는 사람이 살고 있었다. 성의 모든 사람은 그가 이따금 저승으로 심부름 간다는 사실을 알고 있었다. 오 씨가 아내의 장례식을 치를 때 주장반이 아침저녁으로 와서 도와주곤 했다. 오 씨가 주장반에게 저승의 일을 물어보았다. 그러자 주장반이 말했다.

"저승은 이승과 별다른 차이가 없어요. 죄가 없는 귀신은 모두 편안하고 유유자적하게 살고 있어요. 다만 이승에서 죄를 지은 귀신만이 각급 지옥에 들어가 살아요."

오 씨는 주장반에게 간절히 부탁하여 그를 저승으로 한번 데려가 부인을 꼭 만나게 해달라고 했다. 그러자 주장반이 그에게 말했다.

"저승과 이승은 세대가 다른데 살아 있는 사람이 어떻게 마음대로 드나들 수 있겠습니까? 대인께서 저를 잘 대해주셨는데 제가 어떻게 속일 수 있겠습니까?"

그러나 오 씨는 끝까지 물고 늘어졌다. 주장반이 말했다.

"이 일은 절대 제가 할 수 없어요. 상공께서 고집을 피워 기어이 가시겠다면 성안 태평교太平橋[66] 곁에 사는 단양 사람 상常 아주머니를 찾아가보세요. 사례금을 많이 주면 그녀가 혹시 동행할지도 모르겠습니다."

오 씨는 이 말을 듣고 뛸 듯이 기뻤다.

이튿날 오 씨는 성에 들어가 상 아주머니를 찾았다. 처음에 상 아주머니는 동의하지 않았으나 오 씨가 수천 문文의 사례금을 주겠다고 하자 태도를 바꾸며 말했다.

"상공께서는 아무 날에 청정한 방을 골라 혼자 주무세요. 시간이 되면 제가 모시고 가겠습니다. 하지만 상공이 벗어둔 옷과 신발은 절대로 건드려선 안 됩니다. 조금이라도 움직이면 이승으로 돌아올 방법이 없어요."

이 일은 상 아주머니가 특별히 강조하여 재삼 부탁했다. 오 씨는 이 말을 명심하고 돌아왔다.

오 씨는 상처한 뒤 줄곧 사랑채에서 혼자 잤다. 그날이 되자 오 씨는 비밀리에 그의 숙모에게 부탁하며 말했다.

"조카는 오늘 몸이 불편해서 일찍 자야겠어요. 숙모님께서 저 대

---

66 장쑤성 전장시 단투구丹徒區 바오옌진寶堰鎭에 있다.

신 방문을 잠가주시고 절대 아무도 제 방에 들이지 마시며 특히 제가 벗은 옷과 신발을 옮겨놓지 마세요. 이것은 조카의 생사가 달린 일입니다."

숙모는 조카의 말을 듣고 무척 놀랐다. 무슨 일이냐고 물어도 조카는 대답하지 않았다. 그래서 숙모는 몰래 바깥사랑채에서 지켜보았다.

오 씨는 침실에 들어온 뒤 등불을 켜서 침상 앞에 놓았다. 그는 마음속의 일 때문에 이리저리 뒤척거리며 한시도 잠들지 못했다. 그는 마음속으로 생각했다.

'상 아주머니는 나보고 자라는 말을 하지 않았다. 하지만 어떻게 나를 데리고 저승으로 간다는 거지? 그녀가 헛소리를 지껄인 건 아닐까?'

이경이 되자 갑자기 검은 연기가 창틈으로 서서히 스며들어왔다. 그 검은 연기는 뱀이 혀를 내민 것처럼 하늘거렸다. 오 씨는 마음속으로 매우 두려웠다. 잠시 후 검은 연기가 큰 덩어리로 변하여 곧장 오 씨 얼굴을 덮쳤다. 오 씨가 잠시 현기증을 느끼자 귓가에 사람 목소리가 들려왔다.

"오 상공, 함께 갑시다!"

목소리를 들으니 상 아주머니였다. 상 아주머니가 침상에서 일으켜 함께 문틈으로 나갔는데 지나간 창문은 아무런 흔적이 없었다. 오 씨가 보니 숙모의 방엔 등불이 켜져 있었고 사촌 남동생들과 안에서 자고 있었다.

오 씨가 대문을 빠져나오니 다른 세계가 펼쳐졌다. 눈앞에는 황사가 뿌옇게 끼어 동서남북조차 분간할 수 없었다. 어느 정도 가니 점점 인가가 나타났다. 그곳의 거리, 점포, 관청은 인간 세상과 똑같았다. 한 곳에 이르니 큰 저수지가 보이는데 저수지의 물은 붉은색을 띠었으며 수많은 여성이 안에서 통곡하고 절규하고 있었다. 상 아주머니는 그 저수지를 가리키며 오 씨에게 말했다.

"이곳이 불가에서 말하는 혈오지血汚池⁶⁷입니다. 부인은 아마 이곳에 있을 거예요."

오 씨는 두리번거리며 찾아보다가 연못 동남쪽에 잠긴 아내를 발견했다. 오 씨는 대성통곡하면서 아내의 이름을 불렀다. 오 씨 아내는 오 씨가 서 있는 못가로 다가와 눈물을 흘리며 말을 꺼냈다. 그리고 손을 뻗어 그를 연못으로 끌어당겼다. 오 씨가 연못으로 들어가려는데, 상 아주머니가 깜짝 놀라 그를 힘껏 잡아끌면서 말했다.

"이곳 혈오지의 물방울이 몸에 닿기만 하면 인간 세상으로 돌아올 수 없어요. 혈오지에 들어온 사람은 모두 생전에 비첩婢妾을 악독하게 학대했습니다. 비첩을 때려 끊임없이 피를 흘리게 한 여자만이 혈오지에 들어가지요. 비첩의 몸에서 피를 흘린 양의 많고 적음에 따라 들어가는 연못의 깊이가 정해집니다."

오 씨가 말했다.

"제 아내는 비첩을 때린 적이 없는데 어째서 여기에 있지요?"

"전생의 일입니다."

67　민간 속설에서 여성이 임신 중 유산하거나 출산 중 사망하면 '혈오지血汚池'라는 지옥에 떨어진다고 믿었다.

"제 아내는 생전에 아이를 낳아 길러본 적도 없는데, 어떻게 혈오지에 들어갔어요?"

"제가 앞에서 분명히 얘기했죠. 혈오지에 들어간 것은 생육 때문이 아닙니다. 생육은 인간 세상의 흔히 있는 일이니 무슨 죄가 있겠습니까?"

말을 마치고는 오 씨를 끌고 원래의 길을 따라 집으로 돌아왔다.

오 씨는 줄곧 혼미하게 자다가 오후가 되어서야 깨어났다. 그의 안색이 누렇게 떠서 장기간 병에 걸린 사람 같았다. 며칠 지난 뒤 그는 서서히 원래 모습으로 돌아왔다.

한 달이 지나자 오 씨는 또 아내가 사무치게 그리워졌다. 그는 상 아주머니 집에 가서 다시 그를 데리고 저승에 한 번 더 가줄 것을 부탁했다. 상 아주머니는 난색을 보였다. 오 씨가 지난번보다 사례금을 몇 배 더 준다 하니 상 아주머니는 그제야 고개를 끄덕여 대답했다.

약정한 날이 다가오자 오 씨는 이전처럼 숙모에게 바깥에서 방문을 잠가달라고 부탁했다. 상 아주머니가 제시간에 찾아와 그를 데리고 대문을 나갔다. 1리쯤 걸었을 때 상 아주머니가 갑자기 오 씨를 치고는 순식간에 사라졌다. 오 씨가 영문을 모르고 의아해서 우두커니 서 있을 때 앞에서 가마가 서서히 다가왔다. 가마 중앙에는 노인이 타고 있었다. 가마가 가까워져 얼굴을 보았더니 바로 그의 조부였다. 그가 당황해서 도망가려고 할 때 조부가 그를 불러 세우며 말했다.

"너는 왜 이곳으로 왔느냐?"

오 씨는 어쩔 수 없어 사실대로 말씀드렸다. 조부는 이 말을 듣더니 대로하며 말했다.

"사람의 생사는 천명에 달려 있거늘, 너는 어째서 이 지경에 이르렀느냐?"

손을 뻗어 그의 두 뺨을 때리고는 욕을 퍼부었다.

"네가 두 번 다시 찾아온다면 즉각 저승의 관리에게 알려 상 아주머니를 참수할 것이다."

이 말을 마치고는 가마꾼을 불러 오 씨를 강가로 보내게 했다. 가마꾼은 뒤에서 그를 강으로 밀어버렸다. 오 씨가 깜짝 놀라 소리 지르며 깨어나니 왼쪽 뺨이 푸르뎅뎅하게 부어 있었고 참을 수 없을 정도로 아팠다. 그는 병을 핑계로 침상에 10여 일 누워 있고서야 서서히 건강을 되찾았다.

당시 오 씨 친척집의 한 노인의 병이 위독하자 오 씨가 숙모에게 말했다.

"우리 친척 집의 나리가 오래지 않아 돌아가실 겁니다."

숙모가 놀라서 물었다.

"네가 어떻게 아니?"

"조카는 두 번 저승에 들어갔다가 저승 관청 앞에 걸린 팻말을 보았는데 위에 그의 이름과 사망 시기가 쓰여 있더군요. 그래서 아는 겁니다."

이로부터 오 씨의 정신은 위축되고 두 눈동자는 남색을 띠게 되었다. 오후가 되기만 하면 그는 언제나 귀신을 보았다. 하지만 그는 지금까지도 살아 있다.

오 씨 숙모는 법가손法嘉蓀[68]의 사촌 누나다. 법가손이 이 일의 자초지종을 알고 있는데, 그가 내게 해준 말이다.

---

68   강소성 단도 사람으로 자는 신려莘侶, 호는 반주헌飯珠軒이다. 전각에 뛰어났다.

법가손의 조모 손孫 씨의 친정엔 조카 손 씨가 있는데 그는 현지
의 대부호였다. 청초에 연해 일대에 도적이 창궐하여 손 씨는 집을
금단金壇[69]으로 옮겼다. 어느 날 호胡 씨 성을 가진 노인이 자손과 노
복 수십 명을 이끌고 귀중한 짐을 가지고 손 씨 집 앞을 지나갔다. 노
인은 그들이 산서 사람이라며 병란을 만나 다시 앞으로 갈 수 없어
손 씨의 빈방을 빌려 잠시 거주하길 바란다고 말했다. 손 씨는 노인
의 말이나 외모로 봐서 보통 과객이 아닌 줄 알고는 빈방을 내어 그
들이 들어가 지내게 했다.

　손 씨는 한가하여 할 일이 없던 터라 노인과 자주 한담을 나누었
다. 손 씨가 보니 노인의 방엔 거문고, 검, 서적이 있었고 읽는 책은
『황정경黃庭經』,[70] 『도덕경道德經』[71] 등의 전적이었다. 입에서 나오는 말

69　지금의 장쑤성 창저우시常州市 진탄구金壇區에 해당된다.
70　위진魏晉 시대 도가들이 양생과 수련의 원리를 가르치고 기술하는 데 사용했던
도교 관계 서적.
71　중국 도가철학의 시조인 노자가 지었다고 전해지는 책.

은 『심성心性』『주자어록朱子語錄』72에 나오는 말이었다. 노인은 자손과 노복을 매우 엄격하게 가르쳐 경솔하게 지껄이거나 웃지도 않았다. 하지만 손 씨네 사람은 모두 노인을 '여우의 도학狐道學'이라 불렀다.

손 씨 집에 어린 하녀가 있는데 미모가 있었다. 어느 날 이 하녀와 노인의 어린 손자가 작은 골목에서 우연히 마주쳤는데 어린 손자가 갑자기 그 하녀를 껴안았다. 하녀는 따르지 않고 빠져나와 이 일을 호 노인에게 일렀다. 노인이 그녀를 위로하며 말했다.

"괴로워하지 마라. 내가 손자를 혼내주마."

이튿날 정오가 될 무렵 호 노인은 방문을 꼭 닫아놓았다. 손 씨가 방문을 두드렸으나 아무런 동정이 없었다. 이에 사람을 시켜 담장을 넘어 문을 열었다. 보니 방 안에는 아무도 없고 서재의 책상 위에 백은 30냥이 놓였고 옆에는 '조자租資' 두 글자가 쓰인 종이가 있었다. 또 섬돌 아래에서 눌려 죽은 새끼 여우의 시체를 발견했다.

법가손이 말했다.

"그 여우야말로 진정한 도학자다. 세상 사람들은 날마다 정주程朱 이학을 크게 떠벌리지만 몸으로는 사리사욕을 채운다. 늙은 여우와 비교하면 그들은 너무나 부끄럽다."

---

72 주자의 문하생들과의 대화록.

권 23

태백산신

太白山神

　진중秦中[1]의 태백산신太白山神[2]이 가장 영험했다. 태백산 정상에는 대태백大太白, 중태백中太白, 삼태백三太白이라는 세 연못이 있었다. 나뭇잎, 잡초, 진흙이 연못에 떨어지기만 하면 뭇 새들이 날아와 이러한 것을 물어갔다. 이 때문에 현지 사람들은 이 새를 '정지조淨池鳥'[3]라고 불렀다.

　한번은 목수가 태백지에 빠졌는데 이 연못 밑에서 다른 세상을 발견했다. 몸에 누런 옷을 걸친 사람이 그를 인솔하여 대전으로 갔다. 대전엔 왕이 앉아 있었다. 왕은 모자를 쓰지 않았고 주홍색 비단신을 신었으며 수염과 머리는 백발이었다. 그가 목수를 힐끔 보더니 웃으며 말했다.

　"듣자니 그대의 손재주가 절묘하다 하여 불렀소. 번거롭겠지만 양

1　옛 지명으로 산시陝西성 중부평원 지구를 가리킨다. 춘추전국 시대에 이곳이 진秦나라에 속했기 때문에 붙은 이름이다.

2　진령산맥秦嶺山脈의 최고봉을 말한다.

3　'연못을 정화시켜주는 새'란 뜻이다.

정凉亭을 지어주시기 바라오."

이에 목수는 마침내 수궁에서 살게 되었다. 3년 뒤 양정이 완성되자, 왕이 그에게 은 3000냥을 하사하고 그가 돌아가는 것을 허락했다.

하지만 목수는 은이 너무 많아 휴대하기 불편하다면서 사양하여 받지 않았다. 떠날 즈음 왕부王府에서 기르는, 황금빛 털을 가진 강아지를 보고는 왕에게 한 마리 달라고 부탁했다. 왕이 불허하자 목수는 몰래 한 마리를 훔쳐서 품속에 숨기고 작별을 고하고는 떠났다.

길에서 목수가 옷깃을 풀어보니 황금빛이 번쩍 일더니 강아지가 금빛의 작은 용으로 변모하여 하늘로 날아가면서 그의 손을 긁는 바람에 종신토록 장애자가 되었다. 목수가 집으로 돌아온 뒤 어느 날 갑자기 뇌우가 일고 우박이 내렸다. 그런데 떨어진 우박이 모두 은으로 바뀌었다. 무게를 달아보니 3000냥이었다.

태평한리

왕중재王中齋⁴ 원외員外는 퇴직한 뒤 강령江寧에서 살 집을 구하고는 서재 이름을 '태평한리太平閑吏'라고 지었다. 10년 뒤 왕중재가 세상을 떠나자, 그의 후손이 주택의 동원東院을 태평부太平府⁵ 지부 왕극단王克端에게 팔았다. 이후 또 주택의 서원西院을 태평부 후임 지부 이민제李敏第에게 팔았다.(이는 왕중재의 '태평한리'라는 서재 이름과 부합한다.)

---

4 본명은 왕세덕王世德이다. 자는 극승克承, 호는 상고霜皐, 중재中齋이고 북경 대흥大興 출신으로 명말의 유민이며 저작으로『숭정유록崇禎遺錄』이 있다.
5 명대와 청대에 설치되었던 행정구역으로 지금의 안후이성 마안산시馬鞍山市 당투현當塗縣과 광시좡족자치구廣西壯族自治區 충쭤시崇左市 장저우구江州區 일대에 해당된다.

楚
雄
奇
樹

　운남 초웅부楚雄府의 악가주㟃嘉州는 소수민족이 모여 사는 곳이다. 그곳엔 동청수冬靑樹[6]가 있는데 뿌리가 뒤얽히고 엉클어져 10여 리까지 뻗었다. 멀리서 바라보면 이 나무뿌리 아래에 수십 개의 목기 상점이 들어선 것처럼 안에는 탁자, 의자, 침상, 걸상, 부엌, 궤짝 등이 모두 갖추어져 있어 10여 호 인가가 살 수 있는 것 같았다. 애석하게도 이 동청수의 나뭇잎이 너무나 드물어서 비바람을 막아줄 수 없었다. 뿌리에서 잔뿌리들이 땅을 뚫고 나와 가지마다 발이 달린 것 같았다.

6　노박덩굴과에 속한 상록 관목.

사주의 괴상한 비석

泗州怪碑

　안휘성 사주泗州 홍현虹縣에 우물이 있는데 전하는 말로는 우왕이 수신水神 무지기巫支祈[7]를 감금했던 곳이라 한다. 그곳의 쇠사슬은 지금도 보존되어 있다. 우물 옆에는 석비 하나가 있다. 비석을 받치고 있는 비희贔屭[8]의 머리는 옮길 수 없다. 만일 비희의 머리를 옮기면, 석비의 구멍 안에서 금빛의 황토물이 흘러나온다.

7　회수의 신 이름이다.

8　귀부龜趺, 패하霸下, 전하𪖎下라고도 한다. 고대 한족 전설에 따르면 용의 아홉 아들 가운데 여섯 번째 아들이라고도 한다. 모습은 거북을 닮았고 무거운 것을 지기 좋아하며 이빨이 있고 힘이 세서 삼산오악三山五嶽을 질 수 있다고 한다.

雁蕩動靜石

남안탕산南雁蕩山9 위에 서로 누르고 있는 큰 돌 두 개가 있는데, 체적이 방 두 칸만큼 컸다. 아랫돌은 정석靜石, 윗돌은 동석動石이라 불렀다. 동석을 옮기려면 한 사람이 정석 위에 누워서 두 발로 동석을 지탱하고 힘껏 차면 '쿵' 하는 소리와 함께 동석을 한 자 정도 옮길 수 있다. 하지만 사람이 서서 손으로 밀면 1000만 명이 덤벼들어도 그 돌을 한 발자국도 옮길 수 없다. 이 수수께끼를 푼 사람은 아직까지 없다.

---

9 저장성 원저우시溫州市 평양현平陽縣 서쪽에 있으며 원저우시에서 85킬로미터 떨어져 있다.

와설묘의
머리가 없는 석상

瓦屑廟石人無頭

태호 옆에 규모가 크지 않은 와설묘瓦屑廟가 있으며 안에는 석상 20여 기가 있었다. 이 석상의 머리는 모두 땅에 떨어졌으며 어떤 것은 손에 자신의 머리를 들고 있었다.

전하는 말에 따르면 원말 장사성이 주원장朱元璋[10]에 의해 평강平江[11]에서 포위되었을 때 밤에 석 장군石將軍이 대오를 인솔하여 무척 용감하게 항전했다고 한다. 평강성이 함락된 뒤 와설묘 안 석상의 머리는 모두 땅에 떨어졌다.

또 어떤 사람은 이렇게 말했다. 와설묘의 석상은 밤이 되기만 하면 나와서 야료를 부려 백성을 해쳤다. 그래서 현지 촌민이 쇠망치로 그들 머리를 하나하나 깨트렸다고 한다.

---

[10] 명나라의 초대 황제(1328~1398).

[11] 지금의 장쑤성 쑤저우.

十三猫同日殉節

고양이 열세 마리가
같은 날 죽다

강녕江寧 왕 어사王御史의 부친에게 늙은 첩이 있는데 나이는 일흔
이 넘었고 고양이 열세 마리를 길렀다. 그녀는 이 고양이들을 사랑하
여 자기 자식처럼 애지중지했다. 이 고양이들은 모두 아명을 가지고
있는데 그 아명을 부르기만 하면 그 고양이가 바로 달려왔다. 건륭
54년(1789)에 늙은 첩이 죽었다. 고양이 열세 마리는 그녀의 관을 두
르고 돌면서 슬프게 울었다. 다른 사람들이 고양이에게 물고기를 줘
도 눈물을 흘리기만 할 뿐 조금도 먹지 않았다. 이렇게 사흘 동안 굶
다가 고양이 열세 마리가 결국 같은 날에 죽었다.

귀신이 입김을 불자
머리가 굽다

鬼吹頭彎

　강서 사람 임 천총林千總은 무거인武擧人이다. 한번은 임 천총이 곡물을 서울로 운반하다가 산동을 지나면서 옛 사당에서 투숙하게 되었다. 사당의 스님이 그에게 말했다.

　"이 누각에는 요괴가 있으니 조심하세요."

　임 천총은 자신의 무공을 믿고 밤이 되자 촛불을 들고 혼자 앉아서 요괴가 나타나길 기다렸다.

　한밤중에 임 천총은 계단에서 우당탕거리는 소리를 들었다. 붉은 옷을 입은 여성이 서서히 위로 올라오더니 먼저 불상 앞에서 머리를 조아려 절했다. 그 후에 임 천총을 바라보며 미소 지었다. 임 천총은 그녀에게 유혹당하지 않았다. 그 여자는 즉각 머리를 풀어헤치고 두 눈을 부릅뜬 악귀로 변하더니 그를 향해 돌진했다. 임 천총은 곁의 찻상을 집어 그녀에게 던졌다. 여자 귀신은 몸을 비켜 찻상을 피해서 손을 뻗어 그를 붙잡았다. 임 천총은 기회를 틈타 여자 귀신의 손을 붙잡았다. 그 손은 차갑고도 단단하여 마치 쇠뭉치 같았다. 여자 귀신은 손이 붙잡혔으나 꿈쩍도 하지 않고 그의 얼굴에 입김을 불었다. 입김은 참을 수 없을 정도로 악취가 나서 임 천총은 머리를 한쪽으로 돌려 피할 수밖에 없었다. 한밤중까지 격투하다가 날이 밝자 여자 귀신은 파김치가 되어 땅에 쓰러졌는데 바로 강시였다.

이튿날 스님은 이 일을 관가에 보고하고 강시를 불에 태웠다. 이로부터 요괴가 나타나지 않았다. 하지만 이로부터 임 천총의 목이 굽은 가지처럼 구부러져 다시는 원상태로 회복되지 않았다.

합마 교서와 의배진

蛤蟆教書蟻排陣

　내가 젊었을 때 규항葵巷[12]에서 살았는데 몸에 베로 만든 자루를 메고 죽통 두 개를 든 거지를 만났다. 자루에는 두꺼비 아홉 마리가 들어 있고 죽통 하나에는 붉은 개미, 다른 죽통에는 흰개미 각각 1000마리가 넘게 들어 있었다. 거지는 점포에 가서 두꺼비와 개미의 유희를 보여준 다음, 점포 주인에게 3문을 받고는 부리나케 다른 가게로 갔다.

　거지가 부리는 유희 중 하나는 '합마교서蛤蟆教書'라고 부른다. 방법은 작은 의자를 놓고 가장 큰 두꺼비를 작은 의자 위로 올라가게 한 다음 밖으로 앉게 한다. 나머지 여덟 마리는 큰 두꺼비를 향해 둥

12　젠궈중로建國中路와 제팡로解放路 동쪽 교차 지점의 거리 이름이다. 송나라 때는 항주성 밖의 작은 골목이었다. 청 건륭 연간에 공부낭중工部郎中 왕계숙汪啓淑(1728~1799)이 이 골목의 인공산에 규원葵園을 축조했다 하여 이 골목을 규항으로 개명했다. 광서 18년(1892) 순무 숭준嵩駿이 이 골목 북쪽에 '부문강학지려敷文講學之廬'(지금의 항칠중杭七中 전신)를 세웠다.『수원시화』권10 78조에 따르면, 원매도 이 골목에서 거주했다. 어릴 때부터 거주하여 17세 때 이사 갔다고 한다.

글게 둘러앉는 것이다. 이때 아홉 마리 두꺼비는 아무 소리도 내지 않았다. 갑자기 거지가 외쳤다.

"교서教書."

의자 위에 앉았던 큰 두꺼비가 "꽉꽉"거리며 몇 번 소리를 냈다. 빙 둘러앉았던 여덟 마리 두꺼비도 즉각 "꽉꽉"거리며 따라서 합창했다. 이렇게 두꺼비들은 일어났다 앉으며 끊임없이 소리를 질렀다. 한바탕 시끄러워지자 거지가 말했다.

"정지!"

그러자 두꺼비들은 즉각 소리를 멈췄다.

다른 하나는 '마의배진螞蟻排陣'이다. 방법은 홍기와 백기를 벌려놓는데 각각의 길이는 한 자다. 거지가 두 죽통 속에 든 개미를 쏟아내면 붉은 개미와 흰개미가 어지럽게 기어오르기 시작한다. 이때 거지가 홍기를 휘두르며 외쳤다.

"돌아갓!"

붉은 거미들은 즉각 대오를 지어 한일자로 긴 진을 친다. 거지가 다시 백기를 휘두르며 외쳤다.

"돌아갓!"

흰개미들은 신속히 한 줄로 열을 지었다. 거지가 다시 홍기와 백기를 번갈아 들면서 외쳤다.

"진을 뚫고 지나갓!"

그러면 붉은 개미와 흰개미가 즉각 횡렬, 종렬로 교차하며 움직이는데 좌우로 돌아도 진열이 가지런하고 대오가 흐트러지지 않았다. 여러 번 교차하며 지나다 거지가 두 죽통을 거꾸로 놓으면 붉은 개미와 흰개미가 나뉘어 각기 두 죽통 안으로 기어 들어갔다.

두꺼비와 개미는 모두 극히 보잘것없고 우둔한 동물과 곤충인데 거지가 무슨 방법으로 이처럼 훈련시켰는지 모른다.

木犬能吠

나무로 만든 개가 짖을 수 있다

섭문린葉文麟이 다음과 같은 말을 한 적이 있다. 그가 경성에 살 때 형부사법관刑部司法官의 집에 갔다. 이 집 대문을 두드리자 사자 털을 가진 사나운 개가 포효하며 대문을 나와 그에게 덤벼들었는데 사람을 무는 모습을 보여 섭문린은 깜짝 놀랐다. 주인이 소리를 듣고 나와 개에게 소리쳤다. 그러자 그 개는 땅에 꿇어앉아 움직이지 않았다.

주인은 섭문린을 보고 '츠츠' 소리를 내며 웃음을 멈추지 않았다. 섭문린이 물었다.

"왜 웃어요?"

"저것은 나무로 만든 개입니다. 바깥에 사자 털을 씌웠고 배 안에는 기계를 설치했지요. 기계를 작동시키기만 하면 짖고 달리게 할 수 있어요."

섭문린은 믿지 않았다. 주인이 다시 수탉 한 마리를 가지고 나왔는데 전신이 황색 깃털이고 벼슬은 높고 붉었다. 주인이 기계를 작동시키자 닭은 목을 길게 뻗어 높은 소리로 새벽을 알렸다. 섭문린이 그 깃털을 뽑아보니 과연 나무로 만든 것이었다.

구리로 만든 사람이
『서상기』를 공연하다

銅
人
演
西
廂

건륭 29년(1764) 서양 사람이 조정에 구리로 만든 사람 열 개를
바쳤다. 열 개의 로봇은 『서상기西廂記』[13]를 공연할 수 있었다.

이 로봇은 키가 한 자가 넘으며 신체, 귀, 눈, 손발이 모두 구리로
주조되었고 심장, 배, 콩팥, 장 등은 기계로 연결되었는데 제작 방법
은 자명종과 비슷했다. 이 로봇들이 무대에 나와 공연할 때면 모두
열쇠로 작동했다. 작동할 땐 정해진 순서가 있다. 순서가 바뀌면 로
봇이 앉고 눕고 움직이고 정지하는 것이 뒤엉킨다. 순서대로 작동시
키면 장생張生, 앵앵鶯鶯, 홍랑紅娘, 혜명惠明, 법총法聰[14] 등이 자동으로
상자를 열고 무대 의상을 입고 몸동작을 변환시키고 읍양하고 나아
가고 물러나는 행위가 노래하는 부분만 없을 뿐 진짜 사람과 똑같
았다. 공연 한 막이 끝나면 이 로봇은 자동으로 무대 의상을 벗고 상
자 속으로 들어가 눕는다. 이후에 다시 등장할 때 열쇠로 열면 그들

---

13 원나라 왕실보王實甫(1234~1294)가 지은 잡극雜劇.
14 모두 『서상기』에 등장하는 인물이다.

은 자동으로 일어나 무대로 나와 공연한다. 서양 사람이 설계한 오
묘함이 이러한 수준에까지 이르렀다.

쌍화묘

雙
花
廟

옹정 연간에 계림 출신의 채蔡 수재는 젊고 잘생겼으며 풍류적이
었다.

어느 해 봄 채 수재가 공연장에 가서 연극을 보았다. 한참 재미있
게 보는데 어떤 사람이 배후에서 그의 엉덩이를 더듬었다. 채 수재는
화가 나서 욕하고 주먹으로 때리려고 했다. 고개를 돌려 바라보니 그
사람은 소년이었으며 용모는 그보다 더 준수하게 생겼었다. 채 수재
는 분노가 기쁨으로 바뀌어 외려 손을 뻗어 그 젊은이의 음부를 더
듬었다. 그 젊은이는 기뻐 어쩔 줄 모르며 의관을 가지런히 매만지면
서 앞으로 나아가 수재에게 읍을 하고 자신의 성명을 밝혔다. 원래
이 젊은이도 계림의 부유한 집의 자제였으며 공부한 적은 있으나 아
직 학교에 들어가진 않았다. 두 사람은 의기투합하여 서로 손을 잡
고 행화촌杏花村 주막으로 가서 술자리를 벌여 대작하며 굳게 맹세했
다. 이로부터 두 사람은 외출할 때 같이 수레를 타고 앉을 때도 반드
시 동석했다. 피차 향료 주머니를 몸에 차고 다니며 수염을 깎았고
소매가 작고 옷깃이 넓은 옷을 입은 품새가 마치 여성 같았다. 대충

보더라도 그들이 남자인지 여자인지 구분할 수 없었다.

계림성에 왕독아王禿兒라 불리는 악당이 있었다. 한번은 그가 사람이 없는 곳에서 채 수재와 그 젊은이를 가로막고 그들을 강간하려고 했다. 두 사람이 한사코 따르지 않자 왕독아는 그들을 죽여 시체를 성 모퉁이 구석에 버렸다.

두 사람의 부모가 찾아달라고 관아에 신고했다. 포졸이 왕독아의 의복에 묻은 혈흔을 발견하고 그를 체포했다. 심문하니 왕독아가 실토하여 법대로 처리했다.

두 젊은이는 평소에 성실하고 문리文理를 꿰뚫었던 서생이었다. 이에 고을 사람들은 그들을 가련하게 여겨 사당을 세웠다. 매번 제사 때마다 사람들은 그들에게 살구꽃을 바쳤다. 그래서 이 사당은 '쌍화묘'란 이름을 갖게 되었다. 고을 사람이 이따금 기도하면 언제나 영험을 보여주었다. 그래서 쌍화묘의 향불은 더욱 번성하게 되었다.

여러 해가 지난 뒤 유대호자劉大胡子란 별명을 가진 현령이 쌍화묘를 지나다가 이 사당의 유래를 물었다. 자세한 사정을 파악한 유대호자는 벌컥 화를 내며 말했다.

"음란함 사당일 뿐이다. 두 건달의 죄악이 적지 않거늘, 어째서 그들에게 제사를 지내는 것이냐?"

당장 현지 이장里長에게 명을 내려 사당을 철거하게 했다.

그날 저녁에 유대호자는 꿈속에서 두 사람을 봤다. 한 사람은 그의 수염을 잡고 비틀었으며, 한 사람은 그의 얼굴에 침을 뱉고 욕을 했다.

"당신은 무슨 근거로 우리가 건달이라는 거요? 당신은 지방관이

지 우리의 노비가 아니거늘, 어떻게 우리 두 사람이 이불 속에서 무엇을 했는지 안단 말이오? 당년 삼국 시대의 주유周瑜,[15] 손책은 모두 용모가 준수한 소년이었소. 그들은 친한 친구 사이로 지내며 같은 방에서 자고 그림자처럼 떨어지지 않았어도, 여전히 기세가 세상을 덮은 영웅이었소. 설마 그들도 건달이라 여기는 건 아니지요? 당신은 계림 현령이 된 이래로 모 사건을 처리하면서 재물을 탐하여 뇌물을 받아먹었고, 어느 해에는 주周 공생을 억울하게 죽였소. 당신이 나쁜 사람이 아니면, 우리가 나쁜 사람이란 말입니까? 원래는 그대의 하찮은 목숨을 당장 끝장내려 했으나, 그대가 법망을 피하기 어렵거니와 죽을 날도 얼마 남지 않았기에 잠시 용서해준 것이오."

말을 마치자 소매에서 세 자 길이의 몽둥이를 꺼내 유대호자의 변발에 묶으며 말했다.

"너는 때가 되면 알 것이니라."

유대호자가 놀라 깨어나 꿈속의 일을 가족에게 알렸다. 가족들은 쌍화묘를 다시 세워 제사를 지내자고 주장했다. 하지만 유대호자는 체면 때문에 가족의 제의를 묵살했다. 오래지 않아 그의 뇌물 수수가 발각되어 탄핵받고 결국 교수형에 처해졌다. 교수형에 처해질 때에야 그 몽둥이가 교승絞繩[올가미]의 상징임을 깨달았다.

---

15 삼국 시대 오나라의 명신(175~210).

假女

가짜 여인

귀양현貴陽縣의 홍洪 씨는 미남이었다. 그는 바느질하는 여성으로 위장하여 여자들에게 자수를 가르치면서 호남, 귀주 두 성을 돌아다니며 그 기예를 전수했다.

호남 장사의 이 수재가 홍 씨를 초대하여 사통하려고 했다. 이에 홍 씨는 사실대로 말했다. 이 수재는 이 말을 듣고 웃으며 말했다.

"당신이 정말 남자라고요? 진짜 남자라면 더 잘 되었소. 옛날에 북위北魏 군주가 황태후를 뵈러 후궁에 들어왔다가 미모의 두 비구니를 보고는 그녀들을 불러와 총애했는데 두 사람은 모두 남자였소. 그래서 마침내 법으로 가짜 비구니 두 사람을 법으로 처형한 일이 있지요. 나는 이 일을 한탄스럽게 생각한다오. 그 북위 군주는 참으로 어리석은 사람이오. 그는 어째서 가짜 비구니 두 사람을 용양龍陽16으로 자신의 시종으로 삼지 않았을까요? 그렇게 하면 자신의 총

16　전국 시대에 위왕魏王이 동성애로 총애하던 신하를 용양군龍陽君이라 일컬은 고사에서 유래된 말로, 남자끼리의 성행위를 이른다.

애받는 신하가 될 뿐만 아니라, 황태후의 체면을 세워 그녀의 마음을 상하게 하지 않았을 터인데."

홍 씨는 흔쾌히 그와 친하게 지냈다. 이 수재도 홍 씨를 무척 총애하게 되었다.

몇 년이 지난 뒤 홍 씨는 강하江夏로 갔다. 강하의 두杜 씨도 홍 씨를 집으로 데려와 사통하려고 했다. 하지만 홍 씨는 이 수재에게 대처한 방법을 써서 두 씨에게 자신이 남자라고 알렸다. 하지만 두 씨는 이 일을 이해하지 못하고 도리어 관청에 고발했다. 관아에서는 즉각 체포하여 귀양 원적지로 압송했다.

귀주 안찰사가 친히 심문하다가 보니, 홍 씨의 목소리는 아리땁고 가냘프며, 목에는 울대가 없었고, 머리를 길러 땅에까지 드리웠으며, 피부가 부드럽고 윤택이 나는 데다 허리둘레는 불과 한 자 세 치에 불과했다. 하지만 그의 음부는 크고 통통하니 커다란 버섯 같았다. 홍 씨의 자술에 따르면, 그는 어려서 부모를 잃어 이웃의 과부가 거두어 길렀는데, 성장한 뒤에 과부와 사통하고는 마침내 머리를 기르고 전족하여 외부엔 과부의 딸이라고 거짓말했다. 후에 과부가 죽자 그는 바느질하는 여인으로 위장하여 남에게 자수를 가르쳤다. 17세 때 문을 나서 떠돌아다녀 지금 벌써 27세가 되었다. 10년 동안 그에게 유린당한 여자는 셀 수 없을 정도로 많았다. 그가 모욕한 여성의 성명을 안찰사가 캐묻자 홍 씨는 말했다.

"제게 벌을 내리는 것만으로 충분하거늘, 그 여성의 이름을 손상시킬 필요가 있나요?"

안찰사가 세 가지 형구를 틀어 심문하니, 그가 데리고 잔 여성의

744

성명을 불었다.

귀주 순무가 홍 씨를 유배 보내자고 주장했으나, 안찰사는 그가 요염한 미색으로 여러 사람을 유혹했으니 참수하지 않으면 안 된다고 주장하며 극형을 내렸다. 극형에 처해지기 하루 전 날 홍 씨가 간수에게 말했다.

"저는 인간 세상에서 누리기 어려운 즐거움을 만끽했으니, 죽어도 여한은 없어요. 하지만 안찰사도 죽음을 면하지 못할 겁니다. 저의 죄는 화간和姦에 불과합니다. 머리를 기르고 여자를 유혹한 것은 조간刁奸[17]에 불과합니다. 나라 법률에 따르면 사형에 처해질 정도는 아니라고 봅니다. 하물며 그 여성들이 나와 화간한 것은 모두 밝히기 어려운 일이니, 한번 덮어두면 그 여성들의 명성을 보전할 수가 있죠. 그런데 안찰사는 저를 핍박하여 이름을 불게함으로써 그 여성들의 이름을 주장奏章에 쓰는 바람에 세상 사람들이 모두 알게 되었어요. 그리고 수십 개 군현의 부귀한 집의 여성을 모두 장형杖刑에 처해, 백옥 같은 피부가 붉은 형틀에 혹형을 당해 망가졌지요."

이튿날 홍 씨는 형장에 이르러 형을 받게 되었다. 그는 자신이 꿇어앉은 곳을 가리키며 외쳤다.

"3년 뒤 나를 심문한 사람도 여기서 목이 잘릴 것이다."

이후 귀주 안찰사도 과연 어떤 사건에 연루되어 머리가 잘렸다. 사람들이 놀랍게 여겼다.

내 생각엔 이 사건이 『명사明史』에 기록한 가정 연간(1522~1566)

---

17 여자를 꾀어내어 간통하다.

의 요망한 사람 상충桑蟲[18]의 사건과 같다. 상충은 보복하지 않았으나 홍 씨는 도리어 보복하려고 했으니, 어째서인가?

---

18 석주石州(지금의 산시성 리스離石) 사람이다. 어려서 부모를 여의고 유차楡次 사람 곡재谷才로부터 여장술을 배워 전족을 하고 바느질과 수예를 익혔으며 어른이 되어서도 과부로 위장하고 마흔다섯 곳의 마을을 돌아다녔다. 도중에 아름다운 여성을 보면 자수를 가르친다는 명분으로 유인해 간음했다고 전해진다. 사조제謝肇淛(1567~1624)의 『오잡조五雜組』에도 보인다.

預知科名 　　　　合격 여부를 미리 알다

　나의 족제族弟 원남袁楠이 수재가 되었을 때 건륭 18년(1753) 계유
과癸酉科 향시에 응시했다. 응시하기 전에 그의 집안에서 어려운 일을
당하여 사방으로 뿔뿔이 흩어지지 않으면 안 되었다. 그가 집안일을
해결하고 시험에 응시할 때 몸은 이미 녹초가 되어 있었다.

　시험장에 들어가 원남은 '홍洪'자 3호에 배정받았다. 이미 날이 어
두워져서 이부자리를 깔고 누워 잤다. 이경쯤 되었을 때 어떤 사람
이 묻는 소리가 들렸다.

　"몇 번이 원 상공입니까?"

　원남은 자신도 모르게 놀라 깨어났다. 질문한 그 사람도 같이 응
시한 수재였으나 원남은 그를 전혀 알지 못했다. 그 수재가 다시 물
었다.

　"그대가 바로 원남이지요?"

　"그렇습니다."

　그 수재는 곧바로 읍을 하며 축하해주었다.

　"그대는 벌써 합격했어요."

"어떻게 아시오?"

"저는 임안臨安 사람으로 성은 사謝이며 그대와 같은 호실을 쓰게 되었소. 방금 저는 꿈속에서 바깥에서 어떤 사람이 급히 외치는 소리를 들었소. '얼른 시험지를 가지러 오시오.' 제가 가져오니 시험지는 한 장뿐이고 시험 문제는 '나라에 도가 행해지면 말과 행동을 바르게 한다邦有道, 危言危行'19라는 두 구절뿐이었소. 당시 같은 호실의 수험생은 60, 70명이나 되는데 사람들은 모두 어째서 시험 문제가 한 장뿐이냐고 웅성거리며 물었소. 이에 밖에서 어떤 사람이 대답하더군요. '홍자 호실 가운데 3호의 원 수재만이 시험 문제를 가져갈 수 있소.' 그대가 3호이고 성명도 완전히 부합하여 이에 그대에게 알리는 것이오."

원남은 고개를 끄덕이며 사 수재에게 감사를 표했다.

이튿날 아침 시험 문제가 발표되니 제목은 과연 그대로였다. 원남은 무척 기뻐하며 자신이 분명 합격할 것으로 믿으면서 붓을 날려 급히 작성했는데 써낸 글은 전에 구상한 대로였다. 합격자 발표가 난 뒤 그는 결국 합격했다.

---

19 『논어』「헌문憲問」편에 나오는 구절이다.

胡
鵬
南

호붕남

호붕남胡鵬南[20]이 내성을 순시하는 일을 맡았다. 하루는 누나가 병들었단 소식을 듣고 찾아뵈러 갔다. 이때 누나는 이미 혼수상태에 처해 있었다. 누나는 동생이 위문 왔다는 소식을 듣고는 침상에서 일어나 동생에게 말했다.

"동생이 나를 보러 왔다니 참 잘 되었다. 하지만 너는 빨리 돌아가야 해."

호붕남이 가려하지 않자 누나가 일어나 손으로 떠밀었다. 그 누나의 가족과 자제는 영문을 몰라 어리둥절했다.

호붕남이 떠난 뒤 그의 누나가 비로소 가족에게 말했다.

"저는 방금 죽었었어요. 저승사자가 저를 성황부城隍府로 압송하던 중에 깃발을 든 의장대를 만났는데 저승사자가 말하더군요.

'전임 성황이 승진하시고 신임 성황 나리가 부임하신다. 너는 이

---

20   자는 성전省旃이고 호는 무동懋소, 지강芝岡이며 복건성 연강連江 사람이다. 건륭 연간의 진사이며 관직은 이과급사중吏科給事中을 역임했다.

여자 범인을 압송해 돌아가라.'

그러자 저승사자가 물었지요.

'신임 성황 나리는 어떤 분이신지요?'

'이과급사중吏科給事中 호붕남이시다.'

저는 이 말을 듣고 깜짝 놀라 깨어났는데 뜻밖에도 붕남이가 제 침상 곁에 있더군요. 그래서 돌아가라고 권유한 겁니다. 얼른 붕남의 집에 가보세요."

가족들이 이 말을 듣고 찾아갔더니 호붕남은 목욕을 마치고 조복으로 갈아입고는 조용히 침상에 누워서 병 없이 죽었다. 호붕남이 바로 족제 춘포春圃[21]의 과거시험관이다.

---

21 춘포는 원매의 족제 원남의 자다.

龍護高家堰

용이 고가언을 보호하다

건륭 27년(1762) 학사學使 이인배李因培[22]가 회안에 와서 과거시험을 감독했다. 당일 이른 새벽에 광풍이 불고 소낙비가 퍼부었다. 수험생들이 놀라서 서로 바라만 보고 있었는데, 시험장에서 호명하는 것도 진행할 수가 없었다. 사람들이 우왕좌왕할 때 갑자기 지진이 발생했다. 시험장 원문轅門[23] 밖의 큰 깃대도 태풍에 먹장구름 속으로 휘말려 어디로 갔는지 몰랐다. 홍택호 물이 급격히 불어 고가언高家堰[24]의 제방 수면과 같아졌다. 당시의 강남하도 총독江南河道總督 고공高公[25]과 각 관청의 장관은 놀라서 얼굴이 흙빛이 되어 말했다.

"서북풍이 다시 거세게 분다면 회안, 양주는 끝장났소."

---

22 이인배(1717~1767)는 자가 기재其材이고 호가 학봉鶴峰이며 운남성 진령晉寧 사람이다. 건륭 연간의 진사이며 관직은 병부우시랑에 이르렀다.

23 군영의 문이나 관공서의 바깥문을 이른다.

24 원명은 홍택호대제洪澤湖大堤다. 장쑤성 화이인현淮陰縣 가오옌촌高堰村 부근의 화이허 제방淮河堤防을 말하는데, 후한 시기 진등陳登이 처음 만들었다고 하니 세계 최초의 인공 댐인 셈이다.

사람들이 당황하여 어찌할 바를 모를 때 갑자기 동풍으로 바뀌고 하늘의 검은 구름이 낮게 드리워 덮개같이 사람의 머리를 누를 것 같았다. 그런데 검은 용 한 마리가 구름 속에서 긴 꼬리를 끌면서 홍택호의 물을 마셨다. 용의 꼬리가 수면에서 몇 번 요동치더니 순식간에 홍택호의 수위가 세 길로 내려가자 사람들은 크게 안심했다. 그검은 용의 황금빛 비늘이 사방에 빛났지만, 머리와 뿔은 구름 속이라 보이지 않았다.

당시 상황을 석태현石埭縣 교관 심우담沈雨潭26이 목격했다고 한다.

25　당시 강남하도 총독을 맡았던 고빈高斌(1683~1755)을 말한다. 자가 우문右文, 호가 동헌東軒으로 만주 양황기鑲黃旗 사람이다. 원래 한족이었으나 그의 딸이 건륭제의 비가 되면서 성을 고가씨高佳氏로 바꿨다. 내무부 주사, 광동 포정사, 절강 포정사, 강소 포정사, 하남 포정사, 강남하도 총독, 직예 총독, 문연각대학사 등을 역임했다.
26　강소성 산양山陽 사람으로 건륭 정유년丁酉年(1776)의 공생이었으며 석태현 교유敎諭를 역임했다.

雷公被污

뇌공이 오물을 뒤집어쓰다

심우담이 말했다.

건륭 27년(1762) 어느 날 천둥과 번개가 번갈아 치고 벼락이 회안 고빈원孤貧院에 내려 노파가 맞았다. 당시 이 노파는 바지를 벗고 소변을 보고 있었다. 노파는 조급한 나머지 곧바로 오줌통을 집어들어 뇌성이 치는 방향으로 던졌다. 황금 갑옷을 입은 뇌신雷神이 지붕을 몇 바퀴 돌다가 땅에 떨어졌다. 잠시 후 뇌신이 노파의 신변에 무릎을 꿇었다. 이 뇌신은 부리가 길고 전신이 온통 까만 데다 키는 두 자가 넘었으며 허리 아래엔 검은 가죽을 매달았는데 보니 치마처럼 하체를 가린 것 같았다. 그는 두 눈을 부릅뜨고 한 마디도 하지 않았으며 두 날개는 끊임없이 움직이고 있었다.

현지 주민이 이 일을 산양 관아에 보고했다. 관아에서는 도사를 현장에 파견하여 부적을 그리고 주문을 읽게 했다. 그리고 맑은 물로 뇌신의 머리를 열 번 넘게 씻어냈다. 이튿날 다시 소낙비가 내리자, 뇌신은 날아 하늘로 올라갔다.

이 문정공의
꿈에 나타난 징조

李文貞公夢兆

이광지李光地27 상공이 아직 부귀하지 않았을 때 일찍이 구룡탄九
龍灘의 사당에 가서 해몽을 부탁했다. 그러자 신이 그에게 대련 한 폭
을 주었다.

부귀란 마음속으로 생각할 게 못 되고 富貴無心想
공적과 명예 한꺼번에 이루지 못한다 功名兩不成

이광지는 이 대련이 너무 불길하다 여겨 언제나 마음을 놓지 못
했다.

이후 이광지가 무술과戊戌科 진사시험에 합격하고 지위는 재상에
까지 이르렀다. 이때에야 '무술戊戌'이란 글자가 '성成'자와 비슷하나

27　이광지(1642~1718)는 자가 진경晉卿, 호가 용수榕樹, 시호가 문정文貞이며 복건
성 안계安溪 사람이다. 강희 9년(1670)의 진사이며 관직은 한림원 편수, 직예 순무, 이부
상서, 문연각대학사를 역임했다. 주요 저작으로는『역상요의曆像要義』『사서해四書解』
『성리정의性理精義』『주자전서朱子全書』등이 있다.

'성成'자가 아니며, '상想'자에서 아래의 '심心'자를 떼어버리면 바로 '상相'자임을 알게 되었다.

귀신이
통행증을 구하다

鬼
求
路
引

덕령德齡 출신 안安 거인이 태창주太倉州에서 지주知州로 지낼 때 그
의 절강 출신 막료가 우연히 풍한風寒에 걸렸다. 어느 날 밤에 갑자기
큰 소리로 외쳤다.

"돌아가야지! 돌아가야지! 어째서 돌아가지 않는가?"

그의 말투를 들어보니 섬서 사투리 같았다. 같은 침실을 쓰는 동
료가 그 귀신에게 물었다.

"그대는 어째서 돌아가지 않소?"

"저에겐 통행증이 없어요."

"그대는 어째서 이곳에서 죽었나요?"

"저는 영하寧夏 사람이고 이름은 막용비莫容非라고 합니다. 전임 태
창주 지주 조유趙酉[28]가 저의 먼 친척입니다. 제가 만 리를 마다하지
않고 온 까닭은 원래 그에게 기대고 싶었기 때문이죠. 하지만 조 자

---

28 감숙 진주秦州의 발공拔貢이며 옹정 12년(1734)에 연장 지현延長知縣을 맡았다.
관직생활이 민첩하고 명확히 판단했으며 부지런하고 청렴했다.

사는 저를 만나주지도 않았을뿐더러 한 푼도 주지 않았어요. 저는 빈털터리가 되어 이곳에서 굶어 죽었지요."

"그렇다면 어째서 조유를 찾아가 복수하지 않나요? 막료와 당신은 무슨 원한관계라도 있나요?"

"조유는 이미 다른 곳으로 옮겼어요. 귀신은 통행증이 없으면 떠날 수가 없어요. 제가 다른 사람을 성가시게 굴면 좋은 점이 없겠지요. 그래서 안 거인을 놀라게 하기 위해 이 막료를 괴롭힌 겁니다. 그러면 막료를 불쌍히 여겨 반드시 제게 통행증을 주겠지요."

덕령 안 거인이 이 일을 들은 뒤 즉각 이방을 불러 공문서를 쓰게 하고는 연로의 하신관리河神關吏에게 부탁하여 막용비의 혼령을 놓아주어 고향으로 돌려보내게 했다. 이 막료의 병은 치료하지 않았는데도 나았다.

석규와 체휘

石
揆
諦
暉

석규石揆[29]와 체휘諦暉 두 고승은 모두 불교 선종 남능교南能敎[30]의
계승자다. 석규는 참선을 위주로 했고 체휘는 계율을 중시했는데, 두
사람의 지위는 높낮이를 구분할 수 없었다. 체휘가 항주 영은사靈隱
寺[31] 방장을 지냈는데 향불이 더욱 왕성해졌다. 그러자 석규는 그의
방장 자리를 빼앗을 궁리를 했다. 마침 항주 천축사天竺寺[32]에서 기우

---

29   석규(1627~1697)는 속명이 손원지孫原志이고 강소 염성鹽城 사람이다. 그의 부친
이 명말에 강호의 협객과 친교를 맺었다가 죽임을 당했다. 이에 석규는 복수하기 위해
집을 떠났다. 청 순치 7년(1650) 통주通州 미타사彌陀寺에서 출가하여 영은사靈隱寺에
서 수계했다. 이후 양주 상방사上方寺, 가흥 경운사慶雲寺, 여항餘杭 경산사徑山寺 등지
를 편력했다. 강희 20년(1680)에 영은사 주지를 지냈고 강희 32년(1693)에는 상숙 삼봉
사三峰寺로 옮겨 이곳 주지를 맡았다.
30   당대의 혜능慧能(638~713) 스님이 창시한 선종 종파를 말한다. 당대의 선종을 두고
'남능북수南能北秀'라고 일컫는데 남종은 혜능, 북종은 신수神秀(606~706)라는 뜻이다.
31   저장성 항저우시에 있으며 운림사雲林寺라고도 부른다. 북쪽으로 북고봉北高峰,
남쪽으로 비래봉飛來峰을 마주하고 있다. 동진 함화咸和 원년(326)에 축조하기 시작했는데
영은사를 세운 사람은 서인도 승려 혜리慧理다. 강희 28년(1689) 강희제가 남순南巡할
때 '운림선사雲林禪師'라는 편액을 내렸다.

제를 지낼 때 석규가 주문呪文을 지니고 흑룡을 불러오자 큰비가 내렸다. 현장에 있던 사람은 모두 이 광경을 보고 그를 신선으로 받들었다. 체휘는 이 말을 들은 뒤 영은사를 떠나 운서산雲棲山에서 가장 외진 곳에 들어가 은거했다. 이로부터 영은사의 방장 자리는 석규가 맡아 30년간 유지했다.

석규는 원래 명대 만력 연간의 거인으로 말이 청산유수였다. 불경 강의와 설법으로 그의 명성이 끊이지 않고 사방으로 전해졌다.

당시 심沈 씨 성을 가진 고아가 있었다. 부모가 모두 사망한지라 남의 집에서 허드렛일을 해주면서 살았다. 어느 날 그가 주인을 따라 영은사에 왔다. 석규는 이 아이를 보고는 깜짝 놀라 시주에게 그 아이를 제자로 삼겠다고 부탁하니 시주가 두말없이 승낙했다. 그때 아이는 겨우 일곱 살이었다. 석규는 그를 위해 스승을 초빙하여 가르쳤다. 아이가 고기를 먹고 싶다면 즉시 고기를 주었다. 화려한 옷을 입고 싶다면 사람에게 부탁해 수놓은 옷을 만들어주었다. 그리고 머리도 깎지 않았다. 이 아이는 타고난 자질이 총명하고 영특하여 몇 년 뒤 팔고문에 정통하게 되었다. 그가 스무 살이 다 되었을 때 절강 제독浙江提督 학정學政이 항주의 과거시험관으로 내려왔을 때 그에게 부학府學시험에 응시하라고 하면서 근사近思라는 이름을 지어주었다. 마침내 심근사沈近思는 부학시험에서 3등으로 합격했다.

32　저장성 항저우시 천축산天竺山에 저명한 세 절이 있는데 이를 '천축삼사天竺三寺' (상천축사上天竺寺, 중천축사, 하천축사下天竺寺)라고 부르며 모두 항저우의 고찰이다. 청 고종 건륭제가 세 절을 각기 법희사法喜寺, 법정사法淨寺, 법경사法鏡寺로 이름 짓고 친히 편액을 써주었다.

한 달이 지나 석규가 영은사의 스님을 모두 모아놓고 그들에게 말했다.

"근사는 나의 어린 사미승인데 어찌하여 나를 속이고 부학에 들어가 생원이 되었느냐?"

그 자리에서 심근사에게 명령하여 부처님 앞에 무릎 꿇게 하고, 삭발시키고 가사를 입히고는 '도불逃佛'이란 법명을 내려줬다. 같이 공부했던 부학의 생원들은 이 소식을 듣고 분노하여 수백 명에게 연락하여 연명으로 순무, 제독학정에게 고소하면서 석규가 생원의 머리를 삭발시키고 유교를 버리고 불교를 따르게 하여 법도를 어겼다며 질책했다. 항상천項霜泉이라 불리는 생원은 항주 학계의 거물이었다. 그는 집안의 동복 수십 명을 거느리고 영은사에서 심근사를 빼내어 그의 머리에 가짜 변발을 씌워주었다. 동시에 자신의 누이와 결혼시킨 뒤 축하하기 위해 크게 잔치를 벌이고 널리 학계의 생원, 문사를 초청하여 「최장시催妝詩」를 짓게 했다.

순무, 독학학정은 평시에 석규와 교류했지만 대중의 분노를 거스를 수 없어 생원들의 고발을 인정하는 수밖에 없었다. 이에 심근사가 머리를 길러 유생이 되는 것을 허락했다. 하지만 생원들은 여전히 불복하고 분노의 기세가 흉흉하여 영은사를 불태우자고 소리 높여 외쳤고 석규를 구타했다. 관아에서는 어쩔 수 없이 석규 신변의 두 시종 스님을 속죄양으로 만들어 각기 곤장 15대를 때리자 생원의 분노가 점차 가라앉기 시작했다.

또 1개월이 지나 석규는 시종 스님에게 종을 치라고 명하고는 전체 스님을 불러 모았다. 그들은 각자 향을 지니고 부처에게 예불했다. 석규는 예불을 마친 뒤 눈물을 흘리며 여러 스님에게 말했다.

"이것은 내가 체휘를 배신한 응보요. 영은사는 본래 체휘의 본거지였소. 내가 이기기 좋아하는 심보 때문에 그의 방장 자리를 빼앗은 것이오. 쭉 생각해보았더니 내가 죽은 뒤 큰 복이 있는 사람이 아니라면 이 사원을 꾸려나갈 수 없을 것 같소. 내가 심근사의 비범한 풍모를 보니 장래에 관직이 일품—品에 이를 것 같소. 그가 불계佛界로 들어온다면 나한의 몸이 될 것이오. 그래서 나는 그를 보자마자 마음이 기울어 장래에 방장 자리를 그에게 물려주려고 했소. 내게는 또 다른 승부욕이 있는데 그것은 바로 불법으로 공자孔子의 도를 압도하는 것이오. 그래서 나는 먼저 심근사를 부학에 입학시켜서 거인 출신 스님의 의발衣鉢을 잇게 하려던 것이오. 이것은 모두 탐욕이 사라지지 않고 언행이 거짓되며 마음이 진지하지 못했기 때문이오. 지금 나의 시종 스님이 나 대신 관청에서 곤장을 맞은 일은 극대의 치욕이거늘, 내가 무슨 낯으로 방장 자리에 앉아 있을 수 있겠소? 유가에선 개과천선을 주장하고 불가에선 참회를 주장합니다. 오늘부터 나는 석범천왕釋梵天王에게로 가서 죄를 참회하겠습니다. 100년 동안 참회한 뒤라야 득도할 것입니다. 그대들은 속히 나의 선장禪杖, 백옥 바리, 보라색 가사를 가지고 가서 체휘 장로를 맞이해와 나의 죄과를 채우시오."

여러 스님은 합장하며 무릎 꿇고 울면서 말했다.

"체휘 스님은 떠나신 지 벌써 30년이 넘었어요. 소식도 없는데 어디로 가서 찾는단 말입니까?"

"지금 운서산 어느 봉우리의 어느 절에 사시오. 절 앞에는 고송 한

그루와 우물이 있을 것이오. 이것만 기억하면 반드시 찾을 수 있을
것이오."

석규는 이 말을 마치고 가부좌를 틀고는 갑자기 서거했다. 두 콧구
멍에서는 콧물이 흘러내렸는데 옥기둥처럼 하얗고 두 자나 되었다.

영은사 스님들은 석규의 유언을 받들어 끝내 체휘를 찾아서 돌아
왔다. 이후 심근사도 진사에 합격하고 관직은 좌도어사左都御史에 이
르렀다. 그는 관직생활을 하는 동안 정치적 명성을 얻어 사후에 '청
각清恪'이란 시호를 받았다. 그는 높은 관직에 있었으나 양육해준 석
규의 은혜를 언급할 때마다 눈물을 흘리곤 했다.

체휘에게 운惲 씨 성을 가진 옛 친구가 있는데 상주 무진 사람이
다. 운 씨가 난을 피해 외지로 돌아다니다가 팔기군八旗軍에 들어가
병사가 되었다. 그의 아들은 겨우 일곱 살로 항주 주군도통杭州駐軍都
統 집에 노예로 팔렸다. 체휘는 운 씨의 아들을 구해주고 싶었다.

그해 2월 19일 항주에서 관음보살의 생일을 축하하고 있을 때 만
주족과 한족 두 민족의 신사숙녀들이 모두 천축사에 와서 향을 올
렸다. 참배객들이 영은사를 지나갈 때마다 반드시 방장 스님을 찾아
뵙곤 했다. 체휘의 불도 수행이 드높은지라 그를 찾아와 절하는 귀
족 남녀가 수만 명에 달했으나, 그는 여태껏 답례한 적이 없었다. 도
통 부인이 노복과 하녀 수십 명을 데리고 체휘를 뵈러 왔을 때, 체휘
는 노복 가운데 신체가 수척하고 왜소한 운 씨 고아가 있단 소식을
미리 파악했다. 이에 갑자기 일어서서 앞으로 나아가 그 고아 앞에
무릎을 꿇고 연이어 절하면서 말했다.

"죄를 지었습니다. 죄를 지었습니다."

도통 부인이 대경실색하여 원인을 묻자 체휘가 말했다.

"이 아이는 지장왕 보살입니다. 그가 인간 세상에 환생한 것은 인간의 선악을 살펴보기 위해서입니다. 부인이 그를 노복으로 삼아 부려먹었으니 무례하기 짝이 없지요. 듣자니 부인께서 그를 때렸다고 하므로 그 죄는 더욱 엄중할 터입니다. 부인에게 큰 화가 닥칠 날이 멀지 않았습니다."

도통 부인은 이 말을 듣고 놀라서 급히 구해달라고 졸랐다. 이에 체휘가 말했다.

"구할 방법이 없어요."

부인은 더욱 무서워져서 도통에게 보고했다. 도통은 친히 찾아와서 체휘 앞에 무릎 꿇으며 일어나려고 하지 않았다. 이어서 불문의 길을 열어달라고 부탁했다. 체휘가 도통에게 말했다.

"이 일은 대인께서도 죄가 있지만 노승에게도 죄가 있습니다. 지장왕이 저의 절에 내려오셨는데도 노승은 나가서 영접하지도 않았습니다. 그 죄는 너무나 큽니다. 지금 노승은 지장왕을 절 안으로 모셔 향화香花와 맑은 물로 공양하도록 하겠습니다. 그리고 천천히 대인과 부인을 위해 참회하고, 동시에 자신을 위해 참회하겠습니다."

도통은 너무나 기뻐서 은 100만 냥을 보시하고 운 씨 고아를 체휘에게 맡겼다.

체휘는 그에게 공부와 그림을 가르쳤으며 '수평壽平'33이란 이름을 지어주었다. 나중에 운수평이 성인으로 자라자 집으로 돌아가라며 다음과 같이 말했다.

"나는 석규같이 어리석은 마음을 배우고 싶지 않네."

몇 년 이후 운수평은 그림 솜씨로 이름을 날렸고 시문도 청묘淸妙
했다. 어떤 사람이 체휘에게 운수평과 심근사 두 사람의 우열을 묻
자, 체휘가 말했다.

　　"심근사³⁴는 유학을 배워 주돈이周敦頤,³⁵ 정씨程氏 형제,³⁶ 장재張
載,³⁷ 주희朱熹³⁸의 틀을 벗어나지 못했지만, 운수평이 그린 그림은 문
징명, 심주沈周,³⁹ 당인唐寅,⁴⁰ 구영仇英⁴¹의 범주를 뛰어넘지요. 노승이

33　운수평(1633~1690)은 원명이 격格이고 자가 수평, 호가 남전南田이다. 명말, 청초
의 저명한 서화가이며 상주화파常州畫派의 개산조다. 특히 화조화를 잘 그렸다. 그에 관
한 이야기가 비슷한 내용으로『수원시화』권4 2조에 실려 있다.

34　자는 위산位山이고 호는 암재闇齋이며 시호는 단각端恪이다. 절강성 인화 사람이
고 강희 연간의 진사이며 관직은 좌도 어사에 이르렀다.

35　주돈이(1017~1073)는 원명이 주돈실周敦實이고 다른 이름으로 주원호周元皓가
있다. 자는 무숙茂叔이고 시호는 원공元公이다. 평생 염계濂溪를 떠나지 않아 염계선생
濂溪先生으로도 불린다. 지금의 후난성 다오현道縣 사람으로 강남 동도江南東道 남강군
형옥南康軍刑獄을 역임했다. 송대 이학 사상의 개산조이며 저작으로는『태극도설太極圖
說』『통서通書』『주자전서周子全書』등이 있다.

36　송대 성리학자 정호程顥(1032~1085)와 정이程頤(1033~1107) 형제를 이른다.

37　장재(1020~1077)는 자가 자후子厚이고 지금의 산시성 메이현眉縣 사람이다. 북송
의 사상가, 교육가, 이학 창시자 중 한 명이다. 저작좌랑著作佐郞, 숭문원교서崇文院校書
등을 역임하고 관중關中에서 강학했다 하여 그의 학파를 '관학關學'이라 부른다. 장재
는 주돈이, 소옹邵雍(1011~1077), 정호, 정이와 더불어 '북송오자北宋五子'라 불린다. 주
요 저작으로는『정몽正蒙』『횡거역설橫渠易說』등이 있다.

38　주희(1130~1200)는 자가 원회元晦, 중회仲晦이고 호가 회암晦庵, 회옹晦翁이다. 시
호가 문文이라서 주문공朱文公이라 부르기도 한다. 지금의 푸젠성 룽시현龍溪縣에서
태어났다. 송대의 저명한 이학가, 사상가, 철학가, 교육가, 시인이며 민학파閩學派의 대표
인물이고 유학의 집대성자로 일컬어져 그를 주자로 불렀다. 주희는 19세에 진사가 되어
강서 남강 지부南康知府, 복건 장주 지부漳州知府, 절동 순무浙東巡撫를 역임했다. 주요
저작으로는『사서장구집주四書章句集注』『태극도설해太極圖說解』『통서해설通書解說』
『주역독본周易讀本』『초사집주楚辭集注』등이 있다.

보건대 당연히 운수평이 높아요."

체휘는 말이 미처 끝나기도 전에 계척戒尺으로 자신의 목을 치면서 말했다.

"제가 또 석규와 싸워 이겼네요. 불가합니다. 불가합니다."

체휘는 104세까지 살았다.

---

39 심주(1427~1509)는 자가 계남啓南, 호가 석전石田, 백석옹白石翁, 옥전생玉田生이고 명대 오문화파吳門畫派 창시자의 한 명이다. 소주 사람으로 과거에 응시하지 않고 시문 창작을 하거나 서화만 그렸다. 전하는 작품으로 「여산고도廬山高圖」「추림화구도秋林話舊圖」「창주취도滄州趣圖」 등이 있고 저작으로는 『석전집石田集』『객좌신문客座新聞』 등이 있다.

40 당인(1470~1524)은 자가 백호伯虎, 호가 육여거사六如居士, 도화암주桃花庵主이며 명대 화가, 서예가, 시인이다. 주요 작품으로는 「기려사귀도騎驢思歸圖」「산로송성도山路松聲圖」「사명도事茗圖」「왕촉궁기도王蜀宮妓圖」「이단단낙적도李端端落籍圖」「추풍환선도秋風紈扇圖」「고사구욕도枯槎鸜鵒圖」 등이 있다.

41 구영(1494~1552)은 자가 실보實父, 호가 십주十洲다. 오문사가의 한 사람으로 특히 인물화를 잘 그렸다.

하늘의 네 화원

天上四花園

가흥 거인 축유고祝維誥[42]는 내각중사內閣中舍를 지냈다. 그는 부계扶乩를 좋아했으며 길흉을 점칠 때 모두 영험하다고 말했다.

축유고가 세상을 떠나기 한 달 전 계선이 그에게 말했다.

"저는 하늘에서 화원 관리를 책임지고 있는 노인입니다. 오늘 특별히 모셔가려고 왔어요."

"하늘에 어떻게 화원이 있을 수 있죠?"

"하늘에도 화원이 너무 많아 셀 수가 없어요. 하지만 저는 세 사람의 화원만 관리해주고 있답니다."

"세 화원의 주인이 누구죠?"

"한 분은 모벽강冒辟疆,[43] 한 분은 장광사張廣泗,[44] 다른 한 분은 그대입니다."

---

42 축유고(1697~?)는 자가 선신宣臣이고 호가 여당予堂, 녹계綠溪다. 절강성 수수秀水 사람이며 관직은 내각중사內閣中舍를 역임했다. 주요 저작으로 『녹계시고綠溪詩稿』 등이 있다.

"모벽강과 장광사는 판이한 사람인데 어째서 한곳에 섞여 있나요?"

"세 분은 원래 선적仙籍[45]에 들었어요. 모벽강은 부귀한 가정에서 태어나 받은 복이 너무나 많지요. 그래서 지금은 그에게 복위를 허락하지 않아 그 화원은 지금까지도 황폐해져 있습니다. 장광사의 복이 가장 크지요. 하지만 그가 경략經略[46]을 지낼 때 사람을 너무나 많이 죽였어요. 따라서 상제께서 분노하여 그를 명옥冥獄에 집어넣었지요. 다행히 그는 생전에 국법의 징계를 받은지라 복위시켜주어 자신의 화원으로 돌아왔어요. 그대는 인간 세상에서 죄도 없고 공로도 없이 지금 수명이 다한지라 복위할 수 있지요."

말을 마치자 계반乩盤이 움직이지 않았다. 그해에 축유고는 병사했다.

---

43 모벽강(1611~1693)은 원명이 모양冒襄이고 자가 벽강, 호가 박려朴廬, 박과朴窠다. 강소성 여고如皐 사람이며 풍류재자로 알려져 있다. 주요 저작으로는 『선세전정록先世前征錄』 『박소시문집朴巢詩文集』 『개다휘초岕茶彙抄』 『수회원시문집水繪園詩文集』 『영매암억어影梅庵憶語』 『한벽고음寒碧孤吟』 『육십년사우시문동인집六十年師友詩文同人集』 등이 있다.

44 장광사(?~1748)는 호가 경재敬齋이고 한군漢軍 양홍기인鑲紅旗人이다. 묘족을 평정한 공로를 인정받았으며 관직은 천섬 총독川陝總督에 이르렀다.

45 신선이 등록된 명부.

46 명대와 청대에 중요한 군사 임무가 있을 때 특별히 두었던 관직명.

요괴가 된 돌태

碌碡作怪

상주의 한 무생武生은 평소 체력이 셌다. 그가 금릉의 향시를 치르러가던 중 용담진龍潭鎭[47]을 지나다가 대문 입구에 앉아 있는 여성을 보게 되었다. 무생은 갈증이 나서 그 여인에게 마실 차를 부탁했다. 여인은 남녀가 유별함을 모른다며 욕설을 퍼부으면서 대문을 닫고 들어가버렸다.

무생은 마음속으로 생각했다. 차를 안 주면 그만이지 어째서 욕설을 퍼붓는가? 마음속으로 화가 치밀었다. 그는 그녀 집 앞의 밭에 놓인 돌태碌碡[48]를 보았다. 그것을 힘껏 들어 그녀 대문 앞의 나무 위에 올려놓고 떠났다.

---

47 용담龍潭은 난징의 옛 진鎭 이름이다. 송대에는 용담포龍潭浦라 불렀으며 창장강의 옛 나루터, 황천탕黃天蕩의 일부분이다. 청 건륭 황제가 남순했을 때 이곳에 이르러 '용안고진龍安古鎭'이라는 글자를 남겼다. 지금의 룽탄가도龍潭街道는 난징시 치샤구棲霞區 동쪽에 있다. 서쪽으로는 치샤가도棲霞街道, 남쪽으로는 쥐룽시句容市 바오화진寶華鎭으로 이어지며 북쪽으로는 창장강을 마주하고 있다.

48 흙덩이를 고르거나 씨앗이 바람에 날리지 않도록 땅을 다지는 데 쓰는 연장.

이튿날 그 여인이 대문을 열고 보니 돌태가 나무 위에 올라 있어 이웃에게 물어보았다. 그러자 이웃이 말했다.

"이것은 여러 명이 달라붙어도 움직일 수가 없는데, 나무의 신이 요술을 부리지 않았다면 어떻게 그것을 옮길 수가 있겠어요?"

사람들은 아침저녁으로 그 나무 앞에 향을 사르고 머리를 조아리곤 했다. 기도하면 반드시 들어주었다. 어떤 사람이 나무의 신을 업신여긴다면 곧바로 그 사람에게 재수 없는 일이 발생했다.

이렇게 한 달이 넘게 지났다. 그 무생은 향시를 치르고 집으로 돌아가다가 다시 용담진을 지나게 되었다. 그 돌태는 아직 나무 위에 있었고 나무 아래에 향불이 줄지어 있었으며 머리를 조아리며 기도하는 사람들로 북적북적했다. 그는 사람들이 자신의 속임수에 빠진 줄 알았지만 웃기만 하고 진상을 밝히진 않았다. 이날 저녁에 그가 객점에 투숙하면서 마음속으로 이 일이 군중을 미혹시킨 짓이라 여기고 진상을 밝히는 것이 좋겠다고 생각했다. 생각을 거듭하다가 몽롱하게 잠이 들어버렸다. 꿈속에서 어떤 사람이 그에게 말했다.

"저는 모 지방의 아귀요. 저는 이곳으로 와서 나무의 신을 사칭해 제물을 탐냈습니다. 당신이 올해 과거에 합격한 귀인이시니 속일 수가 없군요. 저의 상황을 이해하시고 진상을 말씀하지 않아주시면 감사하겠습니다."

말을 마치고 귀신이 사라졌다.

무생은 아귀의 부탁을 들어주어 진상을 설명하지 않고 상주로 돌아갔다. 향시 합격자 발표가 났을 때 그는 결국 거인에 합격했다.

풍류 도구

風
流
具

장안 사람 장蔣 씨는 호부원외랑戶部員外郎의 셋째 자제다. 장 씨의 타고난 천성이 풍류적이라 항상 이로써 자부하곤 했다.

하루는 장 씨가 우연히 해대문海岱門을 나섰다가 수레를 탄 미모의 아가씨를 보고는 몰래 훔쳐봤다. 미모의 아가씨는 관심을 두지 않다가 장 씨가 줄곧 수레 뒤를 따라오는 것을 보고는 얼굴에 분노하는 기색이 돌았다. 하지만 장 씨는 바짝 따라붙었다. 잠시 후 미녀는 갑자기 화색이 돌면서 분노가 기쁨으로 바뀌더니 손을 흔들어 장 씨를 불렀다. 장 씨는 뛸 듯이 기뻐하며 온 힘을 다해 바짝 따라갔다. 미녀도 고개를 돌려 바라봤는데 그에게 호의를 품고 있는 것 같았다. 장 씨는 혼을 빼앗기는 바람에 두 발이 비틀거리는 줄도 몰랐다.

그 수레가 7, 8리 길을 가다가 커다란 저택에 도착하자 그 미녀는 수레에서 내려 저택 안으로 들어갔다. 장 씨는 대문 밖에 우두커니 서서 감히 안으로 들어갈 수 없었고 미련이 남아 차마 떠날 수도 없었다. 배회하고 주저하던 차에 어린 하녀가 대문을 나와 장 씨에게 손짓하며 옆의 작은 문을 가리켰다. 장 씨가 앞으로 가서 하녀를 따라 작은 문으로 들어가 보니 그곳은 바로 변소였다. 하녀가 낮은 소리로 장 씨에게 말했다.

"여기서 잠시 기다리세요."

장 씨는 악취를 참으며 감히 숨도 내쉬지 못하고 한참을 기다렸다.

태양이 점점 떨어질 때가 되어서야 그 하녀가 나와 장 씨를 이끌고 들어갔다. 몇 개의 주방을 지나 대청에 이르렀다. 이곳의 건축은 화려하고 대청 문에는 채색 주렴이 걸렸으며 동자 두 명이 주렴 옆에 서 있었다. 장 씨는 마음속으로 기뻐하며 자신이 동천선부洞天仙府[49]에 들어온 것으로 여겼다. 그는 의관을 바로잡고 얼굴을 매만진 뒤 하녀가 인도하는 길로 중앙의 대청으로 들어갔다. 대청의 남쪽 온돌 위에 우람한 사내가 앉아 있었는데 얼굴은 온통 검고 곰보였으며 긴 수염을 길렀다. 양 다리는 꼬고 앉았고 다리 위에는 온통 고슴도치 같은 털로 덮여 있었다. 그 사내가 장 씨를 보자 분노하여 소리 질렀다.

"너는 누구냐? 이곳에 무엇을 하러 왔느냐?"

장 씨는 놀라서 온몸을 벌벌 떨며 자신도 모르게 두 다리에 힘이 풀려 땅에 엎드렸다. 그가 대답하기도 전에 주옥이 딸랑거리는 소리가 들리더니 이어서 수레를 탔던 그 미녀가 내실에서 걸어 나왔다. 사내가 그녀를 안고 자신의 무릎 위에 앉히고는 장 씨에게 말했다.

"이 사람은 나의 애첩이고 이름은 주단珠團라 하네. 세상에 보기 드문 미인이지. 그대가 그녀를 좋아한다니 그대도 기본적으로 보는

49　도교에서 신선이 산다는 곳.

눈이 있군. 그러나 임자가 있는 몸이거늘 네가 천아육天鵝肉을 먹으려 들다니.50 그대는 어찌 그리 멍청한가?"

말을 마친 사내는 고의로 미녀의 입에 뽀뽀하고 유방을 만지며 자신이 미인을 독차지했음을 과시했다.

장 씨는 궁색하기도 하고 조급하여 사내에게 머리를 조아리면서 자신이 돌아가게 해달라고 부탁했다. 그러자 사내가 말했다.

"그대가 흥에 겨워 왔다가 흥이 식었다고 돌아갈 순 없지."

이어서 질문했다.

"성이 어떻게 되느냐? 부친은 무슨 일을 하는가?"

장 씨는 사실대로 대답했다. 그 사내가 듣더니 웃으며 말했다.

"더욱 망령되었도다. 그대 부친은 나와 함께 호부에서 근무했고 너는 조카뻘인데도 백부의 애첩을 더럽히려 하다니. 이게 적절한 일이냐?"

좌우의 시동을 불렀다.

"가서 큰 몽둥이를 가져오너라. 내가 친구 대신 훈계해주겠다."

한 시동이 한 길이 넘는 대추나무 몽둥이를 가져왔다. 한 시동이 앞으로 걸어 나와 장 씨를 땅에 쓰러뜨리더니 바지를 벗기고 엉덩이를 까서 혹독하게 매질하려고 했다. 장 씨가 애걸복걸하는 소리는 처참했다.

---

50 "두꺼비가 고니 고기를 먹고 싶어하다癩蛤蟆想吃天鵝肉"라는 속담이 『수호전』 101회에 나온다. 자신의 역량을 생각지도 않고 손에 넣을 수 없는 것을 얻으려고 한다는 뜻이다.

바로 이때 미녀가 자리에서 내려와 땅에 꿇어앉고는 사내에게 부탁하며 말했다.

　　"나리께서 은혜를 베풀어주세요. 첩이 보니 그의 엉덩이가 저보다 더 하얗고 부드러운데 몽둥이로 때리면 참을 수 없을 겁니다. 첩의 생각으로는 그를 용양龍陽으로 두는 게 좋을 듯합니다. 그는 받아들일 수 있을 겁니다."

　　그 사내가 꾸짖으며 말했다.

　　"너는 내 동료의 아들이니 이처럼 무례한 일을 저지를 순 없지."

　　그 미녀가 다시 말했다.

　　"무릇 묘회廟會가 가서 물건을 샀으면 반드시 그 물건을 가지고 돌아가야 합니다. 그가 무슨 물건을 가져왔는지 검사해보시지요."

　　사내는 즉각 시동에게 명을 내려 검사하게 했다. 두 시동이 손을 뻗어 장 씨의 음경을 만지더니 사내에게 보고하며 말했다.

　　"그의 물건은 누에고치마냥 작고 포피包皮는 벗겨지지도 않았어요."

　　사내는 장 씨의 얼굴을 긁으며 말했다.

　　"부끄럽다, 부끄러워! 네가 이처럼 밉살스런 물건을 달고 남의 애첩을 당돌하게 하다니! 더욱 가증스럽구나."

　　말을 마치고는 작은 칼을 두 시동에게 주면서 명령했다.

　　"그는 풍류를 사랑한다지만 너희는 그의 풍류 도구를 잘라버리게."

　　두 시동은 손에 작을 칼을 쥐고 장 씨의 음경을 잡고서 그의 포피를 자르려고 했다. 장 씨는 놀라서 다급한 나머지 눈물을 빗물처럼 흘렸다.

이때 그 미인도 부끄러워 얼굴을 붉히며 다시 자리에서 내려와 사정했다.

"나리, 농담도 너무 지나치십니다. 제가 부끄러워 보지 못하겠어요. 제가 발발(餑餑)[51]을 먹고 싶은데 집 안에 닷 말의 갈지 않은 밀이 있으나 당나귀가 병이 났어요. 그에게 당나귀 대신 밀을 갈게 하여 이것으로 속죄하는 것이 나을 듯합니다."

사내는 물었다.

"그리하겠느냐?"

장 씨는 하겠다고 연신 대답했다.

그 미녀는 자리로 올라가 사내를 껴안고 잠을 잤다. 두 시동이 밀과 맷돌을 들고 와 대청의 창밖에 놓았다. 그 뒤 두 시동은 채찍으로 장 씨를 때리며 맷돌을 갈게 했다. 날이 밝아서야 사내는 비로소 온돌에서 분부를 내렸다.

"어젯밤 장 도령이 수고했으니 그에게 발발 한 개를 상으로 주거라. 개구멍을 열고 그를 돌려보내라!"

장 씨는 집으로 돌아와 한 달 동안 큰 병이 났다.

---

51 밀가루로 둥글게 만든 과자류.

騙人蔘

인삼을 빼돌리다

　북경의 장광호張廣號 인삼포人蔘鋪는 그 규모가 컸다. 하루는 한 소년이 몸에 은 자루를 메고 말을 타고 점포에 이르렀다. 그는 먼저 은 100냥을 보증금으로 주고 인삼 몇 봉지를 가져와 천천히 고르며 점포 주인에게 말했다.

　"저의 집 주인의 타고난 성품이 고르길 좋아합니다. 산 인삼이 좋지 않으면 그에게 꾸지람을 듣지요. 저는 또 인삼을 잘 고르질 못합니다. 은 100냥을 보증금으로 걸어놓고 당신이 믿을 만한 점원을 시켜 고급 인삼을 많이 가져가 저의 주인이 고르도록 하는 것은 어떨까요?"

　점포 주인은 그것도 좋겠다 싶어 보증금을 받고 나이 든 점원을 보내 인삼 몇 근을 메고 그 소년을 따라가게 했다. 떠나려고 할 때 점포 주인이 점원에게 말했다.

　"조심해서 인삼을 가져가. 남에게 속지 말고."

　그 소년을 따라 동화문에 이르러 커다란 저택으로 들어간 뒤 소년과 함께 2층으로 올라갔다. 주인은 수염을 아름답게 가꾸고 몸에는 담비가죽 옷을 걸쳤으며 머리엔 남색 보석 모자를 썼다. 병들어서인지 반쯤은 기대고 반쯤은 침상에 앉아 있었다. 그가 인삼을 멘 점원을 보자마자 물었다.

"자네가 가져온 인삼이 과연 요동 지방에서 가장 좋은 것이더냐?"

"그렇습니다."

양쪽의 동자가 인삼을 가져와 주인에게 건네주었다. 주인이 봉지를 하나하나 풀어보면서 품평했는데 그 말투는 모두 전문가 수준이었다.

주인이 다 보지도 않았는데 갑자기 문밖에서 시끄러운 거마 소리가 들리더니 이어서 한 손님이 들어와 2층으로 올라갔다. 주인은 당황한 기색을 보이며 하인을 아래로 내려보내 병이 나서 손님을 만날 수 없다고 전하라고 말했다. 그리고 낮은 목소리로 인삼포 점원에게 말했다.

"저 사람이 내게 은을 빌리러 왔으니 올라오지 못하게 막아야 하네. 그가 올라와 내가 인삼 살 능력이 있는 줄 알면 내가 돈이 없다고 대답할 수가 없네."

이때 손님이 아래에서 큰 소리로 외쳤다.

"당신 주인이 꾀병 부리는 걸 겁낼 줄 아오? 틀림없이 어린 첩을 껴안고 잠자느라 나를 올라오지 못하게 하는 것이오. 기어코 올라가 확인해야겠소."

두 하인이 급히 막다가 결국 싸움이 벌어졌다. 주인은 마음속으로 조급하여 다시 점원에게 낮은 소리로 말했다.

"얼른 인삼을 감추게. 얼른 인삼을 감춰. 저 흉악한 손님이 볼 수 없도록. 침상 아래에 대나무 통이 있으니 거기에 인삼을 넣어두게."

이렇게 말하곤 점원에게 열쇠를 건네주며 당부했다.

"그대는 대나무 상자 위에 앉아서 인삼을 지키게. 나는 지금 내려가서 그 손님을 만날 테니. 그가 올라오지 못하도록 막을 수 없을지도 모르네."

주인은 기우뚱거리며 아래로 내려가 손님과 인사를 나누고 잠시후 욕설을 퍼부었다. 손님은 여전히 올라가려 했고 주인은 온 힘을다해 저지했다. 손님이 끝내 대로하여 말했다.

"당신에게 은을 빌리는 것을 막으려는 수작이오. 내가 2층에 올라가서 당신이 가진 은을 보게 될까봐 막는 거지요. 당신이 이렇게 나온다면 나는 곧바로 떠나겠소. 영원히 다시 오지 않으리라."

주인은 겉으로 사죄하며 손님을 전송했다. 그 노복도 따라 나가자정원이 조용해졌다.

인삼포 점원은 대나무 상자 위에 단정히 앉아 기다렸다. 한참 기다려도 주인은 위층으로 올라오지 않았다. 이때 그는 의심이 들어 즉각상자를 열어보니 그 인삼이 보이지 않았다. 인삼을 넣어둔 상자는 밑이 없는 상자였던 것이다. 상자 밑부분의 판자는 나무판자였다. 욕하는 틈을 타서 아래층에서 나무판자를 빼내고 인삼을 빼돌린 것이다. 하지만 그는 상자를 지키고 있으면서도 전혀 알지 못했다.

그림을 훔치다

偸
畫

　도둑이 한낮에 가정집에 들어가 그림을 훔쳤다. 그가 그림 한 폭을 말아 대문을 빠져나오다가 밖에서 돌아오는 집주인과 마주쳤다. 도둑은 급한 가운데 그림을 들고 주인 앞에 무릎 꿇고 말했다.

　"이것은 소인의 집에서 대대로 전해오는 조상의 초상화입니다. 소인이 몹시 궁핍한 나머지 어찌할 수 없으니 쌀 몇 되로 바꿔주시기 바랍니다."

　주인이 껄껄 웃더니 그의 어리석음을 꾸짖고 질책하며 그림을 보지도 않고 도둑을 쫓아냈다.

　주인은 본채로 들어가서야 대청에 걸렸던 조자앙趙子昻의 그림이 없어진 줄 알게 되었다.

가죽신을 훔치다

어떤 사람이 새 가죽신을 신고 저잣거리를 걷고 있었다. 갑자기 한 사람이 다가와 그에게 인사를 하고 손을 잡으며 인사했다. 새 가죽신을 신은 사람이 어리둥절하며 말했다.

"저는 당신을 알지 못합니다만."

그 사람은 즉각 노한 얼굴을 짓고 냉소하며 말했다.

"네가 새 가죽신을 신더니 옛 친구를 잊어버렸군."

이렇게 말하면서 그의 모자를 벗겨 남의 집 지붕에 던져버렸다. 새 가죽신을 신은 사람은 그가 술에 취한 탓에 술주정을 하는 것으로 여겼다.

잠시 배회하노라니 또 한 사람이 다가와 웃으며 말했다.

"그 사람이 어째서 행패를 부렸지요? 당신 머리가 햇볕에 그을리겠군요. 당신은 어째서 지붕에 올라가 모자를 가져오지 않나요?"

"사다리가 없는데 어떻게 합니까?"

"저는 줄곧 좋은 일을 해왔어요. 당신이 저의 어깨를 밟고 지붕에 올라가는 것이 어떨지요?"

새 가죽신을 신은 사람은 그에게 감사를 표했다.

그 사람이 땅에 엎드려 두 어깨를 올렸다. 새 가죽신을 신은 사람이 위로 올라가려고 할 때 그 사람이 화를 내며 말했다.

"너무 성급하군요. 당신 모자가 아깝다면, 저의 옷도 귀중합니다. 당신의 가죽신은 새것이지만 신발 밑에 흙이 묻어 있어요. 차마 저의 옷을 더럽힐 겁니까?"

새 가죽신을 신은 사람은 부끄러워서 미안하다고 말하며 가죽 신발을 벗어 그 사람에게 건네주고 양말만 신은 채 그의 어깨를 밟고 지붕으로 올라갔다.

이때 그 사람은 새 가죽 신발을 가지고 도망갔다. 모자를 가지러 올라간 사람은 높은 지붕 위에서 감히 내려올 수가 없었다. 시장 사람들은 그들이 친구인지라 두 사람이 장난치는 것으로 여겨 묻지 않았다. 가죽신을 잃어버린 사람이 애걸복걸하자, 이웃 사람이 사다리를 찾아와 내려올 수 있었다. 신발을 빼앗은 사람은 어디로 종적을 감췄는지 모른다.

偷墙

담을 훔치다

경성의 한 부호가 벽돌을 사서 담을 쌓으려고 했다. 아무개가 다가와 그에게 말했다.

"어느 왕부王府에서 바깥 담장을 철거하고 새로 쌓으려고 합니다. 공은 어째서 왕부에서 뜯어낸 낡은 벽돌을 사오시지 않으십니까?"

부호는 의심이 나서 말했다.

"왕야王爺께서 벽돌을 팔려고 하지 않을 것 같아요."

"공의 말을 들으니 저도 의심이 갑니다. 하지만 저는 왕야의 집에서 오랫동안 일했는데 이번은 정말입니다. 공이 믿지 못하신다면 사람을 보내 저를 따라 왕부에 가서 왕야가 나오실 때 대면하고 물어보겠습니다. 왕야께서 수락하면 다시 철거해도 늦지 않을 겁니다."

부호는 그의 말에 일리가 있다고 생각하고 노복을 보내 손에 궁척弓尺을 쥐고 아무개를 따라 왕부 대문에 가서 기다렸다.

경성에서 벽돌을 거래하는 데는 관례가 있다. 헌 벽돌을 사는 사람은 자로 벽돌담의 길이, 높이, 너비를 재서 헌 벽돌의 수량을 계산한 다음 새 벽돌 가격의 절반 가격으로 돈을 지불한다.

마침 조정에서 퇴청하여 왕부로 돌아오는 왕야를 만났다. 아무개가 말을 막고 고개를 조아리며 만주어로 왕야에게 말했다. 왕야는 허락하면서 손으로 문 앞의 담장을 가리키며 말했다.

"마음대로 측량하게."

아무개가 손에 자를 쥐고 노복을 데리고 벽돌담을 측량하니 17장丈 7척尺이 나왔으며 합계 은 100냥이라고 부호에게 보고했다. 부호는 무척 기뻐하며 그 자리에서 반값인 50냥을 지불했다.

부호는 길일을 골라 노복을 보내 사람을 인솔하여 왕부 대문 앞으로 가서 담을 철거했다. 그런데 왕부의 문지기가 화를 내며 그들을 잡고는 왜 담을 철거하는지 묻자 부호의 노복이 대답했다.

"왕야께서 허락하신 일입니다."

문지기가 왕야에게 보고하자 왕야가 웃으며 말했다.

"그날 말을 가로막고 일을 물은 노복이 자칭 아무개 폐자부貝子府[52]에서 담장을 수축하려고 하는데 우리 담장의 벽돌이 좋다고 말하면서 그 모습대로 수축하겠다며 사람을 보내 측량하더군. 나는 사소한 일이며 불가한 일도 아니라고 생각하여 손으로 담장을 가리키면서 그에게 사람을 대려와 측량하게 한 거야. 원래 그런 일이 있었지만 판다고는 말하지 않았네."

부호는 왕야에게 용서를 빌고 노복의 석방을 요구했다. 비용은 따지지도 않았다. 아무개는 이미 도망갔다.

---

52 패자는 만주어 베이세Beise의 음역으로 청대 황족의 제4등 작위를 말한다.

鬼妒二則

귀신의 질투에 관한
두 가지 이야기

　　상덕 사람 장 태수張太守의 딸이 주周 씨 집 자제와 혼약을 맺었다. 장 아가씨는 방년 17세의 나이로 폐병을 얻어 사망했다. 주 씨는 다시 왕 씨네 아가씨를 물색했는데 역시 17세였다. 양가에서 혼약을 맺고 아내를 맞이할 날짜를 정하지 않았는데도 왕가네 색시가 갑자기 귀신 들렸다. 그녀가 자신의 뺨을 때리면서 말했다.

　　"저는 장 씨네 넷째 아가씨입니다. 당신이 누군데 저의 서방님을 빼앗으려고 합니까?"

　　주 씨네 도련님은 이 소식을 듣고 즉각 장 태수에게 보고했다. 태수 부인은 평소에 집안을 엄격하게 단속했다. 이 말을 들은 뒤 마음속으로 대로하여 즉각 죽은 딸의 초상화를 걸고 욕을 퍼부었다.

　　"넌 주 씨네 도련님과 정혼했을 뿐 결혼식을 올리진 않았다. 네가 죽었으니 주 씨네 도련님이 재취하는 것은 인지상정이야. 너는 어째서 왕 씨네 색시를 해치는 것이냐? 네가 이처럼 수치도 모른단 말이냐?"

　　욕을 마치고는 복숭아나무 가지로 딸의 초상화를 때렸다.

　　태수 부인이 몇 차례 때리지도 않았는데 문밖에서 주 씨네 도련님이 급히 달려와 용서를 빌었다. 태수 부인이 까닭을 물으니 주 씨네 도련님이 말했다.

"방금 왕 씨네 색시가 자기 입으로 장 씨네 넷째 딸인데 모친에게 맞아서 아파서 참을 수 없으니 모친에게 용서를 빌면 자기는 반드시 떠나겠답니다. 그래서 제가 특별히 부탁하러 왔어요."

오래지 않아 왕 씨네 색시의 병이 나았다.

항주 마파항馬坡巷53에 사는 사謝 노인은 물고기를 잡으며 생계를 이었다. 사 노인의 두 딸은 모두 미모가 있었다. 항주의 무수재武秀才 이 씨가 사 노인의 두 딸을 보고는 마음속으로 사모하게 되었다. 이 씨의 용모가 준수하여 왕 씨 성을 가진 사촌 누이가 평소 그를 사랑하여 사람을 보내 혼사를 거론했으나 이 씨는 한마디로 잘라 거절해 버렸다. 이 씨는 곧 사 노인의 큰딸과 결혼했다. 왕 아가씨는 상사병으로 사망했다.

사 씨의 큰딸이 시집간 지 한 달도 되지 않아 어느 날 그녀는 갑자기 머리를 풀어헤치고 귀신이 들려 미쳐버렸다. 그녀가 말했다.

"저는 왕가네 딸입니다. 어부의 딸이 무슨 자격으로 저의 수재를

---

53   항저우 마포항은 항저우시 중점문물보호단위다. 남쪽으로는 칭타이가清泰街에 이르고 북쪽으로는 투차오시허土橋西河에 이른다. 송대에 이곳은 성 밖에 있었고 마원馬院을 이웃하고 있어서 말을 훈련시키는 사람들이 이곳에 많이 살았다. 그래서 '마파항馬婆巷'이라 부르다가 명대에 지금의 이름으로 개명했다. 청대 동향桐鄉 출신의 공생 왕회汪淮가 이 골목의 10호에 거주하며 그 안에 인공산과 연못을 만들어 소미원小米園이라 불렀다. 청대 사상가 공자진龔自珍(1792~1841)이 이 골목에서 태어났으며 만년에 이곳에 돌아와 항주 자양서원紫陽書院에서 강학했다. 1989년에 소미원을 공자진기념관으로 개조했다.

빼앗나요?"

말하면서 찻상의 가위를 집어들어 자신의 가슴을 찌르려고 하면서 외쳤다.

"먼저 네 밀라감蜜羅柑을 꺼내 맛보겠다."

사 노인 부부가 급히 사위 집에 가서 살펴보니 제사를 지내고 지전을 태우며 머리를 조아리고 왕 씨네 딸의 망령이 자기 딸을 용서해주길 빌었다. 하지만 왕 씨네 딸의 혼은 응답하지 않았다. 밀라감이 무엇이냐고 물으니 왕 씨네 딸의 혼이 말했다.

"당신 딸의 심장과 간입니다."

오래지 않아 사 씨네 큰딸은 죽었다.

그 뒤 이 씨는 다시 사 씨네 큰딸 여동생을 아내를 취하려고 했다. 사 노인은 이때 경계심이 생겨 동의하지 않았다. 하지만 그의 둘째 딸은 준수하게 생긴 이 씨의 용모를 보고는 기뻐하면서 말했다.

"저는 귀신을 두려워하지 않아요. 귀신이 오면 칼을 휘둘러 죽여 언니를 위해 복수할 겁니다."

사 노인은 어쩔 수 없어 둘째 딸을 이 씨에게 시집보냈다. 둘째 딸이 결혼한 뒤 왕 씨네 아가씨의 혼이 더 이상 괴롭히지 않았다. 1년 뒤 사 씨네 둘째 딸이 이 씨에게 아들을 낳아주었다. 나중에 이 씨가 병을 얻어 죽자 그녀는 아들을 데리고 과부로 지냈다.

인면두

　산동 사람 우칠于七이 반란을 일으켰을 때 죽은 사람이 무척 많았
다. 전란이 가라앉은 뒤 밭에서 자라는 황두黃豆의 생김새가 사람 얼
굴과 같았다. 노인, 어린이, 남자, 여자도 있고 면모도 아름답거나 추
하게 생겨서 모두 달랐다. 이목구비를 다 갖추고 목 아래엔 모두 혈
흔이 남아 있었다. 현지 사람들은 이 콩을 '인면두人面豆'라고 불렀다.

粉
檀

항주 사람 범范 씨는 과부를 부인으로 얻었다. 이 여자는 나이가 오십이 넘었으며 치아도 절반이나 빠졌다. 화장갑 안에서 '탁탁' 소리가 나서 화장갑을 열어보니 원래 그곳에 호도 두 알이 들어 있었다. 무슨 용도인지는 모르지만 우연히 떨어트린 것으로 여겼다.

이튿날 아침, 부인이 거울을 보며 분을 발랐다. 그녀는 치아가 빠졌기 때문에 두 뺨이 움푹 들어가 지분을 발라도 고르지가 않았다. 이에 하녀를 부르며 말했다.

"호도를 가져오너라."

하녀가 호도 두 알을 갖다주었다. 노부인이 그것을 입안에 넣자 두 뺨이 부풀어 올라 지분이 고르게 발렸다. 이로부터 항주 사람은 호도를 장난스럽게 '분헌粉檀'이라고 불렀다.

구금   口琴

애주崖州 사람은 가느다란 대나무의 관에 줄을 붙이고 손가락으로 위아래 줄을 뜯어서 연주할 수 있다. 서북 소수민족이 호금胡琴을 연주하는 것처럼 그윽하고 오열하는 소리가 난다. 현지 사람들은 이 악기를 '구금口琴'이라 부른다.

蕪湖朱生

　　무호현蕪湖縣의 감생 주朱 씨는 가정 형편이 부유하나 인색하기 짝이 없고 특히 가노들을 각박하게 대했다. 주 씨가 한 주관州官에게 돈을 기부하고 경사로 관직을 받으러 가는 길에 치평荏平[54]을 지나다 객점에 투숙했다. 그날 주 씨가 한두 푼의 작은 일로 수행하던 노복을 세차게 때렸다. 노복은 마음속에 앙심을 품고 밤에 그가 잠들길 기다렸다가 주석 요강을 들어 그의 정수리를 가격했다. 주 씨는 두 뇌가 파열되어 그 자리에서 사망했다. 여관 주인은 급히 관아에 보고했으며 관아에서는 그 노복을 체포하여 법으로 다스렸다.

　　10년 뒤 무호 거인 조趙 씨가 경성의 회시에 응시하러 가던 중 마침 그 여관에 투숙하게 되었다. 저녁에 조 씨가 등불 아래서 책을 보다가 알몸의 나체를 보았다. 머리에 피를 흘리는 남자가 앞에 서서

54　기원전 221년에 설치한 현으로 치산荏山의 평지에 있다 하여 붙은 이름이다. 산동성 서부에 있으며 랴오청시聊城市의 관할 현이다. 치평의 동쪽은 지허현濟河縣, 서쪽은 둥창푸구東昌府區, 린칭시臨淸市, 남쪽은 둥어현東阿縣, 북쪽은 가오탕현高唐縣과 인접해 있다.

그에게 말했다.

"저는 주 아무개입니다. 저를 좀 도와주세요."

"당신을 죽인 노복은 이미 능지처참형에 처해졌소. 벌써 원한을 갚은 셈인데 또 무슨 요구가 있단 말이오?"

"제가 극도로 빈궁하여 당신에게 도움을 부탁드리는 것입니다."

"당신은 이미 죽었지만 집안이 부유하니 사후에도 부귀한 귀신일 텐데 어째서 곤궁하다 그러오?"

"제가 죽은 뒤에야 생전의 모든 재산 가운데 한 푼도 저승으로 가져올 수 없음을 알게 되었어요. 저승에서 필요한 비용이 이승보다 더 많더이다. 저는 이곳에서 객사한지라 가진 게 하나도 없어 여러 귀신에게 무시를 당해요. 그대가 동향인 체면을 봐주셔서 지전을 태워주시오. 그러면 저도 여러 귀신 앞에서 체면을 세우리다."

"어째서 집으로 돌아가지 않소?"

"사람이 어디서 나고 어디서 죽는지 천조天曹⁵⁵가 명확히 규정해놨어요. 득도한 고승이나 법력이 높은 도사가 제도하지 않으면 마음대로 돌아다닐 수가 없소이다. 저는 타향에서 횡사한 귀신이라 저승에서는 난간신闌干神을 두어 엄격하게 단속하기 때문에 고향으로 돌아갈 방법이 없소."

"지전은 종이일 뿐인데 그대가 저승으로 가져간다고 해서 쓸모가 있겠소?"

"그대의 질문은 맞지 않아요. 이승의 진짜 돈은 누런 구리에 지나

55　도교에서 사람의 공로와 죄에 따라 수명을 더하고 줄이는 권한을 가진 신.

790

지 않아 배고파도 먹을 수 없고 추위도 옷으로 입을 수가 없어요. 말하자면 쓸모가 하나도 없지요. 습속이 그렇다보니 사람들이 그것을 숭상하고 이 때문에 사람이든 귀신이든 떼를 지어 몰려들 따름입니다."

말을 마치고 귀신은 사라졌다.

조 씨는 측은지심이 들어 지전 5000장을 사서 사른 다음 경성으로 떠났다.

대낮에 집을 터는 귀신

白日鬼

척戚 씨 성을 가진 좀도둑의 기량이 출중하여 훔친 재물이 갈수록 많아졌다. 그는 마각이 드러날까 두려워 황폐한 무덤 곁에 무너진 집을 세내어 살았다.

하루는 몇몇 귀신이 척 씨의 꿈속에 들어와 그에게 말했다.

"그대가 우리에게 제사지내주면 우린 그대가 돈을 벌 수 있도록 도와주겠소."

척 씨는 꿈속에서 그들에게 허락했다. 하지만 깨어난 뒤 그 꿈이 황당하다고 여겨 제사 일을 잊어버렸다.

며칠 지나지 않아 그 귀신들이 다시 꿈속으로 들어와 말했다.

"3일 내에 우리에게 제사를 지내시오. 3일이 지나면 당신이 밤에 훔쳐온 것을 우리가 대낮에 가져가겠소."

척 씨는 성격이 고집스러워 깨어난 뒤에도 제사지내지 않았다.

3일이 지나 척 씨는 결국 큰 병을 얻었다. 그는 부인을 불러 장물을 하나하나 검사하게 하여 귀신의 말이 영험한지 점검했다. 당시는 정오였는데 그 물건들이 갑자기 저절로 움직여 몰래 어떤 사람이 운반하는 것 같았다.[56] 척 씨는 필사적으로 일어나 막았다. 그러나 그와 아내는 손발이 묶인 것처럼 움직일 수가 없었다. 모든 물건이 사라진 뒤에야 손발이 풀렸고 척 씨의 병도 완쾌되었다. 척 씨는 그제야 깨닫고 웃으며 말했다.

"나는 민향悶香[57]을 태워 사람을 속였어. 지금은 귀신에게 미혹되었지. 세속에서 말하는 '백일귀白日鬼'는 아마도 그들을 말하는 것이겠지?"

이로부터 척 씨는 개과천선했다.

---

56 이를 세속에서는 오귀반운법五鬼搬運法이라고 불렀다.
57 향을 태워 사람이 그 냄새를 맡으면 마취된다는 향.

요주부 막우

饒
州
府
幕
友

　자계慈溪 사람 원여호袁如浩는 서강西江에서 막료로 지냈는데 영도
지주寧都知州 정공程公[58]과는 친한 친구 사이였다. 건륭 31년(1766) 정
공이 요주부饒州府 지주 대리로 임명되었는데 원여호를 불러 함께
갔다.

　당시 요주부 아문이 화재를 당해 전임 지부가 산 채로 불타 죽는
일이 있었다. 정공이 부임한 뒤 곧바로 요주부 아문의 수축에 착수
했으나 아직 준공하지 못했다.

　어느 날 밤 원여호가 등롱을 들고 화장실에 가던 중 후원에서 한
사람을 만났다. 나이는 30세 전후이고 하얀 적삼을 걸치고 고개를
들어 달을 바라보며 생각에 잠긴 듯했다. 그의 발에 신은 양말은 흐
릿하여 분명히 보이지 않았다. 그 사람은 다가오는 원여호를 보더니
손을 모으고 인사했다. 그의 말투를 들어보니 항주 사람 같았다. 성
은 주周 씨이며 자는 담암澹庵이라 말했다. 원여호는 요주부 아문에

58　정자립程子立을 말한다.

이러한 사람이 없다고 여겨 그에게 물었다.

"어디에서 오셨나요?"

그가 한번 탄식하더니 말했다.

"저는 사람이 아니라 귀신입니다. 생전에 저는 전임 지부 밑에서 돈과 양식을 주관하던 막우였지요. 지난해 요주부에 수재가 났을 때 태수가 구호식량을 가로챘습니다. 고을 백성 섭攝 씨 등 30여 명이 경성에 올라가 호부에 고발했지요. 호부에서는 안건을 강서 순무에게 내려보내 심리하게 했고, 순무 대인은 수재민 구호식량 장부를 조사했지요. 뜻밖에도 태수는 거짓 장부를 미리 만들어놓았기에 구호식량의 출입 기록에 모두 증거가 있었어요. 순무 대인은 태수에게 속아 도리어 섭 씨 등을 무고죄로 몰아 그 자리에서 처형했습니다. 섭 씨 등이 죽은 뒤 원혼이 이에 불복하여 도성황都城隍에게 상소했어요. 도성황은 이 안건을 염라에게 넘겨 심리하게 했지요. 저는 생전에 부에서 돈과 양식을 주관했기 때문에 자연히 연루될 수밖에 없었어요. 그리고 마침 저는 요주부의 수재민 명부를 조사하느라 공무가 매우 바쁜 탓에 한 달이 넘어서야 진상을 밝혔죠. 태수가 구호식량을 가로챈 것은 사실로 드러났으며 게다가 여러 명을 억울하게 죽였지요. 그래서 저승사자를 보내 태수를 체포하여 구금하고 불 속에 넣은 까닭에 그가 아문에서 불타 죽었습니다. 저는 공모자가 아니어서 죄에서 벗어나긴 했으나 몸뚱이가 썩어서 영혼을 되돌릴 수 없어 이곳에 머무를 따름입니다. 저의 관은 관아의 후원에 놓여 있는데 기와공, 목공들이 저의 관에 오줌을 쌉니다. 저는 온종일 더러운 오물을 뒤집어써서 좌불안석입니다. 선생께서 저의 관을 교외로 이장시켜주신다면 그 은혜 깊이 간직하겠습니다."

귀신은 말을 마치고 갑자기 사라졌다.

이튿날 원여호가 관아의 후원에 들러 살펴보았더니 과연 검게 칠한 관이 담장 모서리에 놓여 있었다. 인부들이 시끄럽게 옆에서 떠들고 있었다. 원여호가 이 일을 정공에게 보고한 뒤 관을 성 밖으로 옮겨 장소를 골라 매장했다. 원여호는 또 제문을 써서 그에게 제사 지냈다.

<table>
<tr><td>雷
誅
不
孝</td><td>우레가 불효자식을 죽이다</td></tr>
</table>

    호남 봉황청鳳凰廳[59]에 사는 장이張二는 타고난 성품이 흉악했다. 장이의 부친이 이미 사망한지라 그는 어머니와 함께 살았다. 그의 모친은 벌써 70세가 넘었지만 아들은 도리어 모친을 하녀 부리듯 하여 조금이라도 성이 차지 않으면 크게 나무랐다. 이웃 사람들은 극도로 분노하여 관청에 고발하려고 했다. 하지만 노모는 아들을 몹시 사랑하는지라 밖으로 드러내지 않고 꾹 참으며 아들을 위해 변호했다.

    건륭 35년(1770) 6월 7일은 장이의 생일이었다. 그는 불량배들을 집으로 불러 술을 마시고 국수를 먹었다. 장씨네는 가난하여 며느리를 들이지 못해 주방에서 노모 혼자 도맡아 음식을 준비했다. 술을 거나하게 마셨을 무렵 장이가 큰 소리로 외쳤다.

    "얼른 국수 가져와!"

---

[59]   당 무후武后 수공垂拱 4년(688)에 마양현巋陽縣을 나눠 위양현渭陽縣을 설치했는데 그 자리는 지금의 후난성 평황현鳳凰縣 황쓰교黃絲橋 고성이다. 이후 여러 번의 개명을 거쳐 강희 43년(1704)에 봉황영鳳凰營을 설치했으며 건륭 16년(1751)에 봉황청으로 개명했다.

"땔나무가 너무 젖어서 불이 활활 타오르지 않았으니 조금만 기다려."

장이는 발끈하여 주방으로 쫓아가서 모친을 큰 소리로 나무랐다. 노모는 급한 나머지 국수 한 그릇을 퍼서 쩔쩔매면서 식탁에 갖다놓았다. 당황하여 파와 생강 같은 양념을 까먹고 넣지 않았다. 장이는 더욱 화가 나서 국수 그릇을 들어 노모를 향해 집어던지니 노모가 땅에 쓰러졌다. 노모는 하늘을 우러러 서럽게 통곡했다.

이때 하늘이 갑자기 흐려지더니 먹장구름이 끼고 뇌성이 서서히 들리기 시작했다. 장이는 하늘의 분노를 산 줄 알고 급히 노모를 부축하고는 땅에 엎드려 용서를 빌었다. 그의 노모도 아들 대신 땅에 꿇고 애절하게 빌었다. 장이는 노모 뒤에 숨어서 노모의 발을 껴안고 놔주지 않았다. 우레는 장 씨네 지붕을 빙빙 돌면서 떠나가지 않았다. 노모가 일어나 향을 사르며 기도했다. 이때 삽시간에 번개가 유성처럼 빠르게 중당中堂을 뚫고 들어가 장이를 때렸다. 장이는 번개를 맞고 한길 가에서 죽었다. 이웃들이 모여 장이의 말로를 보고는 한목소리로 쾌재를 불렀다.

당시 거인 주금朱錦이 현지의 경수서원敬修書院[60]에서 강학하고 있었는데 장이가 벼락 맞아 죽었단 소리를 듣고는 급히 보러 갔다. 장

---

60   호남 봉황鳳凰에 있었다. 건륭 11년(1746) 진원영정병비도辰沅永靖兵備道 영귀永貴 (?~1783)가 봉황이 묘족과 요족瑤族의 근거지로 선비의 기풍이 소박하고 교화가 드러나지 않는다 하여 녹봉을 갹출하여 통판 반서潘曙로 하여금 황자평篁子坪에 세우게 했다. 이 서원은 상서湘西 묘강서원苗疆書院의 하나인데 학정學政 오사부吳嗣富가 전청前廳에 '성학동광性學同光'이란 편액을 썼다.

이의 얼굴과 눈은 까맣게 타고 왼쪽 태양혈은 벼락을 맞아 바늘만 한 구멍이 생겼으며 아직도 유황 냄새가 물씬 풍겼다. 그의 시체는 죽은 누에벌레처럼 움츠렸다. 시체를 잡아당기니 펼쳐졌으며, 손을 놓자 둥글게 움츠러들었다. 이러한 현상은 그의 골 관절이 벼락에 맞아 부서졌기 때문이다. 그의 등에 글자가 있었는데 글씨가 소전체 같기도 하고 아닌 것 같기도 하여 아무도 알지 못했다.

계화 상공

桂
花
相
公

강서 풍성현豐城縣의 현 아문 뒤에 계화상공사桂花相公祠가 있다. 계화상공의 본적과 이름은 찾아볼 길이 없다.

전하는 말에 따르면, 계화상공은 명대 사람으로 풍성현 현령의 막료를 지낸 바 있다. 어느 해에 풍성현에서 절도 사건이 발생했는데 여기에 여러 명이 연루되었다. 계화상공은 그들의 억울함을 가련하게 여겨 석방해주려고 했다. 하지만 현령은 따르지 않았다. 이에 계화상공은 불끈 화가 치밀어 머리를 계수나무에 부딪혀 죽고 말았다. 후인이 그를 기념하기 위해 사당을 세우고, 그의 신상을 '계화상공'이라 불렀다.

계화상공의 신상은 무척 영험이 있었다. 풍성현의 신임 현령이 도착하면 반드시 먼저 사당에 가서 향을 올렸다. 살인 사건이 나면 발생하기 하루 전에 계화상공이 반드시 자신의 모자를 벗어서 향안 아래에 놓고 정수리를 내놓았다. 처음에 사람들은 이상하게 생각했다. 그러나 시간이 지나면서 습관이 되었다.

落漈

낙제

바닷물이 팽호열도澎湖列島[61] 부근에 이르러 점차 아래로 낮아졌다가 유구열도琉球群島 부근에 이르면 해면이 갑자기 함몰된다. 사람들은 이러한 현상을 '낙제落漈'[62]라고 불렀다. 소위 '낙落'은 바닷물이 아래로 떨어져 다시 흐르지 않는 것을 말한다.

복건 사람이 대만을 지날 때 도중에 태풍을 만나 배가 낙제로 말려들어가 절대로 살아 돌아올 희망이 없다고 여겼다. 갑자기 배의 몸체가 진동하면 선상의 사람은 전부 넘어지고 배가 끝내 움직이지 않았다. 사람들이 정신을 차리고 보니 무인도에 도착했음을 알았다. 뭍에 오른 뒤 무인도의 모래와 자갈이 모두 금인 것을 발견했다. 또 괴상한 새가 있는데 사람을 봐도 날아가지 않아 배고프면 잡아서 끓

61 타이완과 푸젠성 사이에 있는 64개 섬의 총칭.

62 『원사元史』「외이전 3外夷傳三·유구瑠求」에 "서남쪽과 북쪽은 모두 물인데 팽호에 이르러 점차 수면이 낮아졌다가 유구에 이르는데 이를 낙제라고 한다. 제는 물이 낮은 곳으로 내려갔다가 돌아오지 않는 것을 말한다西南北岸皆水, 至澎湖漸低, 近瑠求則謂之落漈, 漈者水趨下而不回也"라는 구절이 있다.

여 먹을 수도 있었다. 밤이 되기만 하면 각종 귀신의 '추추' 소리를 들을 수 있다.

그들은 무인도에서 반년을 살면서 점차 귀신이 하는 말을 알아듣게 되었다. 한번은 귀신이 그들에게 말했다.

"우리는 모두 중국 사람입니다. 당년 불행히 낙제에 말려들어가는 바람에 시체가 이곳 무인도까지 떠밀려왔어요. 이곳이 중국에서 몇만 리나 떨어져 있는지 모르겠어요. 우리는 오랜 기간 이곳에 살아서 조수의 원리를 잘 알고 있지요. 대략 30년마다 낙제의 수위가 대해와 같아지면 죽는 사람 없이 이 기회를 틈타 빠져나갈 수 있어요. 지금 낙제의 수위가 곧 대해와 같아지려 하니 여러분이 빨리 배를 수리하면 살아서 돌아갈 희망이 있습니다."

낙제의 수위가 대해와 같이 평평해졌을 때 사람들은 귀신이 일러준 대로 배를 타고 돌아갔다. 이때 여러 귀신이 눈물을 흘리며 그들을 전송했다. 아울러 많은 금을 다투어 가져와 그들에게 주면서 부탁했다.

"우리를 대신해서 고향의 가족에게 안부를 전해주세요. 그리고 불사佛事를 많이 하시고 우리가 제도할 수 있도록 기도해달라고요."

복건 사람들이 돌아온 뒤 이 같은 깊은 정에 감동받아 각자 돈을 내어 큰 사당을 지어놓고 무인도에 있는 여러 귀신에게 기도하곤 했다.

제남에 사는 부호는 타고난 성품이 인색한지라 별명이 '철공계鐵公鷄'였다. 다시 말하면 그는 지독한 구두쇠였다.

　　하루는 부호가 돌연 중매쟁이를 불러와 젊은 첩을 들이겠다면서 돈은 최소한도로 쓰고 가장 아름답게 생긴 여인을 원했다. 중매쟁이는 웃으면서 그러마고 대답했다. 오래지 않아 젊은 여성을 데리고 왔는데 돈을 요구하지 않고 단지 의식 걱정만 하지 않으면 된다고 말했다. 부호는 뛸 듯이 기뻐하고 또 그 여자의 미모를 보고는 그녀를 총애하게 되었다.

　　하루는 여자가 부호와 배석하여 술을 마시며 그에게 타일렀다.

　　"나리는 늙으셔서 그렇게 많은 돈이 필요 없을 텐데 어째서 그 돈으로 가난한 사람을 구제하지 않으십니까? 그렇게 하면 그들이 나리의 은혜에 감사할 텐데요."

　　부호는 이 말을 듣더니 벌컥 화를 내며 여자의 건의를 묵살했다.

　　부호는 이로부터 여자에게 경계심을 품고 그녀가 멋대로 그의 돈을 써버릴까 걱정했다. 이렇게 반년이 지나 그가 금궤를 열어보니 텅

텅 비어 있었다. 부호는 그 여자가 훔친 것인 줄 알고 즉각 칼을 빼들고 추궁했다. 여자가 웃으며 말했다.

"제가 사람으로 보입니까? 저는 호녀狐女입니다. 원래 나리 집의 뒤채 일곱 칸이 모두 우리 일가가 거주하던 공간입니다. 나리의 조부와 부친은 달마다 닭 피를 바쳐 제사지내길 수십 년 동안 지속했는데 나리가 집안을 맡으면서 들어가는 비용이 너무 많다는 핑계로 우리에 대한 제사를 끊었고, 또 뒤채 일곱 칸을 세주고 방세를 받는 바람에 우리는 몸 둘 곳이 없어요. 저는 마음에 앙심을 품고 복수하러 온 것이지요."

이 말을 마치고 그 호녀는 사라졌다.

夜
星
子

경성 사람은 소아 야제증夜啼症을 '야성자夜星子'라고 부른다. 한 무신巫神이 뽕나무로 만든 활, 복숭아나무로 만든 화살로 야료를 부리는 요괴를 죽여 소아의 야제증을 치료했다.

아무개 시랑의 집에 증조부가 남겨둔 노첩이 있는데 이미 구십 세가 넘어 온 가족은 그녀를 '할머니老姨'라고 불렀다. 그녀는 온종일 온돌 위에 우두커니 앉아 말하지도 않고 웃지도 않았다. 하지만 식욕은 아주 좋아서 질병도 없었다. 그녀는 고양이 한 마리를 기르는데 매우 총애하여 한시도 떨어지지 않았다.

시랑의 어린 아들은 아직 강보에 있었다. 이 아이가 밤새 울음을 그치지 않자, 시랑은 사람을 보내 무신을 불러오게 하여 요괴를 잡아 치료하고자 했다. 무신이 손에 작은 뽕나무 활과 복숭아나무 화살을 쥐고 화살대에는 몇 길이나 되는 하얀 실을 매고 실의 한쪽은 무명지에 묶었다. 한밤중이 되어 밝은 달이 창을 비추자 창호지에 흐릿한 사람 그림자가 비추더니 홀연 들어왔다가 물러났다. 그 사람 그림자는 여자 같으며 키는 7, 8자이고 손에는 긴 창을 들고 있어 마치 말을 타고 가는 것 같았다. 무신이 신변의 노복을 밀며 낮은 소리로 말했다.

"야성자가 왔다."

이어 뽕나무 활을 힘차게 당겨 화살을 쏘았다. 창밖에는 "지지" 하는 소리만 들리더니 그 여인은 손에 든 긴 창을 잃어버리고 낭패한 모습으로 도망갔다. 무신이 창문을 깨고 손에 든 줄을 끌면서 여러 사람을 인솔하여 후원까지 따라가 보니 그 선은 문틈에서 할머니의 방 안으로 들어가 있었다.

사람들이 문밖에서 할머니를 불렀으나 대답이 없었다. 하녀가 촛불을 켜고 문을 열고 들어갔다. 하녀가 놀라며 외쳤다.

"할머니가 화살에 맞았어요."

사람들이 몰려와 보니 과연 할머니의 어깨에 복숭아나무 화살이 박혀 신음하며 선혈을 흘리고 있었다. 할머니가 기르던 고양이는 그녀의 두 다리 중간에 무릎을 꿇고 앉아 있었다. 할머니가 쓴 긴 창은 작은 죽첨竹籤에 불과했다. 그 자리에서 온 가족은 함께 손을 써서 그 고양이를 때려죽이고 할머니의 음식을 끊어버렸다. 며칠 지나지 않아 그녀가 죽었다. 이로부터 시랑의 어린 아들은 밤에 두 번 다시 울지 않았다.

종기를 치료하다

대흥현大興縣의 곽낭霍箕, 곽균霍均, 곽완霍完의 부친은 부스럼의 독기 치료에 뛰어난 중의다. 삼형제 가운데 곽균이 출중했다. 그는 의사라는 본업에 달가워하지 않고 독서를 좋아했다. 부친은 그가 가정교육을 따르지 않는다며 화를 내면서 혹독하게 나무랐다. 다행히 이웃의 요姚 씨 성을 가진 선비가 때때로 그를 찾아와 위로하고 격려하면서 학업을 완수하게 했다.

몇 년이 안 되어 부친이 사망했다. 곽낭과 곽완은 각자 의사로 지내며 생활 형편이 괜찮았다. 유독 곽균만 이리저리 살 궁리를 해도 날마다 궁색해졌다. 마침 향시 시험이 다가오자, 곽균이 걸어서 통주로 가는데 나이 든 노복 한 사람만 따랐다. 늦게 출발했기에 20여 리 길을 가자 태양은 서산에 져서 투숙할 만한 여관을 찾을 수 없었다. 이때 갑자기 숲속 저 멀리에 등불이 보여 주인과 노복 두 사람은 그곳으로 달려갔다. 그때 한 노파가 맞은편에서 숨을 헐떡거리며 뛰어왔다. 노복이 급히 앞으로 나아가 물었다.

"이곳이 투숙할 수 있는 여관인가요?"

"저는 급한 일로 외과 의사를 부르러 가는 중이라 투숙 얘기를 할 시간이 없어요."

곽균이 급히 그녀를 부르며 말했다.

"제가 외과 의술을 잘 알고 있는데, 왜 저를 찾지 않으십니까?"

"선생은 젊어 보이는데, 장가나 갔어요?"

"아뇨."

노파는 이 말을 듣고 기뻐하며 곽균과 동행했다.

곽균은 마음속으로 그의 물음에도 대답하지 않은 노파에게 의구심을 가졌다.

잠시 후 장원莊園에 도착했다. 장원은 으리으리하고 화려했다. 노파는 두 사람을 잠시 기다리게 해놓고 먼저 들어가 마님에게 보고했다. 오래지 않아 노파가 하녀 수십 명을 데리고 문밖을 나오며 말했다.

"마님께서 들어오시랍니다."

곽균과 노복은 노파 일행을 따라 장원으로 들어갔다. 10여 칸의 방을 지나서 상방上房에 이르렀다. 마님은 중당中堂에서 기다리고 있었다. 나이는 대략 서른 살이 넘어 보였고 차고 있는 노리개가 눈부시도록 빛이 났다. 그녀가 곽균과 인사를 나누고는 성명, 나이, 결혼 여부를 물어보자, 곽균은 일일이 사실대로 알렸다. 마님은 이 말을 듣자마자 얼굴에 갑자기 화색이 돌았다. 그녀는 좌우의 시녀를 물리고는 곽균에게 말했다.

"저의 성은 부符이고 원적은 하남인데 이곳에 거주하고 있지요. 과부로 살고 있는데 아들은 없고 딸만 하나 두었습니다. 이름은 의춘宜春이고 나이는 방년 열일곱이며 아직 혼처를 정하지 못했어요. 최근에 딸이 갑자기 창질瘡疾[63]에 걸렸는데 그 부위가 은밀한 곳이라서 다른 사람을 불러 치료하기가 민망합니다. 저는 딸과 상의하여 반드시 젊고 영준한 의사를 불러 진찰하게 하고 병이 나은 뒤에 그 사람의 배필로 주겠다고 약속했어요. 선생 같은 사람은 딱 맞습니다만, 선생의 의술이 어떤지 모르겠군요."

곽균은 처음엔 하룻밤 투숙할 생각뿐이었다. 이 말을 듣고는 기뻐서 어쩔 줄 몰랐다.

부인은 하녀 예아蕊兒를 불러 아가씨에게 알리라 해놓고 자신은 곽균의 손을 이끌고 몇 겹의 굽은 방을 지나 아가씨의 규방에 이르렀다. 주렴을 걷고 들어가니 한 미인이 솜이불을 덮고 침상에 누워 있었다. 부인이 딸에게 말했다.

"이분은 훌륭한 의사이시다. 마음에 드느냐?"

딸이 곽균을 힐끗 보고는 낮은 소리로 말했다.

"어머니가 마음에 드신다면 저는 상관없어요."

부인이 곽균에게 말했다.

"선생님, 진찰해보시지요."

그리고 딸에게 말했다.

"엄마는 잠시 나갔다가 들어올게."

의춘 아가씨는 부끄러움을 이기지 못했다. 예아가 여러 번 재촉해서야 비로소 얼굴을 안쪽으로 돌리고 몸을 기울여 누웠으며 소매를 들어 자신의 얼굴을 가렸다. 곽균은 침상 가에 앉아서 천천히 솜이

63　피부나 살에 발생하는 질병.

불을 들췄다. 두 엉덩이는 옥처럼 하얀데 항문 구멍은 가늘고 깊었다. 그 은밀한 부위는 붉은 비단으로 가려놓았다. 붉은 비단을 걷어내니 부스럼의 크기가 동전만 했다. 곽균은 진찰을 마치고 솜이불을 덮어주고는 침실을 나왔다. 부인은 창밖에서 기다리고 있다가 곽균을 정교하고 고아하게 꾸민 서재로 안내했다. 곽균은 시녀를 물리게 하고는 자신의 쥘부채에 묶어두었던 보라색 금덩어리를 풀어서 부수고 갈아서 가루로 만들었다. 그다음 벼루의 물로 풀을 만들어가지고 가서 부인에게 보여주며 말했다.

"이 약은 여인의 손이 닿아서는 아니 됩니다. 반드시 제 손으로 붙여야만 효과가 있습니다."

"병이 낫기만 한다면야 무슨 상관입니까? 선생 마음대로 하세요."

곽균은 다시 아가씨의 솜이불을 헤치고 아가씨의 엉덩이를 만지며 부드럽게 약을 발랐다. 의춘은 미소 짓기만 할 뿐 한마디도 하지 않았다.

며칠 지나자 의춘의 종기는 완쾌되었다. 부인은 술잔을 들며 곽균에게 말했다.

"선생과 딸은 하늘이 맺어준 배필입니다."

이에 신방을 꾸며놓고 길일을 골라 두 사람의 결혼식을 올렸다.

한 달이 지나자 곽균은 고향 대흥으로 가고 싶었다. 부인이 말했다.

"이곳은 황량한 벌판이라 머무르기 불편합니다. 저의 옛집이 경성 부성문 밖에 있으니 무방하시다면 함께 가서 살지요."

이에 곽균은 부인, 의춘과 함께 많은 짐을 가지고 이사했다. 그곳에 와보니 과연 화려하게 꾸민 주택이 있었다. 곽균과 의춘은 이곳에서 여러 해 살면서 1남 1녀를 낳았다.

어느 날 저녁에 의춘이 갑자기 울면서 곽균에게 말했다.

"우리의 인연은 여기까지입니다. 저는 내일 떠납니다. 40년 뒤에 다시 만나요."

이튿날 새벽에 부부는 손을 잡고 문을 나서며 서로 대성통곡했다. 문밖엔 이미 달구지가 서 있는데 무척 작았다. 하지만 부인, 의춘, 예아와 하녀 10여 명이 모두 탔는데도 수레는 좁게 느껴지지 않았다. 달구지가 움직이더니 삽시간에 사라졌다. 하지만 의춘의 곡소리는 아직도 귓가에 맴돌았다.

곽균은 이후 거인에 합격하고 모 현 현령으로 부임했다. 그런데 40년 뒤에 결국 재회하여 소원을 풀었는지는 모르겠다.

기린을 낳다

産麒麟

　무호의 장張 씨는 두부를 팔아 살아갔다. 그의 부인이 임신한 지 14개월 만에 기린을 낳았다. 둥근 손에 네모진 발, 등은 푸르렀으며 복부는 노랗고 전신은 수놓은 비단 같은 비취색 솜털로 덮였으며 좌우의 양쪽 신장腎臟엔 빛나는 비늘 모양의 딱딱한 껍질이 자랐다. 기린은 태어나자마자 걸어다녔다. 밥을 주면 기린은 꿀꺽 삼켰다. 주위의 호사가들은 이것을 상서로운 조짐이라 여기곤 관청에 알리려고 했다. 뜻밖에도 그 아이는 그날 저녁에 죽었다. 출생한 지 불과 7일 만이었다.

生
夜
叉

야차를 낳다

    소흥 지방의 수재 정시약鄭時若의 아내 위衛 씨가 야차夜叉를 낳았다. 야차의 전신은 남색이고 입술은 넓고 위로 들렸으며 눈은 둥글고 코가 오뚝 솟고 삐쭉한 입에 머리는 붉고 손은 닭발 같았으며 발은 낙타 발굽 모양이었다. 낳자마자 산파의 손가락을 깨물어 상처를 냈다. 정시약은 대경실색하여 칼로 죽이려고 했다. 그러자 야차가 격투 자세를 취하더니 오랜 시간이 지나자 점차 죽어갔다. 흘린 피는 모두 청색이었다. 위 씨도 너무 놀라 죽었다.

석고의 업보

石膏因果

　가정嘉定의 장張 씨는 명의로 이름이 났다. 한번은 우연히 그가 약을 처방할 때 잘못하여 석고石膏를 써서 환자의 생명을 잃게 만들었다. 사후에 그는 실수한 줄 알고 무척 후회했지만 가족에게 말하기도 민망했다. 아내와 자녀들도 이러한 사실을 몰랐다.

　1년 뒤 장 씨도 질병에 걸려 서徐 씨를 불러와 진찰하게 했다. 서 씨가 처방전을 지어주고는 떠났다. 약을 달이려고 할 때 장 씨 스스로 붓을 들어 처방전 위에다 '석고 1냥'이라 써놓았다. 자제들이 아무리 권해도 그는 듣지 않았다.

　이튿날 새벽 장 씨가 그 약을 복용한 뒤 처방전을 꺼내보고는 깜짝 놀라 말했다.

　"'석고 1냥'을 누가 써넣었지?"

　그의 아들이 말했다.

　"아버지가 직접 쓴 것인데 잊었어요?"

　아버지가 탄식하며 말했다.

　"알겠다. 얼른 가서 내 대신 뒷일을 준비하여라."

이어 스스로 게어偈語를 지었다.

석고여, 석고여 石膏石膏

두 목숨 한 칼에 달렸구나 兩命一刀

돌팔이 의사가 사람 죽이니 庸醫殺人

그 업보 벗어나기 어렵도다 因果難逃

정오를 지나자 장 씨는 사망했다.

유백온 후배

劉伯溫後輩

소흥 상우현上虞縣 아문의 후원에 고분이 있다. 전하는 말에 따르면, 신임 현령이 부임하면 반드시 성황묘에 가서 성황신에게 절한 다음, 다시 이 고분에 와서 제사를 지냈다. 이러한 관례를 따른 지 아주 오래되었다.

건륭 연간에 염冉 씨가 상우현 현령으로 부임하자, 예방禮房의 관리가 관례에 따라 그에게 고분에 가서 제사지낼 것을 청했다. 그러자 염 씨가 물었다.

"예전의 현령 가운데 부임하여 제사를 지내지 않은 적이 있소?"

"장 나리의 성격이 워낙 고집스러워 결국 고분에 제사를 지내지 않았지요. 지금 장 나리는 호북 포정사湖北布政使로 근무하고 계십니다."

"그럼 나는 장 나리를 본받고 싶소."

이에 결국 제사지내러 가지 않았다.

하루는 염 씨가 마침 대청에서 사건을 심리하고 있었다. 갑자기 옛 의관을 입은 사람이 수레를 타고 와 대청으로 들어섰다. 염 씨는 그 사람이 귀신인 줄 모르고 큰 소리로 문지기에게 손님이 왔는데도 알리지 않았다고 질책했다. 그의 말이 아직 끝나지 않았는데, 그 사람이 수레에서 내려 염 씨를 서재로 끌고 가 씩씩거리며 무슨 말을 했지만 알아듣지는 못했다. 다만 염 씨와 그 사람이 싸우는 소리만 들렸다.

얼마 지나지 않아 염 씨가 기절했는데 어떤 귀신이 그의 몸에 붙어 말했다.

"저의 성은 소蘇, 이름은 송松입니다. 원말 진사 출신이며 일찍이 상우현 현령을 지냈죠. 나중에 전란에 죽어서 이곳에 매장되었어요. 유백온劉伯溫[64]은 저의 후배 되지요. 그런데도 그대는 대담하게도 내게 제사를 지내러 오지 않았소."

어떤 사람이 전임 현령 장 씨가 부임해서 고분에 제사 지내지 않은 예를 들어 귀신에게 반박하자, 그 귀신이 말했다.

"장 씨의 당시 지위가 높아서 보복할 수 없었을 뿐 그의 운이 다하여 때가 되면 눈알을 파낼 겁니다."

염 씨 가족은 놀라서 허둥대며 귀신 앞에 무릎 꿇고 은혜를 베풀어줄 것을 간절히 빌며, 아울러 제물을 장만하여 제사를 지내겠다고 말했다. 한참 지나자 염 씨가 비로소 깨어났다. 염 씨도 무서워서 관복을 입고 고분에 가서 제사를 지냈다. 이로부터 과연 평안무사

---

64 본명은 유기劉基(1311~1375)이고 자는 백온이다. 절강성 청전靑田 사람이며 원말의 진사다. 그는 원말, 명초의 군사가, 정치가, 문학가이며 명대의 개국 공신이다. 문학사에서 송렴宋濂(1310~1381), 고계高啓(1336~1374)와 함께 '명초 시문 3대가'로 불린다. 주요 저작으로는 『성의백문집誠意伯文集』 등이 있다.

해졌다.

오래지 않아 전임 현령 장 씨는 어떤 일에 연루되어 파직되었고 두 눈도 점차 실명하게 되었다.

이 얘기는 소첨사少詹事 전신미錢辛楣[65] 선생이 내게 들려준 말이다.

65　고증학자 전대흔錢大昕(1728~1804)을 말한다. 자는 효징曉徵, 호는 신미이고 가정 사람이며 건륭 연간의 진사다. 그는 18세기 중국에서 가장 해박한 고증학자로 평가받고 있는데, 주요 저작으로는 『십가재양신록十駕齋養新錄』『이십이사고이二十二史考異』등이 있다.

小
那
爺

　　참령參領[66] 명공明公[67]은 소나야小那爺[68]와 친한 벗이다. 명공이 명을 받아 외지로 나갔다가 3년 뒤 경사로 돌아가는 길에 남소가南小街[69] 시장에 이르러 시장에서 빈둥거리는 소나야를 만났다. 그때는 한여름인데도 소나야는 솜옷을 입고 털모자를 쓰고 있었다. 명공은 이를 보고 기이하게 여겨 말에서 내려 그의 손을 잡고 각기 안부를 물었다. 소나야가 말했다.

　　"난 자네와 헤어진 뒤 항상 모욕을 당했네. 그대가 내게 보내준 노

66　청대 팔기 제도에서 통병관統兵官의 한어 이름. 원명은 '갑라액진甲喇額眞'이다.
67　명서明瑞(?~1768)를 가리킨다. 성이 부찰富察, 자가 균정筠亭, 만주 양황기인이며 승은공承恩公 부문富文의 아들이자 대학사 부항傅恒(약 1720~1770)의 조카다. 관학생의 신분으로 공작公爵을 계승했으며 호부시랑, 참찬대신參贊大臣, 정백기한군도통正白旗漢軍都統, 운귀 총독 겸 병부상서를 역임했다. 건륭 33년(1768) 미얀마로 출정 나갔던 명서의 군대가 미얀마군에게 포위되자, 힘써 대치하다가 목매달아 자살했다. 건륭제는 그에게 '과열果烈'이란 시호를 내렸다.
68　나소도那蘇圖(?~1749)를 말한다. 자는 희문義文이고 성은 대가씨戴佳氏이며 시호는 각륵恪勒이다. 만주 양황기鑲黃旗 사람으로 관직은 형부상서, 직예 총독을 역임했다.
69　지금의 베이징시 둥즈먼네이東直門內 난사오가南小街를 말한다.

새도 남에게 빼앗겨버렸지. 아직도 돌려받지 못했네. 새로운 무덤 곁에 심은 수목도 방목한 소와 양들이 짓밟아버렸네. 가족은 전혀 신경도 쓰지 않네. 다행히 자네가 돌아왔으니 내 대신 방법을 좀 생각해주게."

얘기를 나눈 뒤 명공은 수레에 오르고, 소나야는 수레를 타고 각자 헤어졌다.

명공이 집에 돌아와 소나야의 일을 얘기했더니 가족들이 말했다.

"소나야는 죽은 지 벌써 일 년이 넘었어요."

명공은 이 말을 듣고 깜짝 놀라 급히 소나야 집으로 가서 위문했다. 명공은 그제야 소나야가 입관할 때 입었던 의복이 시장에서 보았던 것과 같은 것을 알았다. 소나야의 노새를 돌려받았냐고 물으니, 그 아들이 말했다.

"아무개 집에 있어요. 그 사람은 아버지가 준 것이라 하여, 감히 찾으러 가지 못했어요."

명공이 그 사람을 불러서 엄하게 추궁하자, 그는 자신의 사기 행각을 실토했다. 이에 노새를 되돌려받아 소나야의 아들에게 주었다. 이어서 소나야의 무덤에 가서 보니 과연 주위의 수목과 화초는 소와 양에게 뜯기고 밟혀 어지러웠다. 명공은 봉분을 다시 쌓고 무덤과 수목을 보호하기 위해 난간을 두른 다음 관사로 돌아왔다.

그날 저녁 명공의 꿈속에서 소나야가 다가와 감사를 표하며 말했다.

"은혜를 갚지 못해 부끄럽네. 내일 정오에 시장에서 어떤 사람이 병든 노새를 팔 걸세. 그대가 사둔다면 반드시 큰 이익을 볼 걸세."

이튿날 명공은 소나야의 말대로 병든 노새 한 마리를 구입했다. 정성 들여 치료했더니 건강을 회복하여 하루에 500리를 달릴 수 있었다.

물귀신 단지

무림문武林門70 밖 서호패西湖壩의 어느 집에 노복이 있었다. 그 노복은 저녁 무렵이면 서호에 가서 물을 긷는데 멀리서 호수 면에 떠 있는 술 단지를 보았다. 그는 그것을 건져서 물건을 넣어둘 용기로 쓰고자 했다. 잠시 후 그 술 단지가 언덕 밑으로 떠밀려왔다. 노복이 손을 뻗어 쥐고 단지 안에 넣었다. 뜻밖에도 팔이 단지 입구에 들어가자 단지 입구가 점점 오므라들고 손을 조여 노복도 끌려서 호수에 빠졌다. 그가 다급히 살려달라고 소리치자, 사람들이 구해주었다.

70　항저우 시후호 동북의 연안에서 북쪽으로 1.4킬로미터 떨어져 있다.

鬼
市

왕汪 태수부太守府에 이오李五란 노복이 있다. 그는 노하潞河[71]에서 출발하여 경성으로 갔다. 한여름 철이라 더위가 무서워 그는 밤에만 길을 걷고 날이 밝으면 성에 들어갈 것으로 예상했다. 그날 밤 도중에 보니 귀시鬼市[72]가 무척 번화했다. 식당에서는 음식물이 한창 익고 있었는데 국수, 밥, 만두에서 나오는 열기가 하늘로 치솟았다. 이오는 배가 고파 한 식당으로 들어가 배불리 먹고는 돈을 지불하고 나왔다.

---

71 지금의 퉁저우구通州區에 있었던 운하다. 노하가 메워지기 전에 통현팔경通縣八景이 있었는데, 대부분 노하와 연관되어 있다. 유음용주柳蔭龍舟, 이수회류二水會流, 장교영월長橋映月, 벽수환성碧水環城, 조정비범漕艇飛帆, 풍행노탕風行蘆蕩, 백하환주白河渙舟가 그것이다. 그 자리엔 루허중학이 들어서 있다.
72 청대 중엽부터 북경에서 형성되기 시작했다. 야간에 시장이 열리고 새벽에 닫는 야간시장을 말한다. 북경의 귀시는 천교天橋, 서소시西小市, 고량교高粱橋, 조양문외朝陽門外 등지에 열렸으며 신중국 성립 후에 사라졌다. 1992년부터 자발적으로 다시 생기기 시작했는데 토요일 오후마다 소상인들이 판자위안潘家園 맞은편의 화웨이교華威橋 근처의 공터에서 물건을 팔았다. 이곳을 '화웨이차오 귀시華威橋鬼市'라고 불렀다.

날이 밝자 저 멀리서 경성이 보였다. 이때 그는 갑자기 생각났다. 노하에서 경성까지 40리 길 연도엔 화원이나 찻집, 식당이 한두 집에 불과한데, 어째서 어젯밤엔 그렇게 번화한 시장이 있을 수 있을까? 그가 막 생각하고 있을 때 위가 거북하여 몸을 구부려 토해냈다. 그런데 토한 것이 모두 꾸물거리며 땅에서 뛰어다녔다. 정신을 차리고 보니 두꺼비도 있고, 여러 마리가 뒤엉킨 지렁이도 있었다. 이를 보고는 구역질이 났으나 별일은 발생하지 않았다. 다시 몇 년이 지나 이오는 세상을 떠났다.

金娥墩

　　금아돈金娥墩은 무석 현성無錫縣城에서 동남쪽으로 60리 떨어진 곳에 있다. 옛날 남당南唐[73] 후주 이욱李煜의 비 금아金娥의 무덤이다. 금아는 문장을 잘 짓고 이욱에게 충언을 올려 이욱의 총애를 받았다. 몇 년 뒤 이욱이 진릉군晉陵郡에서 군사를 일으켰을 때 금아도 동행했다. 도중에 오월왕吳越王[74]의 병마를 만나자 전진할 수 없었다. 이때 금아가 죽어 이곳에 매장했다.

　　건륭 초년에 현지 농민이 밭을 갈 때 옛날 벽돌을 발굴했는데 위에 '당왕보인唐王寶印'이란 네 글자가 전서체로 쓰여 있었다. 지금까지도 옛 벽돌이 무덤 사이에서 자주 발견된다.

　　더욱 기이한 것은 비바람이 부는 밤이면 여자 귀신이 본래 모습을 드러내고 울면서 춤을 추는 것이다. 그 노래 가사는 이렇다.

73　오대십국의 하나로 십국 중에서 번영했던 국가(937~975).
74　오월은 십국의 하나로 907~978년 존속했다.

날마다 침입하여 세 자의 흙 깎아내고 日侵削兮三尺土

산천이 이미 바뀌니 모두 날 업신여기노라 山川已改兮衆余侮

翻洗酒罈

술 단지를 뒤집어 씻다

광신부廣信府 서徐 씨는 무뢰한 소년이다. 술에 취하여 싸우다가 이웃 사람을 죽이고는 죄가 두려워 숨어버려서 관아에서도 찾을 방도가 없었다. 그의 가족은 그가 이미 죽었다고 여겼다.

5년 뒤 서 씨의 숙부가 우연히 강 수면에 떠 있는 시신을 발견했다. 건져보니 바로 그의 조카 서 씨였다. 이에 시체를 수습해서 안장했다. 다시 5년이 지나 서 씨가 돌연 집으로 돌아왔다. 가족들은 모두 그를 귀신으로 여겼다. 이에 서 씨가 말했다.

"저는 사람을 죽이고 도망쳤다가 뜻밖에도 여산에서 선인을 만났어요. 제게 연형분신술煉形分身術[75]을 가르쳐주어 지금은 득도했어요. 집에서 걱정하실까봐 강 수면에 시체를 뜨게 하여 위로했던 것입니다. 지금 제가 해결하지 못한 일이 있어 집으로 돌아왔어요."

서 씨는 아직 장가가지 못했다고 한다. 형수는 반신반의하면서도 시동생을 그녀의 집에 묵게 했다.

---

[75] 도가에서 형체를 수련하여 형체와 그림자를 분산시키는 방법을 말한다.

하루는 서 씨가 술 단지에 오줌을 갈겼다. 이를 본 형수가 진노하여 한바탕 욕설을 퍼부었다. 그러자 서 씨가 말했다.

"씻어내면 되잖아요?"

"오줌이 단지 안에 있는데 어떻게 씻어내요?"

서 씨는 손을 뻗어 단지 속에 넣은 다음, 마치 베로 만든 자루인 것처럼 술 단지를 안에서 밖으로 뒤집어놓았다. 이어서 서 씨는 하늘을 우러러 크게 웃더니 구름을 타고 떠나버렸다.

지금까지도 뒤집은 술 단지는 서 씨 집에 남아 있다.

서 씨에게 맞아 죽었던 피해자 가족이 일찍 일어나 보니 탁자 위에 은 1000냥이 놓여 있었다. 어떤 사람은 서 씨가 사죄하는 뜻에서 보답한 것이라 말했다. 소위 '해결하지 못한 일'이란 바로 이를 두고 한 말이다.

雷
誅
吉
玢

뇌공이 길분을 죽이다

호주의 서徐 씨 성을 가진 여자는 태어나자마자 채식하더니 세 살 이후부터는 염불하길 좋아했다. 하지만 그녀는 14세가 되었을 때 갑자기 벼락을 맞고 죽었다. 마을 사람들은 시끄럽게 떠들며 뇌공雷公이 보는 눈이 없어 무고한 사람을 잘못 죽였다고 말했다. 장사를 지낼 때 사람들은 그녀의 등에서 전서체로 된 세 글자를 발견했다. 글자를 아는 사람이 확인해보니 그 세 글자는 '당길분唐吉玢'이었다.[76]

　명확하게 이해되지는 않지만 길분吉粉의 '부친을 대신하여 죽겠다代父受死'는 고사를 얘기하려는 듯하다. 길분은 남조 양나라 사람인데 남들과는 달리 어려서부터 효심이 깊었다. 그의 부친이 오흥吳興 원향原鄕 현령을 맡았을 때 청렴하고 공정했으며 윗사람에게 아부하지 않아 상관의 눈 밖에 났다. 그래서 상관이 없는 죄를 만들어 그를 파면시키고 경사로 압송하여 감옥에 가뒀다. 당시 길분의 나이는 고작 열다섯 살이었다. 길분은 부친의 억울함을 호소하기 위해 경사로 올라가 황궁 앞에서 북을 치며 부친을 대신하여 자기가 죽겠다면서 아버지를 풀어줄 것을 애원했다. 당시 황제 소연蕭衍은 어리면서도 대담한 길분을 보고는 누군가에게 사주를 받은 것으로 의심하여 정위경廷尉卿 채법도蔡法度를 보내 길분을 심문하게 했다. 채법도는 길분의 결연한 의지를 보고는 황제에게 그대로 보고했다. 소연은 효심이 깊다며 길분 부친의 죄를 사면하여 풀어주고 길분의 효행을 표창했다고 한다. 『양서梁書』 권47 「효행」에 보인다. 이 고사로 볼 때 본문에서 14세 소녀의 부친은 등장하지 않지만, 그의 부친이 어떤 일에 연루되어 부친 대신 딸이 대신 죽게 될 운명을 비유한 것으로 추정해볼 수 있다.

狐
仙
親
嘴

호선이 입을 맞추다

은선암隱仙庵[77]에 사는 호선狐仙이 항상 야료를 부렸다. 은선암의 노복 왕王 씨는 호선을 극히 혐오하여 입에서 욕이 끊일 날이 없었다.

하루는 밤에 왕 씨가 침상에 누워 있었다. 갑자기 등불 밑에서 한 여자가 그에게로 서서히 다가와 그를 껴안고 입을 맞추자, 왕 씨도 못 이기는 체했다. 그런데 여자의 입에서 짧고 검은 수염이 나왔는데, 날카로운 침처럼 왕 씨의 입을 찔렀다. 왕 씨는 참을 수 없을 정도로 아파서 큰 소리를 질렀다. 이에 호선이 웃으면서 떠났다. 이튿날 왕 씨는 자신의 입이 온통 바늘 구멍으로 가득한 것을 발견했다. 마치 고슴도치가 찌른 것 같았다.

---

[77] 청대 남경성 서북쪽 호거관虎踞關 옆에 있었던 암자로 도홍경陶弘景(456~536)이 이곳에 은거했다 하여 붙여진 이름이다.

라마

喇
嘛

서장 모록고 라마護勒孤喇嘛가 원적한 뒤 그의 문하생들이 그의 후신이 유서維西[78]의 어느 곳에서 다시 태어날 것인지 점쳤다. 건륭 8년 (1743) 여러 라마는 생전에 사용한 법기法器를 가지고 유서로 가서 후신을 찾아 나섰다.

유서 모 지방에 이르러 마사두인麼些頭人의 아들을 발견했는데 이름은 달기達機이고 올해 일곱 살이었다. 그날 달기가 갑자기 병아리 한 마리를 발견하고 그의 모친에게 물었다.

"이 병아리도 언젠가 엄마 곁을 떠나겠지요?"

"이 병아리도 끝내 어미 곁을 떠나겠지."

"그러면 저도 병아리와 같겠죠?"

잠시 뒤 달기가 그의 부모에게 말했다.

"서장의 어떤 사람이 이곳으로 와서 어린 활불을 영접할 테니, 부모님께서는 그들을 환대해주세요."

---

78 지금의 윈난성 디칭짱족자치주迪慶藏族自治州 서남쪽의 현 이름.

그의 부모는 그가 헛소리를 지껄인다고 여겨 두 번 다시 그를 아랑곳하지 않았다. 하지만 달기는 힘주어 고집스레 말했다. 그의 부모가 어쩔 수 없이 문밖을 나가보니 과연 수십 명의 라마가 이미 문 앞에 당도해 있었다. 그들은 초대하지도 않았는데 결국 집 안으로 들어왔다. 달기는 이들을 보더니 땅에서 가부좌를 틀고 오랫동안 주문을 중얼거렸다. 여러 라마는 가지고 온 바리때, 염주와 손으로 쓴『심경心經』을 달기에게 주면서 알아보는지 확인했다. 달기는 단지 모륵고 활불이 생전에 사용하던 바리때와 그가 친히 손으로 쓴『심경』원고만 고르고 아울러 염주를 끼고 손에 바리때를 들고『심경』을 펼치며 크게 웃었다. 이때 여러 라마는 급히 모자를 벗고 그에게 절을 했다. 달기는 손에 든 바리때를 놓고『심경』만 들더니 여러 라마에게 일일이 머리를 깎고 계를 받는 의식을 거행했다. 그 뒤 한 라마가 승복과 승모를 가져와 달기에게 주었다. 달기가 스스로 입자 여러 라마는 또 가지고 온 수십 개의 비단 깔개를 마당 한가운데에 깔고 달기를 그 가운데 앉게 했다. 달기의 부친은 어찌해야 할 바를 몰랐다.

이때 여러 라마가 달기의 부친에게 백은 500냥, 비단으로 만든 물품 각 수십 필을 주었다. 아울러 달기의 부친에게 축복하며 말했다.

"이분이 저의 절 주지의 활불이십니다. 스님들은 그를 모시고 서장으로 가시지요."

달기의 부친은 외동아들을 두었기 때문에 허락하지 않으려 했다. 그러자 달기가 말했다.

"걱정하지 마세요. 내년 모월 모일에 장차 아들을 낳을 것이니 우리 집 후사를 이을 수 있을 겁니다. 저는 환생한 활불이니 집에 머무를 수 없어요."

그의 부모는 어쩔 수 없이 승낙했으며 그에게 합장하고 절했다.

라마들은 달기를 모시고 달마동達磨洞 사찰로 들어왔다. 유서 원근의 마사두인들이 무리를 지어 와서 향을 올리고 참배했는데 그들이 보시한 은이 부지기수였다. 달기 활불이 달마동 사찰에서 3일을 묵고 서장으로 떠났다. 이듬해에 달기 모친은 과연 예언대로 아들을 낳았다.

夢中事只靈一半

꿈속의 일은 절반만 영험하다

경현涇縣의 호승린胡承璘[79]이 수재일 때 꿈속에서 자신이 한 저택에 와 있는 것을 발견했다. 보아하니 왕후王侯의 저택 같았다. 그런데 이 저택에 숙부가 살고 있었다. 숙부는 조카를 보고 놀라 물었다.

"이곳은 저승의 관공서이거늘, 네가 어째서 이리로 온 것이냐?"

"숙부님은 여기서 무슨 관직에 계십니까?"

"말단 관리란다."

호승린이 부탁하며 말했다.

"저는 미래의 관록과 운명을 조사해보고 싶어요."

숙부가 그의 명부를 뒤적여보고 말했다.

"가난한 수재에 불과하네."

호승린이 두각을 나타낼 기회를 달라고 여러 차례 애걸하자, 숙부는 어쩔 수 없이 다른 사람의 관록과 운명을 조카와 바꿔치기하고

---

[79] 호승린(?~1742)은 자가 빈중彬仲이고 호가 박원璞園이며 옹정 원년(1723)의 진사다.

그에게 말했다.

"이것은 큰 죄악이야. 염라대왕이 이 사실을 아는 날이면, 용서치 않을 것이니 어쩌할 텐가?"

이렇게 말하면서 바꾼 명부를 호승린에게 보여주었다. 그 위에는 "강희 59년(1720) 경자과 거인, 옹정 원년(1723) 계묘 은과 진사. 장원현 지현 역임. 모년 모월 모일 사망康熙五十九年庚子科擧人, 雍正元年癸卯恩科 進士. 任長垣縣知縣. 某年某月某日壽終"이라고 적혀 있었다. 그리고 호승린에게 말했다.

"향시에 응시하기 전에 반드시 괘명卦名을 많이 기억해두어라."

이 말을 하고는 그를 힘껏 밀어 쓰러뜨리자 호승린이 깨어났다.

강희 59년(1720) 호승린이 향시에 응시했는데 첫 번째 시험 문제는 '세한歲寒'[80]이라는 구절이었다. 곧바로 「둔屯」「몽蒙」「박剝」「복復」 등 10괘의 계사繫辭로 답안을 작성했는데, 결국 일등으로 거인에 합격했다. 옹정 원년 계묘癸卯(1723) 회시에서도 진사에 합격했다. 몇 년이 지나 장원현長垣縣 지현으로 제수되었다. 그의 관록은 꿈속에서 예측한 것과 조금도 다르지 않았다.

오래지 않아 호승린에게 죽음의 시각이 다가왔다. 그는 공무를 미리 인수인계하고 술자리를 마련한 다음 친구들과 작별을 고했다. 그런 다음 목욕하고 새옷을 갈아입은 다음 조용히 앉아서 저승사자의 도래를 기다렸다. 황혼이 지나 그는 갑자기 몇 되의 피를 토하여 틀

---

80 『논어』「자한子罕」 편에 "날씨가 추워진 다음에야 소나무와 잣나무가 나중에 시든다는 것을 알 수 있다歲寒, 然後知松柏之後凋也"라는 구절이 있다.

림없이 죽을 것이라 여겼다. 그러나 뜻밖에도 점점 회복되어 결국은 죽지 않았다. 다시 10여 년을 더 살다가 건륭 6년(1742)에 이르러 호승린은 운남 양도雲南 糧道로 부임하는 길에 사망했다.

이처럼 꿈속의 일은 영험하기도 하고, 그렇지 않기도 하다.

권 24

장락현의 기이한 원한

복건 장락현長樂縣의 이李 씨 성을 가진 여성이 25세 때 아들을 낳았다. 생후 6개월 만에 남편이 세상을 뜨는 바람에 그녀는 뜻을 세워 고아를 양육했다. 이 씨 집에는 하녀 한 명과 나이 든 노복 한 명뿐이었다. 이 밖에 친척이 있다 하나 그들과는 거의 왕래하지 않았다. 향리 및 주위 일대의 사람들은 모두 그녀를 존경했다. 아들이 15세가 되었을 때 그는 외지로 나가 스승을 따라 공부하게 되었다.

하루는 이 씨가 새벽에 일어나 실을 잣는데 갑자기 흰옷을 입은 남자가 침상 앞에 서 있었다. 이 씨가 놀란 나머지 큰 소리로 꾸짖자 그 남자는 침상의 배후로 걸어가더니 사라졌다. 이 씨는 무서워서 하녀를 불러 자신의 방에서 같이 잤다.

정오에 아들이 외지에서 돌아와 모친과 함께 점심을 먹었다. 그가 고개를 들어 보니 흰옷 입은 남자가 침상 앞에 있어 깜짝 놀라 소리질렀더니 그 남자는 침상 뒤로 가더니 이내 사라졌다. 이 씨가 아들에게 말했다.

"듣자 하니 흰옷을 입은 사람은 재신財神이라더라. 이 집은 조상님이 거주한 이래 지금까지 이미 100년이 넘었다더구나. 조상님이 여기에 금은보화를 남겨둔 것은 아니겠지?"

그러고는 하녀와 함께 침상 아래의 마루를 들어 보니 마루 아래에 네모난 탁자만 한 크기의 푸른 돌이 있었다. 위에는 붉은 주단으로 만든 은포銀包가 있고 안에는 백은 5정錠이 쌓여 있었다. 이 씨는 기뻐하며 이 돌을 떼어내려고 했지만 힘이 부족하여 뜻대로 되지 않았다. 그래서 모의하며 말했다.

"파내기 전에 먼저 재신에게 제사지내자. 네가 시장에 가서 제물을 사와 신에게 제사지낸 다음 열어보자."

아들은 즉각 은포를 가지고 시장에 가서 돼지머리를 구입했다. 돼지머리를 사고 나서야 돈을 가지고 오지 않은 것을 알고 은포를 꺼내 도살업자에게 말했다.

"은 5정錠을 전당 잡힐게요."

그리고 돼지머리를 포대에 담아 돌아왔다.

그가 현 아문 앞을 지날 때 한 포졸이 뒤따라오며 물었다.

"얘야, 포대에 담긴 것이 무엇이냐?"

"돼지머리요."

포졸이 두세 번 묻자 이 씨 아들은 화가 나서 포대를 땅에 던지며 말했다.

"돼지머리가 아니면 설마 사람 머리이겠소?"

포대를 쏟으니 과연 사람 머리였고 선혈이 땅을 가득 적셨다. 이 씨 아들은 화들짝 놀라 울음을 그치지 않았다.

포졸은 그를 현 아문으로 압송했다. 이 씨 아들은 사실대로 호소하며 자신이 모 정육점에서 사온 것이라고 말했다. 이에 도살업자를 체포하여 대령시켰다. 그가 진술한 내용이 이 씨 아들의 말과 완전히 부합했고 가져왔던 은포를 올렸다. 서리가 받아서 올렸을 때는 붉은 주단에 싸여 있었는데 건네주어 책상 앞에서 열었을 때는 피로 얼룩진 하얀 포목이었다. 안에는 사람의 다섯 손가락이 싸여 있었다. 현령은 크게 놀라 이 씨 아들을 다시 심문했다. 이 씨 아들은 지나온 경과를 사실대로 진술했다. 현령이 친히 그의 집에 가서 지하의 푸른 바위를 들춰 보니 그 아래엔 머리가 없는 남자 시체가 놓였고 의상, 신발이 전부 하얗고 오른손 다섯 가락이 절단되어 있었다. 사람 머리와 다섯 손가락은 이 시체의 절단된 것과 일치했다. 백방으로 그것의 경위를 조사해보았으나 어떠한 실마리도 찾을 수 없었다. 따라서 도살업자와 이 씨 아들을 감옥에 가두었다. 이 사건은 지금까지도 해결을 보지 못하고 있다.

건륭 28년(1763)의 일이다.

燒
包

지전 다발을 태우다

광동 민간 습속에 7월 보름이 되면 지전을 많이 쌓아 봉한 뒤 이를 불사른다. 이를 '소포燒包'라고 불렀다. 이렇게 각 조상에게 제사를 지냈다.

장척張戚이란 사람은 원래 무뢰한인데 담력이 셌다. 그의 집에 삼아三兒라 불리는 노복이 한 달 넘게 병상에 누워 있다가 7월 16일 갑자기 침상에서 벌떡 일어나 밖으로 나갔다. 장척이 그를 쫓아가보았다.

삼아는 성 밖으로 나가 큰 강가에 이르러 우두커니 서서 머리를 끄덕이면서 헛소리를 지껄였다. 다른 사람과 싸우는 것 같았다. 장척이 다가가 그의 뺨을 한 대 때렸다. 그러자 삼아가 말했다.

"저는 하급 관리에게 체포되어 이곳에 왔는데, 다른 사람을 대신해서 돈지갑을 보내주었어요."

"하급 관리가 어디 있느냐?"

삼아가 손가락으로 가리키며 말했다.

"앞쪽 얕은 물가에 서 있는 사람이 바로 관리입니다."

장척이 보니 과연 높은 모자를 쓰고 푸른 옷을 걸친 한 사람이 서 있는데, 감옥을 지키는 사병 같기도 하고 법정의 노복 같기도 한데 손에 채찍을 들고 지휘하고 있었다. 장척이 큰 소리로 외치며 붙잡아 주먹을 날리자 순식간에 사라졌다. 장척이 다시 삼아에게 물었다.

"돈지갑은 어디에 있느냐?"

"사당의 전각에 있어요. 너무 무거워서 들 수가 없어 그 관리가 저를 이곳으로 잡아온 겁니다."

장척이 집으로 돌아가 사당을 열어보니 과연 종이재 열 포가 있었다.

金銀洞

금은동

고봉애高峰崖는 광서 사은부思恩府 성남에서 100여 리 떨어진 곳에 있다. 두 봉우리가 우뚝 서 있고 벼랑에는 열세 개의 글자가 크게 새겨져 있었다.

"금칠리, 은칠리, 금은지재칠칠리金七里, 銀七里, 金銀只在七七里."

필획이 준경遵勁한데 어느 시대에 새긴 것인지 알 수 없었다. 고봉애 아래엔 토지사土地祠가 있었다. 풍수쟁이 말에 따르면 이곳에 금은의 기운이 있지만 백수십 년 동안 현지인이 여러 차례 찾아보았어도 하나도 건지지 못했다고 한다. 한 점쟁이가 토지사에 와서 며칠을 배회하던 끝에 그 신상을 훔쳐갔다. 현지인이 발견하고는 쫓아가서 물어본 뒤에야 그 신상이 황금으로 주조하여 만든 것임을 알았다. 하지만 그도 '칠칠리'가 무슨 뜻인지는 알지 못했다.

고봉애 옆에는 수십 길이나 되는 산봉우리가 있고 위에는 은동銀洞이 있었다. 은동에는 백은이 가득 쌓여 큰 것은 수십 근이나 나갔다. 현지인이 나무 사다리를 만들어 올라가보았다. 하지만 백은을 가져오려고 온 방법을 다 써봐도 은을 동굴 밖으로 내갈 수 없었다. 어떤 사람이 은덩어리를 밖으로 던졌으나 땅에 떨어지면 보이지 않았다. 어떤 사람이 개를 끌고 들어가 은을 개의 몸에 묶고 밖으로 운반하려고 했다. 그러자 그 개는 미친 듯이 짖기만 했다. 개가 나온 뒤 몸에 묶었던 은은 보이지 않았다.

猫
怪

정강현靖江縣의 장張 씨는 현성의 남쪽에 살았다. 집 모서리에 도랑이 있는데 오랫동안 준설하지 않아서 장맛비라도 만나면 물이 대청까지 차올랐다. 장 씨는 대나무 장대를 한 길 깊이까지 도랑에 넣었는데 뺄 수 없었다. 이에 몇 사람을 불러 함께 빼보았으나 여전히 빠지지 않았다. 진흙에 엉겨붙어서 그런 것이라 생각했다. 날이 갠 뒤 다시 가서 빼니 대나무 장대가 경쾌하게 나왔다. 뜻밖에도 검은 연기가 뱀처럼 스멀스멀 장대를 타고 올라왔다. 순식간에 천지가 어두워졌다. 이때 눈이 파란 사람이 검은 연기를 타고 장 씨의 하녀를 희롱했다. 하녀는 벽 안의 사람이 그녀와 교합할 때 음부가 바늘로 찌르는 것처럼 아파서 참을 수 없었다고 한다.

장 씨는 주술을 부릴 줄 아는 사람을 널리 구했다. 한 도사가 그의 집에서 단을 쌓고 요괴를 퇴치하려고 했다. 이때 검은 연기가 단에서 나와 위로 올라가자 도사는 무언가가 자신을 핥는 느낌이 들었다. 핥은 곳은 혀가 칼 같아서 모두 잘렸고, 가죽과 살이 모두 문드러졌다. 도사는 바삐 도망쳤다.

이 도사는 평소 천사天師에게 법술을 배웠는데 부득이 배를 세내어 강을 건너 천사를 찾아갔다. 장 씨가 사람을 보내 그 도사를 따라가 천사를 불러 친히 와서 구해줄 것을 부탁하려고 했다. 배가 강의 한가운데에 이르렀을 때 하늘에서 검은 구름이 사방에서 일었다. 그러자 도사가 기뻐하고 축하하며 말했다.

"그 요괴가 벼락을 맞아 죽었습니다."

도사가 돌아와 장 씨에게 보고했다. 장 씨가 가보니 집 모퉁이에 벼락 맞아 죽은 고양이가 있었다. 그 고양이 크기는 나귀만 했다.

夢馬言

말의 말을 꿈꾸다

건륭 18년(1753) 산동 고울진高蔚辰이 하남 연진현延津縣 지현으로 부임했다. 하루는 그가 서재에서 낮잠을 자다가 꿈속에서 말 한 필이 뜰 안으로 들어와 서더니 사람처럼 말을 했다. 고울진은 화살을 쏘아 가슴을 적중시켰다. 그 말이 울부짖으며 도망가는 바람에 고울진은 깜짝 놀라 깨었다.

바로 이때 바깥에서 보고했다. 어느 마을의 부인 노라盧羅 씨가 한밤중에 피살되었는데 작은 나무 말뚝이 그녀의 음부를 뚫어 죽고 두 아이도 피살되었다는 것이다. 고울진이 가서 검시해보니 상처 난 상황이 보고한 내용과 일치했다. 하지만 범인이 누구인지는 밝혀지지 않았다.

고울진은 이때 꿈속의 일이 생각났다. 이에 온 마을을 순시하며 이름을 불러보면 마馬 씨 성을 가진 사람이 나오리라는 희망을 가졌다. 하지만 이름을 다 불러도 마 씨 성은 없었다. 그래서 물었다.

"바깥 마을에는 마 씨 성을 가진 사람이 있느냐?"

어떤 사람이 대답했다.

"없습니다."

고울진은 이 마을의 명부를 뒤적이면서 한참 생각하다가 성이 허_許, 이름이 충_忠인 사람을 발견하고는 꾀를 내어 말했다.

"말은 십이지 동물 중 오_午에 속하고, 오_午 앞에 말씀 '언_言'을 세우면 '허_許'다. 그 가슴을 적중시킨 것은 바로 '충_忠'자다."

이에 허 씨를 불러와 소리쳤다.

"부인을 죽인 사람이 바로 너다."

허 씨는 화들짝 놀라 멍청하게 있다가 머리를 조아리며 말했다.

"사실입니다. 강간하려는데 따르지 않아 죽였습니다. 제 두 손가락을 물어뜯는 바람에 화가 나서 작은 나무 말뚝을 그녀의 음부에 쑤셔넣었으며, 그 아들도 죽었습니다. 대인께서는 이 일을 어떻게 아셨는지요?"

고울진은 웃으며 대답하지 않았다. 허충의 손을 보니 피가 아직도 철철 흘러내렸다. 이에 살인범을 법대로 엄벌에 처했다. 군의 모든 백성은 고울진을 신으로 떠받들었다.

장정존

　　장인창蔣麟昌[1]은 자가 정존靜存이며 나의 한림 동료다. 시를 즐겨 썼으며 당대의 이창곡李昌谷[2]을 배워 "놀란 모래 움직이니 개똥벌레 어지러이 날고, 양각등에 심지 없어 삼경에도 푸르다驚沙不定亂螢飛, 羊燈無焰三更碧"는 구를 지었다. 그가 출생할 때 조부가 꿈속에서 이승異僧이 『십삼경十三經』[3]을 문 입구에 던지는 모습을 보았다. 오래지 않아

1　장병蔣炳의 장자로 호가 교호筊湖다. 강남 양호陽湖 사람이며 건륭 4년(1739)의 진사다. 한림원 서길사, 편수를 역임했으며 저작으로『능계유초菱溪遺草』가 있다. 원매와 같은 해에 진사에 합격했고 친하게 지냈는데『수원시화』권3 57조에도 출현한다. 원매는 그가 사망했을 때 "과거 동기 젊은이 중에 지금 나만 남아 있고, 저승의 재자 속에 또 다시 그대를 보태네一榜少年今剩我, 九原才子又添君"라고 애도했다.
2　당대 시인 이하李賀(790?~817?)를 말한다. 자는 장길長吉이고 하남 복창福昌 창곡昌谷에서 거주했기에 후세에 그를 이창곡이라 불렀다. 당 종실 정왕鄭王 이량李亮의 후손이다. '시귀詩鬼'란 별명을 가졌으며 시성詩聖 두보, 시선詩仙 이백, 시불詩佛 왕유와 이름을 같이하는 저명한 시인이다. 작품으로『창곡집昌谷集』이 있다.
3　유교의 가장 중요한 경서 13종의 총칭으로『주역周易』『서경書經』『시경詩經』『주례周禮』『예기禮記』『의례儀禮』『춘추좌씨전春秋左氏傳』『춘추공양전春秋公羊傳』『춘추곡량전春秋穀梁傳』『논어論語』『효경孝經』『이아爾雅』『맹자孟子』13종을 총괄하여 부르는 명칭이다.

장손이 태어나자 아명을 '승수僧壽'라 지었다. 성장한 뒤엔 이름을 수창壽昌으로 바꿨다. 임금의 이름을 피하기 위해 특별히 바꾼 것이다. 또 꿈속에서 한 스님이 기린 한 폭을 그려 자기에게 주었다고 해서 이름을 인창麟昌으로 개명했다. 그는 17세 때 거인에 합격했고 19세에 한림원에 들어와 25세에 사망했다. 성격은 오만하고 얽매이지 않았으며 책을 읽으면 잊어먹지 않았다. 그리고 늘 이렇게 말했다.

"문장을 쓰는 일에서 내가 가장 경외하는 분은 원자재袁子才이고, 가장 사랑하는 분은 구숙도裘叔度[4]다. 그 외에 학문이 깊고 넓은 명인, 예를 들어 심귀우沈歸愚[5] 같은 사람은 쉽게 대처할 수 있다."

장인창이 죽은 지 3일째 되던 날 겨우 세 살배기 아들이 침상의 휘장을 끌며 소리쳤다.

"아빠가 승복 입고 승모를 쓰고 휘장 안에 앉아 있어요."

가족이 급히 가보니 아무것도 보이지 않았다.

오호라, 정존은 태어나면서부터 죽을 때까지 모두 스님의 자태로 세상에 자신을 드러냈다. 지금은 불가의 상규에 따라 삶에서 죽음으로, 죽음에서 삶으로 윤회하는 것 같다. 그러나 내가 생전에 그와 담론할 때 그는 언제나 불법을 통렬히 비난했고 스님에 대해서도 항상

---

4 구문달裘文達을 말한다.
5 심덕잠沈德潛(1673~1769)을 말한다. 자는 확사碻士, 호는 귀우歸愚이며, 장주長洲(지금의 쑤저우) 사람이다. 건륭 원년(1736) 박학홍사과에 천거되었고 건륭 4년(1739)에 진사가 되었다. 내각학사 겸 예부시랑을 역임했으며 섭섭葉燮(1627~1703)의 문인이다. 그는 격조설格調說을 주장했으며 온유돈후의 시교詩敎를 제창했다. 주요 저작으로는『심귀우시문전집沈歸愚詩文全集』이 있고, 선집으로『고시원古詩源』『당시별재唐詩別裁』『명시별재明詩別裁』『청시별재淸詩別裁』등이 있다.

무척 혐오했는데 무슨 까닭인지 모르겠다.

천비신

天
妃
神

　건륭 2년(1737) 한림 주굉周鍠이 명을 받들어 유구琉球6에 가서 유
구국 국왕을 책립했다. 그가 탄 배가 해상으로 가던 중 태풍이 일어
나 흑투黑套에서 표류했다. 이곳 바닷물 색깔은 온통 검고 해와 달도
어두워서 빛이 없었다. 전하는 말에 따르면 이 검은색의 해수면에
들어가 살아서 돌아온 사람은 아무도 없었다고 한다. 선원과 주굉이
마침 슬피 울고 있을 때 갑자기 해수면 위로 수많은 홍등을 밝히고
다가오는 뭔가의 모습을 보았다. 선원은 미친 듯이 기뻐하며 선창에
엎드려 소리 질렀다.

　"살았다. 낭랑娘娘님7이 오셨다."

6　유구는 지금의 일본 오키나와에 있던 옛 왕궁이다. 1429년에 통일 왕국이 되었으
나 1609년에 일본의 침입을 받은 후에는 그 지배 아래 놓였다. 이후 1879년에 다시 일
본의 침입을 받아 450년간의 왕조를 끝내고 일본의 오키나와현이 되었다. 명 태조 홍무
5년(1372)에 처음으로 명나라에 조공하기 시작했다.
7　여기서는 중국의 해신인 천비天妃 마조媽祖를 일컫는다. 송대에 복건성 보전莆田을
중심으로 뱃길과 운하를 따라 전국으로 전파된 후로 신격화되었다.

과연 높은 쪽을 틀어올리고 금귀고리를 단 천비가 출현했다. 그녀의 용모는 매우 아름답고 공중을 지휘했다. 그러자 바람이 곧장 그치고 아울러 어떤 사람이 배를 끌고 나아가는데 소리가 우렁차게 울렸다. 얼마 지나지 않아 배가 검은 해수면을 빠져나왔다.

주굉은 귀국한 뒤 천비신묘天妃神廟의 건립을 주청했다. 건륭 황제는 충직하고 양순한 신령을 가상히 여겨 그 부탁을 들어주었다.

이 일은 건륭 22년(1757)의 저보邸報[8]에 보인다.

---

8 옛날의 관보를 말한다.

숙천 관아의 귀신

宿遷官署鬼

회서도대淮徐道臺 요연동姚延棟[9] 관공서는 숙천宿遷에 있었다. 그는 노부의 생신을 축하하기 위해 극단을 불러 대청에서 공연했다. 대청 옆의 담장이 매우 높은데도 담장 밖에서 수천이나 되는 사람들이 두 눈을 크게 뜨고 공연을 보고 있었다. 처음엔 노복 등 하급 관리라고 여겨 그들에게 호통을 쳐도 그들은 떠나가지 않았다. 가까이 가서 보니 아무것도 없었다. 이튿날 날이 밝은 뒤 담장 가로 가서 보니 담장 밖은 전부 호수라서 사람이 서 있을 만한 장소가 없었다.

요연동의 막료 반우구潘禹九가 하인을 보내 주방에 가서 술을 가져오게 했다. 간 지 한참이 되어도 돌아오지 않았다. 가서 보니 하인은 땅에 쓰러져 있었고 입, 눈에는 모두 푸른빛을 띤 진흙이 묻어 있으며 소반의 술안주는 지렁이와 나뭇잎으로 변해 있었다. 반우구는 평소엔 귀신을 믿지 않았다. 이에 마음을 크게 먹고 하인이 지나간 곳으로 가서 도대체 무슨 일이 벌어졌는지 보려고 했다. 관사의 두

---

9 자가 악휘鄂輝, 호가 귤당橘堂이며 가정 사람이다.

손님이 고의로 귀신의 모습으로 분장하여 반우구를 놀라게 해주려고 기다리던 중이었다. 반우구는 작은 등롱을 들고 아직 반도 가지 못했다. 이때 두 손님은 검은 연기를 보았는데, 반우구의 등롱을 에워싸서 들어가니 등의 색깔은 반딧불이처럼 푸르렀다. 반우구는 아직 눈치채지 못했다. 하지만 귀신으로 분장한 두 손님이 놀라서 벌벌 떨면서 입을 열지 못했다.

반우구가 화장실에 갈 때 크고 검은 손이 그의 얼굴을 가렸다. 반우구는 놀라서 허둥대며 급히 돌아왔다. 돌아올 때 귀신으로 가장한 손님과 만나 쌍방이 모두 놀랐다. 반우구의 손에 잡은 등롱이 갈수록 무거워지고, 등불은 점차 꺼지는 것 같았다. 노복이 등불을 가져와 비춰보니, 반우구의 등롱 안에는 죽은 들오리가 한 마리 매달려 있었다. 오리는 크고 등롱은 작은데, 이 오리가 도대체 어느 곳으로 들어갔는지 모른다.

광동 관서의 귀신

廣東官署鬼

    강희 21년(1682)에 무탐화武探花[10] 심숭미沈崇美가 광동 수비廣東守備로 부임했다. 관서 뒤의 화원에는 우물이 있어 물을 긷는 것이 일상의 일이었다. 어느 날 밤에 갑자기 한 여자가 물을 요구했다. 물 긷는 사람이 그녀의 요구대로 물을 주었더니 물 긷는 사람의 머리를 잡아 물통 속으로 밀어넣었다. 물 긷는 사람은 관서의 하녀가 자기에게 장난치는 줄 알고는 하녀들을 욕했다. 하녀들이 그러한 짓을 한 적이 없다고 하자, 물 긷는 사람은 그녀들을 데리고 물을 길었던 곳으로 갔다. 해당화와 무리지은 하얀 닭만이 보였다. 숲에 들어가도 아무것도 보이지 않았다. 하녀들이 웃으면서 말했다.

    "귀신이 아니라 재신財神을 만난 겁니다. 파보면 반드시 금은보화를 얻을 겁니다."

    모두가 그에게 얼른 삽을 가져와 그 밑을 파보라고 재촉했다. 여섯 자 정도 파니 관이 나오기에 너무 놀라 중지했다.

---

10   무과거武科擧 전시殿試에서 3등으로 합격한 사람의 호칭.

갑자기 한 하녀가 발작하더니 큰 소리로 외쳤다.

"주인을 불러주세요. 얼른 주인을 불러요."

심숭미는 아내와 함께 가보았다. 발광한 하녀가 말했다.

"저는 명대 가정 17년(1538) 순무 아무개 대인의 네 번째 첩입니다. 본처의 혹독한 학대를 받아 목매달아 죽은 뒤 이곳에 매장되었지요. 상공 댁의 시녀가 저를 건드렸기에 저는 그녀를 죽이려고 왔습니다. 이곳 땅이 얕고 습하여 관에 물이 많이 들어오지요. 주인께서 저를 다른 곳으로 이장해주신다면, 땅을 판 사람이 공로가 없다고는 말할 수 없겠지요. 그러면 저는 하녀에 대한 징벌을 없애주도록 하겠습니다. 대청 서쪽에 제가 생전에 쓰던 금팔찌, 진주보석을 묻어놓았으니, 파내어 이장 비용으로 쓰세요. 주인장께서 이 때문에 돈을 쓸 필요가 없어요."

말을 마치자, 발광했던 시녀는 정상으로 돌아와 병든 모습이 보이지 않았다. 심숭미가 사람을 보내 여자 귀신의 관을 파보게 했더니, 과연 물로 흠뻑 젖어 있었다. 다시 대청 서쪽 밑을 파보니 금팔찌가 나왔다. 그리고 관을 지대가 높은 곳으로 이장했다. 그 금팔찌의 무게는 3냥 6전이었으며 모양은 마늘 싹을 닮았다.

아들이 빚 독촉을 하다 　　／　為兒索債

　　예부주사禮部主事 갈조량葛祖亮[11]이 내게 말했다. 이웃 정程 씨 집은 돈이 많으나 아들이 없다는 것이었다. 뜻밖에도 만년에 결국 아들을 낳았다. 타고난 성품이 총명하고 지혜로우며 미목이 준수해 정 씨는 그를 애지중지했다.

　　아이가 열두 살이 되었을 때 잔병치레가 많아 약값만 해도 엄청났다. 점점 자란 이후에는 생업에 종사하지 않고 닭싸움과 개 경주를 좋아하여 가산은 거의 탕진되었다.

　　정 씨는 분노가 몹시 치밀어 하루는 아침에 조상의 신상神像을 걸고 아들을 때리려고 했다. 그때 아들이 갑자기 산동 사람의 투로 말했다.

　　"저는 오吳 씨입니다. 전생에 당신은 제게 은 만 냥을 빚졌는데, 지

11　갈조량(약 1683~?)은 자가 도인敾仁, 초인超人이고 호가 문교聞橋이며 강소 강녕 사람이다. 옹정 4년(1726)에 공생이 되었고 건륭 원년(1736)의 진사이며 호부원외랑을 역임했다. 주요 저작으로는 『화타루시花奼樓詩』 등이 있다.

금까지 거의 받아냈지요. 당신은 내가 아들로 생각되십니까? 큰 착오입니다. 어제 장부를 펼쳐보았더니 아직 은 80여 냥의 빛이 남았더군요. 지금은 한 푼도 양보할 수 없습니다."

말을 마치고 옷소매를 걷어붙이더니 앞으로 나아가 모친의 머리에 꽂은 진주를 빼서 짓밟아 부수고는 죽어버렸다. 정 씨는 결국 곤경에 빠졌으며 후손도 끊어졌다.

귀신의 영혼이 관을 찾아달라고 주인에게 알리다

鬼魂覓棺告主人

　강정부姜靜敷는 경사의 민충사愍忠寺에 거주했다. 절 옆에는 서재가 있고 서재 중앙에는 빈 관이 놓여 있는데, 민간에서 말하는 수기壽器[12]였다. 이 관은 절 근처 이웃이 부친이 연로하여 미리 이곳에 마련해둔 것이다.

　어느 날 달밤에 강정부가 책을 읽을 때 갑자기 서재 창문이 활짝 열리더니 관 뚜껑이 조금씩 위아래로 움직였다. 강정부는 깜짝 놀라 촛불을 가지고 가까이 가보았다. 관에서 손자국 같은 게 보였는데 마치 어떤 사람이 관 뚜껑을 열고 나온 것 같았다. 한참 지나서야 소리가 들리지 않았다. 이튿날 새벽에 이웃 사람이 대문을 두드리며 말했다.

　"아무개 노인이 죽어서 관을 가지러 왔어요."

　이때야 강정부는 깨달았다. 처음 죽은 사람의 영혼이 야간에 미리 관에 와서 편히 잔다는 것을.

12　살아 있을 때 미리 만들어두는 관.

소주 사람 당도원唐道原이 70세에 사망하자 그의 아들이 해홍방海 紅坊[13] 수기점壽器店으로 관을 사러 갔다. 점포 주인이 말했다.

"어젯밤에 흰 수염의 노인이 관 위에 앉아 있어서 내가 촛불로 비추어보니 그 노인이 사라졌더군요."

노인의 인상착의를 물으니 당도원과 흡사했다. 사실 점주와 당도원은 본래 모르는 사이다. 그래서 아들은 그 노인이 앉았다는 관을 사가지고 돌아왔다.

금릉 사람 대경함戴敬咸[14] 진사가 매식암梅式庵[15]과 오주명吳朱明 거인 집에서 술을 마셨다. 대경함이 몸에 갑자기 광란이 일어나 매식암의 손을 잡으며 말했다.

"주홍색 가져와. 칠해줘."

매식암이 깜짝 놀라며 무슨 뜻인지 몰랐다. 잠시 후 대경함의 숨이 끊어졌다. 그제야 대경함이 부탁한 것이 바로 자신의 몸을 넣을 관을 가리켰음을 알게 되었다.

정원형程原衡[16] 집에 이李 씨 성을 가진 집사가 있다. 그가 밤에 술

---

13 쑤저우시 시치린항西麒麟巷 북쪽에 있으며 동쪽으로 신춘항新春巷, 서쪽으로 양위항養育巷과 이어진다.
14 본명은 대조계戴祖啓(1725~1783)이고 자가 경함, 호가 미당未堂이다. 강소성 상원上元 사람으로 건륭 연간의 진사이며 관직은 국자감학정國子監學政을 역임했다. 주요 저작으로는 『건륭 육합현지乾隆六合縣志』 등이 있다.
15 본명은 매진梅鋅이다. 『수원시화』 권8 16조에서 그를 간략하게 소개했으며, 사망한 뒤 원매가 「매식암을 애도하며挽梅式庵」라는 만가를 지어 추도했다.
16 원매의 『소창산방척독小倉山房尺牘 2』에 「정원형에게 드리는 편지與程原衡書」가 있는 것으로 봐서 원매와 교류했던 사람으로 보인다.

에 취하여 이층에서 떨어져 죽었으나 가족들이 알지 못했다. 정원형이 한밤중에 잠에서 깨어나니 왼쪽 귀가 이상하게 차갑게 느껴졌다. 의혹이 들어 주위를 둘러보니 푸른 등불이 반짝이고 검은 옷을 입은 사람이 자신의 귀에 입김을 불었다. 마치 무슨 말을 하려는 것 같았다. 정원형은 놀라 일어서서 가복을 불러 사방을 비춰보게 했다. 아래층에서 시체를 발견하고서야 이 씨의 영혼이 주인에게 관을 사서 장례를 치러달라고 부탁한 것을 알게 되었다.

匾怪

편액 요괴

항주 손孫 수재가 여름밤에 서재에서 책을 읽다가 이마에서 무엇인가 꿈틀대는 것을 느꼈다. 손으로 훑쳐내니 수만 갈래의 하얀 수염이 대들보의 편액에서 아래로 드리웠다. 편액 위에는 돌 항아리 일곱 개 크기만 한 커다란 얼굴이 보였다. 눈썹과 눈은 일반 사람과 같았고 웃으면서 아래를 내려다봤다. 손 수재는 평소 담력이 세서 손으로 그의 하얀 수염을 잡으니 늘어나기도 하고 수축하기도 하더니 그 편액 위에 커다란 얼굴만 남았다. 수재가 걸상에 올라 보니 아무것도 보이지 않았다. 그는 계속 책을 보았으나 하얀 수염이 다시 먼젓번처럼 걸렸다. 이렇게 몇 밤을 지나자 큰 얼굴이 갑자기 탁자로 내려왔다. 다시 그의 긴 수염으로 수재의 눈을 가려서 책도 읽을 수 없었다. 손 수재는 벼루를 집어던졌다. 그 소리는 목어木魚를 치는 것 같았으며 큰 얼굴은 떠나가버렸다.

또 몇 밤을 지나 손 수재가 막 잠이 들자 큰 얼굴은 베개 옆에 와서 수염으로 그의 신체를 간질였다. 수재는 잠을 잘 수가 없어 베개를 들어 그에게 던졌다. 큰 얼굴이 땅을 떼굴떼굴 구르자 하얀 수염이 "쏴쏴" 소리를 내며 다시 편액 위로 올라가 사라져버렸다. 온 집안 사람들은 이 때문에 화가 나 급히 편액을 떼어내 불 속에 집어넣어 태워버렸다. 괴물은 그로부터 사라졌고 손 수재는 이후 과거시험에 응시하여 급제했다.

徐支手

함양咸陽 사람 서徐 씨 집은 거부였다. 그의 첫째 아들이 상당히 총명하고 지혜로웠지만 여섯 살이 되었을 때 배에 비괴痞塊가 생겨 사망했다. 이후 이어서 세 아들을 낳았는데 생김새가 비슷했으나 얻은 병은 똑같았다. 서 씨는 이제 연로했다. 셋째 아들이 죽었을 때는 아들의 시체를 어루만지며 통곡했다. 칼로 아들의 배를 갈라 비괴를 잘라내고, 또 자신의 왼팔을 자르며 욕을 했다.

"이후에는 두 번 다시 나를 유혹하지 마라."

이 비괴의 형상은 삼각릉三角菱[세모마름]과 비슷했으며 호흡할 수 있는 입을 가지고 있었다. 서 씨는 이를 나무 위에 걸어놓아 바람에 말리고 햇볕에 쪼여 말렸다. 기름기나 비린내에 닿으면 비괴의 입이 움직였다. 1년도 안 되어 서 씨는 다시 아들을 얻었다. 생김새는 죽은 아들들과 같았다. 배에 비괴는 없었지만 왼손은 결국 불구였다. 이 사람은 아직도 살아 있는데, 사람들은 그를 서 외팔이徐支手라고 불렀다.

물고기 요괴

魚怪

회계會稽 사람 조전산曹崟山이 시장에서 큰 물고기 한 마리를 사서 집에 돌아와 갈라 먹고 절반은 찬장 안에 남겨두었다. 밤이 되자 찬장에서 갑자기 빛이 나더니 온 방을 밝게 비추었다. 찬장에 다가가 보니 남은 반 토막의 물고기 비늘이 환하게 불빛으로 눈이 부셨다. 조전산은 깜짝 놀라 물고기를 소반에 담아 강에 놓아주었다. 그 빛은 물속으로 흘러들어가더니 파도를 타고 넘실거렸다. 잠시 후 활어가 되어 헤엄쳐갔다.

조전산이 돌아오니 집이 불타고 있었다. 동쪽을 끄니 서쪽에서 불이 붙어 의복, 침상, 휘장은 모두 불타버리고 집만 타지 않았다. 이렇게 3일 밤낮을 태우다가 불은 겨우 꺼졌다. 물고기를 먹은 사람은 도리어 평안 무사했다.

盗
鬼
供
狀

도둑 귀신의 진술서

선친[17]이 살아 계실 때 일찍이 호광 안찰사湖廣按察使 지유대暹維臺[18]의 관청에서 임직했으며 동료인 대흥大興 사람 주양호朱揚湖가 돈과 곡식을 관리했다. 갑자기 어느 날 주양호가 미친 듯이 소리 질렀다. 급히 달려가니 그의 얼굴은 사색이 되어 땅에 엎드려 혼수상태에 빠졌다. 사람들이 그에게 생강즙을 넣어주고 한참 지나서 그가 겨우 깨어나 다음과 같이 말했다.

"제가 여기에 앉아서 문서를 교정하고 있었는데 당시는 정오였어요. 지하의 벽돌이 움직이더니 괴이한 물체가 꾸물꾸물 벽돌을 뚫고 지하에서 나오기에 쥐인가 의심했지요. 발로 밟으니 그 벽돌은 다시 가라앉았어요. 잠시 조용하더니 벽돌이 다시 방금처럼 움직였지요. 벽돌을 들치고 보니 검은 털이 둥글게 뭉쳐서 사람의 두발 같았죠.

---

17 원매의 부친 원빈袁濱을 말한다.
18 정백기正白旗 감생 출신으로 옹정 원년(1723)에 호북 제형 안찰사司湖北提刑按察使司로 부임했다.

진흙 속에서 점차 상승하던 중 음산한 바람이 엄습하더니 올라갈수록 점점 커졌어요. 이어서 두 눈을 내놓고 눈을 크게 뜨고 노려보았죠. 다시 입, 아래턱, 허리, 복부를 내놓았는데 전부 칠처럼 검고 목 아래에서는 선혈이 줄줄 흘러내렸어요. 그리고 갑자기 뛰어올라 손을 들어 내 다리를 껴안으며 말했죠.

'이곳에 계시네요. 이곳에 계시군요. 저는 전생에 산동의 강도였어요. 법률에 의거하면 사형에 처해야 되지요. 당시 당신은 담성 지현鄭城知縣을 지냈는데, 저에게 뇌물로 은 7000냥을 바치면 사형에서 벗어나게 해준다고 약조했지요. 그런데 사건이 종결될 때 사형 판결이 나서 저는 죽어도 눈을 감지 못했어요. 지금 당신은 이미 환생하여 사람이 되었으나, 저는 반드시 원수를 갚고야 말겠습니다.'

이렇게 말을 마치고 나를 끌고 지하로 갔어요. 내가 큰 소리로 외치니, 여러 손님이 달려오는 것을 보고 나를 놓아주었어요."

여러 사람이 땅의 벽돌을 보았더니 올라갔다가 내려간 흔적이 아직 남아 있었다.

그날부터 그 귀신은 하루도 나타나지 않은 적이 없었다. 어떤 사람이 주양호와 같이 있는 것을 보면, 그 귀신은 나오지 않았다. 특히 안찰사 지 공을 두려워했다. 지 공이 온다는 소식을 들으면, 머리를 감싸고 멀리 숨어버렸다. 지유대가 탁자에서 큰 글씨로 썼다.

"악귀에게 묻노라. 네가 강도이니 사형에 처해야 마땅하다. 지금 감히 법관과 원수가 되려느냐? 네가 복수하고 싶다면 전생에서 해야지, 어째서 금생에 와서 복수하려느냐? 지금 너에게 명하노니, 신속히 소장을 준비하여 올려라."

밤에 그 귀신이 와서 지 공의 글씨 옆에 진술서를 썼는데, 글씨는 삐뚤빼뚤하고 내용은 이렇다.

"저는 감히 법관과 원수가 되려는 것이 아니라, 탐관오리와 원수가 되려는 겁니다. 저의 전생은 강도로 많은 사람을 죽였습니다. 그래서 사후에 저승의 관청에서 포락炮烙 형벌[19]을 수십 년 동안 받아서 얼굴이 타서 재가 되었습니다. 매번 형벌을 받을 때마다 고함쳤습니다.

'저는 본디 사형을 받아야 마땅하지만 어떤 사람은 절 죽이지 않겠다고 약속했습니다. 담성현 아무개 나리는 제게 은 7000냥을 받았습니다. 그런데 어째서 탐관오리에게 죄를 주지 않습니까?'

저는 이렇게 60년 동안 소리쳤습니다. 지난번엔 복수를 못 하게 막더니, 지금은 저를 풀어주어 원수 갚은 일을 허락해주더군요. 이상의 진술은 모두 사실입니다."

지유대는 진술서를 보고는 어찌할 수가 없었다. 지유대는 매일같이 주양호와 같이 있을 수도 없어 몇 사람을 보내 곁에서 지켜보게 했다.

한 달이 지나서 지 공의 생일날 공연을 했는데 여러 하객이 찾아와 술을 마시며 주양호를 억지로 끌어내 연극을 관람하게 했다. 그러자 주양호가 말했다.

"저는 죽을 날을 기다리는 사람인데, 연극을 볼 마음이 있겠어요? 여러분이 저를 사랑한다면, 몇몇 가족을 불러 저와 동반하게 해주면

---

19 기름을 바른 구리 기둥을 숯불 위에 걸쳐 달군 뒤 그 위로 죄인을 맨발로 건너가게 하는 형벌.

좋겠습니다."

사람들은 그의 요구대로 해주었다. 그런데 연회가 끝나고 그를 보러 갔더니, 주양호는 이미 침상에서 목을 매달고 있었다. 지유대와 친구들이 모두 가족을 나무랐다.

"어째서 그를 잘 간수하지 못했소?"

간수하던 사람이 말했다.

"등불 아래에서 검은 연기가 불어와 저희는 곧 잠이 들었습니다."

어떤 사람은 몇몇 노복이 연극을 보는 데 정신이 팔려 그를 간수하지 못했다고 말했다.

時文鬼

회안淮安 사람 정풍의程風衣20는 도술을 애호하여 사방의 술사들이 그의 문하에 운집했다. 소蕭 도사는 이름이 완琬, 호가 소양韶陽인데 나이는 구십 세가 넘었다. 그는 영혼을 저승에서 노닐게 할 수 있었다.

옹정 3년(1725) 정풍의가 그의 집 만감원晚甘園21 연회에 손님을 초대했다. 소완이 술자리에서 취하여 잠이 들었다. 잠시 후 깨어나 탄식하며 말했다.

"여만촌呂晚村22이 죽은 지 몇 년 뒤에 결국 큰 화를 당했으니 정말 기괴한 일이로다."

---

20 본명은 정사립程嗣立(1688~1744)이다. 자가 풍의, 호가 황촌篁邨, 수남水南 등이며 시와 그림에 뛰어났다. 저작으로는 『수남유고水南遺稿』가 있고, 주요 작품으로는 「계산촌장도溪山村莊圖」 등이 있다.

21 회안에 있는 소호蕭湖 주변은 경치가 수려하여 많은 문인의 원림, 별장이 이곳에 들어섰다. 명대 하일호夏日湖의 회대원恢臺園, 청대 장신표張新標·장홍열張鴻烈 부자의 곡강원曲江園, 황난암黃蘭巖의 회원回園, 정순강程純江의 만감원晚甘園, 정경재程鏡齋의 적장荻莊, 오읍당吳揖堂의 대류원帶柳園 등이 그것이다.

사람들이 놀라서 무슨 일인지 묻자 소완이 대답했다.

"내가 방금 저승에서 유람하다가 한 야차가 늙은 서생을 끌고 가는 모습을 보았소. 족쇄가 달그락거리고 위에 꽂힌 패에는 '시문 귀신 여유량은 성학에 밝지 않고 불교를 지나치게 비방한다時文鬼呂留良, 聖學不明, 謗佛大過'라고 적혀 있으니 기괴하지 않소?"

당시 자리에 있던 손님들은 모두 시문時文을 소리 내어 읽었고 『사서강의四書講義』[23]를 공부하여 평소 여유량을 존경해왔다. 따라서 그들은 이 말을 듣고도 믿지 않았으나 여유량에게 불평하는 기색을 보였다. 이후 오래지 않아 증정曾靜[24] 사건이 발생하여 여유량은 끝내 부관참시당하는 꼴을 만났다.

지금 소완은 아직 살아 있다. 엄동우 수재가 일찍이 소완과 함께 전운사轉運使 노아우盧雅雨[25] 관사에서 기거한 적이 있다. 그때 엄동우가 몸소 본 장면인데, 소완이 술에 취한 뒤 손가락을 뻗어 힘센 사람

---

22 본명은 여유량呂留良(1629~1683)이다. 호가 만촌, 자가 장생莊生, 용회用晦이고 절강성 석문石門 사람이다. 독특한 반청 사상을 가진 사람으로 유명하다. 주요 저작으로는 『여만촌선생문집呂晚村先生文集』『동장시존東莊詩存』『사서어록四書語錄』『사서강의四書講義』 등이 있다.

23 여유량의 저서.

24 여유량의 영향을 받은 호남성 영흥현永興縣의 서생 증정(1679~1735)이 청조에 반역하기 위해 악비의 후손으로 알려진 천섬 총독川陝總督 악종기岳鐘琪(1686~1754) 장군에게 모반을 권유하는 편지를 보냈다. 하지만 악종기는 이를 옹정제에게 알렸고 옹정제는 이를 기회로 반만 사상을 반격하기 위해 증정을 소환하여 그와 논쟁을 벌였다. 옹정제는 증정과 주고받은 문답을 『대의각미록大義覺迷錄』으로 펴내어 전국에 배포하고 학교의 필독서로 지정하여 한인의 의식 개조에 나섰다. 하지만 옹정제가 죽고 건륭제가 즉위하자 증정을 잡아들여 대역제로 다스렸고, 전국에 배포된 『대의각미록』도 회수하여 파기했다.

을 불러 쾌도로 손가락을 절단하게 했는데 조금도 손상되지 않았다.

25　노견증盧見曾(1690~1768)은 자가 담원澹園, 포손抱孫, 호가 아우雅雨, 도열자道悅
子이며 산동 덕주 사람이다. 강희 60년(1721)의 진사이고 홍아 지현洪雅知縣, 난주 지주
灤州知州, 양회 염운사兩淮鹽運使 등을 역임했다. 건륭 33년(1768)에 염상으로부터 골동
품을 뇌물로 받았다가 구속되어 양주 감옥에서 병사했다. 주요 저작으로는『우아당시
문집雅雨堂詩文集』등이 있다.

귀신이 사람을
희롱한 두 이야기

鬼
弄
人
二
則

    항주의 심제지沈濟之는 아동 교육을 생업으로 삼았다. 하루는 밤에 꿈속에서 금관을 쓰고 긴 수염을 기른 사람이 와서 말했다.

    "그대 집 후원에 황금 항아리를 매장한 곳이 있는데 가서 파보세요."

    "그 항아리가 어디에 있는지 모릅니다."

    "풀로 엮은 매듭이 있는데 위에 강희통보康熙通寶가 걸린 동전이 바로 황금을 묻은 표식입니다."

    이튿날 새벽에 그는 후원으로 가서 찾아보았다. 과연 풀매듭을 발견했을뿐더러 그 위에 확실히 동전 하나가 매달려 있었다. 심제지가 크게 기뻐하며 호미로 한 길 넘게 팠으나 끝내 아무것도 나오지 않아 화난 나머지 결국 정신병을 얻고야 말았다.

    건륭 9년(1744) 풍향산馮香山 수재가 꿈속에서 한 신을 만났는데 그가 와서 말했다.

    "금년 강남 향시의 제목은 '악즉소무樂則韶舞'26입니다."

    풍향산은 이튿날 이 제목에 따라 작문한 다음 그것을 암기하여 외웠다. 시험장에 들어가니 과연 그 제목이어서 분명 합격할 것으로 여겼다. 합격자 명단이 발표되었으나 뜻밖에도 자신의 이름은 없었다.

풍 수재는 후에 광동으로 가서 가르쳤다. 어느 날 밤중에 혼자 산보하는데 두 귀신이 속닥거리는 소리를 들었다. 그가 자세히 들어보니 자기가 응시한 문장에 대해 토론하고 있었다. 한 귀신이 소리 내어 읽자 한 귀신이 박수를 치며 말했다.

"좋아, 정말 해원解元의 문장이야!"

심제지는 이 과의 해원이 틀림없이 시험지를 빼앗았고 자신의 문장을 훔쳤다고 의심하여 교직을 사직하고 경사로 올라가 소장을 써서 예부禮部에 고발했다. 예부에서는 황상에게 아뢰기 편하도록 강남에 가서 해원 설관薛觀의 답안지를 살펴보았더니 설의 문장은 그렇게 뛰어나지 않았고 풍향산의 글씨는 결코 아니었다. 풍향산은 무고죄를 얻어 흑룡강으로 유배되었다.

---

26 『논어』 「위영공衛靈公」 편에 나오는 구절. '소'는 순舜임금 때의 음악이다.

한강 지현의 억울한 옥살이

漢江冤獄

조진정曹震亭[27]이 한강 지현漢江知縣으로 부임했다. 그는 저녁에 관사에 앉아 있다가 머리가 없는 사람을 보았다. 손에는 사람 머리를 들고 가까이 다가와 '추추' 소리를 내며 말을 했으나 무슨 말인지는 알아듣지 못했다. 조진정이 깜짝 놀라 그 자리에서 쓰러졌다가 3일 만에 사망했다. 가족이 염을 하려다가 그의 가슴에 아직 온기가 있음을 발견했다. 하룻밤 지나자 조진정은 결국 소생했다. 그는 한 노복에게 이끌려 저승에 가서 머리에 높은 모자를 쓰고 남쪽을 향해 앉은 신인神人을 보았는데 청대의 관복을 입고 원문轅門[28] 밖에서 어떤 사람이 전갈했다고 말했다.

"한강현 지현 조진정은 들어오시오."

27 　본명은 조학시曹學詩이고 호가 진정, 자가 이남以南이며 안휘성 흡현 사람이다. 건륭 연간의 진사이며 관직은 내각중서內閣中書를 역임했다. 주요 저작으로는 『향설문초香雪文鈔』『경사통經史通』『역경여측易經蠡測』『입음루시집笠蔭樓詩集』『황산유기黃山遊記』등이 있다.
28 　군영의 문이나 관공서의 외문.

878

조진정이 저승의 상하 관리의 예절에 따라 위로 세 번 읍하니 그 신이 조진정에게 앉게 하며 물었다.

"어떤 사람이 상공을 고소했는데 상공은 알고 있소?"

"모릅니다."

신은 탁자의 소장을 들어 조진정에게 보여주었다. 조진정이 보니 본 현의 답안지였다. 이에 일어나 대답했다.

"본디 억울한 사건입니다. 저의 전임 현관이 판정한 것인데 이미 형부에 보냈습니다. 저는 거듭 세 번 조사해보고 의견을 제출하여 재심해줄 것을 부탁했지요. 그 결과 상사가 기각했는데 기각한 공문서가 아직 보존되어 있습니다."

"그렇다면 상공은 무죄로군."

이에 신이 원혼을 불러 들어오게 하니 순식간에 음산한 바람이 불어 그 귀신의 얼굴과 수족을 볼 수가 없었다. 다만 핏덩이가 뛰면서 소리를 지르며 바람을 따라 떼굴떼굴 굴러왔다. 신은 그에게 조진정이 일찍이 그의 여러 경과를 해명하여 구해준 일이 있다고 알려주고는 말했다.

"억울한 사건의 누명을 벗기려면 반드시 다른 원수를 찾아야 하오."

그 귀신은 땅에 엎드려 떠나가려고 하지 않았다. 신은 조진정에게 손을 모으고 그를 전송하는 모습을 하고 손을 흔들며 노복에게 말했다.

"빨리 그를 보내주어라. 얼른 보내주어라."

조진정은 이때 갑자기 꿈에서 깨어났는데 땀으로 옷이 흠뻑 젖는

줄도 몰랐다. 이로부터 관직을 그만두고 집으로 돌아가 채식하고 불
교를 믿으며 생을 마쳤다.

『控鶴監秘記』二則

『공학감비기』에 관한
두 이야기

『공학감비기控鶴監秘記』는 당대 사람 장기張垍[29]가 편찬한 책이다. 경강 상공京江相公의 증손 장관백張冠伯의 집에 소장한, 수십 쪽에 달하는 초본抄本은 모두 당대 황실의 외설적인 일을 기록했다. 하지만 이 세상에 전해지는 『무후외전武后外傳』과는 절대 비교할 수도 없다.

태후가 설회의薛懷義[30]를 총애한 지 여러 해가 지나자, 설회의는 교만해지고 불법을 자행했다. 하루는 말을 타고 남아南衙를 지나가다가 재상 소양사蘇良嗣[31]에게 뺨을 맞았다. 태후는 나중에 이 소식을 듣고 가슴속에 담아두었다. 하루는 태후가 상양궁上陽宮[32]에서 잔치

---

29 장열張說의 차남이고 현종의 사위다. 태상경太常卿을 역임했다.

30 설회의(662~694)는 원명이 풍소보馮小寶이고 호鄠(지금의 산시성 후현鄠縣) 사람이다. 무후 때 낙양에서 미친 척하고 지냈으며 후에 천금공주千金公主의 애인이 되어 무후에게 접근했다. 관직은 위위대장군威衛大將軍을 역임했다.

31 소양사(606~690)는 섬서 무공武功 사람으로 당대 재상, 파주 자사巴州刺史 소세장蘇世長의 아들이다. 주왕부사마周王府司馬, 낙주 장사洛州長史, 기주 자사冀州刺史, 형주장사荊州長史, 옹주장사雍州長史, 공부상서工部尚書, 문창좌상文昌左相을 지냈다.

32 당 고종高宗 때 낙양洛陽에 세운 궁전 이름.

를 베풀고는 조용히 천금공주千金公主[33]에게 물었다.

"너는 짐 주변에 남자가 없는 줄이나 아느냐? 짐은 이 때문에 우울하다. 어떻게 하면 좋겠느냐?"

공주가 머리를 조아리며 말했다.

"신이 황제에게 말씀드리려고 한 지 오래되었습니다. 황제께서 말을 꺼내지 않으시는데 신이 어찌 먼저 말할 수 있겠습니까? 지금 폐하께서는 소보小寶[34]의 죄를 알고 계십니다. 제가 생각하건대 폐하께서는 거룩한 부처님처럼 인간 세상에 환생하셨으니, 널리 남비男妃를 뽑으시되 공경 사대부 집안 자제 중에서 자태를 타고나고 순수한 남자를 골라 잠자리에 두어 시중들게 하면 좋을 듯합니다. 이렇게 하시면 폐하의 기분을 즐겁게 할 수 있고 번민을 없애줄 겁니다. 그런데 어찌하여 저 노애嫪毒,[35] 담헌曇獻[36] 같은 시정市井의 무뢰배를 총애하시어 천추만세까지 진秦, 호胡 두 태후처럼 의심받으려고 하십니까?"

"네 말이 무슨 뜻인지 알겠다. 근자에 재상이 설회의의 얼굴을 때린 것은 시정의 소인을 속이기 위한 것일 따름이다. 문화에 통달한

---

33 당 고조 이연李淵의 딸이다. 처음에 천금공주로 봉해졌고 무측천 때는 안정공주
安定公主로 봉해졌다. 천금공주는 온정溫挺에게 출가했다가 온정 사후에 다시 정경현
鄭敬玄에게 재가했다.

34 설회의의 본명.

35 노애(?~기원전 238)는 전국 말기 진나라 사람이다. 여불위呂不韋가 그를 환관으로
변장하여 입궁시켰다. 진왕 영정嬴政의 모친 조희趙姬의 총애를 받아 장신후長信侯에
봉해졌으며 조희와 사통했다. 후에 그 일이 발각되자, 노애가 반란을 일으켰으나 실패
하여 거열형에 처해 죽임을 당했다.

36 호태후胡太后와 사통했다고 전해지며 정력이 세기로 유명한 서역 출신의 승려다.

공경 자제였다면, 남아에서 어찌 감히 모욕할 수가 있겠나?”

말을 마치고는 탄식했다. 공주가 말했다.

“폐하, 탄식하지 마옵소서. 폐하도 아시다시피 태종 때 봉각시랑鳳
閣侍郎 장구성張九成이라는 사람이 있었죠? 그의 조카 창종昌宗[37]은 나
이가 약관에 가까운데 옥 같은 얼굴과 눈같이 뽀얀 살결을 가졌으며
눈은 그림처럼 예쁩니다. 그 풍채는 소랄巢剌 왕비[38]와 흡사합니다.”

태후가 침묵을 지키며 고개를 숙이고는 대답하지 않았다.

공주가 앞으로 나아가 무릎 꿇고는 일어서서 귀에 대고 말했다.

“폐하, 걱정하지 마옵소서. 제가 장창종의 하반신을 잘 아옵니다.
제가 응벽지凝碧池[39] 옆에 별장을 세웠습니다. 봄꽃이 만발할 때 부마

---

37 장창종張昌宗(?~705)은 지금의 허베이성 안귀安國 사람으로 만세통천萬歲通天 2년
(697)에 태평공주太平公主의 추천으로 궁궐에 들어와 무측천을 모셨다. 장창종은 또 무측
천에게 자기 형 장역지張易之를 추천하여 형제가 함께 침궁에 들어가 수발을 들었다. 장창
종은 춘관시랑春官侍郎을 지냈고 업국공鄴國公에 봉해졌다. 성력聖曆 2년(699)에 무측천
의 칙령으로 장창종은 이교李嶠, 장열張說 등의 학사와『삼교주영三敎珠英』을 편찬했다. 무
측천 만년에 그가 장역지와 함께 국정을 농단하여 기강이 무너졌다. 신룡神龍 원년(705) 정
월 12일 장간지張柬之, 경휘敬暉, 환언범桓彦范, 최현위崔玄暐, 원서기袁恕己, 이다조李多祚
등의 대신들이 무측천이 병든 틈을 타서 '신룡神龍 정변'을 일으켜 이현李顯을 복위시키고
장창종, 장역지를 죽였다.
38 소랄 왕비(?~647) 양씨楊氏는 홍농弘農 화음華陰 사람으로 당 고조 이연의 넷째
아들 제왕齊王 이원길李元吉의 아내다. 현무문玄武門 정변 이후 태종 이세민李世民이 양
씨를 총해하여 장손황후長孫皇后가 사망한 뒤 이세민이 양씨를 황후로 세우려고 했으
나 위징魏徵의 만류로 그만두었다. 양씨는 태종의 열네 번째 아들 조왕曹王 이명李明의
생모다. 태종이 등극한 후 이원길을 해릉군왕海陵郡王으로 추봉追封하고 랄剌이란 시호
를 내렸다. 정관貞觀 16년(642)에 이세민은 다시 이원길을 소왕巢王으로 추봉했다. 그래
서 양씨도 소랄왕비巢剌王妃로 불리게 되었다.
39 당대 낙양 궁전에 있었던 연못 이름.

가 툭하면 귀빈을 초청하여 잔치를 벌입니다. 잔치가 끝나면 목욕을 하게 해줍니다. 목욕할 때 제가 유리 병풍을 통하여 엿보았는데, 여러 신하 가운데 장창종보다 근사한 사람은 없었어요. 장종창의 온몸은 하얗고 요염하며 상처 자국이나 때가 전혀 없고 여위었어도 뼈가 드러나지 않았으며 풍만하나 배가 나오지 않았어요. 그의 귀두는 풍만하나 음근陰根은 깎여 있어요. 발기하지 않았을 때 그리 길지는 않지만 음낭은 거위 알만 하고 모서리는 5, 6푼分 솟아 있고 선홍색이며 부드럽고 윤기가 있었어요."

말을 마치자 태후의 얼굴에 화색이 돌았다. 태후가 장난치며 말했다.

"자네가 시험해보았느냐?"

"제가 군침을 흘리긴 했습니다만, 태후를 위해 감히 손댈 수 없었어요. 하지만 어떤지는 자신할 수 없었어요. 그래서 시녀를 보내 시험했사옵니다."

그리고 시녀를 돌아보며 말했다.

"사실대로 폐하께 여쭈어라. 부끄러워하지 말고."

시녀가 무릎 꿇고 일어나 귀에 대고 말했는데 공주와 같은 모습이었다. 그리고 보고했다.

"제가 처음 장창종을 만났을 때는 남해의 신선한 여지 같았습니다. 입구는 이상하리만치 빛나고 부드러웠고 모서리는 우산처럼 펼쳐져 있고 서너 번 나갔다 들어가면 꽃술이 모두 피고 혼이 나가는 것 같았어요. 장창종이 허리를 느리게 혹은 빠르게 움직이는 것도 자신의 뜻대로 하지 않고 은근히 저의 뜻을 따랐어요. 사정이 끝난 뒤 저의 홍옥紅玉이 무너지는 듯하여 제가 만져보니 몸 전체가 닫힌 것 같았어요."

태후가 크게 기뻐하며 공주를 가리키면서 말했다.

"네가 진실로 내 마음을 알아주는구나. 짐이 매번 세속 여자들이 건장한 남자만 좋아하고 온유한 사람을 뽑지 않는다는 말을 듣곤 하지. 이는 음탕한 시골 할머니에 불과해. 건장하고 느리고도 길게 지속하려면 약의 힘을 빌려야 하지. 해외의 신휼교愼恤膠[40]가 짐의 궁중에도 한 석石 정도 있지만, 이를 쓸 데가 있어야지. 근사한 남근은 전부 아름답고 풍만하며 부드럽고 따뜻한 것이라네. 설회의 놈의 힘줄은 살보다 월등하여 다만 거칠게 방사를 할 뿐이야. 당시는 비록 흡족했으나 일을 끝내면 짐의 몸이 조화를 잃곤 했지. 어의 심남구沈南璆의 살은 힘줄보다 월등하지. 하지만 위아래가 하나 같아서 귀두와 모서리가 밋밋해. 그리고 가죽이 늘어나 점차 모서리를 싸는 바람에 곧추세우지 않으면 벗겨지지 않지. 그래서 당시에는 불결하게 느꼈어. 경이 말한 대로라면 만능인이로군."

공주는 나가서 즉시 시녀에게 명하여 장창종을 불러오게 했다. 옷은 투명하고 안개 문양의 비단옷을 입었고, 관은 신선이 사용하는 두건을 썼는데, 장창종은 난초 향을 넣은 탕에서 목욕한 뒤 라일락꽃을 머금고 입궁했다. 나중에 과연 무후가 그를 총애하면서 설회의와 심남구는 두 번 다시 불려가지 못했다. 당시 태후의 나이가 많았으나 수양법을 배워 항상 장창종의 성기를 입에 물고 잠을 잤다. 장창종의

---

40 황제들이 복용했다던 양기 강장약의 일종.

귀두가 풍만하여 태후의 입이 이 때문에 피로했지만 끝내 차마 버릴
수가 없었다. 태후의 아치兒齒[41]가 다시 나자 장창종이 이 때문에 고
통을 느끼고는 장역지張易之[42]를 태후에게 천거했다. 태후는 장역지의
성기를 입에 물고 하체는 장창종의 양물을 받아들여 황홀하게 보냈
다. 장역지에 대한 총애가 장창종에 버금갔으므로 두 사람은 교대로
쉬면서 목욕했다. 집에 돌아갈 때마다 사람을 보내 엿보며 아내에게
한마디도 못 하게 하고 아내를 이층으로 올려보내고는 사다리를 치
워버렸다. 모친은 가련하게 여겨 벽장에 살게 했는데, 이때 양국충楊
國忠[43]이 태어났다. 태후는 장창종에게 나무로 만든 학을 타게 하고는
자진子晉[44]의 후신이라 부르게 했다. 또『삼교주영三敎珠英』을 편찬하

41   늙은이의 이가 빠지고 나서 다시 돋아난 이.

42   장역지(?~705)는 지금의 허베이성 안궈安國 사람으로 항렬이 다섯째이기에 오랑
五郎이라 불렸다. 무측천 시기 먼저 입궁했던 동생 장창종의 추천으로 입궁하여 무측천
의 총애를 받아 사위소경司衛少卿, 공학감내공봉控鶴監內供奉, 봉신령奉宸令, 인대감麟
臺監을 역임했고 항국공恒國公에 봉해졌다. 무측천 말기에 조정의 대소사를 장역지 형
제가 농단했다. 장안長安 원년(701) 태자 이현李顯의 장자 이중윤李重潤, 딸 이선혜李仙
蕙와 사위 무연기武延基가 장 씨 형제를 비난했는데 장역지가 이를 알고 무측천에게 밀
고했고 무측천은 이 세 사람을 죽였다고 한다. 신룡 원년(705) 정월 12일 장간지, 최현위
등 대신들이 무측천이 병난 틈을 이용해 신룡 혁명을 일으켜 중종을 복위시키고 장 씨
형제를 도륙했다.『태평광기太平廣記』의 기록에 따르면, 장 씨 형제가 영선원迎仙院에서
피살된 뒤 시체는 천진교天津橋 남쪽에서 공개적으로 효수梟首되었으며, 고관 장창기張
昌期, 장동체張同體 형제도 동시에 사형에 처해졌다고 한다.

43   양국충(?~756)의 본명은 양쇠楊釗이고 포주蒲州 영락永樂 사람이다. 양귀비楊貴
妃(719~756)의 친척이고 장역지의 생질이다. 양귀비가 당 현종의 총애를 받으면서 감찰
어사, 시어사를 지냈고 '국충'이란 이름을 받았다. 이임보李林甫가 죽은 뒤 재상이 되어
온갖 국정을 농단했다. 안녹산安祿山(703~757)이 양국충 토벌이란 기치를 내걸고 난을
일으키자, 현종을 이끌고 피신하다가 마외역馬嵬驛에서 사병에게 피살당했다.

게 했고 공학감控鶴監[45]에 거주하면서 최융崔融,[46] 송지문宋之問[47]과 화답했다. 송지문이 장창종과 장역지에게 아첨하고 섬기면서 심지어 요강을 들고 다니자, 사람들이 그를 비웃었다. 송지문이 말했다.

"경은 이 요강이 어떤 것인지 아시오? 나는 부인을 위해 장창종과 장역지를 만났소. 어느 것이 명예이고 절개인지 모르시오? 하물며 폐하이잖소?"

태후가 용금龍錦 천 단段을 공주에게 하사하며 말했다.

"짐이 듣자니 옛날의 공주는 부정한 짓을 많이 했다는데 이는 부마를 고른 자의 잘못이다. 지금부터 화공에게 명하여 장창종 상하의 신체를 그리게 하고 그것을 표본으로 삼아 그 표본에 맞는 사람 가운데 부마를 고르겠다. 공주 부부가 화목하고 즐거우면 또한 제왕 가문의 자손이 끊어지지는 않겠지?"

공주와 시녀, 관리들은 모두 머리를 조아리며 만세를 불렀다. 이후 중종中宗과 예종睿宗도 이 방식을 모방하여 부마를 선택했다. 당시 안

---

44 주 영왕靈王의 태자 왕자교王子喬의 자다. 생황을 잘 불었고 학을 타고 여러 나라를 돌아다녔다고 전한다.

45 무후 때 금군禁軍의 위소위所로 공학부控鶴府를 설치했는데 공학감은 공학부의 장관을 말한다.

46 최융(653~706)은 자가 안성安成이며 지금의 지난시 장추시章丘市 사람이다. 숭문관학사崇文館學士, 시독, 저작좌랑著作左郎, 춘광낭중, 지제고知制誥, 국자사업國子司業 등을 역임했다. 주요 작품으로는 「낙출보도송洛出寶圖頌」「측천애책문則天哀冊文」 등이 있다.

47 무후를 추종한 시로 이름난 초당의 궁정 시인. 송지문의 자는 연청延淸이고 지금의 산시성 펀양시汾陽市 사람이다. 심전기沈佺期와 더불어 '심송沈宋'이라 불린다.

락공주安樂公主[48]는 교만하고 사치스러웠으나 남편 무연수武延秀[49]와
는 상당히 화목하게 지내 공주는 면수面首[50]의 시중을 받지 않았다.
이것은 모두 태후의 노력 덕분이었다. 장창종의 아내는 용모가 추했
으나, 후에 궁중으로 불려 들어가 일품숭양부인一品崇讓夫人으로 책봉
되었다. 태후가 그녀를 놀리며 말했다.

"부인은 무엇을 가꾸어 육랑六郎[51]에게 시집갔소?"

당시 "일세에는 미모를 가꾸고 이세에는 음부를 가꾼다一世修貌, 二
世修陰"란 노래가 유행했다.

48　안락공주 이과아李裹兒(685~710)는 당 중종 이현의 딸이고 위씨韋氏 소생으로
당대 최고의 미인으로 알려졌다. 출생 당시 아버지는 무측천에 의해 여릉廬陵으로 폄적
되어 위씨와 함께 가는 도중 방주房州에서 분만했다. 당시 상황이 궁박하여 급히 치마
를 벗어 딸을 강보에 쌌다고 하여 이름을 '과아裹兒'라 지었다. 성장하여 무삼사武三思
의 아들 무숭훈武崇訓에게 시집갔다가 후에 무승사武承嗣의 아들 무연수武延秀에게 재
가했다. 중종 통치 시기에 권력 욕망이 강했던 안락공주는 조정에 관여하기 시작하였
고 심지어 벼슬을 팔아서 관리들이 그녀의 집을 자주 드나들었다. 매우 사치스럽게 지
냈으며 자신을 황태녀皇太女로 옹립하고자 모친 위씨와 함께 아버지 중종을 독살했다.
후에 이융기李隆基가 정변을 일으켜 안락공주를 죽였다.

49　무연수(?~710)는 무주武周의 종실이자 부마였다. 지금의 산시성 원수이文水 사람
이고 무승사의 아들이다. 무측천의 질손 무연수는 돌궐에서 여러 해 보냈기에 돌궐어와
그곳 무용을 잘 알고 있었다. 성력 원년(698) 6월에 돌궐가한突厥可汗 묵철이 당과 화친
을 요구하자, 무측천은 회양왕淮陽王 무연수에게 묵철의 딸을 아내로 맞게 했다. 묵철은
본래 천자의 아들에게 자기 딸을 주려고 했으나, 사윗감이 무연수란 사실을 알고는 무연
수를 구금하고는 병사를 이끌고 중원을 침략했다. 장안 4년(704) 8월 무연수는 겨우 조
정으로 돌아왔는데 그 뒤 환국공桓國公, 좌위중랑장左衛中郎將에 봉해졌다. 경룡景龍 원
년(710) 중종 사망 후 이융기가 일으킨 정변 속에서 숙장문肅章門 밖에서 처형되었다.

50　옛날 귀부인들이 노리개로 삼는 미남자.

51　장창종을 말한다.

오래지 않아 오왕[52]이 병사를 동원하여 궁중에 들어와 장창종과 장역지를 죽이고 시체를 내버려둔 채 거두지 않았다. 백성은 이들을 증오하여 살과 사지를 잘라버려 문드러지게 되었다. 궁녀 상관완아가 태후의 의중을 헤아려 잔해에서 경두葦頭를 거두었는데 살아 있는 듯 붉고 부드러웠다. 이를 들고 태후에게 바쳤다. 태후가 울면서 말했다.

"육랑 것이로구나. 계필아契苾兒[53] 것은 이것만 못하지."

그리고 백옥으로 된 작은 상자를 골라 그것을 담으며 말했다.

"짐이 죽거든 이것을 순장시켜라."

상관완아는 조부 상관의가 죄를 지었기 때문에 대궐 안에 들어가 살게 되었다. 용모는 자못 아름다웠고 시문도 잘 지어 태후가 총애하여 시녀로 하여금 붓과 벼루를 들고 대기시켰다. 태후가 장창종을 총애할 때에도 상관완아를 물리지 않았다. 상관완아는 교활하여 장창종에게 아첨하면서도 멀리했기에 태후가 특히 기뻐했다. 하지만 장창종이 사정할 때마다 상관완아는 이를 지켜보면서 평정심을 유지하기 힘들었다. 태후는 큰 공사를 시작하라고 명하여 장창종을 위해 협석

---

52 당대 신룡 정변을 일으킨 다섯 공신, 즉 장간지, 경휘, 최현위, 환언범, 원서기를 말한다. 중종 이현이 등극한 지 오래지 않아 다섯 사람이 군왕郡王으로 봉해졌기에 오왕이라 부른다. 하지만 군왕에 봉해진 지 오래지 않아 전후로 자사나 사마司馬로 폄적되었고, 장간지와 최현위는 폄적 도중에 병사했다. 경휘와 환언범, 원서기는 폄적 도중에 피살당했다. 예종睿宗 이단李旦이 등극한 뒤에야 이들 다섯 사람은 복원되었다.

53 장역지를 말한다. 계필契苾은 장역지의 자다. 수공垂拱 연간(685~688) 이후 낙양에서 「계필아가契苾兒歌」란 음란한 노래가 유행했다고 한다.

峽石[54]에 정원을 지었는데 가옥은 모두 황금으로 도금하고 백옥으로 섬돌을 만들었다. 태후는 여기에서 기이한 향을 사르고 진주로 된 휘장을 치고 장창종을 총애했다. 장창종이 취해서 잠들었을 때 음경이 흐물흐물했다. 태후가 만지작거리며 음경의 가죽을 잡아당겨 귀두를 덮었는데 귀두의 모서리가 팽창하여 포피가 닫히지 않았으며 잠시 후 벌떡 섰다. 근원은 비록 튼실했으나 귀두의 살은 풍만하고 두툼하여 솜을 뭉쳐놓은 것 같았다. 색은 부용 같았다. 태후가 이를 비틀어 보니 정관이 없는 것 같았다. 태후가 탄식하며 말했다.

"의욕이 줄어드는군."

이를 보던 상관완아가 흥분하여 하의가 흠뻑 젖었으며 자신도 모르는 사이에 손을 장창종의 몸으로 뻗었다. 태후가 크게 화를 내며 금도金刀를 쥐고서 상관완아의 머리에 꽂으며 말했다.

"네가 감히 황상의 물건에 손을 대려 하다니 죽어야 마땅하다."

육랑이 애원하고서야 비로소 죽음을 모면했다. 그러나 상관완아의 이마에 상처 흔적이 남아 궁중에서는 항상 화전花鈿을 이마에 붙이고 다녔다.

이부시랑 최식崔湜[55]은 재주와 용모, 젊음으로 상관완아를 비밀리에 모셨다. 상관완아가 외부에 다른 집을 두었는데 극정대極亭臺라는 명승지에서 최식을 불러 그와 공공연하게 음란한 일을 벌였다. 먼저 무삼사武三思[56]와 사통하더니 이후에는 최식과 사통했다. 최식이 물었다.

---

54 지금의 안후이성 평타이현鳳臺縣을 말한다.

"여릉왕廬陵王 무삼사는 어떠하온지요?"

"여릉왕은 모서리가 포경이라 위황후韋皇后가 비웃곤 했지. 애가哀家의 배[57]를 먹는데 껍질도 벗기지 않았다고. 그러니 어찌 맛을 알 수 있겠는가? 그래서 무삼사는 자신이 잘났다고 여기지만 살이 얇은 것이 흠이지."

"태후와 위후韋后가 남자를 고르는 기준은 무엇인지요?"

"음경이 비록 크긴 하나 포피와 힘줄이 강한 사람은 고르지 않네."

"왜요?"

"사람의 몸에서 혀는 가죽이 없기에 맛을 알 수 있지. 뒤 발꿈치 가죽은 두껍기에 땅을 밟을 수 있는 법이지. 여성의 음부는 천연적

---

55 최식(671~713)은 자가 징란澄瀾이고 지금의 허베이성 딩현定縣 사람이다. 당대 재상, 중서시랑 최인사崔仁師의 손자, 호부상서 최읍崔挹의 아들이다. 최식은 박릉博陵 최씨 안평방安平房에서 태어나 진사에 급제하고 『삼교주영』 편찬에 참여했다. 무삼사, 상관완아에게 아첨하여 고공원외랑考功員外郎에서 중서시랑, 동평장사同平章事로 승급했다. 나중에 뇌물을 받았다가 강주 사마江州司馬로 폄적되었고 오래지 않아 상서좌승尙書左丞을 맡았다. 중종이 죽자 위 황후에게 붙어 이부시랑을 맡았다. 이융기가 정변을 일으킨 뒤 그는 다시 태평공주에게 붙어 동중서문하삼품同中書門下三品, 중서령中書令으로 승진했다. 개원 원년(713) 당 현종이 태평공주를 제거하면서 최식도 영남으로 유배 가다가 도중에 죽임을 당했다.

56 무삼사(649~707)는 지금의 산시성 원수이 사람으로 재상, 형주 도독荊州都督 무사확武士彠의 손자, 무측천의 조카다. 우위장군右衛將軍, 병부상서, 예부상서를 역임했다. 천수天授 원년(690) 무측천이 칭제하고는 무씨 종족을 왕으로 봉했는데 무삼사는 양왕梁王이 되었다. 신룡 3년(707) 태자 이중준를 폐위시키려고 했다가 도리어 이중준에게 살해당했다.

57 한대 말릉秣陵 사람 애중哀仲 집의 배가 크고도 맛있기로 유명했다. 『세설신어世說新語』 「경저輕詆」 편에서 '애리증식哀梨蒸食'이란 고사가 나왔다. 애 씨네의 맛 좋은 배를 삶아서 먹는다는 뜻으로 어리석은 사람 또는 그러한 작태를 일컫는 말이다.

으로 생긴 섬세한 막으로 덮여 있네. 남자의 음경도 가죽을 제거하면 막이 있다네. 극히 부드러운 곳을 취해 교합하고 또 모서리를 비벼주면 어려서는 꽃술을 머금은 듯하고 자라서는 벗어지게 되고 부드러운 것으로 부드러운 것을 막는 까닭에 하늘과 땅의 기운이 서로 조화를 이루는 즐거움을 얻게 되지. 그렇지 않고 가죽을 벗겨내지 않으면 오물이 끼어 삽입하고 빼는 데 굼뜨고 움직여지지 않아 마치 갑옷을 걸친 것과 같네. 천후는 일을 마쳐도 귀두를 자궁에서 빼는 것을 허락하지 않았네. 풍소보는 정력이 왕성했으나 귀두가 뾰족하여 빠지기 쉬웠지. 육랑은 귀두의 모서리가 풍만하여 마치 버섯이나 영지 같았어. 사정할 때마다 귀두가 커져서 자궁을 꽉 조여 오래도록 빠지지 않았어. 이런 까닭에 태후가 총애했으며 흥분이 오래도록 가시지 않았네. 육랑이 모시고 잠을 잘 때 태후는 비록 쇠하긴 했어도 선액仙液이 이불을 흠뻑 적시곤 했지."

최식이 물었다.

"소용昭容의 말에 따르면 천하의 우열이 어찌 남자만 그렇겠습니까? 저는 어려서부터 관계官階를 더럽혀 여성에게 기쁨을 주었으며 만나는 여성마다 즐거워하지 않은 사람이 없었어요. 하지만 하체는 정말 말하기 힘듭니다. 왕왕 교접하지만 진정한 성교가 없었으며 뻣뻣하여 맹인이 우물에 빠지는 것처럼 어디로 갈지 모릅니다. 그럴 때는 정신이 피로하여 뒷맛이 전혀 없으니 천하의 여성이 모두 그런 줄 알았습니다. 제가 소용과 교접한 뒤에야 비로소 서시西施,[58] 모장毛

---

58 춘추 시대 월나라의 미녀.

嬙[59]이 육궁에서 총애를 받은 이유가 다른 사람보다 뛰어난 곳이 있음을 알게 되었죠. 소용의 색욕은 농밀하여 저와 교접하면 귀두가 부드럽게 닿는 것을 느껴 마치 제호관정醍醐灌頂[60]처럼 모발이 모두 소생했어요. 손으로 소용의 항문을 어루만지면 열렸다 닫혔다 수축하여 곧 사정할 것을 알고 감히 몸을 흔들지 않고 곡도穀道[61]가 움직이지 않을 때를 기다려 다시 의중을 떠보기 때문에 항상 소용의 환심을 샀어요. 저도 소용의 깊은 은혜를 입어 깊이 머금었다가 가늘게 토해내면 산택山澤의 기운이 교차합니다. 이튿날 조정에 들어가도 피곤함을 느끼지 못했어요. 세간 남자도 강한 것을 좋아하고 여자는 오래 하는 것을 좋아하니, 이는 모두 거지가 돼지비계 세 마리를 먹는 것처럼 탐욕을 부려서 정말 신참의 세속인에 불과할 따름입니다."

소용이 웃으며 말했다.

"경의 말은 대담하오. 그러나 지음을 만나기란 어려운 일이지요. 무릇 남녀의 교접이란 열쇠를 자물쇠에 맞추는 것처럼 각기 역할이 있지요. 듣자니 유비劉妃[62]의 음경에 횡골橫骨이 있어 뾰족하고 힘이 세지 않으면 자궁에 들어갈 수 없다 하오. 경의 귀두는 부드러우니 넣으면 경을 힘들게 하지 않겠소? 태후가 말했지요. '살이 묵중하면

---

59 춘추 시대 월나라의 미녀로 월왕 구천句踐의 애첩이다. '침어낙안沉魚落雁' 고사의 주인공이기도 하다.

60 제호탕醍醐湯을 정수리에 부은 것같이 정신이 상쾌하고 깨끗함을 가리키는 말로, 불가에서 지혜를 사람에게 주입시켜주면 모든 번뇌가 사라지고 정신이 상쾌해진다는 뜻이다.

61 대장과 항문을 아울러 이르는 말.

62 예종睿宗 이단李旦(662~716)의 후비 유황후劉皇后를 말하는 듯하다.

삽입하기 좋고, 모서리가 높으면 빼기 좋다.' 정말 적절한 말입니다."

두 사람이 친하게 얘기를 나누는 가운데 안락공주가 부마 무연수를 끼고 들어왔는데 고성이 들렸다. 공주가 부마의 속옷을 벗기자 부마가 음경을 잡으며 자랑하면서 말했다.

"최식의 거시기와 비교하면 어떠하오?"

"정말 육랑 거와 비슷하니 어찌 최식의 거시기에 비교하겠어요? 이는 모두 태후가 부마를 골라준 공이니 잊을 수 없어요."

이날 저녁 술을 마시고 줄다리기 시합을 구경했다. 이튿날은 중종의 생일이었기에 정오에 이르러서야 조정에 나아가 하례했다.

이때 최식은 비록 소용과 사통하고 무삼사에게 아부했으나 내심으로는 위韋 씨가 분명 죽을 것을 알고는 비밀리에 임치왕臨淄王[63]에게 붙었다. 임치왕이 병사를 일으켜 위후를 죽였고 상관완아가 등불을 들고 위후를 맞으러 왔다가 붙잡혀 군기軍旗 아래에서 참수되었다. 최식은 동평장사同平章事[64]였으나 상관완아를 끝내 구제할 수 없었다. 시랑 장열張說[65]이 아들 균均을 시켜 소용의 시체를 거두어 후하게 장례를 치렀다. 아울러 상주문을 올려 소용의 호를 내려줄 것을 청했고 그녀의 문집을 편집하고 서문을 썼다. 사람들은 대부분 그를 증오하지 않는 이가 없었다.

---

63   당 현종 이융기를 이른다.
64   동중서문하평장사同中書門下平章事의 줄임말로 당송 시대 재상의 실권을 장악했다.
65   장열(667~730)은 자가 도제道濟, 열지說之이며 하남 낙양 사람이다. 당대 정치가, 문학가로 세 번이나 재상을 역임했다. 허국공許國公 소정蘇頲과 문명을 날려 '연허대수필燕許大手筆'이라 불렸다. 저작으로 『장연공집張燕公集』이 있다.

牛乞命

소가 살려달라고 애원하다

천태현天台縣 현령 종예천鍾醴泉이 내게 말했다. 그의 부친이 귀주 대정부大定府 지부로 임직할 때, 그의 땅에 공장을 지어 납을 제조하는 사업을 시작했다. 어느 날 정오에 갑자기 소 한 마리가 납 공장을 뚫고 들어와 수십 명이 달려들어 채찍질을 해도 쫓아낼 수가 없었다. 종예천이 가봤더니 그 소는 땅에 엎드려 머리를 조아리는 모습을 지었다. 그래서 소를 끄는 사람에게 물었다.

"이 소는 농우입니까? 아니면 식용의 도살용 소입니까?"

"도살용 소입니다."

그에게 가격이 얼마냐고 물었다.

"7000입니다."

"이 소를 제게 넘기시면 그 가격을 주리다. 어때요?"

소를 끄는 사람이 감사를 표시한 뒤 돈을 받아 떠났다. 그러자 그 소가 갑자기 일어났다.

돼지가 살려달라고 애원하다

猪乞命

봉천성奉天省 금주부錦州府 남쪽에 천교창天橋廠[66]이란 곳이 있는데 해선이 정박하고 교역이 이루어지는 곳이다. 한 도살업자가 돼지 한 마리를 잡아 죽여서 시장으로 가서 내다 팔려고 했다. 그 돼지는 이 기회를 타서 줄을 이빨로 끊어버리고 배를 타는 손님 앞으로 달려가 앞발을 구부리고 땅에 엎드렸다. 도살업자는 줄을 가지고 손님 앞으로 쫓아갔다. 손님이 돼지 가격을 묻고는 제값대로 돈을 지불하고 돼지를 해회사海會寺의 용신묘龍神廟에 시주했다. 사람들이 이 돼지를 '저도인猪道人'이라 부르면, 그 돼지가 응답했다. "어찌 그리 무례한가?"라고 외치면, 돼지는 앞발을 구부리고 사람을 향해 머리를 조아리는 자세를 취했다. 돼지의 치아는 몇 치나 되고 발톱은 소라처럼

---

66   금주錦州 항구는 명청 시기에 동과 서 두 곳에 있었다. 동해구東海口는 금주시에서 17.5킬로미터 떨어진 지점에 있으며 소릉하小凌河가 여기서 바다로 유입된다. 서해구西海口가 천교창 항구다. 진저우시에서 서남쪽으로 35킬로미터 떨어져 있다. 명대에는 동해구 해운이 번성했으며, 청대 도광道光, 함풍咸豐 연간에는 서해구 해운업이 왕성했다.

둥글게 싸고 있었다. 돼지의 크기는 일반 돼지의 두 배다.

장세락

張世犖

장세락張世犖[67]은 자가 우춘遇春이고 항주부의 제생諸生이다. 매번 시험장에 들어가 응시할 때마다 어떤 사람이 그의 시험지를 가져가는 것 같았다. 날이 밝으면 시험지는 온통 먹으로 칠해져 있어 매번 낙방했다. 이 때문에 그는 마음속에 울분만 가득 쌓였다.

건륭 9년(1744) 갑자과甲子科 거인 시험 때 장세락은 특별히 방비에 주의를 기울였다. 시험지를 깨끗이 쓴 뒤 저녁때 시험지를 다른 곳에 감추고는 호실에 앉아 유심히 관찰했다. 갑자기 한 여자가 손을 뻗어 그의 시험지를 찾았다. 장세락이 급히 그 여자의 손을 잡고 큰 소리를 버럭 지르며 물었다.

"내가 당신과 무슨 원수를 졌기에 일곱 번 시험에서 모두 내 시험지를 못쓰게 만들었소?"

"금년에 그대는 해원解元으로 합격할 겁니다. 저는 천명을 거스르

---

67 자는 무야無夜이고 전당 사람이다. 건륭 9년(1744)의 거인이며 주요 저작으로 『남화모상기南華模象記』(8권) 등이 있다.

지 않습니다. 하지만 당신은 제게 이전의 오해를 씻어줘야 합니다. 적당한 땅을 골라 저를 매장시켜주시면, 저에 대한 억울한 책망을 풀어드리겠습니다. 저는 원래 당신 집 맞은편 전점錢店의 딸입니다. 이웃이 웃기는 얘기를 하더군요. 당신과 나 사이에 사사로운 정이 있다고. 사실 그런 일은 전혀 없었어요. 하지만 당시에 당신이 나서서 변명하지 않고 도리어 풍류 인사로 자처하며, 없는 것을 있는 것처럼 여기는 바람에 저를 조롱거리로 만들었죠. 제가 출가한 뒤 남편은 유언비어를 듣고는 저와 같이 자려고 하지 않았어요. 저는 자신의 결백함을 밝힐 수 없어 화가 난 나머지 목을 매 자살했어요. 당신이 제 명성을 더럽혔기에 저도 당신의 시험지를 더럽힌 겁니다. 당신이 일곱 번 시험에서 미끄러진 것은 당연하다고 생각합니다."

말을 마치고는 사라졌다. 장세락은 이 말을 듣고 모골이 송연해졌다.

시험장을 빠져나온 장세락이 그녀의 집을 방문하여 일의 경위를 그 여자의 가족에게 알려주고 돈을 내주어 이장 비용으로 삼게 했다. 아울러 스님을 불러 그녀를 제도했다. 이번 향시 합격자 발표가 나자, 장세락은 결국 일등으로 합격했다.

세심지

洗
心
池

세심지洗心池는 강소성 모산茅山 건원관乾元觀[68] 서쪽에 있고, 석벽 위에 '세심지'란 세 글자가 새겨져 있다. 필세가 강건하지만 도리어 돌에 숨어 있어 보이지 않았다. 보려면 물을 뿌려야 드러났다. 이 못은 큰 가뭄이 들어도 마르지 않았다. 전하는 말에 따르면, 전묘진錢妙眞[69]이 연동燕洞[70]에 홀로 살며 수련했다고 한다. 당시 어떤 사람이 그를 비방하자, 그가 이곳에서 배를 갈라 심장을 씻어서 자신의 마음

---

68   장쑤성 창저우시 진탄구金壇區 경내의 청룡산青龍山 울강봉鬱崗峰에 있으며 모산 도교성지 '삼궁오관三宮五觀'의 하나이자 전진도全眞道의 성지다. 진秦나라 때 이명李明 진인이 이곳에서 연단했다 하여 연단원煉丹院이라 불렀다. 당대 천보 연간(742~756)에 이현정李玄靜이 이곳에 거주하면서 서진당棲眞堂 및 회진會眞, 후선侯仙, 도덕道德, 영은迎恩, 배표拜表 다섯 개의 정자를 세웠다. 송 인종 천성天聖 3년(1025)에 집허당集虛堂이란 이름을 내렸고 이어 건원관으로 개명했다.

69   남북조 시대의 여선女仙. 진릉晉陵(강소성) 사람으로 어려서 선도仙道를 익히고 모산에서 수련했다. 83세 때 용봉거龍鳳車를 타고 승천했다고 한다.

70   도교 궁관宮觀으로 강소성 구용과 금단 사이에 있는 모산 연구동燕口洞 옆에 있었다. 『모산지茅山志』의 기록에 따르면, 남조 양梁나라 때 전묘진의 사당이 세워졌던 곳이라 한다.

900

을 보여주었다고 한다. 그래서 세심지란 이름을 갖게 되었다.

활사인묘

活死人墓

　도사 강문곡江文谷이 세심지洗心池 옆에 작은 언덕을 쌓고 다시 안에 돌을 쌓아 창을 달고 작은 집을 지어 자신은 그 안에서 가부좌를 틀고 앉아서 제자들에게 부탁하며 말했다.

　"너희는 매일 창문으로 나를 불러라. 내가 대답하면 그만이고, 대답하지 않거든 들어와 나의 유해를 수습하여라."

　연이어 3년 동안이나 제자가 매일 불러도 그는 그때마다 대답했다. 갑자기 어느 날 제자가 예전처럼 부르니 안에서 대답하며 말했다.

　"정말 귀찮구나. 내가 나갈게!"

　조금 뒤에 다시 부르자 대답이 없었다. 석문을 열고 보니 시체가 과연 굳어 있었다. 그래서 이를 '활사인묘活死人墓'라고 불렀다.

屋
傾
有
數

집이 무너진 이유가 있다

　총헌總憲[71] 김덕영金德瑛[72]이 강서학정江西學政으로 부임하여 길안부
吉安府 동생童生 시험을 주관할 때였다. 새벽 오경에 수험생 이름을 다
부르고 나자, 등불 아래에서 붉은 옷을 입은 여성이 시험장에서 나
와 천천히 허공을 타고 올라갔다. 그가 노복과 아전에게 물었더니
모두가 본 적이 있다고 말했다. 김덕영은 불쾌하게 생각하며 『중용中
庸』에 나오는 '필유요얼必有妖孽'[73]이란 네 글자를 출제했다. 정오가
되자 수험생들이 붓을 들어 작성하려고 하는데, 갑자기 시험장이
무너져 36명이 눌려죽었다. 김덕영은 이 사건을 사실대로 조정에 보
고했다. 건륭 황제는 36명을 불쌍히 여겨 그들에게 전부 생원 자격

71　총독의 별칭.

72　김덕영(1701~1762)은 자가 여백汝白이고 호가 모재慕齋, 회문檜門이며 절강성 인
화 사람이다. 건륭 원년(1736)의 진사이며 관직은 좌도어사를 역임했다. 주요 작품으로
는 「관극절구30수觀劇絶句三十首」 등이 있다.

73　전체 문장은 다음과 같다. "나라가 흥하려면 반드시 상서로운 조짐이 생긴다. 나라
가 망하려면 반드시 불길한 징조가 나타난다國家將興, 必有禎祥. 國家將亡, 必有妖孽."

을 하사했다.

　나의 친척 병부시랑 사억당史抑堂[74]이 복건 안찰사로 근무할 때 양도糧道[75] 왕개지王介祉[76] 등 네 명과 함께 응접실에 앉아 일을 의논했다. 들보 위의 모퉁이에서 "쫘쫘" 하고 나는 소리를 듣고는 손님이 일어서서 피하려고 하자 사옥당이 그럴 필요 없다고 말렸다. 잠시 후 소리가 점점 커졌고 또 쥐가 계속 "찍찍" 소리를 냈다. 이때 사억당은 마음이 움직여 급히 네 손님과 함께 응접실에서 빠져나왔다. 그들이 나오자마자 응접실이 무너져 책상 등이 모두 부서졌다. 이날 성안의 부현府縣 관리들이 모두 찾아와 안부를 물었다. 사억당이 웃으며 말했다.

　"관리 네 명이 동시에 죽었다면 안찰사, 양도 등 관인官印을 여러 대인에게 물려주어야 했을 터이니, 여러분은 승진한 느낌이 들지 않습니까?"

74　본명은 사혁앙史奕昂(1712~1791)이고 억당은 그의 자다. 절강성 율양溧陽 사람으로 거인 출신이며 관직은 병부좌시랑을 역임했다.

75　독량도督糧道의 준말로 양식 운반을 관장하고 감독했던 명대와 청대의 관직명이다.

76　본명은 왕육제王陸禔이고 자가 개지이며 상숙常熟 사람이다. 서른두 살에 장사에서 객사했다. 그에 대해 『수원시화』 권13 10조에 간략하게 소개되어 있다.

면양 포목 열세 필

항주의 호胡 씨는 정구봉程九峰[77] 순무의 외종질이다. 정구봉이 호북 순무로 지낼 때 호 씨도 호북에 가서 정구봉의 관청에서 일하고 싶었다. 정구봉은 그를 형주 지주荊州知州 아무개 관청의 서기로 추천했다.

6개월 뒤 호 씨 아내가 집에서 학질에 걸렸다. 갑자기 몸에 귀신이 붙었는데 목소리는 남자 같았다. 자세히 들어보니 그녀의 남편이었다. 그가 말했다.

"제가 호북에 도착한 뒤 숙부의 추천을 받아 형주 지주의 관청에서 임직하면서 두 사람의 관계가 그런대로 좋았지요. 뜻밖에도 두 달도 되지 않아 병에 걸려 사망했으며 옷상자, 짐, 새로 산 면양沔陽 포목 열세 필이 모두 관청에 있으니 사람을 보내 가져오시오. 제가 타향에서 객사하여 배고프고 추우니 나무 위패를 세워 저를 제사지내

---

77   본명은 정도程燾이고 자가 구봉, 호가 운헌雲軒이다. 절강성 인화 사람으로 거인 출신이며 관직은 태복시소경太僕寺少卿을 역임했다.

905

고 널리 명승을 불러 저의 망령을 제도하세요."

　가족은 이 말을 듣고 그녀를 둘러싸고 울었다. 즉시 장례 절차에 맞춰 상복을 입고 위패를 세웠다. 죽은 날짜를 몰랐기 때문에 친구에게는 부고하지 않았다. 오래지 않아 호 씨 아내의 병이 나았다. 하지만 사람을 형주로 보내 사자를 맞이하려고 했으나 가정 형편이 어려워 운반비가 없어서 이 일은 번번이 늦춰져 결국 성사되지 못했다.

　오래지 않아 호 씨가 끝내 집으로 돌아오자 온 가족은 깜짝 놀라며 그를 귀신으로 여겼다. 앉아서 그의 말을 들어보고서야 이전에 들은 것은 악귀가 그의 이름을 빌려 음식을 얻어먹으려고 사기 쳐서 제도를 구한 까닭임을 알게 되었다. 얼마 후 옷상자가 집으로 운반되었다. 열어보니 과연 포목 열세 필이 들어 있었는데 확실히 호 씨가 면양을 지나갈 때 산 것이었다.

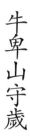牛卑山守歲

광서 유주柳州 우비산牛卑山의 산세는 여성의 음부와 닮았다. 광동, 광서 사람들은 '음陰'자를 '비卑'자로 읽기 때문에 이때부터 우비산이라 불렀다. 매번 제야 때마다 반드시 남녀 열 명을 보내 이튿날 날이 밝을 때까지 이 산을 지키게 했다. 만일 산을 지키는 사람이 해이해져서 방비가 허술하면, 사람들이 못된 장난을 쳐서 이 산을 여성의 음부로 여기고 대나무 가지로 찔렀다. 그러면 신년에 이 고장의 여성들이 모두 음란한 짓을 저지르게 된다. 현지의 현령은 이러한 기풍을 혐오하여 이장에게 명을 내려 흙으로 그곳을 막아버렸다. 그러자 이 고장 여성의 소변이 막히거나 대소변이 모두 통하지 않는 현상이 발생했다. 심지어는 이 때문에 생명을 잃기도 했다.

광동 사면沙面[78] 지방엔 기선妓船이 무척 많았다. 선박의 제조, 수

---

78 예전에는 습취주拾翠洲라고 불렀으나 주강珠江이 충적되어 이루어진 사주沙洲이기 때문에 사면沙面이라 불렀다. 사면은 지금의 광둥성 광저우시 서남부에 있다. 사면은 송, 원, 명, 청 시기에 중국 국내외의 통상 기지이자 유람지였다. 아편전쟁이 일어나고 함풍 11년(1861) 이후에는 영국과 프랑스의 조계지가 되었다.

리, 정박, 항해 등 여러 일은 하박대사河泊大使가 전담했다. 한 총독이 기선의 운행을 엄격히 금지시킨 뒤에 해수가 범람하는 일이 발생하여 높은 성벽 담 여섯 자 정도가 물에 잠겨버렸다. 지방의 유지와 상인들이 모두 나서서 기선을 금지할 수 없는 이유를 관청에 건의했다. 총독이 금지 사항을 철회했더니 물이 쭉 빠졌다. 지금까지도 이 지방의 기선은 이전보다 더 많아졌다.

鬼拜風

귀신이 바람에 절하다

전당 사람 손학전孫學田이 온주성溫州城에서 소금 가게를 열었다. 그는 친구 전효창錢曉蒼과 자주 왕래하며 가깝게 지냈다. 전효창은 이층집 세 칸을 가지고 있는데 장기간 잠가놓았다. 전하는 말에 따르면, 이층에 귀신이 나와 거주할 수 없기 때문이라고 한다. 손학전은 평소 담력이 세서 뜻을 같이하는 사람과 이층에 올라가 잠자는 내기를 걸었다. 잠시 후 손학전은 위층에 올라가 침상을 펴고 커다란 촛불 두 개를 켜놓고 혼자 이층에서 잤다.

야간 이경이 되자 문을 밀치는 소리가 나더니 화려하게 치장한 여자가 서서히 걸어 들어왔다. 그녀는 촛불을 보고 두려워하는 듯 옷깃을 여미더니 손학전에게 두 번 절했다. 머리를 숙여 절할 때마다 음산한 바람이 그녀의 소매에서 나와 촛불 하나를 꺼버렸다. 손학전이 검을 빼어 던지자, 그 귀신은 아래층으로 내려갔다. 손학전은 그녀가 다시 오면 기댈 것은 촛불 하나임을 알고 꺼진 촛불을 다시 켜놓았다. 자신의 신체를 촛불 가까이에 대고 앉았다. 아니나 다를까 그 귀신이 다시 와서는 그에게 절하는 자세를 취했다. 그녀는 앉아 있는 손학전을 보고는 물러나야 될지 앞으로 나가야 될지 몰라 우왕좌왕했다. 손학전이 다시 검을 던지자, 그 귀신은 추악한 모습으로 변했다. 그리고 앞으로 다가와 손학전과 격투를 벌였으나 피차 승부가 나지 않았다.

누각 밖에서 닭 울음소리가 들리자, 그 귀신은 검은 연기로 변신하여 아래층으로 내려갔다. 온주 사람들은 이 일을 두고 노래를 만들어 불렀다.

사람이 절하니 허리 굽히고 人拜曲躬
귀신이 절하니 바람이 인다 鬼拜生風
단지 손 노인을 만났더니 但逢孫老
귀신보다 더 흉악하다네 比鬼還凶

僵
尸
夜
肥
晝
瘦

강시는 밤에 살찌고
낮에는 야위다

유창석兪蒼石[79] 선생이 말했다. 강시는 밤에만 나와 사람을 잡아먹기 때문에 대부분 면모가 풍만하고 살쪄 살아 있는 사람과 별다른 차이가 없다. 낮에 관을 열고 보면 밀랍처럼 마르고 야위었다. 그것을 불태워버리면 '추추' 소리를 낸다.

---

79 본명은 유보인兪葆寅이고 자가 창석, 호가 가의당可儀堂이며 절강성 인화 사람이다. 그의 「줄타기 곡예를 보고觀繩伎」 시 한 수가 『수원시화』 권2 18조에 수록되어 있다.

흑운겁

黑雲劫

청나라 군대가 면전緬甸[80]에 출정했을 때 곤명현昆明縣 출신의 노복 섭葉 씨가 죽은 지 3일 뒤에 소생하여 말했다.

"저는 저승사자에게 이끌려 저승에 갔어요. 그곳엔 대전이 있고 문은 주홍색이었으며 왕궁 같았어요. 문밖엔 수많은 관리가 앉아 있고 손에는 명부를 들고 있는데, 바삐 공판 기록을 적더군요. 공판 기록을 다 쓰고 나니 검은 연기가 명부를 덮었지요. 관리 가운데 어떤 사람은 허리에 방망이를 차고, 어떤 사람은 이마를 찡그렸는데 노고를 감당할 수 없다더라고요."

섭 씨는 수명이 아직 다하지 않아 사망자 명단에 놓일 수가 없어 돌려보내졌다.

돌아오는 길에 섭 씨가 몰래 저승사자에게 물었다.

"그쪽 관리의 손에 든 것은 무슨 명부인지요?"

"인명부는 3책이고 짐승 명부는 5책입니다."

---

80 지금의 미얀마.

"어째서 명부를 만들었지요?"

"옛날부터 인간 세상의 전쟁 같은 일은 모두 하늘의 운명이 미리 정해놓은 것이라서 벗어날 방법이 없어요. 모든 사람은 죽기 마련인데 이미 '흑운겁黑雲劫' 명부에 기록되어 있습니다. 이 밖에 나귀 한 마리, 말 한 필도 정확하게 기록되어 있어요. 필경 짐승은 많고 사람 수는 적으니 그 명부가 사람은 3책이고 짐승은 5책입니다."

"이 겁劫에 속한 사람은 어느 관리입니까?"

"명부의 첫째 사람은 바로 당신의 총독입니다."

당시의 운귀雲貴 총독은 유조劉藻[81]였다. 그는 건륭 원년 병진丙辰년 (1736)의 박학홍사博學鴻詞 한림으로 후에 자살했다.

81　유조(1701~1766)는 자가 인조麟兆, 호가 소존素存이며 산동성 하택荷澤 사람이다. 옹정 연간의 거인이며 관직은 운남 총독을 역임했다. 저작으로는 『독경당문집篤慶堂文集』이 있다.

김 수재

金
秀
才

소주 수재 김진생金晉生은 재능과 용모가 청아한데 소춘애蘇春厓 진
사가 그를 아껴 사위로 삼고자 이미 결혼식 날짜를 받아놓았다. 어
느 날 밤에 김 수재는 꿈속에서 붉은 옷을 입은 어린 하녀를 보았다.
하녀가 그를 한 곳으로 끌고 갔다. 방은 정교하고 우아하며 마지막에
는 둥근 동굴 문이 나 있었다. 그녀가 문 안을 가리키며 말했다.

"이곳이 월궁입니다. 소저는 이곳에서 오랫동안 기다렸어요."

잠시 후 화려하게 치장한 미모의 여성이 나와 말했다.

"수재님과 저는 본래 오랜 인연이 있는데, 어찌 저를 버리시고 다
른 여자와 결혼한단 말입니까?"

"그럴 리가 있나요."

이에 두 사람은 손을 잡고 잠자리에 들어 운우의 정을 나눠 애정
이 더욱 짙어졌다. 이로부터 매일 밤 꿈속에서 즐기는 모습은 일반
부부의 정보다 배가되었다. 하지만 김 수재의 얼굴은 날마다 초췌해
졌다.

온 가족이 이를 보고 두려워하면서 소 아가씨와의 결혼을 성사시

켰다. 소 아가씨도 미모의 여성인지라 김 수재는 그녀를 꿈속의 여성처럼 사랑했다. 결혼식을 올린 뒤 김 수재는 매일 밤 유酉시[82]와 술戌시[83] 이전에 소 아가씨와 잠자리를 가졌다. 유시와 술시 이후에는 꿈속의 여인과 운우지정을 나눠야 했기 때문이다. 시간이 흐르자 어느 것이 진짜이고, 어느 것이 꿈인지 분간할 수 없었다. 김 수재의 부친이 이를 알고는 백방으로 아들의 재앙을 벗기려고 노력했으나 소용없었다. 수재의 신체는 본디 수척했는데 이처럼 1년 이상을 육욕에 빠져 지내다보니 폐결핵에 걸려 사망했다.

김 수재와 꿈속 여인이 창화한 시가 무척 많지만, 전부 수록할 순 없고 다만 「김랑에게贈金郎」 절구를 기억할 뿐이다.

좋은 배필 찾기가 어찌 그리 쉽겠는가 佳偶豈易尋
서방님 빼앗기를 광채를 빼앗는 듯하다 奪郎如奪彩
다행히 선수 쳐서 이기고 幸虧下手強
앞 다퉈 빨리 상사시켰다네 爭先得爲快

---

82 오후 5~7시.
83 오후 7~9시.

동 관찰사

董
觀
察

　도대 동용董榕[84]이 공남도贛南道[85]에서 임직할 때 상유현上猶縣 모촌을 관할했다. 간혹 평상시에 산에 홍수가 나서 논밭과 가옥이 침수되는 사태가 발생했다. 동용은 계획을 짜 하천을 파서 물을 강으로 내려보내 백성이 편안히 거처하게 해주었다. 그리고 사찰을 개조하여 염계서원濂溪書院[86]을 만드는 등 기상이 일신했다.

　오래지 않아 그의 모친이 세상을 떠나자 극도로 슬픈 나머지 자

84　동용(1711~1760)은 자가 항암恒巖이고 호가 겸산謙山이며 직예성 풍윤豐潤 사람이다. 주요 저작으로는 『주자전서周子全書』 『지갑기芝龕記』 『경양집庚洋集』 『경양편집庚陽篇集』 『번로루시繁露樓詩』 등이 있다.

85　지방 행정구로서 청대의 공남도는 강서성의 공주부贛州府, 남안부南安府 및 영도주寧都州를 관할했다.

86　공주贛州의 염계서원은 송대 가우嘉祐 연간(1056~1063)에 수동水東 옥호관玉壺觀(지금의 수동소학水東小學)에 창건되었다. 주돈이周敦頤(자는 염계)가 건주통판虔州通判으로 지낼 때 정호, 정이 등 제자에게 강학했던 곳이다. 원말에 서원이 전쟁으로 훼손되었고 명 홍무洪武 4년(1371) 지현 최천석崔天錫이 중건했다. 홍치弘治 13년(1500) 지부 하광何光이 이 서원을 울고대鬱孤臺 아래로 이전했다. 숭정 13년(1640)에 지현 진이충陳履忠이 서원을 다시 광효사光孝寺 오른쪽으로 옮기고 염천서원廉泉書院으로 개명했다.

신도 모친 곁에 같이 묻히고 싶었다. 그가 모친의 영구를 고향으로 친히 운반하던 중 등왕각을 지날 때 배를 뭍에 대고 친우의 조문을 받았다. 현지의 관리들이 친히 와서 위로했다. 구경하러 나온 사람들은 동용이 정말 효자이자 훌륭한 관리라고 말했다.

　이튿날 새벽에 닻줄을 풀고 배를 운행하려고 할 때 갑자기 동용의 가복이 주인을 찾을 수 없다며 현지 관리에게 급히 보고했다. 강을 따라 수색해보았으나 종적을 찾을 수 없었다. 하루 밤낮 사이에 시체가 결국 역류하여 풍성현豐城縣의 모래사장에 닿았다. 검사하여 보니 여전히 흰옷에 삼 띠를 매었으며 얼굴은 살아 있을 때와 같았다. 이에 현장에서 염을 한 다음 관을 배 위로 보냈다.

　한 달 뒤 동용의 옛 노복이 우연히 상유에 들렀다. 현지 사람은 하천을 만들어준 은혜에 보답하기 위해 동용의 사당을 지어 제사를 지낸다고 알려주었다. 그 노복이 선뜻 사당에 와서 신상에 절을 했는데 얼굴은 동용과 꼭 닮았다. 신상을 세운 날짜를 물으니, 공교롭게도 동용이 강에 투신한 날 저녁이었다.

호선이 계산 장부를
작성하다

狐仙開賬

안휘성 화주和州 사람 장張 씨가 양주에 와서 흥교사興敎寺[87]에서
기거했다. 절간에는 평소 호선狐仙이 야료를 부리는 바람에 감히 묵
는 사람이 없었다. 장 씨는 호방하여 얽매이지 않는 성격이라 승방에
서 지냈다.

장 씨가 묵은 지 3일도 안 되어 과연 자칭 오강자吳剛子라고 하는
노인이 나타나 뵙기를 청했다. 장 씨는 그에게 인사하고 서로 얘기를
나눴다. 노인의 풍채는 남들과 달라서 과거와 미래의 일을 꿰뚫고 있
었다. 이에 장 씨가 물었다.

"노인장, 당신은 선인이지요?"

"천만에요."

장 씨는 원래 빈궁한 사람이라서 그와 사귀어놓고 부귀를 꾀하기
위해 술과 음식을 준비하여 그와 함께 술을 마셨다. 오강자도 이후

---

[87] 원래 이름은 서은암西隱庵이며 범각사梵覺寺라고도 불렸다. 전하는 말로는 송대
정승사正勝寺 자리였다고 한다.

에 술과 안주를 마련하여 답례했다. 보름도 안 되어 장 씨는 돈을 거의 다 써버렸으나 오강자가 초대할 때마다 안주는 더 풍성해졌다. 장 씨는 탐욕이 일어 온종일 맞장구를 치며 잔치를 베풀어 손님을 초대하게 했다. 오강자는 주인 역할을 하며 전혀 인색하게 굴지 않았다. 이렇게 한 달이 넘게 지나자 오강자가 갑자기 발길을 끊었다. 당시는 때마침 장마철이라서 장 씨가 상자를 열어 옷을 말리려다가 상자가 텅텅 빈 것을 발견했다. 상자 안에는 장부가 쓰여 있고 전당표 여러 장이 있었다. 표에는 날짜와 닭과 물고기 얼마, 날짜와 채소와 과일 얼마라고 가격이 쓰여 있었는데 모두가 장 씨의 옷을 전당잡혀 충당한 것이었다. 항목 계산이 정확하여 하나도 빼먹지 않았으며 한 푼도 누락되지 않았다.

가죽 양초

皮蠟燭

상우上虞 지방의 전錢 씨 성을 가진 사람이 남의 집에서 머슴살이로 지냈다. 야간에 돌아오다가 보니 한 여성이 길바닥에서 울고 있었다. 그녀에게 무슨 일이냐고 묻자 그녀가 대답했다.

"남편이 죽어서 갈 곳이 없어요. 집이 하개산夏蓋山[88]에 있는데 일시에 길을 잃었으니 가리켜주시기 바랍니다."

전 씨는 그녀에게 집적거리며 그녀를 따라 방 안으로 들어가 결국 부부간의 운우지정을 나누었다. 이렇게 몇 개월이 흘렀다.

후에 주인이 머슴의 얼굴이 날마다 초췌해지는 모습을 보고 두세 번 캐묻자, 전 씨가 저간의 사정을 말해주었다. 그러자 주인이 말

---

[88] 저장성 상위시 가이베이진蓋北鎮과 셰탕진謝塘鎮 사이, 위베이핑원虞北平原에 있으며 모양새가 만두를 닮았다. 우왕이 이곳에 머문 적이 있기에 이 산을 대우봉大禹峰, 하가산夏駕山이라 부르기도 한다. 산 위에 반산십팔정盤山十八井, 백룡흥운지白龍興雲池, 명양삼정鳴陽三亭과 고수묘姑嫂廟 등 옛 흔적이 남아 있다. 중일전쟁 시기에 상우의 애국청년들이 이 산의 돌 위에 예서체로 '환아하산還我河山' '와신상담臥薪嘗膽, 전설국치湔雪國恥' 등 열두 글자를 새겨놓았다.

했다.

"그 여잔 귀신이야. 그녀와 교합할 때 그녀의 물건을 가지고 돌아와 검증해보아야 한다."

전 씨는 주인의 말대로 거짓으로 그녀와 장난치다가 몰래 머리카락을 자르자, 그 여자는 깜짝 놀라 도망갔다. 전 씨가 살던 곳을 자세히 살펴보니 방이 없었다. 그 여자와 교합하여 즐긴 곳에서 정액이 게 구멍으로 흘러내렸는데 이것이 모두 피였다. 잘라온 두발은 양초처럼 부드럽고 색깔은 소가죽처럼 검었으며 칼로 자르거나 불로 태워도 망가지지 않았다. 이로부터 전 씨는 감히 문밖을 나서지 못하고 주인집에서 숨어 지냈다.

오래지 않아 그 귀신이 주인집을 찾아와 계집종의 몸에 붙어서 소란을 피우며 말했다.

"전 서방님을 돌려주세요. 제게 돌려주시지 않으면, 전 서방님을 당신 집에 드리겠습니다. 제가 잠시 돌아갔다가 내년에 잡으러 오죠."

그리고 주인을 위협하며 말했다.

"올가을 당신의 수명이 다할 때 당신 집에 재앙을 내리겠습니다."

말했던 기한이 되어도 아무런 징후가 보이지 않았다. 머슴 전 씨는 지금까지도 살아 있다. 이것은 태주 출신의 장수지張秀墀가 내게 한 말이다.

사포 바다의 요괴

乍浦海怪

건륭 37년(1772) 8월 23일 날이 밝을 때 비바람이 거세게 불어 평호平湖,[89] 사포乍浦[90]의 해변에 어떤 괴물이 갑자기 출현하더니 동남쪽에서 서북쪽으로 지나갔다. 지나간 곳마다 뽑힌 나무가 부지기수였고 민가의 기와가 대부분 부서졌다. 또 중간에 발자국 모양이 나 있었는데 크기는 둥근 탁자만 했다. 아무도 그것이 무엇인지 몰랐다. 어느 집의 대청은 한 자 정도 옮겨졌어도 무너지진 않았다.

---

89 지금의 저장성 자싱시에 속한 현급시縣級市다.

90 지금의 자푸진乍浦鎭은 저장성 자싱시 핑후시平湖市에 속해 있다. 핑후시 동남부에 있으며 항저우만杭州灣 북쪽에 있어서 예로부터 '강절문호江浙門戶' '해구중진海口重鎭'이란 말이 있다. 청대에 이곳은 저장성 북쪽 지역의 대외경제 문화 교류의 중요한 문호였다.

天
開
眼

　　평호平湖 사람 장효파張斅坡가 어느 날 자기 집에서 쉬고 있었다. 당시 날씨가 맑아서 구름 한 점도 없었다. 갑자기 '쾅' 하는 소리가 들리더니 하늘에서 틈이 갈라졌다. 중간은 넓고 양쪽은 작은데 그 모습이 배와 같았다. 눈빛은 반짝반짝 빛나고 수레바퀴처럼 둥글며 온 뜰을 환히 비추다가 한참이 지나 닫혔다. 식자들은 이것을 '천개안天開眼'91이라 여겼다.

91　하늘에서 나타나는 기이한 빛을 말한다.

진흙으로 만든 소상이
스스로 걸어다니다

泥
像
自
行

평호 사람 장張 씨는 대대로 겸가위兼葭圍에 살았다. 처음 평호로 옮긴 조상은 장적張迪으로 자는 정암靜庵이고 명대 홍무 연간에 살았다. 장적이 세상을 떠났을 때 그의 집에선 진흙으로 높이 일고여덟 치에 달하는 정암 부부의 초상을 빚어서 집 안의 사당에 모셨다. 그가 살던 방은 긴 방이었다. 400여 년이 지나자 긴 방의 자손은 점점 빈곤해지고 가옥도 허물어져서 몇 칸만 남았지만, 두 사람의 소상은 아직 남아 있었다. 장 씨 원래의 사당은 정암 고거와는 3리 정도 떨어져 있었다.

하루는 여명에 현지 선원이 배를 타려는 두 노인을 만나 그들을 태우고 운행했다. 어느 곳으로 가는지 물었더니 장가사당張家祠堂으로 간다고 말했다. 목적지에 닿자 두 노인은 육지에 올라 날듯이 길을 걸었다. 선원이 바라보니 그들의 체구는 갈수록 점점 작게 보였다. 오래지 않아 두 사람이 사당 앞에 도착했다. 사당지기 스님은 문두드리는 소리를 듣고 나와 보았으나, 조용하여 아무것도 보지 못했고 진흙으로 만든 두 소상이 문기둥 아래에 있었다. 일시에 모두가

924

이 일을 경이롭게 여겼다. 장정암의 후손 장단구張丹九가 마침 사당을 수리하고 있었다. 이에 진흙으로 만든 소상의 바깥에 채색을 입히고 따로 궤짝 하나를 만들어 사당에 모셨다.

시체를 불태운
두 가지 이야기

焚屍二則

평호 남문 밖 모 향鄕에서 묘혈 세 개를 발굴했다. 그중 두 개의 묘혈은 비어 있었고 한 개의 묘혈은 관이 잘 보존되어 있었으며 벽돌 위에 '조처사지묘趙處士之墓'라고 쓰여 있었다. 관을 열고 시체를 보니 나이는 40세 정도 같고 얼굴은 살아 있는 듯했다. 운혜雲鞋[92]를 신고 회청색의 비단 마고자를 걸쳤는데, 비단의 결이 하나같이 동전만큼 두툼하여 망가지지 않았다. 발굴하던 마馬 씨가 시체를 관 밖으로 꺼내 불태워버렸다. 하지만 불길이 왕성하게 일지 않아 시체를 물속에 던져버렸다. 그날 밤 귀신이 대성통곡하는 바람에 온 마을 사람들은 깜짝 놀랐다. 호사가들이 시체를 강 속에서 건져 올려보니, 피가 아직도 뚝뚝 떨어지고 있었다. 이에 시체를 다시 관 속에 넣어 흙 속에 매장했다. 이날 밤에는 촌민들이 안심하고 잘 수 있었다. 무덤을 발굴한 마 씨는 지금까지도 평온무사한데 그는 전사典史[93] 아래의

92　앞부리와 뒤꿈치에 구름무늬를 새긴 여자의 마른신.
93　명·청대 지현 밑에서 체포하는 일과 감옥을 관장하던 하급 관리.

노복이다.

평호 소서계小西溪의 서쪽에 사는 장蔣 씨는 농부다. 동지 전날 태양이 서쪽으로 막 지려고 할 때, 그가 부친의 시체를 화장하려고 했다. 관 뚜껑을 열자마자 시체가 걸어 나와 아들을 쫓아왔다. 장 씨가 호미로 때려 시체가 땅에 쓰러지자 시체를 불태웠다. 저녁에 집으로 돌아오자, 부친이 욕하는 소리가 들렸다.

"네가 날 고통스럽게 불태우다니. 어찌하여 이 지경에 이르도록 불효하는 게냐?"

그 사람은 순식간에 커다란 표주박처럼 머리가 부풀어 올랐다. 이튿날 정오에 그는 사망했다. 장희하張熙河[94]가 이를 친히 목도했다.

---

94 본명은 장성張誠이고 자가 희화希和, 호가 희하다. 평호 사람이며 건륭 연간의 거인이다. 주요 저작으로는 『매화시화梅花詩話』(100권)가 있다. 『수원시화』 권14 11조에서 그와 그의 부친(장효파張戰坡), 숙부(장향곡張香谷)에 대해 간략하게 소개했다. 또한 장희하는 원매의 별장 수원에서 일박한 적도 있다.

미인어와 인면저

美人魚·人面猪

숭명崇明[95] 지방에서 미인어美人魚를 잡았는데 얼굴은 여자 같고 신체는 해선만큼 컸다. 선원이 물고기에게 물었다.

"길을 잃었느냐?"

물고기가 고개를 끄덕였다. 선원이 놓아주자 미인어는 의기양양하게 떠났다.

운서사雲棲寺[96]의 방생하는 곳에 사람 얼굴을 한 돼지가 있다는데, 평호의 장구단張九丹[97] 선생이 본 적이 있다. 돼지는 부끄러워하며 사람을 보고 싶지 않아 고개를 숙였다. 그것을 끌어서야 볼 수 있었다.

---

95 지금의 상하이시 충밍구를 이른다.

96 항주 오운산五雲山 꼭대기에 있는 절 이름.

97 앞의 「진흙으로 만든 소상이 스스로 걸어다니다泥像自行」에서 평호 장 씨 '장단구張丹九'가 나오는데, '장구단'과 동일 인물로 추정되나 어느 것이 정확한지 모르겠다.

花魄

화백

　　무원婺源 지방의 선비 사謝 씨가 장공산張公山[98]에서 공부했다. 하루는 새벽에 일어나 숲속에서 재잘거리는 새소리를 들었는데 앵무새가 우는 것 같았다. 가까이 가서 보니 미녀였다. 길이는 다섯 치가량 되고 몸은 벌거벗었고 털이 나지 않았으며 온몸 위아래가 백옥처럼 하얗고 눈에는 근심으로 고뇌하는 모습을 띠었다. 사 씨가 이를 잡아 집으로 가져왔다. 이 여자는 조금도 두려워하는 기색이 없었다. 이에 그것을 조롱에 넣어두고 먹을 것을 주어 키웠다. 이 여자는 사람을 볼 때마다 끊임없이 계속 말을 했으나, 한마디도 알아듣지 못했다. 며칠 동안 기르다가 햇볕을 받으니 마른 초처럼 변하더니 죽어버렸다.

　　홍우린洪宇鱗 거인이 이 이야기를 듣고 말했다.

98　도산산맥塗山山脈에 속한다. 안후이성 병부시蚌埠市 서남쪽에 있다. 도산 일대는 원시사회 후기 도산씨塗山氏가 거주하던 곳으로 도산 아래의 우회촌禹會村은 치수의 영웅 우왕이 제후를 회합한 곳이라 한다. 명대에 장 씨 성을 가진 장군이 퇴직하여 이곳에서 은거했다고 하여 이 산을 장공산이라 불렀다고 한다.

"그 여자의 이름은 화백花魄일세. 어느 나무 위에서든 세 번 목을 매달아 죽은 사람이 있으면 그 억울한 고통의 기운이 응결되어 이 물건으로 변하는데, 물을 끼얹으면 다시 살릴 수 있지."

사 씨가 그 말대로 해보니 과연 다시 살아났다. 향리 사람들이 그 것을 보려고 구름같이 몰려들자, 사 씨는 무슨 일이 생길까 걱정되어 예전처럼 숲속에 풀어놓았다. 잠시 후 커다란 괴조怪鳥가 그것을 물고 날아가버렸다.

청나라 귀신요괴전 2

1판 1쇄	2021년 12월 24일
1판 2쇄	2022년 4월 12일

지은이	원매
옮긴이	조성환
펴낸이	강성민
편집장	이은혜
기획	노승현
마케팅	정민호 이숙재 김도윤 한민아 정진아 이가을 우상욱 박지영 정유선
브랜딩	함유지 함근아 김희숙 정승민
제작	강신은 김동욱 임현식
독자모니터링	황치영

펴낸곳	(주)글항아리	출판등록 2009년 1월 19일 제406-2009-000002호

주소	10881 경기도 파주시 회동길 210
전자우편	bookpot@hanmail.net
전화번호	031-955-2696(마케팅) 031-955-1936(편집부)
팩스	031-955-2557

ISBN	978-89-6735-982-9 04900
	978-89-6735-980-5 04900 (세트)

www.geulhangari.com